Oposiciones a Auxiliar Administrativo

3.200 preguntas tipo test

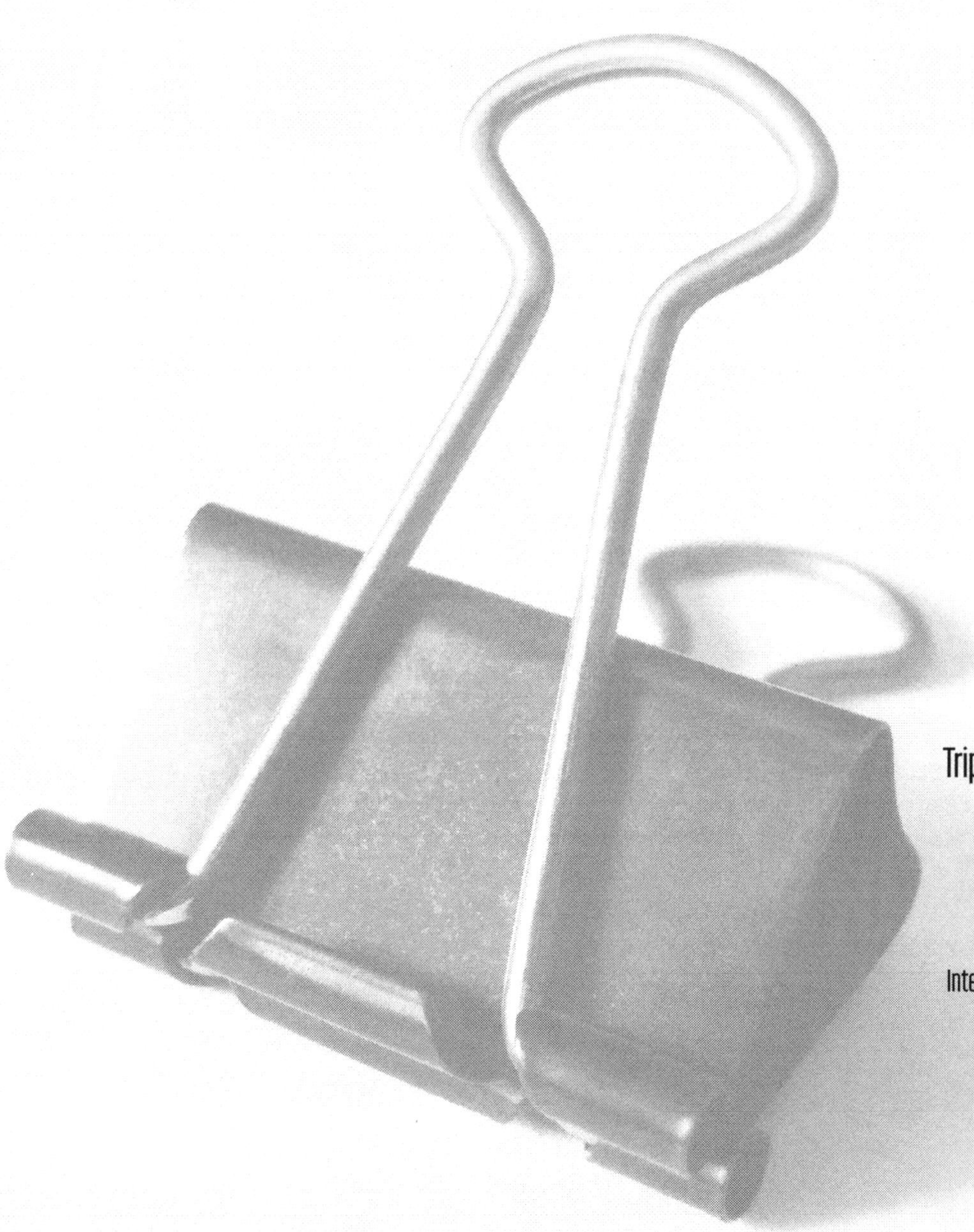

Triple Eñe / Ediciones TapaBlanda

ISBN: 978-8412207545

Fotografías: [Pixabay]

Cubierta: **Moritz** • Günter / Alemania
Interior: Pascal Bondis • Tresques / France
Brian Merrill • Sydney/Australia

Diseño y maquetación:
Daniel García [www.daninet.net]

Yo también pasé por ello...

Estimado/a opositor/a; este volumen pretende ayudarte en tu tarea de estudio.

El formato Din A4 busca facilitar la legibilidad y permitirte realizar anotaciones

Hazme llegar cualquier sugerencia de mejora que estimes oportuna

Yo también recorrí el duro camino del opositor y ahora sólo espero
humildemente haber podido facilitarte el tuyo

Agustín Odriozola Kent

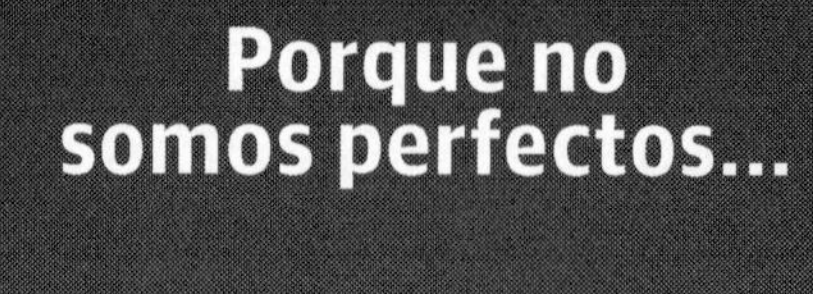

Porque no
somos perfectos...

Hemos invertido mucho tiempo, cariño y esfuerzo
en la compilación y revisión de este volumen.

Si aun así detectas que algún enunciado sería impugnable,
se ha quedado obsoleto o contiene cualquier otro tipo
de error **puedes avisarnos** vía:

agustinodriozolakent@gmail.com

1 **C**	29 **D**	57 **A**
2 **B**	30 **B**	58 **B**
3 **D**	31 **B**	59 **A**
4 **A**	32 **D**	60 **B**
5 **D**	33 **D**	61 **A**
6 **D**	34 **A**	62 **D**
7 **C**	35 **D**	63 **C**
8 **B**	36 **B**	64 **D**
9 **C**	37 **C**	65 **D**
10 **D**	38 **A**	66 **B**
11 **D**	39 **B**	67 **C**
12 **D**	40 **C**	68 **A**
13 **D**	41 **D**	69 **D**
14 **B**	42 **C**	70 **C**
15 **B**	43 **D**	71 **C**
16 **C**	44 **D**	72 **B**
17 **B**	45 **D**	73 **C**
18 **B**	46 **D**	74 **B**
19 **A**	47 **D**	75 **B**
20 **B**	48 **C**	76 **C**
21 **C**	49 **C**	77 **B**
22 **C**	50 **B**	78 **D**
23 **B**	51 **B**	79 **B**
24 **D**	52 **C**	80 **A**
25 **A**	53 **D**	81 **A**
26 **B**	54 **A**	82 **D**
27 **A**	55 **D**	
28 **B**	56 **C**	

1. Entre los 'Derechos y Libertades' reconocidos en la Constitución, aquellos derechos específicamente 'fundamentales' y libertades consideradas 'públicas' se regulan en su:

a. Título Segundo   b. Capítulo Primero
c. Sección Primera   d. Sección Preliminar

2. Integran la parte dogmática de la Constitución:

a. El preámbulo, el título preliminar y el título primero
b. El título preliminar y el título primero
c. El preámbulo y el título preliminar
d. El preámbulo y el título primero

3. El Tribunal Constitucional:

a. Es un órgano político, pero independiente en el ejercicio de su función
b. Solo está sujeto a la Constitución y normas con rango de ley
c. Es un órgano jurisdiccional que se encuentra en la cúspide del Poder Judicial
d. Es el órgano encargado de realizar el llamado control de constitucionalidad de las normas con rango de ley

4. Frente a las vulneraciones de los derechos y libertades reconocidos en los artículos 14 a 29 y 30.2 CE, un ciudadano podrá, como último recurso, interponer un recurso…

a. de amparo ante el Tribunal Constitucional
b. de amparo ante el Defensor del Pueblo
c. contencioso administrativo ante el Tribunal Constitucional
d. contencioso administrativo ante el Defensor del Pueblo

5. Cuántos magistrados componen el Tribunal Constitucional:

a. 6   b. 8   c. 10   d. 12

6. El carácter supremo de la Constitución significa:

a. Que no puede ser reformada si no es mediante los procedimientos recogidos para la reforma de otras normas
b. Que solo puede ser reformada a través de una ley de reforma
c. Que en ningún caso puede ser reformada por los poderes del Estado
d. Que los poderes públicos no pueden ignorar ni alterar sus preceptos

7. Cuando se produce un conflicto de competencia entre el Estado y las Comunidades Autónomas, el órgano encargado de resolverla es:

a. El Congreso de Diputados
b. El Senado
c. El Tribunal Constitucional
d. La Jefatura del Estado

8. Cuáles son los valores superiores del ordenamiento jurídico español:

a. Solidaridad, igualdad, autonomía y libertad
b. Libertad, justicia, igualdad y pluralismo político
c. Orden y progreso
d. Igualdad, justicia, fraternidad y autonomía

9. Qué materias contiene el artículo 148.1 de la Constitución:

a. Las que el Estado puede delegar en las CCAA
b. Las únicas que pueden ser competencia de las CCAA
c. Las que pueden ser competencia de las CCAA si así lo establece el respectivo estatuto de autonomía
d. Las que debe establecer como autonómicas los respectivos estatutos de autonomía

10. Según el artículo 116 CE el estado de alarma se establece:

a. Frente a grandes catástrofes naturales o accidentes
b. En caso de graves alteraciones del orden público
c. Como reacción ante agresiones dirigidas directamente contra la existencia misma del Estado, su integridad territorial y su ordenamiento constitucional
d. El artículo 116 no lo establece

11. Por el principio de legalidad:

a. Debe existir un poder judicial independiente de los poderes ejecutivo y legislativo
b. Se garantiza la irretroactividad de las disposiciones sancionadoras no favorables o restrictivas de derechos individuales
c. La ignorancia de una ley no exime de su cumplimiento
d. Tanto los ciudadanos como los poderes públicos están sujetos a la Constitución y al resto del ordenamiento jurídico

12. Qué derechos podrán suspenderse en estado de excepción:

a. Inviolabilidad del domicilio
b. Libre circulación
c. Secreto de las comunicaciones
d. Los tres

13. Según el artículo 116 CE, el estado de sitio se establece:

a. Frente a grandes catástrofes naturales o accidentes
b. En caso de graves alteraciones del orden público
c. Como reacción ante agresiones dirigidas directamente contra la existencia misma del Estado, su integridad territorial y su ordenamiento constitucional
d. Ninguna de las tres

14. Qué carácter confiere la Constitución a la Corona Española:

a. Permanente   b. Hereditaria
c. Democrática   d. Son correctas A y B

15. La Constitución establece la mayoría de edad a los:

a. 16 años   b. 18 años
c. 21 años   d. No se menciona

16. Caracteriza al Estado español como un 'Estado social':

a. El reconocimiento a los poderes públicos para promover las condiciones (políticas públicas), para que la libertad y la igualdad del individuo sean reales y efectivas
b. El reconocimiento de los derechos sociales y económicos: derechos de los trabajadores, función social de la propiedad, etc
c. Son correctas A y B
d. El reconocimiento de los derechos fundamentales y las libertades públicas

17. El título I de la Constitución regula:

a. La organización del Estado
b. Los derechos y deberes fundamentales
c. A las Cortes Generales
d. A la Corona

18. El Tribunal Europeo de Derechos Humanos (TEDH) tiene su sede en:

a. Luxemburgo   b. Estrasburgo
c. Bruselas   d. París

19. Los derechos fundamentales 'auténticos' disfrutan de mayores garantías. Indique la FALSA:

a. Se regulan necesariamente por ley ordinaria y no por reglamento
b. Su reforma exige un procedimiento agravado
c. Protección del Tribunal Constitucional mediante el recurso de amparo
d. Protección jurisdiccional de los tribunales ordinarios a través de un procedimiento preferente y sumario

20. Para una posible suspensión 'individual' de los derechos fundamentales según el art. 55.2 es necesaria:

a. Su determinación legal
b. La intervención judicial
c. Su determinación normativa
d. La intervención gubernativa preceptiva

21. El derecho a la vida y a la integridad física (art. 15):

a. Debe regularse por norma con rango de ley
b. No puede ser ejercido por los ciudadanos hasta su desarrollo por ley
c. Debe regularse por ley orgánica
d. Puede regularse reglamentariamente sin necesidad de una ley

22. El defensor del pueblo se relaciona:

a. Con el Congreso
b. Con el Senado
c. Con una Comisión mixta Congreso-Senado
d. Ninguna de las tres es correcta

23. La Constitución fue ratificada:

a. El 8 de diciembre de 1978
b. El 6 de diciembre de 1978
c. El 20 de noviembre de 1978
d. El 18 de julio de 1978

24. Si se vulnera el art. 47, que reconoce el derecho a disfrutar de una vivienda digna, el ciudadano puede:

a. Interponer directamente un recurso de amparo ante el Tribunal Constitucional
b. Solicitar la tutela de los jueces y tribunales ordinarios mediante un procedimiento preferente y sumario
c. Interponer un recurso de amparo ante el Tribunal Constitucional después de haber agotado la vía ante los tribunales ordinarios
d. Solicitar la tutela de los jueces y tribunales ordinarios de acuerdo con lo que dispongan las leyes que lo desarrollan

25. Órgano encargado de la protección de los derechos recogidos en el Convenio Europeo de los Derechos Humanos:

a. Tribunal Europeo de Derechos Humanos
b. Tribunal de Justicia de la Unión Europea
c. Tribunal de la Haya
d. Tribunal de Libertades de la UE

26. Qué artículos recogen los 'auténticos' derechos fundamentales:

a. 10 a 55
b. 14 a 29
c. 10 a 29
d. 14 a 55

27. La CE recoge también garantías 'no jurisdiccionales' como:

a. La reserva de ley
b. La protección judicial
c. El recurso de amparo
d. La protección internacional y supranacional

28. El Defensor del Pueblo...

a. Cuenta con facultades inspectoras y sancionadoras
b. Puede presentar demandas ante los tribunales ordinarios
c. Actúa ante cualquier queja de la ciudadanía, aunque sea anónima
d. Su ámbito de competencia se extiende a toda actividad pública o privada

29. Atendiendo a la Constitución, el sistema tributario español debe ser:

a. Proporcional
b. Equitativo
c. Solidario
d. Justo

30. El TC NO realiza el llamado control de constitucionalidad de las normas con fuerza de ley en el caso de:

a. Los Estatutos de Autonomía
b. Las normas del Derecho de la UE
c. El Reglamento del Congreso
d. Las Normas Forales fiscales de los Territorios Históricos vascos

31. Qué artículo recoge la organización local (municipios, CC AA...):

a. 146   b. 137   c. 152   d. 155

32. Vías procedimentales principales para realizar el control de constitucionalidad:

a. El recurso de amparo
b. El recurso de inconstitucionalidad
c. La cuestión de inconstitucionalidad
d. Son correctas B y C

33. El Defensor del Pueblo:

a. Es designado por el Gobierno para la defensa de los derechos del Título I
b. Debe dar cuenta periódica de su actuación al Gobierno
c. Lleva a cabo sus competencias ejecutivas a través de expedientes y recomendaciones
d. Supervisará la actuación de la administración pública para detectar posibles vulneraciones de los derechos del Título I

34. El defensor del pueblo carece de facultades:

a. Ejecutivas
b. Inspectoras y de investigación
c. De interponer recursos de inconstitucionalidad ante el TC
d. De formular sugerencias y recomendaciones

35. Forman las Cortes Generales:

a. Gobierno y Congreso de los Diputados
b. Gobierno, Senado y la Corona
c. Congreso de los Diputados
d. Congreso de los Diputados y Senado

36. Las leyes orgánicas requieren para su aprobación:

a. Mayoría absoluta del Senado
b. Mayoría absoluta del Congreso
c. Mayoría absoluta en el Congreso y en el Senado
d. Mayoría de dos tercios en el Congreso y en el Senado

37. La Constitución es del año:

a. 1976   b. 1977   c. 1978   d. 1979

38. Es una garantía jurisdiccionales:

a. La protección judicial
b. La reserva de ley
c. El defensor del pueblo
d. El respeto al contenido esencial de los derechos fundamentales

39. Los 'Principios rectores de la política social y económica' recogidos en el Título I, Capítulo 3º:

a. Son derechos subjetivos en sentido estricto
b. Son mandatos dirigidos a los poderes públicos para orientar su actuación
c. Son directamente invocables ante los tribunales ordinarios sin necesidad de una ley que los desarrolle
d. Podrán ser invocados ante el Tribunal Constitucional mediante el recurso de amparo constitucional

40. Es un valor superior del ordenamiento jurídico español:

a. Soberanía nacional
b. Estado social
c. Igualdad
d. Democracia

41. NO está legitimado para interponer un recurso de amparo ante el TC:

a. El Defensor del Pueblo
b. El Ministerio Fiscal
c. Toda persona física o jurídica que se hubiera visto afectada por el acto u omisión recurrido
d. 50 diputados o diputadas

42. ¿Puede cualquier persona física interponer una demanda ante el Tribunal Europeo de Derechos Humanos si considera que se ha violado un derecho recogido en el Convenio Europeo de los DD HH?

a. Sí, directamente al TEDH sin necesidad de acudir antes a la vía judicial ordinaria
b. Sí, después de haber agotado la vía jurisdiccional ordinaria
c. Sí, después de agotar todas las vías internas, incluido, en su caso, el recurso de amparo ante el TC
d. No, al TEDH no pueden acceder las personas físicas directamente

43. Sobre qué principio se asienta la forma territorial del Estado:

a. Unidad
b. Uniformidad
c. Autonomía
d. Son correctas A y C

44. Según la regulación relativa a los derechos fundamentales establecida por la Constitución, es FALSO:

a. La interpretación de los derechos y libertades recogidos en la Constitución debe hacerse de conformidad con la Declaración Universal de Derechos Humanos y los tratados y acuerdos internacionales sobre las mismas materias ratificados por España
b. Los derechos fundamentales recogidos en la Constitución pueden tener límites
c. Además de las personas físicas, también las personas jurídicas pueden ser titulares de algunos derechos fundamentales
d. Los extranjeros son, al igual que los españoles, titulares de todos los derechos fundamentales, si bien se les puede limitar el ejercicio de alguno de ellos en los términos que establezcan los tratados y la ley

45. El recurso de amparo protege frente a cualquier acto de los poderes públicos que atente contra los derechos reconocidos en:

a. El Título preliminar de la CE
b. El Título II de la CE
c. El Título III de la CE
d. El artículo 14, la Sección primera del Capítulo segundo y la objeción de conciencia reconocida en el artículo 30 CE

46. La defensa de los derechos fundamentales corresponde:

a. A la Corona
b. Al Senado
c. Al Presidente del Gobierno
d. Al Defensor del Pueblo

47. A quién corresponde en última instancia la determinación e identificación de los límites de los derechos fundamentales:

a. A los tribunales ordinarios
b. Al Tribunal Europeo de Derechos Humanos (TEDH)
c. Al Tribunal Supremo
d. Al Tribunal Constitucional

48. El Defensor del Pueblo…

a. Es designado por el Jefe del Estado
b. Debe dar cuenta de su actuación al Presidente de Gobierno
c. Carece de competencias ejecutivas
d. Su mandato dura cuatro años y puede ser reelegido

49. Qué recoge el Capítulo III del Título I de la Constitución:

a. Los derechos fundamentales
b. Los derechos y libertades
c. Los principios rectores de la política social y económica
d. Las garantías de las libertades y los derechos fundamentales

50. El TC consta de:

a. 10 magistrados
b. 12 magistrados, nombrados por el Rey
c. 10 magistrados, elegidos por el Gobierno
d. 12 magistrados, elegidos por las Cortes

51. En caso de graves alteraciones del orden público, cabría recurrir al:

a. Estado de alarma
b. Estado de excepción
c. Estado de sitio
d. Estado catastrófico

52. A quién vinculan o frente a quien son exigibles los derechos fundamentales:

a. Frente a los particulares
b. Frente a los poderes públicos
c. Frente a particulares y poderes públicos
d. Frente a las autoridades públicas

53. Qué elementos caracterizan al Estado español como un 'Estado de derecho':

a. La separación de poderes (legislativo, ejecutivo y judicial)
b. El reconocimiento a los poderes públicos para promover las condiciones (políticas públicas), para que la libertad y la igualdad del individuo sean reales y efectivas
c. El reconocimiento de los derechos fundamentales y las libertades públicas
d. Son correctas B y C

54. La soberanía nacional reside:

a. En el pueblo español
b. En las Cortes Generales y en el pueblo
c. En el Rey
d. En los poderes del Estado

55. En el ámbito de la ONU, el órgano que examina quejas por vulneración de los derechos humanos dirigidas por los particulares contra los Estados se llama:

a. Consejo de Derechos Humanos
b. Tribunal Europeo de Derechos Humanos
c. Consejo de los pueblos
d. Comité de Derechos Humanos

56. El TC es un órgano:

a. NO jurisdiccional
b. Integrado en el Poder Judicial
c. NO integrado en el Poder Judicial
d. Sujeto a la Constitución, a su Ley Orgánica y al resto del ordenamiento jurídico

57. El sistema tributario deberá ajustarse a los siguientes caracteres (indíquese la respuesta INCORRECTA):

a. Será un sistema proporcional
b. No tendrá carácter confiscatorio
c. Estará inspirado en los principios de igualdad y progresividad
d. Todos contribuirán de acuerdo con su capacidad económica

58. En su Disposición Adicional Primera la Constitución:

a. Reconoce y confirma los derechos históricos de los territorios forales
b. Ampara y respeta los derechos históricos de los territorios forales
c. Confirma los derechos históricos de los territorios forales
d. Confirma y desarrolla los derechos históricos de los territorios forales

59. El recurso de amparo ante el TC se reserva a:

a. Los derechos de los artículos 14 a 29
b. Los derechos de los artículos 29 a 55
c. Los principios rectores de la política social y económica
d. Exclusivamente al derecho a la igualdad

60. La Constitución garantiza los siguientes principios, EXCEPTO:

a. La jerarquía normativa
b. La retroactividad de las disposiciones sancionadoras no favorables
c. El principio de legalidad
d. La interdicción de la arbitrariedad de los poderes públicos

61. Los derechos recogidos en la Constitución tienen carácter 'vinculante', es decir, que vinculan:

a. a todos los poderes públicos
b. al poder judicial
c. al poder legislativo y judicial
d. a las Cortes Generales y a la Corona

62. NO corresponde al TC:

a. Resolver conflictos de competencia entre el Estado y las Comunidades Autónomas

b. Conocer del recurso de amparo por violación de los derechos y libertades fundamentales referidos en el artículo 53.2 de la Constitución

c. Conocer del recurso de inconstitucionalidad contra leyes y disposiciones normativas con fuerza de ley

d. Resolver los conflictos de competencia entre el Estado y las instituciones de la Unión Europea

63. Función primordial del TC:

a. Defender y reformar la Constitución

b. Cerrar la vía jurisdiccional ordinaria

c. Interpretar la Constitución

d. Las tres son correctas

64. A través de qué mecanismos garantiza la Constitución española (CE) de 1978 la participación de los ciudadanos en la toma de decisiones de forma directa:

a. La iniciativa legislativa popular

b. El referéndum

c. El Jurado popular

d. Las tres son correctas

65. La Carta de derechos fundamentales de la UE debe ser respetada:

a. Por las instituciones de la Unión Europea

b. Por los Estados miembros de la UE

c. Por las instituciones de la UE y por los Estados miembros aunque estos no apliquen el Derecho de la UE

d. Por las instituciones de la UE y por los Estados miembros cuando estos apliquen el Derecho de la UE

66. Declarado el Estado de alarma:

a. Puede suspenderse el ejercicio de los derechos fundamentales

b. Puede limitarse el ejercicio de los derechos fundamentales

c. Pueden suspenderse las garantías previstas por el art. 17.3 CE: derecho de toda persona detenida a ser informada de forma inmediata de sus derechos y de las razones de la detención y a la asistencia del abogado durante las diligencias policiales y judiciales

d. No se pueden suspender ni limitar los derechos fundamentales

67. La forma política del Estado español es:

a. La Monarquía constitucional

b. La democracia parlamentaria

c. La Monarquía parlamentaria

d. La Monarquía democrática

68. El recurso de amparo ante el TC NO podrá ser interpuesto por:

a. El Gobierno o cualquiera de las Cámaras

b. El Defensor del Pueblo

c. El Ministerio Fiscal

d. La persona directamente afectada por el acto u omisión recurrido

69. Qué derechos son susceptibles de recurso de amparo:

a. Todos

b. Los recogidos en el Título I

c. Los recogidos en los artículos que van del artículo 14 al 29 ambos inclusive

d. Los recogidos en los artículos que van del artículo 14 al 29 y el 30.2

70. Entre los principios del sistema tributario NO está:

a. Debe ser un sistema justo

b. Debe estar basado en la contribución de todos según su capacidad económica

c. Puede tener carácter confiscatorio

d. Debe inspirarse en los principios de igualdad y progresividad

71. El Defensor del Pueblo en su actuación (indique la FALSA):

a. Puede presentar demandas ante los tribunales ordinarios

b. Puede interponer recursos de inconstitucionalidad ante el Tribunal Constitucional

c. No puede hacer sugerencias y recomendaciones a la Administración y a las Cortes

d. Puede interponer recursos de amparo ante el Tribunal Constitucional

72. Según la LO 4/1981 el estado de excepción se establece en caso de:

a. Grandes catástrofes naturales o accidentes

b. Graves alteraciones del orden público

c. Agresiones dirigidas directamente contra la existencia misma del Estado, su integridad territorial y su ordenamiento constitucional

d. Ninguna de las tres

73. La Jefatura del Estado recae en:

a. El presidente o la presidenta del Gobierno

b. El Gobierno

c. El Rey

d. El presidente o la presidenta del Congreso

74. La Constitución ampara y respeta los derechos históricos de los territorios forales. Su actualización general se llevará a cabo, en su caso, en el marco de la Constitución y de los Estatutos de Autonomía:

a. Artículo 1

b. Disposición Adicional primera

c. Disposición Transitoria cuarta

d. Preámbulo

75. la Constitución otorga una protección jurisdiccional extraordinaria a los derechos de los arts. 14-29: un procedimiento ante los tribunales basado en los principios de:

a. Prioridad

b. Preferencia y sumariedad

c. Rapidez

d. Tutela reforzada

76. Órgano encargado de realizar el control de constitucionalidad de las normas con fuerza de ley:

a. El Congreso de Diputados

b. El Senado

c. El Tribunal Constitucional

d. La Jefatura del Estado

77. El artículo 1.1 establece que 'España se constituye en un Estado social y democrático de Derecho, que propugna como valores superiores de su ordenamiento jurídico...':

a. La igualdad, la libertad y la fraternidad

b. La libertad, la justicia, la igualdad y el pluralismo político

c. La división de poderes (ejecutivo, legislativo y judicial) y la soberanía popular 1

d. El pluralismo político y la soberanía popular

78. El carácter supremo o supralegal de la CE se manifiesta en que:

a. No puede ser reformada de acuerdo con los procedimientos ordinarios válidos para otras normas, sino que exige unos procedimientos específicos de carácter más complejo

b. Sus preceptos no pueden ser alterados ni contradichos ni ignorados por los poderes públicos

c. No se puede modificar

d. Son correctas A y B

79. La Constitución establece que la soberanía nacional reside...

a. En las Cortes Generales

b. En el pueblo

c. En la Corona

d. En las Comunidades Autónomas

80. La declaración del estado de alarma puede traer consigo:

a. Una limitación en el ejercicio del derecho a la libre circulación de personas o vehículos

b. La suspensión de la inviolabilidad del domicilio y el secreto de las comunicaciones

c. La suspensión del derecho de toda persona detenida a ser informada de sus derechos y de las razones de la detención

d. La suspensión de los derechos de reunión y manifestación

81. La afirmación 'La Constitución ampara y respeta los derechos históricos de los territorios forales'...

a. Es cierta y así viene recogido en una disposición adicional de la Constitución

b. Es cierta y así viene recogido en una disposición transitoria de la Constitución

c. Es falsa, esto no se menciona en la Constitución

d. Es falsa, sólo se hace una referencia a la existencia de ciertos derechos históricos en algunas partes del Estado

82. Duración del mandato del defensor del pueblo:

a. 4 años, sin posibilidad de reelección

b. 4 años, con posibilidad de reelección

c. 5 años, sin posibilidad de reelección

d. 5 años, con posibilidad de reelección

83 **D**	116 **C**	149 **C**
84 **D**	117 **D**	150 **A**
85 **A**	118 **C**	151 **D**
86 **C**	119 **C**	152 **D**
87 **C**	120 **C**	153 **A**
88 **A**	121 **D**	154 **B**
89 **A**	122 **B**	155 **D**
90 **C**	123 **C**	156 **B**
91 **C**	124 **D**	157 **B**
92 **C**	125 **A**	158 **A**
93 **D**	126 **A**	159 **D**
94 **C**	127 **A**	160 **B**
95 **B**	128 **C**	161 **B**
96 **A**	129 **C**	162 **C**
97 **B**	130 **B**	163 **D**
98 **C**	131 **D**	164 **D**
99 **C**	132 **C**	165 **D**
100 **B**	133 **C**	166 **D**
101 **A**	134 **A**	167 **C**
102 **C**	135 **C**	168 **D**
103 **A**	136 **B**	169 **A**
104 **D**	137 **C**	170 **D**
105 **B**	138 **A**	171 **D**
106 **A**	139 **D**	172 **C**
107 **D**	140 **D**	173 **B**
108 **A**	141 **A**	174 **D**
109 **C**	142 **A**	175 **C**
110 **A**	143 **B**	176 **D**
111 **D**	144 **D**	177 **D**
112 **D**	145 **C**	178 **B**
113 **A**	146 **A**	179 **B**
114 **A**	147 **D**	
115 **D**	148 **D**	

83. NO es propio de los modelos centralizados de organización del poder territorial:

a. Existe un solo ordenamiento jurídico en todo el Estado

b. Existe un solo conjunto de instituciones que son competentes en todo el territorio del Estado

c. Los poderes públicos organizan jerárquicamente sus diversas instancias territoriales

d. Se reconoce a las autonomías territoriales autosuficiencia para la gestión de sus propios intereses

84. No forma parte del 'contenido mínimo' que, de acuerdo con la CE, ha de contener el Estatuto de Autonomía:

a. Denominación, organización y sede de las instituciones autónomas propias

b. Las competencias asumidas dentro del marco establecido por la Constitución

c. Delimitación de su territorio

d. Las relaciones con la Unión Europea

85. Sobre la Administración de Justicia en las CC AA:

a. Un Tribunal Superior de Justicia, sin perjuicio de la jurisdicción que corresponde al Tribunal Supremo, culminará la organización judicial en el ámbito territorial de la Comunidad Autónoma

b. Los Tribunales Superiores de Justicia son órganos jurisdiccionales de las Comunidades Autónomas

c. El poder jurisdiccional está abierto, al igual que el legislativo y el ejecutivo, a la descentralización territorial

d. La Constitución no recoge expresamente ninguna disposición sobre la organización judicial en el ámbito territorial de la Comunidad Autónoma

86. Sobre el principio de autonomía:

a. Se trata de un poder limitado, pues la autonomía no es soberanía

b. La autonomía es general, es decir, se predica de todos los niveles territoriales

c. Son correctas A y B

d. Es un principio proporcional

87. Según el art. 36.1 de la Ley de Bases de Régimen Local, es una competencia propia de la Diputación Provincial:

a. La dirección de la política municipal en su ámbito territorial

b. La fiscalización del gasto de los municipios sitos en su ámbito territorial

c. El tratamiento de residuos en los municipios de menos de 5.000 habitantes

d. Ninguna de las tres

88. Corresponde a los municipios:

a. La potestad tributaria y financiera

b. La potestad confiscatoria

c. La potestad de dictar normas con rango de Ley

d. La potestad de juzgar y hacer cumplir lo juzgado

89. Sobre la distribución de competencias entre el Estado y las Comunidades Autónomas:

a. Corresponde al Estado la competencia sobre las materias no asumidas por los Estatutos de Autonomía

b. Corresponde a las Comunidades Autónomas la competencia sobre todas las materias no atribuidas en exclusiva al Estado

c. Las competencias del Estado no pueden transferirse a las Comunidades Autónomas

d. Las competencias del Estado no pueden delegarse en las Comunidades Autónomas

90. Las diferencias entre las Provincias de régimen común y los Territorios Históricos vascos se basan, esencialmente, en:

a. En el ámbito competencial

b. En el ámbito organizativo

c. En ambos

d. En ninguno de los dos

91. La norma básica fundamental de la Comunidad Autónoma es:

a. Su Constitución

b. El reglamento de la Asamblea legislativa

c. El Estatuto de Autonomía

d. La Ley de Gobierno

92. De acuerdo con la Ley 7/1985, de 2 de abril, reguladora de las bases del régimen local, las entidades básicas de la organización territorial del Estado son:

a. Las provincias

b. Las Comunidades Autónomas

c. Los municipios

d. Las comarcas

93. Dentro de la organización municipal, a qué órgano corresponden las atribuciones que implican la adopción de decisiones políticas de especial trascendencia:

a. A la Alcaldía

b. A la Junta de Gobierno Local

c. Al órgano que determine el Reglamento Orgánico de la Corporación

d. Al Pleno

94. Sobre los Estatutos de Autonomía, es FALSO:

a. Deben tener un contenido mínimo que viene fijado en la Constitución
b. Deberán contener la delimitación de su territorio
c. Deberán contener la lista de los derechos fundamentales correspondientes a las personas del territorio
d. Deberán contener las competencias asumidas dentro del marco establecido por la Constitución y las bases para el traspaso de los servicios correspondientes a las mismas

95. A qué órgano municipal corresponden las funciones que las leyes atribuyen expresamente al municipio, sin asignarlas a un órgano específico:

a. Al Pleno
b. A la Alcaldía
c. A la Junta de Gobierno Local
d. A los y las tenientes de alcalde

96. El Estatuto de Autonomía:

a. Constituye la norma institucional básica de la Comunidad Autónoma, pero subordinada y limitada por la Constitución estatal
b. Constituye la norma institucional básica de la Comunidad Autónoma, al mismo nivel que la Constitución estatal
c. Constituye la norma institucional básica de la Comunidad Autónoma, pero sin estar subordinada y limitada por la Constitución estatal
d. No es la norma institucional básica de la Comunidad Autónoma

97. En materia de Haciendas locales:

a. Las Haciendas locales carecen de potestad tributaria y financiera
b. Las Haciendas locales deberán disponer de los medios suficientes para el desempeño de las funciones que la ley atribuye a las Corporaciones respectivas
c. Las Haciendas locales se nutrirán exclusivamente de tributos propios
d. Las Haciendas locales podrán nutrirse de la participación en los tributos del Estado, pero no en los de las Comunidades Autónomas

98. Los Territorios Históricos vascos:

a. Tienen idéntica naturaleza y competencias que las provincias de régimen común
b. Su organización, instituciones y régimen privativo no tienen naturaleza política
c. Su organización institucional la conforman las Juntas Generales y la Diputación Foral
d. Tienen idénticas competencias que los municipios

99. Sobre el principio de autonomía, es FALSO:

a. La Constitución garantiza el derecho a la autonomía de las nacionalidades y regiones que integran el Estado
b. La Constitución reconoce que los municipios gozan de autonomía para la gestión de sus intereses
c. La autonomía de las Comunidades Autónomas y los municipios es una autonomía política, no meramente administrativa
d. La autonomía de la que gozan las provincias para la defensa de sus intereses no es una autonomía política

100. De acuerdo con la Constitución: La competencia sobre las materias que no se hayan asumido por los Estatutos de Autonomía corresponderá…

a. A la Comunidad Autónoma
b. Al Estado
c. A las instituciones locales
d. A los municipios

101. De acuerdo con la Constitución española de 1978:

a. El Estado se organiza territorialmente en municipios, en provincias y en Comunidades Autónomas, todas las cuales gozarán de autonomía para la gestión de sus propios intereses
b. El Estado se organiza territorialmente en municipios, en provincias y en Comunidades Autónomas, de las cuales solo las últimas gozan de autonomía para la gestión de sus propios intereses
c. Tanto la Administración local como la autonómica tienen reconocida una autonomía de carácter político, no así las provincias
d. La Administración local y la Administración Autonómica tienen reconocida constitucionalmente una autonomía de carácter político

102. Competencias sobre las que las Comunidades Autónomas asumen exclusivamente, sobre una determinada materia, las facultades de desarrollo y ejecución:

a. Exclusivas
b. Concurrentes
c. Compartidas
d. De apoyo

103. Sobre la elección de los alcaldes:

a. Para la elección del alcalde es necesario mayoría absoluta de los votos de los concejales en la sesión constitutiva
b. Para la elección del alcalde es necesario en todo caso mayoría absoluta de los votos de los concejales
c. El alcalde se elige mediante mayoría simple de los votos de los concejales en la sesión constitutiva
d. En la sesión constitutiva será elegido alcalde quien encabece la lista más votada

104. Sobre las asambleas legislativas de las Comunidades Autónomas:

a. Son bicamerales
b. Se eligen por sufragio universal con arreglo a un sistema de representación igual
c. Se eligen, en todas las Comunidades Autónomas, el último domingo de mayo cada cuatro años
d. Aprueban las leyes autonómicas

105. Cómo definiría la forma de organización del Estado a través de Comunidades Autónomas:

a. Descentralización administrativa
b. Descentralización política
c. Centralización básica
d. Centralización funcional

106. La provincia:

a. Es una entidad local territorial
b. Es una entidad local pero no tiene carácter territorial
c. No es una entidad local
d. La normativa en vigor no determina si la provincia es una entidad local

107. Sobre los Estatutos de Autonomía, es FALSO:

a. Los Estatutos serán la norma institucional básica de cada Comunidad Autónoma
b. Los Estatutos deben contener la denominación, organización y sede de las instituciones autónomas propias
c. El Estado reconocerá y amparará los Estatutos como parte integrante de su ordenamiento jurídico
d. La reforma de los Estatutos se ajustará al procedimiento establecido en la Constitución, requiriendo la aprobación por las Cortes Generales mediante ley orgánica

108. El artículo 2 de la Constitución reconoce y garantiza el derecho a la autonomía de:

a. Las nacionalidades y las regiones
b. Los territorios autónomos
c. Solo las regiones autónomas
d. Solo las nacionalidades históricas

109. La administración local en España está integrada por:

a. Municipios
b. Provincias
c. Municipios y provincias
d. Comunidades Autónomas

110. La provincia es una entidad territorial:

a. Cuyo gobierno y administración autónoma corresponde a las Diputaciones u otras Corporaciones de carácter representativo
b. Cuyo Gobierno está encomendado siempre a una Diputación provincial
c. Que se configura como una entidad local determinada por la agrupación de municipios, que tiene capacidad y competencias propias para el cumplimiento de sus fines, pero carece de personalidad jurídica propia
d. Cuya organización y gobierno viene establecida en los Estatutos de Autonomía

111. Es un principio del Régimen Local:

a. Principio imperativo
b. Principio de autonomía
c. Principio de suficiencia financiera
d. Las tres son correctas

112. El principio de unidad implica:

a. En cuanto al Derecho, que el ordenamiento jurídico español es único
b. El pueblo es único
c. El territorio español es un ámbito jurídico-político y económico único, unitario
d. Las tres son correctas

113. Atendiendo al sistema de distribución territorial de competencias, es FALSO:

a. Las CC AA solo pueden disponer de las competencias recogidas en sus Estatutos
b. La Constitución contempla la posibilidad de la atribución de competencias estatales a las CC AA mediante transferencia o delegación de competencias de titularidad estatal
c. La Constitución otorga al Estado la competencia sobre las materias no asumidas por los Estatutos de Autonomía
d. Las materias no atribuidas expresamente al Estado por la Constitución podrán corresponder a las CC AA, en virtud de sus respectivos Estatutos

114. La Constitución estableció dos formas de acceder a la autonomía. Las denominadas vías 'Lenta' y 'Rápida' reguladas respectivamente en los artículos:

a. 143 y 151
b. 151 y 143
c. 148 y 149
d. 149 y 148

115. Tribunal que culmina la organización judicial en el ámbito territorial de la Comunidad Autónoma:

a. Tribunal Supremo autonómico
b. Audiencia Superior de Justicia
c. Juzgado Supremo Foral
d. Tribunal Superior de Justicia

116. Las leyes autonómicas se publican:

a. Solo en el Boletín Oficial de la Comunidad Autónoma
b. Solo en el Boletín Oficial del Estado
c. En el Boletín Oficial de la Comunidad Autónoma y en el Boletín Oficial del Estado
d. En los Boletines Oficiales de los tres Territorios Históricos

117. Cuántas Comunidades accedieron a la autonomía por la vía del artículo 151:

a. 1   b. 2   c. 3   d. 4

118. El art. 2 de la Constitución garantiza el derecho a la autonomía a:

a. Provincias
b. Naciones
c. Nacionalidades y regiones
d. Ninguna de las tres

119. Responden políticamente ante la Asamblea Legislativa:

a. Solo el Presidente de la Comunidad Autónoma
b. Solo los miembros del Consejo de Gobierno autonómico a excepción de su presidente
c. Tanto el Presidente de la Comunidad Autónoma como los miembros del Consejo de Gobierno
d. Ninguno de ellos

120. Quién elige al Presidente de la Comunidad Autónoma:

a. El Rey
b. El Presidente del Gobierno
c. La Asamblea legislativa de la Comunidad Autónoma
d. Los Diputados y Senadores de la Comunidad Autónoma

121. Es función propia de la Asambleas legislativas de cada CC AA:

a. Elegir al presidente de la Comunidad Autónoma
b. Levar a cabo el control del gobierno
c. Ejercer la potestad legislativa
d. Las tres son correctas

122. El artículo 113 desarrolla la 'Moción de censura'. Indique la FALSA:

a. La puede presentar el Congreso de los Diputados para exigir la responsabilidad política del Gobierno
b. Para ser válida deberá aprobarse por unanimidad
c. Deberá incluir un candidato alternativo a la presidencia del Gobierno
d. Desde que se presente hasta que se vote deberán pasar 5 días

123. Las funciones del Pleno de la Diputación Provincial son:

a. Representar a la Diputación
b. Desarrollar la gestión económica de acuerdo con el presupuesto
c. La aprobación de planes de carácter provincial
d. Inspeccionar, impulsar y dirigir los servicios y obras

124. La organización institucional de las CC AA se compone de:

a. Asamblea legislativa
b. Consejo de gobierno
c. Presidente
d. Las tres son correctas

125. Principios informadores del Estado Autonómico. Cuál de estas afirmaciones está relacionada con el principio dispositivo:

a. La creación de una Comunidad Autónoma es una opción renunciable
b. Los Estatutos de Autonomía están subordinados a la Constitución
c. En cuanto al Derecho, el Ordenamiento jurídico español es único
d. Las CC AA son titulares de autonomía administrativa, no política

126. La Constitución permite que las CC AA de autonomía limitada accedan mediante la reforma de sus Estatutos a la autonomía plena trascurridos cuántos años desde la aprobación de sus Estatutos:

a. 5   b. 10   c. 15   d. 20

127. Sobre la elección del presidente de la Comunidad Autónoma:

a. Es elegido por la Asamblea Legislativa de entre sus miembros
b. Es elegido por la Asamblea Legislativa aunque no necesariamente de entre sus miembros
c. En la mayoría de las Comunidades Autónomas es elegido por mayoría simple en primera votación
d. Es elegido por el Consejo de Gobierno

128. La autonomía que la Constitución reconoce a los municipios y a las provincias es de naturaleza:

a. Administrativa
b. Política
c. Política y administrativa
d. La Constitución no reconoce autonomía a los municipios ni a las provincias

129. Cuál de estas denominaciones se equipara con la denominación de Asamblea legislativa en alguna de las 17 Comunidades Autónomas:

a. Cortes
b. Junta General
c. Son correctas A y B
d. Cortes generales

130. Sobre la naturaleza del Estatuto de Autonomía:

a. El Estatuto de Autonomía no es una Ley Orgánica
b. El Estatuto de Autonomía es una norma estatal, aunque los órganos del Estado no pueden modificarla por su propia y exclusiva voluntad
c. El Estatuto de Autonomía no es una norma estatal
d. El Estatuto de Autonomía se reforma por medio de un procedimiento legislativo ordinario

131. Sobre el modelo de descentralización del poder político:

a. La Constitución impone la organización del territorio en Comunidades Autónomas
b. La organización del territorio en Comunidades Autónomas no es opcional, pues está basada en el principio dispositivo
c. La organización del territorio en Comunidades Autónomas no está sujeta al principio dispositivo de la autonomía
d. La Constitución garantiza la solidaridad entre las nacionalidades y regiones que integran el Estado

132. Sobre el proceso de configuración y desarrollo de la autonomía territorial:

a. La Constitución prevé dos diferentes procesos de acceso a la autonomía: uno ordinario y otro agravado

b. La Constitución presupone, pero no prevé, un procedimiento de acceso a la autonomía

c. La práctica totalidad de los Estatutos de Autonomía ha sido modificada en las décadas precedentes

d. El Estatuto de Autonomía del País Vasco se aprobó de acuerdo con la disposición transitoria segunda de la Constitución, y ha sido ya reformado siguiendo el mismo procedimiento

133. El nombramiento de tenientes de alcalde corresponde a:

a. El Pleno

b. La Junta de Gobierno Local

c. El Alcalde

d. El Delegado del Gobierno

134. Las funciones que el Estado o las CC AA asignen al municipio y no atribuyan a un concreto órgano municipal corresponden:

a. Al Alcalde

b. Al Pleno

c. A la Junta de Gobierno Local

d. Al concejal o concejala delegada por afinidad en la materia

135. El territorio español se divide en cuántas provincias:

a. 30   b. 40   c. 50   d. 60

136. La atribución de competencias estatales a las CC AA:

a. Es imposible

b. Se contempla en el artículo 150 de la CE

c. Solo es posible mediante transferencia

d. Solo es posible mediante delegación

137. El principio de subsidiariedad aplicado a las entidades locales significa, de forma general, que las competencias deben ejercerlas:

a. Las autoridades que cuenten con mejores medios

b. Las autoridades centrales del Estado

c. Las autoridades más cercanas a la ciudadanía

d. Las autoridades que agrupen varios municipios

138. El Presidente de la Comunidad Autónoma:

a. Debe ser elegido necesariamente de entre los miembros de la Asamblea Legislativa por la misma Asamblea

b. Responde políticamente ante la Asamblea Legislativa, a diferencia de los miembros del Consejo

c. No tiene por qué ser elegido necesariamente entre los miembros de la Asamblea Legislativa

d. No responde políticamente ante la Asamblea Legislativa

139. NO es una potestad propia de los municipios:

a. Potestad reglamentaria

b. Potestad tributaria y financiera

c. Potestad de ejecución forzosa

d. Potestad legislativa

140. Atendiendo al art. 4 de la Ley de Bases de Régimen Local, qué potestades corresponden a los Municipios, Provincias e Islas en el desempeño de sus funciones:

a. La potestad reglamentaria

b. La potestad tributaria y financiera

c. La potestad de ejecución forzosa

d. Las tres son correctas

141. El Presidente de la Comunidad Autónoma asume:

a. La suprema representación de la Comunidad Autónoma y la ordinaria del Estado en aquella

b. La suprema representación de la Comunidad Autónoma y la ordinaria del Gobierno del Estado en aquella

c. Las representaciones ordinarias de la Comunidad Autónoma y del Estado

d. Las representaciones ordinarias de la Comunidad Autónoma y del Gobierno del Estado en aquella

142. Sobre el Municipio:

a. El gobierno y la administración municipal, salvo en los municipios que funcionan en sistema de concejo abierto, corresponde al ayuntamiento integrado por el alcalde y los concejales

b. El alcalde es elegido directamente por los vecinos del municipio mediante sufragio universal, igual, libre, directo y secreto

c. Para ser elegido alcalde se requiere la mayoría simple de los votos de los concejales; de no alcanzarse dicha mayoría, será alcalde el cabeza de la lista más votada

d. Las tres son correctas

143. Cada Comunidad Autónoma cuenta con un Consejo de Gobierno (indíque la respuesta INCORRECTA):

a. Que tiene atribuidas funciones ejecutivas y administrativas

b. Dirigido por un Presidente, dado que los Estatutos de Autonomía prevén un sistema de Gobierno presidencialista en las Comunidades Autónomas

c. Cuyos miembros son designados y cesados libremente por su Presidente

d. El Presidente y los miembros del Consejo de Gobierno son políticamente responsables ante la Asamblea Legislativa

144. Señale la afirmación FALSA:

a. Para la elección del alcalde es necesaria la mayoría absoluta de los votos de los concejales en la sesión constitutiva

b. Si no se logra esa mayoría entre los concejales, será elegido alcalde quien encabece la lista más votada

c. Si no se logra la elección por mayoría absoluta de los concejales y hubiera habido un empate en el número de votos de las listas más votadas, se resuelve por sorteo

d. El alcalde es elegido directamente por los vecinos

145. Desde el punto de vista territorial, qué sistema configura la Constitución:

a. Un sistema basado en dos niveles de poder; el Estado y las Comunidades Autónomas

b. Un sistema basado en el Estado como único nivel de poder

c. Un sistema basado en tres niveles de poder; el Estado, las Comunidades Autónomas y los municipios y provincias

d. Un sistema basado en las Comunidades Autónomas como único nivel de poder

146. Las funciones del Presidente de una Diputación Provincial son:

a. Representar a la Diputación

b. Fijar la normativa de esa Diputación

c. Coordinar la acción de los municipios en su ámbito territorial

d. Son correctas A y B

147. A qué principio del régimen local corresponde la siguiente afirmación: el ejercicio de las competencias públicas corresponde a las autoridades más cercanas a la ciudadanía:

a. Al principio imperativo

b. Al principio de autonomía de los entes públicos territoriales

c. Al principio de suficiencia financiera

d. Al principio de subsidiariedad

148. Qué Comunidades Autonomas pudieron asumir inicialmente competencias sobre las materias previstas en el artículo 149 CE:

a. Las que accedieron a la autonomía por la vía del artículo 143

b. Las que accedieron a la autonomía por la vía del artículo 149

c. Las que accedieron a la autonomía por la vía del artículo 151

d. Ninguna

149. La Constitución dedica a la 'Organización Territorial del Estado' su Título:

a. Primero

b. Tercero

c. Octavo

d. Preliminar

150. Los Tribunal Superiores de Justicia de las Comunidades Autónomas son órganos jurisdiccionales:

a. Del Estado
b. Del Estado y de las CC AA
c. Ambas son correctas
d. Ninguna lo es

151. Ante quién responde políticamente el Consejo de Gobierno de una Comunidad Autónoma:

a. Ante el presidente de la Comunidad Autónoma
b. Ante el Gobierno del Estado
c. Ante las Cortes Generales
d. Ante la asamblea legislativa de la Comunidad Autónoma

152. En su calidad de Administraciones Públicas de carácter territorial y dentro del ámbito de sus competencias, los Municipios y Provincias disponen, entre otras, de las siguientes potestades:

a. La potestad reglamentaria y de autoorganización, pero no la potestad tributaria y financiera
b. Las potestades expropiatorias y de investigación, deslinde y recuperación de oficio de sus bienes, pero no la potestad de ejecución forzosa
c. La presunción de legitimidad y la ejecutividad de sus actos, pero no las potestades de ejecución forzosa y sancionadora
d. La potestad de revisión de oficio de sus actos y acuerdos

153. Qué artículo CE lista las materias sobre las que el Estado tiene competencia exclusiva:

a. 149.1   b. 149.3   c. 148.1   d. 148.3

154. De acuerdo con el vigente ordenamiento español, NO tiene carácter de Entidad Local Territorial:

a. El Municipio
b. La Comunidad Autónoma
c. La provincia
d. La Isla en los archipiélagos balear y canario

155. Cuáles son los órganos de carácter necesario que integran las provincias:

a. Los diputados
b. Los presidentes y vicepresidentes
c. Las juntas de gobierno
d. Son correctas B y C

156. Sobre la Administración de Justicia:

a. Los Tribunales Superiores de Justicia son órganos jurisdiccionales de las CC AA
b. Los Tribunales Superiores de Justicia son órganos del Estado en las CC AA
c. Existe un poder judicial por cada Comunidad Autónoma
d. Existe un Tribunal Supremo en cada Comunidad Autónoma

157. El modelo unitario de organización territorial de un Estado se caracteriza por lo siguiente:

a. Sufre un cambio sustancial a partir de la Constitución de Estados Unidos (1787)
b. Existe un solo conjunto de instituciones que son competentes en todo el territorio del Estado
c. Es la forma de organización territorial de estados como Rusia o India
d. Son correctas A y C

158. Según la regulación española relativa a la provincia:

a. La provincia es una entidad local con personalidad jurídica propia, determinada por la agrupación de municipios
b. Cualquier alteración de los límites provinciales habrá de ser aprobada por las Cortes Generales mediante ley ordinaria
c. Cualquier alteración de los límites provinciales habrá de ser aprobada por el Consejo de Ministros
d. No se pueden crear agrupaciones de municipios diferentes de la provincia, salvo que sean aprobadas por el Gobierno debido a razones de interés público

159. Además de las dos vías ordinarias para acceder a la autonomía ('lenta' y 'rápida'), la Constitución estableció en el artículo 144.a. una vía excepcional por la que 'por motivos de interés nacional' podía constituir una Comunidad Autónoma aunque no reuniese las condiciones del artículo 143.1:

a. el Gobierno de la Nación, aunque nunca la ha usado
b. el Gobierno de la Nación, y la ha usado en una ocasión
c. las Cortes Generales, aunque nunca la han usado
d. las Cortes Generales, y la han usado en una ocasión

160. NO es una competencia que deba ejercer en todo caso el Municipio:

a. Protección civil
b. Prestación socio-sanitaria
c. Prestación de servicios sociales
d. Seguridad en lugares públicos

161. La creación de las Comunidades Autónomas:

a. Viene impuesta por la Constitución, que determina cuáles deben ser
b. Se configura como un derecho
c. Las Comunidades Autónomas están previstas en la Constitución, pero se puede renunciar a su creación
d. No depende de la voluntad de los territorios que las conforman

162. Una de las siguientes funciones NO es competencia de las asambleas legislativas de las CC AA:

a. Dictar Leyes
b. Elegir al Presidente de la Comunidad Autónoma
c. Dictar Leyes Orgánicas
d. Exigir responsabilidad política al Presidente y a los miembros del Consejo de Gobierno

163. Según la Ley 7/1985, reguladora de las Bases del Régimen Local (LBRL), son Entidades Locales:

a. Las Mancomunidades de Municipios
b. Las Áreas Metropolitanas
c. Las Comarcas
d. Las tres

164. Según el art. 147.2 de la Constitución el contenido mínimo de los Estatutos de Autonomía ha de ser:

a. Denominación de la Comunidad Autónoma
b. Delimitación de su territorio
c. Las competencias asumidas dentro del marco de la Constitución
d. Las tres son correctas

165. Cuáles son los principios constitucionales sobre los que se asienta la estructura territorial del Estado a tenor de lo establecido en la Constitución:

a. Unidad
b. Autonomía
c. Solidaridad
d. Las tres son correctas

166. Accedió a la autonomía por la denominada 'Vía rápida' prevista en el artículo 151 de la Constitución:

a. Asturias
b. Baleares
c. Islas Canarias
d. Ninguna de las tres

167. Las Leyes Orgánicas que aprueban los Estatutos de Autonomía:

a. Son Leyes Orgánicas que pueden ser modificadas por las Cortes Generales por su propia y exclusiva voluntad
b. Su modificación depende exclusivamente de la voluntad de la Comunidad Autónoma
c. Su reforma exige seguir el procedimiento que determine el propio Estatuto de Autonomía
d. Los Estatutos de Autonomía no se aprueban por Ley Orgánica

168. Cuál de las siguientes NO se considera una Entidad Local Territorial:

a. El Municipio
b. La Provincia
c. La Isla
d. Las Mancomunidades

169. Sobre la Provincia:

a. Su órgano de gobierno es la Diputación Provincial

b. Su órgano de gobierno es la Diputación Foral

c. Se organiza en Juntas Generales y Diputaciones

d. Surgen mediante Real Decreto en 1812

170. Accedió a la autonomía por la denominada 'Vía lenta' prevista en el artículo 143 de la Constitución:

a. Galicia

b. País Vasco

c. Canarias

d. Ninguna de las tres

171. Los Estatutos de Autonomía se caracterizan por ser:

a. Leyes orgánicas aprobadas por el Parlamento autonómico siguiendo un procedimiento especial

b. Leyes ordinarias aprobadas por el Parlamento estatal

c. Leyes orgánicas, sin presentar ninguna particularidad o especialidad con respecto al resto de leyes orgánicas

d. Son leyes orgánicas especiales por cuanto difieren de las restantes en cuanto a su procedimiento de elaboración y reforma

172. El estado regional es una forma de organización territorial propia de un Estado:

a. Unitario

b. Centralizado

c. Compuesto

d. Ninguna de las tres

173. En cuanto principio rector del sistema de distribución de competencias, el principio dispositivo implica:

a. Que la Constitución establece las competencias de las que dispone cada Comunidad Autónoma

b. Que la Constitución no impone un bloque de competencias concreto para todas las Comunidades Autónomas, ni para algunas en particular, sino que deja esa decisión en manos de los territorios interesados, debiendo respetarse siempre las reglas constitucionales sobre el reparto de competencias

c. Que la Constitución articula un sistema de competencias cuyo reparto queda a disposición del acuerdo entre el Estado y las Comunidades Autónomas

d. Que la Constitución señala las competencias que corresponden al Estado y las que son de las Comunidades autónomas, disponiendo un reparto competencial cerrado

174. Sobre el reparto de competencias recogido en la Constitución, es FALSO:

a. El instrumento utilizado por la Constitución para articular el reparto de competencias es el sistema de listas

b. La Constitución establece en el art. 149.1 de la Constitución una lista de competencias estatales que quedan excluidas del ámbito de disponibilidad de las Comunidades Autónomas

c. Las Comunidades Autónomas pueden asumir funciones no reservadas al Estado sobre ciertas materias incluidas en el artículo 149.1 ya que en muchas materias de ese listado el Estado se reserva solo algunas funciones, pero no todas

d. El artículo 148.1 de la Constitución incluye la lista de las materias que obligatoriamente corresponde asumir a las Comunidades Autónomas

175. Distribución de competencias. Cuando sobre una determinada materia el Estado se reserva la facultad legislativa y la Comunidad Autónoma asume las facultades de desarrollo reglamentario y ejecución…

a. … es una competencia exclusiva del Estado

b. … es una competencia exclusiva de la Comunidad Autónoma

c. … es una competencia compartida

d. … es una competencia delegada

176. NO es un órgano necesario en los municipios:

a. El Pleno

b. El Teniente de Alcalde

c. La Comisión Especial de cuentas

d. La Comisión de participación ciudadana

177. Según la Ley reguladora de las Bases del Régimen Local (LBRL), NO son Entidades Locales territoriales:

a. El Municipio

b. La Provincia

c. La Isla en los archipiélagos balear y canario

d. Las tres lo son

178. Sobre la organización institucional de las CC AA:

a. Los Estatutos de Autonomía no tienen por qué recoger necesariamente la denominación, organización y sede de las instituciones autónomas propias

b. Las leyes autonómicas son dictadas por los Parlamentos autonómicos y promulgadas por el Presidente de la Comunidad Autónoma

c. La elección del Presidente de la Comunidad Autónoma corresponde a los parlamentos autonómicos, dado que los Estatutos de Autonomía prevén un sistema de Gobierno presidencialista en las Comunidades Autónomas

d. La Asamblea legislativa autonómica es elegida por sufragio universal con arreglo a un sistema de representación mayoritaria

179. Según el artículo 1.2 CE el titular de la soberanía es:

a. El poder judicial

b. El pueblo español

c. El Rey

d. El Estado

180 A	213 B	246 A
181 C	214 A	247 A
182 B	215 B	248 B
183 D	216 D	249 C
184 A	217 A	250 A
185 B	218 A	251 B
186 C	219 A	252 A
187 C	220 D	253 B
188 C	221 B	254 C
189 C	222 C	255 B
190 C	223 B	256 B
191 B	224 B	257 A
192 C	225 D	258 C
193 D	226 C	259 B
194 C	227 A	260 C
195 C	228 D	261 A
196 A	229 A	262 C
197 C	230 D	263 C
198 C	231 C	264 A
199 D	232 B	265 B
200 C	233 B	266 A
201 A	234 D	267 D
202 A	235 D	268 D
203 B	236 D	269 B
204 A	237 C	270 C
205 B	238 C	271 D
206 A	239 D	272 D
207 D	240 A	273 A
208 B	241 A	274 C
209 C	242 C	275 D
210 B	243 D	276 B
211 B	244 B	277 C
212 C	245 C	278 C

180. Los actos jurídicos de la Unión:

a. Se integran formal e inmediatamente en el Derecho nacional de los Estados miembros con su simple publicación en el Diario Oficial de la UE, sin necesidad de ratificación por el Estado

b. Se integran formal e inmediatamente en el Derecho nacional de los Estados miembros con su simple publicación en el Diario Oficial de la UE, pero una vez sean ratificados por el Estado

c. No se integran en el Derecho interno, y son aplicados por las instituciones de la Unión

d. Se integran formal e inmediatamente en el Derecho nacional de los Estados miembros a través de su publicación en el BOE

181. El mandato de la Comisión Europea es de:

a. 2 años y medio   b. 4 años
c. 5 años   d. Vitalicio

182. Institución independiente de los gobiernos nacionales, cuya función primordial es gestionar y ejecutar las políticas y acciones europeas, representando el ejecutivo de la UE:

a. El Consejo de la UE
b. La Comisión
c. El COREPER
d. El Comité de Ministros de Asuntos Exteriores o/y de Defensa

183. Desde 1979 las elecciones europeas tienen lugar cada:

a. año   b. 2 años
c. 4 años   d. 5 años

184. La Comisión de la UE:

a. Es la institución que representa y garantiza el interés general de la Unión

b. Tiene prácticamente el monopolio de la iniciativa legislativa, de manera que es, junto con el Parlamento Europeo, el co-legislador de la Unión Europea

c. Como ejecutivo y gestor de los asuntos europeos, la Comisión es responsable políticamente ante el Parlamento Europeo, si bien este no puede votar una moción de censura contra la misma

d. Sus miembros son designados y propuestos por los Gobiernos de los Estados miembros, siendo así el representante directo de los mismos

185. NO es una Institución de la UE:

a. El Consejo Europeo y la Comisión Europea
b. El Consejo de Europa
c. El Consejo de la Unión Europea
d. El Banco Central Europeo

186. Cuántos estados componen la UE:

a. 20   b. 25   c. 27   d. 30

187. La publicación de los actos jurídicos vinculantes es un requisito formal esencial para que resulten exigibles en el Derecho interno de los Estados miembros. Dónde han de publicarse:

a. En el Diario oficial de cada Estado miembro
b. En el DOUE, solo en lengua inglesa
c. En el DOUE en las 24 lenguas oficiales de la UE
d. En el DOUE en todas las lenguas que sean oficiales en los Estados miembros

188. El Consejo de la UE tiene entre sus funciones:

a. La toma de decisiones
b. Co-legislar junto con el Parlamento Europeo
c. Son correctas A y B
d. Elegir a los miembros del TJUE

189. El Presidente del Consejo Europeo es:

a. Un cargo representativo rotatorio
b. El Presidente del Gobierno uno de los Estados miembros, por seis meses
c. Un cargo electo que tiene una duración de dos años y medio, renovable una sola vez
d. El presidente de la Comisión Europea

190. Sobre la Directiva, es FALSO:

a. Deja espacios por desarrollar por la legislación interna de los Estados miembros
b. Regula materias de competencia compartida entre los Estados miembros y la Unión Europea
c. Es jerárquicamente inferior al reglamento
d. Es una norma jurídicamente imperfecta para producir 'per se' efectos jurídicos

191. De las tres formas de adoptar decisiones del Consejo de la Unión Europea, cuál es la más utilizada en la actualidad:

a. La mayoría simple
b. La mayoría cualificada
c. La unanimidad
d. Todas por igual

192. La directiva europea obliga al Estado miembro destinatario:

a. Únicamente en cuanto al resultado que deba conseguirse y a la elección de la forma y de los medios para conseguirlo
b. No obliga a los Estados miembros en cuanto al resultado a conseguir, solo en cuanto a la forma y los medios para obtenerlo
c. No es, por definición, un tipo de norma directamente aplicable en el Derecho interno
d. Es, por definición, un tipo de norma directamente aplicable en el Derecho interno, pues obliga en cuanto al resultado

193. El Tribunal de Justicia de la UE:

a. Está vinculado por las conclusiones del Abogado General

b. Los jueces eligen entre ellos al presidente

c. No está vinculado por las conclusiones del Abogado General

d. Son correctas B y C

194. El Tribunal de Justicia de la UE:

a. Es una institución única, integrada por tres instancias

b. Su sede está en Estrasburgo

c. Encarna el poder judicial en la UE

d. Está compuesto por un abogado general nacional de cada país miembro

195. Cuál de los siguientes recursos o cuestiones NO se sustancia ante el Tribunal de Justicia de la UE:

a. La llamada 'cuestión prejudicial' o reenvío prejudicial, un procedimiento que permite a un órgano jurisdiccional nacional, encargado de aplicar el Derecho de la Unión en un caso concreto, consultar al Tribunal de Justicia cualquier duda acerca de la interpretación o validez de la norma europea a aplicar en el caso

b. El recurso por incumplimiento de los Estados miembros, que tiene por objeto controlar a los Estados en el cumplimiento de sus obligaciones como miembros de la UE

c. El recurso de amparo ante el Tribunal de Justicia, un procedimiento en defensa de los derechos fundamentales de la UE

d. Los recursos de anulación y por omisión, que se dirigen, respectivamente, contra la acción o inactividad de las instituciones

196. De acuerdo con el Tratado de Funcionamiento de la UE, los actos jurídicos de la Unión:

a. Deberán estar motivados, debiendo referirse a las propuestas, iniciativas, recomendaciones, peticiones o dictámenes previstos en los Tratados

b. No tienen por qué estar motivados

c. Deberán estar motivados solo en el caso de que afecten a los Estados

d. Deberán estar motivados solo en el caso de que afecten a las instituciones

197. Las sesiones plenarias del Parlamento europeo tienen lugar en:

a. Bruselas y Dublín

b. Luxemburgo y Hamburgo

c. Bruselas y Estrasburgo

d. Hamburgo y Estrasburgo

198. El reglamento de la UE es un tipo o categoría normativa:

a. Que, debido a su potencia normativa, se utiliza únicamente en ámbitos de competencia exclusiva de la Unión Europea

b. Se utiliza exclusivamente en ámbitos de competencia compartida entre la UE y los Estados miembros

c. Es una norma directamente aplicable en el Estado miembro

d. Es una norma directamente aplicable si el Estado miembro así lo admite

199. El procedimiento habitual de adopción de decisiones por el Consejo de la UE es:

a. La unanimidad

b. La mayoría simple

c. La mayoría absoluta

d. La mayoría cualificada

200. Aprueba el presupuesto de la UE:

a. la Comisión Europea

b. la Comisión Europea junto con el Tribunal de Cuentas

c. el Consejo de la UE junto con el Parlamento

d. el Banco Central Europeo

201. A los jueces del Tribunal de Justicia de la UE los eligen:

a. Los gobiernos de los Estados miembros

b. El Parlamento Europeo

c. La Comisión Europea

d. El Consejo de Europa

202. El presidente o presidenta del Parlamento Europeo es elegido por:

a. Los parlamentarios, por mayoría absoluta y para un período de 2 años y medio

b. Los parlamentarios, por mayoría cualificada y para un período de 5 años

c. Los ciudadanos europeos, por mayoría simple y para un período de 5 años

d. Los ciudadanos europeos, por mayoría absoluta y para un período de 2 años y medio

203. El Tribunal General:

a. Es la instancia superior del Tribunal de Justicia de la UE

b. Está formado por dos jueces por cada estado miembro

c. Es la instancia inferior del Tribunal de Justicia de la UE

d. Está formado por un juez nacional de cada estado miembro

204. Las Comisiones del Parlamento europeo se celebran en:

a. Bruselas

b. Estrasburgo

c. Luxemburgo

d. París

205. Sobre el Consejo de la UE:

a. Está compuesto por los Jefes de Estado y/o de Gobierno de los Estados miembros

b. Comparte la capacidad legislativa con el Parlamento Europeo

c. Controla la buena gestión y ejecución de las finanzas europeas

d. Tiene una composición y presencia permanente en Bruselas

206. Cuál de los siguientes es de mayor potencia normativa:

a. Reglamento

b. Directiva

c. Decisión

d. Dictamen

207. El Tribunal de Justicia de la UE se compone de:

a. Jueces y Fiscales

b. Magistrados y Secretarios judiciales

c. Fiscales y Magistrados generales

d. Jueces y Abogados generales

208. La sede del Tribunal de Justicia de la UE se encuentra en:

a. Estrasburgo

b. Luxemburgo

c. La Haya

d. Hamburgo

209. Entre las funciones del Parlamento Europeo destaca:

a. Ejercer conjuntamente con el Consejo la función legislativa y presupuestaria

b. La función de control político

c. Son correctas A y B

d. Representar a la UE internacionalmente

210. Qué recurso se sustancia ante las dos instancias del Tribunal de Justicia de la UE:

a. El de apelación

b. El de reparación de daños y perjuicios

c. El de amparo

d. El de casación

211. Sobre la figura del Defensor del Pueblo Europeo 'Ombudsman':

a. Lo nombra la Comisión Europea para un período de 5 años

b. Lo nombra el Parlamento Europeo para un período de 5 años

c. Recibe las reclamaciones de cualquier ciudadano europeo relativas a la mala gestión de cualquier órgano de la UE

d. Son correctas a y C

212. El 'Ombudsman', el Defensor del Pueblo Europeo, es nombrado por:

a. El Consejo Europeo para un período de cuatro años, renovable

b. La Comisión Europea, para un período de cinco años, no renovable

c. El Parlamento Europeo, para un período de cinco años, renovable

d. El Consejo de la Unión europea, para un período de cuatro años, no renovable

213. Institución que representa y garantiza el interés general de la UE y cuya función primordial es gestionar y ejecutar las políticas y acciones europeas:

a. El Parlamento Europeo

b. La Comisión Europea

c. El Consejo de la Unión Europea

d. El Consejo Europeo

214. Las elecciones europeas:

a. Se celebran cada 5 años

b. Se celebran cada 4 años

c. Cada Estado no mantiene su competencia para aplicar sus criterios y procedimientos electorales a la hora de convocar las elecciones europeas

d. Existe un procedimiento electoral uniforme en toda la UE

215. Acto legislativo del derecho de la UE que obliga al Estado destinatario en cuanto al resultado que deba conseguirse, dejando, sin embargo, a las autoridades nacionales la elección de la forma y de los medios:

a. Reglamento

b. Directiva

c. Decisión

d. Informe

216. Quién tiene la capacidad de demandante en el recurso de reparación de daños y perjuicios:

a. La Comisión Europea, aunque un Estado también puede utilizarlo contra otro
b. Los Estados miembros, el Parlamento Europeo, la Comisión Europea y el Consejo
c. Los jueces
d. Cualquier persona física o jurídica, así como los Estados miembros que tengan un interés legítimo

217. Qué institución se encarga de velar por la correcta interpretación y aplicación de la legislación europea:

a. El Tribunal de Justicia de la Unión Europea
b. El Consejo de la Unión Europea
c. El Parlamento Europeo
d. La Comisión Europea

218. Sobre la publicación de los actos jurídicos vinculantes en el DOUE:

a. La publicación es requisito formal esencial para que esos actos resulten exigibles en el Derecho interno de los Estados miembros
b. La publicación es un requisito formal esencial en el caso de los actos legislativos, no en el de los actos de ejecución
c. Los actos jurídicamente vinculantes de la Unión entran siempre en vigor el día de su publicación en el Diario Oficial de la UE
d. Los actos vinculantes de la Unión se publican solo en las lenguas de los Estados miembros a los que les afecta el acto vinculante

219. Sobre el Tribunal General:

a. Es competente para conocer determinados recursos, como los de anulación y abstención interpuestos por personas físicas y jurídicas
b. Es una instancia suprema
c. El procedimiento de elección de su presidente difiere del procedimiento de elección del presidente en el caso del Tribunal de Justicia de la Unión Europea
d. Las tres son correctas

220. La Directiva:

a. Tiene un alcance general y no identifica a unos destinatarios concretos
b. Es obligatoria en todos sus elementos y directamente aplicable en cada Estado miembro
c. Es jerárquicamente superior al Reglamento
d. Obliga al Estado en cuanto al resultado que deba conseguirse

221. El Consejo de la Unión Europea:

a. No es una institución europea, sino un órgano consultivo de la Comisión Europea
b. Es el co-legislador de la Unión Europea, ejerciendo la función legislativa junto con el Parlamento Europeo
c. Está compuesto por tres representantes por cada Estado miembro
d. Representa directamente a los ciudadanos de la Unión e indirectamente a los Estados miembros

222. El Consejo Europeo:

a. Está compuesto por los Jefes de Estado y/o de Gobierno de los Estados miembros, el Presidente del propio Consejo Europeo y el Presidente del Parlamento Europeo
b. Es el encargado de dar a la UE los impulsos necesarios para su desarrollo, definir sus orientaciones y prioridades políticas generales, y ejercer la función legislativa
c. Es el encargado de dar a la Unión los impulsos necesarios para su desarrollo y definir sus orientaciones y prioridades políticas generales, pero no puede ejercer función legislativa alguna
d. Está compuesto por los Jefes de Estado y/o de Gobierno de los Estados miembros, el Presidente de la Comisión y el Presidente del Parlamento

223. Conjunto de normas jurídicas adoptadas por las instituciones de la UE para desarrollar los ámbitos materiales de los Tratados y alcanzar sus objetivos:

a. Derecho Europeo
b. Derecho Derivado
c. Derecho General
d. Derecho Institucional

224. Sobre la Directiva:

a. Es jerárquicamente superior al reglamento
b. Deja espacios por desarrollar por la legislación interna de los Estados miembros
c. Es una técnica de legislación exclusiva de las instituciones de la Unión Europea
d. Regula materias de competencia exclusiva de la Unión Europea

225. El llamado 'Derecho derivado' de la UE es:

a. Un conjunto de normas jurídicas adoptadas por los Estados miembros siguiendo las directrices marcadas por la UE
b. Un conjunto de normas jurídicas adoptadas por las instituciones de la UE y los Estados miembros
c. El Derecho relativo a la UE que deriva de las Constituciones nacionales
d. Deriva de los Tratados de la UE, teniendo un origen y naturaleza institucional. Son los actos jurídicos de la UE

226. Sobre el Reglamento, es FALSO:

a. Es directamente aplicable en el Derecho interno de los Estados miembros
b. Produce efectos en las relaciones internas
c. Es jerárquicamente inferior a la directiva
d. Para entrar en vigor debe ser publicado en el Diario Oficial de la Unión Europea

227. Sobre el Reglamento:

a. Es el acto institucional de mayor potencia normativa
b. Es jerárquicamente superior a la directiva
c. Se adopta en ámbitos materiales de competencia compartida
d. Son correctas B y C

228. Los párrafos de motivación que preceden al texto articulado de los actos vinculantes NO incluyen:

a. Fundamentos jurídicos
b. Motivación, lo que incluye la mención de las propuestas y dictámenes previamente recabados
c. Párrafos de motivación
d. Apéndices normativos

229. Los reglamentos y las directivas de la UE:

a. Son siempre actos jurídicamente vinculantes
b. Pueden adoptarse bajo la categoría de actos legislativos o de actos delegados, pero no como actos de ejecución
c. Se adoptan mediante procedimiento legislativo ordinario, pero no mediante procedimiento legislativo especial
d. No pueden existir reglamentos y directivas de ejecución

230. Los actos jurídicos vinculantes de la UE pueden ser:

a. Legislativos
b. Delegados
c. De ejecución
d. Las tres son correctas

231. Los eurodiputados son elegidos:

a. Por los Parlamentos de los Estados
b. Por los Gobiernos de los Estados
c. Por la ciudadanía de la UE a través de sufragio universal directo
d. Por la Comisión de la UE

232. Sistema según el cual la Comisión de la UE remite a los parlamentos nacionales la propuesta de acto legislativo europeo, en todos los casos en los que la norma jurídica propuesta incida en un ámbito de competencia compartida entre la UE y los Estados miembros:

a. Sistema de veto europeo
b. Sistema de alerta temprana
c. Sistema de 'pick and go'
d. Sistema de alianzas

233. Quién aprueba las normas de la UE mediante el procedimiento legislativo ordinario:

a. El Consejo Europeo junto con la Comisión
b. El Consejo de la UE junto con el Parlamento
c. El Parlamento junto con la Comisión
d. El Consejo de la UE junto con el Consejo

234. Sobre el Tribunal de Justicia, es FALSO:

a. El Tribunal está compuesto por un juez por cada Estado miembro, y está asistido por abogados generales
b. Según establece el Tratado de la Unión Europea, el Tribunal de Justicia de la UE comprenderá: el Tribunal de Justicia, el Tribunal General y los tribunales especializados
c. La actividad jurisdiccional del Tribunal de Justicia se desarrolla en Salas de tres o cinco jueces, en Gran Sala compuesta por 15 jueces y, excepcionalmente en Pleno
d. Los jueces y abogados generales del Tribunal de Justicia ejercen su mandato por 4 años, renovables una sola vez más

235. Los textos constitutivos principales de la UE son:

a. Las directivas y reglamentos
b. El Tratado de la UE
c. El Tratado de funcionamiento de la UE
d. Son correctas B y C

236. El reglamento de la UE es un tipo o categoría normativa que:

a. Tiene un alcance general, si bien normalmente identifica destinatarios concretos
b. Tiene un alcance general, pero no es obligatorio en todos sus elementos
c. No tiene un alcance general sino específico, pero es obligatorio en todos sus elementos
d. Tiene un alcance general, es obligatorio en todos sus elementos y es directamente aplicable en el Derecho interno de los Estados miembros

237. El Presidente o la Presidenta de la Comisión:

a. Es designado por el Parlamento y aprobado por el Consejo de la UE
b. Es propuesto por la Comisión y aprobado por el Parlamento
c. Es designado por el Consejo Europeo y nombrado por el Parlamento
d. Es designado por el Consejo de la UE y nombrado por el Tribunal de Justicia

238. Qué norma europeas NO tiene naturaleza jurídica de acto vinculante:

a. Reglamento
b. Directiva
c. Dictamen
d. Decisión

239. La presidencia del Consejo de la Unión Europea:

a. Es un cargo vitalicio de carácter honorífico
b. Es un cargo rotatorio entre los Estados miembros, de carácter anual
c. Es un cargo rotatorio que se establece en la actualidad en base al orden alfabético
d. Es un cargo rotatorio entre los Estados miembros, de carácter semestral

240. El Proyecto europeo se inició oficialmente en el año:

a. 1950
b. 1951
c. 1957
d. 1960

241. En el marco de la UE cuál es la institución de decisión y co-legislador con el Parlamento Europeo:

a. El Consejo de la Unión Europea
b. La Comisión Europea
c. El Consejo Europeo
d. El Tribunal de Justicia de la Unión Europea

242. El Tribunal de Justicia de la UE es una institución:

a. Dependiente del Parlamento Europeo
b. Independiente respecto a los Estados, pero que depende de la Comisión y el Parlamento Europeo
c. Independiente, cuyas resoluciones son obligatorias para los Estados miembros y las instituciones de la UE
d. Independiente, cuyas resoluciones son obligatorias para los Estados miembros, pero no para las instituciones de la UE

243. Según el Derecho de la Unión:

a. Los actos jurídicamente vinculantes son los reglamentos, las directivas, las decisiones, las recomendaciones y los dictámenes
b. Las decisiones no son vinculantes
c. Los dictámenes son jurídicamente vinculantes para los Estados miembros
d. Las recomendaciones no son jurídicamente vinculantes

244. NO forma parte actualmente de la Unión Europea:

a. La Comisión Europea
b. La Comunidad Europea del Carbón y el Acero
c. El Tribunal de Justicia de la UE
d. El Banco Central Europeo

245. Cuando un responsable político de ámbito sub-estatal participe en las reuniones y votaciones del Consejo de la UE:

a. Representará y obligará solo al ente sub-estatal del que proviene
b. Representará y obligará a aquellos entes sub-estatales que le den su conformidad
c. Representará y obligará al conjunto de su Estado
d. Representará y obligará al conjunto de entes sub-estatales de Europa

246. Sobre las elecciones europeas, es FALSO:

a. El número mínimo de diputados por país es de 5 y el máximo es de 96
b. En el año 2019 se eligieron un total de 751 eurodiputados
c. Los ciudadanos eligen a los candidatos que presentan los partidos políticos de ámbito nacional o regional
d. Tras los últimos ajustes motivados por la salida del Reino Unido de la UE, el número de eurodiputados actualmente es de 705

247. Qué institución europea es elegida directamente por los ciudadanos europeos, a los que representa en el proceso de construcción política europea:

a. El Parlamento Europeo
b. La Comisión Europea
c. El Consejo Europeo
d. El Tribunal de Justicia de la Unión Europea

248. El número de miembros del Parlamento a elegir en cada Estado:

a. Es idéntico
b. Depende de su peso demográfico
c. Depende de su extensión territorial
d. Depende de su influencia geopolítica

249. Sobre el Parlamento:

a. Los miembros del Parlamento se agrupan en bloques nacionales o en grupos políticos
b. El número mínimo de eurodiputados para constituir un bloque nacional es de 25
c. No se pueden constituir grupos políticos con eurodiputados de la misma nacionalidad
d. Los miembros del Parlamento deben, obligatoriamente, inscribirse a un grupo político o bloque nacional

250. Sede de la Comisión Europea:

a. Bruselas
b. Estrasburgo
c. Luxemburgo
d. La Haya

251. Cuál de estos criterios a la hora de formar grupo en el Parlamento Europeo no se ajusta a la realidad:

a. Los miembros elegidos en cada Estado no se agrupan ni trabajan en bloques nacionales
b. El número mínimo para constituir grupo político es de 20 miembros
c. Los miembros que no deseen adherirse a un grupo pasan a formar parte del grupo de los 'no inscritos'
d. Los distintos grupos políticos del Parlamento Europeo representan los diferentes puntos de vista y enfoques sobre el proceso de integración europea

252. Cuando el Consejo de la UE tiene que aprobar una decisión o norma jurídica por mayoría cualificada, a propuesta de la Comisión Europea, se precisa el voto a favor:

a. Del 55% de los Estados y que representen el 65% de la población
b. Del 70% de los Estados, independientemente de la población que supongan
c. Del 70% de la población, independientemente del porcentaje de Estados en que se reparten
d. Del 65% de los Estados y que representen al 55% de la población

253. Órgano de la UE 'compuesto de un representante de cada Estado , de rango ministerial, facultado para comprometer al Gobierno del Estado miembro al que represente y para ejercer el derecho de voto':

a. La Comisión europea
b. El Consejo de la Unión Europea
c. El Consejo Europeo
d. El Comité de Ministros

254. Qué institución de la UE nombra al defensor del pueblo europeo:

a. La Comisión
b. El Consejo
c. El Parlamento europeo
d. El Tribunal de Justicia

255. Corresponde al Parlamento Europeo:

a. Velar por la correcta interpretación y aplicación de la legislación europea
b. Controlar políticamente a otras instituciones
c. Representar a la UE en la escena internacional
d. Ejecutar las políticas y el presupuesto de la Unión Europea

256. Con carácter ordinario, el Consejo Europeo se reúne:

a. 2 veces por año
b. 2 veces por semestre
c. 2 veces por trimestre
d. 1 vez por semestre

257. Para que prospere la moción de censura contra la Comisión de la UE se exige:

a. Dos tercios de los votos emitidos que representen, a su vez, a la mayoría de los diputados que componen el Parlamento
b. La mayoría absoluta de los diputados que componen el Parlamento Europeo
c. Dos tercios de los diputados que componen el Parlamento Europeo
d. El 50% de los votos emitidos que representen, a su vez, los dos tercios de los diputados que componen el Parlamento Europeo

258. De qué institución europea puede decirse que es el origen de toda la legislación europea:

a. Del Consejo Europeo
b. Del Consejo de la Unión Europea
c. De la Comisión Europea
d. Del Parlamento Europeo

259. Las directivas de la UE:

a. No requieren de normas internas o estatales que incorporen los aspectos esenciales de su regulación y garanticen el resultado prescrito en ella
b. Recogen un plazo de transposición, antes de cuyo término los Estados están obligados a adoptar las normas internas necesarias para obtener el resultado prescrito en la misma
c. Son obligatorias para los Estados, pero no recogen un plazo de transposición de su contenido
d. Son directamente obligatorias tanto para los Estados como para los ciudadanos

260. El mandato de la Comisión Europea dura cuántos años:

a. 3   b. 4   c. 5   d. 6

261. La coordinación de las políticas económicas de los estados miembros de la UE se ejerce a través:

a. Del Consejo de la UE
b. De la Comisión Europea
c. De la Presidencia del Consejo Europeo
d. Del Banco Central Europeo

262. El Tribunal de Justicia de la UE es una institución integrada por:

a. Una única instancia
b. Dos instancias
c. Tres instancias
d. Instancia múltiple

263. Si comparamos el reglamento y la directiva:

a. Existe una relación de jerarquía entre reglamento y directiva, imponiéndose aquel
b. El reglamento se impone a la directiva si es de alcance general
c. La directiva no es, a diferencia del reglamento, obligatoria en todos sus elementos, solo en cuanto al resultado que deba conseguirse
d. La directiva se impone sobre el reglamento si este no tiene alcance general y solo vincula en cuanto al resultado

264. El recurso ante el Tribunal de Justicia de la UE que tiene como objeto controlar a los Estados en el cumplimiento de sus obligaciones como miembros de la UE se denomina:

a. Recurso por incumplimiento
b. Recurso de anulación
c. Reenvío prejudicial
d. Recurso de reparación de daños y perjuicios

265. Las instituciones de la UE son:

a. 4   b. 7   c. 5   d. 6

266. Son los textos constitutivos principales de la UE:

a. El Tratado de la UE, que es el texto de base, y el Tratado de Funcionamiento de la UE, que es el texto de desarrollo
b. El Tratado de Maastricht, que es el texto de base, y el Tratado de Lisboa, que es el texto de desarrollo
c. El Tratado de Funcionamiento de la UE, que es el texto de base, y el Tratado de la UE, que es el texto de desarrollo
d. El Tratado de Lisboa, que es el texto de base, y el Tratado de Maastricht, que es el texto de desarrollo

267. No han de publicarse en la sección L (de 'Legislación') del DOUE:

a. Reglamentos   b. Directivas
c. Decisiones   d. Recomendaciones

268. La Comisión europea:

a. Formula la propuesta de normas jurídicas al Consejo y al Parlamento Europeo
b. Ejecuta las políticas y el presupuesto UE
c. Representa a la UE en la escena internacional
d. Las tres son correctas

269. Para que los actos jurídicos vinculantes de la UE sean exigibles en el Derecho interno de los Estados miembros es requisito formal:

a. Su publicación en el Boletín de cada Estado
b. Su publicación en el Diario Oficial de la UE (DOUE)
c. Su ratificación por cada Estado
d. Su desarrollo en Leyes de cada Estado

270. Elige a los Abogados Generales:

a. El Parlamento Europeo
b. El Consejo de Europa
c. Los gobiernos de los Estados miembros
d. La Comisión Europea

271. El Consejo Europeo está compuesto por:

a. Los jefes de Estado y de gobierno
b. El Presidente del Consejo
c. El Presidente de la Comisión Europea
d. Las tres son correctas

272. Sobre el Parlamento de la UE, es FALSO:

a. Es una institución elegida directamente por los ciudadanos europeos, a los que representa en el proceso de construcción política europea
b. Ejerce conjuntamente con el Consejo la función legislativa y la función presupuestaria
c. Tiene facultades de control político sobre la Comisión Europea
d. Los diputados al Parlamento Europeo serán elegidos por sufragio universal directo, libre y secreto, para un mandato de cuatro años

273. Cuáles de los siguientes actos jurídicos de la UE NO son vinculantes:

a. Recomendaciones
b. Reglamentos
c. Directivas
d. Decisiones

274. Los actos jurídicos vinculantes:

a. Se publican en el Diario Oficial de la Unión Europea
b. Se publican en las 24 lenguas oficiales de la UE
c. No tienen que ser motivados
d. Se han de notificar a los Estados a los que se dirige

275. Qué institución europea ejecuta las políticas y el presupuesto de la UE:

a. El Parlamento Europeo
b. El Consejo Europeo
c. El Tribunal de Cuentas
d. La Comisión Europea

276. la UE es una organización:

a. Compuesta, en la actualidad, por 28 Estados
b. Fundamentada en la cesión de competencias por parte de los Estados miembros
c. Internacional clásica, donde los Estados cooperan de forma intensa para conseguir unos objetivos comunes
d. Regida, en la actualidad, por la Constitución Europea y el Tratado de la Comunidad Europea

277. El presupuesto de la UE es aprobado por:

a. El Parlamento Europeo exclusivamente
b. El Consejo de la UE exclusivamente
c. El Consejo de la UE junto con el Parlamento Europeo
d. La Comisión junto con el Parlamento Europeo

278. Sobre la Comisión Europea, es FALSO:

a. Es un órgano colegiado
b. Su mandato es de 5 años
c. Su presidente lo designa el parlamento
d. Son correctas A y B

279 **C**	303 **D**	327 **B**
280 **C**	304 **A**	328 **B**
281 **D**	305 **C**	329 **B**
282 **D**	306 **A**	330 **D**
283 **B**	307 **B**	331 **D**
284 **D**	308 **B**	332 **C**
285 **A**	309 **D**	333 **B**
286 **C**	310 **C**	334 **A**
287 **B**	311 **C**	335 **B**
288 **B**	312 **C**	336 **A**
289 **A**	313 **A**	337 **D**
290 **A**	314 **D**	338 **C**
291 **C**	315 **B**	339 **B**
292 **B**	316 **B**	340 **A**
293 **A**	317 **D**	341 **B**
294 **C**	318 **B**	342 **B**
295 **A**	319 **D**	343 **A**
296 **D**	320 **B**	344 **B**
297 **A**	321 **C**	345 **A**
298 **C**	322 **B**	346 **A**
299 **D**	323 **B**	347 **C**
300 **B**	324 **C**	348 **C**
301 **C**	325 **C**	
302 **D**	326 **D**	

279. Según el principio de legalidad, la actuación de la Administración:

a. Deberá realizarse con sometimiento a la Constitución y a las leyes, no a las normas de rango reglamentario
b. Puede excepcionar para un caso concreto lo establecido con carácter general en un Reglamento
c. Está sometida a la totalidad del ordenamiento jurídico
d. Solo los ciudadanos tienen obligación de obedecer la totalidad de las normas del ordenamiento jurídico

280. La discrecionalidad Administrativa supone:

a. La atribución de un margen de arbitrariedad a la Administración en su actuación
b. La imposibilidad de controlar la potestad ejercitada
c. La existencia de una pluralidad de soluciones
d. Actualmente las potestades discrecionales no pueden ejercitarse

281. En virtud de la titularidad de la potestad reglamentaria los reglamentos pueden ser:

a. Estatales y locales
b. Estatales, autonómicos y locales
c. Locales y autonómicos
d. Estatales, autonómicos, locales e institucionales

282. El control de los decretos-leyes se produce:

a. A priori por el Congreso
b. Por parte del Consejo de Estado
c. Por parte de la Abogacía del Estado
d. Por parte del Congreso a posteriori

283. Pueden dictar leyes orgánicas:

a. Solo el legislador autonómico
b. Solo el legislador estatal
c. Tanto el legislador autonómico como Estatal
d. Tanto el legislador estatal, como autonómico y local

284. Los tratados internacionales:

a. Jerárquicamente están por encima de la Constitución
b. No están sometidos al control de constitucionalidad del Tribunal Constitucional
c. Pueden contener disposiciones contrarias a la Constitución
d. Prevalecerán sobre cualquier otra norma del ordenamiento interno en caso de conflicto, salvo la Constitución

285. Se denomina 'bloque de constitucionalidad' a:

a. El conjunto de normas formado por la Constitución, los estatutos de autonomía y otras leyes estatales que distribuyen competencias entre el Estado y las Comunidades Autónomas
b. El conjunto de leyes estatales
c. Todo el ordenamiento jurídico
d. El conjunto formado por la Constitución y los estatutos de autonomía

286. Las Comunidades Autónomas:

a. Pueden dictar Decretos leyes, pero no Decretos Legislativos
b. Pueden dictar Decretos Legislativos por no Decretos leyes
c. Pueden dictar Decretos Leyes y Decretos Legislativos
d. No pueden dictar Decretos leyes ni Decretos Legislativos

287. La delegación legislativa:

a. Puede darse sobre cualquier materia
b. No puede darse sobre materias reservadas a ley orgánica
c. Puede tener carácter genérico
d. Puede ser indefinida

288. Los reglamentos ejecutivos:

a. Son los que se refieren a cuestiones relacionadas con la organización administrativa
b. Son los que desarrollan una ley
c. Son los que se dictan sin ley previa
d. No existen reglamentos ejecutivos como tales

289. Para la entrada en vigor de un reglamento:

a. Se requiere su publicación en el diario oficial correspondiente (Estado, Comunidad Autónoma o provincia)
b. Se requiere su publicación en el Boletín Oficial del Estado, con independencia del origen de la norma (estatal, autonómica o local)
c. Basta con la inserción de un anuncio en el periódico de mayor tirada del territorio correspondiente
d. Se ha de insertar un anuncio en el Diario Oficial de la Unión Europea

290. Es competencia del TC:

a. Controlar la constitucionalidad de las leyes mediante el recurso y la cuestión de inconstitucionalidad
b. Controlar que el reglamento no contradice la ley
c. Controlar todo el ordenamiento jurídico
d. Controlar a los tribunales que hayan declarado que un reglamento contradice la ley

291. De acuerdo con la Constitución, los decretos-leyes:

a. Son normas con fuerza de ley que puede dictar el Parlamento en caso de extraordinaria y urgente necesidad

b. Son normas con fuerza de ley que puede dictar el Presidente del Gobierno en caso de extraordinaria y urgente necesidad

c. Son normas con fuerza de ley que puede dictar el Gobierno en caso de extraordinaria y urgente necesidad

d. Son normas con fuerza de ley que puede dictar el Congreso en caso de extraordinaria y urgente necesidad

292. La potestad reglamentaria es atribuida a:

a. El Consejo de Ministros exclusivamente

b. El Consejo de Ministros, Presidente del Gobierno, Vicepresidente y Ministros

c. Ministros y Secretarios de Estado exclusivamente

d. El Parlamento en pleno

293. Las leyes orgánicas:

a. Regulan las materias que la Constitución reserva a ese tipo de norma

b. Jerárquicamente están al mismo nivel que la Constitución

c. Para su aprobación, requieren mayoría absoluta en el Congreso de los Diputados y en el Senado

d. Pueden ser modificadas por leyes ordinarias

294. La vinculación positiva al principio de legalidad por parte de la Administración implica:

a. Que la Administración puede actuar en todo aquello que no esté prohibido por las leyes

b. Que la Administración puede actuar libremente sin que exista una norma previa que lo permita

c. Que la Administración solo puede actuar con autorización normativa

d. Ninguna de las anteriores

295. La reserva de ley se puede entender:

a. En sentido material y formal

b. En sentido estricto y restringido

c. En sentido constitucional o normativo

d. Las tres son correctas

296. En virtud de la autonomía que la Constitución reconoce a CC AA, provincias y municipios:

a. Las Comunidades Autónomas son titulares de potestad legislativa, pero no de potestad reglamentaria

b. Los entes que integran la Administración local, al estar tutelados por el Estado y las Comunidades Autónomas, carecen de potestad reglamentaria

c. Los reglamentos autonómicos son controlados por el Tribunal Constitucional

d. Los entes que integran la Administración local son titulares de la potestad reglamentaria

297. Los Reales Decretos son aprobados por:

a. El Presidente y el Consejo de Ministros

b. El Presidente autonómico y sus Consejeros

c. Los Ministros

d. Los Consejeros Delegados

298. Las leyes orgánicas:

a. No tienen un procedimiento especial de aprobación

b. Son aprobadas por el legislador, tanto del Estado como de las Comunidades autónomas, pero siguiendo un procedimiento especial

c. Solo pueden ser elaboradas por el legislador estatal

d. Se diferencian de las leyes ordinarias en que son aprobadas por mayoría absoluta del Congreso y del Senado

299. Las leyes son controladas por el Tribunal Constitucional:

a. Solo si tienen carácter estatal

b. Solo si tienen carácter estatal y local

c. Solo si tienen carácter autonómico

d. Tanto si tienen carácter estatal como autonómico

300. Por el principio de inderogabilidad singular de los reglamentos significa:

a. Un acto administrativo puede decidir para un caso concreto la inaplicación de un reglamento

b. No se puede regular un caso concreto en contra de lo dispuesto en un reglamento

c. Los reglamentos pueden ser derogados por actos administrativos

d. Los reglamentos no pueden ser derogados por otros reglamentos de igual o superior rango, sino que únicamente por leyes

301. El texto refundido, como tipo de decreto legislativo:

a. Requiere que previamente se haya dictado una ley de bases que autorice al gobierno su elaboración

b. Solo puede ser controlado por el Tribunal Constitucional

c. Puede ser controlado por los tribunales ordinarios en aquello que no se ajuste a la delegación

d. Tiene por objeto aprobar una nueva regulación de la materia objeto de delegación

302. Los decretos-leyes:

a. Están subordinados a las leyes

b. Pueden regular el Derecho electoral general

c. Entran en vigor una vez hayan sido debatidos y votados en el Congreso

d. Son normas dictadas por el gobierno en caso de extraordinaria y urgente necesidad

303. Sobre los decretos-leyes, es FALSO:

a. El decreto-ley entra en vigor tras su promulgación, debiendo ser inmediatamente sometido a debate y votación en el Congreso de los Diputados en el plazo de treinta días siguientes a su promulgación

b. Las Cortes pueden tramitar un decreto-ley como proyecto de ley por el procedimiento de urgencia

c. El control jurisdiccional de los decretos-leyes corresponderá al Tribunal Constitucional

d. La Constitución no permite la posibilidad de que los Gobiernos de las Comunidades Autónomas puedan adoptar decretos-leyes

304. Dentro del ordenamiento jurídico la ley tiene rango:

a. Inferior a la Constitución y superior a los reglamentos

b. Inferior a la Constitución e igual a los reglamentos

c. Las leyes no se encuentran dentro del ordenamiento jurídico

d. Ninguna respuesta es correcta

305. Son leyes orgánicas:

a. Aquellas que regulan las materias importantes

b. Las que se refieren a los órganos constitucionales

c. Las que regulan determinadas materias prefijadas por la Constitución

d. Aquellas que son aprobadas mediante mayoría absoluta del Congreso y del Senado

306. Si una norma reglamentaria contraviene otra norma reglamentaria de rango superior:

a. Será declarada nula por el tribunal ordinario competente

b. Será inválida sin necesidad de impugnarla ante los tribunales

c. Será declarada nula por el Tribunal Constitucional

d. Las normas reglamentarias no guardan una relación de jerarquía entre sí

307. Sobre la posición de los tratados internacionales en el ordenamiento español:

a. Los tratados internacionales no están subordinados a la Constitución

b. Las disposiciones de los tratados internacionales solo podrán ser derogadas, modificadas o suspendidas en la forma prevista en los propios tratados o de acuerdo con las normas generales del Derecho Internacional, y no, por tanto, por las leyes

c. De acuerdo con la Ley de Tratados y otros acuerdos internacionales de 2014, las normas contenidas en los tratados internacionales prevalecerán sobre toda otra norma del ordenamiento interno en caso de conflicto con ellas, incluida la Constitución

d. La relación entre los tratados y la ley se rige exclusivamente por el principio de jerarquía, de manera que lo que regule el tratado no lo podrá regular una ley interna

308. La Constitución establece una reserva de ley orgánica para regular:

a. El procedimiento administrativo
b. El desarrollo de los derechos fundamentales y de las libertades públicas
c. El régimen local
d. Toda institución estatal

309. Por el principio de reserva de ley:

a. Se impide que en la regulación de determinadas materias intervenga el reglamento
b. Solo cabe que se dicten leyes sobre materias respecto de las que no se haya establecido una reserva reglamentaria
c. Corresponde al gobierno la regulación de las materias indicadas por la Constitución
d. Determinadas materias enumeradas en la Constitución se han de regular obligatoriamente por ley

310. La Constitución:

a. No es norma jurídica
b. Es aprobada por el Jefe del Estado
c. Establece un marco dentro del cual el legislador goza de libertad para elegir entre diversas políticas legislativas
d. No puede ser modificada

311. Sobre la delegación legislativa es FALSO:

a. Habrá de otorgarse al Gobierno con fijación del plazo para su ejercicio
b. La Constitución prohíbe que verse sobre materias reservadas a ley orgánica
c. Debe ser expresa, si bien cabe admitir la posibilidad de delegaciones implícitas, aunque no por tiempo indeterminado
d. Se otorga por una sola vez y una vez ejercitada por el Gobierno se agota

312. Deberá regularse por ley orgánica:

a. Materias relativas al desarrollo de derechos no recogidos en la Constitución
b. Materias relativas a la aprobación de las ordenanzas locales
c. Materias que aprueben el régimen electoral general
d. Solo los Estatutos de autonomía

313. Las potestades regladas se producen cuando:

a. La ley determina todas las condiciones para el ejercicio de la potestad
b. La ley establece algunas condiciones para el ejercicio de la potestad
c. Solo pueden ejercerse por el Consejo de Ministros
d. Se refieren a derechos reglados

314. Las leyes de las CC AA:

a. No tienen el mismo rango y fuerza que las leyes estatales
b. Pueden ser leyes ordinarias y leyes orgánicas, al igual que las leyes del Parlamento español
c. Son controladas por el Tribunal Superior de Justicia de la respectiva Comunidad
d. Las leyes del Estado y las de las CC AA tendrán el mismo rango y fuerza, si bien unas y otras actuarán dentro de las materias determinadas por la Constitución y los Estatutos de Autonomía

315. 14 Los decretos legislativos son normas con rango de ley dictadas por el Gobierno:

a. Que deben ser objeto de un control a posteriori por el Congreso
b. Que necesitan de una autorización expresa de las Cortes
c. Que pueden versar sobre cualquier materia
d. Que tienen un carácter provisional

316. Sobre la función legislativa:

a. Corresponde al Gobierno
b. Su objeto es la elaboración de leyes
c. Corresponde al TC
d. Comprende la elaboración de cualquier norma jurídica

317. Los Decretos Legislativos:

a. Tienen rango inferior a la ley
b. Tienen rango, pero no fuerza de ley
c. Tienen rango de ley y son dictadas por el parlamento
d. Tienen rango de ley y son dictadas por el Gobierno

318. Una ley orgánica:

a. Puede regular cualquier materia
b. Solo puede regular las materias expresamente previstas en la Constitución
c. Puede regular las cuestiones que le permita el gobierno
d. Ninguna respuesta es correcta

319. Cuál de las siguientes afirmaciones es, de acuerdo con la Constitución, INCORRECTA:

a. Las Cortes Generales podrán delegar en el Gobierno la potestad de dictar normas con rango de ley mediante una ley de delegación
b. Las Cortes Generales podrán delegar en el Gobierno la potestad de dictar normas con rango de ley, pero no en cualquier materia
c. La Constitución contempla la existencia de otras normas que, sin ser leyes en sentido estricto (realizadas por las Cortes), tienen su mismo rango y fuerza
d. El art. 82 CE permite a las Cortes atribuir al Gobierno, mediante una ley de delegación, la potestad de dictar una norma con fuerza de ley denominada decreto-ley

320. La ley:

a. Es un tipo de norma dictada por el gobierno
b. Es producto de la actividad normativa de la representación del pueblo
c. No está subordinada a la Constitución porque ambas normas son dictadas por las Cortes Generales
d. Se limita a desarrollar los preceptos constitucionales

321. Por el principio de legalidad:

a. La ciudadanía tiene la obligación de obedecer al ordenamiento jurídico, obligación que no pesa sobre los poderes públicos
b. Tanto la ciudadanía como los poderes públicos han de obedecer las leyes en vigor, pero no el resto del ordenamiento jurídico
c. Toda la actuación de la Administración ha de tener presente las normas del ordenamiento jurídico
d. Ninguna de las tres

322. Los gobiernos autonómicos aprueban:

a. Reales Decretos
b. Decretos
c. Ordenes
d. Reales Decretos y Decretos

323. El control de los decretos legislativos y decretos-leyes:

a. Lo realizan en exclusiva las Cortes
b. Corresponde al Tribunal Constitucional
c. Lo tienen que realizar los tribunales ordinarios
d. Lo tiene que llevar a cabo el Congreso

324. El control de las leyes (su conformidad con la Constitución) corresponde a:

a. El gobierno
b. Los tribunales ordinarios
c. El Tribunal Constitucional
d. El Defensor del Pueblo

325. A cuál de estos principios NO está sometida la potestad reglamentaria:

a. Principio de legalidad de la Administración pública
b. Principio de prohibición de la arbitrariedad
c. Principio de retroactividad de las normas reglamentarias
d. Principio de inderogabilidad singular de los reglamentos

326. El control de los Decretos legislativos se produce:

a. Por los tribunales ordinarios en su totalidad
b. Por los tribunales civiles
c. Por el Consejo de Estado
d. Por los tribunales ordinarios en cuanto excedan de los límites de la delegación

327. Por el principio de jerarquía normativa:

a. Una norma posterior puede modificar siempre a otra anterior
b. Son nulas las normas que contravienen lo dispuesto por otras de superior rango
c. Una norma puede ser modificada por otra de inferior rango cuando se sigue el procedimiento establecido
d. Las leyes orgánicas ostentan un rango jerárquico superior al de las leyes ordinarias

328. La Ley es una categoría normativa que:

a. no está subordinada a ninguna otra norma
b. goza de directa legitimidad democrática
c. constituye un mero desarrollo de los preceptos constitucionales
d. es inferior a la Constitución, pero con una fuerza y rango superior a todas las demás categorías de normas, incluidos el decreto-ley y el decreto legislativo

329. En su relación con la ley, los reglamentos:

a. Pueden contravenir lo dispuesto por una ley que sea anterior

b. No pueden entrar en el ámbito de materias reservadas a la ley, salvo para desarrollar esta

c. No pueden ser modificados por una ley posterior

d. Solo pueden regular aquellas materias reservadas al reglamento

330. En virtud de la jerarquía normativa:

a. Una norma puede modificar o derogar otras de rango inferior al suyo, pero no las de mismo rango

b. Una norma que contradiga otra de rango superior es nula de pleno derecho, por lo que automáticamente queda fuera del ordenamiento jurídico sin necesidad de que un tribunal declare la nulidad

c. Una norma puede ser modificada o derogada por otra de rango superior, igual o inferior

d. Una norma puede ser modificada o derogada por otra de su mismo rango jerárquico

331. Los Decretos legislativos pueden consistir en:

a. La formación de textos articulados y textos desarticulados

b. La formación de textos extensos y comprimidos

c. La formación de reglamentos

d. La formación de textos articulados y refundido

332. La Constitución atribuye expresamente la potestad reglamentaria:

a. Al Parlamento

b. Al Parlamento y al Gobierno

c. Al Gobierno

d. A las Cortes

333. La reforma de la Constitución:

a. Ha de seguir el procedimiento legislativo ordinario

b. Se lleva a cabo siguiendo los procedimientos especiales previstos en la propia Constitución

c. Se lleva a cabo mediante ley orgánica

d. Solo la puede realizar el Jefe del Estado

334. Los Decreto Leyes no pueden regular materias que afecten a:

a. El Derecho electoral general

b. A todos los derechos de los ciudadanos

c. Cuestiones de extranjería

d. Ninguna de las anteriores

335. Los reglamentos:

a. No pueden ser modificados por una ley si se trata de una materia reservada a reglamento

b. Pueden ser modificados por una ley

c. No pueden ser objeto de control por parte de los tribunales

d. Son controlados por el Tribunal Constitucional

336. Una ley que no sea conforme a la Constitución puede ser anulada:

a. Únicamente por el TC

b. Por los Jueces y Tribunales

c. Al ser actividad normativa de la representación del pueblo, una ley no puede ser controlada judicialmente, solo por el Parlamento

d. Por el TC y el Tribunal de Derechos Humanos

337. Los decretos legislativos:

a. Pueden regular materias reservadas a la ley orgánica

b. Una vez dictados por el gobierno, han de ser ratificados por el Congreso

c. Pueden ser dictados por cualquiera de los miembros del gobierno si ha habido subdelegación

d. Son normas con fuerza de ley dictadas por el gobierno

338. En cuanto a las materias que deben regularse por ley orgánica:

a. La Constitución realiza una lista abierta

b. La regulación de todos los derechos del Título I debe hacerse por ley orgánica

c. Los Estatutos de Autonomía deben ser aprobados por ley orgánica

d. El legislador puede elegir qué materias regular por ley ordinaria y cuáles por orgánica

339. Los decretos legislativos pueden ser controlados:

a. Por el Gobierno

b. Por el TC

c. Por el Parlamento

d. Por los tres

340. El principio de competencia aplicado a los reglamentos significa que:

a. Dentro de un mismo nivel jerárquico las normas se ordenan en función de la competencia atribuida

b. Que solo pueden dictar reglamentos los entes locales

c. Que prima siempre la ley sobre el reglamento

d. Ninguna de las anteriores

341. Las resoluciones administrativas particulares que contradigan lo establecido en un reglamento:

a. Son válidas solo si son dictadas por un órgano superior

b. Son nulas

c. Son nulas solo si se dictan por un órgano colegiado

d. Son válidas salvo que sean retroactivas

342. Las leyes dictadas por las CC AA:

a. Están jerárquicamente por debajo de las leyes estatales

b. Tienen el mismo rango y fuerza que las leyes estatales

c. Son controlables por los tribunales ordinarios

d. Pueden ser orgánicas u ordinarias

343. Según la Constitución, la delegación legislativa que tenga por objeto la formación de un texto articulado:

a. Deberá realizarse mediante una ley de bases

b. Deberá realizarse mediante una ley orgánica

c. Ambas son correctas

d. Ninguna lo es

344. Sobre la jerarquía de los reglamentos:

a. Las circulares e instrucciones son normas jurídicas que se hallan por debajo de los Reales Decretos y de las Órdenes ministeriales

b. Los Reales Decretos están por encima de las Órdenes ministeriales

c. Todos los reglamentos, con independencia del órgano que los haya dictado, tienen el mismo rango jerárquico

d. Los Reales Decretos dictados por el presidente del gobierno están por encima de los Reales Decretos dictados por el Consejo de Ministros

345. Los reglamentos:

a. Son disposiciones de carácter general dictadas por el gobierno

b. Al igual que los actos administrativos, aplican el ordenamiento a un supuesto concreto

c. Si son independientes, completan y desarrollan la ley

d. Son controlados por el Tribunal Constitucional con carácter general

346. Los reglamentos son:

a. Son disposiciones de carácter general que pueden innovar el ordenamiento jurídico

b. Son resoluciones particulares

c. Son normas con rango de ley

d. No pueden innovar el ordenamiento jurídico

347. En relación a las reservas de ley:

a. La Constitución obliga a que unas materias tengan que ser reguladas por ley y otras mediante reglamento

b. La reserva de reglamento solo es posible si es conforme con la Ley y la Constitución

c. La reserva de ley es una garantía constitucional para que la regulación de ciertas materias se haga obligatoriamente por ley

d. La reserva de ley excluye completamente cualquier desarrollo reglamentario en la regulación de una materia

348. El principio de jerarquía normativa aplicado a los reglamentos significa que:

a. Son inferiores a las leyes

b. No pueden vulnerar la Constitución

c. Los reglamentos se ordenan jerárquicamente entre sí

d. No pueden vulnerar una resolución general

349 **C**	375 **C**	401 **A**
350 **A**	376 **C**	402 **C**
351 **D**	377 **C**	403 **D**
352 **C**	378 **C**	404 **C**
353 **A**	379 **A**	405 **A**
354 **A**	380 **A**	406 **C**
355 **D**	381 **A**	407 **C**
356 **C**	382 **C**	408 **B**
357 **C**	383 **A**	409 **C**
358 **C**	384 **A**	410 **C**
359 **D**	385 **A**	411 **B**
360 **C**	386 **D**	412 **D**
361 **A**	387 **C**	413 **B**
362 **D**	388 **C**	414 **C**
363 **C**	389 **C**	415 **C**
364 **B**	390 **A**	416 **C**
365 **B**	391 **B**	417 **D**
366 **D**	392 **B**	418 **D**
367 **A**	393 **A**	419 **C**
368 **B**	394 **A**	420 **D**
369 **A**	395 **A**	421 **A**
370 **A**	396 **A**	422 **D**
371 **B**	397 **A**	423 **C**
372 **B**	398 **D**	424 **C**
373 **C**	399 **B**	425 **A**
374 **C**	400 **B**	426 **A**

349. Los Territorios Históricos de la Comunidad Autónoma del País Vasco:

a. Están sometidas a lo regulado en la Ley de Bases de Régimen Local para las diputaciones provinciales
b. Están sometidas a la normativa sobre organización institucional dictada por el Parlamento Vasco
c. Tienen, cada una de ellas, sus propias Normas Forales sobre organización institucional
d. No presentan ninguna particularidad con respecto a la organización provincial del Estado

350. La caracterización constitucional de las Administraciones públicas incluye los siguientes principios:

a. Eficacia, jerarquía, descentralización, desconcentración y coordinación
b. Descentralización, desconcentración, delegación y avocación
c. Jerarquía, tutela, sumisión al Estado y control
d. Eficacia, eficiencia, transparencia y lealtad institucional

351. Que la competencia sea irrenunciable significa que:

a. Aun cuando un acto sea dictado por un órgano manifiestamente incompetente por razón de la materia o del territorio, el acto será válido
b. Si un acto es dictado por un órgano manifiestamente incompetente por razón de la jerarquía, el acto será nulo de pleno derecho
c. Depende de la voluntad del titular del órgano que la competencia se ejerza o no
d. Los órganos que la tengan atribuida han de ejercerla

352. La competencia:

a. Puede renunciarse en casos excepcionales
b. Puede renunciarse en cualquier momento
c. Es irrenunciable
d. Solo puede renunciarse por su titular

353. Cuando un órgano administrativo tiene atribuida una competencia como propia:

a. La competencia es irrenunciable
b. Puede ser objeto de renuncia cuando ello está debidamente justificado
c. Significa que solo puede ser ejercida por tal órgano administrativo, sin que exista la posibilidad de delegación de la competencia
d. La competencia ejercida por un órgano manifiestamente incompetente por razón de la materia no implica la invalidez de la actuación administrativa realizada

354. En el ámbito local los municipios se dividen en:

a. De régimen común y de gran población
b. De régimen común y provinciales
c. De gran población y provinciales
d. Uniprovinciales y biprovinciales

355. Según la Constitución, la delegación legislativa que tenga por objeto la formación de un texto articulado:

a. Deberá hacerse mediante un decreto legislativo que delimite con precisión el objeto y el alcance de la delegación
b. Deberá hacerse mediante una ley de las Cortes, la cual no podrá facultar para dictar normas de carácter retroactivo, pero sí podrá autorizar su propia modificación
c. Ambas son correctas
d. Ninguna lo es

356. Las medidas organizativas que adopten las Administraciones Públicas en ejercicio de su potestad de autoorganización (indíquese la respuesta INCORRECTA):

a. Deben adoptarse necesariamente mediante normas jurídicas con rango de ley
b. Pueden adoptarse mediante normas que tengan rango meramente reglamentario
c. No pueden implicar la facultad de crear o suprimir órganos administrativos, solo de modificarlos, manteniendo siempre su estructura básica
d. Son meras medidas de organización administrativa que, como tales, no constituyen normas jurídicas

357. La Administración periférica del Estado se compone de:

a. Gobernadores civiles y subgobernadores
b. Delegados del Gobierno en las Comunidades autónomas
c. Delegados del Gobierno en las Comunidades autónomas y subdelegados en las provincias
d. Delegados del Gobierno en las provincias y subdelegados en las Comunidades autónomas

358. La recusación:

a. Como cuestión incidental, no suspende la tramitación del procedimiento administrativo
b. Es un derecho del titular del órgano que está tramitando el procedimiento administrativo
c. Es un derecho de la persona interesada
d. Una vez planteada, es resuelta por el mismo sujeto recusado

359. La jerarquización de la Administración pública posibilita:

a. Que la Administración del Estado tutele las Administraciones autonómicas
b. El sometimiento de las entidades locales a la Administración estatal y autonómica
c. Que los órganos centrales de la Administración del Estado estén jerárquicamente por encima de los órganos periféricos
d. Una ordenación vertical de las competencias

360. En los municipios de régimen común son órganos necesarios:

a. Alcalde y Junta de gobierno local
b. Alcalde y tenientes de alcalde
c. Alcalde, teniente de alcalde y Pleno
d. Alcalde

361. La competencia en materia de organización administrativa corresponde:

a. Al Estado en su carácter básico
b. A las comunidades autónomas en su carácter básico
c. Al Estado en su desarrollo normativo
d. A cada entidad local

362. Señala la respuesta correcta:

a. La descentralización consiste en la reordenación de funciones entre órganos administrativos
b. La desconcentración puede ser territorial o funcional
c. Los conceptos de descentralización y desconcentración son sinónimos
d. La desconcentración supone la reordenación de funciones dentro de una misma Administración a favor de órganos inferiores o periféricos

363. Señala la respuesta correcta:

a. La delegación de competencias tiene carácter permanente, ya que no cabe su revocación
b. La delegación de competencias supone la cesión del ejercicio de cualquier competencia de titularidad del órgano delegante
c. La resolución administrativa dictada por delegación se considera dictada por el órgano delegante
d. Una vez recibido el ejercicio de la competencia por delegación, no hay impedimento para que el órgano delegado delegue, a su vez, en favor de otro órgano

364. En materia de organización administrativa:

a. No se ha de diferenciar entre órgano y persona física que lo ocupa
b. Es necesario distinguir entre órgano y persona física que lo ocupa
c. No se requieren reglas jurídicas
d. Los titulares de los órganos administrativos son personas jurídicas

365. El secretario de un órgano colegiado:

a. Ha de ser siempre una persona ajena al citado órgano
b. Puede ser un miembro del órgano colegiado
c. Será quien haya superado las oposiciones convocadas a tal efecto
d. Ostenta la presidencia del órgano colegiado

366. Sobre la técnica conocida como 'avocación':

a. No está permitida la avocación de competencias delegadas
b. Requiere para su adopción de un acuerdo que debe tener la forma de norma jurídica reglamentaria
c. El acuerdo de avocación debe ser publicado en el boletín oficial
d. No cabe posibilidad de recurso contra el acuerdo de avocación

367. Qué ley regula el ejercicio del alto cargo de la Administración General del Estado:

a. 3/2015
b. 3/2018
c. 3/2020
d. 3/202

368. El incumplimiento del deber de abstención de las personas que integran los órganos administrativos cuando concurra alguna de las circunstancias señaladas en la ley al respecto:

a. Implica necesariamente la invalidez de las actuaciones
b. No implica necesariamente la invalidez de las actuaciones, pero dará lugar a la responsabilidad que proceda
c. Obligará al superior jerárquico a sustituir al afectado
d. Obligará al superior jerárquico a declarar inválido el acto y sustituir al afectado

369. La jerarquización de la Administración Pública:

a. Posibilita una ordenación vertical de las competencias
b. Posibilita una ordenación horizontal de las competencias
c. Posibilita una ordenación de los poderes y las tareas de los órganos administrativos en atención al criterio de competencia
d. No es un criterio de organización de los órganos administrativos

370. Respecto de los acuerdos adoptados por un órgano colegiado:

a. Quienes voten en contra o se abstengan quedan exentos de la responsabilidad que pudiera derivarse del acuerdo
b. Se requiere, como regla general, mayoría cualificada
c. Con carácter general, pueden versar sobre cuestiones no incluidas en el orden del día
d. Se requiere el voto a favor del presidente

371. Los Subdelegados del Gobierno son figuras pertenecientes a:

a. Los órganos centrales de la Administración General del Estado
b. La Administración periférica del Estado
c. Los órganos directivos de la Administración central del Estado
d. Órganos periféricos de la Administración central del Estado

372. El régimen local:

a. Es común en todo el Estado, ya que las Comunidades Autónomas carecen de competencias en esta materia
b. Puede tener peculiaridades en cada Comunidad Autónoma, ya que las Comunidades Autónomas pueden dictar leyes sobre esta materia
c. Está regulado en toda su extensión por la Ley de Bases de Régimen Local, sin que puedan dictarse otras leyes sobre la materia, ni estatales, ni autonómicas
d. No comprende otras entidades distintas de la provincia y el municipio

373. Los órganos centrales de la Administración del Estado:

a. Son los que pertenecen al Consejo de Ministros
b. Son los que tienen sede en cada comunidad autónoma
c. Son los que tienen su sede en Madrid
d. Son los que pertenecen al presidente del Gobierno

374. Con relación a la recusación de autoridades y empleados públicos basada en los motivos reconocidos en la Ley de Régimen Jurídico del Sector Público:

a. Puede promoverse por los interesados en cualquier momento, antes o después de la tramitación del procedimiento
b. Para que sea válida es suficiente con la invocación de alguno de los motivos señalados en la Ley
c. Una vez planteada la recusación surge una cuestión incidental que, contra lo que es habitual, suspende la tramitación del expediente
d. La resolución del superior jerárquico acerca de la recusación es un acto de trámite susceptible de recurso autónomo

375. Las normas jurídicas organizativas han de tener rango de:

a. Ley orgánica
b. Decreto-Ley
c. Basta con rango reglamentario
d. Basta con rango de ley ordinaria

376. Los criterios de atribución de competencias son:

a. Territorial, funcional y competencial
b. Funcional, jerárquico y material
c. Material, territorial y funcional
d. Proporcional y equitativo

377. En cuanto a la organización de los municipios:

a. Son órganos necesarios en todos los municipios el/la Alcalde, las/os Tenientes de Alcalde, el Pleno y la Junta de Gobierno Local

b. No se prevé la posibilidad de crear otros órganos complementarios distintos de los necesarios

c. El Reglamento estatal sobre organización, funcionamiento y régimen jurídico de las entidades locales tiene carácter supletorio, ya que únicamente se aplica en ausencia de reglamento orgánico propio del municipio

d. El Reglamento estatal sobre organización, funcionamiento y régimen jurídico de las entidades locales prevalece sobre los reglamentos orgánicos de cada municipio

378. La delegación de competencias (indíquese la respuesta INCORRECTA):

a. Es una técnica de transmisión del ejercicio de competencias caracterizada por la nota de provisionalidad

b. Las resoluciones administrativas que se adopten por delegación indicarán expresamente esta circunstancia y se considerarán dictadas por el órgano delegante

c. Es una figura con contenido limitado, ya que no todas las competencias son delegables y la subdelegación solo se admite cuando está justificada en atención al criterio de necesidad

d. Es una figura en la que el órgano delegante conserva en todo momento la titularidad de la competencia aunque su ejercicio se haya atribuido a otro órgano distinto

379. Cuando una norma de atribución de competencias no especifique el órgano titular:

a. La facultad de instruir y resolver los expedientes corresponde a los órganos inferiores competentes por razón de la materia y del territorio

b. La facultad de instruir y resolver los expedientes corresponde al órgano superior de la organización administrativa

c. Una ley estatal o autonómica determinará a qué órgano corresponde la facultad de instruir y resolver los expedientes

d. La facultad de instruir y resolver los expedientes podrá ser atribuida a otra Administración

380. La técnica mediante la que, en virtud del principio de jerarquía, se permite a los órganos superiores el ejercicio para un caso concreto de una competencia atribuida a algún órgano inferior:

a. Es conocida como 'avocación'

b. Es denominada 'suplencia'

c. Se conoce como 'encomienda de gestión'

d. Se llama 'delegación'

381. El principio de eficacia organizativa supone:

a. La obligación de dotar y racionalizar los créditos necesarios a los órganos

b. La obligación de los órganos de rendir cuentas antes sus superiores

c. La obligación de que la organización sea óptima

d. Que pueden duplicarse órganos

382. Entre las causas de abstención enumeradas en la Ley 40/2015, NO se menciona:

a. Tener vínculo matrimonial o situación de hecho asimilable con el titular del órgano

b. Haber intervenido como perito en el procedimiento administrativo

c. Haber cursado estudios con el titular del órgano

d. Tener determinado grado de parentesco con el titular del órgano

383. La finalidad de la abstención y recusación es:

a. Garantizar la imparcialidad de las personas que integran los órganos administrativos

b. Que en los procedimientos administrativos únicamente intervengan las personas que tengan los conocimientos requeridos en cada caso

c. Que las resoluciones adoptadas en los procedimientos administrativos sean siempre expresas

d. Garantizar el acceso al expediente de las personas interesadas

384. Cuál de los siguientes órganos forma parte necesariamente de la estructura u organización de todos los Ayuntamientos:

a. Los Tenientes de Alcalde

b. La Junta de Gobierno Local

c. Las Comisiones Informativas

d. La Comisión de Sugerencias y Reclamaciones

385. Mediante la suplencia:

a. Se sustituye al titular del órgano administrativo en casos de vacante, ausencia o enfermedad

b. Las competencias de un órgano administrativo se trasladan a otro distinto

c. Se produce una delegación de competencia en el que el suplente ejerce las competencias propias del titular del órgano, que sigue conservando su titularidad

d. El órgano administrativo sigue funcionando, pero con carácter limitado

386. Es causa de abstención de un órgano:

a. Haber tenido en los últimos 10 años relación de servicio con algún interesado

b. Estar empadronado en la misma población que alguno de los interesados

c. No ser nacional español

d. Ser administrador de sociedad interesada en el expediente

387. Cuando un órgano tiene competencia para tramitar un expediente y otro para resolverlo hablamos de:

a. Competencia material

b. Competencia orgánica

c. Competencia funcional

d. Competencia territorial

388. Las medias organizativas de las administraciones se inspiran en los principios de:

a. Equidad e igualdad

b. Desconcentración y descentralización

c. Competencia, jerarquía y eficacia

d. Proporcionalidad e igualdad

389. Según la legislación vigente relativa a la regulación de convocatorias y sesiones de los órganos colegiados de las distintas administraciones públicas (indíquese la respuesta INCORRECTA):

a. Para la válida constitución del órgano, a efectos de la celebración de sesiones, deliberaciones y toma de acuerdos, se requerirá la asistencia, presencial o a distancia, del Presidente y Secretario o, en su caso, de quienes les suplan, y la de la mitad, al menos, de sus miembros

b. Los órganos colegiados pueden prever reglas específicas para una segunda convocatoria con un quorum menos exigente

c. En ningún caso podrá ser objeto de deliberación o acuerdo ningún asunto que no figure incluido en el orden del día

d. Los acuerdos se adoptan por mayoría de votos. Quienes voten en contra o se abstengan quedarán exentos de la responsabilidad que pudiera derivarse del acuerdo

390. El funcionamiento de los órganos administrativos viene regulado en:

a. La Ley del régimen jurídico del sector público

b. La Ley del procedimiento administrativo común

c. La Ley de órganos administrativos

d. La Ley de contratos del sector público

391. Cuando una norma no especifica a quién corresponde una competencia ha de entenderse que:

a. La facultad de instruir corresponde a los órganos superiores y la de resolver a los inferiores

b. La facultad de instruir y resolver corresponde a los órganos inferiores

c. La facultad de resolver corresponde a cualquier órgano

d. No puede ejercerse esa competencia hasta que no se especifique

392. La persona interesada puede re-cusar al titular del órgano que está tramitando el procedimiento administrativo:

a. Una vez que se haya dictado la resolución que ponen fin al procedimiento administrativo

b. En cualquier momento mientras dure la tramitación del procedimiento

c. Y el titular del órgano (recusado) decide si procede o no su sustitución

d. Y la decisión al respecto es recurrible

393. Para la válida adopción de acuerdos de un órgano colegiado se requiere:

a. Que el asunto está incorporado en el orden del día

b. Que se anuncie el asunto al iniciar la sesión

c. Que se incorpore el asunto, una vez concluida la sesión

d. Ninguna de las anteriores

394. Son órganos superiores de la Administración central del Estado:

a. Los Ministerios y las Secretarías de Estado

b. Las Subsecretarías y las Secretarías Generales

c. Todos los órganos directivos

d. La Presidencia del Gobierno y los Ministerios

395. Las instrucciones y ordenes normalmente adoptan la forma de:

a. Circulares internas

b. Ordenes de mando

c. Ejecuciones de servicio

d. Obligaciones internas

396. La delegación de competencias entre órganos:

a. Es revocable en cualquier momento

b. No necesita ser publicado

c. Es una técnica de transmisión de la titularidad de la competencia

d. No tiene limitación de materias

397. Según lo establecido por la legislación vigente en relación con la figura del 'Secretario' de los órganos colegiados de las distintas administraciones públicas (indíquese la respuesta INCORRECTA):

a. Los órganos colegiados tendrán un Secretario que deberá ser necesariamente un miembro del propio órgano colegiado

b. Corresponderá al Secretario velar por la legalidad formal y material de las actuaciones del órgano colegiado

c. Corresponderá al Secretario certificar las actuaciones del mismo

d. Corresponderá al Secretario garantizar que los procedimientos y reglas de constitución y adopción de acuerdos son respetadas

398. En el art. 11 de la ley que regula el ejercicio del alto cargo de la Administración General del Estado al definir 'conflicto de intereses', además de los intereses 'propios', también se consideran 'intereses personales':

a. los familiares

b. los de las personas con quien se tenga enemistad manifiesta

c. los de personas con quien se tenga una cuestión litigiosa pendiente

d. Las tres son correctas

399. En materia de 'organización administrativa':

a. Las CC AA no tienen competencias para organizar su propia Administración, debiendo seguir y aplicar los criterios establecidos por el Estado

b. Las CC AA tienen competencia para organizar su propia Administración, pero siguiendo las bases del régimen jurídico de las Administraciones públicas establecidas por el Estado

c. Las CC AA pueden establecer los elementos esenciales del régimen jurídico de su propia Administración

d. Es la Administración periférica del Estado la que se encarga de establecer el régimen jurídico de la Administración de las Comunidades Autónomas

400. La principal finalidad del principio de eficacia en materia organizativa consiste en que:

a. La puesta en marcha y funcionamiento de los órganos administrativos se lleve a cabo al margen de que haya o no dotación de créditos necesarios

b. No haya duplicación de órganos administrativos

c. No se ha de evitar la duplicación de órganos administrativos, ya que de esa manera hay más garantías de que se satisfagan los intereses generales

d. La resolución de conflictos entre órganos administrativos corresponde, como regla general, a los propios órganos involucrados

401. La regulación de la organización administrativa de cada Comunidad Autónoma:

a. Es competencia del Estado, en cuanto a las bases

b. Es competencia exclusiva de cada Comunidad Autónoma en toda su extensión

c. Corresponde en toda su extensión al Estado

d. Es una cuestión de Derecho de la UE

402. La encomienda de gestión:

a. Es una técnica mediante la que se altera la titularidad de una competencia

b. No afecta ni a la titularidad ni al ejercicio de las competencias atribuidas a un órgano administrativo

c. No supone cesión de la titularidad de la competencia ni de los elementos sustantivos de su ejercicio

d. Es una técnica que no se rige por el principio de cooperación sino por los principios de jerarquía y delegación

403. Por el principio de jerarquía:

a. Las instrucciones y órdenes de servicio dictadas por los órganos superiores son normas jurídicas que vinculan a la ciudadanía

b. Las instrucciones y órdenes de servicio tienen poder para innovar el ordenamiento jurídico

c. El incumplimiento por parte de los órganos administrativos inferiores de instrucciones dictadas por sus superiores invalida los actos administrativos dictados por aquellos, aunque no puede conllevar responsabilidades disciplinarias

d. El incumplimiento por parte de los órganos administrativos inferiores de instrucciones dictadas por sus superiores no afecta por sí solo a la validez de los actos administrativos dictados por aquellos, aunque puede acarrear responsabilidades disciplinarias

404. Los órganos principales de una Comunidad autónoma suelen ser:

a. Consejerías y Ministerios

b. Consejerías y concejalías

c. Consejerías, Viceconsejerías y Direcciones

d. Ministerios y direcciones

405. La avocación:

a. Habitualmente opera entre órganos jerárquicamente ordenados, y el superior atrae hacia sí el conocimiento de un caso concreto que de ordinario corresponde a su inferior

b. Supone que el órgano superior atrae hacia sí con carácter definitivo una competencia propia de su inferior

c. Permite que se interponga recurso contra el acuerdo que la decide

d. Requiere que el acuerdo que la decide se publique en el diario oficial correspondiente

406. Los órganos periféricos de la Administración general del Estado:

a. Tienen su sede en Madrid

b. Tienen competencia para actuar sobre todo el territorio estatal

c. Tienen competencia para actuar en una parte del territorio estatal (Comunidad Autónoma o provincia)

d. Tienen su sede en Ceuta y Melilla

407. La descentralización administrativa funcional supone:

a. La reordenación de funciones entre distintas Administraciones Públicas

b. La atribución de funciones a favor de órganos periféricos

c. La atribución de funciones a la Administración institucional

d. La distribución de funciones a distintos órganos

408. La encomienda de gestión:

a. Puede tener por objeto contratos regulados

b. Supone el encargo de aspectos materiales de una competencia a otro órgano

c. Implica que un órgano superior adquiere la competencia de otro inferior

d. Supone que dos órganos gestionan conjuntamente un servicio

409. Las competencias de los órganos administrativos son irrenunciables:

a. Y en ningún caso cabe la cesión de su ejercicio, ya que han de ser ejercidas por los órganos que las tengan atribuidas como propias

b. Y, como regla general, cabe ceder su titularidad

c. Pero en diversos supuestos es admisible la cesión de su ejercicio

d. La Ley 40/2015 no prevé ninguna modulación del principio de irrenunciabilidad

410. La avocación de competencias supone:

a. Que el órgano superior ejerce las competencias de uno inferior

b. Que un órgano inferior ejerce las competencias de uno superior

c. Que un órgano superior ejerce en un caso concreto una competencia atribuida a uno inferior

d. Que se encomienda a otro órgano la ejecución material de una competencia

411. Forman parte de la Administración periférica del Estado:

a. Las Subdelegaciones del Gobierno en las Comunidades Autónomas

b. Las Delegaciones del Gobierno en las Comunidades Autónomas

c. Las Delegaciones del Gobierno en las provincias

d. Los Gobiernos Civiles en las provincias

412. La no abstención, cuando concurre causa para ello:

a. Supone la invalidez del acto dictado

b. Ha de ser admitida por la persona interesada

c. Es constitutiva de delito

d. No implica necesariamente la invalidez del acto dictado

413. La realización de actividades de carácter material o técnico por órganos distintos de los realmente competentes se denomina:

a. Delegación de firma

b. Encomienda de gestión

c. Desconcentración

d. Avocación

414. Los criterios de atribución de competencias a órganos administrativos son:

a. Descentralización y desconcentración

b. Material, jerárquico y organizativo

c. Material, territorial y funcional

d. Exclusivos y compartidos

415. Las instrucciones y órdenes de servicio mediante las cuales los órganos administrativos dirigen las actividades de sus órganos jerárquicamente dependientes:

a. Son normas jurídicas que tienen efectos a partir de su publicación

b. Son reglamentos que vinculan tanto a los órganos administrativos subordinados como a los ciudadanos

c. Tienen como finalidad dirigir la actividad administrativa y no la de innovar el ordenamiento

d. Su incumplimiento implica la falta de validez de las actuaciones

416. Las instrucciones y ordenes de servicio:

a. Son normas jurídicas

b. Son reglamentos

c. No son normas jurídicas

d. Son fuente de derecho

417. Según el artículo 69 de la Ley 40/2015, habrá una Delegación del Gobierno en cada:

a. Provincia

b. Capital de Comunidad Autónoma

c. Comunidad Autónoma pluriprovincial

d. Ninguna de las tres es correcta

418. Para la válida constitución de un órgano colegiado se requiere la presencia, al menos, de:

a. Presidente, secretario y todos sus miembros

b. Presidente y secretario

c. El órgano colegiado se constituirá válidamente con independencia de quienes estén presentes

d. Presidente, secretario y la mitad de sus miembros

419. La normativa vigente sobre los Órganos colegiados de las distintas administraciones públicas:

a. No admite que los órganos colegiados puedan constituir y celebrar sus sesiones a distancia, salvo que existan dificultades para la reunión en forma presencial que lo justifiquen

b. No permite la grabación de las sesiones salvo cuando ello esté debidamente justificado

c. Aligera el contenido de las actas y agiliza su aprobación

d. Incorpora la posibilidad de que las certificaciones se practiquen por medios electrónicos, aunque la regla general siga siendo realizarlas en soporte papel

420. La Administración local:

a. Está constituida exclusivamente por provincias y municipios

b. Se caracteriza por ser una única Administración

c. Desde la aprobación de la Constitución Española, solo perdura en la Comunidad Autónoma del País Vasco

d. Engloba muchas administraciones distintas, como son, provincias, municipios, comarcas, áreas metropolitanas, mancomunidades y entidades locales menores

421. Al secretario de un órgano colegiado le compete:

a. Levantar acta de las sesiones

b. Aprobar las delegaciones de competencias

c. Autorizar avocaciones

d. Delegar la firma del órgano

422. Cuál de las siguientes figuras NO está prevista como una excepción o modulación del principio de irrenunciabilidad en el ejercicio de las competencias propias:

a. La delegación de competencias

b. La avocación

c. La encomienda de gestión

d. La remisión administrativa

423. La estructura organizativa de la Administración General del Estado:

a. Está establecida en la Constitución

b. Diferencia entre órganos que ejercen la tutela y órganos tutelados

c. Se rige por la Ley 40/2015, de régimen jurídico del sector público

d. Depende exclusivamente de la potestad de autoorganización de la Administración estatal

424. La norma que regula la organización local es:

a. La Ley de entidades locales

b. La ley del régimen jurídico de las entidades locales

c. La Ley de Bases del régimen local

d. La Ley de provincias y municipios

425. La potestad de autoorganización significa que:

a. Respetando el marco legal, cada Administración puede diseñar su estructura organizativa

b. Cada Administración puede diseñar su estructura organizativa libremente, sin sometimiento a norma alguna

c. La organización administrativa no se establece mediante normas

d. Únicamente el reglamento puede regular la organización administrativa

426. La delegación de firma:

a. Solo afecta al ejercicio de la competencia

b. Solo afecta a la titularidad de la competencia

c. No afecta al ejercicio ni a la titularidad

d. Ninguna de las anteriores

427 **D**	449 **D**	471 **D**
428 **C**	450 **B**	472 **C**
429 **C**	451 **D**	473 **B**
430 **D**	452 **C**	474 **C**
431 **B**	453 **B**	475 **C**
432 **B**	454 **A**	476 **C**
433 **C**	455 **D**	477 **B**
434 **A**	456 **D**	478 **C**
435 **D**	457 **B**	479 **B**
436 **C**	458 **C**	480 **A**
437 **D**	459 **A**	481 **C**
438 **C**	460 **D**	482 **A**
439 **D**	461 **D**	483 **C**
440 **D**	462 **D**	484 **D**
441 **C**	463 **A**	485 **C**
442 **C**	464 **A**	486 **A**
443 **B**	465 **A**	487 **D**
444 **C**	466 **B**	488 **D**
445 **C**	467 **B**	489 **A**
446 **D**	468 **B**	490 **B**
447 **D**	469 **C**	
448 **D**	470 **A**	

427. El incumplimiento de una carga:

a. Implica una sanción
b. Implica una reducción de un derecho
c. Implica la pérdida de un beneficio
d. Ninguna de las anteriores

428. ¿Están obligadas a relacionarse electrónicamente con la Administración las personas jurídicas?

a. Sí, si tienen personalidad jurídica
b. Sí, si no tienen personalidad jurídica
c. Sí, en ambos casos
d. No

429. ¿Están obligadas a relacionarse electrónicamente con la Administración las personas físicas?

a. Sí, si ejercen una actividad profesional para la que se requiera colegiación obligatoria
b. Sí si representan a otro interesado que esté obligado a relacionarse electrónicamente con la Administración.
c. Sí, en ambos casos
d. No

430. ¿Están obligados a relacionarse electrónicamente con la Administración sus propios empleados?

a. Sí, si son personal eventual
b. Sí, si son personal estatutario fijo
c. Sí, en todo caso
d. Ninguna de las anteriores

431. Se consideran interesados en el procedimiento:

a. Todos los que ostenten un interés legítimo
b. Los que ostentando un interés legítimo se personen en el procedimiento
c. Cualquier empadronado en el municipio
d. Todos los ciudadanos

432. Qué es el expediente administrativo:

a. Una sanción
b. Un conjunto de documentos y actuaciones que sirven de fundamento a la resolución administrativa
c. El conjunto de actuaciones destinadas a declarar una situación jurídica sin ejecución de la resolución que le pone fin
d. Un conjunto de documentos que pueden referirse a distintos procedimientos y que pueden intercambiarse entre los mismos

433. En qué trámites de los que se mencionan se necesita acreditar la representación:

a. Presentación de alegaciones
b. Cumplimiento de trámites indispensables para dictar resolución
c. Presentación de solicitudes o interposición de recursos
d. Subsanación de solicitudes

434. La Ley 39/2015, del procedimiento administrativo común:

a. Regula las relaciones 'ad extra' de la Administración (entre Administración y ciudadanía)
b. Regula las relaciones 'ad intra' de las Administraciones (cuestiones de organización y funcionamiento interno de cada Administración, así como las relaciones entre ellas)
c. Regula tanto las relaciones 'ad extra' como 'ad intra' de las Administraciones
d. Ha incorporado una regulación totalmente novedosa del procedimiento administrativo

435. En caso de que concurra una causa de abstención en la persona encargada de resolver el procedimiento y, sin embargo, no se abstenga, Qué consecuencias produce este hecho en la resolución final:

a. La resolución es nula de pleno derecho por generar indefensión
b. La resolución es anulable por tratarse de un defecto formal en el procedimiento
c. La resolución será válida, dado que caben recursos contra la misma
d. Ninguna de las tres

436. Es competencia exclusiva del Estado:

a. Los servicios sanitarios
b. La educación
c. La regulación del procedimiento administrativo común
d. Ninguna de las tres

437. La potestad es:

a. Un poder que se atribuye a la Administración a través de una relación jurídica
b. Un poder que se atribuye a la Administración en relación con un objeto determinado
c. Un poder que se reconoce a la Administración en relación con un sujeto determinado
d. Un poder que se atribuye a la Administración de manera genérica

438. Qué derecho NO le corresponde a la persona interesada:

a. El derecho a identificar a las autoridades y al personal al servicio de las administraciones públicas bajo cuya responsabilidad se tramiten los expedientes
b. El derecho a cumplir las obligaciones de pago a través de los medios electrónicos previstos en la Ley 39/2015
c. El derecho a que se inicie un procedimiento sancionador cuando, a su juicio, suceden hechos tipificados como infracción administrativa de acuerdo con la Ley
d. El derecho a no presentar datos o documentos que se hallen en poder de las administraciones públicas

439. La no abstención, cuando concurre causa para ello:

a. Supone la invalidez del acto dictado
b. Ha de ser admitida por la persona interesada
c. Es constitutiva de delito
d. No invalida por sí misma el acto dictado

440. El procedimiento administrativo es el cauce que ha de seguir la Administración para:

a. Aprobar reglamentos
b. Dictar actos administrativos
c. Firmar contratos
d. Cualquier actuación que lleve a cabo

441. Además de la del Estado, las de las CC AA y las de la Administración local, tienen la consideración de 'Administración Pública':

a. las universidades públicas
b. el sector público institucional
c. los organismos públicos y las entidades de Derecho público
d. las entidades de Derecho privado

442. Indique la correcta:

a. Las normas relativas al procedimiento administrativo común regulan todos los trámites que deben cumplirse para todos los procedimientos administrativos
b. Todos los procedimientos deben cumplir todos los trámites que prevé la Ley 39/2015, de 1 de octubre de Procedimiento Administrativo Común de las Administraciones Públicas
c. El procedimiento administrativo común contempla una serie de reglas y garantías procedimentales que han de cumplirse en todo procedimiento administrativo
d. El Estado regulará todos los aspectos, organizativos y procedimentales del procedimiento administrativo

443. NO tienen la consideración de interesadas en un procedimiento administrativo:

a. Quienes lo promuevan como titulares de derechos o intereses legítimos
b. Las Administraciones que lo instruyen
c. Quienes no hayan iniciado el procedimiento, cuando la decisión que se adopte pueda afectar a alguno de sus derechos
d. Las/os titulares de intereses legítimos que no hayan iniciado el procedimiento, pero se personen en él antes de que se dicte resolución

444. La recusación:

a. Como cuestión incidental, no suspende la tramitación del procedimiento administrativo
b. Es un derecho del titular del órgano que está tramitando el procedimiento administrativo
c. Es un derecho de la persona interesada
d. Una vez planteada, es resuelta por el mismo sujeto recusado

445. Indique la correcta:

a. El derecho subjetivo sitúa a la persona en una situación de poder que no conlleva la posibilidad de exigir su cumplimiento
b. El interés simple de una persona le permite defender su posición frente a un procedimiento que le perjudica o le beneficia
c. Una persona posee interés legítimo cuando puede reaccionar frente a una actuación administrativa que incide en el ámbito de sus intereses
d. El cumplimiento de un deber se basa en una relación jurídica concreta

446. En el procedimiento administrativo el interesado:

a. Debe acudir con abogado
b. Debe acudir con procurador
c. Debe acudir con abogado y procurador
d. Puede actuar mediante representante

447. Qué personas se consideran interesadas en un procedimiento:

a. Aquellas que lo promuevan como titulares de derechos o con intereses difusos
b. Aquellas que posean un interés simple y exijan a la Administración el cumplimiento de la legalidad
c. Las asociaciones representativas de intereses económicos y sociales en los términos que reconozca una Ley o un reglamento
d. Las personas con intereses legítimos que puedan resultar afectados por la resolución y comparezcan en el procedimiento

448. Los interesados en un procedimiento tienen derecho a:

a. Dirigirse a la Administración en cualquier idioma
b. Aportar documentos en cualquier momento de procedimiento
c. Recibir en su domicilio cualquier documento original del expediente
d. Conocer en cualquier momento el estado de tramitación

449. Es causa de abstención:

a. Tener parentesco de afinidad en cualquier grado con los interesados
b. Tener parentesco de consanguinidad dentro del sexto grado con los interesados
c. Haber sido declarado en concurso de acreedores
d. Tener interés personal en el asunto

450. La regulación del procedimiento administrativo común como competencia del Estado significa que:

a. La ley estatal contiene una regulación concreta y detallada del procedimiento administrativo
b. La ley estatal contempla una serie de reglas y garantías procedimentales mínimas que se han de observar en todo procedimiento administrativo
c. Solamente el Estado puede dictar leyes sobre procedimiento administrativo
d. Aun cuando se reconozcan competencias legislativas a las Comunidades Autónomas en algunas materias, estas no podrán dictar normas procedimentales

451. Los ciudadanos de la UE:

a. Pueden acceder a la función pública en igualdad de condiciones que los españoles
b. No pueden acceder a la función pública
c. Pueden acceder a la función pública excepto a los cuerpos sanitarios
d. Pueden acceder a la función pública en igualdad de condiciones que los españoles excepto a determinadas funciones

452. Tienen capacidad de obrar:

a. Los menores de edad en todo caso
b. En todo caso las entidades sin personalidad jurídica
c. Las personas que la ostenten con arreglo a las normas civiles
d. Las uniones patrimoniales

453. Las personas menores de edad:

a. No tienen capacidad de obrar ante la Administración
b. Tienen capacidad de obrar ante la Administración cuando se trate del ejercicio y defensa de derechos e intereses para los que no se requiera la participación de las personas que ostenten su representación legal
c. Tienen capacidad de obrar ante la Administración cuando su representante legal les reconozca tal extremo
d. Por carecer de capacidad de obrar, en ningún caso tendrán la condición de interesadas en un procedimiento administrativo

454. Una vez cumplidos los 18 años:

a. La persona adquiere la plenitud de sus derechos políticos
b. La persona está obligada a obtener el DNI
c. La persona puede acceder a la función pública
d. Las tres son correctas

455. En cuanto a las situaciones jurídicas de las/os administradas/os frente a la Administración:

a. El deber, como situación pasiva, deriva de una relación jurídica concreta
b. La obligación tiene su origen en una norma
c. Las situaciones mixtas otorgan potestades a las/os administradas/os
d. Frente a las potestades de la Administración, la ciudadanía se halla en situación de sujeción

456. Según la Constitución española:

a. Corresponde a la propia Constitución la regulación del procedimiento administrativo
b. Para evitar que se adopten decisiones de plano, cada Administración aprobará una norma que regule el procedimiento administrativo
c. La regulación del procedimiento administrativo se ha de hacer por ley orgánica
d. La ley regulará el procedimiento a través del cual deben producirse los actos administrativos

457. Tienen capacidad de obrar ante las administraciones públicas:

a. Las personas jurídicas y las personas físicas mayores de edad
b. Las personas jurídicas, las personas físicas mayores de edad y las menores de edad para determinadas actuaciones conforme al ordenamiento jurídico
c. Las personas jurídicas y las personas físicas debidamente habilitadas por la Administración para actuar ante ella
d. Los grupos de afectados en cualquier tipo de procedimiento

458. Los deberes tienen su origen:

a. En un contrato
b. En un acto administrativo
c. En una norma
d. En una relación jurídica

459. La ciudadanía en general:

a. No puede exigir a la Administración que actúe de una determinada manera
b. Es titular de intereses legítimos frente a la Administración
c. Pueden reaccionar frente a una actuación administrativa
d. Puede exigir a la Administración el cumplimiento de la legalidad

460. En caso de que una persona no disponga de los medios electrónicos para relacionarse con la Administración y decida tramitar el procedimiento por las vías electrónicas, cómo puede hacerlo:

a. Si se encuentran obligados o no a relacionarse con la Administración, esta les prestará asistencia en materia de identificación y firma electrónica
b. Las personas interesadas deberán adquirir los medios electrónicos necesarios. De lo contrario, perderán el derecho al trámite
c. No podrán emplear las vías electrónicas, al no encontrarse obligadas ni disponer de los medios necesarios para ello
d. Las personas interesadas que no se encuentren obligadas a emplear las vías electrónicas deben recibir asistencia para presentar la solicitud a través del registro electrónico

461. Los extranjeros (no miembros de la UE) residentes:

a. Pueden ser funcionarios de carrera previa solicitud
b. Pueden ser funcionarios de carrera tras la superación de la correspondiente oposición
c. No pueden ser personal laboral
d. Pueden ser personal laboral

462. La capacidad jurídica es:

a. La aptitud de una persona para ser parte en un procedimiento
b. La aptitud de una persona de actuar personalmente ante la Administración
c. La aptitud de una persona para contraer matrimonio
d. La aptitud de una persona para ser titular de derechos y obligaciones

463. Por qué normas se rige un colegio profesional:

a. Por su normativa específica en el ejercicio de funciones públicas, y supletoriamente por la Ley 39/2015
b. Por la Ley 40/2015, de 1 de octubre, de Régimen Jurídico del Sector Público y, supletoriamente, por la Ley 39/2015
c. Por su normativa específica, salvo para el ejercicio de funciones públicas, en cuyo caso se aplica la Ley 39/2015 preferentemente
d. Al ser una Administración territorial, se le aplica la Ley 39/2015

464. La finalidad de la abstención y recusación es:

a. Garantizar la imparcialidad de las decisiones administrativas
b. Que en los procedimientos administrativos únicamente intervengan las personas que tengan los conocimientos requeridos en cada caso
c. Que las resoluciones administrativas adoptadas en los procedimientos administrativos sean siempre expresas
d. Garantizar el acceso al expediente de las personas interesadas

465. La simplificación de los procedimientos administrativos ha supuesto, entre otras cosas:

a. Que para la iniciación de determinadas actividades se haya sustituido el procedimiento administrativo por las denominadas 'declaraciones responsables' o 'comunicaciones'
b. La eliminación de trámites innecesarios del procedimiento administrativo, pero sin que sea posible el desarrollo de un procedimiento simplificado
c. Que las personas interesadas no puedan intervenir en los procedimientos administrativos que les afecten
d. Que la Administración ya no tramite procedimientos administrativos, ya que únicamente se contempla su intervención a posteriori controlando las actividades desarrolladas por las personas particulares

466. En qué casos es obligatorio el uso de firma electrónica en la tramitación de los procedimientos administrativos:

a. En caso de que se presenten alegaciones y entregar documentos, sean o no indispensables para dictar resolución
b. En caso de que se presenten solicitudes y declaraciones responsables o comunicaciones previas a la Administración
c. En caso de que se reciban notificaciones administrativas
d. En caso de que se designe a un representante que actúe en nombre de la persona interesada

467. Integran el sector público:

a. La Administración del Estado, Comunidades Autónomas, entes locales
b. La Administración del Estado, Comunidades Autónomas, entes locales y sector público institucional
c. La Administración del Estado y Comunidades Autónomas
d. Los organismos autónomos

468. La representación en el procedimiento administrativo:

a. Es obligatoria, ya que la persona interesada siempre ha de estar asistida por su representante
b. No es obligatoria, pero cabe que la persona interesada designe como representante a una persona física con capacidad de obrar
c. Es obligatoria, y compete a la Administración la designación de representante en cada procedimiento administrativo
d. No es obligatoria, pero de otorgarla, solo podrá hacerse en favor de una persona jurídica

469. Los menores extranjeros no acompañados:

a. Tienen en todo caso capacidad para participar en el procedimiento de repatriación
b. Pueden participar en el procedimiento de repatriación si son mayores de 15 años
c. Pueden participar en el procedimiento de repatriación sin son mayores de 16 años
d. No pueden participar en el procedimiento de repatriación

470. Las personas interesadas en un procedimiento administrativo tienen derecho:

a. A identificar a las autoridades y al personal al servicio de las Administraciones Públicas bajo cuya responsabilidad se tramiten los procedimientos administrativos
b. A considerar estimadas sus solicitudes cuando la Administración no resuelve y notifica la resolución en plazo
c. A conocer el estado de tramitación del procedimiento administrativo, aunque únicamente en la fase de iniciación del mismo
d. A negarse a presentar documentos originales en todo caso

471. Entre las garantías que ofrece el procedimiento administrativo, NO cabe incluir:

a. El control de legalidad de los actos administrativos
b. Los derechos de información y participación de las personas interesadas
c. La transparencia de la actuación administrativa
d. La estimación de las solicitudes presentadas por las personas interesadas

472. Indique la correcta:

a. Los registros electrónicos de apoderamientos no necesariamente serán interoperables entre sí, dado que cada Administración debe disponer de uno de ellos

b. Los poderes inscritos en el registro electrónico de apoderamientos tienen una validez máxima de tres años

c. Las administraciones pueden habilitar a personas físicas o jurídicas autorizadas para realizar determinadas transacciones electrónicas

d. Aunque la Administración autorice a determinadas personas para representar a otras, estas deben acreditar su representación en cualquier momento

473. Son administrados 'cualificados':

a. Los que conservan todos sus derechos

b. Los que asumen la condición de parte en un concreto procedimiento

c. Todos los ciudadanos

d. Quien lo solicite

474. Se aprecia una tendencia a la simplificación procedimental en:

a. La potenciación de procedimientos urgentes

b. El aumento de supuestos de silencio

c. La eliminación de trámites innecesarios

d. El aumento de procedimientos iniciados a instancia de parte

475. La potestad es:

a. El derecho que posee la Administración a emplear un poder en una determinada materia o área del Derecho

b. El poder concreto de que dispone la Administración para tramitar procedimientos específicos

c. El poder que el ordenamiento jurídico le atribuye a la Administración de manera genérica

d. El derecho de la Administración para exigir una obligación a determinadas personas

476. Ser titular de un interés legítimo:

a. Supone una posición de poder frente a otro sujeto

b. Supone la posibilidad de exigir su cumplimiento a otro sujeto

c. Garantiza el poder reaccionar frente a la actuación administrativa

d. Corresponde a toda la ciudadanía

477. NO es una causa de abstención para resolver un procedimiento:

a. La persona interesada tiene un cuarto grado de consanguinidad con la persona competente para resolver en el procedimiento

b. La persona competente para resolver tuvo como asesor fiscal a la persona interesada en el procedimiento

c. La persona interesada trabaja como empleada del hogar del que es propietaria la competente para resolver

d. La persona interesada fue condenada a pagarle una indemnización a la persona competente en un procedimiento terminado por sentencia firme hace tres años

478. Los condenados cuya responsabilidad penal se haya extinguido:

a. Tienen capacidad para solicitar licencia de caza

b. Pueden solicitar la cancelación de sus antecedentes en cualquier momento

c. Tienen derecho a solicitar la cancelación de antecedentes transcurridos 10 años en el caso de penas graves

d. No pueden cancelar sus antecedentes

479. Debe la Administración comunicar a todas las personas interesadas la tramitación de un procedimiento:

a. No, solamente a aquellas de las que tenga constancia su condición de interesadas de acuerdo con el expediente

b. Sí, de lo contrario causaría indefensión a aquellas que no comunica la tramitación

c. Sí, dado que tienen derechos que pueden ser ejercidos durante la tramitación del procedimiento

d. No, solamente a aquellas personas interesadas que han comparecido en el procedimiento

480. El procedimiento administrativo común se regula en la Ley:

a. 39/2015   b. 22/2015

c. 40/2017   d. 30/1992

481. En las relaciones electrónicas con la Administración el uso de firma electrónica es obligatorio para:

a. Cualquier actuación con la Administración

b. Contratar con la Administración

c. Recurrir una sanción

d. Recibir un justiprecio

482. El empadronamiento en un municipio supone:

a. El reconocimiento de la condición de miembro político de la comunidad autónoma

b. Prueba de la residencia en el caso de extranjeros

c. Poder ser elector, pero no elegible

d. Poder ser elegible pero no elector

483. Si el/la representante lleva a cabo una actuación en nombre de la persona interesada:

a. La representación habrá de estar acreditada en todo caso

b. No se admitirá la actuación si no consta la acreditación

c. Tratándose de la presentación de una solicitud, se tendrá por realizada la actuación si se aporta la acreditación de la representación en un plazo de diez días

d. Se presume la representación en cualquier tipo de actuación

484. Están excluidos de la aplicación de la Ley 39/2015:

a. Los procedimientos de recursos

b. Los procedimientos de reclamación de responsabilidad patrimonial

c. Los procedimientos de expropiación forzosa

d. Los procedimientos de extranjería y asilo

485. Los siguientes procedimientos se rigen por su normativa específica:

a. El procedimiento sancionador tributario y el procedimiento para exigir responsabilidad patrimonial a las administraciones públicas

b. Los procedimientos en materia de extranjería y asilo y el procedimiento sancionador no tributario

c. Los procedimientos sancionadores en el orden social y en materia de tráfico

d. Los procedimientos a los que se ha de ajustar el ejercicio de la iniciativa legislativa y la potestad reglamentaria

486. Puede efectuarse cualquier trámite sin acreditar la representación en el momento en que se efectúa:

a. Sí, si se acredita en el plazo de diez días y es un trámite que requiere acreditar la representación

b. No, ya que algunos trámites exigen que se acredite obligatoriamente la representación de forma inmediata

c. Sí, y la persona interesada puede acreditar la representación en cualquier momento del procedimiento antes del trámite de audiencia

d. No, en ningún caso

487. Qué norma sobre el procedimiento administrativo se aplica a las entidades públicas de Derecho privado:

a. La Ley 39/2015

b. El Código Civil y la normativa complementaria al mismo

c. La Ley 40/2015 de Régimen Jurídico del Sector Público

d. Las normas de la Ley 39/2015 de Procedimiento Administrativo Común de las Administraciones Públicas que específicamente se refieran a ellas

488. La no abstención en un procedimiento cuando sea necesario implica:

a. La sanción penal al funcionario

b. En todo caso la nulidad de pleno derecho de lo dictado

c. La excedencia forzosa del funcionario

d. La responsabilidad del funcionario

489. El procedimiento administrativo es:

a. El cauce a través del cual se dictan los actos administrativos

b. Potestativo para la Administración

c. Cualquier decisión adoptada por la Administración

d. Obligatorio solo si se dicta un acto de contenido sancionador

490. El uso de la firma electrónica es obligatorio:

a. Para cualquier actuación ante la Administración

b. Para interponer recursos

c. Para presentar alegaciones

d. Para proponer la práctica de la prueba

491 C	530 A	569 C
492 A	531 D	570 A
493 C	532 C	571 C
494 D	533 C	572 B
495 B	534 A	573 D
496 B	535 B	574 D
497 D	536 A	575 B
498 D	537 A	576 D
499 D	538 B	577 D
500 D	539 A	578 A
501 A	540 B	579 A
502 D	541 B	580 B
503 B	542 A	581 B
504 C	543 D	582 A
505 A	544 D	583 C
506 A	545 B	584 B
507 B	546 A	585 A
508 D	547 B	586 C
509 C	548 A	587 C
510 D	549 A	588 D
511 D	550 A	589 C
512 C	551 B	590 D
513 C	552 B	591 B
514 B	553 C	592 C
515 D	554 C	593 B
516 C	555 A	594 B
517 B	556 A	595 A
518 C	557 A	596 C
519 A	558 D	597 C
520 C	559 B	598 C
521 D	560 B	599 C
522 C	561 B	600 B
523 B	562 C	601 D
524 A	563 C	602 C
525 A	564 B	603 B
526 A	565 B	604 C
527 B	566 B	605 B
528 D	567 C	606 B
529 B	568 C	607 D

491. Agota siempre la vía administrativa:

a. La interposición de un recurso de alzada
b. La resolución de un órgano administrativo con superior jerárquico
c. La resolución de un procedimiento de responsabilidad patrimonial
d. La interposición de un recurso de reposición

492. Son actos administrativos:

a. Las declaraciones unilaterales de la Administración
b. Los contratos y convenios administrativos
c. Las declaraciones de los particulares dentro de un procedimiento administrativo
d. Las actuaciones materiales de la Administración

493. Los actos administrativos han de publicarse:

a. Cuando sean sancionadores
b. Cuando lo disponga el destinatario
c. Cuando tengan por destinatarios una pluralidad de personas
d. Cuando sean restrictivos de derechos

494. En la desestimación presunta de un acto:

a. No cabe resolución expresa posterior
b. La resolución expresa posterior será siempre desestimatoria
c. La resolución expresa posterior será siempre estimatoria
d. La resolución expresa posterior se dictará sin vinculación al sentido del silencio

495. La constancia escrita del acto:

a. Es una exigencia inexcusable que impide la existencia de actos que se manifiesten de forma verbal
b. No siempre es necesaria
c. Solo se permite en los actos presuntos
d. Se exceptúa para las resoluciones emanadas de los órganos colegiados

496. La eficacia del acto:

a. Es siempre retroactiva
b. Se demora si está supeditada a aprobación superior
c. Nunca es retroactiva
d. Siempre es inmediata porque sus efectos se producen desde la fecha en que se dicta

497. La multa coercitiva procede respecto a:

a. Actos sancionadores
b. Actos firmes
c. Actos que agotan la vía administrativa
d. Actos personalísimos en los que no proceda la compulsión sobre las personas

498. Indique la correcta:

a. La publicación de los actos no debe reunir los mismos elementos que las notificaciones
b. Si el acto se dirigiera a una pluralidad indeterminada de personas no requiere necesariamente notificar a alguna o algunas de ellas
c. Todos los actos administrativos en un procedimiento de concurrencia competitiva deben publicarse
d. La publicación de los actos surte los mismos efectos que la notificación en los procedimientos selectivos o de concurrencia competitiva

499. Pueden ser retroactivos los actos:

a. Desfavorables
b. Sancionadores
c. Restrictivos de derechos
d. Que se dicten en sustitución de otros anulados

500. Si la Administración debe desalojar a una persona de un edificio público empleando la fuerza, qué medio de ejecución forzosa debe emplear:

a. La ejecución subsidiaria
b. La multa coercitiva
c. El apremio sobre el patrimonio
d. La compulsión sobre las personas

501. El apremio sobre el patrimonio procede respecto a:

a. Actos que consistan en la obligación de abono de una cantidad liquida
b. Actos personalísimos
c. Actos en los que no proceda la ejecución subsidiaria
d. Actos no firmes

502. Qué son los actos definitivos:

a. Son los actos que le permiten al órgano instructor impulsar el procedimiento
b. Son los actos que agotan la vía administrativa y contra los que no cabe recurso en la vía administrativa
c. Son los actos que deciden las cuestiones planteadas por los interesados y no se detienen en otras derivadas del procedimiento.
d. Son aquellos que ponen fin a un procedimiento administrativo, decidiendo sobre todas las cuestiones planteadas por los interesados y sobre otras derivadas del mismo procedimiento

503. Deben motivarse los actos:

a. Que concedan licencias
b. Que resuelvan procedimientos de revisión de oficio
c. Que sean presuntos
d. Que agoten la vía administrativa

504. La 'autotutela ejecutiva' significa que:

a. Los actos de la Administración se presumen válidos

b. La Administración se auto protege

c. La Administración no necesita acudir a los tribunales para ejecutar sus actos

d. Los actos de la Administración son firmes desde que se dictan

505. Desde qué fecha se computan los plazos máximos para dictar y notificar una resolución administrativa:

a. En los procedimientos iniciados de oficio, desde la fecha en que dicta el acuerdo de iniciación del procedimiento

b. En los iniciados a instancia de persona interesada, desde la fecha en que se adopta el acuerdo de iniciación del procedimiento

c. En los procedimientos de oficio, desde el momento en que la persona interesada recibe la notificación del acuerdo por el que se inicia el procedimiento

d. En los iniciados a instancia de interesado, desde el momento en que se admite a trámite la solicitud

506. En los procedimientos iniciados de oficio el transcurso del plazo para resolver produce:

a. La caducidad si se trata de procedimientos restrictivos de derechos

b. El silencio negativo

c. La caducidad si es procedimiento favorable

d. Silencio positivo

507. Agotan la vía administrativa:

a. Los actos que resuelven procedimientos de adjudicación de concesiones de ocupación de dominio público

b. Las resoluciones de los recursos de alzada

c. Las resoluciones de los actos dictados por los subdirectores generales

d. Los procedimientos de ejecución

508. Qué actos administrativos deben ser motivados:

a. Los basados en potestades regladas, los de gravamen y aquellos que se aparten de informes preceptivos

b. Los confirmatorios de informes previos y los que supongan restricción de derechos

c. Los de trámite que impulsan el procedimiento, los actos discrecionales y las medidas provisionales

d. Los que limiten derechos subjetivos o intereses legítimos, los que aprueben medidas provisionales y los que se aparten de los dictámenes de órganos consultivos

509. Indique la correcta:

a. El plazo máximo para dictar y notificar la resolución en un procedimiento se suspende automáticamente en caso de que se practiquen pruebas complejas

b. El plazo máximo para dictar y notificar la resolución en un procedimiento puede suspenderse en caso de que la Administración decida la ampliación del plazo para notificar la resolución

c. El plazo máximo para dictar y notificar la resolución puede suspenderse en caso de que la persona interesada deba subsanar deficiencias en su solicitud

d. El plazo máximo para dictar y notificar la resolución en un procedimiento no puede ser objeto de suspensión

510. Qué se necesita preferentemente para que la Administración dicte un acto administrativo:

a. La existencia de esa misma Administración reconocida por el ordenamiento jurídico.

b. La existencia de un poder o facultad general para actuar atribuido por el ordenamiento jurídico

c. La voluntad expresada por el órgano administrativo mediante un escrito formal

d. Una potestad administrativa concreta atribuida por el ordenamiento jurídico

511. Cabe la ampliación del plazo máximo para dictar y notificar la resolución en un procedimiento:

a. No es posible, al tratarse de plazos preceptivos

b. Puede ampliarse excepcionalmente y, como máximo, hasta el doble del plazo establecido para resolver y notificar

c. Es posible acordar la ampliación del plazo, si bien cabe recurso contra esa decisión

d. Puede ampliarse el plazo excepcionalmente, una vez que se hayan agotado los medios materiales y personales de que dispone la Administración

512. Qué efectos produce la desestimación presunta de la solicitud por silencio administrativo:

a. Se considera que la solicitud ha sido rechazada como si fuera el acto finalizador del procedimiento

b. Pueden interponerse los recursos procedentes porque se considera una resolución finalizadora del procedimiento

c. No se considera acto finalizador del procedimiento y pueden presentarse los recursos procedentes

d. El procedimiento debe iniciarse de nuevo, dado que las pretensiones de la persona interesada han sido denegadas

513. Si un acto se dicta con una finalidad distinta a la prevista en el ordenamiento, constituye:

a. Vía de hecho

b. Irregularidad no invalidante

c. Desviación de poder

d. Cohecho

514. Los actos que agotan la vía administrativa:

a. Deben impugnarse en vía administrativa antes de acudir a la vía judicial

b. Pueden recurrirse directamente ante los órganos judiciales

c. Son actos firmes

d. Deben ser impugnados a través del recurso de reposición

515. Qué requisitos se exigen para la motivación de las resoluciones en los procedimientos en concurrencia competitiva:

a. La resolución se ajustará al criterio establecido caso por caso por el Tribunal calificador

b. El Tribunal calificador efectuará una motivación individualizada

c. El Tribunal calificador aplicará automáticamente los elementos reglados sin motivación alguna

d. La motivación se realizará de conformidad con las normas que establezcan las convocatorias, acreditándose en la resolución que se adopte

516. Se entiende notificado el interesado por vías electrónicas:

a. Cuando la Administración pone a disposición de la persona interesada la notificación en la sede electrónica de la Administración u Organismo actuante

b. Transcurridos 10 días hábiles desde que la notificación se puso a disposición la notificación en la sede electrónica de la Administración u Organismo actuante

c. Cuando la persona interesada accede a la notificación dejándose constancia de la fecha, la hora y el contenido de la notificación a la que accede

d. Cuando la notificación se pone a disposición de la persona interesada en la dirección electrónica habilitada única

517. Además del texto íntegro de la resolución, las notificaciones contendrán lo siguiente, EXCEPTO:

a. ...el plazo para recurrirla

b. ...los plazos para recurrirla, el órgano que ha emitido el acto y el nombre del agente notificador

c. ...los plazos para recurrirla, el órgano administrativo o judicial ante el que presentar los recursos y la indicación de si agota o no la vía administrativa

d. ...los recursos administrativos que procedan, el órgano ante el que deben interponerse y la indicación de si es o no definitiva en la vía administrativa

518. Cuándo procede la ejecución forzosa mediante apremio sobre el patrimonio:

a. Cuando la obligación impuesta es de hacer o no hacer y resulta personalísima

b. Cuando la obligación consiste en hacer algo y no es personalísima

c. Cuando la obligación consiste en el pago de una cantidad líquida

d. Cuando la persona obligada debe ejecutar una orden de la Administración que limita sus derechos

519. Los plazos para resolver se computan desde la fecha del acuerdo de iniciación del procedimiento:

a. Si el procedimiento se ha iniciado de oficio

b. Solo si el plazo de notificación es de seis meses

c. Si el plazo se ha iniciado a instancia del interesado

d. Solo si el plazo de resolución es de 3 meses

520. Plazo para cursar la notificación de un acto, desde que éste se haya dictado:
a. 15 días
b. 20 días
c. 10 días
d. 30 días

521. Indique la correcta:
a. Un acto singular se dirige necesariamente una persona interesada en concreto
b. Un acto plúrimo es aquel que produce efectos jurídicos en diversos procedimientos
c. Un acto plúrimo tiene como destinatarios a interesados concretos y determinados
d. Un acto singular se dirige a uno o varios interesados concretos y determinados

522. El defecto de forma de un acto administrativo:
a. Siempre determinará su anulabilidad
b. Nunca determinará su anulabilidad
c. Conlleva su anulabilidad si produce la indefensión del interesado
d. Conlleva la nulidad del acto

523. Qué criterio debe aplicar la Administración para elegir el medio de ejecución forzosa:
a. Puede escoger aquel medio que le resulte más eficaz atendiendo a las circunstancias del caso
b. Debe atenerse a los criterios establecidos por la Ley aplicando el criterio más favorable a la libertad individual
c. Resolverá las peticiones de las personas obligadas en torno al medio de ejecución forzosa a emplear
d. Debe aplicar los criterios establecidos en la Ley sin tomar en consideración la proporcionalidad de su actuación

524. En un procedimiento sancionador, si vence el plazo máximo para notificar la resolución, qué efectos produce el silencio:
a. El procedimiento caducará, archivándose las actuaciones
b. Se entenderá que la Administración ha absuelto a la persona inculpada
c. El procedimiento caducará y la Administración no podrá abrir un nuevo procedimiento en ningún caso
d. Se mantendrá la propuesta de resolución condenatoria, imponiendo la sanción correspondiente

525. En qué casos debe publicarse un acto administrativo:
a. Cuando así lo establezcan las normas reguladoras de los procedimientos
b. Cuando resulte conveniente para ahorrar costes en las notificaciones personales
c. En los mismos supuestos en que procede practicar la notificación personal
d. Ninguna de las tres es correcta

526. El silencio es negativo en:
a. Los procedimientos relativos al ejercicio del derecho de petición
b. Los procedimientos de expropiación forzosa
c. Los procedimientos de otorgamiento de licencias de edificación
d. Los procedimientos de concurrencia competitiva

527. 'Incompetencia temporal' es:
a. La falta de competencia porque el órgano no se ajusta a la escala jerárquica
b. La falta de competencia por su ejercicio en un momento no previsto en las normas
c. La falta de competencia para ejercer potestades en una determinada materia
d. La falta de competencia para ejercer potestades en un ámbito territorial concreto

528. Pueden refundirse en un único acto varios actos administrativos:
a. No, dado que cada uno de ellos requiere una motivación específica para cada caso
b. No es posible, debido a que no pueden dirigirse a un conjunto indeterminado de personas
c. Es posible solo cuando el órgano competente especifique las personas a las que van dirigidas
d. Sí, cuando se trate de actos de la misma naturaleza, como nombramientos o licencias, y el órgano prevea las circunstancias para su individualización

529. Plazo máximo para resolver un procedimiento:
a. 2 meses
b. 6 meses
c. 3 meses
d. 1 mes

530. Indique la correcta:
a. La multa coercitiva puede emplearse para ejecutar las obligaciones personalísimas o no personalísimas de hacer
b. La ejecución subsidiaria debe emplearse para ejecutar obligaciones personalísimas
c. Los costes derivados de la ejecución subsidiaria los asumirá la Administración
d. La multa coercitiva no puede emplearse para ejecutar aquellos actos que requieran la compulsión directa sobre las personas

531. En qué supuesto queda subsanada la notificación defectuosa:
a. En caso de que la persona interesada interponga el recurso que proceda en la vía administrativa o jurisdiccional
b. En caso de que la Administración omitiese las vías de recurso de que dispone la persona interesada
c. En caso de que la persona interesada lleve a cabo actuaciones de las que se deduzca el conocimiento de la notificación
d. En caso de que la notificación contenga el texto íntegro de la resolución y la persona hubiera interpuesto el recurso procedente contra la misma

532. Qué actos de trámite pueden impugnarse autónoma y directamente:
a. Aquellos que sirvan para el impulso del procedimiento y sean notificados a las personas interesadas
b. Aquellos que no necesariamente determinan la continuación del procedimiento
c. Aquellos que causen indefensión
d. Aquellos que contribuyan al esclarecimiento de los hechos

533. En qué lugar debe practicarse la notificación:
a. En los procedimientos iniciados de oficio, en cualquier lugar que previamente haya indicado la persona interesada
b. En los procedimientos iniciados a instancia de persona interesada, en el domicilio que figure en el padrón municipal
c. En los procedimientos iniciados a instancia de persona interesada, en el domicilio que ella indique en la solicitud
d. La Administración decidirá, en primer lugar, el domicilio más adecuado para practicar la notificación

534. La 'potestad de autotutela ejecutiva' de la Administración:
a. ...la habilita para ejecutar los actos que dicte sin necesidad de solicitar dicha ejecución a los tribunales de justicia
b. ...consiste en resolver los recursos que se presenten contra los actos que dicte
c. ...la obliga a recabar el amparo de los tribunales de justicia para ejecutar sus propios actos
d. ...le permite declarar situaciones jurídicas sin necesidad de acudir a los Tribunales

535. Los actos que contienen medios de pago a favor de los obligados han de notificarse:
a. Por medios electrónicos
b. Nunca por medios electrónicos
c. Como lo estime el órgano emisor
d. No han de notificarse

536. Cuándo se considera que la Administración ha cumplido su deber de notificar la resolución en plazo:
a. Después de efectuar el primer intento de notificación del texto íntegro de la notificación debidamente acreditado
b. Tras efectuar el segundo intento, la puesta a disposición del aviso de notificación en el casillero del domicilio particular de la persona interesada
c. En la fecha de la publicación del acto, tras dos intentos fallidos
d. Se considera en estos casos que la Administración no ha cumplido su deber si no acredita la recepción de la notificación por la persona interesada

537. Un acto administrativo:
a. No puede tener un contenido totalmente discrecional
b. No puede tener un contenido totalmente reglado porque incurriría en arbitrariedad
c. Que reconoce trienios a un funcionario tiene contenido tanto reglado como discrecional
d. Es reglado siempre que sea un acto firme

538. En caso de que la notificación no pueda practicarse tras los intentos preceptivos:

a. Se considerará que la notificación ha sido practicada continuando el procedimiento

b. Debe publicarse un anuncio de la notificación en el Boletín Oficial del Estado

c. Se entenderá que no se ha practicado la notificación y la Administración efectuará tantos intentos como sean necesarios hasta la efectiva notificación

d. Debe publicarse un aviso de notificación en el Boletín Oficial de la Comunidad Autónoma

539. En qué casos la Administración debe optar por la ejecución subsidiaria:

a. Cuando la obligación consista en llevar a cabo actos no personalísimos

b. En caso de que se imponga una obligación de no hacer o de pagar una cantidad líquida

c. Cuando la obligación deba cumplirse exclusivamente por la persona obligada

d. Cuando se imponga una obligación de hacer o no hacer que pueda llevar a cabo una persona distinta de la obligada

540. La norma general si no hay resolución expresa es:

a. El silencio negativo

b. El silencio positivo

c. El silencio negativo o positivo según el plazo

d. Ninguna de las tres

541. Indique la correcta:

a. El acto administrativo requiere la intervención de la voluntad de los particulares

b. Algunos procedimientos administrativos pueden finalizar por pacto o convenio con la Administración

c. Todos los actos administrativos no exigen para su eficacia la aceptación de las personas destinatarias

d. El acto administrativo es una declaración unilateral emitida a instancia de las personas

542. Cuándo se produce el silencio negativo:

a. En caso de que se resuelvan procedimientos para exigir la responsabilidad patrimonial de la Administración

b. Cuando cualquier tipo de norma establezca el silencio negativo

c. En todos los procedimientos en general, salvo en aquellos en que deban resolverse recursos

d. En los procedimientos iniciados de oficio en los que se dicten actos de gravamen para las personas interesadas

543. En qué casos queda demorada la eficacia de un acto administrativo:

a. Cuando la Administración lo decida caso por caso en cualquier circunstancia

b. En los casos en que el acto se notifique, pero no cuando proceda su publicación

c. Cuando la Administración lo decida caso por caso sin tener en cuenta el contenido del acto

d. Cuando la eficacia del acto se condicione a su notificación o publicación

544. Un acto administrativo de trámite:

a. Es siempre una resolución

b. Nunca puede impugnarse de forma autónoma

c. No puede decidir el fondo del asunto

d. Es recurrible si produce indefensión

545. Puede suspenderse la eficacia de un acto si este:

a. Es anulable

b. Es nulo de pleno derecho

c. Puede causar cualquier perjuicio

d. Es definitivo

546. Son siempre elementos reglados de un acto:

a. El presupuesto de hecho, la competencia del órgano y el fin para el que se dicta

b. El presupuesto, el plazo y el modo

c. La competencia y la normativa

d. Ninguna de las anteriores

547. Puede la Administración no publicar el contenido íntegro de la notificación:

a. No, porque tendría deficiencias y, en consecuencia, sería inválida

b. Sí, cuando dicho contenido, a juicio de la Administración, lesiona derechos o intereses legítimos

c. Sí, cuando así lo estime oportuno la Administración y publique en el diario oficial una somera indicación del contenido del acto

d. No, ya que causaría indefensión a la persona destinataria

548. Cuando el interesado no se encuentra en el domicilio en el momento de la notificación:

a. Puede hacerse cargo de la misma cualquier persona mayor de 14 años

b. Se debe intentar la notificación otras 3 veces

c. Puede hacerse cargo de la misma cualquier persona mayor de 12 años

d. Se le da por notificado

549. Cuando en virtud de un acto administrativo hubiera de satisfacerse una cantidad líquida:

a. Puede aplicarse el procedimiento de apremio

b. Se acude a la ejecución subsidiaria

c. Cabe utilizar la compulsión sobre las personas

d. No cabe su ejecución forzosa

550. Indique la correcta:

a. La persona titular del órgano actuante debe ser investida en sus funciones

b. La coacción a un órgano administrativo conlleva la invalidez del acto administrativo que dicta

c. El error de hecho al dictar un acto es una causa de nulidad del acto administrativo

d. La recusación de un órgano es motivo de invalidez del acto administrativo

551. En qué caso la Administración no puede iniciar la ejecución forzosa de un acto de manera inmediata:

a. Cuando la persona interesada haya alegado que carece de recursos económicos para abonar la cantidad adeudada

b. Cuando precise la autorización judicial para llevar a cabo la ejecución forzosa de acuerdo con la Constitución o la Ley

c. En ningún caso. Efectuado el apercibimiento, no existe impedimento alguno para iniciar la ejecución forzosa

d. Cuando las circunstancias aconsejen la suspensión de la ejecución y siempre que así lo solicite la persona obligada

552. El acto administrativo será inmediatamente ejecutivo:

a. Siempre

b. Salvo si resuelve una sanción susceptible de recurso de reposición

c. Salvo que se desestime la solicitud de suspensión

d. Solo cuando una disposición lo establezca expresamente

553. Si se dicta un acto con una finalidad distinta de la prevista en la norma:

a. Se trata de un acto indeterminado

b. Es un acto de contenido imposible

c. Se incurre en desviación de poder

d. Es un acto de contenido discrecional

554. Qué son los actos que agotan la vía administrativa:

a. Aquellos contra los que no puede presentarse recurso alguno en vía administrativa

b. Aquellos que deciden directa o indirectamente el fondo del asunto

c. Aquellos que pueden ser impugnados directamente ante los órganos judiciales de lo contencioso-administrativo

d. Aquellos que son dictados por el órgano inferior jerárquico

555. En qué caso no procede la notificación electrónica, pese a que es obligatoria para determinados colectivos:

a. Cuando las notificaciones contengan medios de pago a favor de los obligados

b. Cuando se notifiquen sanciones u órdenes de ejecución

c. En caso de que, aun pudiendo convertirse en formato electrónico, el contenido de la notificación albergue archivos de difícil comprensión

d. Cuando la Administración, caso por caso, acuerde la notificación en papel para mejorar la tramitación del procedimiento

556. La incompetencia jerárquica manifiesta en la adopción de un acto administrativo:

a. Conlleva la anulabilidad
b. Conlleva la nulidad
c. Se trataría de una irregularidad no invalidante
d. Conlleva la anulabilidad solo si el órgano es además incompetente por razón de la materia

557. Qué órgano tiene competencia para dictar actos administrativos:

a. Aquel que establezcan las normas y, en su defecto, el inferior jerárquico
b. Aquel que establezcan las normas que atribuyen la competencia a una Administración determinada
c. Aquel que ostente la potestad administrativa atribuida por otro acto administrativo
d. Aquel órgano que reciba la competencia por delegación de otro órgano

558. Cuándo un acto administrativo NO es inmediatamente ejecutivo:

a. Cuando la persona interesada interponga el recurso procedente contra dicho acto
b. Cuando se imponga una sanción mediante resolución firme
c. Cuando así lo decida la Administración caso por caso sin necesidad de interponer recurso previo por la persona interesada
d. Cuando una disposición así lo establezca

559. Indique la correcta:

a. La notificación por vía electrónica siempre debe realizarse a las personas físicas sin excepción
b. La notificación por vía electrónica puede sustituirse en papel cuando la persona interesada comparezca en las oficinas de registro y solicite la notificación personal en ese momento
c. Las personas obligadas a recibir notificaciones por vía electrónica pueden rechazar este medio para practicar la notificación y solicitar la notificación en papel
d. Cursadas dos notificaciones, una en papel y otra electrónica, producirá efectos siempre la electrónica

560. Indique la correcta:

a. Los actos que resuelvan recursos o procedimientos de revisión de oficio no deben ser motivados
b. Se exige motivación para adoptar la propuesta de resolución en procedimientos sancionadores
c. Los acuerdos por los que se suspenden los actos deben ser motivados cuando se basen en algunas causas específicas
d. Deben motivarse las propuestas de resolución en los procedimientos de responsabilidad patrimonial

561. Los actos de trámite:

a. No son susceptibles de impugnación en ningún caso
b. Pueden impugnarse con carácter excepcional
c. Solo se impugnan si agotan la vía administrativa
d. Se impugnan previa solicitud por parte del interesado

562. Indique la correcta:

a. La notificación que se practique en papel no necesariamente debe ponerse a disposición de la persona interesada en la sede electrónica de la Administración actuante
b. Si la persona interesada recibe la notificación por vías electrónicas, la Administración le obligará a ser notificado por dichas vías en sucesivos trámites
c. Cualquier notificación practicada en papel debe ponerse a disposición de la persona interesada en la sede electrónica de la Administración o el Organismo actuante
d. Si la persona interesada elige ser notificada en papel, no podrá durante el procedimiento cambiar el medio por el que se le practican las notificaciones

563. Qué tipo de invalidez conlleva el incumplimiento de plazos por la Administración:

a. No puede incurrirse en invalidez por incumplir los plazos
b. El acto que incumpla los plazos establecidos legalmente será nulo de pleno derecho 556
c. El acto será anulable cuando así lo imponga la naturaleza del término o plazo
d. El acto será anulable y no podrá ser convalidado

564. Indique la correcta:

a. Los actos que agotan la vía administrativa en el ámbito de la Administración del Estado son los previstos en la Ley 7/1985
b. Los actos que agotan la vía administrativa son aquellos que establecen las normas de organización y funcionamiento de las diferentes administraciones públicas
c. Los actos que agotan la vía administrativa en el ámbito local se hallan previstos en el art. 114.2 LPAC
d. Los actos que agotan la vía administrativa en el ámbito de la Comunidad Autónoma los regula el art. 52.2 de la Ley 7/1985

565. Indique la correcta:

a. Los actos administrativos no pueden suspenderse porque gozan de presunción de legalidad
b. La Administración puede suspender la eficacia de un acto si en este puede concurrir alguna causa de nulidad
c. Los actos administrativos se suspenden de manera automática una vez presentado el recurso contra los mismos
d. Solicitada la suspensión del acto y transcurridos 30 días desde esa solicitud, el acto quedará automáticamente suspendido

566. De qué forma deben manifestarse los actos administrativos:

a. Con carácter general pueden expresarse oralmente, sin que quede constancia escrita de los mismos
b. Los actos dictados por órganos colegiados pueden dictarse oralmente previa deliberación
c. Los actos administrativos deben manifestarse por escrito cuando sea necesario y a través de medios electrónicos
d. Los actos administrativos deben constar por escrito con carácter general y en papel

567. De qué plazo dispone la Administración para dictar y notificar la resolución administrativa:

a. Seis meses
b. Tres meses
c. El plazo que establezca la norma reguladora del procedimiento
d. El plazo que disponga la Administración caso por caso de acuerdo con las circunstancias del procedimiento

568. Son nulos los actos:

a. Sancionadores dictados por órgano incompetente
b. Los actos presuntos
c. Los actos constitutivos de infracción penal
d. Que lesionen cualquier derecho

569. Las potestades administrativas se atribuyen:

a. A través de relaciones jurídicas
b. A través de contratos administrativos
c. A través del ordenamiento jurídico
d. A través de derechos subjetivos

570. Qué debe hacer la Administración antes de proceder a la ejecución forzosa de sus actos:

a. Debe apercibir a las personas obligadas advirtiéndoles de la ejecución forzosa en caso de incumplimiento
b. No se le exige a la Administración ninguna actuación específica y puede proceder inmediatamente a la ejecución de la obligación
c. Debe recabar el auxilio de la autoridad judicial para iniciar la ejecución, presentando recurso ante la jurisdicción contencioso-administrativa
d. Debe resolver el recurso presentado contra la resolución y desestimarlo previamente

571. El plazo máximo para notificar una resolución administrativa expresa:

a. Es siempre de seis meses
b. Es de seis meses con carácter subsidiario
c. Es de tres meses con carácter subsidiario
d. Es siempre de tres meses

572. Son actos firmes:

a. Los que agotan la vía administrativa
b. Los que no pueden recurrirse en vía administrativa salvo a través de recurso extraordinario de revisión
c. Los que ultiman la vía administrativa
d. Todos los actos resolutorios

573. Son nulos de pleno derecho:

a. Los actos que incurran en desviación de poder
b. Los actos dictados fuera de plazo
c. Los actos dictados por órgano incompetente jerárquicamente
d. Los actos dictados por órgano incompetente por razón de materia

574. Las sanciones administrativas son ejecutivas:

a. Cuando agotan la vía administrativa
b. Cuando se dictan
c. Cuando se publican
d. Cuando son firmes

575. Qué requisitos se exige para la producción del acto administrativo:

a. Debe ser dictado por el órgano competente
b. Debe ser dictado por el órgano competente de acuerdo con el procedimiento establecido
c. Debe ser dictado en un modelo formalizado por el órgano competente
d. Debe atenderse al procedimiento establecido sin tener en cuenta la competencia del órgano

576. Qué tipos de actos no agotan la vía administrativa:

a. Las resoluciones de los procedimientos de impugnación que sustituyen al recurso de alzada
b. Los pactos, convenios o acuerdos finalizadores de los procedimientos
c. Las resoluciones de los procedimientos en materia de responsabilidad patrimonial
d. Las resoluciones dictadas por órganos que tengan superior jerárquico

577. Si nadie puede recibir la notificación, cómo debe procederse:

a. Se efectuará un segundo intento en el término de tres días a cualquier hora
b. Se efectuará un segundo intento en los cinco días siguientes a partir de las quince horas si el primer intento se hubiera practicado antes de esa hora, y dejando un margen de diferencia de, al menos, tres horas entre ambos intentos
c. La notificación se entenderá rechazada continuando el procedimiento
d. Se practicará un segundo intento en los tres días siguientes y a partir de las 15 horas si se hubiera practicado el primer intento antes de esa hora, con un margen de diferencia de, al menos, tres horas

578. Pueden recurrirse los actos administrativos firmes:

a. Sí, siempre que se interponga el recurso extraordinario de revisión conforme a las causas tasadas legalmente
b. No, en ningún caso, al haber vencido los plazos para su interposición
c. Sí, en tanto en cuanto la autoridad judicial puede confirmar la decisión administrativa
d. Pueden recurrirse cuando sean actos confirmatorios de otros que se han dictado

579. Cómo se practican las notificaciones electrónicas:

a. Mediante comparecencia en la sede electrónica de la Administración u Organismo actuante
b. Mediante mensajes de correo electrónico
c. Mediante la dirección electrónica que indique la persona interesada
d. Mediante los avisos de notificación enviados a los dispositivos indicados por la persona interesada

580. A través de qué medio debe practicarse la notificación:

a. La notificación se practicará por medios electrónicos
b. El medio que permita tener constancia de la recepción de la notificación, la fecha, su contenido y la identidad de la persona interesada
c. La notificación debe practicarse en papel y mediante los servicios postales oficiales
d. El medio que en cada caso decida la Administración atendiendo a su capacidad económica

581. Cuando el contenido del acto recoge elementos discrecionales...

a. El acto es inválido por no ajustarse al ordenamiento jurídico
b. El acto debe motivarse para garantizar su adecuación a Derecho
c. El acto administrativo debe ejecutarse tomando en consideración los elementos reglados
d. Debe prescindirse de los elementos reglados del acto para su ejecución

582. Qué personas pueden recibir la notificación en papel:

a. Aquellas que sean mayores de catorce años que se encuentren en el domicilio de la persona destinataria
b. Todas aquellas que se encuentren en el domicilio de la persona destinataria
c. Las personas que dispongan de capacidad de obrar acreditada
d. La persona destinataria y todas aquellas que se encuentren en ese momento en su domicilio

583. Qué efectos produce el aviso enviado al dispositivo electrónico de la persona interesada:

a. Se considera como una notificación y produce los mismos efectos que esta
b. Indica que la persona interesada debe recibir la notificación en su domicilio en el día y hora indicados
c. Informa a la persona interesada de que se ha puesto a su disposición la notificación en la sede electrónica del organismo o Administración actuante
d. Omitir el aviso conlleva la invalidez de la notificación electrónica

584. Qué requisitos debe reunir el contenido del acto administrativo:

a. Ajustarse a los hechos y estos ser posibles
b. Ser determinado y posible, así como ajustarse a los fines establecidos por el ordenamiento jurídico
c. Albergar elementos reglados y discrecionales
d. Ajustarse a los fines establecidos por el ordenamiento jurídico, si bien puede ser dictado para supuestos indeterminados

585. Qué tipo de actos pueden ser convalidados por la Administración:

a. Los actos anulables
b. Los actos nulos de pleno derecho
c. Los actos inválidos no pueden ser convalidados
d. Ninguna de las tres

586. NO requiere motivación:

a. Una resolución de un Ayuntamiento por la que se sanciona a un vecino
b. La desestimación de un recurso administrativo
c. La decisión por la que se otorga ayuda a determinadas personas sin que afecte a derechos o a intereses de terceros
d. El acuerdo de suspensión de un acto

587. Si la notificación de un acto omite alguno de los requisitos ordinarios en su contenido:

a. Nunca surtirá efecto
b. Será suficiente aunque no contenga el texto íntegro de la resolución
c. Surte efectos si el interesado interpone el recurso que proceda contra el acto
d. Surte efectos solo si es electrónica

588. Un acto administrativo se considera nulo de pleno derecho si:

a. ha infringido las normas sobre plazos
b. incurre en desviación de poder
c. incumple los requisitos de forma
d. se ha dictado prescindiendo total y absolutamente del procedimiento legalmente establecido

589. Qué significa que el acto administrativo puede ser de voluntad:

a. Se trata de una actuación material, como la prestación de un servicio público
b. Es una declaración que tiene por objeto dar a conocer una previa situación jurídica de la persona
c. La Administración tiene la intención de permitir o prohibir algún tipo de actividad llevada a cabo por las personas
d. La Administración emite un juicio en torno a la legalidad o ilegalidad de una situación jurídica

590. La suspensión del acto administrativo impugnado:

a. Es la regla general en cualquier recurso administrativo o judicial
b. Requiere siempre que el recurso se fundamente en una causa de nulidad del acto
c. No se aplica en un contexto que no sea el recurso de un acto administrativo
d. Es automática al mes de su solicitud sin resolución expresa al respecto

591. Qué es el acto administrativo:

a. Es un acto de ejecución material llevado a cabo por las administraciones públicas

b. Es una declaración de voluntad, de juicio, de conocimiento o de deseo emitida por la Administración

c. Es un acto que puede estar constituido por pactos y convenios firmados por la Administración y los particulares

d. Es una declaración de voluntad, de juicio, de conocimiento y deseo que incluye también la potestad reglamentaria

592. Cuando el acto imponga una obligación de pago a la Hacienda Pública…

a. La persona obligada debe efectuarlo del modo que crea conveniente

b. La persona obligada puede esperar hasta que se resuelva el recurso que ha interpuesto contra la resolución

c. La persona obligada debe efectuar el pago por los medios establecidos en la Ley 39/2015 o por otros autorizados por el órgano competente de la Hacienda Pública

d. La persona obligada debe comparecer ante la Hacienda Pública para efectuar el pago

593. A qué personas debe notificar la Administración:

a. A todas las personas de las que tenga constancia, incluidas las denunciantes

b. A las personas interesadas

c. A las personas que tengan derechos e intereses legítimos y aquellas que tengan un simple interés

d. A todas las personas, ya que debe publicar las notificaciones infructuosas

594. Es un acto administrativo:

a. Una reclamación de responsabilidad patrimonial de la Administración

b. Una propuesta de resolución sancionadora

c. Una obra municipal

d. Una solicitud de licencia para abrir un bar

595. El acto dictado por un órgano jerárquicamente incompetente:

a. Es convalidable por el órgano superior

b. Solo es convalidable si lo autoriza el superior jerárquico común de ambos

c. Nunca es convalidable

d. Se convalida automáticamente si el destinatario lo acepta

596. Qué debe acreditarse en la práctica de la notificación:

a. La fecha de la recepción, la identidad de la persona destinataria o su representante y el contenido íntegro de la notificación

b. La fecha y hora de la recepción, la recepción por la persona interesada o su representante y el contenido íntegro

c. La identidad fidedigna de las remitentes y destinatarias, la fecha y hora de la recepción y el contenido íntegro

d. La identidad de la persona interesada o su representante, de la remitente y las fechas y horas de la recepción de la notificación

597. Los actos definitivos son:

a. Actos que no agotan la vía administrativa

b. Actos firmes

c. Actos que ponen fin al procedimiento

d. Actos que agotan la vía administrativa

598. El silencio positivo:

a. Es la regla general en todos los procedimientos

b. Nunca es la regla general

c. Es la regla general en los procedimientos iniciados a instancia de parte

d. Es la regla general en los procedimientos iniciados de oficio

599. Un acto puede producir efectos retroactivos cuando...

a. se trate de actos desfavorables y se refieran a situaciones existentes antes de que se dicten

b. se produzcan efectos favorables a la persona destinataria, aunque lesionen derechos e intereses legítimos de otras personas

c. se dicten en sustitución de actos anulados

d. se trate de actos favorables y se refieran a supuestos de hecho que no necesariamente existieran en el momento en que se retrotrae el acto

600. Están obligadas a recibir la notificación por vías electrónicas:

a. Todas las personas, ya que se considera como un medio preferente

b. Las jurídicas y aquellas físicas cuya capacidad técnica o de dedicación profesional acredite que disponen de medios para acceder a las comunicaciones electrónicas

c. Las jurídicas y las físicas que prevea la Ley, sin necesidad de que se acredite el acceso electrónico

d. Las físicas pertenecientes a determinados colectivos que decida la Administración por acto administrativo

601. Si el interesado rechaza la notificación:

a. La Administración debe notificarle nuevamente y se paraliza el procedimiento

b. El procedimiento se resolverá desestimando las pretensiones de la persona interesada

c. El trámite se considera efectuado pero se paraliza el procedimiento hasta que la persona interesada reciba la notificación de manera fehaciente

d. Se entenderá efectuado el trámite y continúa el procedimiento

602. Indique la correcta:

a. El acto administrativo se somete a las normas del Derecho Privado

b. El acto administrativo se dicta conforme a las potestades atribuidas por el Derecho privado

c. El acto administrativo se somete a las normas de Derecho Administrativo

d. El acto administrativo se somete, tanto a las normas de Derecho privado como a las del Derecho Administrativo

603. Indique la correcta:

a. Los actos administrativos se presumirán válidos y producirán efectos cuando así lo apruebe la autoridad judicial

b. Los actos administrativos se presumirán válidos desde el mismo momento en que se dictan

c. Los actos administrativos gozan de la presunción iuris tantum, de modo que no admiten prueba en contrario

d. Los actos administrativos solo pueden ser anulados tras presentar el correspondiente recurso judicial

604. El defecto de forma en un acto constituye:

a. Supuesto de nulidad

b. Supuesto de anulabilidad

c. Supuesto de anulabilidad cuando el acto carezca de los requisitos formales indispensables

d. En todo caso una irregularidad no invalidante

605. La concurrencia de causas de abstención de un órgano administrativo…

a. Determina la invalidez del acto dictado

b. Puede suponer que un acto es eficaz y válido

c. Conlleva la nulidad por vicio de incompetencia

d. Puede comportar la validez del acto, sin necesidad de exigir responsabilidades disciplinarias al órgano que incurre en las causas de abstención

606. En los casos en que el silencio sea positivo, qué efecto debe producir la resolución dictada fuera de plazo:

a. Puede tener un efecto estimatorio o desestimatorio, dependiendo del tipo de procedimiento y de los efectos del acto

b. La resolución tardía debe confirmar el sentido del silencio

c. Debe producirse la caducidad del procedimiento

d. No se considera que la Administración haya dictado resolución finalizadora del procedimiento

607. Qué deben incorporar los actos administrativos en su estructura interna:

a. El órgano que dicta el acto, los fundamentos jurídicos empleados, la fecha y la firma

b. El texto íntegro de la resolución, el órgano que la dicta, la fecha y los requisitos necesarios para su notificación o publicación

c. Los antecedentes de hecho, la decisión que se adopta, el órgano que la dicta y su fecha

d. Según el principio de libertad de forma, incorporarán los requisitos que el órgano competente crea necesarios

608 **B**	626 **A**	644 **A**
609 **D**	627 **B**	645 **B**
610 **A**	628 **B**	646 **D**
611 **D**	629 **D**	647 **B**
612 **D**	630 **A**	648 **C**
613 **C**	631 **C**	649 **C**
614 **A**	632 **C**	650 **B**
615 **C**	633 **B**	651 **D**
616 **A**	634 **C**	652 **C**
617 **A**	635 **A**	653 **B**
618 **C**	636 **B**	654 **A**
619 **C**	637 **C**	655 **A**
620 **B**	638 **B**	656 **B**
621 **B**	639 **C**	657 **B**
622 **D**	640 **D**	658 **D**
623 **D**	641 **C**	659 **B**
624 **C**	642 **C**	660 **A**
625 **B**	643 **C**	

608. Certificaciones, copias certificadas y copias auténticas de documentos:

a. Son términos sinónimos

b. Son conceptos similares

c. Son conceptos diferentes y que no tienen nada que ver entre sí

d. Certificaciones y copias certificadas son términos sinónimos; en cambio, copias auténticas de documentos es un concepto distinto de los anteriores

609. El RD 203/2021 (Reglamento de actuación y funcionamiento del sector público por medios electrónicos) establece sobre la referencia temporal de los documentos administrativos electrónicos (art. 50):

a. Todos los documentos administrativos electrónicos deberán llevar asociadas una de las modalidades de referencia temporal previstas

b. Una modalidad de referencia temporal es la marca de tiempo

c. Una modalidad de referencia temporal es el sello electrónico

d. Las tres son correctas

610. El archivo electrónico único de cada Administración es:

a. El conjunto de sistemas y servicios que sustenta la gestión, custodia y recuperación de los documentos y expedientes electrónicos, así como de otras agrupaciones documentales o de información una vez finalizados los procedimientos administrativos o actuaciones correspondientes

b. El producto derivado de la aplicación de la operación logarítmica-informática que resulta en un código numérico con el que se identifica esa Administración

c. La base de datos disponible a todo el funcionariado de las distintas administraciones para la consulta de expedientes anteriores a 2015

d. Aquel expediente compuesto por único documento, digitalizado por el órgano competente o portado por alguna de las partes legitimadas

611. La eficacia de un acto quedará demorada (art. 44 Ley 39/2015):

a. Cuando así lo exija el contenido del acto o este supeditada a su notificación, publicación o aprobación posterior

b. Al momento en que el acto sea firme en vía administrativa

c. Hasta el inicio del procedimiento de ejecución forzosa

d. Cuando así lo exija el contenido del acto o este supeditada a su notificación, publicación o aprobación superior

612. El RD 203/2021 establece que serán competentes para la emisión de copias auténticas de documentos en el ámbito estatal (art. 48):

a. Los órganos a los que corresponda la emisión de los documentos originales

b. Los órganos a los que corresponda la custodia y archivo de documentos

c. Los órganos que hayan previsto sus normas de competencia

d. Las tres son correctas

613. Qué es una copia auténtica:

a. Un documento, expedido por una organización con capacidad y competencia para hacerlo, con valor probatorio limitado a supuestos legalmente tasados sobre los hechos o actos que documenta, pero que carece del valor atribuido al original

b. Un nuevo documento, expedido solamente por el órgano directivo del Registro Central de cada administración, con valor probatorio pleno

c. Un nuevo documento, expedido por una organización con capacidad y competencia para hacerlo, con valor probatorio pleno sobre los hechos o actos que documenta, con el mismo valor que él original

d. Aquel documento que remite al documento original para certificar exclusivamente los hechos y actos determinantes para resolución de un expediente determinado

614. Cuando en virtud de una norma sea preciso remitir el expediente administrativo, se hará:

a. De acuerdo con lo previsto en el Esquema Nacional de Interoperabilidad y en las correspondientes Normas técnicas de Interoperabilidad

b. De acuerdo con lo previsto en las Normas técnicas de operabilidad

c. De acuerdo con lo previsto en los manuales técnicos de remisión e interoperabilidad de la Unión Europa

d. De la forma más adecuada al caso, incluso por correo postal

615. Son copias simples:

a. Las que producen funcionarios públicos en el ejercicio de sus funciones sin tener atribuida expresamente la función de dar fe

b. Las que producen funcionarios públicos en el ejercicio de sus funciones teniendo atribuida expresamente la función de dar fe

c. Las que no están autorizadas por funcionario público en el ejercicio de sus funciones

d. Tal concepto no existe

616. NO es un componente del expediente electrónico:

a. Identificación del interesado

b. Firma del índice electrónico por la Administración actuante

c. Índice electrónico

d. Metadatos del expediente electrónico

617. Según la Ley 39/2015 (art. 27), las copias auténticas de documentos:

a. Tendrán la misma validez y eficacia que los documentos originales
b. Tendrán la misma validez, pero no la misma eficacia que los documentos originales
c. Tendrán la misma eficacia, pero no la misma validez que los documentos originales
d. Ninguna de las tres es correcta

618. Los documentos originales de un expediente presentados en papel se conservarán, para que el interesado pueda recogerlos, durante:

a. 3 meses
b. 1 año
c. 6 meses
d. 5 años

619. Según el art. 27.2 de la Ley 39/2015 tendrá la consideración de copia auténtica de un documento público administrativo o privado original o de otra copia auténtica…

a. Solamente las aportadas por el órgano administrativo en el marco de un procedimiento
b. Aquellos cuyo origen proceda de expedientes previamente incluidos en los ficheros electrónicos de la Administración estatal
c. La realizada, cualquiera que sea su soporte, por los órganos competentes de la Administraciones en las que quede garantizada la identidad del órgano y su contenido
d. La realizada por los órganos competentes en resolver el procedimiento

620. La Administración Pública facilitará al interesado copia del expediente electrónico:

a. Remitiendo al mail del interesado los archivos en formato PDF del expediente
b. Remitiendo la dirección electrónica o localizador que dé acceso al expediente
c. Remitiendo una copia en papel del expediente a la dirección del expediente
d. Remitiendo una copia en papel más los documentos originales a la dirección del expediente

621. Las copias auténticas NO pueden ser expedidas a partir de:

a. Un original en papel
b. Una copia escaneada
c. Una copia auténtica de documento original
d. Un original en formato electrónico

622. Qué es un sello electrónico cualificado de tiempo:

a. La asignación por medios electrónicos de una fecha y hora a un documento electrónico con un certificado de entidad
b. La asignación por medios electrónicos de una fecha y hora a un documento electrónico con un certificado de un funcionario habilitado inscrito en el Registro de Funcionarios Habilitados de la Administración General del Estado
c. La asignación por medios electrónicos de una fecha y hora a un documento electrónico con un certificado del órgano emisor
d. La asignación por medios electrónicos de una fecha y hora a un documento electrónico con la intervención de un prestador cualificado de servicios de confianza

623. NO es un componente del expediente electrónico:

a. Documentos electrónicos
b. Índice electrónico
c. Metadatos del expediente electrónico
d. Firma del interesado

624. Cuándo se considera infructuosa una notificación (art. 44 de la Ley 39/2015):

a. En caso de notificación electrónica, cuando hayan transcurrido 10 días desde la puesta a disposición de la notificación sin que se acceda a su contenido
b. Cuando ha sido rechazada por el representante del interesado
c. Cuando intentada, no se ha podido practicar
d. Cuando la Administración no tiene constancia de modo fehaciente de su práctica

625. El RD 203/2021 establece lo siguiente sobre el documento administrativo electrónico (art. 46):

a. Cuando en el marco de un procedimiento administrativo tramitado por medios electrónicos el órgano actuante esté obligado a facilitar al interesado un ejemplar de un documento administrativo electrónico, dicho documento se podrá sustituir por la entrega de una copia en papel donde se resuma el documento y se certifique la autenticidad del mismo
b. Cuando en el marco de un procedimiento administrativo tramitado por medios electrónicos el órgano actuante esté obligado a facilitar al interesado un ejemplar de un documento administrativo electrónico, dicho documento se podrá sustituir por la entrega de los datos necesarios para su acceso por medios electrónicos adecuados
c. Cuando en el marco de un procedimiento administrativo tramitado por medios electrónicos el órgano actuante no esté obligado a facilitar al interesado un ejemplar de un documento bastará con indicar al ciudadano a qué oficina debe dirigirse para verlo u obtener una copia
d. Ninguna de las tres

626. Respecto a la configuración del expediente administrativo electrónico, según el RD 203/2021 por el que se aprueba el Reglamento de actuación y funcionamiento del sector público por medios electrónicos (art. 51):

a. El foliado de los expedientes administrativos electrónicos se llevará a cabo mediante un índice electrónico autenticado que garantizará la integridad del expediente y permitirá su recuperación siempre que sea preciso
b. Un mismo documento electrónico no podrá formar parte de distintos expedientes administrativos
c. El índice electrónico autenticado será firmado por el titular del órgano que conforme el expediente para su tramitación y por el ciudadano interesado en el procedimiento
d. Las tres son correctas

627. Con qué certificado electrónico se firma el índice electrónico autenticado de un expediente generado de forma no automatizada:

a. El certificado del funcionario que resuelve el expediente
b. El certificado del órgano que resuelve el expediente
c. El certificado del funcionario conjuntamente con el certificado del órgano que resuelve el expediente
d. El certificado del funcionario conjuntamente con el certificado de identidad del interesado

628. Cómo configura el Archivo electrónico único el RD 203/2021 por el que se aprueba el Reglamento de actuación y funcionamiento del sector público por medios electrónicos (art. 55):

a. Como el conjunto de sistemas y servicios para la gestión, custodia y recuperación de los documentos y expedientes electrónicos, así como de otras agrupaciones documentales o de información mientras están siendo tramitados los procedimientos administrativos o actuaciones correspondientes
b. Como el conjunto de sistemas y servicios que sustenta la gestión, custodia y recuperación de los documentos y expedientes electrónicos, así como de otras agrupaciones documentales o de información una vez finalizados los procedimientos administrativos o actuaciones correspondientes
c. Como el lugar donde deben depositarse todos los procedimientos electrónicos y los documentos aportados por los ciudadanos que por un motivo u otro queden sin devolver
d. Como una especie de base de datos de consulta abierta para todos los ciudadanos dentro de los límites legales

629. Según el Real Decreto 203/2021 (art. 54), cada Administración Pública, regulará los períodos mínimos de conservación de los documentos electrónicos, que formen parte del expediente de un procedimiento cuya tramitación haya concluido, conforme a su normativa específica de archivos y patrimonio documental:

a. Cierto, pero añade que con un máximo legal de cinco años
b. Cierto, pero añade que con un máximo legal de treinta años
c. Cierto, pero añade que con un máximo legal de cincuenta años
d. Ninguna de las tres

630. Qué garantiza el CSV en un documento emitido por una Administración Pública:

a. La integridad del documento
b. La disponibilidad del documento
c. La seguridad del documento
d. La confidencialidad del documento

631. Según la definición legal de expediente administrativo:

a. Solo hay un tipo de expediente, el referido al procedimiento

b. Hay dos tipos de expediente: expediente físico y administrativo y expediente electrónico

c. No hay más tipo de expediente que el electrónico

d. Hay tres tipos de expediente

632. Qué es la digitalización, según la Ley 39/2015 (art. 27):

a. Registrar datos a petición del ciudadano o por el ciudadano en forma digital

b. El proceso tecnológico que convierte una magnitud física, un texto o una señal analógica en una representación digital

c. El proceso tecnológico que permite convertir un documento en soporte papel o en otro soporte no electrónico en un fichero electrónico que contiene la imagen codificada, fiel e íntegra del documento

d. La conversión o codificación en numeración digital de una información de tipo continuo

633. Qué garantiza la autenticación del índice de documentos que contiene un expediente electrónico:

a. La conservación e inmutabilidad del expediente

b. La integridad e inmutabilidad del expediente

c. La disponibilidad e inmutabilidad del expediente

d. La seguridad e inmutabilidad del expediente

634. Qué es el CSV:

a. La cautela segura de operaciones de verificación

b. El Cotejo Seguro de Verificación

c. El Código Seguro de Verificación

d. Ninguna de las tres

635. (art. 47 Ley 39/2015) Qué actos NO son nulos de pleno derecho:

a. Los que lesionen derechos e intereses legítimos

b. Los dictados por órgano manifiestamente incompetente por razón de la materia o del territorio

c. Los que tengan un contenido imposible

d. Los constitutivos de infracción penal o se dicten como consecuencia de ésta

636. En cuanto al tiempo de conservación y destrucción de documentos, el Real Decreto 203/2021 establece (art. 53):

a. Los documentos presentados por el interesado en soporte papel que por cualquier circunstancia no le puedan ser devueltos en el momento de su presentación, una vez digitalizados serán conservados a su disposición durante dos años para que pueda recogerlos, salvo que reglamentariamente la Administración correspondiente establezca un plazo mayor

b. Los documentos presentados por el interesado en soporte papel que por cualquier circunstancia no le puedan ser devueltos en el momento de su presentación, una vez digitalizados serán conservados a su disposición durante seis meses para que pueda recogerlos, salvo que reglamentariamente la Administración correspondiente establezca un plazo mayor

c. Los documentos presentados por el interesado en soporte papel nunca podrán quedar depositados en la Administración

d. Los documentos presentados por el interesado en soporte papel deberán ser guardados preventivamente por el interesado durante los seis meses siguientes

637. 'Certificación documental' es:

a. la certificación en sentido estricto

b. la certificación en sentido estricto y la carta certificada

c. la certificación en sentido estricto y la copia certificada

d. la certificación en sentido amplio

638. La marca de tiempo, según el RD 203/2021 (art. 50), será utilizada:

a. en aquellos casos enumerados en las normas reguladoras; y si nada se dice al respecto, se utilizará un sello electrónico cualificado de tiempo

b. en todos aquellos casos en los que las normas reguladoras no establezcan la utilización de un sello electrónico cualificado de tiempo

c. cuando así lo solicite el ciudadano

d. cuando sea necesario probar una fecha y una hora en un procedimiento, administrativo o judicial

639. (art. 50 Ley 39/2015) la conversión de actos viciados permite que:

a. Se conserven aquellos actos y trámites cuyo contenido se hubiera mantenido igual de no haberse cometido la infracción

b. Si el vicio consistiese en la falta de alguna autorización, sea conservado el acto mediante el otorgamiento de la misma por el órgano competente

c. Para los actos nulos o anulables que, sin embargo, contengan los elementos constitutivos de otro distinto, se produzcan los efectos de éste

d. Se produzca la subsanación de un defecto de forma

640. La Norma Técnica de Interoperabilidad de Expediente Electrónico establece el siguiente contenido para el expediente electrónico:

a. Documentos electrónicos

b. Índice electrónico

c. Metadatos del expediente electrónico

d. Las tres son correctas

641. Según la Ley 39/2015 (art. 70.4), aquella información que tenga la condición de información auxiliar o de apoyo:

a. No formará parte del expediente

b. Se incluyen en ese concepto, entre otros, las notas, borradores, opiniones y resúmenes

c. Ambas son correctas

d. Ninguna lo es

642. 'Expediente administrativo' es:

a. Conjunto de archivos electrónicos y reglas de negocio

b. Conjunto de documentos y actuaciones

c. Conjunto ordenado de documentos y actuaciones

d. Conjunto de archivos electrónicos firmados electrónicamente

643. Según la Ley 39/2015, toda certificación debe llevar:

a. Sello del departamento que expide la copia

b. Fecha de expedición

c. Firma digital electrónica

d. Cargo, nombre y apellidos de la persona expedidora

644. Definición de expediente administrativo:

a. Hasta la publicación de la Ley 39/2015, de 1 de octubre, del Procedimiento Administrativo Común de las Administraciones Públicas no existía una definición legal del expediente administrativo

b. Aparece en la Ley 30/1992, de 26 de noviembre, de Régimen Jurídico de las Administraciones Públicas y del Procedimiento Administrativo Común

c. Aparece en la Constitución

d. Ninguna de las tres

645. Según la definición legal 'expediente administrativo' es:

a. el soporte, físico o electrónico, del procedimiento administrativo

b. el conjunto ordenado de documentos y actuaciones que reflejan el procedimiento seguido y sirven de antecedente y fundamento a la resolución administrativa, así como las diligencias encaminadas a ejecutarla

c. la sanción aplicada a un empleado público

d. Ninguna de las tres

646. El RD 203/2021 (Reglamento de actuación y funcionamiento del sector público por medios electrónicos), establece lo siguiente sobre los requisitos de validez y eficacia de las copias auténticas de documentos (art. 47):

a. Las copias se expedirán preferentemente a partir de un original

b. Las copias se expedirán preferentemente a partir de un original o de otra copia

c. Las copias auténticas se expedirán siempre a partir de un original auténtico y tendrán la misma validez y eficacia que los documentos originales

d. Ninguna de las tres

647. Desde la entrada en vigor de la LPAC 39/2015…

a. Se emplea alternativamente el expediente físico y el electrónico

b. No hay más expediente que el electrónico

c. El expediente electrónico será obligatorio solamente en materia sancionadora

d. Solamente se digitalizarán las resolución y actos definitivos, no los actos de trámite

648. Según el RD 203/2021, cuando el interesado presente en papel una copia de un documento público administrativo o de un documento privado para incorporarlo a un expediente administrativo (art. 49):

a. La Administración se quedará con el documento hasta que finalice el procedimiento

b. La Administración exigirá una copia compulsada en papel de dicho documento

c. El proceso de digitalización por la Administración generará una copia electrónica que tendrá el mismo valor que la de papel

d. El interesado deberá entregar una copia del documento contenida en una memoria u otro soporte informático

649. La información auxiliar o de apoyo:

a. Formará parte del expediente administrativo solamente cuando se trate de notas, borradores, opiniones o resúmenes de carácter no preceptivo

b. Requerirán de firma electrónica que determine su origen, fecha y lugar de emisión

c. Se refiere a la información contenida en aplicaciones, ficheros y bases de datos informáticas, notas, borradores, opiniones, resúmenes, comunicaciones e informes internos o entre órganos o entidades administrativas, así como los juicios de valor emitidos por las Administraciones, salvo que se trate de informes, preceptivos y facultativos, solicitados antes de la resolución administrativa que ponga fin al procedimiento

d. La componen aquellos informes, preceptivos y facultativos, solicitados antes de la resolución administrativa que ponga fin al procedimiento

650. Para emitir una 'copia auténtica':

a. Se precisa obligatoriamente una diligencia en la que se hace constar que el documento expedido es copia del original con la fórmula 'es copia auténtica'

b. Solo se precisa el sello digital institucional o la firma digital de funcionario público

c. Basta con tomar una fotocopia de un documento en poder de la Administración, sin ningún tipo de anotación especial

d. Se precisa obligatoriamente tanto, una diligencia en la que se hace constar que el documento expedido es copia del original con la fórmula 'es copia auténtica ', como el sello digital institucional o la firma digital de funcionario público

651. La Ley 39/2015 (art. 26), regula la emisión de documentos por las Administraciones Públicas y señala, entre otras cosas, que:

a. Las Administraciones Públicas emitirán los documentos, sean escritos u orales, siempre en formato papel o en formato electrónico compatible

b. Se entiende por documento público el emitido por los órganos de las Administraciones

c. La naturaleza del documento no puede determinar la forma más adecuada de expresión y constancia

d. Ninguna de las tres

652. (art. 68 de la Ley 39/2015) El plazo de 10 días para que se subsane la falta de documentos preceptivos en una solicitud de iniciación:

a. Son 10 días naturales

b. Son 10 días hábiles que no puede ser ampliado en caso alguno

c. Podrá ser ampliado prudencialmente a petición del interesado o a iniciativa del órgano, hasta cinco días

d. Son 10 días hábiles que solo puede ser ampliado a petición del interesado cuando la aportación de los documentos requeridos presente dificultades especiales

653. La diferencia entre certificaciones en sentido estricto y copias certificadas es:

a. La certificación la emite solamente aquella agencia adjudicataria, mientras que la copia certificada la puede emitir cualquier trabajador público a través del procedimiento recogido a tales fines

b. La certificación crea un documento, en el que se copia o transcribe la totalidad o parte del contenido del documento del que se certifica, mientras que la copia certificada se obtiene una copia de este y sobre ella se pone una diligencia de certificación

c. La primera tiene carácter de documento jurídico, mientras que la segunda carece de valor probatorio a menos que lleve el pertinente sello notarial

d. Las certificaciones forman parte del expediente electrónico, mientras que las copias certificadas solamente se adjuntarán cuando refieran a hecho jurídicos no recogidos en informes preceptivos

654. Todos los documentos emitidos por la Administración requieren firma electrónica:

a. No

b. Sí, sin excepciones

c. Sí, ya que en caso contrario no son documentos válidamente emitidos por la Administración, en el sentido de que son meros soportes de datos que no tienen valor probatorio alguno

d. Sí, pero la Administración puede firmar los documentos retroactivamente sin límites, por lo que es posible emitir documentos sin firma electrónica sin mayores consecuencias

655. Se entiende por expediente administrativo…

a. El conjunto ordenado de documentos y actuaciones que reflejan el procedimiento seguido y sirven de antecedente y fundamento a la resolución administrativa, así como las diligencias encaminadas a ejecutarla

b. El conjunto de normas que rigen una relación entre Administración y administrado

c. El conjunto de documentación y carpetas custodiadas en el registro civil de cada Comunidad Autónoma

d. Los documentos contenidos en el artículo 89 LPAC

656. Los documentos presentados por el interesado en formato PAPEL que por cualquier circunstancia no le puedan ser devueltos en el momento de su presentación serán conservados a su disposición para que pueda recogerlos durante:

a. 3 meses   b. 6 meses
c. 12 meses   d. 18 meses

657. Los documentos presentados por el interesado en formato DIGITAL que por cualquier circunstancia no le puedan ser devueltos en el momento de su presentación serán conservados a su disposición para que pueda recogerlos durante:

a. 3 meses   b. 6 meses
c. 12 meses   d. 18 meses

658. Qué es un documento electrónico:

a. Información de cualquier naturaleza archivada en un soporte y susceptible de identificación y tratamiento diferenciado

b. Información archivada en un soporte electrónico según un formato determinado y susceptible de identificación y tratamiento diferenciado

c. Objeto digital administrativo que contiene la información objeto (datos) y los datos asociados a esta (firma y metadatos)

d. Información de cualquier naturaleza en forma electrónica, archivada en un soporte electrónico según un formato determinado y susceptible de identificación y tratamiento diferenciado

659. Según la Ley 39/2015 del Procedimiento Administrativo Común de las Administraciones Públicas (art. 27), la expedición de copias auténticas de documentos:

a. Cada Administración Pública determinará los empleados de confianza que podrán expedir copias auténticas de los documentos públicos administrativos o privados

b. Cada Administración Pública determinará los órganos que tengan atribuidas las competencias de expedición de copias auténticas de los documentos públicos administrativos o privados

c. La propia Ley 39/2015 enumera los sujetos habilitados para expedir copias auténticas

d. Puede realizarse por cualquier empleado público con tal de que sea funcionario de carrera

660. Para poder realizar el proceso de copia electrónica, es necesario que:

a. El departamento de informática o de administración electrónica de la administración pública realice un aplicativo para poder realizar el proceso o ser ellos quienes lo hagan

b. Las copias las realiza el ciudadano en su ordenador

c. Las copias se hacen solas

d. No es necesario en ningún caso hacer copias

661 **B**	689 **A**	717 **D**
662 **C**	690 **A**	718 **D**
663 **C**	691 **C**	719 **A**
664 **B**	692 **D**	720 **B**
665 **A**	693 **A**	721 **C**
666 **C**	694 **B**	722 **C**
667 **C**	695 **A**	723 **A**
668 **C**	696 **D**	724 **D**
669 **B**	697 **A**	725 **D**
670 **A**	698 **B**	726 **C**
671 **A**	699 **A**	727 **C**
672 **A**	700 **D**	728 **C**
673 **A**	701 **C**	729 **C**
674 **A**	702 **A**	730 **D**
675 **D**	703 **B**	731 **D**
676 **B**	704 **D**	732 **A**
677 **D**	705 **D**	733 **B**
678 **B**	706 **B**	734 **B**
679 **B**	707 **B**	735 **A**
680 **D**	708 **C**	736 **B**
681 **C**	709 **A**	737 **B**
682 **A**	710 **C**	738 **A**
683 **A**	711 **A**	739 **B**
684 **B**	712 **C**	740 **C**
685 **D**	713 **D**	741 **C**
686 **C**	714 **B**	742 **C**
687 **A**	715 **B**	
688 **C**	716 **B**	

661. NO puede presentarse la solicitud:

a. En los registros electrónicos de todas las administraciones públicas
b. En cualquier oficina de las administraciones públicas destinada a la atención presencial
c. En los registros electrónicos de las administraciones públicas competentes para dictar la resolución
d. En cualquier otro lugar que establezca la normativa vigente

662. La instrucción del procedimiento:

a. Se tramita por el órgano competente para resolver
b. No se puede tramitar por el órgano competente para resolver
c. Se tramita por el instructor
d. No es obligatoria en el procedimiento

663. Quienes participan en el trámite de información pública:

a. Se consideran interesadas en el procedimiento
b. Son interesadas en el procedimiento si son titulares de derechos
c. No son interesadas por el solo hecho de participar en este trámite
d. Son interesadas si son titulares de intereses legítimos

664. Si en el mes de vencimiento de un plazo expresado en meses no hubiera día equivalente a aquél en el que comienza el cómputo, el plazo:

a. Expira el primer día del mes siguiente
b. Expira el último día del mes
c. Se amplía 3 días a partir del último del mes
d. Se amplía 5 días a partir del último del mes

665. Adoptadas las medidas provisionales antes de iniciar el procedimiento...

a. El órgano competente debe decidir si se mantienen, modifican o extinguen en el plazo de quince días
b. Las medidas se mantendrán hasta que finalice el procedimiento por resolución firme
c. En caso de que en el plazo de quince días el órgano competente no decida nada sobre su permanencia, las personas interesadas deben solicitar su extinción
d. El órgano competente para resolver decidirá su mantenimiento, modificación o extinción en el plazo de veinte días sin audiencia de las partes interesadas

666. La solicitud de iniciación de procedimiento puede presentarse en:

a. En cualquier ayuntamiento
b. En todas las Diputaciones provinciales
c. En las oficinas de correos
d. En el Congreso de los Diputados

667. Las personas que participen en el trámite de información pública:

a. Tienen a todos los efectos la condición de interesadas en el procedimiento
b. No pueden recurrir la resolución final que se dicte en el procedimiento si no hicieron constar los motivos en ese trámite
c. Han de tener un plazo para formular alegaciones dentro de ese trámite de, al menos, veinte días
d. Han de tener la condición de interesados para poder examinar el expediente y formular alegaciones dentro de ese trámite

668. Tras la notificación el interesado debe cumplir los trámites en el plazo de cuántos días:

a. 20   b. 15   c. 10   d. 5

669. Antes de iniciarse un procedimiento el órgano competente:

a. Puede resolver anticipadamente
b. Puede adoptar medidas provisionales
c. No debe investigar sobre el asunto
d. Debe abrir un periodo de información pública

670. Los interesados pueden hacer alegaciones:

a. En cualquier momento del procedimiento antes del trámite de audiencia
b. Siempre tras el trámite de audiencia
c. Solo si son titulares de derechos subjetivos
d. Solo si son titulares de intereses legítimos

671. El acuerdo de iniciación debe:

a. Incluir el sentido del silencio en el caso de que se produzca
b. Adoptarse, aunque la solicitud tenga defectos
c. Publicarse en el BOE
d. Indicar los trámites a realizar

672. El órgano competente ha de resolver sobre las medidas provisionales en:

a. El plazo de 15 días como máximo
b. El plazo de 10 días
c. El plazo de entre 15 y 20 días
d. El plazo de 5 días hábiles

673. El principio de contradicción:

a. Supone la posibilidad de hacer alegaciones por los interesados
b. Implica que cualquier ciudadano puede hacer alegaciones
c. Supone que hay que aclarar los trámites confusos
d. Supone la preponderancia de la Administración en el procedimiento

674. Las solicitudes:

a. Pueden presentarse presencialmente o por vía electrónica, pero el momento de presentación es cuando entra en el registro electrónico

b. Han de presentarse por vía electrónica obligatoriamente, aun cuando quien la presente no esté obligada/o a relacionarse electrónicamente con la Administración

c. Solo se presentan presencialmente cuando se acude a las oficinas de correos, ya que la implantación de la Administración electrónica ha suprimido la presentación presencial ante ella

d. Si son defectuosas, se rechazarán automáticamente

675. La terminación convencional:

a. Puede versar sobre cualquier materia

b. No puede versar sobre materias indemnizatorias

c. Debe publicarse siempre

d. Puede suponer la finalización del procedimiento

676. La valoración de las pruebas en el procedimiento se hace según criterios establecidos en:

a. La Ley de enjuiciamiento criminal

b. La Ley de enjuiciamiento civil

c. La Ley de la jurisdicción contencioso-administrativa

d. La Ley del régimen jurídico del sector público

677. Cuando los resultados de un procedimiento no se originan como consecuencia de una decisión unilateral de la Administración, sino de un acuerdo de voluntades entre ella y la persona interesada, estamos hablando de un supuesto de:

a. Terminación informal del procedimiento

b. Desistimiento de la Administración

c. Terminación del procedimiento por causas sobrevenidas

d. Terminación convencional del procedimiento

678. En caso de presentarse la solicitud en papel, la Administración:

a. Debe imprimir el sello en el papel de la solicitud y devolverle una copia al interesado, indicando día, hora y oficina administrativa que le ha dado entrada en el registro

b. Debe digitalizar el documento, incorporándose al expediente electrónico, devolviendo una copia electrónica del documento que acredita su presentación, fecha, hora y número de entrada en el registro

c. Debe devolverle copia en papel del documento que acredite su presentación en una fecha, hora y en una oficina de registro, así como el número de entrada en el mismo

d. Debe darle entrada en el registro archivándolo en papel y garantizando la constancia del asiento, la fecha, la hora de su presentación e identificando a la persona interesada

679. La fase de instrucción consiste en:

a. La iniciación del procedimiento

b. Las actuaciones para esclarecer los hechos

c. La última parte del procedimiento

d. La fase de preparación de los funcionarios

680. Si quien está obligada a relacionarse por medios electrónicos con la Administración presenta su solicitud de manera presencial:

a. Se admitirá la solicitud y la propia Administración dará entrada a la solicitud en el registro electrónico

b. La Administración rechazará la solicitud

c. Será advertida por la Administración para que subsane el defecto, aunque se considerará como fecha de presentación

d. Será advertida por la Administración para que subsane el defecto y se considerará como fecha de presentación aquella en que se haya realizado la subsanación

681. El impulso de oficio del procedimiento supone que:

a. el procedimiento se inicia de oficio

b. es el interesado quien debe dar paso a los siguientes trámites

c. la Administración vela por el desarrollo del procedimiento

d. se han de cumplir los plazos establecidos

682. La Administración está facultada para ampliar los plazos:

a. De oficio o previa petición de las personas interesadas, salvo precepto en contrario

b. Solo en procedimientos iniciados de oficio

c. Solamente en procedimientos iniciados a instancia de parte

d. Solamente en los casos en los que expresamente lo prevea una norma de Derecho de la UE o una norma con rango de ley

683. Si el denunciante ha participado en la comisión de la infracción que denuncia y la citada infracción ha supuesto un menoscabo del patrimonio de la Administración:

a. Se le podrá eximir del cumplimiento de la sanción si es el primero en aportar pruebas que permitan iniciar el procedimiento

b. Se le podrá eximir del cumplimiento de la sanción si ofrece elementos de prueba que posean un valor significativo a los que ya disponga la Administración

c. Se le reducirá la sanción si es el primero en aportar pruebas que permitan iniciar el procedimiento

d. Se le impondrá la sanción que corresponde a la infracción cometida, ya que la Ley no contempla excepciones a esa regla

684. Qué objetivo tienen las medidas provisionales en el procedimiento:

a. Determinar las medidas a adoptar una vez que se dicte la resolución final

b. Asegurar la eficacia de la resolución que ponga fin al procedimiento

c. Esclarecer los hechos acontecidos en la fase de instrucción del procedimiento

d. Garantizar que las personas interesadas sean notificadas y puedan participar en el procedimiento

685. Si en la solicitud falta información que debe incluirse:

a. Se archiva la solicitud

b. Se adoptan medidas provisionales

c. Se concede un plazo de 15 días para subsanar la solicitud

d. Se puede instar a los interesados para que mejoren la solicitud

686. Una de las manifestaciones del principio de congruencia de la resolución que pone fin al procedimiento administrativo es que:

a. Si surgen materias conexas no planteadas por las personas interesadas, la Administración también las puede resolver sin necesidad de abrir un nuevo trámite de audiencia

b. La Administración no está obligada a resolver si las normas aplicables son insuficientes

c. La resolución no puede empeorar la situación jurídica de la persona que interpone un recurso ante la Administración

d. La Administración se ha de limitar a resolver únicamente lo pedido por las personas interesadas

687. La diferencia entre el desistimiento y la renuncia se basa en que:

a. Se desiste del procedimiento o solicitud y se renuncia al derecho

b. Se desiste del derecho y se renuncia al procedimiento

c. El desistimiento lo plantea la persona interesada, mientras que el planteamiento de la renuncia corresponde a la Administración

d. Si se desiste, el procedimiento acaba para todas las personas interesadas, lo cual no sucede con la renuncia

688. La propuesta de resolución:

a. Pone fin a la tramitación del procedimiento administrativo

b. Impide que el órgano que tiene que resolver lleve a cabo actuaciones de investigación adicionales

c. No vincula al órgano competente para dictar la resolución, que puede interpretar de manera diferente las normas aplicables

d. Se dicta por el órgano competente para resolver y ha de ser notificada al instructor del procedimiento

689. Salvo que una norma de la UE o una con rango de ley establezcan otra cosa, son días hábiles:

a. Todos, excepto sábados, domingos y festivos

b. Todos, excepto domingos y festivos

c. Todos, excepto viernes por la tarde, sábados, domingos y festivos

d. Todos

690. Si no se emite informe en plazo:

a. Continuará el procedimiento, salvo que el informe sea preceptivo

b. Se suspende automáticamente el plazo máximo para resolver hasta su recepción

c. Cabe suspender el plazo máximo de resolución con carácter indefinido

d. Continuará el procedimiento con independencia del tipo de informe de que se trate

691. Indique la correcta:

a. Presentada la comunicación previa, la Administración dispone del plazo establecido en la norma reguladora del procedimiento para dictar y notificar la resolución
b. Si la persona que presenta una declaración responsable aporta datos falsos, la Administración abrirá contra ella un procedimiento sancionador, pero no se verá afectada la actividad que ejerce
c. El procedimiento administrativo no puede paralizarse, salvo para resolver la recusación de un órgano
d. Requerido el interesado para llevar a cabo un trámite en el plazo de 10 días, quedará decaído el derecho al trámite si, vencido el plazo, cumple el trámite antes de que se le notifique que ha perdido ese derecho

692. Los asuntos han de despacharse por riguroso orden de incoación:

a. ...sean o no asuntos de naturaleza homogénea, sin excepciones
b. ...referidos a asuntos de naturaleza homogénea, sin excepciones
c. ...sean o no asuntos de naturaleza homogénea, salvo resolución motivada del titular del órgano administrativo
d. ...referidos a asuntos de naturaleza homogénea, salvo resolución motivada del titular del órgano administrativo

693. Se conoce como la prohibición de 'reformatio in peius':

a. La obligatoriedad de que la resolución no empeore la situación jurídica de quien recurre o solicita algo a la Administración
b. La imposibilidad de plantear un recurso administrativo o judicial contra actos de la Administración declarativos de derechos
c. La prohibición de reformar una disposición administrativa de carácter general
d. La prohibición de solicitar la revisión de oficio de una resolución administrativa

694. En un procedimiento administrativo, por el principio de congruencia:

a. La resolución ha de ser en todo caso motivada
b. La resolución debe responder a lo pedido por las partes interesadas o a cuestiones que se deriven del procedimiento
c. El contenido de la resolución no puede alterar lo dispuesto en la propuesta de resolución
d. La Administración está obligada a resolver, no pudiendo alegar oscuridad de las normas aplicables al caso

695. La caducidad del procedimiento administrativo implica:

a. Si se trata de un procedimiento sancionador, que la Administración puede iniciar un nuevo procedimiento mientras la infracción no haya prescrito
b. Si se trata de un procedimiento sancionador, la prescripción automática de la infracción
c. En los procedimientos iniciados a solicitud de persona interesada, que esta pierde el derecho a presentar una nueva solicitud
d. La suspensión del plazo máximo para resolver y notificar la resolución

696. Si una persona presenta una denuncia ante la Administración, cuáles son las consecuencias:

a. Se iniciará el procedimiento sancionador o penal correspondiente al tratarse de hechos constitutivos de infracción administrativa o delito
b. No se iniciará el procedimiento, porque es obligatorio llevar a cabo unas actuaciones previas antes de la denuncia
c. A partir de ese momento se inicia la instrucción del expediente
d. El órgano competente decidirá motivadamente si inicia o no el procedimiento correspondiente

697. El trámite de audiencia:

a. Cabe suprimirlo cuando las personas interesadas deciden prescindir de él
b. Es un trámite obligatorio en todo procedimiento administrativo
c. Permite que las personas interesadas propongan medios probatorios
d. Obliga a las personas interesadas a presentar alegaciones

698. La resolución del procedimiento:

a. Solo puede decidir las cuestiones planteadas por los interesados
b. Ha de decidir las cuestiones planteadas por los interesados y las derivadas del procedimiento
c. Solo puede ser expresa
d. Puede empeorar la situación jurídica del solicitante

699. Al implantarse los registros electrónicos:

a. Pueden presentarse documentos todos los días del año durante las 24 horas
b. La presentación de documentos en día inhábil se entenderá realizada el anterior hábil
c. El horario de los registros no sufre alteración, ya que solo cabe registrar documentos durante el horario de apertura de las dependencias administrativas
d. Los plazos que hayan de cumplir las Administraciones se inician al día siguiente de la fecha de presentación

700. La denuncia:

a. Al ser presentada por un particular, constituye un supuesto de iniciación del procedimiento administrativo a solicitud de persona interesada
b. Convierte automáticamente a quien la presenta en persona interesada en el procedimiento correspondiente
c. Supone la obligación para la Administración de iniciar el procedimiento administrativo
d. Constituye un supuesto de iniciación de oficio del procedimiento administrativo

701. Si durante la instrucción la Administración requiere al interesado un trámite en el plazo de 10 días y este no lo cumple:

a. Se le declarará decaída en su derecho a ese trámite de manera automática por el transcurso del plazo
b. Se producirá terminación del procedimiento
c. Podrá cumplir el trámite antes de la notificación de la resolución por la que se le declara decaída en su derecho al trámite, incluso en el mismo día de la notificación
d. Podrá cumplir el trámite antes de la notificación de la resolución por la que se le declara decaída en su derecho al trámite, pero no el mismo día de la notificación

702. El período de tiempo que establece la Ley 39/2015 de Procedimiento administrativo Común para la realización del trámite de audiencia ha de ser:

a. No superior a quince días ni inferior a diez
b. No superior a veinte días ni inferior a diez
c. No superior a veinte días ni inferior a quince
d. No superior a treinta días ni inferior a quince

703. La declaración responsable:

a. Se debe presentar en la práctica de las pruebas
b. Supone el compromiso de que una persona ejerce un actividad o derecho
c. Se hace por el órgano competente
d. Supone que se puede ejercer el derecho tras caer resolución

704. Sobre el cómputo de plazos:

a. Si se señalan en horas, se consideran hábiles únicamente las que las dependencias administrativas están abiertas al público
b. Si se señalan en años, el plazo concluye el último día hábil del año en curso
c. Si se señalan en días, se computan, salvo disposición en contra, todos los naturales
d. Si se señalan en días, se computan, como regla general, los hábiles, excluyendo sábados, domingos y festivos

705. Si iniciada la tramitación de un procedimiento sancionador no se dicta la resolución administrativa en el plazo establecido:

a. Se entiende impuesta por silencio administrativo la sanción administrativa de menor gravedad
b. Puede prorrogarse el plazo de tramitación por libre decisión del órgano instructor
c. Se impondrá la sanción administrativa prevista en el acuerdo de iniciación del procedimiento, si este se ha notificado debidamente
d. La Administración ha de declarar finalizado el procedimiento y se archivará el expediente sin que pueda sancionarse

706. Las personas interesadas pueden aducir alegaciones y aportar documentos y otros elementos de juicio:

a. En cualquier momento del procedimiento posterior al trámite de audiencia
b. En cualquier momento del procedimiento anterior al trámite de audiencia
c. Solamente durante el período de prueba abierto por el instructor del procedimiento
d. En cualquier momento anterior a la apertura del período de prueba por parte del instructor del procedimiento

707. Qué efectos tiene la presentación de una denuncia para la persona denunciante:

a. Podrá presentar alegaciones durante el procedimiento administrativo

b. Si hubiera participado en la comisión de la infracción, se le podrá eximir de su cumplimiento si aportara elementos de prueba significativos que permitan iniciar el procedimiento

c. No se le notificará en ningún caso el acuerdo por el que se inicia el procedimiento

d. Presentada la denuncia y, si hubiera participado en la comisión de la infracción, se le eximirá de reparar los daños y perjuicios causados por la comisión de la misma

708. Si antes de dictarse una resolución por la Administración apareciesen materias conexas no planteadas por los interesados:

a. El órgano administrativo no puede dictar resolución alguna

b. Ha de declararse la nulidad de todas las actuaciones llevadas a cabo y reiniciarse el procedimiento desde el comienzo

c. El órgano competente puede resolver sobre ellas, siempre que haya concedido a las personas interesadas un periodo de audiencia en el que se pongan de manifiesto dichas cuestiones y se puedan presentar alegaciones y medios de prueba

d. El órgano administrativo puede en cualquier caso dictar la resolución, siempre que advierta expresamente que esas cuestiones conexas pueden ser objeto de recurso específico en vía administrativa

709. Los días naturales:

a. Incluyen sábados domingos y festivos

b. No incluyen sábados ni domingos

c. Excluyen los festivos

d. No pueden ser objeto de cómputo por días

710. Cuál de los siguientes elementos no necesariamente debe figurar en la solicitud:

a. Los nombres y apellidos de la persona solicitante

b. El órgano administrativo al que se dirige la solicitud

c. Documentación que acredite los hechos y fundamentos jurídicos de la solicitud

d. El fundamento jurídico de la petición

711. El órgano instructor de un procedimiento solo puede rechazar las pruebas propuestas por las personas interesadas:

a. Cuando sean manifiestamente improcedentes o innecesarias

b. Cuando su realización implique un gasto económico a la Administración

c. Si no hay acuerdo entre las partes interesadas en cuanto a la fecha en la que han de practicarse

d. Cuando las mismas no han sido propuestas en la solicitud inicial presentada por el interesado para abrir el procedimiento

712. Salvo disposición expresa en contrario, la regla general respecto de los informes es que:

a. Son preceptivos y vinculantes

b. Son preceptivos y no vinculantes

c. Son facultativos y no vinculantes

d. Son facultativos y vinculantes

713. El procedimiento administrativo puede iniciarse:

a. Por cualquier ciudadano

b. Por quien tiene la vecindad administrativa

c. Solo por la Administración

d. Por la Administración o por los interesados

714. La presentación de denuncia puede implicar:

a. La iniciación de procedimiento a instancia de parte

b. La iniciación de procedimiento de oficio

c. El archivo de las medidas provisionales

d. La presentación de medidas provisionales

715. Cuando el órgano instructor de un procedimiento deniega la realización de una prueba propuesta por un interesado:

a. Su decisión es irrecurrible

b. Ha de dictar una resolución motivada

c. Se produce automáticamente la vulneración de un derecho fundamental del interesado

d. La resolución final que se dicte en el procedimiento es nula de pleno derecho

716. El rechazo de los medios probatorios propuestos por las personas interesadas:

a. No procede en ningún caso, porque se produciría indefensión

b. Cabe cuando sean manifiestamente improcedentes o innecesarios

c. No está previsto, ya que solo se contempla que sea la propia Administración quien proponga medios probatorios

d. Depende de los propios interesados

717. La solicitud de iniciación de procedimiento debe indicar entre otras:

a. La edad del solicitante

b. La vecindad administrativa del solicitante

c. Domicilio habitual del solicitante

d. Fundamento jurídico de la petición

718. Respecto de los plazos señalados en meses:

a. Se considera que todos los meses tienen treinta días y se computan como días naturales

b. Se computan de fecha a fecha, es decir, si se recibe la notificación el día 11, el cómputo comienza el día 12, por lo que el plazo concluye el día 12 del mes de vencimiento

c. Si el último día del plazo es inhábil, el plazo concluirá el anterior día hábil

d. Si en el mes de vencimiento no hubiera día equivalente a aquel en que comienza el cómputo, se entenderá que el plazo expira el último día del mes

719. Deben acordarse en un solo acto los trámites que, por su naturaleza,:

a. Admitan una impulsión simultánea y no sea obligado su cumplimiento sucesivo

b. Admitan una impulsión simultánea y sea obligado su cumplimiento sucesivo

c. No admitan una impulsión simultánea y no sea obligado su cumplimiento sucesivo

d. No admitan una impulsión simultánea y sea obligado su cumplimiento sucesivo

720. Las Administraciones Públicas pueden celebrar acuerdos, pactos, convenios o contratos:

a. Solamente con otras personas de Derecho público

b. Debiendo establecer como contenido mínimo la identificación de las partes intervinientes, el ámbito personal, funcional y territorial y su plazo de vigencia

c. Debiendo obligatoriamente publicarse los mismos en un boletín oficial

d. Sobre cualquier tipo de materias o cuestiones siempre que tengan por objeto satisfacer los intereses públicos

721. El 'dies a quo':

a. Es siempre el primer día del procedimiento

b. Es el día en que termina el cómputo del plazo

c. Es el día que comienza el cómputo del plazo

d. Es el día que termina el procedimiento

722. Si un interesado desiste de la solicitud que ha presentado:

a. La Administración está exenta de dictar cualquier tipo de resolución en dicho procedimiento

b. El procedimiento administrativo se archivará de oficio, aunque esa decisión implique a otros interesados que deseen continuarlo

c. La Administración podría no admitir el desistimiento y obligar a que prosigan las actuaciones si de la tramitación pudieran desprenderse causas de interés público

d. No se exime a la Administración de la obligación de dictar una resolución sobre el fondo del asunto

723. En un procedimiento iniciado a solicitud del interesado, para que la Administración pueda declarar su caducidad por no llevar a cabo el interesado un trámite indispensable para dictar la resolución, le dará un plazo máximo para que lo complete:

a. 3 meses   b. 10 días

c. 20 días   d. 1 mes

724. Los documentos presentados en un registro electrónico de la Administración en un día inhábil:

a. No serán tenidos en cuenta en la tramitación del correspondiente procedimiento

b. Solo se incorporarán al expediente si el interesado también los presenta con posterioridad de manera presencial

c. Se considerarán, en todo caso, presentados fuera de plazo

d. Se reputarán anteriores a los que fueran presentados el primer día hábil posterior

725. Si una persona presenta la solicitud en papel y está obligada a relacionarse con la Administración por vías electrónicas, la Administración:

a. Considerará inadmitida la solicitud por incumplir el deber de relacionarse con las administraciones públicas por vía electrónica

b. Admitirá la solicitud, pero deberá subsanar la deficiencia en el plazo de 10 días hábiles

c. Requerirá a la persona solicitante que presente la solicitud por vías electrónicas, para lo que le concederá cinco días hábiles

d. Requerirá a la persona solicitante que presente la solicitud en diez días hábiles, pero se considerará, como fecha de presentación de la solicitud, aquella en la que se haya realizado la subsanación

726. Indique la correcta:

a. El contenido y alcance de las medidas provisionales se determinará conforme a la Ley de Enjuiciamiento Criminal

b. Las medidas provisionales no podrán modificarse durante la tramitación del procedimiento

c. Las medidas provisionales podrán dejarse sin efecto durante el procedimiento, de oficio o a instancia de parte

d. El órgano competente podrá adoptar las medidas provisionales sin tomar en consideración los daños que pudieran causar

727. Los plazos expresados por horas:

a. Están prohibidos de manera general en la Ley 39/2015

b. Pueden tener una duración superior a 24 h

c. Se contarán de hora en hora y de minuto en minuto desde la hora y minuto en que tenga lugar la notificación o publicación del acto de que se trate

d. Quedan suspendidos en su cómputo fuera de los horarios de apertura de las oficinas del registro administrativo correspondiente

728. Las personas interesadas pueden presentar alegaciones en el transcurso del procedimiento administrativo:

a. Únicamente en la fase de iniciación del procedimiento

b. En cualquier momento anterior a que se dicte la resolución

c. En cualquier momento anterior al trámite de audiencia

d. Únicamente después de haberse redactado la propuesta de resolución

729. Salvo disposición expresa, los informes:

a. Son siempre vinculantes

b. Son facultativos y vinculantes

c. Son facultativos y no vinculantes

d. Son preceptivos

730. La Administración puede abstenerse de resolver:

a. ...en caso de silencio de los preceptos legales aplicables al caso

b. ...en caso de oscuridad de los preceptos legales aplicables al caso

c. ...en caso de insuficiencia de los preceptos legales aplicables al caso

d. No puede abstenerse de resolver so pretexto de silencio, oscuridad o insuficiencia de los preceptos legales aplicables al caso, aunque puede acordar la inadmisión de las solicitudes de reconocimiento de derechos no previstos en el ordenamiento

731. En un procedimiento administrativo puede prescindirse del trámite de audiencia:

a. En todo caso, mediante resolución motivada del órgano instructor

b. Cuando existan varios interesados y la mayoría de las partes decidan prescindir del mismo

c. Cuando se hubiera efectuado con anterioridad la práctica de pruebas

d. Cuando solo figuren en el expediente documentos presentados por una única persona interesada

732. La declaración de caducidad de un procedimiento sancionador:

a. No interrumpe el plazo de prescripción de las infracciones

b. Interrumpe el plazo de prescripción de infracciones

c. Impide a la Administración iniciar otro procedimiento sancionador

d. Produce el silencio negativo

733. En la tramitación de urgencia la Administración puede reducir los plazos establecidos en el procedimiento ordinario:

a. A la mitad, para todos los trámites

b. A la mitad, salvo los que se refieran a la presentación de solicitudes y recursos

c. A la mitad, salvo los que se refieran a la presentación de solicitudes y recursos, y a la emisión de informes por parte de otros órganos administrativos

d. A la extensión que considere adecuada, siempre que lo aconsejen razones de interés público

734. Tras la petición de otros órganos, el competente:

a. Debe iniciar el procedimiento

b. Puede no iniciar el procedimiento

c. Debe solicitar de su superior la apertura del procedimiento

d. Ninguna de las tres

735. Cuando se acuerda la adopción de medidas provisionales antes de iniciarse el procedimiento:

a. Habrá de iniciarse el procedimiento en un plazo máximo de quince días

b. Es imprescindible que con carácter previo se dé audiencia a la parte interesada

c. Las medidas perduran hasta la finalización del procedimiento

d. No es posible su modificación a lo largo del procedimiento

736. Que las personas interesadas puedan consultar los documentos que obren en el expediente administrativo, contrastarlos o examinarlos y exponer lo que consideren conveniente respecto a ellos, constituye una manifestación del:

a. Principio de impulso de oficio

b. Trámite de audiencia

c. Principio de celeridad

d. Trámite de información pública

737. Cuando el interesado desiste en el procedimiento:

a. Reniega de sus derechos sobre el procedimiento

b. Manifiesta su interés en no continuar en el procedimiento

c. No puede volver a reiniciarlo

d. Ninguna de las tres es correcta

738. Si un plazo se computa por horas:

a. Se entiende que son hábiles

b. No ha de contarse nunca las 12 horas

c. Se entiende que son días naturales

d. No pueden tener duración superior a 48 h.

739. La terminación convencional del procedimiento administrativo:

a. Procede en todo tipo de procedimiento administrativo

b. Es un ejemplo de colaboración entre la Administración y las personas interesadas

c. Se contempla para los supuestos en que la Administración no resuelve en plazo

d. Implica que la Administración pone fin al procedimiento mediante una resolución

740. Los hechos considerados probados en sentencia penal firme:

a. No vinculan a la Administración sancionadora

b. Vinculan a la Administración sancionadora si son desfavorables

c. Vinculan a la Administración sancionadora

d. Vinculan a la Administración si son favorables

741. La denuncia:

a. Otorga la condición de interesado a quien la presenta

b. Debe presentarse por escrito

c. No conlleva la condición de interesado a quien la presenta

d. Debe presentarse por medios telemáticos

742. Salvo disposición expresa en contrario y, con carácter general, los informes son:

a. Preceptivos y vinculantes

b. Preceptivos y no vinculantes

c. Facultativos y no vinculantes

d. Facultativos y vinculantes

743 **A**	766 **A**	789 **B**
744 **D**	767 **B**	790 **C**
745 **A**	768 **D**	791 **A**
746 **C**	769 **C**	792 **A**
747 **A**	770 **C**	793 **D**
748 **C**	771 **D**	794 **C**
749 **A**	772 **D**	795 **C**
750 **A**	773 **B**	796 **B**
751 **B**	774 **D**	797 **C**
752 **D**	775 **A**	798 **B**
753 **A**	776 **B**	799 **D**
754 **C**	777 **D**	800 **D**
755 **A**	778 **C**	801 **A**
756 **C**	779 **A**	802 **C**
757 **C**	780 **C**	803 **C**
758 **D**	781 **A**	804 **C**
759 **B**	782 **B**	805 **B**
760 **B**	783 **D**	806 **B**
761 **C**	784 **A**	807 **A**
762 **D**	785 **A**	808 **A**
763 **D**	786 **B**	809 **B**
764 **B**	787 **A**	810 **B**
765 **A**	788 **D**	811 **B**

743. El órgano competente para resolver el recurso de alzada es:

a. El superior jerárquico de quien dictó el acto
b. El mismo órgano que dictó el acto
c. El órgano inferior
d. El tribunal de lo contencioso-administrativo

744. Contra una disposición administrativa de carácter general (reglamento):

a. Puede interponerse un recurso de alzada
b. Puede interponerse un recurso de reposición
c. Puede interponerse un recurso de queja
d. No se puede interponer un recurso administrativo

745. La rectificación de errores materiales o de hecho:

a. Puede llevarse a cabo a instancia de parte
b. No exige audiencia al interesado
c. Se debe producir en un plazo determinado
d. Altera sustancialmente el sentido del acto

746. El plazo de resolución del recurso de reposición:

a. Es de tres meses
b. Es de dos meses
c. Es de un mes
d. Es de quince días

747. La Administración puede revisar los actos:

a. Que agoten la vía administrativa o sean firmes
b. Que sean favorables
c. Que sean susceptibles de recurso de alzada
d. Ninguna de las tres es correcta

748. Una vez solicitada la suspensión, si no se resuelve sobre la misma en un mes:

a. Se ha de entender desestimada
b. Se inadmite la misma
c. Se entiende suspendido el acto
d. Habrá de aportarse aval

749. El procedimiento de declaración de lesividad ha de resolverse:

a. En 6 meses desde su inicio
b. En 3 meses desde su inicio
c. En 3 años desde que se dictó el acto administrativo
d. En 1 año desde que se dictó el acto administrativo

750. Pueden revisarse de oficio:

a. Los reglamentos
b. Los actos que lesionen cualquier derecho
c. Los actos que no pongan fin a la vía administrativa
d. Los actos constitutivos de infracción civil

751. La resolución y notificación del recurso extraordinario de revisión debe realizarse en el plazo máximo de:

a. Tres meses, transcurrido el cual el recurso puede entenderse estimado
b. Tres meses, transcurrido el cual el recurso puede entenderse desestimado
c. Un mes, transcurrido el cual el recurso puede entenderse estimado
d. Un mes, transcurrido el cual el recurso puede entenderse desestimado

752. La práctica de pruebas en la resolución de recursos administrativos:

a. No puede solicitarse por el interesado
b. No se realiza
c. Es un trámite imprescindible
d. No puede solicitarla el interesado si su falta en el procedimiento que originó el acto le es imputable

753. Pueden revisarse de oficio los actos administrativos nulos de pleno derecho que:

a. O hayan puesto fin a la vía administrativa, o tengan carácter firme por no haber sido recurridos en plazo
b. Hayan puesto fin a la vía administrativa y tengan carácter firme por no haber sido recurridos en plazo
c. No hayan puesto fin a la vía administrativa y no tengan carácter firme por no haber sido recurridos en plazo
d. Hayan puesto fin a la vía administrativa y no tengan carácter firme por haber sido recurridos en plazo

754. La declaración de lesividad:

a. Es imprescindible para que la Administración pueda impugnar su acto nulo
b. No requiere audiencia a los interesados
c. Afecta a los actos anulables
d. No es un presupuesto procesal para la admisibilidad del recurso contencioso-administrativo

755. La resolución de un recurso extraordinario de revisión:

a. Puede impugnarse ante la jurisdicción contencioso-administrativa
b. No puede contener un pronunciamiento sobre el fondo de la cuestión resuelta por el acto recurrido, sino solo sobre la procedencia del recurso
c. Implica la apertura del correspondiente expediente disciplinario al funcionario que dictó la resolución recurrida, en caso de que el recurso se estime
d. No puede ser objeto de impugnación alguna, ni en vía administrativa, ni en vía judicial

756. El plazo para resolver un recurso de alzada es de cuántos meses:

a. 1   b. 2   c. 3   d. 6

757. Cuando se recurre en alzada un acto dictado por delegación:

a. El recurso lo resuelve el mismo órgano que dictó el acto

b. El recurso lo resuelve el superior jerárquico del órgano que dictó el acto

c. El recurso lo resuelve el órgano superior jerárquico del delegante

d. No prosperará porque la delegación impide interponer recurso alguno

758. Para poder revocar un acto por la Administración se requiere:

a. Que el acto haya agotado la vía administrativa

b. Que haya transcurrido el plazo de prescripción

c. Que el acto sea firme

d. Que no haya transcurrido el plazo de prescripción

759. Señala cuál de estos actos NO es nulo de pleno derecho:

a. Los que tengan un contenido imposible

b. Los dictados por órgano manifiestamente incompetente por razón de su jerarquía

c. Los que se dicten como consecuencia de una infracción penal

d. Los que se dicten prescindiendo total y absolutamente del procedimiento legalmente establecido

760. La interposición de un recurso administrativo contra un acto:

a. Suspende por sí misma la eficacia del acto impugnado, salvo en los supuestos en los que una disposición establezca expresamente lo contrario

b. No suspende por sí misma la eficacia del acto impugnado, salvo en los supuestos en los que una disposición así lo establezca con carácter excepcional

c. En ningún caso suspende por sí misma la eficacia del acto impugnado

d. En todo caso y sin excepciones suspende por sí misma la eficacia del acto impugnado

761. Son recursos administrativos ordinarios:

a. Los que se basan en exclusivamente en causas de nulidad

b. Los que están tasados en cuanto a los motivos

c. Los que pueden basarse en cualquier causa de nulidad o anulabilidad

d. Los que se basan exclusivamente en causas de anulabilidad

762. La resolución de un recurso de alzada:

a. Puede ser objeto de un recurso de reposición porque agota la vía administrativa

b. No puede recurrirse en vía jurisdiccional

c. Solo se interpone contra actos expresos

d. Debe realizarse y notificarse en el plazo máximo de tres meses

763. Son actos de trámite cualificados:

a. Los dictados por más de un órgano

b. Los que inicia la Administración

c. Los que agotan la vía administrativa

d. Los que deciden el fondo del asunto

764. El plazo para interponer un recurso de alzada es:

a. 3 meses si el acto es expreso

b. 1 mes si el acto es expreso

c. 6 meses si el acto es presunto

d. 3 meses si el acto es presunto

765. Los actos administrativos que sean desfavorables para los interesados:

a. Pueden ser revocados por la Administración, aunque con ciertos límites

b. Nunca pueden ser revocados por la Administración

c. Pueden ser revocados libremente por la Administración, aunque haya transcurrido el plazo de prescripción

d. Pueden ser objeto de recurso administrativo por los interesados, pero no son revocables por la Administración

766. Si transcurre el plazo de resolución de un recurso de alzada sin que recaiga resolución:

a. El recurso puede entenderse desestimado

b. El recurso puede entenderse estimado

c. Ha de reiniciarse el procedimiento administrativo desde su comienzo

d. El acto recurrido se considera nulo de pleno derecho

767. La interposición de un recurso administrativo:

a. Suspende la eficacia del acto recurrido

b. No suspende la eficacia del acto recurrido

c. Supone que el acto adquiere firmeza

d. Supone que el acto agota la vía administrativa

768. Contra la resolución de un recurso de alzada:

a. Cabe interponer un nuevo recurso de alzada

b. Cabe interponer un recurso de reposición

c. No puede interponerse un recurso contencioso-administrativo

d. No cabe interponer ningún otro recurso administrativo, salvo el extraordinario de revisión en los casos establecidos

769. La ejecución del acto administrativo impugnado se entenderá suspendida si desde que la solicitud de suspensión haya tenido entrada en el registro electrónico de la Administración u Organismo competente para decidir sobre la misma, el órgano a quien competa resolver el recurso no ha dictado y notificado resolución expresa al respecto en el plazo de:

a. 10 días   b. 20 días

c. 1 mes   d. 3 meses

770. El recurso de reposición:

a. Se interpone contra los actos que no ponen fin a la vía administrativa y tiene carácter preceptivo antes de acudir a la jurisdicción contencioso-administrativa

b. Se interpone contra los actos que ponen fin a la vía administrativa y tiene carácter preceptivo antes de acudir a la jurisdicción contencioso-administrativa

c. Se interpone contra los actos que ponen fin a la vía administrativa y tiene carácter potestativo antes de acudir a la jurisdicción contencioso-administrativa

d. Se interpone contra los actos que no ponen fin a la vía administrativa y tiene carácter potestativo antes de acudir a la jurisdicción contencioso-administrativa

771. La rectificación de errores materiales:

a. Solo puede ejercitarse de oficio

b. Ha de ejercitarse en el plazo máximo de 4 años

c. No requiere audiencia del interesado

d. Puede iniciarse de oficio o a instancia de interesado

772. El plazo para interponer un recurso extraordinario de revisión es:

a. 6 meses

b. 2 meses

c. 1 mes

d. 4 años o 3 meses dependiendo del motivo

773. Contra un acto administrativo presunto (esto es, por silencio administrativo):

a. No puede interponerse un recurso de reposición

b. Puede interponerse un recurso de reposición en cualquier momento a partir del día siguiente en que se produzca el acto presunto

c. Puede interponerse un recurso de reposición en el plazo máximo de un mes a partir del día siguiente en que se produzca el acto presunto

d. Puede interponerse un recurso de reposición en el plazo máximo de tres meses a partir del día siguiente en que se produzca el acto presunto

774. El órgano competente para resolver un recurso administrativo puede suspender la ejecución del acto impugnado, tras ponderar los posibles perjuicios al interés público o a terceros,:

a. En cualquier caso

b. Solamente a solicitud del recurrente

c. Si la ejecución pudiera causar perjuicios de imposible o difícil reparación y la impugnación se fundamentase en alguna de las causas de nulidad de pleno derecho

d. Si la ejecución pudiera causar perjuicios de imposible o difícil reparación o la impugnación se fundamentase en alguna de las causas de nulidad de pleno derecho

775. La firmeza del acto administrativo significa:

a. Que no se ha interpuesto el recurso correspondiente en plazo
b. Que el acto agota la vía administrativa
c. Que la eficacia del acto queda suspendida mientras sea firme
d. Que el acto se ha dictado por un órgano que no tiene superior jerárquico

776. Interpuesto un recurso de reposición, si este no se resuelve expresamente:

a. En el plazo de 1 mes, se entiende estimado
b. En el plazo de 1 mes, se entiende desestimado
c. En el plazo de 3 meses, se entiende estimado
d. En el plazo de 3 meses, se entiende desestimado

777. La revocación de actos:

a. Concierne solo a los actos favorables
b. Concierne tanto a los actos favorables como a los de gravamen
c. Solo concierne a las disposiciones normativas de carácter general
d. Concierne solo a los actos de gravamen

778. En la tramitación de recursos administrativos:

a. No existe trámite de audiencia en ningún caso
b. La LPAC contempla como regla general un trámite de audiencia
c. Cabe formular alegaciones excepcionalmente
d. La LPAC prohíbe expresamente el trámite de audiencia

779. El recurso extraordinario de revisión:

a. Requiere la firmeza del acto que se recurre
b. Se interpone ante el superior jerárquico del órgano que dictó el acto
c. Se interpone solo por cualquier causa de nulidad
d. Se interpone en el plazo de tres meses desde que se dictó el acto recurrido

780. Que la resolución del recurso no pueda agravar la situación inicial del recurrente, es una manifestación del principio de:

a. Oficialidad o impulso de oficio
b. Interdicción de la arbitrariedad de la Administración
c. Prohibición de la reformatio in peius
d. Conservación de los actos

781. NO es obstáculo para recurrir el acto:

a. Que el interesado no haya comparecido en el expediente administrativo previo del que deriva el acto
b. No estar afectado por el contenido del acto
c. Ser una Administración Autonómica
d. El transcurso del plazo

782. Puede ser objeto de recurso administrativo:

a. Cualquier acto de trámite
b. Un acto de trámite que produce indefensión
c. Solo un acto definitivo
d. Solo el acto que ponen fin al procedimiento administrativo

783. La Administración puede rectificar errores materiales, de hecho o aritméticos existentes en sus actos:

a. En un plazo máximo de diez días desde que son dictados y notificados
b. A instancia de los interesados, en ningún caso de oficio
c. De oficio, en ningún caso a instancia de los interesados
d. En cualquier momento

784. Los recursos administrativos contra un acto administrativo se interponen:

a. Ante un órgano de la propia Administración que ha dictado el acto
b. Ante un órgano de una Administración diferente de la que ha dictado el acto
c. Ante un órgano judicial del orden contencioso-administrativo
d. Ante cualquier organismo público dotado de las necesarias garantías de objetividad y neutralidad

785. El órgano competente para resolver un recurso administrativo:

a. No puede delegar el ejercicio de dicha competencia en el órgano del que emanó el acto administrativo impugnado
b. Puede delegar el ejercicio de dicha competencia en el órgano del que emanó el acto administrativo impugnado, si se trata de un recurso de alzada
c. Puede delegar el ejercicio de dicha competencia en el órgano del que emanó el acto administrativo impugnado, si se trata de un recurso de reposición
d. Puede delegar el ejercicio de dicha competencia en el órgano del que emanó el acto administrativo impugnado, si lo permite una norma reglamentaria

786. Los actos administrativos anulables:

a. Pueden ser revisados de oficio unilateralmente por la Administración en cualquier momento
b. Pueden ser impugnados por la Administración que los ha dictado ante la jurisdicción contencioso-administrativa, previa declaración de lesividad para el interés público por parte de aquélla
c. Pueden ser revisados de oficio unilateralmente por la Administración, previa declaración de lesividad efectuada por un órgano judicial de lo contencioso-administrativo
d. Pueden ser revisados de oficio por la Administración con los mismos requisitos y trámites que los exigidos para los actos nulos de pleno derecho

787. Un acto administrativo nulo de pleno derecho puede ser objeto de:

a. una revisión de oficio por la propia Administración o de un recurso administrativo por el particular interesado
b. una revisión de oficio por la propia Administración, pero no de un recurso administrativo por el particular interesado
c. un recurso administrativo por el particular interesado, pero no de una revisión de oficio por la propia Administración
d. No puede ser objeto de un recurso administrativo, pues solamente puede ser recurrido directamente ante la jurisdicción contencioso-administrativa

788. La resolución de un recurso administrativo compete:

a. al órgano que dictó el acto si el recurso es de alzada
b. al superior jerárquico del órgano que dictó el acto si el recurso es de reposición
c. siempre al superior jerárquico del órgano que dictó el acto
d. al superior jerárquico si el acto no agota la vía administrativa

789. El plazo para la interposición de un recurso de alzada contra un acto administrativo expreso es de:

a. 20 días
b. 1 mes
c. 3 meses
d. 6 meses

790. La Administración puede revisar:

a. Las leyes inconstitucionales
b. Los actos y reglamentos anulables
c. Los actos y reglamentos nulos de pleno derecho
d. Cualquier acto con irregularidades

791. La interposición de un recurso de reposición:

a. Impide al interesado acceder a la vía jurisdiccional hasta su resolución
b. Debe realizarse en el plazo de tres meses si el acto recurrido es expreso
c. Es requisito para la interposición del recurso contencioso-administrativo
d. Agota la vía administrativa

792. El recurso extraordinario de revisión se interpone frente a:

a. Actos firmes
b. Actos no firmes
c. Exclusivamente frente a actos que agotan la vía administrativa
d. Ninguna de las tres

793. La resolución de un recurso extraordinario de revisión:

a. No puede ser presunta
b. La dicta el superior jerárquico del órgano ante el que se interpone
c. Si es expresa y desestimatoria puede recurrirse en alzada
d. Puede impugnarse ante la jurisdicción contencioso-administrativa

794. La Administración puede revisar los actos anulables:

a. Siempre
b. Solo si incurren en desviación de poder
c. Nunca
d. Solo si agotan la vía administrativa

795. Si transcurre el plazo legal para interponer recurso frente a un acto:

a. Ha de concederse plazo extraordinario
b. El acto se considera que agota la vía administrativa
c. El acto se convierte en firme
d. El acto prescribe

796. Una vez solicitada la suspensión de un acto en vía contenciosa:

a. Se suspenderá si se concedió en vía administrativa
b. Se mantendrá la suspensión si se concedió en vía administrativa hasta que el juez se pronuncie
c. Se suspenderá el acto si se aporta un aval
d. No se concederá si ya se solicitó en vía administrativa

797. Cuando un acto que se quiere recurrir en alzada ha sido dictado por delegación:

a. Habrá de interponer el recurso ante el órgano delegado
b. Habrá de interponerse ante el órgano delegante
c. Habrá de interponerse ante el superior jerárquico del delegante
d. Habrá de interponerse ante el superior jerárquico del delegado

798. Si al presentar un recurso administrativo he olvidado adjuntar algún documento preceptivo:

a. El recurso no podrá tramitarse porque es un obstáculo formal importante
b. La Administración debe otorgarme un plazo de 10 días para componer ese defecto
c. Puedo presentarlo voluntariamente en cualquier momento posterior del procedimiento
d. No tiene ninguna consecuencia para el procedimiento

799. Puede recurrirse en alzada:

a. La resolución de un previo recurso de alzada
b. La resolución de un procedimiento de responsabilidad patrimonial
c. El acuerdo o convenio que tenga la consideración de finalizador del procedimiento
d. Una resolución que no ponga fin a la vía administrativa

800. NO justifica la interposición de un recurso extraordinario de revisión contra un acto administrativo:

a. Que al dictar el acto se hubiera incurrido en error de hecho que resulte de los propios documentos incorporados al expediente
b. Que aparezcan documentos de valor esencial para la resolución del asunto, que aunque sean posteriores, pongan en evidencia el error de la misma
c. Que la resolución se hubiera dictado como consecuencia de prevaricación, declarada así por sentencia judicial firme
d. Que el acto administrativo hubiera sido dictado por órgano manifiestamente incompetente, incurriendo en desviación de poder

801. Plazo para interponer un recurso extraordinario de revisión contra una resolución administrativa en la que hubieran influido esencialmente documentos o testimonios declarados falsos por sentencia firme:

a. 3 meses desde que la sentencia judicial adquirió firmeza
b. 4 meses desde que la sentencia judicial adquirió firmeza
c. 3 años desde el día siguiente a la fecha de notificación de la resolución impugnada
d. 4 años desde el día siguiente a la fecha de notificación de la resolución impugnada

802. Cabe recurso administrativo:

a. Solo frente a disposiciones generales
b. Frente a disposiciones generales y frente a actos
c. Solo frente a actos administrativos
d. Frente a disposiciones generales si agotan la vía administrativa

803. Los actos administrativos de trámite:

a. Nunca pueden recurrirse en vía administrativa de forma autónoma
b. Pueden ser objeto de recurso administrativo solamente si deciden directamente el fondo del asunto
c. Pueden ser objeto de recurso administrativo si producen indefensión
d. Pueden ser objeto de recurso administrativo, salvo que determinen la imposibilidad de continuar el procedimiento

804. El trámite de audiencia en el recurso administrativo:

a. Es preceptivo siempre
b. No es preceptivo nunca
c. No es preceptivo si se dio en el procedimiento previo y no han de tenerse en cuenta nuevos documentos
d. No es preceptivo si no se solicita

805. Una Administración puede recurrir administrativamente un acto de otra:

a. Nunca
b. Siempre que interponga un requerimiento previo
c. Solo si el acto agota la vía administrativa
d. Solo si el acto no agota la vía administrativa

806. El recurso de alzada ha de resolverse por:

a. El mismo órgano administrativo que dictó la resolución
b. El órgano superior jerárquico de aquél que dictó el acto recurrido
c. El titular del Ministerio o Departamento al que pertenece el órgano que dictó el acto recurrido
d. El órgano de gobierno de la Administración a la que pertenece el órgano que dictó el acto recurrido

807. En la tramitación de un recurso administrativo la práctica de prueba:

a. No puede solicitarse cuando su falta de realización en el procedimiento en el que se dictó la resolución recurrida fuera imputable al interesado
b. no puede solicitarse cuando su falta de realización en el procedimiento en el que se dictó la resolución recurrida fuera imputable a la Administración
c. Es obligatoria en todo caso
d. Siempre está prohibida

808. La resolución de recursos administrativos:

a. No puede delegarse al órgano que dictó el acto impugnado
b. Puede delegarse al órgano que dicto el acto con autorización del superior
c. Ha de hacerse por el superior de quien dictó el acto en todo caso
d. Ninguna de las tres

809. El plazo máximo que tiene la Administración para resolver un recurso de alzada y notificar su resolución a los interesados es de:

a. Un mes
b. Tres meses
c. Seis meses
d. Un año

810. Tiene carácter subsidiario:

a. El recurso administrativo
b. La revisión de oficio
c. Ambos, el recurso y la revisión
d. Ninguno de los dos, ni el recurso ni la revisión

811. Si el interesado omite algún requisito al interponer recurso administrativo:

a. La Administración ha de inadmitirlo
b. La Administración le requiere para que lo subsane en el plazo de 10 días
c. La Administración ha de desestimarlo
d. La Administración ha de suplirlo

812 **D**	833 **D**	854 **C**
813 **D**	834 **B**	855 **A**
814 **D**	835 **C**	856 **A**
815 **C**	836 **B**	857 **A**
816 **D**	837 **A**	858 **C**
817 **A**	838 **C**	859 **C**
818 **D**	839 **B**	860 **A**
819 **D**	840 **D**	861 **D**
820 **C**	841 **A**	862 **B**
821 **D**	842 **B**	863 **A**
822 **B**	843 **B**	864 **A**
823 **B**	844 **C**	865 **B**
824 **A**	845 **B**	866 **D**
825 **C**	846 **D**	867 **A**
826 **C**	847 **C**	868 **A**
827 **C**	848 **C**	869 **A**
828 **B**	849 **B**	870 **C**
829 **B**	850 **D**	871 **A**
830 **B**	851 **C**	872 **D**
831 **B**	852 **C**	
832 **D**	853 **B**	

812. Según la teoría de la equivalencia de condiciones:

a. Solo es causa del resultado la que tenga más peso
b. Es causa del resultado la causa que tenga más relevancia
c. Solo es causa la que proviene de la Administración
d. Cualquier causa que contribuye al resultado es causa del resultado

813. La expresión funcionamiento de los servicios como causa de responsabilidad de la Administración:

a. Ha de entenderse en sentido estricto
b. Ha de entenderse excepcional
c. Ha de interpretarse como servicios públicos esenciales
d. Ha de entenderse en sentido amplio

814. El plazo para resolver el procedimiento de responsabilidad es:

a. 3 meses
b. 2 meses
c. 1 mes
d. 6 meses

815. En los supuestos de daños de carácter físico o psíquico a las personas, el plazo para reclamar la responsabilidad patrimonial de la Administración empezará a computarse:

a. Desde el día en que se manifestaron los primeros síntomas de la lesión o enfermedad
b. Desde el día en que el interesado lo indique en su solicitud de inicio del procedimiento
c. Desde la curación o determinación del alcance de las secuelas
d. Desde el día en que se practicaron las primeras pruebas médicas debidamente acreditadas por un profesional titulado

816. La Ley de Régimen Jurídico del Sector Público reconoce el derecho de los particulares a ser indemnizados por las Administraciones de toda lesión que sufran, salvo en los casos de fuerza mayor o de daños que el particular tenga el deber jurídico de soportar, siempre que la lesión sea consecuencia del funcionamiento...

a. ilegal o irregular de los servicios públicos
b. anormal de los servicios públicos
c. normal de los servicios públicos
d. normal o anormal de los servicios públicos

817. La responsabilidad de la Administración es:

a. Objetiva
b. Subjetiva
c. Residual
d. Limitada

818. Cuando no es la Administración la que produce el daño al particular, sino un tercero que está bajo la tutela de la Administración (por ejemplo, un interno en un psiquiátrico):

a. No puede reclamarse responsabilidad patrimonial alguna a la Administración
b. Solo es posible reclamar la responsabilidad penal del funcionario o empleado público que debía supervisar o controlar a ese tercero
c. La responsabilidad patrimonial de la Administración solo puede instarse subsidiariamente, en aquellos casos en los que el tercero no pueda asumir el coste de la indemnización
d. La Administración asume una posición de garante respecto a esas personas que se encuentran bajo su tutela y responde de los daños causados por ellas

819. Sobre la responsabilidad de los poderes públicos es FALSO:

a. Según la Constitución los particulares, en los términos establecidos por la ley, tendrán derecho a ser indemnizados por toda lesión que sufran en cualquiera de sus bienes y derechos, salvo en los casos de fuerza mayor, siempre que la lesión sea consecuencia de los servicios públicos
b. La Constitución proclama la responsabilidad y la interdicción de la arbitrariedad de los poderes públicos
c. Según la Constitución los daños causados por error judicial, así como los que sean consecuencia del funcionamiento anormal de la Administración de Justicia, darán derecho a una indemnización a cargo del Estado, conforme a la Ley
d. El Estado tiene la competencia para regular el régimen básico de la responsabilidad patrimonial de la Administración, pudiendo luego las Comunidades Autónomas desarrollar normativamente dicho régimen

820. Para pedir la responsabilidad patrimonial de la Administración Pública, el daño alegado por el lesionado ha de ser:

a. Efectivo, evaluable psicológica o económicamente e individualizado con relación a una persona o grupo de personas
b. Efectivo o hipotético, evaluable económicamente e individualizado con relación a una persona o grupo de personas
c. Efectivo, evaluable económicamente e individualizado con relación a una persona o grupo de personas
d. Efectivo o hipotético, evaluable psicológica o económicamente e individualizado con relación a una persona o grupo de personas

821. Jurisdicción competente para conocer de las reclamaciones de daños y perjuicios causados por las Administraciones a los particulares, cualquier que fuese la relación jurídica o el ámbito en que se produzca:

a. civil
b. penal
c. social
d. contencioso-administrativa

822. Plazo máximo para resolver el procedimiento de responsabilidad patrimonial de la Administración y notificar la resolución:

a. 3 meses
b. 6 meses
c. 1 año
d. 4 años

823. Para que la Administración Pública responda con su patrimonio de los daños causados a un particular el daño generado por la Administración (indique la FALSA):

a. Ha de ser consecuencia del funcionamiento normal o anormal de un servicio público
b. Ha de ser necesariamente consecuencia del funcionamiento anormal de un servicio público
c. Lo relevante es la antijuridicidad del daño, no la juridicidad o antijuridicidad (o disconformidad con el Derecho) de la actuación administrativa que lo produce
d. Puede ser debido incluso a un funcionamiento aparentemente 'normal' de un servicio público, ya que la Administración tiene la obligación de responder cuando el particular no tiene el deber de soportar el daño que, de todas formas, se le ha producido

824. Los daños que se deriven de hechos o circunstancias que no se hubieran podido prever o evitar según el estado de los conocimientos de la ciencia o de la técnica existentes en el momento de su producción:

a. No son indemnizables, pero no excluyen la posibilidad de prever prestaciones asistenciales o económicas para los afectados
b. Son indemnizables, pero excluyen la posibilidad de prever prestaciones asistenciales o económicas para los afectados
c. No son indemnizables, pero excluyen la posibilidad de prever prestaciones asistenciales o económicas para los afectados
d. Son indemnizables, pero no excluyen la posibilidad de prever prestaciones asistenciales o económicas para los afectados

825. La anulación de un acto administrativo por la Administración:

a. No genera nunca responsabilidad
b. Genera siempre responsabilidad
c. Puede generar responsabilidad
d. Genera responsabilidad si es anulada por la jurisdicción contenciosa

826. La antijuridicidad del daño en el sistema de responsabilidad patrimonial de la Administración significa:

a. La disconformidad de su actuación con el ordenamiento jurídico
b. La culpabilidad de su actuación
c. Que es un daño que el particular no tiene el deber de soportar
d. Que infringe una norma

827. El fundamento de la responsabilidad patrimonial de la Administración:

a. Es la culpa o negligencia
b. Es el dolo y la culpa
c. Es que el particular sufra un daño antijurídico
d. Es de carácter subjetivo

828. En la responsabilidad patrimonial de la Administración:

a. La responsabilidad es subjetiva, imputable al causante del hecho lesivo
b. La responsabilidad es objetiva, basada únicamente en la lesión causada y no en la culpa del causante
c. La responsabilidad puede ser subjetiva u objetiva según los casos
d. Se fundamenta en la culpa o negligencia no de la Administración sino del funcionario que comete el hecho lesivo

829. La jurisdicción competente para exigir responsabilidad a la Administración es:

a. La jurisdicción civil, si la Administración actúa en derecho privado
b. La jurisdicción contenciosa, en todo caso
c. La jurisdicción civil o la contenciosa, en función del derecho en que actúe la Administración
d. La que elija el perjudicado

830. La simple anulación de un reglamento o de un acto administrativo presupone, por sí misma, derecho a indemnización:

a. Sí, en ambos casos
b. No, en ambos casos
c. Sí en el caso del reglamento, pero no en el del acto administrativo
d. Sí en el caso del acto administrativo, pero no en el del reglamento

831. Cuando la Administración causa daño actuando en derecho privado:

a. Responde ante la jurisdicción civil
b. Responde ante la jurisdicción contencioso-administrativa
c. Responde exclusivamente su personal
d. No responde

832. Respecto a la responsabilidad de las autoridades y demás personal al servicio de las Administraciones Públicas puede decirse que:

a. Estos responderán directamente por los daños causados a los particulares solo cuando exista dolo o culpa por su parte
b. Estos responderán directamente por los daños causados a los particulares
c. Quien responde directamente por los daños y perjuicios causados a los particulares es siempre la Administración, sin excepciones
d. Quien responde directamente por los daños y perjuicios causados a los particulares es la Administración, aunque no cuando los daños generados hayan sido causados por aquellos fuera del ejercicio de sus funciones

833. Según la Constitución española, la competencia legislativa en materia de responsabilidad patrimonial:

a. Es del Estado, en cuanto a la legislación básica
b. Es de las Comunidades Autónomas, en cuanto al desarrollo legislativo
c. Es compartida entre el Estado y las Comunidades Autónomas
d. Es del Estado, íntegramente

834. El daño alegado por el lesionado ha de ser:

a. Efectivo, generalizado y jurídico
b. Efectivo, evaluable económicamente e individualizado
c. Subjetivo, efectivo y generalizado
d. Objetivo y generalizado

835. Sobre el ejercicio del derecho a reclamar una indemnización a la Administración por el daño causado:

a. Prescribirá a los 5 años de producido el hecho o el acto que motive la indemnización o se manifieste su efecto lesivo
b. Los procedimientos de responsabilidad patrimonial de las Administraciones públicas se inician exclusivamente por solicitud de los interesados, nunca de oficio
c. La tramitación del procedimiento incluye, además de los trámites ordinarios de alegaciones, prueba y audiencia, la solicitud de informes y dictámenes
d. Determinar cuál es la jurisdicción competente para conocer de las reclamaciones de daños y perjuicios causados por las Administraciones Públicas a los particulares es una cuestión que depende tanto de la relación jurídica (Derecho público o privado) como del ámbito (sociosanitario o administrativo general) en el que se producen

836. Si un funcionario actúa con dolo o negligencia grave:

a. El lesionado ha de dirigir la reclamación al funcionario
b. El lesionado ha de dirigir la reclamación a la Administración
c. El lesionado puede dirigir la reclamación a la Administración o el funcionario
d. Responde hasta un 50% de la indemnización

837. Para poder imputar el resultado del daño a una Administración Pública quien realiza la actividad causante del daño ha de ser:

a. Una autoridad, un funcionario o un empleado inserto en la organización administrativa, cualquiera que sea la naturaleza de su vínculo
b. Necesariamente un funcionario
c. Un funcionario o un empleado público, aunque estén actuando fuera de sus funciones
d. La responsabilidad patrimonial de la Administración surge también cuando el daño deriva de un delito cometido por el funcionario o empleado público

838. El procedimiento de reclamación de responsabilidad:

a. Se inicia exclusivamente de oficio
b. Se inicia exclusivamente a instancia de parte
c. Se inicia de oficio o a instancia de parte
d. Tienen 3 meses de duración

839. Si la Administración anula un acto administrativo:

a. Se genera responsabilidad en todo caso
b. No genera responsabilidad en todo caso
c. Genera responsabilidad en caso de nulidad radical
d. Genera responsabilidad en caso de anulabilidad

840. Cuándo existe la obligación jurídica de soportar un daño provocado por la Administración Pública:

a. Nunca
b. Siempre que la Administración haga uso de una potestad que ostenta legalmente
c. Los particulares tienen el deber de soportar las consecuencias derivadas del ejercicio legítimo de las potestades administrativas por la Administración, aunque esta las ejerza de un modo no conforme con el ordenamiento
d. Cuando la Administración ejerza sus potestades de conformidad con el ordenamiento jurídico

841. Para que la Administración Pública responda con su patrimonio de los daños causados a un particular, deben reunirse tres requisitos:

a. Causa de la responsabilidad, daño y relación de causalidad
b. Daño, relación de causalidad y negligencia de la Administración
c. Causa de la responsabilidad, daño y suficiencia económica de la Administración
d. Daño, relación de causalidad y total ausencia de negligencia del afectado

842. El caso fortuito es:

a. Un acontecimiento imprevisible y externo al funcionamiento del servicio
b. Un acontecimiento inevitable inherente al funcionamiento del servicio
c. Un acontecimiento asimilable a la fuerza mayor
d. Un acontecimiento en el que interviene la culpa

843. La cuantía de la indemnización se calculará con referencia al día:

a. En que se presentó la solicitud en el oportuno procedimiento administrativo de responsabilidad
b. En que la lesión efectivamente se produjo
c. En que se resolvió el procedimiento administrativo de responsabilidad
d. En que se procedió a la práctica de la prueba en el procedimiento administrativo de responsabilidad

844. La Constitución establece que los particulares, en los términos establecidos por la ley, tendrán derecho a ser indemnizados de toda lesión que sufran en cualquiera de sus bienes y derechos:

a. Siempre que estos se hallen debidamente asegurados y la lesión sea consecuencia del funcionamiento normal de los servicios públicos
b. Salvo culpa o negligencia del particular en la producción de los daños
c. Salvo en los casos de fuerza mayor, siempre que la lesión sea consecuencia del funcionamiento de los servicios públicos
d. Excepto en los casos en que la lesión sea consecuencia del funcionamiento de los servicios públicos

845. El derecho a reclamar:

a. Prescribe en dos años
b. Prescribe al año
c. Caduca al año
d. Caduca en dos años

846. El fundamento de la responsabilidad patrimonial de la Administración es:

a. La necesidad de redistribuir los costes económicos de los riesgos generados por la actividad de la Administración
b. La culpa o negligencia de la Administración pública que ocasiona el daño
c. La culpa o negligencia del funcionario que provoca el daño
d. El hecho de que el particular sufra un daño antijurídico que no tiene el deber de soportar

847. La lesión causada a un particular por la Administración Pública que puede dar lugar a un derecho a ser indemnizado:

a. Es una lesión que consiste meramente en la producción de un daño a un particular
b. La lesión se entiende como un daño exclusivamente económico: la desaparición o pérdida de valor de un bien o interés jurídico
c. Debe entenderse en sentido normativo: la Administración no puede causar y, por tanto, debe indemnizar por los daños causados que no sean conformes con el ordenamiento jurídico y que, por ello, el particular afectado no tiene el deber de soportar
d. No deriva solo de un daño antijurídico, sino que puede surgir también de un daño causado de forma conforme con el ordenamiento (por ejemplo: una expropiación forzosa, órdenes de demolición, etc.)

848. Cuando la Administración haya indemnizado a los particulares que hayan sufrido un daño causado por la misma, exigirá de oficio de sus autoridades y demás personal a su servicio la responsabilidad en que hubieran incurrido:

a. En todo caso
b. Solo si hubieran actuado con dolo
c. Solo si hubieran actuado con dolo o culpa o negligencia grave
d. Solo si hubieran actuado con dolo o culpa o negligencia, grave o leve

849. Para que la Administración Pública responda con su patrimonio de los daños causados a un particular, deben reunirse los siguientes requisitos:

a. El daño y la culpa o negligencia de la Administración
b. La causa de la responsabilidad (la actividad que genera el daño), el daño, y la relación de causalidad
c. La causa de la responsabilidad y el daño, sin que sea necesaria la relación de causalidad entre ambos
d. Basta con el daño producido

850. Tras producirse el hecho doloso o el acto que motive la indemnización o se manifieste su efecto lesivo, el derecho a reclamar indemnización por responsabilidad patrimonial a la Administración, prescribe al cabo de:

a. 1 mes
b. 3 meses
c. 6 meses
d. 1 año

851. Las formas de actividad administrativa que son idóneas para causar un daño del que la Administración Pública debe responder:

a. Son solo aquellas que consisten en servicios públicos en sentido estricto (sanidad, transporte, etc.)
b. Son solo las actividades materiales
c. Son las actividades materiales, pero también la inactividad o la actividad jurídica
d. Son las actividades materiales y la actividad jurídica, pero no la inactividad

852. La cláusula general de responsabilidad de la Administración se contiene por primera vez en:

a. La Constitución española
b. La Ley 30/1992
c. La Ley de Expropiación Forzosa
d. La Ley del Procedimiento Administrativo común (Ley 39/2015)

853. Según la teoría de la causalidad adecuada:

a. Es causa del daño todo lo que contribuye a producirlo
b. Es causa del daño la causa que es la más apta para producir el resultado
c. Todas las causas pueden ser el origen del daño
d. Es necesario que el resultado dañoso sea imputable objetivamente a la Administración

854. El procedimiento vigente para hacer efectiva la responsabilidad patrimonial de la Administración se halla regulado:

a. En la Ley 30/1992, de Régimen Jurídico de las Administraciones Públicas y del Procedimiento Administrativo Común
b. En la Ley 39/2015
c. En la Ley 40/2015
d. En la Ley de Expropiación Forzosa de 1954

855. La responsabilidad jurídica de la Administración por lesiones:

a. Es exclusivamente patrimonial

b. Es patrimonial y puede también ser penal o disciplinaria

c. Es patrimonial y puede ser también política

d. Es patrimonial y puede ser también penal y política

856. Para que pueda sustituirse la indemnización por una compensación en especie es necesario que:

a. haya acuerdo con el interesado

b. el daño sea concreto

c. no exista fuerza mayor

d. se trate de un caso fortuito

857. A efectos de prueba, que el fundamento de la responsabilidad patrimonial sea 'objetivo' implica que:

a. Los particulares tienen que probar simplemente que se les ha producido un daño que no tienen el deber de soportar y que es consecuencia de una actividad administrativa

b. Los particulares deben demostrar que ha existido culpa o negligencia por parte de la Administración en el daño producido

c. Los particulares deben demostrar que ha existido una falta personal por parte de un empleado público de la Administración

d. Los particulares tienen que probar que se les ha producido un daño económico y que el mismo es debido a la culpa o negligencia de un empleado público

858. La declaración como peatonal de una vía pública:

a. Es indemnizable por ser antijurídica

b. No es indemnizable porque no comporta perjuicios

c. No es indemnizable por no ser antijurídica

d. Es indemnizable si se reconoce como derecho adquirido

859. Si un contratista de la Administración causa un daño:

a. Responde siempre la Administración de la totalidad de la indemnización

b. Responde siempre el contratista de la totalidad de la indemnización

c. Responde el contratista salvo que el daño sea consecuencia de una orden de la Administración

d. No responde el contratista

860. En un procedimiento de responsabilidad patrimonial, y si ello resulta más adecuado para lograr la reparación debida y conviene al interés público, la indemnización:

a. Puede sustituirse por una compensación en especie, siempre que exista acuerdo con el interesado

b. Puede ser abonada mediante pagos periódicos, pero nunca mediante una compensación en especie

c. Puede ser abonada mediante pagos periódicos, si así lo decidiera unilateralmente la Administración

d. Puede sustituirse por una compensación en especie, pero nunca ser abonada mediante pagos periódicos

861. El régimen jurídico vigente sobre la responsabilidad de las Administraciones Públicas está recogido en:

a. La Ley 30/1992 (LRJPAC)

b. El Código Penal

c. El Código Civil y la Ley 40/2015 (LRJSP)

d. La LRJSP y la LPACAP

862. La responsabilidad jurídica de la Administración pública por los daños causados a un particular:

a. Siempre es de carácter penal

b. Es exclusivamente patrimonial

c. Es de naturaleza exclusivamente política

d. Está sujeta en todo caso al derecho privado

863. Para poder reclamar una indemnización derivada de la inconstitucionalidad de una ley:

a. Se exige sentencia firme desestimatoria alegando inconstitucionalidad

b. Que lo reconozca la Administración

c. Que la ley sea de ámbito nacional

d. Que la ley provenga de un parlamento autonómico

864. Los procedimientos de responsabilidad patrimonial de las Administración públicas se inician:

a. De oficio o por solicitud de interesado

b. Exclusivamente de oficio

c. Exclusivamente a solicitud del interesado

d. Siempre tras haber obtenido una sentencia judicial declarativa de los daños

865. La responsabilidad jurídica de la Administración es:

a. Penal

b. Patrimonial

c. Disciplinaria

d. Optativa

866. La legislación española sobre la relación de causalidad:

a. Sigue la teoría de la equivalencia de condiciones

b. Sigue la teoría de la causalidad adecuada

c. Sigue la teoría de la imputación objetiva

d. No acoge ninguna teoría

867. Para que la Administración Pública responda con su patrimonio de los daños causados a un particular:

a. Debe existir necesariamente una relación de causalidad entre el daño causado y la actividad administrativa causante del daño

b. No siempre es necesario que exista una relación de causalidad entre el daño causado y la actividad administrativa causante del daño

c. La legislación vigente establece que cualquier causa que contribuya al resultado final debe considerarse como causa del daño

d. No es necesario que exista ninguna relación de causalidad entre el daño causado y la actividad administrativa causante del daño

868. La existencia de fuerza mayor:

a. Excluye la responsabilidad de la Administración

b. Debe ser demostrada por el lesionado

c. Se presupone

d. Atenúa la responsabilidad de la Administración

869. La regulación del sistema de responsabilidad de todas las Administraciones públicas:

a. Es una competencia legislativa plena del Estado

b. Es una competencia legislativa exclusiva de cada Comunidad Autónoma

c. Es una competencia legislativa compartida entre el Estado y las Comunidades Autónomas

d. Corresponde a cada Administración pública que deba hacer frente a la reparación de los daños y perjuicios ocasionados por ella

870. Para obtener indemnización de la Administración los particulares deben demostrar:

a. La existencia de culpa por parte de la Administración

b. La inexistencia de fuerza mayor

c. La existencia de un daño antijurídico producido por la Administración

d. La intencionalidad del funcionario

871. Si transcurre el plazo que la ley prevé para resolver y notificar la resolución de un procedimiento de responsabilidad patrimonial de la Administración, sin que ello se haya realizado, se entenderá que la resolución es:

a. Contraria a la indemnización del particular

b. Favorable a la indemnización del particular

c. Nula de pleno derecho

d. Inimpugnable en vía judicial

872. El fundamento de la responsabilidad patrimonial de la Administración (que en las relaciones entre particulares se denominada responsabilidad civil o extracontractual):

a. Es idéntico a la responsabilidad extracontractual entre particulares

b. Está basado en la culpa o negligencia de la Administración, siendo la responsabilidad objetiva

c. Está basado en la culpa o negligencia de la Administración, siendo la responsabilidad subjetiva

d. Está fundada en el hecho de que el particular sufra un daño antijurídico que no tiene el deber de soportar

873 B	907 A	941 B
874 C	908 B	942 A
875 D	909 D	943 B
876 C	910 C	944 D
877 A	911 C	945 D
878 A	912 A	946 C
879 D	913 C	947 A
880 A	914 B	948 D
881 B	915 B	949 C
882 C	916 D	950 A
883 B	917 D	951 C
884 C	918 B	952 D
885 D	919 A	953 D
886 D	920 B	954 A
887 C	921 C	955 D
888 D	922 D	956 C
889 A	923 A	957 D
890 C	924 B	958 C
891 D	925 C	959 D
892 D	926 D	960 B
893 B	927 A	961 A
894 B	928 C	962 B
895 A	929 D	963 C
896 B	930 B	964 D
897 A	931 C	965 C
898 C	932 A	966 C
899 C	933 D	967 A
900 B	934 A	968 D
901 C	935 D	969 A
902 A	936 C	970 D
903 D	937 D	971 A
904 D	938 A	972 B
905 C	939 C	
906 B	940 C	

873. Según el art. 14 de la Ley 39/2015 no estaría obligado en todo caso a relacionarse electrónicamente con las Administraciones:

a. El Colegio de Abogados de Alicante
b. Vicente Martínez Pérez
c. Porcelano S.A
d. No estaría obligado ninguno pues no ha de confundirse el ejercicio de un derecho con el cumplimiento de una obligación

874. Según el art. 16 de la Ley 39/2015 en cada Administración se dispondrá de...

a. Registro Electrónico de Entrada
b. Registro Electrónico de Salida
c. Registro Electrónico General
d. Son correctas A y B

875. En los casos en que proceda la comparecencia, la correspondiente citación hará constar expresamente:

a. El lugar
b. La fecha
c. Los efectos de no atenderla
d. Las tres cosas

876. Los titulares de las unidades administrativas y el personal al servicio de las Administraciones Públicas son responsables de...

a. Nada
b. Las resoluciones administrativas
c. La tramitación de los asuntos
d. Exclusivamente de los temas de su incumbencia

877. La Administración está obligada a dictar resolución expresa y a notificarla en todos los procedimientos...

a. Si
b. Si, siempre que el procedimiento se inicie a solicitud de persona interesada
c. Si, siempre que el procedimiento se inicie a solicitud de persona interesada y a notificarla a dicha persona y en su caso a sus causahabientes
d. Pues no y precisamente por eso existe el llamado silencio administrativo

878. NO trae consigo una alteración de la obligación de resolver:

a. El pacto
b. La prescripción
c. La caducidad
d. La prescripción

879. Salvo que una norma con rango de Ley establezca uno mayor o así venga previsto en el Derecho de la UE el plazo para resolver no excederá de cuántos meses:

a. 1   b. 2   c. 3   d. 6

880. Según el art. 22 de la Ley 39/2015 el transcurso del plazo máximo legal para resolver un procedimiento se deberá suspender necesariamente cuando...

a. ...un interesado promueva la recusación del órgano competente para resolver
b. ...deba requerirse a cualquier interesado para la subsanación de deficiencias o la aportación de documentos y otros elementos de juicio necesarios
c. ...deban realizarse pruebas técnicas o análisis contradictorios o dirimentes propuestos por los interesados
d. ...deba obtenerse un pronunciamiento previo y preceptivo de un órgano de la UE

881. Según el art. 23 de la Ley 39/2015 la ampliación del plazo máximo para resolver y notificar s...

a. Deberá ser notificada al interesado quien podrá presentar el correspondiente recurso
b. Tendrá carácter excepcional
c. Deberá ser adoptada por el órgano instructor a propuesta del órgano competente para resolver o bien de su superior jerárquico
d. Todas son correctas

882. El vencimiento del plazo máximo sin haberse notificado resolución expresa legitima al interesado para entender estimada su pretensión...

a. En todo caso
b. Siempre que el procedimiento se haya iniciado de oficio
c. Siempre que el procedimiento se haya iniciado a solicitud del interesado
d. Nunca

883. Tiene a todos los efectos la consideración de acto administrativo finalizador del procedimiento...

a. Ningún silencio
b. El silencio estimatorio
c. El silencio desestimatorio
d. Ambos tienen la consideración de acto administrativo finalizador del procedimiento

884. El sentido del silencio es estimatorio en...

a. Los procedimientos de impugnación de actos y disposiciones
b. En los procedimientos relativos al derecho de petición del art. 29 CE siempre que la estimación tuviera como consecuencia que se transfirieran al solicitante o a terceros facultades relativas al dominio público o al servicio público
c. El recurso de alzada interpuesto contra la desestimación por silencio administrativo de una solicitud por el transcurso del plazo
d. En los procedimientos relativos al derecho de petición del art. 29 de la Constitución siempre que la estimación implique el ejercicio de actividades potencialmente dañosas para el medio ambiente

885. En el silencio administrativo la resolución expresa posterior al vencimiento del plazo se adoptará por la Administración sin vinculación alguna al sentido del silencio...

a. En todo caso
b. Siempre que hubiera sido interpuesto el correspondiente recurso y no estemos ante un acto meramente consentido
c. Nunca
d. En los casos de desestimación

886. El plazo de un procedimiento concluye al cabo de tres meses y tiene efectos estimatorios De cuantos días dispone el interesado para solicitar el certificado acreditativo del silencio producido:

a. De quince
b. De diez
c. De un mes y medio (la mitad de duración del plazo del procedimiento)
d. Ninguna es correcta

887. Según el art. 26 de la Ley 39/2015 las Administraciones Públicas emitirán los documentos administrativos...

a. Verbalmente o por escrito
b. Por escrito, a través de medios mecánicos
c. Por escrito, a través de medios electrónicos
d. Por escrito e independientemente de que su naturaleza exija otra forma mas adecuada de expresión y constancia

888. Requisitos de la validez de los documentos administrativos según el art. 26 de la Ley 39/2015:

a. Incorporar una referencia temporal del momento en que han sido emitidos
b. Incorporar los metadatos mínimos exigidos
c. Disponer de los datos de identificación que permitan su individualización, sin perjuicio de su posible incorporación a un expediente electrónico
d. Todas son correctas

889. Los documentos electrónicos emitidos por las Administraciones Públicas que se publiquen con carácter meramente informativo...

a. No requerirán firma electrónica
b. Ni requerirán firma electrónica ni será necesario identificar el origen de estos documentos
c. Requerirán firma electrónica y será necesario identificar el origen de estos documentos aun cuando no formen parte de un expediente administrativo
d. Ninguna es correcta

890. Cuál de los siguientes actos NO necesitaría ser motivado conforme el art. 35 de la Ley 39/2015:

a. Un acto que limitase derechos subjetivos sin apartarse del criterio seguido en ocasiones precedentes
b. El acuerdo de ampliación de plazos sin ser limitativo de intereses legítimos
c. El acto que mantuviera el criterio seguido en actuaciones anteriores
d. El acuerdo por el que se adoptan medidas provisionales de las previstas en el art. 56 de la Ley 39/2015

891. En la motivación del acto, cuando así proceda como debe ser la referencia de los hechos de que trae causa la resolución:

a. Fehaciente
b. Resolutoria
c. Urgente
d. Sucinta

892. En los casos en que los órganos administrativos ejerzan su competencia de forma verbal, la constancia escrita del acto se efectuará y firmará siempre por...

a. El titular del órgano inferior
b. El funcionario responsable de la tramitación
c. La autoridad de la que procede
d. Ninguna es correcta porque no siempre procede que quede constancia escrita del acto

893. 'Las resoluciones administrativas de carácter particular no podrán vulnerar lo establecido en una disposición de carácter general, aunque aquéllas procedan de un órgano de igual o superior jerarquía al que dictó la disposición general':

a. Principio de Jerarquía normativa
b. Principio de Inderogabilidad singular
c. Principio de Legalidad
d. Ninguno de los tres

894. Las resoluciones administrativas que vulneren lo establecido en una disposición reglamentaria son...

a. Válidas y eficaces si la autoridad de la que proceden es de rango superior a la autoridad de la que procede la disposición reglamentaria
b. Nulas en todo caso
c. Nulas salvo que dispongan otra cosa
d. Nulas salvo si incurren en alguna de las causas recogidas en el art. 47 de la Ley 39/2015

895. Los actos de las Administraciones Públicas sujetos al Derecho Administrativo serán ejecutivos con arreglo a lo dispuesto en esta Ley. Es el principio de...

a. Ejecutividad
b. Efectividad
c. Eficiencia
d. Inderogabilidad singular

896. Los actos de las Administraciones Públicas sujetos al Derecho Administrativo se presumirán válidos y producirán efectos desde...

a. La fecha en que adquieran firmeza
b. La fecha en que se dicten
c. La fecha en que transcurra el plazo para recurrir sin haberse interpuesto el correspondiente recurso
d. Todas son correctas

897. Las notificaciones deberán ser cursadas en el plazo de...

a. Diez días desde que el acto haya sido dictado
b. Diez días desde que el acto haya sido dictado o conforme el plazo previsto en el procedimiento de que se trate
c. Diez días desde que el acto haya sido dictado salvo que en el procedimiento de que se trate esté previsto un plazo igual o superior
d. Diez días desde que el acto haya sido dictado salvo que en el procedimiento de que se trate esté previsto un plazo igual o inferior

898. Las notificaciones se practicarán preferentemente por...

a. Correo certificado
b. Correo ordinario
c. Medios electrónicos
d. Correo certificado con acuse de recibo

899. Si una notificación contiene medio de pago a favor del obligado...

a. Se deberá practicar por medios electrónicos
b. Podrá practicarse por medios electrónicos
c. No se practicará por medios electrónicos
d. Podrá practicarse por medios electrónicos siempre que resulte salto favorable a la Administración acreedora

900. Para que la nulidad de pleno derecho, actualmente recogida en el art. 47 de la Ley 39/2015, recaiga sobre un acto que lesione derechos y libertades se requiere que tales derechos y libertades sean....

a. Derechos subjetivos y libertades públicas
b. Susceptibles de amparo constitucional
c. Derechos subjetivos, intereses legítimos y libertades democráticas
d. Derechos y libertades reconocidos y protegidos por las leyes

901. No es causa de nulidad la incompetencia...

a. Por razón de materia
b. Territorial
c. Jerárquica
d. Ninguna de las tres

902. Para que por razón de su contenido un acto sea considerado nulo se requiere que dicho contenido...

a. Sea imposible
b. Sea ilícito, indeterminado e imposible
c. Sea total y absolutamente contrario al ordenamiento legalmente establecido
d. El contenido de un acto nunca será determinante de su nulidad salvo que así se establezca expresamente por norma con rango de ley

903. El principio de inderogabilidad singular tiene que ver con...

a. La nulidad de pleno derecho de los actos de las Administraciones Públicas
b. La anulabilidad de los actos de la Administración
c. Nada en absoluto
d. La nulidad de las disposiciones administrativas

904. El defecto de forma en su caso determina...

a. Nada en absoluto
b. La nulidad de pleno derecho
c. La nulidad de pleno derecho de las disposiciones administrativas
d. La anulabilidad del acto de la Administración

905. Para que un acto sea nulo por inaplicación del procedimiento legalmente establecido se requiere...

a. Que estemos ante la ejecución material del acto sin que se haya dictado previa resolución
b. Que el órgano sea manifiestamente incompetente en todo caso
c. Que se haya prescindido total y absolutamente del procedimiento legalmente establecido
d. La inaplicación del procedimiento legalmente establecido sólo es causa de irregularidad en la tramitación por si misma no invalidante

906. El nombramiento de un funcionario que carece de la titulación requerida para ocupar el puesto sería...

a. Acto irregular
b. Acto nulo
c. Acto anulable
d. Acto inexistente

907. La disposiciones que establecen la retroactividad de las disposiciones restrictivas de derechos generales...

a. No son ni nulas ni anulables
b. Son en todo caso nulas
c. Son en todo caso anulables
d. Según su alcance pueden constituir un supuesto de nulidad o un supuesto de anulabilidad

908. Pueden existir supuestos de nulidad o de anulabilidad distintos a los previstos en los arts. 47 y 48 de la Ley 39/2015:

a. No
b. Si
c. Pueden existir supuestos de nulidad
d. Pueden existir supuestos de anulabilidad pero no de nulidad pues sólo son nulos los supuestos enunciados en las letras a. a g) del citado artículo 47

909. Un acto inexistente...

a. Sería aquel cuyo contenido es imposible
b. Sería el constitutivo de vía de hecho
c. Sería el acto nulo de hecho en contraposición a la nulidad de derecho
d. La ley 39/2015 no se refiere al acto inexistente

910. Un acto administrativo es anulable si...

a. Incurre en cualquier desviación del ordenamiento jurídico
b. Incurre en cualquier infracción del ordenamiento jurídico
c. Incurre en cualquier infracción del ordenamiento jurídico que no esté prevista en el art. 47 de la Ley 39/2015
d. No incurre en los supuestos de nulidad absoluta del art. 47 de la Ley 39/2015

911. Cuál de las siguientes afirmaciones sería incorrecta respecto de la desviación de poder:

a. La desviación de poder forma parte de los móviles
b. Un acto afectado de desviación de poder aparece como un acto ajustado a derecho
c. Los procedimientos iniciados a instancia de persona interesada están exentos de incurrir en desviación de poder
d. Todas las afirmaciones que se hacen son correctas

912. Los defectos de forma en el acto administrativo...

a. Determinan la anulabilidad del acto si causan indefensión al interesado incluso aunque no se trate de requisitos de forma indispensables
b. Determinan la anulabilidad del acto si causan indefensión al interesado siempre que se trate de requisitos de forma indispensables
c. Nunca determinan la anulabilidad del acto salvo si causan indefensión al interesado
d. Gozan de idéntico tratamiento que los defectos de fondo

913. Si el titular del órgano se llama Vicente Pérez pero en la firma de la resolución aparece el nombre de Vicente Gómez el acto presenta un vicio...

a. Determinante de nulidad
b. Determinante de anulabilidad
c. Determinante de una irregularidad
d. No presenta vicio alguno, simplemente se trata de un error del funcionario que en su caso dará lugar a la amonestación por el órgano competente

914. El acto fuera de plazo:

a. Es nulo
b. Puede ser anulable
c. Es anulable
d. Puede ser nulo o puede ser anulable

915. La convalidación, la conservación y la conversión...

a. Afecta a los actos nulos
b. Afecta a los actos anulables
c. Afecta a los actos nulos, salvo la conversión
d. Afecta a los actos nulos, salvo la conservación

916. Si el vicio consiste en que falta una autorización pero la misma se otorga por el órgano competente...

a. El acto se anula
b. El acto se convierte
c. El acto se conserva
d. El acto se convalida

917. Según el art. 51 de la Ley 39/2015 se conservan los...

a. Actos
b. Trámites
c. Ninguno
d. Tanto los trámites como los actos

918. Excepcionalmente se otorgará eficacia retroactiva a los actos...

a. Nulos
b. Anulados
c. Anulables
d. Válidos

919. Es falso que...

a. La nulidad de un acto implicará la de los sucesivos que sean independientes del primero
b. La anulabilidad de un acto no implicará la de los sucesivos que sean independientes del primero
c. Los actos administrativos pueden ser nulos y pueden ser anulables
d. La nulidad de pleno derecho sólo procede en los supuestos contemplados en el art. 47 de la Ley 39/2015

920. Quién sería competente para re-visar de oficio un acto dictado por el consejero del órgano de gobierno de una Comunidad Autónoma:

a. El propio consejero

b. El Gobierno de dicha Comunidad Autónoma

c. Los interesados en el procedimiento siempre que se personen en el mismo antes de que recaiga resolución definitiva

d. La jurisdicción contencioso administrativa

921. A tenor de lo que dispone el art. 106 de la Ley 39/2015 quién emitiría informe en el supuesto de revisión de oficio del acto dictado anterior-mente:

a. El Consejo de Estado

b. El Gobierno de dicha Comunidad Autónoma

c. El Consejo Consultivo u órgano equivalente al Consejo de Estado de dicha autonomía

d. El o los interesados en el procedimiento

922. No se puede revisar de oficio un acto nulo que...

a. no haya sido recurrido en plazo

b. haya puesto fin a la vía administrativa

c. haya sido recurrido y haya sido desestimado el recurso

d. Se puede plantear la revisión de oficio en todos los casos que se indica siempre que sea por nulidad

923. Se puede plantear la revisión de oficio de las disposiciones adminis-trativas:

a. Por supuesto

b. No, en ningún caso

c. No, salvo que se trate de supuestos de in-derogabilidad singular

d. Si, siempre que lo solicite la persona inte-resada

924. Qué pasa si una solicitud de revi-sión de oficio de un acto nulo carece de fundamento a juicio del órgano que debe estimarla:

a. Que la estima en todo caso

b. Que no hay ninguna razón legal para des-estimarla

c. Que no la estima

d. Que la sobresee provisionalmente

925. Que pasa si una solicitud de revi-sión de oficio de un acto nulo plan-tea un supuesto que se hubiera desestimado en cuanto al fondo en situaciones similares:

a. Que la estima en todo caso

b. Que no hay ninguna razón legal para des-estimarla

c. Que no la estima

d. Que la sobresee provisionalmente

926. Al hablar del sobreseimiento de las solicitudes de revisión de oficio la Ley 39/2015...

a. Sólo la admite para actos nulos

b. La admite para actos nulos y anulables

c. Sólo la admite con carácter provisional para actos nulos

d. La Ley 39/2015 no contempla el sobresei-miento al tratar de la revisión de oficio

927. Al declarar la nulidad de un acto se pueden establecer las indemni-zaciones que procedan:

a. Si siempre que dicho daño sea efectivo, evaluable económicamente e individuali-zado con relación a una persona o grupo de personas

b. La anterior es cierta siempre que se tenga el deber jurídico de soportar dicho daño

c. Las dos anteriores son correctas y además se requiere que el acto sea aplicativo de una disposición asimismo nula

d. Todas son correctas

928. Si el procedimiento de revisión de oficio se inicia de oficio puede su-ceder que no se dicte resolución sobre si se revisa o no se revisa en que plazo se entendería caducado dicho procedimiento revisor:

a. Un mes

b. Tres meses

c. Seis meses

d. Un año

929. Se puede recurrir contra una re-solución por la que se revisa de ofi-cio:

a. No porque no hay interesados

b. No porque dicha resolución es firme

c. No salvo en el supuesto excepcional en que dicha resolución cierre la vía administrativa

d. Por supuesto que si

930. La tramitación simplificada del procedimiento administrativo común se contempla en el art. 96 de la Ley 39/2015, ubicado en el:

a. TITULO II. De la actividad de las Adminis-traciones Públicas

b. TÍTULO IV. De las disposiciones sobre el procedimiento administrativo común

c. TÍTULO V. De las disposiciones sobre la tra-mitación simplificada del procedimiento ad-ministrativo común

d. TÍTULO III. De los actos administrativos

931. NO es una causa que justifique la tramitación simplificada del proce-dimiento administrativo común:

a. Razones de interés público

b. Falta de complejidad del procedimiento

c. Escasa cuantía del asunto

d. Todas son causas justificativas del acuerdo de iniciación

932. Es cierto que...

a. La tramitación simplificada del procedi-miento la acuerdan las distintas Administra-ciones Públicas

b. El acuerdo sólo se puede adoptar de oficio

c. El acuerdo de tramitación sólo se puede acordar a solicitud del interesado

d. El acuerdo de tramitación sólo se puede acordar a solicitud del interesado, nunca de oficio, previo examen de la concurrencia de los requisitos legalmente establecidos para el asunto de que se trate

933. En un procedimiento simplificado iniciado por varios interesados...

a. Siempre se tramitará de oficio

b. Siempre se tramitará a solicitud de los inte-resados

c. No se puede iniciar un procedimiento sim-plificado si lo solicitan varios interesados

d. Sólo se tramitará si ninguno de los intere-sados que lo promueven solicita que deba seguirse la tramitación ordinaria

934. Si el órgano competente para la tramitación aprecia que no concu-rre alguna de las razones previstas, podrá desestimar dicha solicitud de tramitación de procedimiento sim-plificado, en el plazo de (días)...

a. 5   b. 10   c. 15   d. 2

935. Contra la decisión anterior cabe...

a. Recurso de alzada

b. Recurso de reposición

c. El nuevo recurso de tramitación

d. No cabe recurso alguno

936. Salvo que reste menos para su tramitación ordinaria, los procedi-mientos administrativos tramitados de manera simplificada deberán ser resueltos en...

a. 15 días   b. 20 días

c. 30 días   d. 3 meses

937. No aparecerá entre los trámites del procedimiento administrativo simplificado...

a. Inicio del procedimiento

b. Informe del servicio jurídico, cuando sea preceptivo

c. Dictamen del Consejo de Estado u órgano consultivo equivalente de la Comunidad Au-tónoma en los casos en que sea preceptivo

d. Todos aparecerían

938. En el procedimiento administra-tivo simplificado...

a. Se pueden formular alegaciones al inicio del procedimiento durante el plazo de cinco días

b. Se pueden formular alegaciones al inicio del procedimiento durante el plazo de diez días

c. No se pueden formular alegaciones

d. Hay un plazo de entre cinco y diez días para formular alegaciones instruido el procedi-miento y antes de emitir propuesta de reso-lución

939. En el procedimiento administrativo simplificado...

a. No hay trámite de audiencia
b. El trámite de audiencia tiene una duración más breve que en el procedimiento ordinario
c. Sólo se contempla el trámite de audiencia si la resolución va a ser desfavorable para el interesado
d. Ninguna es correcta

940. Una de las novedades más significativas de la Ley 39/2015 es la inclusión de un título dedicado a la iniciativa legislativa y de la potestad para dictar reglamentos y otras disposiciones De qué título se trata:

a. IV   b. V   c. VI   d. VII

941. Dentro del citado título y conforme el art. 127 de la Ley 39/2015, es FALSO:

a. El Gobierno de la Nación ejercerá la iniciativa legislativa prevista en la Constitución
b. El Gobierno de la Nación ejercerá la iniciativa legislativa prevista en la Constitución mediante la elaboración y aprobación de los proyectos de ley
c. El Gobierno remitirá los proyectos de ley a las Cortes Generales
d. Las tres son correctas

942. La iniciativa legislativa en el ámbito de las Comunidades Autónomas...

a. Se ejercerá por sus órganos de gobierno
b. No queda contemplada en la Ley 39/2015 por tratarse de una norma estatal
c. Queda circunscrita a lo que dispongan los respectivos Estatutos de Autonomía
d. Las tres son correctas

943. El Gobierno de la Nación NO podrá aprobar...

a. Reales decretos legislativos
b. Leyes de bases
c. Reales decretos-leyes
d. Podrá aprobar todos los anteriores

944. El ejercicio de la potestad reglamentaria NO corresponde...

a. Al Gobierno de la Nación
b. A los órganos de gobierno de las Comunidades Autónomas
c. A los órganos de gobierno locales
d. Corresponde a todos los que se cita

945. Los reglamentos y disposiciones administrativas NO podrán regular aquellas materias que la Constitución o los Estatutos de Autonomía reconocen de la competencia de las Cortes Generales o de las Asambleas Legislativas de las CC AA Es el llamado principio de...

a. Jerarquía normativa
b. Inderogabilidad singular
c. Eficacia vinculante de los actos propios
d. Reserva de ley

946. Límites del desarrollo legislativo del Gobierno En su virtud NO se podrán...

a. Reconocer derechos
b. Establecer la cuantía de prestaciones públicas
c. Tipificar delitos
d. Desarrollar tributos

947. La iniciativa normativa debe estar justificada por una razón de interés general, basarse en una identificación clara de los fines perseguidos y ser el instrumento más adecuado para garantizar su consecución en virtud del principio de...

a. Necesidad y eficacia
b. Proporcionalidad
c. Seguridad jurídica
d. Transparencia

948. Las Administraciones Públicas posibilitarán el acceso sencillo, universal y actualizado a la normativa en vigor y los documentos propios de su proceso de elaboración en virtud del principio de...

a. Necesidad y eficacia
b. Proporcionalidad
c. Seguridad jurídica
d. Transparencia

949. La iniciativa normativa se ejercerá de manera coherente con el resto del ordenamiento jurídico, nacional y de la UE en virtud del principio de...

a. Necesidad y eficacia
b. Proporcionalidad
c. Seguridad jurídica
d. Transparencia

950. En el caso de que en un procedimiento se establezca un modelo normalizado de solicitud:

a. Los interesados podrán acompañar al modelo normalizado los elementos que estimen convenientes para precisar o completar los datos del modelo
b. No es posible añadir ni completar ningún dato adicional a los contemplados en el modelo normalizado, en ningún caso
c. Únicamente se podrán añadir elementos adicionales al modelo normalizado de solicitud si así lo autoriza expresamente la Administración Pública correspondiente t
d. Ninguna es correcta

951. A quién corresponde la competencia de expedición de copias auténticas de documentos administrativos:

a. Órganos administrativos superiores de aquellos que hubieran emitido el original
b. Órganos directivos superiores de aquellos que hubieran emitido el original
c. Órganos administrativos que hubieran emitido el original
d. Órganos directivos de aquellos que hubieran emitido el original

952. Según la Ley 39/2015 en cuanto a las notificaciones NO es preciso que quede constancia de:

a. La recepción por el interesado o su representante
b. La fecha de la notificación
c. El contenido del acto notificado
d. La hora de la notificación

953. Cuando un escrito presentado en el Registro del Ayuntamiento vaya acompañado de una copia, sobre esta se estampara:

a. Sello y fecha de recepción
b. Sello y fecha del documento,
c. Sello y fecha de la recepción, y la hora en cualquier caso
d. Sello y fecha de la recepción y en caso de requerimiento expreso también la hora

954. Según la Ley 39/2015 los actos administrativos serán objeto de publicación:

a. Cuando así lo establezcan las normas reguladoras de cada procedimiento
b. Cuando lo aconsejen razones de interés público, apreciadas por el interesado
c. Ambas son correctas
d. Ninguna lo es

955. Según la Ley 39/2015 cuando el interesado o su representante rechace la notificación de una actuación administrativa:

a. Se hará constar en el expediente
b. Se tendrá por efectuado el trámite
c. Se seguirá el procedimiento
d. Todas son correcta

956. Según la Ley 39/2015 la publicación adicional a la notificación se efectuará:

a. Cuando el acto tenga por destinatario una pluralidad indeterminada de personas
b. En los actos integrantes de un procedimiento selectivo o de concurrencia competitiva
c. Cuando la Administración estime que la notificación efectuada a un solo interesado es insuficiente para garantizar la notificación a todos
d. Ninguna es correcta

957. Según la Ley 39/2015 el intento de notificación se repetirá:

a. En ningún caso
b. Por una sola vez, en una hora distinta dentro de los dos días siguientes
c. Por una sola vez, en una hora distinta, dentro de los cuatro días siguientes
d. Por una sola vez, en una hora distinta, dentro de los tres días siguientes

958. La ausencia de resolución en plazo produce efectos estimatorios en los siguientes supuestos:

a. Procedimiento de concesión de subvenciones

b. Procedimientos iniciados de oficio por la administración de los que puedan derivarse derechos para el interesado

c. Falta de resolución expresa de recurso de alzada interpuesto contra la desestimación por silencio administrativo

d. Procedimiento para ejercer el Derecho de Petición

959. En relación con el recurso potestativo de reposición:

a. Tiene un plazo máximo para dictar y notificar la resolución de tres meses

b. Cabe interponerlo contra la resolución de un recurso de alzada

c. Se interpone ante el órgano superior jerárquico del que los dictó

d. Interpuesto éste, no cabe interponer recurso contencioso administrativo hasta que se resuelva expresamente o transcurra el plazo máximo para resolver o notificar

960. Los plazos se reducirán cuando se declare de oficio o a petición del interesado la tramitación de urgencia pero, Conoce algún supuesto que excepcione esta previsión:

a. No existe excepción alguna

b. Sí, los casos de presentación de solicitudes y recursos

c. Sólo en el ejercicio del derecho de petición

d. Sí, los casos de reclamaciones y recursos

961. La desviación de poder supone una infracción del ordenamiento jurídico que puede ser declarada:

a. Anulable

b. Irregular

c. Nula de pleno derecho

d. Ninguna de las tres es correcta

962. Los plazos del procedimiento se contarán a partir:

a. Del mismo día en que se notifique o publique

b. Del día siguiente en que se notifique o publique

c. Del mismo día en que se resuelva

d. Del día siguiente en que se resuelva

963. La notificación defectuosa que contenga el texto íntegro del acto:

a. Será recurrida en alzada y reposición

b. Carece de efectos mientras no se subsane

c. Causa plenos efectos si el interesado interpone el recurso pertinente

d. Es nula de pleno derecho

964. El recurso de alzada se presenta ante:

a. Presidencia del Gobierno

b. El mismo órgano que dictó el acto recurrido

c. El superior jerárquico

d. El superior jerárquico o el mismo órgano que dictó el acto recurrido.

965. En qué casos debe establecer la Administración modelos y sistemas normalizados de solicitudes:

a. En cualquier caso

b. Cuando se presuma la acudida masiva de ciudadanos

c. Cuando se trate de procedimientos que impliquen la resolución numerosa de una serie de procedimientos

d. Cuando la Administración lo estime oportuno

966. En ningún caso podrá terminar el procedimiento por:

a. Renuncia

b. Desistimiento

c. Allanamiento

d. Imposibilidad material de continuarlo por causas sobrevenidas

967. El plazo de interposición del recurso de alzada es:

a. 1 mes

b. 3 meses, en todo caso

c. 15 días hábiles

d. 15 días naturales

968. Qué es un acto constitutivo:

a. El que no decide sobre el fondo del asunto ni da lugar a la terminación del expediente, sino que prepara la decisión final

b. El que agota la vía administrativa en vía de recurso

c. El que causa estado

d. El que crea una relación jurídica

969. Cuando puede solicitarse la revisión de errores materiales de un acto administrativo:

a. En cualquier momento

b. En el plazo de 10 días desde que fuera dictado

c. En el plazo de 1 mes desde que fuera dictado

d. En el plazo de 1 año desde que fuera dictado.

970. Según lo dispuesto la ley de Procedimiento Administrativo Común, la Administración, salvo precepto en contrario, podrá conceder de oficio o a petición de los interesados, una ampliación de los plazos establecidos, que no exceda de:

a. Un mes

b. Del doble del plazo que haya sido concedido

c. Tres meses

d. La mitad de los mismos

971. El plazo para interponer un recurso extraordinario de revisión cuando se fundamente en la aparición de documentos de valor esencial para la resolución del asunto que, aunque sean posteriores, evidencien el error de la resolución recurrida, será de:

a. 3 meses

b. 4 años

c. 1 mes

d. 2 años

972. Según lo dispuesto la ley de Procedimiento Administrativo Común, la Administración, cabrá la convalidación de los actos administrativos subsanándose los vicios de que estos adolezcan cuando sean:

a. Nulos

b. Anulables

c. Tanto para los nulos como para los anulables

d. Ninguna de las tres es correcta

973 **D**	1007 **A**	1041 **C**
974 **A**	1008 **B**	1042 **B**
975 **B**	1009 **D**	1043 **C**
976 **C**	1010 **B**	1044 **D**
977 **C**	1011 **C**	1045 **A**
978 **D**	1012 **D**	1046 **B**
979 **A**	1013 **B**	1047 **C**
980 **C**	1014 **D**	1048 **D**
981 **B**	1015 **A**	1049 **C**
982 **B**	1016 **C**	1050 **A**
983 **B**	1017 **B**	1051 **B**
984 **A**	1018 **C**	1052 **B**
985 **D**	1019 **C**	1053 **C**
986 **C**	1020 **B**	1054 **D**
987 **D**	1021 **B**	1055 **A**
988 **A**	1022 **C**	1056 **B**
989 **D**	1023 **C**	1057 **B**
990 **C**	1024 **C**	1058 **A**
991 **C**	1025 **B**	1059 **B**
992 **B**	1026 **D**	1060 **C**
993 **B**	1027 **A**	1061 **C**
994 **C**	1028 **B**	1062 **D**
995 **A**	1029 **C**	1063 **C**
996 **C**	1030 **A**	1064 **B**
997 **A**	1031 **C**	1065 **C**
998 **D**	1032 **D**	1066 **D**
999 **B**	1033 **C**	1067 **C**
1000 **A**	1034 **B**	1068 **A**
1001 **B**	1035 **D**	1069 **D**
1002 **C**	1036 **A**	1070 **B**
1003 **B**	1037 **D**	1071 **B**
1004 **C**	1038 **A**	1072 **A**
1005 **D**	1039 **C**	
1006 **A**	1040 **A**	

973. El concepto de sector público es la primera de las novedades que incorpora la Ley 40/2015 Cuál de los siguientes NO integraría el sector público:

a. Las Universidades públicas

b. La Sociedad Estatal Correos y Telégrafos

c. La Diputación Provincial de Alicante

d. Todos los integrarían según se sigue de la delimitación del ámbito subjetivo de la mencionada norma

974. No aparece entre los principios que deberán respetar en su actuación y relaciones las Administraciones Públicas...

a. Servicio retribuido a los ciudadanos

b. Racionalización y agilidad de los procedimientos administrativos

c. Eficiencia en la asignación y utilización de los recursos públicos

d. Todos forman parte

975. También dentro de las novedades aparece el que por primera vez se define el concepto de órgano administrativo Conforme el art. 5 de la Ley 40/2015 un órgano administrativo es siempre y por lo pronto...

a. Una autoridad o funcionario

b. Una unidad administrativa

c. Un ente de derecho con o sin personalidad jurídica

d. Un sujeto de la relación jurídico administrativa

976. Lo característico de un órgano administrativo es que lo que hace...

a. Se ajusta en todo caso al ordenamiento jurídico

b. Constituye siempre el ejercicio de una potestad administrativa

c. Tiene efectos jurídicos frente a terceros o tiene carácter preceptivo

d. Es consecuencia directa de la voluntad del órgano

977. NO es un requisito que deba cumplirse para crear un órgano administrativo:

a. Determinación de su forma de integración en la Administración Pública de que se trate y su dependencia jerárquica

b. Delimitación de sus funciones y competencias

c. Duplicación del órgano existente cuya competencia se declara al tiempo íntegra y subsistente

d. Dotación de los créditos necesarios para su puesta en marcha y funcionamiento

978. Los órganos administrativos podrán dirigir las actividades de sus órganos jerárquicamente dependientes mediante instrucciones y órdenes de servicio. Cuál de las afirmaciones siguientes es adecuada con relación a las mismas:

a. El incumplimiento de las instrucciones u órdenes de servicio determina por si solo la invalidez del acto dictado

b. El incumplimiento de las instrucciones u órdenes de servicio no es origen por si mismo de la responsabilidad disciplinaria

c. Para que surtan eficacia las instrucciones y órdenes de servicio se publicarán siempre en el boletín oficial que corresponda

d. Ninguna de las afirmaciones anteriores es correcta

979. Los órganos consultivos...

a. Gozarán de autonomía orgánica y funcional respecto de la Administración activa

b. Desaparecen identificándose con la nueva norma como los servicios de la Administración activa que prestan asistencia jurídica

c. No estarán sujetos a dependencia jerárquica respecto de la Administración activa pero si estarán sujetos a las instrucciones, directrices u otras indicaciones que reciban de ésta

d. Necesariamente formarán parte de toda Administración como complemento ineludible del ejercicio de su potestad por la ahora llamada Administración activa

980. No es cierto que la competencia...

a. Sea irrenunciable, es decir el órgano administrativo titular de la misma no puede desprenderse libremente de ella

b. Por defecto se ejerce por el órgano administrativo que la tiene atribuida como propia

c. Sea por lo anteriormente expuesto indelegable

d. Las tres son correctas

981. Supone alteración de la competencia...

a. La encomienda de gestión

b. La avocación

c. La delegación de firma

d. La suplencia

982. La titularidad y el ejercicio de las competencias atribuidas a los órganos administrativos podrán ser...

a. Desconcentradas en otros que no sean jerárquicamente dependientes de los primeros

b. Desconcentradas en otros que sean jerárquicamente dependientes de los primeros

c. Desconcentradas en otros que sean superiores jerárquicamente a los primeros

d. Las tres son correctas

983. Delegación de competencias. Art. 9 de la Ley 40/2015. Es FALSO:

a. La adopción de disposiciones de carácter general es en todo caso indelegable

b. También son siempre indelegables las competencias que procedan de una delegación

c. la delegación de competencias debe publicarse en el boletín oficial que corresponda al ámbito de competencia territorial de que se trate

d. Ninguna de las afirmaciones anteriores es incorrecta

984. La delegación de competencias...

a. Es revocable en cualquier momento

b. Es revocable en cualquier momento anterior a su primer ejercicio por el órgano en quien se hubiere delegado

c. No es nunca revocable

d. Sólo podrá ser revocada en el supuesto en que el órgano en quien se hubiere delegado la competencia no pudiera ejercerla por imposibilidad material sobrevenida

985. La delegación de competencias del Jefe del Estado se publicarán en su caso en...

a. El Diario Oficial de todas las CC AA

b. Todos los boletines provinciales y en su caso el diario oficial de las CC AA uniprovinciales

c. Exclusivamente en el BOE

d. Ninguna es correcta

986. Para que un órgano pueda avocar para si el conocimiento de uno o varios asuntos NO hace falta que...

a. La índole del asunto lo haga conveniente

b. El órgano que avoca sea superior al órgano del que se avoca

c. La competencia corresponda al órgano del que se avoca siempre por delegación del avocante

d. Todas son correctas

987. La realización de actividades de carácter material o técnico de la competencia de los órganos administrativos o de las Entidades de Derecho Público podrá ser encomendada a otros órganos o Entidades de Derecho Público de la misma o de distinta Administración Es la denominada...

a. Delegación de competencias

b. Delegación de firma

c. Avocación

d. Encomienda de gestión

988. La delegación de firma:

a. Requiere que el delegante sea en ese momento el titular de la competencia

b. Asimismo requiere que la competencia ostentada no lo sea por delegación

c. La firma se puede delegar en órganos administrativos pero no se puede delegar en unidades administrativas

d. Las tres son correctas

989. Cuál es el efecto de la delegación de firma sobre la competencia:

a. Altera la competencia del órgano delegante

b. Altera la competencia del órgano en quien se delega

c. Altera la competencia de uno y de otro

d. No altera la competencia del órgano delegante

990. No es un supuesto de suplencia:

a. Vacante b. Ausencia
c. Delegación d. Enfermedad

991. Si no se designa suplente, la competencia del órgano administrativo se ejercerá por quien...

a. designe el propio órgano

b. designe el órgano administrativo superior

c. designe el órgano administrativo inmediato superior

d. Quien sea el órgano administrativo inferior o la unidad administrativa dependiente del órgano suplido

992. El órgano administrativo que se estime incompetente para la resolución de un asunto remitirá directamente las actuaciones al órgano que:

a. Sea competente

b. Considere competente

c. Sea superior jerárquico

d. Resulte superior jerárquico común a ambos

993. A quién corresponde de manera específica velar por la legalidad formal y material de las actuaciones de un órgano colegiado:

a. Al vocal concretamente designado para ello

b. Al Secretario

c. Al régimen jurídico del órgano

d. A aquel a quien corresponda la Presidencia

994. Para la válida constitución del órgano, a efectos de la celebración de sesiones, deliberaciones y toma de acuerdos, se requerirá la asistencia, presencial o a distancia, del Presidente y Secretario o en su caso, de quienes les suplan, y al menos:

a. la de la mayoría de sus miembros

b. la de la mitad más uno de sus miembros

c. la mitad de sus miembros

d. la cantidad necesaria de sus miembros que no podrá ser inferior a la tercera parte de los mismos

995. Salvo que no resulte posible, las convocatorias serán remitidas a los miembros del órgano colegiado a través de medios electrónicos, haciendo constar en la misma junto con la documentación necesaria para su deliberación cuando sea posible...

a. El orden del día

b. El acta de la reunión anterior

c. Los acuerdos hasta entonces alcanzados

d. El número de miembros necesario para constituir válidamente el órgano en segunda convocatoria

996. Para que se trate un asunto no previsto se requiere...

a. Que asistan todos los miembros del órgano colegiado a la reunión

b. Que sea declarada la urgencia del asunto con el voto favorable de la mayoría

c. Ambas son correctas

d. No podrá tratarse del asunto urgente en esa reunión sin perjuicio de que pueda acordarse que se trate con carácter urgente en una posterior reunión extraordinaria

997. No quedan exentos de la responsabilidad que en su caso pueda derivarse de los acuerdos quienes:

a. Emitan un voto no válido

b. Se abstengan

c. Voten en contra

d. Ninguno queda exento

998. De cada sesión que celebre el órgano colegiado se levantará acta que especificará necesariamente...

a. Los asistentes

b. Las circunstancias de tiempo y lugar en que se ha celebrado

c. Los puntos principales de las deliberaciones

d. Todas son correctas

999. Firma el acta de la reunión...

a. ...el Presidente

b. ...el Secretario con el visto bueno del Presidente

c. ...el Presidente con el visto bueno del Secretario

d. ...el Presidente y en su defecto el Secretario con el visto bueno de los asistentes a la reunión del órgano colegiado

1000. No corresponde al Presidente del órgano colegiado...

a. Designar a todos los componentes del órgano colegiado

b. Visar las certificaciones del órgano colegiado

c. Presidir las sesiones, moderar el desarrollo de los debates y suspenderlos por causas justificadas

d. Entre otras corresponden al Presidente del órgano colegiado todas esas funciones

1001. En casos de vacante, ausencia, enfermedad, u otra causa legal, el Presidente será sustituido por el Vicepresidente que corresponda, y en su defecto, por el miembro del órgano colegiado de mayor...

a. Antigüedad

b. Jerarquía

c. Edad

d. Indistintamente por cualquiera de ellos

1002. Los miembros del órgano colegiado deberán recibir la convocatoria de las reuniones con una antelación mínima de...

a. 1 día b. 3 días
c. 2 días d. 5 días

1003. NO sería un motivo de abstención conforme el art. 23 de la Ley 40/2015 de Régimen Jurídico del Sector Público:

a. Ser el personal respecto del que la abstención se plantea sobrino del interesado en el procedimiento

b. Ser el personal respecto del que la abstención se plantea vecino del interesado en el procedimiento

c. Ser el personal respecto del que la abstención se plantea cuñado del interesado en el procedimiento

d. Ser el personal respecto del que la abstención se plantea nieto del interesado en el procedimiento

1004. Juan (funcionario) está casado con María que tiene una hermana que se llama Rosa que está casada con Fernando. En cuál de estos supuestos NO existe motivo legal que justifique la abstención de Juan:

a. Si el interesado es María

b. Si el interesado es Rosa

c. Si el interesado es Fernando

d. En todos los supuestos anteriores debería abstenerse pues se encuentran dentro del cuarto grado de afinidad

1005. Debe abstenerse el funcionario que tiene relación de servicio con interesado en el asunto o le ha prestado servicios profesionales en los...

a. 3 últimos años

b. 5 últimos años

c. 4 últimos años

d. 2 últimos años

1006. Podrán ordenarle que se abstengan de toda intervención en el expediente al funcionario que se encuentre en causa de abstención...

a. Los órganos jerárquicamente superiores

b. Sólo los órganos inmediatamente superiores jerárquicos

c. Los interesados en el procedimiento

d. Son correctas B y C

1007. La actuación de autoridades y personal al servicio de las Administraciones Públicas en los que concurran motivos de abstención...

a. No implicará, necesariamente, y en todo caso, la invalidez de los actos en que hayan intervenido pero dará lugar a la responsabilidad que proceda

b. Dará lugar a la responsabilidad que proceda pero no implicará en ningún caso la invalidez de los actos en que hayan intervenido

c. implicará, necesariamente, y en todo caso, la invalidez de los actos en que hayan intervenido

d. implicará, necesariamente, y en todo caso, la invalidez de los actos en que hayan intervenido dando lugar a la responsabilidad que proceda

1008. La recusación pueden promoverla...

a. Cualquier órgano

b. El interesado

c. El interesado y el superior jerárquico del órgano de que se trate

d. El interesado, el superior jerárquico del órgano de que se trate y el propio órgano

1009. La recusación se plantea...

a. Antes de iniciado el procedimiento

b. Una vez iniciado el procedimiento

c. Cuando el instructor dicta propuesta de resolución

d. En cualquier momento del procedimiento

1010. La recusación se planteará...

a. Sólo verbalmente

b. Sólo por escrito

c. Verbalmente o por escrito

d. Verbalmente o por escrito siempre que es exprese la causa o causas en que se funda

1011. Si el recusado niega la causa de recusación, el superior resolverá en cuántos días:

a. 1   b. 2   c. 3   d. 4

1012. Contra las resoluciones en materia de abstención y recusación...

a. Cabra recurso de alzada

b. Cabra el nuevo protesto

c. Cabra recurso de reposición

d. No cabrá recurso alguno

1013. NO es una de las características esenciales de la llamada sede electrónica según el art. 38 de la Ley 40/2015:

a. Toda sede electrónica es siempre y en todo caso una dirección electrónica

b. Su titularidad siempre corresponde a una única Administración Pública o a un único organismo público o entidad de Derecho Público

c. Toda sede electrónica es disponible para los ciudadanos

d. Las tres afirmaciones anteriores corresponden a características esenciales de las sedes electrónicas

1014. El punto de acceso electrónico cuya titularidad corresponda a una Administración Pública, organismo público o entidad de Derecho Público que permite el acceso a través de internet a la información publicada y, en su caso, a la sede electrónica correspondiente se entiende como...

a. Sistema internet

b. Sitio web

c. Actuación administrativa electrónica

d. Portal de internet

1015. Los documentos utilizados en las actuaciones administrativas se almacenarán por medios electrónicos:

a. Siempre que sea posible

b. En todo caso

c. Cuando así se disponga expresamente en una disposición legal

d. Sólo cuando así se disponga expresamente en una disposición legal o reglamentaria

1016. Los medios o soportes en que se almacenen documentos, deberán contar con medidas de seguridad, de acuerdo con lo previsto en el...

a. Esquema Nacional de Inteligencia

b. Centro Nacional de Inteligencia

c. Esquema Nacional de Seguridad

d. Centro Nacional de Seguridad

1017. La Administración de que se trate podrá superponer un sello electrónico basado en un certificado electrónico reconocido o cualificado:

a. Si no utiliza sistemas de firma electrónica distintos de aquellos basados en certificado electrónico reconocido o cualificado

b. Si utiliza sistemas de firma electrónica distintos de aquellos basados en certificado electrónico reconocido o cualificado

c. No podrá Imperativamente deberá utilizar sistemas de firma electrónica basados en certificado electrónico reconocido o cualificado

d. Los selles electrónicos no se superponen, incluso si se trata de sellos basados en certificados electrónicos reconocidos o cualificados

1018. Requisito INCORRECTO de la actuación administrativa automatizada:

a. Acto realizado íntegramente a través de medios electrónicos

b. No necesariamente acto sino basta que sea una mera actuación administrativa realizada íntegramente a través de medios electrónicos

c. Intervención directa de un empleado público para que la actuación administrativa automatizada adquiera ese carácter

d. Todos los requisitos anteriores vienen impuestos por el art. 41 de la Ley 40/2015

1019. No es sistema de firma válido a efectos de la actuación administrativa automatizada:

a. Sello electrónico de Administración Pública

b. Código seguro de verificación

c. Intercambio electrónico de datos

d. Todos los sistema de firma anteriores deben considerarse válidos por estar contemplados en la Ley 40/2015

1020. Para que la notificación se practique utilizando algún medio electrónico se requerirá que...

a. Lo disponga la Administración actuante

b. El interesado haya señalado dicho medio como preferente

c. Lo requiere la efectividad del acto

d. Todas son correctas

1021. Se entenderá que la notificación ha sido rechazada cuando existiendo constancia de su puesta a disposición del interesado éste no acceda a su contenido en el plazo de:

a. 10 días hábiles
b. 10 días naturales
c. 5 días hábiles
d. 5 días naturales

1022. Las copias realizadas por medios electrónicos de documentos electrónicos emitidos por el propio interesado o por las Administraciones Públicas...

a. Tendrán la consideración de copias auténticas si mantienen el formato original
b. Tendrán la consideración legalmente prevista que no será la de copias auténticas
c. Tendrán la consideración de copias auténticas aun cuando no mantengan el formato original
d. Sólo excepcionalmente tendrán la consideración de copia auténticas cuando una disposición legal o reglamentaria expresamente lo prevea

1023. Los Ministerios contarán en todo caso con:

a. Secretarías de Estado
b. Secretarías Generales
c. Subsecretarías
d. Todas son correctas

1024. Las llamadas Secretarías Generales Técnicas dependen de:

a. Secretarías de Estado
b. Secretarías Generales
c. Subsecretarías
d. Cada uno de ellos

1025. Los jefes superiores del Departamento y superiores jerárquicos directos de los Secretarios de Estado y Subsecretarios son los:

a. Directores Generales
b. Ministros
c. Niveles superiores
d. Niveles inferiores

1026. Los Ministros ejercen la potestad reglamentaria en las materias propias de su Departamento mediante:

a. Decreto
b. Real Decreto
c. Decretos Legislativos y Decretos Leyes
d. Ordenes

1027. No se nombran por Real Decreto del Consejo de Ministros...

a. Ministros
b. Secretarios de Estado
c. Subsecretarios
d. Secretarios Generales Técnicos

1028. NO es una de las funciones atribuidas al Ministro en el art. 61 de la Ley 40/2015:

a. Evaluar la realización de los planes de actuación del Ministerio por parte de los órganos superiores y órganos directivos y ejercer el control de eficacia respecto de la actuación de dichos órganos y de los Organismos públicos dependientes, sin perjuicio de lo dispuesto en la Ley 47/2003, de 26 de noviembre, General Presupuestaria
b. Colocar al gato patas arriba para poder observarle los órganos sexuales de forma que la zona del ano mire directamente hacia el titular del Departamento para que este pueda así examinar con detalle dichos órganos
c. Nombrar y separar a los titulares de los órganos directivos del Ministerio y de los Organismos públicos o entidades de derecho público dependientes del mismo, cuando la competencia no esté atribuida al Consejo de Ministros a otro órgano o al propio organismo, así como elevar a aquél las propuestas de nombramientos que le estén reservadas de órganos directivos del Ministerio y de los Organismos Públicos dependientes del mismo
d. Fijar los objetivos del Ministerio, aprobar los planes de actuación del mismo y asignar los recursos necesarios para su ejecución, dentro de los límites de las dotaciones presupuestarias correspondientes

1029. No es función del Secretario de Estado:

a. Nombrar y separar a los Subdirectores Generales de la Secretaría de Estado
b. Conceder subvenciones y ayudas con cargo a los créditos de gasto propios de la Secretaría de Estado, con los límites establecidos por el titular del Departamento
c. Autorizar las comisiones de servicio con derecho a indemnización por cuantía exacta para altos cargos dependientes del Ministro
d. Autorizar las comisiones de servicio con derecho a indemnización por cuantía exacta para los altos cargos dependientes de la Secretaría de Estado

1030. La jefatura superior del personal de un departamento corresponde a:

a. Subsecretario
b. Secretario de Estado
c. Ministro
d. Secretario General Técnico

1031. No nombra un Subdirector General:

a. Un Ministro
b. Un Secretario de Estado
c. Un Director General
d. La ley admite que todos los anteriores nombren y cesen a los Subdirectores generales dependientes de los mismos respetando los principios de igualdad, mérito y capacidad

1032. No aparece en la organización central de la Administración General del Estado:

a. Delegado del Gobierno
b. Director Insular
c. Subdelegado del Gobierno
d. No aparece ninguno de los anteriores

1033. Un miembro del Gobierno que no es titular de un Departamento pero al que se le atribuyen determinadas funciones gubernamentales es:

a. Un Subsecretario
b. Un Delegado del Gobierno
c. Un Ministro sin cartera
d. Un Secretario de Estado

1034. NO es una competencia del Consejo de Ministros:

a. Aprobar los Reales Decretos-leyes y los Reales Decretos Legislativos
b. Aprobar la Ley de Presupuestos Generales del Estado
c. Acordar la negociación y firma de Tratados internacionales, así como su aplicación provisional
d. Todas son funciones según la disposición final 3ª de la Ley

1035. A las reuniones del Consejo de Ministros pueden asistir:

a. Exclusivamente Secretarios de Estado
b. Subsecretarios y Secretarios de Estado
c. Excepcional y exclusivamente Ministros, Secretarios de Estado y Subsecretarios
d. Secretarios de Estado y excepcionalmente otros altos cargos, cuando sean convocados para ello

1036. Son secretas:

a. Las deliberaciones del Consejo de Ministros
b. Las reuniones del Consejo de Ministros
c. Las reuniones y las deliberaciones del Consejo de Ministros
d. Todas son correctas

1037. Las Comisiones Delegadas se crean por...

a. Ley
b. Ley Orgánica
c. Real Decreto-Ley
d. Real Decreto

1038. La integran los titulares de las Secretarías de Estado y por los Subsecretarios de los distintos Departamentos Ministeriales:

a. Comisión general de Secretarios de Estado y Subsecretarios
b. Comisión Delegada de la Administración General del Estado
c. Comisión general de Subsecretarios y de Secretarios de Estado
d. Comisión general de Secretarios de Estado y de Altos Cargos del Gobierno de la Nación y de la Administración General del Estado

1039. Preside la anterior...

a. Vicepresidente del Gobierno en todo caso
b. Ministro de Presidencia siempre
c. Ministro de Presidencia si no hay Vicepresidente del Gobierno
d. Vicepresidente del Gobierno si no existe Ministro de Presidencia

1040. La Secretaría de la Comisión General de Secretarios de Estado y Subsecretarios será ejercida por...

a. El Subsecretario de Presidencia
b. El Secretario de Estado de Presidencia
c. El Ministro de Presidencia
d. El Vicepresidente del Gobierno

1041. órgano de apoyo del Consejo de Ministros, de las Comisiones Delegadas del Gobierno y de la Comisión General de Secretarios de Estado y Subsecretarios:

a. Subsecretariado del Gobierno
b. Comisión Delegada del Gobierno
c. Secretariado del Gobierno
d. Dirección General del Gobierno

1042. órganos de apoyo político y técnico del Presidente del Gobierno, de los Vicepresidentes, de los Ministros y de los Secretarios de Estado:

a. Secretarías
b. Gabinetes
c. Departamentos
d. Unidades

1043. Dentro de la organización territorial de la Administración General del Estado se cita a las Delegaciones del Gobierno Cuál de las siguientes afirmaciones es verdadera en relación a estas Delegaciones:

a. En el caso de las Islas Canarias sustituyen a los anteriormente denominados Cabildos Insulares
b. Las Delegaciones del Gobierno no estaban previstas constitucionalmente y aparecen como un límite al ejercicio exorbitante de sus potestades por las Comunidades Autónomas creado por el legislador tras el intento de golpe de estado del 23 de febrero de 1981
c. En cada una de las Comunidades Autónomas hay una Delegación del Gobierno
d. Las tres son correctas

1044. En las Comunidades Autónomas pluriprovinciales existen las subdelegaciones del Gobierno Dichas subdelegaciones vienen a sustituir a...

a. Las Diputaciones Provinciales
b. Las Diputaciones Provinciales y los Cabildos Insulares
c. Las Audiencias Territoriales
d. Los Gobiernos Civiles

1045. Las Delegaciones del Gobierno están adscritas orgánicamente al Ministerio de...

a. Hacienda y Administraciones Públicas
b. Presidencia
c. Interior
d. Justicia

1046. En ciertas islas se determinará reglamentariamente la existencia de un...

a. Delegado Insular
b. Director Insular
c. Subdelegado Insular
d. Cabildo Insular

1047. Los servicios territoriales de la Administración General del Estado en la Comunidad Autónoma se organizarán atendiendo al mejor cumplimiento de sus fines, en servicios...

a. Financieros y no financieros
b. Prestados y no prestados
c. Integrados y no integrados
d. Transferidos y no transferidos

1048. En el territorio de la respectiva Comunidad Autónoma los Delegados del Gobierno representan...

a. Al Estado
b. Al Rey
c. A la Comunidad Autónoma
d. Al Gobierno

1049. Quién es el representante ordinario del Estado en el ámbito de una Comunidad Autónoma:

a. En todo caso, el Rey como Jefe del Estado
b. El Presidente del Gobierno
c. El Presidente de esa Comunidad Autónoma
d. El Delegado del Gobierno en esa Comunidad Autónoma

1050. No es competencia del Delegado del Gobierno en una Comunidad Autónoma...

a. Nombrar al Delegado del Gobierno en esa Comunidad Autónoma
b. Impulsar, coordinar y supervisar con carácter general su actividad en el territorio de la Comunidad Autónoma, y, cuando se trate de servicios integrados, dirigirla, directamente o a través de los subdelegados del gobierno, de acuerdo con los objetivos y, en su caso, instrucciones de los órganos superiores de los respectivos ministerios
c. Informar, con carácter preceptivo, las propuestas de nombramiento de los titulares de órganos territoriales de la Administración General del Estado y los Organismos públicos estatales de ámbito autonómico y provincial en la Delegación del Gobierno
d. Todas lo son

1051. Sobre el Subdelegado del Gobierno, es FALSO:

a. Tendrá nivel de Subdirector General
b. Será nombrado por el Gobierno mediante Real Decreto a propuesta del Delegado del Gobierno
c. Deberá ser funcionario perteneciente a Cuerpo o Escala clasificado como Subgrupo A1
d. Las tres son correctas

1052. NO es función del Subdelegado del Gobierno:

a. Desempeñar las funciones de comunicación, colaboración y cooperación con la respectiva Comunidad Autónoma y con las Entidades Locales y, en particular, informar sobre la incidencia en el territorio de los programas de financiación estatal
b. Proteger el libre ejercicio de los derechos y libertades, garantizando la seguridad ciudadana, todo ello dentro de las competencias estatales en la materia. A estos efectos, ejercerá el mando supremo de las Fuerzas Armadas en la provincia
c. Coordinar la utilización de los medios materiales y, en particular, de los edificios administrativos en el ámbito territorial de su competencia
d. Todas son correctas

1053. Cuál de estas notas características NO integraría la definición de organismo público tal como se desprende del art. 88 y siguientes de la Ley 40/2015:

a. Tales organismos siempre dependen o están vinculados o a la Administración General del Estado o a otro organismo público
b. Pueden crearse organismos públicos para la producción de bienes públicos susceptibles de contraprestación
c. Los organismos públicos carecen de personalidad jurídica diferenciada correspondiéndoles la del departamento de la Administración General del Estado al que están vinculados o del que dependen
d. Las tres son correctas

1054. No todo organismo público tiene...

a. Autonomía de gestión
b. Personalidad jurídica pública diferenciada
c. Patrimonio y tesorería propios
d. Tiene todo lo que se cita

1055. Los organismos públicos NO pueden...

a. Expropiar
b. Producir bienes públicos susceptibles de contraprestación
c. Sancionar
d. Regirse por sus respectivos Estatutos en lo que la ley prevea

1056. NO forma parte siempre de los máximos órganos de gobierno de los organismos públicos...

a. Presidente
b. Director
c. Consejo Rector
d. Todos forman parte siempre

1057. La creación de organismos públicos estatales se efectuará por...

a. Orden del Ministerio de Hacienda y Administraciones Públicas

b. Ley

c. Real Decreto del Ministerio de Hacienda y Administraciones Públicas

d. Real Decreto del Gobierno a propuesta del Ministerio de Hacienda y Administraciones Públicas

1058. No forma parte del contenido mínimo de los estatutos de los organismos públicos conforme el art. 93 de la Ley 40/2015...

a. La determinación de su estructura organizativa, con expresión de la composición, funciones y nombre de las personas físicas individualizadas que corresponda a cada los órganos de gobierno de cada órgano salvo el Director

b. El patrimonio que se les asigne y los recursos económicos que hayan de financiarlos

c. Las funciones y competencias del organismo, con indicación de las potestades administrativas que pueda ostentar

d. El régimen relativo a recursos humanos, patrimonio, presupuesto y contratación

1059. Pueden fusionarse los organismos públicos estatales:

a. Si, en todo caso

b. Si, siempre que tengan la misma naturaleza jurídica

c. Si, salvo que la fusión se intente llevar a cabo mediante una disposición reglamentaria que suponga la modificación de organismos públicos creados por ley o por real decreto

d. No, nunca Primero se acuerda la extinción de los organismos a los que el proyecto de fusión se refiera y luego se crea un organismo nuevo a partir de los entes resultantes

1060. No se consideran servicios comunes de los organismos públicos...

a. Gestión de bienes inmuebles

b. Asistencia jurídica

c. Recursos humanos asignados

d. Contratación pública

1061. No esta prevista como causa de disolución de los organismos públicos...

a. El transcurso del tiempo de existencia señalado en la ley de creación

b. Todos sus fines y objetivos son asumidos como propios por los servicios de la Administración General del Estado

c. Como consecuencia de la contabilidad y de la gestión financiera

d. Todas las anteriores son causas previstas en el art. 96 de la Ley 40/2015

1062. Un organismo público se disuelve si se encuentra en desequilibrio financiero durante...

a. Cuatro ejercicios consecutivos

b. Cinco ejercicios consecutivos

c. Tres ejercicios consecutivos

d. Dos ejercicios consecutivos

1063. Cuál de las siguientes entidades NO sería una entidad empresarial pública:

a. Consorcios

b. Fondos sin personalidad jurídica

c. Organismos autónomos estatales

d. Autoridades administrativas independientes

1064. Las entidades público empresariales se financiarán mayoritariamente con...

a. Transferencias corrientes o de capital que procedan de las Administraciones o entidades públicas

b. Ingresos de mercado

c. Consignaciones específicas que tuvieran asignadas en los Presupuestos Generales del Estado

d. Aportaciones del personal que tuvieren adscrito

1065. Entidades de derecho público, con personalidad jurídica propia, tesorería y patrimonio propios y autonomía en su gestión, que desarrollan actividades propias de la Administración Pública, tanto actividades de fomento, prestacionales, de gestión de servicios públicos o de producción de bienes de interés público, susceptibles de contraprestación, en calidad de organizaciones instrumentales diferenciadas y dependientes de ésta:

a. Consorcios

b. Fondos sin personalidad jurídica

c. Organismos autónomos estatales

d. Autoridades administrativas independientes

1066. La creación de una sociedad mercantil estatal o la adquisición de este carácter de forma sobrevenida será autorizada mediante...

a. Real Decreto

b. Ley

c. Orden del Ministerio de Hacienda

d. Acuerdo del Consejo de Ministros

1067. Los recursos económicos de los organismos autónomos podrán provenir de diversas fuentes. No sería una de tales fuentes...

a. Bien integrante de su patrimonio

b. Rentas de un bien integrante de su patrimonio

c. Herencia o legado procedente de la Administración o entidades públicas

d. Consignaciones específicas que tuvieren asignadas en los presupuestos generales del Estado

1068. Sin perjuicio de las competencias atribuidas al Tribunal de Cuentas, la gestión económico financiera de las sociedades mercantiles estatales estará sometida al control de:

a. la Intervención General de la Administración del Estado

b. los Presupuestos Generales del Estado

c. las Comisiones Parlamentarias de Economía y Hacienda

d. la Sindicatura de Cuentas y el Consejo del Reino

1069. Entidades de derecho público que, vinculadas a la Administración General del Estado y con personalidad jurídica propia, tienen atribuidas funciones de regulación o supervisión de carácter externo sobre sectores económicos o actividades determinadas, por requerir su desempeño de independencia funcional o una especial autonomía respecto de la Administración General del Estado, lo que deberá determinarse en una norma con rango de Ley:

a. Consorcios

b. Fondos sin personalidad jurídica

c. Organismos autónomos estatales

d. Autoridades administrativas independientes

1070. Sobre las entidades empresariales públicas, es FALSO:

a. Su personal se rige por el Derecho laboral

b. Tales entidades se rigen siempre por el Derecho privado

c. Una de las modalidades de entidades públicas empresariales son los denominados fondos sin personalidad jurídica

d. Las tres son correctas

1071. Carecen de órganos propios...

a. Consorcios

b. Fondos sin personalidad jurídica

c. Organismos autónomos estatales

d. Autoridades administrativas independientes

1072. Entidades de derecho público, con personalidad jurídica propia y diferenciada, creadas por varias Administraciones Públicas o entidades integrantes del sector público institucional, entre sí o con participación de entidades privadas, para el desarrollo de actividades de interés común a todas ellas dentro del ámbito de sus competencias:

a. Consorcios

b. Fondos sin personalidad jurídica

c. Organismos autónomos estatales

d. Autoridades administrativas independientes

1073 A	1140 D	1207 B
1074 D	1141 B	1208 C
1075 B	1142 D	1209 D
1076 D	1143 C	1210 B
1077 D	1144 A	1211 B
1078 B	1145 B	1212 B
1079 C	1146 C	1213 B
1080 D	1147 D	1214 C
1081 C	1148 C	1215 B
1082 C	1149 D	1216 C
1083 B	1150 A	1217 C
1084 B	1151 C	1218 A
1085 B	1152 A	1219 C
1086 C	1153 D	1220 C
1087 C	1154 C	1221 B
1088 D	1155 D	1222 C
1089 B	1156 C	1223 A
1090 D	1157 D	1224 D
1091 B	1158 A	1225 A
1092 C	1159 C	1226 B
1093 A	1160 B	1227 B
1094 C	1161 C	1228 D
1095 B	1162 A	1229 C
1096 C	1163 D	1230 C
1097 B	1164 B	1231 D
1098 A	1165 D	1232 C
1099 C	1166 A	1233 D
1100 C	1167 B	1234 B
1101 C	1168 A	1235 A
1102 A	1169 A	1236 C
1103 A	1170 C	1237 D
1104 B	1171 B	1238 B
1105 C	1172 B	1239 C
1106 D	1173 C	1240 A
1107 D	1174 B	1241 B
1108 A	1175 D	1242 B
1109 C	1176 C	1243 B
1110 A	1177 D	1244 D
1111 A	1178 D	1245 B
1112 A	1179 D	1246 D
1113 C	1180 B	1247 D
1114 A	1181 A	1248 C
1115 A	1182 A	1249 D
1116 B	1183 D	1250 A
1117 C	1184 C	1251 C
1118 B	1185 B	1252 D
1119 A	1186 C	1253 B
1120 D	1187 A	1254 D
1121 B	1188 D	1255 B
1122 A	1189 B	1256 C
1123 B	1190 D	1257 C
1124 C	1191 C	1258 D
1125 C	1192 D	1259 C
1126 D	1193 C	1260 A
1127 C	1194 D	1261 C
1128 A	1195 C	1262 D
1129 D	1196 A	1263 B
1130 D	1197 D	1264 A
1131 C	1198 C	1265 B
1132 A	1199 D	1266 D
1133 A	1200 B	1267 C
1134 D	1201 A	1268 B
1135 C	1202 C	1269 C
1136 C	1203 D	1270 D
1137 D	1204 B	1271 C
1138 C	1205 D	1272 B
1139 C	1206 D	

1073. El objeto del EBEP con respecto a los funcionarios públicos incluidos en su ámbito es:

a. Establecer las bases de su régimen estatutario

b. Determinar las normas que le son de aplicación

c. Establecer el régimen jurídico de aplicación a los empleados públicos

d. Son correctas A y B

1074. Las disposiciones de este Estatuto sólo se aplicarán directamente cuando así lo disponga su legislación específica a:

a. Personal funcionario de los demás Órganos Constitucionales del Estado y de los órganos estatutarios de las CC AA

b. Jueces, Magistrados, Fiscales y demás personal funcionario al servicio de la Administración de Justicia

c. Personal del Banco de España y del Fondo de Garantía de Depósitos de Entidades de Crédito

d. Las tres son correctas

1075. Según el EBEP, el personal funcionario de las Cortes Generales y de las Asambleas Legislativas de las CC AA:

a. Se regirá exclusivamente por su normativa específica

b. Sólo se aplicará directamente el EBEP cuando así lo disponga su legislación específica

c. Se aplicará lo dispuesto en el EBEP en todo caso

d. Se regirán por sus normas específicas y supletoriamente por el Estatuto

1076. En desarrollo del EBEP, aprobarán en el ámbito de sus competencias, las leyes reguladoras de la Función Pública:

a. Las Cortes Generales

b. Las Asambleas Legislativas de las CC AA

c. Ninguna es correcta

d. Las dos lo son

1077. El personal laboral al servicio de las Administraciones se rige:

a. Además de por este Estatuto, supletoriamente por la legislación laboral que le sea de aplicación

b. Por el Estatuto de trabajadores, además de por la legislación laboral que le sea de aplicación

c. Por este Estatuto y su normativa de desarrollo

d. Además de por la legislación laboral y por las demás normas convencionalmente aplicables, por los preceptos de este Estatuto que así lo dispongan

1078. El RDL 5/2015:

a. Ha sido aprobado en las Cortes Generales

b. Contiene un texto refundido por el que se integran, entre otras, la Ley 7/2007, del Estatuto Básico del Empleado Público

c. Ha sido aprobado por el Congreso

d. Las tres son correctas

1079. Según el EBEP, en la aplicación de este Estatuto se podrán dictar normas singulares para adecuarlo a sus peculiaridades:

a. Al personal al servicio de las Universidades Públicas

b. Al personal docente

c. Al personal investigador

d. Al personal de las Fuerzas y Cuerpos de Seguridad

1080. En desarrollo de este Estatuto, las Cortes Generales y las asambleas legislativas de las CC AA:

a. Podrán aprobar, en el ámbito de sus competencias, los reglamentos reguladores de la Función Pública de la Administración General del Estado y de las CC AA

b. Aprobarán, en el ámbito de sus competencias, los reglamentos reguladores de la Función Pública de la Administración General del Estado y de las CC AA

c. Podrán aprobar, en el ámbito de sus competencias, las leyes reguladoras de la Función Pública de la Administración General del Estado y de las CC AA

d. Aprobarán, en el ámbito de sus competencias, las leyes reguladoras de la Función Pública de la Administración General del Estado y de las CC AA

1081. Quién aprobará en desarrollo de este Estatuto y en el ámbito de sus competencias, las leyes reguladoras de la Función Pública:

a. Las Asambleas Legislativas de las CC AA

b. Las Cortes Generales y las Entidades Locales

c. Las Cortes Generales y las Asambleas Legislativas de las CC AA

d. Ninguna de las tres

1082. Según el EBEP, el sometimiento a la Ley y al Derecho es:

a. Un deber de los empleados públicos

b. Un principio ético de los empleados públicos

c. Un fundamento de actuación

d. Un principio de conducta de los empleados públicos

1083. Según el artículo 2.5 del EBEP, para quién tendrá este Estatuto carácter supletorio:

a. Las Administraciones de las CC AA y de las ciudades de Ceuta y Melilla
b. Personal retribuido por arancel
c. Ambas son correctas
d. Ninguna lo es

1084. El personal de las Fuerzas y Cuerpos de Seguridad:

a. Se rigen por este Estatuto y por la legislación de las CC AA, excepto en lo establecido para ellos en la Ley Orgánica 2/1986, de 13 de marzo, de Fuerzas y Cuerpos de Seguridad
b. Sólo se aplicará directamente el EBEP cuando así lo disponga su legislación específica
c. Se regirán por sus normas específicas y supletoriamente por lo dispuesto en este Estatuto
d. Se regirá exclusivamente por su normativa específica

1085. El EBEP se aplica al siguiente personal de la Administración:

a. Jueces, Magistrados y Fiscales y demás personal funcionario al servicio de la Administración de Justicia
b. Universidades Públicas
c. Personal directivo
d. Ninguna de las tres es correcta

1086. NO forman parte del ámbito de aplicación mencionado en el Artículo 2:

a. El personal al servicio de las Universidades Públicas
b. El personal investigador al servicio de las Administraciones Públicas
c. Los Jueces, Magistrados, Fiscales y demás personal funcionario al servicio de la Administración de Justicia
d. El personal al servicio de las Administraciones de las Entidades Locales

1087. El EBEP tendrá carácter supletorio según lo indicado en su artículo 2.5:

a. Personal del Banco de España y del Fondo de Garantía de Depósitos de Entidades de Crédito
b. Para el personal retribuido por arancel
c. Ambas son correctas
d. Ninguna lo es

1088. El EBEP tiene carácter supletorio:

a. Para el personal de los Organismos Públicos, Agencias y demás Entidades de derecho público, vinculadas o dependientes de las Administraciones Públicas
b. Para el personal investigador al servicio de las Administraciones Públicas
c. Para el personal al servicio de las Universidades Públicas
d. Para todo el personal de las Administraciones Públicas no incluido en su ámbito de aplicación

1089. El EBEP se aplica al personal funcionario y en lo que proceda al personal laboral al servicio de las siguientes Administraciones, EXCEPTO:

a. La Administración General del Estado
b. Personal de las Fuerzas y Cuerpos de Seguridad
c. Las Universidades Públicas
d. Los organismos públicos, agencias y demás entidades de derecho público con personalidad jurídica propia, vinculadas o dependientes de cualquiera de las Administraciones Públicas

1090. El personal de las Entidades Locales se rige por:

a. La legislación estatal que resulte de aplicación, de la que forma parte este Estatuto, por la legislación de las CC AA y por la normativa propia de las Entidades Locales con respeto a la autonomía local
b. La legislación estatal que resulte de aplicación, de la que forma parte este Estatuto con respeto a la autonomía local
c. Ambas son correctas
d. Ninguna lo es

1091. El personal de las Entidades Locales se rige por:

a. Por lo dispuesto en el presente Estatuto y su normativa de desarrollo
b. La legislación estatal que resulte de aplicación, de la que forma parte este Estatuto y por la legislación de las CC AA, con respeto a la autonomía local
c. Por lo dispuesto en la normativa propia que regula el régimen estatutario de las Entidades Locales
d. Ninguna es correcta

1092. Quiénes se regirán por la legislación específica dictada por el Estado y por las CC AA en el ámbito de sus respectivas competencias y por lo previsto en el presente Estatuto, excepto el capítulo II del título III, salvo el artículo 20, y los artículos 22.3, 24 y 84:

a. El personal investigador
b. El personal de las Fuerzas y Cuerpos de seguridad
c. El personal docente y el personal estatutario de los Servicios de Salud
d. El personal estatutario de los servicios de Salud

1093. Quién aprobará en desarrollo del EBEP y en el ámbito de sus competencias, las leyes reguladoras de la Función Pública:

a. Las Cortes Generales y las Asambleas Legislativas de las CC AA
b. Las Entidades Locales
c. Ambas
d. Ninguna de las dos

1094. Cuál es el objeto del EBEP establecido en su artículo 1:

a. Establecer las bases del régimen disciplinario de los funcionarios públicos incluidos en su ámbito de aplicación y determinar los sistemas de ascenso, promoción interna y retribución de los empleados públicos
b. Regular las clases de personal al servicio de la administración, el código de conducta de los empleados públicos, sus derechos retributivos, así como el derecho a la carrera profesional y la promoción interna
c. Establecer las bases del régimen estatutario de los funcionarios públicos incluidos en su ámbito de aplicación y determinar las normas aplicables al personal laboral al servicio de las Administraciones Públicas.
d. Armonizar el régimen estatutario de los funcionarios públicos de las diferentes CC AA, determinando el código de conducta de los mismos así como los sistemas de ascenso y evaluación del desempeño

1095. Según el artículo 1.3, la negociación colectiva y la participación a través de representantes es:

a. Un principio ético de los empleados públicos
b. Un fundamento de actuación
c. Un principio de conducta de los empleados públicos
d. Un deber de los empleados públicos

1096. Según el artículo 2.5, para quién tendrá este Estatuto carácter supletorio:

a. Personal militar de las Fuerzas Armadas
b. Personal de las Fuerzas y Cuerpos de Seguridad
c. Tendrá carácter supletorio tanto para el personal de las Fuerzas y Cuerpos de Seguridad como para el personal militar de las Fuerzas Armadas
d. No tendrá carácter supletorio ni para el personal de las Fuerzas y Cuerpos de Seguridad ni para el personal militar de las Fuerzas Armadas

1097. Al personal retribuido por arancel, se aplicará el EBEP:

a. En ningún caso
b. Sólo se aplicará directamente cuando así lo disponga su legislación específica
c. Se aplicará en todo caso
d. Se regirán por sus normas específicas y supletoriamente por lo dispuesto en este Estatuto

1098. La igualdad, mérito y capacidad en el acceso y en la promoción profesional, es según el EBEP:

a. Un fundamento de actuación
b. Un principio de conducta de los empleados públicos
c. Un principio ético de los empleados públicos
d. Un deber de los empleados públicos

1099. Al personal docente y al personal estatutario de los Servicios de Salud, se regirán según el EBEP por:

a. La legislación estatal que resulte de aplicación, de la que forma parte este Estatuto y por la legislación de las CC AA, con respeto a la autonomía local
b. Sólo se aplicará directamente el presente Estatuto cuando así lo disponga su legislación específica
c. La legislación específica dictada por el Estado y por las CC AA en el ámbito de sus respectivas competencias y por lo previsto en el presente Estatuto
d. La Ley 55/2003, de 16 de diciembre, del Estatuto Marco del personal estatutario de los servicios de salud, exclusivamente

1100. El EBEP se aplica al personal funcionario y en lo que proceda al personal laboral al servicio de las siguientes Administraciones Públicas, EXCEPTO:

a. Las Universidades Públicas
b. Las Administraciones de las CC AA y de las ciudades de Ceuta y Melilla
c. Administración de justicia
d. Los organismos públicos, agencias y demás entidades de derecho público con personalidad jurídica propia, vinculadas o dependientes de cualquier Administración

1101. Quién se regirán por la legislación específica dictada por el Estado y por las CC AA en el ámbito de sus respectivas competencias y por lo previsto en el presente Estatuto, excepto el capítulo II del título III, salvo el artículo 20, y los artículos 22.3, 24 y 84:

a. El personal docente
b. El personal estatutario de los servicios de Salud
c. Ambas son correctas
d. Ninguna lo es

1102. Los Jueces, Magistrados, Fiscales y demás personal funcionario al servicio de la Administración de Justicia:

a. Sólo se aplicará el EBEP, directamente cuando así lo disponga su legislación específica
b. Se aplicará lo dispuesto en el EBEP, en todo caso
c. No se aplicará lo recogido en el EBEP, en ningún caso
d. Se regirán por sus normas específicas y supletoriamente por lo dispuesto en este Estatuto

1103. Las disposiciones de este Estatuto sólo se aplicarán directamente cuando así lo disponga su legislación específica al siguiente personal:

a. Personal retribuido por arancel
b. Personal funcionario de la Sociedad Estatal Correos y Telégrafos
c. Personal investigador
d. Las tres son correctas

1104. El personal funcionario de la Sociedad de Correos y Telégrafos:

a. Se aplicará lo dispuesto en el EBEP en todo caso
b. Se regirán por sus normas específicas y supletoriamente por lo dispuesto en este Estatuto
c. Sólo se aplicará directamente el EBEP cuando así lo disponga su legislación específica
d. Se regirá exclusivamente por su normativa específica

1105. El personal del Centro Nacional de Inteligencia:

a. Se aplicará lo dispuesto en el EBEP en todo caso
b. Se regirán por sus normas específicas y supletoriamente por lo dispuesto en este Estatuto
c. Sólo se aplicará directamente el EBEP cuando así lo disponga su legislación específica
d. Se regirá exclusivamente por su normativa específica

1106. Del siguiente personal al servicio de las Administraciones Públicas, cuál NO está incluido dentro del ámbito de aplicación del EBEP:

a. Las Universidades Públicas
b. El personal investigador, aunque se podrán dictar normas singulares para adaptarlo a sus peculiaridades
c. El personal docente y el personal estatutario de los Servicios de Salud se regirán por la legislación específica dictada por el Estado y por las CC AA en el ámbito de sus respectivas competencias y por lo previsto en el presente Estatuto, excepto el capítulo II del título III, salvo el artículo 20, y los artículos 22.3, 24 y 84
d. Todos los anteriores están incluidos

1107. Las disposiciones de este Estatuto sólo se aplicarán directamente cuando así lo disponga su legislación específica a:

a. Personal militar de las Fuerzas Armadas
b. Personal de las Fuerzas y Cuerpos de Seguridad
c. Personal retribuido por arancel
d. Las tres son correctas

1108. La igualdad de trato entre hombres y mujeres es:

a. Un fundamento de actuación
b. Un principio de conducta de los empleados públicos
c. Un principio ético de los empleados públicos
d. Un deber de los empleados públicos

1109. Se podrán dictar normas singulares para adaptarlo a sus peculiaridades al personal:

a. De las Fuerzas y Cuerpos de Seguridad
b. Docente al servicio de las Universidades Públicas
c. Investigador
d. Docente

1110. Cada vez que este Estatuto haga mención al personal funcionario de carrera, se entenderá comprendido:

a. El personal estatutario de los servicios de Salud
b. El personal eventual
c. El personal docente al servicio de las Universidades Públicas
d. El personal funcionario de las Cortes Generales

1111. El presente Estatuto tiene carácter supletorio:

a. Para todo el personal de las Administraciones Públicas no incluido en su ámbito de aplicación
b. Para el personal docente y el personal estatutario de los Servicios de Salud
c. Para el personal funcionario de las Entidades Locales
d. Para todo el personal de las Administraciones Públicas incluido en su ámbito de aplicación

1112. El personal docente y el personal estatutario de los Servicios de Salud se regirán por:

a. La legislación específica dictada por el Estado y por las CC AA en el ámbito de sus respectivas competencias y por lo previsto en el presente Estatuto
b. La legislación de las CC AA y por lo previsto en el presente Estatuto
c. Por lo previsto en este estatuto y supletoriamente por la legislación específica de las CC AA
d. Por lo previsto en este estatuto y supletoriamente por la legislación específica del Estado y por lo dispuesto por las CC AA en el ámbito de sus competencias

1113. El personal docente y el personal estatutario de los Servicios de salud se regirán por la legislación específica y por lo previsto:

a. Exclusivamente por lo previsto en este Estatuto
b. En sus convenios colectivos
c. En el presente Estatuto
d. Exclusivamente por su legislación específica

1114. Señala la INCORRECTA según el EBEP. Las disposiciones de este Estatuto sólo se aplicarán directamente cuando así lo disponga su legislación específica al siguiente personal:

a. Al personal docente y el personal estatutario de los Servicios de Salud
b. Al personal funcionario de las Cortes Generales y de las asambleas legislativas de las CC AA
c. Al personal del Banco de España y del Fondo de Garantía de Depósitos de Entidades de Crédito
d. Al personal retribuido por arancel

1115. El siguiente personal está incluido dentro del ámbito de aplicación del EBEP:

a. Los organismos públicos, agencias y demás entidades de derecho público con personalidad jurídica propia, vinculadas o dependientes de cualquiera de las Administraciones Públicas
b. Personal militar de las Fuerzas Armadas
c. Personal retribuido por arancel
d. Ninguno de los citados anteriormente entra dentro del ámbito de aplicación del EBEP

1116. El servicio a los ciudadanos y a los intereses generales es según el EBEP:

a. Un deber de los empleados públicos
b. Un fundamento de actuación
c. Un principio ético de los empleados públicos
d. Un principio de conducta de los empleados públicos

1117. El ámbito de aplicación del EBEP, según lo dispuesto en su artículo 2 es:

a. Al personal funcionario de carrera y en lo que proceda al personal funcionario interino y al personal laboral
b. Al personal funcionario y en lo que proceda al personal eventual
c. Al personal funcionario y en lo que proceda al personal laboral
d. Al personal funcionario de carrera y en lo que proceda al personal funcionario interino

1118. En la aplicación de este Estatuto, se podrán dictar normas singulares para adecuarlo a sus peculiaridades:

a. Al personal estatutario de los Servicios de Salud
b. Al personal investigador
c. Al personal docente
d. Al personal al servicio de las Universidades Públicas

1119. El personal laboral al servicio de las Administraciones se rige además de por la legislación laboral:

a. Por las demás normas convencionalmente aplicables, por los preceptos de este Estatuto que así lo dispongan
b. Por el convenio colectivo que le sea de aplicación y por los preceptos de este Estatuto que así lo dispongan
c. Por los preceptos de este Estatuto que así lo dispongan
d. Por el Estatuto de los Trabajadores y por los preceptos de este Estatuto que así lo dispongan

1120. En su artículo 2.5, indica que el EBEP tendrá carácter supletorio para:

a. El personal al servicio de las Universidades Públicas
b. Para el personal investigador
c. Ambas son correctas
d. Ninguna lo es

1121. El personal militar de las Fuerzas Armadas:

a. Se regirá exclusivamente por su normativa específica
b. Sólo se aplicará directamente el EBEP cuando así lo disponga su legislación específica
c. Se rigen por este Estatuto y por la legislación de las CC AA, excepto en lo establecido para ellos en la Ley Orgánica 2/1986, de 13 de marzo, de Fuerzas y Cuerpos de Seguridad
d. Se regirán por sus normas específicas y supletoriamente por lo dispuesto en este Estatuto

1122. Qué artículos de la Constitución regulan el sindicato:

a. 7 y 28   b. 8 y 29
c. 9 y 30   d. 6 y 27

1123. El EBEP tendrá carácter supletorio según lo indicado en su artículo 2.5:

a. Para todo el personal de las Administraciones Públicas incluido en su ámbito de aplicación
b. Para todo el personal de las Administraciones Públicas no incluido en su ámbito de aplicación
c. Para el personal al servicio de las Administraciones de las Entidades Locales
d. Para el personal investigador al servicio de las Administraciones Públicas

1124. NO se aplica al siguiente personal de la Administración:

a. Las Administraciones de las CC AA y de las ciudades de Ceuta y Melilla
b. Las Universidades Públicas
c. Jueces, Magistrados y Fiscales y demás personal funcionario al servicio de la Administración de Justicia
d. Las Administraciones de las entidades locales

1125. Cada vez que este Estatuto haga mención al personal funcionario de carrera, se entenderá comprendido:

a. El personal de las Fuerzas y Cuerpos de seguridad
b. El personal docente
c. El personal estatutario de los servicios de Salud
d. El personal investigador

1126. El personal funcionario de las Entidades Locales se rige por:

a. Por la legislación estatal
b. Por la legislación de las CC AA
c. Por la legislación de las Entidades Locales
d. Son correctas A y B

1127. El personal funcionario de las Entidades Locales se rige por (indique la FALSA):

a. La legislación estatal que resulte de aplicación
b. La legislación de las CC AA
c. La legislación de las Entidades Locales
d. Por el EBEP, ya que forma parte de la legislación estatal

1128. Las disposiciones de este Estatuto sólo se aplicarán directamente cuando así lo disponga su legislación específica al siguiente personal:

a. Jueces, Magistrados, Fiscales y demás personal funcionario al servicio de la Administración de Justicia
b. Los organismos públicos, agencias y demás entidades de derecho público con personalidad jurídica propia, vinculadas o dependientes de cualquiera de las Administraciones Públicas
c. Docente y el personal estatutario de los Servicios de Salud
d. Las Administraciones de las CC AA y de las ciudades de Ceuta y Melilla

1129. Según el artículo 4 las disposiciones de este Estatuto sólo se aplicarán directamente cuando así lo disponga su legislación específica:

a. Para los Jueces, Magistrados, Fiscales y demás personal funcionario al servicio de la Administración de Justicia
b. Personal funcionario de las Cortes Generales y de las asambleas legislativas de las CC AA
c. Personal retribuido por arancel
d. Para todos ellos tendrá carácter supletorio

1130. Señala la INCORRECTA según el EBEP. Las disposiciones de este Estatuto sólo se aplicarán directamente cuando así lo disponga su legislación específica al siguiente personal:

a. Personal funcionario de la Sociedad Estatal Correos y Telégrafos
b. Personal docente y el personal Estatutario de los Servicios de Salud
c. Personal al servicio de las Universidades Públicas
d. Ninguna de las tres es correcta

1131. Del siguiente personal al servicio de las Administraciones Públicas, cuál NO está incluido dentro del ámbito de aplicación del EBEP:

a. Las Universidades Públicas
b. Los organismos públicos, agencias y demás entidades de derecho público con personalidad jurídica propia, vinculadas o dependientes de cualquiera de las Administraciones Públicas
c. Jueces, Magistrados, Fiscales y demás personal funcionario al servicio de la Administración de Justicia y se podrán dictar normas para adaptarlo a sus peculiaridades
d. Todos los anteriores están incluidos en el ámbito de aplicación del EBEP

1132. El personal laboral al servicio de las Administraciones se rige según el EBEP:

a. Además de por la legislación laboral y por las demás normas convencionalmente aplicables, por los preceptos de este Estatuto que así lo dispongan
b. Por la legislación laboral y supletoriamente por lo dispuesto en el presente Estatuto
c. Por lo dispuesto en el Estatuto de los Trabajadores
d. Por lo dispuesto en este Estatuto y supletoriamente por la legislación laboral que le sea de aplicación

1133. Según el EBEP, el personal laboral de la Sociedad Estatal de Correos y Telégrafos:

a. Se regirá por la legislación laboral y demás normas convencionales aplicables
b. Se regirá por la legislación laboral y supletoriamente por lo dispuesto en el presente Estatuto
c. Se regirán por sus normas específicas y supletoriamente por lo dispuesto en este Estatuto
d. Se regirá por lo dispuesto en este Estatuto

1134. Cuál es el objeto del EBEP establecido en su artículo 1:

a. Determinar las bases del régimen estatutario del personal laboral
b. Establecer la normativa básica en el derecho a la carrera profesional y a la promoción interna
c. Establecer los derechos, deberes y código de conducta de los empleados públicos
d. Determinar la normas aplicables al personal laboral al servicio de la Administración Pública

1135. Del siguiente personal al servicio de las Administraciones Públicas, cuál NO está incluido dentro del ámbito de aplicación del EBEP:

a. El personal investigador, aunque se podrán dictar normas singulares para adaptarlo a sus peculiaridades
b. El personal docente y el personal estatutario de los Servicios de Salud se regirán por la legislación específica dictada por el Estado y por las CC AA en el ámbito de sus respectivas competencias y por lo previsto en el presente Estatuto, excepto el capítulo II del título III, salvo el artículo 20, y los artículos 22.3, 24 y 84
c. Personal funcionario de las Cortes Generales y de las asambleas legislativas de las CC AA y se podrán dictar normas para adaptarlo a sus peculiaridades
d. Todos los anteriores están incluidos en el ámbito de aplicación del EBEP

1136. La eficacia en la planificación y gestión de los recursos humanos señalado en el artículo 1.3, es según el EBEP:

a. Un principio de conducta de los empleados públicos
b. Un principio ético de los empleados públicos
c. Un fundamento de actuación
d. Un deber de los empleados públicos

1137. Se podrán dictar normas singulares para adaptarlo a sus peculiaridades al personal:

a. Directivo
b. De las Entidades Locales
c. Docente
d. Investigador

1138. Señale la INCORRECTA. El personal funcionario de las Entidades Locales se rige por:

a. La legislación estatal que resulte de aplicación
b. La legislación de las CC AA
c. La legislación de las Entidades Locales
d. Con respeto a la autonomía local

1139. El personal funcionario de la Sociedad Estatal de Correos y Telégrafos:

a. Se regirá por la legislación laboral y demás normas convencionales aplicables
b. Se regirá por la legislación laboral y supletoriamente por lo dispuesto en el presente Estatuto
c. Se regirán por sus normas específicas y supletoriamente por lo dispuesto en este Estatuto
d. Se regirá por lo dispuesto en este Estatuto

1140. En la aplicación de este Estatuto, se podrán dictar normas singulares para adecuarlo a sus peculiaridades:

a. Al personal de las Fuerzas y Cuerpos de Seguridad
b. Al personal directivo
c. Al personal de los Servicios de Salud
d. Al personal investigador

1141. Dentro de los derechos individuales de las empleados públicos en relación a la condición de funcionario de carrera el Estatuto dispone que se tiene derecho a la...

a. Intangibilidad
b. Inamovilidad
c. Intimidad
d. Inmediatividad

1142. En cuanto al derecho de reunión están legitimados para ejercerlo entre otros los empleados de las Administraciones respectivas siempre que representen al menos...

a. El 25% del colectivo convocado
b. El 10% del colectivo convocado
c. El 15% del colectivo convocado
d. El 40% del colectivo convocado

1143. Por fallecimiento, accidente o enfermedad grave de un familiar dentro del 1er grado de consanguinidad o afinidad cuando el suceso se produzca en la misma localidad los empleados públicos tienen derecho a cuántos días hábiles:

a. 2   b. 4   c. 3   d. 5

1144. Los empleados públicos tienen derecho a un permiso de un día...

a. Por traslado de domicilio sin cambio de residencia
b. Por traslado de domicilio con cambio de residencia
c. Para la realización de exámenes prenatales y técnicas de preparación al parto
d. Por enfermedad grave de un familiar siempre que sea en la misma localidad y siempre que dicho familiar esté dentro del segundo grado de consanguinidad o de afinidad

1145. Por nacimiento de hijos prematuros o que por cualquier otra causa deban permanecer hospitalizados a continuación del parto, la funcionaria o el funcionario tendrá derecho a ausentarse del trabajo durante un máximo de...

a. Tres horas diarias
b. Dos horas diarias
c. El tiempo indispensable
d. Un día

1146. Por ser preciso atender el cuidado de un familiar de primer grado, el funcionario tendrá derecho a solicitar una reducción de hasta el 50% de la jornada laboral, con carácter retribuido, por razones de enfermedad muy grave por el plazo máximo de...

a. El tiempo indispensable
b. Mientras dure la hospitalización
c. Un mes
d. Un año

1147. Salvo si el tiempo de servicio fue menor, los funcionarios públicos tendrán derecho a disfrutar, durante cada año natural, de unas vacaciones retribuidas de:

a. Treinta días
b. Treinta días hábiles
c. Veintidós días naturales
d. Veintidós días hábiles

1148. No es un derecho individual de los empleados públicos ejercido individualmente...

a. Desempeño efectivo de las funciones o tareas propias de su condición profesional
b. Al respeto de su intimidad, orientación sexual, propia imagen y dignidad en el trabajo, especialmente frente al acoso sexual y por razón de sexo, moral y laboral
c. Ejercicio de la huelga, con la garantía del mantenimiento de los servicios esenciales de la comunidad
d. Todos lo son

1149. No es un derecho individual de los empleados públicos ejercido colectivamente...

a. Libre asociación profesional
b. Adopción de medidas que favorezcan la conciliación de la vida personal, familiar y laboral
c. Libertad de expresión dentro de los límites del ordenamiento jurídico
d. Ninguno lo es

1150. Según al EBEP el cupo de discapacitados en el acceso al empleo público asciende al ...

a. 7%   b. 3%   c. 2%   d. 10%

1151. Es causa de pérdida de la condición de funcionario:

a. La pérdida de la nacionalidad de un Estado miembro de la Unión Europea por adquisición de la nacionalidad española si se accedió a la condición de funcionario vigente aquella nacionalidad
b. La sanción disciplinaria de separación del servicio impuesta por la comisión de falta grave
c. La jubilación total
d. La pena principal o accesoria de suspensión de empleo o cargo público que tuviere carácter firme

1152. Las necesidades de recursos humanos, con asignación presupuestaria, que deban proveerse mediante la incorporación de personal de nuevo ingreso ...

a. Serán objeto de la Oferta de empleo público
b. Constituyen la Oferta de empleo público la cual será objeto de las correspondientes convocatorias para la incorporación de personal de nuevo ingreso
c. Pueden ser objeto de convocatoria de Empleo público si se trata de personal de nuevo ingreso o de reasignación de efectivos
d. Ninguna es correcta pues no existen previsiones al respecto ya que se trata de materia a regular específicamente por cada Comunidad Autónoma

1153. Para ingresar en el Grupo C2...

a. Título de Graduado Escolar
b. Título de Bachiller o Técnico
c. Certificado de Escolaridad siempre que se trate de puestos de trabajo clasificados en el antiguo Grupo E
d. Graduado en E.S.O

1154. Si a un funcionario lo activan como reservista voluntario de las Fuerzas Armadas queda en situación de ...

a. Servicio Activo
b. Servicio Activo en las Fuerzas Armadas
c. Servicios Especiales
d. Servicio en otras Administraciones Públicas

1155. No es una modalidad de excedencia:

a. Voluntaria por interés particular
b. Voluntaria por agrupación familiar
c. Excedencia por cuidado de familiares
d. Todas son correctas

1156. La duración máxima de la suspensión de empleo y sueldo del personal laboral será de:

a. 3 años
b. 4 años
c. 6 años
d. Dicha sanción no se contempla en el EBEP pues sólo se regula el régimen disciplinario del empleado público funcionario

1157. El plazo de prescripción de las sanciones por faltas leves es de:

a. Seis años
b. Seis meses
c. No están sujetas a plazo alguno de prescripción tras la entrada en vigor del EBEP
d. 1 año

1158. Finalmente, y siguiendo con el régimen disciplinario, es cierto que ...

a. El acoso laboral se tipifica como falta muy grave
b. El EBEP autoriza al Gobierno para que reglamentariamente establezca los tipos constitutivos de faltas graves
c. En el ejercicio de la potestad reglamentaria rige la irretroactividad absoluta incluso de las disposiciones sancionadoras presuntamente favorables al infractor
d. Todo cuanto acaba de decirse es rigurosamente exacto

1159. Quien dictó el RDL 5/2015:

a. El Congreso de los Diputados
b. Las Cortes Generales
c. El Gobierno de la Nación
d. El Ministerio de Hacienda y Administraciones Públicas

1160. Según a su art. 2 su ámbito de aplicación NO incluye a...

a. Personal de las Universidades Públicas
b. Personal estatutario de los Servicios de Salud
c. Personal de las Administraciones de las entidades locales
d. Personal de organismos públicos, agencias y demás entidades de derecho público con personalidad jurídica propia, vinculadas o dependientes de cualquiera de las Administraciones Públicas

1161. NO es una clase de empleado público prevista en el artículo 8:

a. Funcionario interino
b. Personal eventual
c. Funcionario por tiempo indefinido
d. Funcionario de carrera

1162. Según el art. 14 del RDL 5/2015 NO es un derecho individual de los empleados públicos...

a. A la negociación colectiva y a la participación en la determinación de las condiciones de trabajo
b. A la jubilación según los términos y condiciones establecidas en las normas aplicables
c. A la no discriminación por razón de nacimiento, origen racial o étnico, género, sexo u orientación sexual, religión o convicciones, opinión, discapacidad, edad o cualquier otra condición o circunstancia personal o social
d. A la progresión en la carrera profesional y promoción interna según principios constitucionales de igualdad, mérito y capacidad mediante la implantación de sistemas objetivos y transparentes de evaluación

1163. Retribuciones que retribuyen al funcionario según la adscripción de su cuerpo o escala a un determinado Subgrupo o Grupo de clasificación profesional, en el supuesto de que éste no tenga Subgrupo, y por su antigüedad en el mismo:

a. Trienios
b. Complementarias
c. Específicas
d. Básicas

1164. La representación corresponderá a los Delegados de personal en las unidades electorales de empleados públicos cuyo número sea inferior a:

a. 6   b. 50   c. 31   d. 40

1165. Las necesidades de recursos humanos, con asignación presupuestaria, que deban proveerse mediante la incorporación de personal de nuevo ingreso serán objeto de:

a. Libre Designación
b. Movilidad Interadministrativa
c. Planificación de Recursos Humanos
d. Oferta de Empleo Público

1166. Quienes presten servicios en su condición de funcionarios públicos cualquiera que sea la Administración u organismo público o entidad en el que se encuentren destinados y no les corresponda quedar en otra situación se encuentran en...

a. Servicio activo
b. Servicios especiales
c. Excedencia forzosa
d. Situación especial en activo

1167. Cuál de los principios NO se contempla en el ejercicio de la potestad disciplinaria conforme el art. 94:

a. el de proporcionalidad
b. el de individualización científica
c. el de tipicidad de las faltas y sanciones
d. el de presunción de inocencia

1168. El derecho a negociar la determinación de condiciones de trabajo de los empleados de la Administración Pública se entiende por el EBEP como:

a. Negociación colectiva
b. Representación institucional
c. Participación institucional
d. Derecho de reunión

1169. Según el RDL 5/2015:

a. Las plazas vacantes desempeñadas por funcionarios interinos deberán incluirse en la oferta de empleo público correspondiente al ejercicio en el que se produce su nombramiento y, sino fuera posible, en la siguiente, salvo que se decida su amortización
b. Sólo podrán interinarse las plazas vacantes que se hallen incluidas en la oferta de empleo público
c. Ambas son correctas
d. Ninguna lo es

1170. Al personal eventual le será aplicable, en lo que sea adecuado a la naturaleza de su condición:

a. La legislación laboral y demás normas convencionalmente aplicables
b. Este Estatuto y supletoriamente la legislación laboral que le sea de aplicación
c. El régimen general de los funcionarios de carrera
d. Este Estatuto y se podrán dictar normas singulares para adecuarlo a sus singularidades

1171. Son funcionarios de carrera:

a. Quienes desempeñan funciones retribuidas en las Administraciones Públicas al servicio de los intereses generales
b. Quienes, en virtud de nombramiento legal, están vinculados a una Administración Pública por una relación estatutaria regulada por el Derecho Administrativo para el desempeño de servicios profesionales retribuidos de carácter permanente
c. Quienes, en virtud de nombramiento legal y contrato por escrito, desempeñan funciones retribuidas en las Administraciones Públicas al servicio de los intereses generales
d. Quienes, en virtud de nombramiento legal, están vinculados a una Administración Pública por una relación estatutaria regulada por el Derecho Administrativo para el desempeño de servicios profesionales retribuidos, ya sea con carácter permanente o temporal

1172. El Gobierno y los órganos de gobierno de las CC AA atenderán a los siguientes principios para determinar los criterios y la condición de personal directivo:

a. Es el que desarrolla funciones directivas expresamente calificadas como de confianza o asesoramiento especial
b. Su designación atenderá a principios de mérito y capacidad y a criterios de idoneidad
c. La continuidad en su puesto de trabajo obtenido por concurso quedará vinculada a la evaluación del desempeño
d. Las tres son correctas

1173. Quienes desempeñan funciones retribuidas en las Administraciones Públicas al servicio de los intereses generales son:

a. Funcionarios de carrera
b. Funcionarios interinos
c. Empleados públicos
d. Personal laboral, ya sea fijo, por tiempo indefinido o temporal

1174. Cuál de los siguientes son empleados públicos, según la clasificación realizada en el EBEP:

a. Personal directivo y personal eventual
b. Funcionarios de carrera y funcionarios interinos
c. Ambas son correctas
d. Ninguna lo es

1175. Quien podrá establecer, en desarrollo de este Estatuto, el régimen jurídico específico del personal directivo así como los criterios para determinar su condición:

a. Las Cortes Generales, las Asambleas Legislativas de las CC AA y las Entidades Locales
b. El Gobierno, los órganos de gobierno de las CC AA y así como los órganos de gobierno de las Entidades Locales
c. Las Cortes Generales y las Asambleas Legislativas de las CC AA
d. El Gobierno y los órganos de gobierno de las CC AA

1176. El ejercicio de las funciones que impliquen la participación directa o indirecta en el ejercicio de las potestades públicas o en la salvaguardia de los intereses generales del Estado y de las Administraciones Públicas corresponden:

a. A los funcionarios de carrera y funcionarios interinos
b. A cualquier empleado Público
c. A los funcionarios públicos
d. Ninguna de las tres es correcta

1177. El artículo 8 se refiere a quienes «desempeñan funciones retribuidas en las Administraciones Públicas al servicio de los intereses generales», como:

a. Funcionariado
b. Personal administrativo
c. Personal funcionario
d. Empleados públicos

1178. El EBEP indica que las plazas vacantes desempeñadas por funcionarios interinos deberán incluirse en la oferta de empleo correspondiente:

a. Al ejercicio en que se produce su nombramiento
b. Y, si no fuera posible, en la siguiente
c. Salvo que se decida su amortización
d. Las tres son correctas

1179. La selección de funcionarios interinos habrá de realizarse mediante procedimientos:

a. Ágiles
b. Respetando los principios de igualdad
c. Respetando los principios de mérito
d. Las tres son correctas

1180. Señala la INCORRECTA. Las plazas vacantes desempeñadas por funcionarios interinos deberán incluirse en la oferta de empleo correspondiente:

a. En el ejercicio en el que se produce su nombramiento
b. En todo caso, deberán incluirse en el plazo improrrogable de tres años
c. Si no es posible incluirlas en el ejercicio en el que se produce su nombramiento, puede ser en el siguiente
d. Deberán incluirse, en los plazos indicados en el EBEP, salvo que se decida su amortización

1181. Sobre los funcionarios interinos, cuál de estas tres afirmaciones es FALSA:

a. Los que, por razones expresamente justificadas de interés general
b. Son nombrados como tales para el desempeño de funciones propias de funcionarios de carrera
c. Para la ejecución de programas de carácter temporal, que no podrán tener una duración superior a tres años, ampliable hasta doce meses más por las leyes de Función Pública que se dicten en desarrollo de este Estatuto
d. Las tres son correctas

1182. El personal directivo está sujeto a la evaluación del desempeño según el EBEP:

a. No
b. Sí
c. En determinados casos
d. Ninguna de las tres es correcta

1183. NO se trata de una característica del personal eventual,:

a. El que en virtud de nombramiento legal
b. Realiza funciones expresamente calificadas como de alta dirección
c. Siendo retribuido con cargo a los Presupuestos Generales del Estado
d. Ninguna de las tres

1184. Según el EBEP, cuando el personal directivo reúna la condición de personal laboral:

a. Estará sometido al régimen general de funcionarios de carrera
b. Estará sometido a la relación a las mismas condiciones que el personal eventual
c. Estará sometido a la relación laboral de carácter especial de alta dirección
d. Estará sometido a la relación laboral que se dicte para el personal directivo en desarrollo de este Estatuto

1185. Sobre las circunstancias que pueden motivar al nombramiento de funcionarios interinos, NO se encuentra:

a. Los que, por razones expresamente justificadas de necesidad y urgencia

b. La ejecución de programas de carácter temporal, que no podrán tener una duración superior a seis años, ampliable hasta doce meses más por las leyes de Función Pública que se dicten en desarrollo de este Estatuto

c. El exceso o acumulación de tareas por plazo máximo de seis meses, dentro de un periodo de doce meses

d. Las tres son correctas

1186. El personal directivo, está sujeto a la evaluación del desempeño:

a. Sí, está sujeto a la evaluación del desempeño

b. No, no está sujeto a ningún tipo de evaluación

c. No está sujeto a la evaluación del desempeño, sino que estará sujeto a evaluación con arreglo a los criterios de eficacia y eficiencia, responsabilidad por su gestión y control de resultados

d. Sí, estará sujeto a evaluación del desempeño y además estará sujeto a evaluación con arreglo a los criterios de eficacia y eficiencia, responsabilidad por su gestión y control de resultados

1187. Son empleados públicos quienes:

a. Desempeñan funciones retribuidas en las Administraciones Públicas al servicio de los intereses generales

b. Están vinculados a una Administración Pública para el desempeño de servicios profesionales retribuidos de carácter permanente

c. En virtud de nombramiento legal, están vinculados a una Administración Pública por una relación estatutaria regulada por el Derecho Administrativo

d. Ejercen la participación directa o indirecta en el ejercicio de las potestades públicas o en la salvaguardia de los intereses generales del Estado y de las Administraciones Públicas

1188. Los funcionarios interinos son nombrados por:

a. Razones expresamente justificadas de necesidad y urgencia

b. Son nombrados como tales con carácter temporal para el desempeño de funciones propias de funcionarios de carrera

c. Son nombrados cuando hay un exceso o acumulación de tareas por plazo máximo de 9 meses, dentro de un periodo de 18 meses

d. Las tres son correctas

1189. Sobre el personal eventual, el EBEP indica que su número máximo se establecerá:

a. Por las Leyes de Función Pública que se dicten en desarrollo de este Estatuto

b. Por los respectivos órganos de gobierno

c. Por este Estatuto y por lo previsto en la legislación laboral

d. Por la autoridad a la que se preste la función de confianza o asesoramiento

1190. El cese de los funcionarios interinos, se producirá además de las causas indicadas en el artículo 63, por:

a. La renuncia a la condición de funcionario

b. La pena principal o accesoria de inhabilitación absoluta o especial para cargo público que tuviere carácter firme

c. Cuando cese la autoridad que lo nombró

d. Cuando finalice la causa que dio lugar a su nombramiento

1191. El nombramiento y cese del personal eventual:

a. Atenderá a criterios de mérito, capacidad e idoneidad.. El cese tendrá lugar, en todo caso, cuando se produzca el de la autoridad a la que se preste la función de confianza o asesoramiento

b. El nombramiento y cese serán libres. El órgano competente para el nombramiento podrá, además, recabar la intervención de especialistas que permitan apreciar la idoneidad de los candidatos

c. Serán libres. El cese tendrá lugar, en todo caso, cuando se produzca el de la autoridad a la que se preste la función de confianza o asesoramiento

d. El nombramiento será libre. El cese tendrá lugar, además de por las causas previstas en el artículo 63, cuando finalice la causa que dio lugar a su nombramiento

1192. Según lo indicado en el EBEP, son funcionarios de carrera:

a. Quienes, en virtud de nombramiento legal y por escrito, están vinculados a una Administración Pública por una relación estatutaria regulada por el Derecho Administrativo para el desempeño de servicios profesionales retribuidos de carácter permanente

b. Quienes, en virtud de nombramiento legal, están vinculados a una Administración Pública por una relación estatutaria regulada por el Derecho Administrativo para el desempeño de servicios profesionales retribuidos ya sea fijo, por tiempo indefinido o temporal

c. Quienes, en virtud de nombramiento legal, están vinculados a una Administración Pública por una relación estatutaria regulada por el Derecho Administrativo para el desempeño de servicios profesionales retribuidos o no de carácter permanente

d. Quienes, en virtud de nombramiento legal, están vinculados a una Administración Pública por una relación estatutaria regulada por el Derecho Administrativo para el desempeño de servicios profesionales retribuidos de carácter permanente

1193. Los criterios para la determinación de los puestos de trabajo que pueden ser desempeñados por personal laboral:

a. Se ajustarán a lo establecido en la legislación laboral que les sea de aplicación

b. Vienen establecidos en el EBEP

c. Se establecerán en las leyes de Función Pública que se dicten en desarrollo de este Estatuto

d. Se ajustarán a lo establecido en el Estatuto de los Trabajadores

1194. Sobre el personal eventual, es FALSO:

a. Las leyes de Función Pública que se dicten en desarrollo de este Estatuto determinarán los órganos de gobierno de las Administraciones Públicas que podrán disponer de este tipo de personal

b. El número máximo se establecerá por los respectivos órganos de gobierno. Este número y las condiciones retributivas serán públicas

c. Al personal eventual le será aplicable, en lo que sea adecuado a la naturaleza de su condición, el régimen general de los funcionarios de carrera

d. La condición de personal eventual podrá constituir mérito para el acceso a la Función Pública y para la promoción interna

1195. El ejercicio de las funciones que impliquen la participación directa o indirecta en el ejercicio de las potestades públicas o en la salvaguardia de los intereses generales del Estado y de las Administraciones Públicas corresponden:

a. A los empleados Públicos al servicio de las Administraciones Públicas

b. A los funcionarios interinos

c. A los funcionarios públicos exclusivamente

d. A los funcionarios de carrera exclusivamente

1196. La condición de personal eventual constituye mérito para el acceso a la Función Pública o la promoción interna:

a. No, en ningún caso

b. Sí, en todo caso

c. Constituye mérito para la promoción interna, pero no para el acceso a la Función Pública

d. Constituye mérito para el acceso a la Función Pública, pero no para la promoción interna

1197. Los funcionarios interinos, serán nombrados cuando se de alguna de las siguientes circunstancias:

a. La ejecución de programas de carácter temporal, que no podrán tener una duración superior a tres años, ampliable hasta doce meses más por las leyes de Función Pública que se dicten en desarrollo del EBEP

b. El exceso o acumulación de tareas por plazo máximo de 9 meses, dentro de un periodo de 18 meses

c. Ninguna es correcta

d. Ambas lo son

1198. Sobre el personal laboral, cuál de estas tres afirmaciones es FALSA:

a. Presta servicios en virtud de contrato de trabajo formalizado por escrito

b. Lo hace en cualquiera de las modalidades de contratación de personal previstas la legislación laboral

c. Es retribuido con cargo a los créditos presupuestarios consignados para este fin

d. Las tres son correctas

1199. El personal laboral:

a. Puede ser contratado por tiempo indefinido o temporal

b. Es el que en virtud de contrato de trabajo formalizado por escrito

c. Presta servicios retribuidos por las Administraciones Públicas

d. Las tres son correctas

1200. Los empleados públicos NO están clasificados según el artículo 8 del EBEP en:

a. Funcionarios interinos

b. Personal directivo

c. Personal laboral

d. Personal eventual

1201. El nombramiento y cese del personal eventual:

a. Serán libres

b. El nombramiento será libre. El cese tendrá lugar, además de por las causas previstas en el artículo 63, cuando finalice la causa que dio lugar a su nombramiento

c. El nombramiento será libre y el cese tendrá lugar cuando se produzca el de la autoridad a la que se preste la función de confianza o asesoramiento

d. El nombramiento atenderá a los principios de mérito capacidad y a criterios de idoneidad. El cese tendrá lugar, en todo caso, cuando se produzca el de la autoridad a la que se preste la función de confianza o asesoramiento

1202. Indica lo INCORRECTO. Los funcionarios de carrera son quienes:

a. En virtud de nombramiento legal

b. Están vinculados a una Administración Pública por una relación estatutaria regulada por el Derecho Administrativo

c. Desempeñan de servicios profesionales retribuidos, ya sean fijos, por tiempo indefinido o temporal

d. Las tres son correctas

1203. Sobre el personal eventual, es FALSO:

a. La condición de personal eventual no podrá constituir mérito para el acceso a la Función Pública o para la promoción interna

b. Al personal eventual le será aplicable, en lo que sea adecuado a la naturaleza de su condición, el régimen general de los funcionarios de carrera

c. El nombramiento y cese serán libres. El cese tendrá lugar, en todo caso, cuando se produzca el de la autoridad a la que se preste la función de confianza o asesoramiento

d. Su designación atenderá a principios de mérito y capacidad y a criterios de idoneidad, y se llevará a cabo mediante procedimientos que garanticen la publicidad y concurrencia

1204. Señala la INCORRECTA en relación al personal eventual:

a. El que en virtud de nombramiento y con carácter no permanente

b. Las leyes de función pública que se dicten en desarrollo de este Estatuto, establecerán los criterios para la determinación de los puestos de trabajo que pueden ser desempeñados por el personal eventual

c. Siendo retribuido con cargo a los créditos presupuestarios consignados para este fin

d. Todas las anteriores son correctas

1205. Son empleados públicos:

a. Quienes desempeñan funciones retribuidas en las Administración General del Estado o de las CC AA al servicio de los intereses generales

b. Quienes desempeñan determinadas funciones en las Administraciones Públicas al servicio de los intereses generales

c. Quienes desempeñan funciones no retribuidas en las Administraciones Públicas al servicio de los intereses generales

d. Quienes desempeñan funciones retribuidas en las Administraciones Públicas al servicio de los intereses generales

1206. Con cargo a qué créditos se retribuye al personal laboral:

a. Con cargo a los créditos consignados en los Presupuestos Generales del Estado

b. Con cargo a los créditos consignados a los respectivos órganos de Gobierno

c. Con cargo a los créditos presupuestarios consignados para este fin

d. No viene determinado en el EBEP

1207. Indica lo INCORRECTO. Los funcionarios de carrera son quienes:

a. En virtud de nombramiento legal

b. Están vinculados a una Administración Pública o privada, por una relación estatutaria regulada por el Derecho Administrativo

c. Desempeñan de servicios profesionales retribuidos de carácter permanente

d. Las tres son correctas

1208. Cómo se clasifican los empleados públicos:

a. Funcionarios de carrera, personal laboral y personal estatutario

b. Funcionarios de carrera, funcionarios interinos y personal estatutario

c. Funcionarios de carrera, funcionarios interinos, personal laboral y personal eventual

d. Funcionarios de carrera, funcionarios interinos, personal laboral, personal eventual y personal estatutario

1209. El Gobierno y los órganos de gobierno de las CC AA atenderán a los siguientes principios para determinar los criterios y la condición de personal directivo:

a. Es el que desarrolla funciones directivas profesionales en las Administraciones Públicas

b. Su designación atenderá a principios de mérito y capacidad y a criterios de idoneidad

c. Estará sujeto a evaluación con arreglo a los criterios de eficacia y eficiencia, responsabilidad por su gestión y control de resultados

d. Las tres son correctas

1210. El RDL 5/2015, del EBEP:

a. Ha sido aprobado en las Cortes Generales

b. Contiene un texto refundido por el que se integran, entre otras, la Ley 7/2007, del Estatuto Básico del Empleado Público

c. Ambas son correctas

d. Ninguna lo es

1211. Sobre los funcionarios interinos, cuál de estas tres afirmaciones es FALSA:

a. Se nombran por razones expresamente justificadas de necesidad y urgencia

b. Están vinculados a una Administración Pública por una relación estatutaria regulada por el Derecho Administrativo

c. Son nombrados cuando hay un exceso o acumulación de tareas por plazo máximo de 9 meses, dentro de un periodo de 18 meses

d. Las tres son correctas

1212. Los funcionarios de carrera son quienes:

a. En virtud de contrato de trabajo formalizado por escrito

b. Están vinculados a una Administración Pública por una relación estatutaria regulada por el Derecho Administrativo

c. Desempeñan de servicios profesionales retribuidos o no de carácter permanente

d. Las tres son correctas

1213. Son empleados públicos:

a. Quienes desempeñan funciones retribuidas en las Administraciones Públicas al servicio de los intereses particulares
b. Quienes desempeñan funciones retribuidas en las Administraciones Públicas al servicio de los intereses generales
c. Quienes desempeñan funciones no retribuidas en las Administraciones Públicas al servicio de los intereses generales
d. Quienes desempeñan funciones retribuidas o no en las Administraciones Públicas al servicio de los intereses generales

1214. 'Personal laboral' es el que en virtud de contrato de trabajo formalizado por escrito...

a. ...en cualquiera de las modalidades de contratación de personal previstas en este estatuto, presta servicios retribuidos por las Administraciones Públicas
b. ...en cualquiera de las modalidades de contratación de personal previstas en las leyes, presta servicios retribuidos por las Administraciones Públicas
c. ...en cualquiera de las modalidades de contratación de personal previstas en la legislación laboral, presta servicios retribuidos por las Administraciones Públicas
d. ...en cualquiera de las modalidades de contratación de personal previstas en los convenios colectivos, presta servicios retribuidos por las Administraciones Públicas

1215. Indica la respuesta INCORRECTA. El personal laboral es:

a. El que en virtud de contrato de trabajo formalizado por escrito
b. En cualquiera de las modalidades de contratación de personal previstas en este Estatuto
c. Presta servicios retribuidos por las Administraciones Públicas
d. Las tres son correctas

1216. Es personal laboral, es según el EBEP:

a. El que en virtud de nombramiento legal, en cualquiera de las modalidades de contratación de personal previstas en la legislación laboral, presta servicios retribuidos por las Administraciones Públicas
b. El que en virtud de nombramiento legal y de contrato de trabajo formalizado por escrito, en cualquiera de las modalidades de contratación de personal previstas en la legislación laboral, presta servicios retribuidos por las Administraciones Públicas
c. El que en virtud de contrato de trabajo formalizado por escrito, en cualquiera de las modalidades de contratación de personal previstas en la legislación laboral, presta servicios retribuidos por las Administraciones Públicas
d. El que en virtud de contrato de trabajo formalizado oralmente o por escrito, en cualquiera de las modalidades de contratación de personal previstas en la legislación laboral, presta servicios retribuidos por las Administraciones Públicas

1217. El personal laboral es:

a. El que en virtud de nombramiento legal y con carácter no permanente
b. Siendo retribuido con cargo a los créditos presupuestarios consignados para este fin
c. Podrá ser por tiempo indefinido o temporal
d. Las tres son correctas

1218. Indica la respuesta INCORRECTA. El personal laboral es:

a. Por nombramiento legal
b. En virtud de contrato de trabajo formalizado por escrito
c. Presta servicios retribuidos por las Administraciones Públicas
d. Las tres son correctas

1219. Los funcionarios interinos, serán nombrados para el desempeño de funciones propias de funcionarios de carrera, cuando se de alguna de las siguientes circunstancias:

a. El exceso o acumulación de tareas por plazo máximo de seis meses, dentro de un periodo de doce meses ampliables a doce meses más
b. La existencia de plazas vacantes cuando no sea posible su cobertura por funcionarios laborales
c. Ninguna de las dos es correcta
d. Ambas lo son

1220. Los que, por razones expresamente justificadas de necesidad y urgencia, son nombrados como tales para el desempeño de funciones propias de funcionarios de carrera son:

a. Funcionarios públicos
b. Funcionarios de carrera
c. Funcionarios interinos
d. Personal eventual

1221. Son funcionarios interinos:

a. Quienes el que en virtud de contrato de trabajo formalizado por escrito, en cualquiera de las modalidades de contratación de personal previstas en la legislación laboral, presta servicios retribuidos por las Administraciones Públicas
b. Quienes por razones expresamente justificadas de necesidad y urgencia, son nombrados como tales para el desempeño de funciones propias de funcionarios de carrera
c. Quienes, en virtud de nombramiento legal, están vinculados a una Administración Pública por una relación estatutaria regulada por el Derecho Administrativo para el desempeño de servicios profesionales retribuidos de carácter permanente
d. Ninguna de las tres es correcta

1222. La determinación de las condiciones de empleo del personal directivo, tendrá la consideración de materia objeto de negociación colectiva:

a. Sí, será objeto de negociación colectiva
b. No será objeto de negociación colectiva, salvo excepciones
c. No será objeto de negociación colectiva
d. Sí será objeto de negociación colectiva, salvo cuando el personal directivo reúna la condición de personal laboral

1223. NO son empleados públicos según la clasificación realizada en el EBEP:

a. Personal directivo
b. Personal eventual
c. Personal laboral
d. Las tres son correctas

1224. La designación de personal directivo atenderá a principios de:

a. ...igualdad, mérito y capacidad y a criterios de idoneidad, y se llevará a cabo mediante procedimientos que garanticen la publicidad y concurrencia
b. ...mérito y capacidad y a criterios de aptitud, y se llevará a cabo mediante procedimientos que garanticen la publicidad y concurrencia
c. ...mérito y capacidad y a criterios de idoneidad, y se llevará a cabo mediante procedimientos que garanticen la igualdad, la publicidad y libre concurrencia
d. ...mérito y capacidad y a criterios de idoneidad, y se llevará a cabo mediante procedimientos que garanticen la publicidad y concurrencia

1225. Indica la FALSA. El personal laboral es:

a. El que en virtud de contrato de trabajo formalizado por escrito u oralmente
b. En cualquiera de las modalidades de contratación de personal previstas la legislación laboral
c. Presta servicios retribuidos por las Administraciones Públicas
d. Las tres son correctas

1226. El personal laboral es:

a. El que en virtud de nombramiento legal
b. El que en virtud de contrato de trabajo formalizado por escrito
c. Presta servicios retribuidos a la Administración General del Estado
d. Las tres son correctas

1227. El EBEP clasifica a los empleados públicos en:

a. Funcionarios de carrera, funcionarios interinos, ya sea fijo, por tiempo indefinido o temporal, personal laboral y personal eventual
b. Funcionarios de carrera, funcionarios interinos, personal laboral, ya sea fijo, por tiempo indefinido o temporal y personal eventual
c. Funcionarios de carrera, funcionarios interinos, personal laboral, ya sea fijo, por tiempo indefinido o temporal y personal directivo
d. Funcionarios de carrera, funcionarios interinos, personal laboral fijo y personal eventual

1228. Los funcionarios interinos, serán nombrados para el desempeño de funciones propias de funcionarios de carrera, cuando se de alguna de las siguientes circunstancias:

a. Cuando existan razones justificadas de necesidad y urgencia, sin necesidad de que sea vacante de necesaria cobertura
b. La ejecución de programas de carácter temporal, que no podrán tener una duración superior a seis años, ampliable hasta doce meses más por las leyes de Función Pública que se dicten en desarrollo de este Estatuto
c. Ambas son correctas
d. Ninguna de las dos lo es

1229. Sobre el personal directivo:

a. Se llevará a cabo mediante procedimientos que garanticen la publicidad y libre concurrencia
b. El personal directivo estará sujeto a evaluación del desempeño
c. Es el que desarrolla funciones directivas profesionales en las Administraciones Públicas
d. Ninguna de las tres

1230. Salvo que se decida su amortización, Las plazas vacantes desempeñadas por funcionarios interinos:

a. ...podrán incluirse en la oferta de empleo correspondiente al siguiente ejercicio en que se produce su nombramiento y, si no fuera posible, en la siguiente
b. ...deberán incluirse, en todo caso, en la oferta de empleo correspondiente al ejercicio en que se produce su nombramiento
c. ...deberán incluirse en la oferta de empleo correspondiente al ejercicio en que se produce su nombramiento y, si no fuera posible, en la siguiente
d. ...podrán incluirse en la oferta de empleo correspondiente al ejercicio en que se produce su nombramiento y, si no fuera posible, en la siguiente

1231. La selección de funcionarios interinos habrá de realizarse mediante procedimientos:

a. Ágiles que respetarán en todo caso los principios de igualdad, mérito y capacidad
b. Ágiles que respetarán en todo caso los principios de igualdad, mérito, capacidad y libre concurrencia
c. Ágiles que respetarán en todo caso los principios de igualdad, mérito, capacidad y no discriminación
d. Ninguna de las tres es correcta

1232. Indica lo INCORRECTO, en relación al personal eventual:

a. La condición de personal eventual no podrá constituir mérito para el acceso a la Función Pública o para la promoción interna
b. Al personal eventual le será aplicable, en lo que sea adecuado a la naturaleza de su condición, el régimen general de los funcionarios de carrera
c. Su designación atenderá a principios de mérito y capacidad y a criterios de idoneidad, y se llevará a cabo mediante procedimientos que garanticen la publicidad y concurrencia
d. Las tres son correctas

1233. La condición de personal eventual constituye mérito para el acceso a la Función Pública o la promoción interna:

a. Constituye mérito para el acceso a la Función Pública
b. Constituye mérito para la promoción interna
c. Ambas son correctas
d. Ninguna lo es

1234. Sobre el personal eventual, es FALSO:

a. Las leyes de Función Pública que se dicten en desarrollo de este Estatuto determinarán los órganos de gobierno de las Administraciones Públicas que podrán disponer de este tipo de personal
b. El nombramiento será libre. El cese tendrá lugar, además de por las causas previstas en el artículo 63, cuando finalice la causa que dio lugar a su nombramiento
c. Al personal eventual le será aplicable, en lo que sea adecuado a la naturaleza de su condición, el régimen general de los funcionarios de carrera
d. El número máximo se establecerá por los respectivos órganos de gobierno. Este número y las condiciones retributivas serán públicas

1235. El siguiente concepto reflejado en el artículo 8.1, con quién se corresponde: Quienes desempeñan funciones retribuidas en las Administraciones Públicas al servicio de los intereses generales son:

a. Empleados públicos
b. Funcionarios de carrera
c. Funcionarios de carrera y personal laboral
d. Funcionarios de carrera y personal eventual

1236. En relación al personal directivo:

a. La determinación de las condiciones de empleo del personal directivo tendrá la consideración de materia objeto de negociación colectiva
b. Cuando el personal directivo reúna la condición de personal laboral estará sometido a la régimen general de los funcionarios de carrera
c. Su designación se llevará a cabo, mediante procedimientos que garanticen la publicidad y concurrencia
d. Ninguna de las tres

1237. En su artículo 8 el EBEP prevé que el personal laboral puede ser:

a. Fijo
b. Por tiempo indefinido
c. Temporal
d. Las tres cosas

1238. Sobre los funcionarios interinos, es FALSO:

a. Los que, por razones expresamente justificadas de necesidad y urgencia
b. Son nombrados como tales para el desempeño de funciones propias de funcionarios eventuales
c. Para la sustitución transitoria de los titulares
d. Las tres son correctas

1239. Sobre el personal funcionario interino, es FALSO:

a. Los que, por razones expresamente justificadas de necesidad y urgencia
b. Son nombrados como tales para el desempeño de funciones propias de funcionarios de carrera
c. Para la ejecución de programas de carácter temporal, que no podrán tener una duración máxima de seis meses dentro de un periodo de doce meses
d. Las tres son correctas

1240. El personal interino cuya designación, sea consecuencia del exceso o acumulación de tareas podrán prestar servicios:

a. ...en otras unidades administrativas que estén afectadas por el exceso o acumulación de tareas
b. ...en otras unidades administrativas si éstas participan en el ámbito de aplicación del programa de carácter temporal
c. ...en otras unidades administrativas aunque no participen en el ámbito de aplicación del programa de carácter temporal
d. ...en otras unidades administrativas aunque no estén afectadas por el exceso o acumulación de tareas

1241. Los funcionarios interinos son (indique la FALSA):

a. Los que, por razones expresamente justificadas de necesidad y urgencia
b. En virtud de nombramiento legal
c. Son nombrados como tales para el desempeño de funciones propias de funcionarios de carrera
d. Las tres son correctas

1242. El personal laboral es:

a. El que en virtud de contrato de trabajo formalizado ante la Administración Pública
b. Presta servicios retribuidos por las Administraciones Públicas
c. En cualquiera de las modalidades de contratación de personal previstas en este Estatuto
d. Las tres son correctas

1243. Los funcionarios interinos, podrán ser nombrados para el desempeño de funciones propias de los funcionarios de carrera cuando se den unas determinadas circunstancias:

a. El exceso o acumulación de tareas por plazo máximo de seis meses, dentro de un periodo de un año
b. La existencia de plazas vacantes cuando no sea posible su cobertura por funcionarios de carrera
c. Ambas son correctas
d. Ninguna lo es

1244. Los funcionarios interinos, serán nombrados para el desempeño de funciones propias de funcionarios de carrera, cuando se de alguna de las siguientes circunstancias:

a. La existencia de plazas aunque no estén vacantes cuando sea necesaria su cobertura por razones justificadas de necesidad y urgencia
b. El exceso o acumulación de tareas por plazo máximo de 9 meses, dentro de un periodo de 18 meses
c. La ejecución de programas de carácter temporal, que no podrán tener una duración superior a tres años, ampliable hasta doce meses más por las leyes de Función Pública que se dicten en desarrollo de este Estatuto
d. Hay más de una respuesta correcta

1245. La selección de funcionarios interinos habrá de realizarse mediante procedimientos:

a. Que garanticen la publicidad y la libre concurrencia
b. Ágiles
c. Públicos
d. Basados en los principios de igualdad, mérito, capacidad y a criterios de idoneidad

1246. Sobre el personal directivo:

a. Su designación atenderá a principios constitucionales de igualdad, mérito y capacidad, y de acuerdo con lo previsto en el presente Estatuto y en el resto del ordenamiento jurídico
b. Es el que desarrolla funciones directivas expresamente calificadas como de confianza o asesoramiento especial
c. La continuidad en su puesto de trabajo obtenido por concurso quedará vinculada a la evaluación del desempeño
d. Ninguna de las tres

1247. Con cargo a qué créditos, se retribuye al personal eventual:

a. Con cargo a los créditos consignados en los Presupuestos Generales del Estado
b. Con cargo a los créditos consignados a los respectivos órganos de Gobierno
c. Con cargo a los créditos que dispongan las Leyes de Función Pública que se dicten en desarrollo del presente Estatuto
d. Con cargo a los créditos presupuestarios consignados para este fin

1248. Son funcionarios interinos:

a. Los que, por razones expresamente justificadas de interés general son nombrados como tales para el desempeño de funciones propias del personal laboral
b. Los que, por razones expresamente justificadas de interés general, son nombrados como tales para el desempeño de funciones propias de funcionarios de carrera
c. Los que, por razones expresamente justificadas de necesidad y urgencia, son nombrados como tales para el desempeño de funciones propias de funcionarios de carrera
d. Los que, por razones expresamente justificadas de necesidad y urgencia, en virtud de nombramiento legal y formalizado por escrito, son nombrados como tales para el desempeño de funciones propias de funcionarios de carrera

1249. Indica lo INCORRECTO con respecto al personal directivo:

a. La determinación de las condiciones de empleo del personal directivo, no tendrá la consideración de materia objeto de negociación colectiva a los efectos de esta Ley
b. Su designación atenderá a principios de mérito y capacidad y a criterios de idoneidad, y se llevará a cabo mediante procedimientos que garanticen la publicidad y concurrencia
c. Estará sujeto a evaluación con arreglo a los criterios de eficacia y eficiencia, responsabilidad por su gestión y control de resultados en relación con los objetivos que les hayan sido fijados
d. El personal directivo estará sometido a la relación laboral de carácter especial de alta dirección

1250. El personal eventual es:

a. El que en virtud de nombramiento y con carácter no permanente
b. Sólo realiza funciones que impliquen el ejercicio de potestades públicas y salvaguardia de los intereses generales
c. Prestando servicios retribuidos con carácter permanente
d. Las tres son correctas

1251. Es INCORRECTO afirmar, en relación al nombramiento de funcionarios interinos, que;:

a. Se nombran por razones expresamente justificadas de necesidad y urgencia
b. Se nombran para la ejecución de programas de carácter temporal, que no podrán tener una duración superior a tres años, ampliable hasta doce meses más por las leyes de Función Pública que se dicten en desarrollo de este Estatuto
c. Se nombran cuando hay un exceso o acumulación de tareas por plazo máximo de seis meses, ampliables a seis más
d. Las tres son correctas

1252. Las plazas vacantes desempeñadas por funcionarios interinos deberán incluirse en la oferta de empleo:

a. En el plazo improrrogable de tres años
b. En el mismo año en que se produce su nombramiento y si no fuera posible, se decidirá su amortización
c. Al año siguiente en que se produzca su nombramiento
d. Ninguna de las tres es correcta

1253. En qué circunstancias podrán ser nombrados funcionarios interinos para el desempeño de funciones propias de funcionarios de carrera,:

a. La existencia de plazas vacantes cuando no sea posible su cobertura por personal laboral o eventual
b. La sustitución transitoria de los titulares
c. La ejecución de programas de carácter permanente, que no podrán tener una duración superior a tres años, ampliable hasta doce meses más por las leyes de Función Pública que se dicten en desarrollo de este Estatuto
d. El exceso o acumulación de tareas por plazo máximo de seis meses, dentro de un periodo de tres años

1254. El personal interino cuya designación sea consecuencia de la ejecución de programas de carácter temporal o del exceso o acumulación de tareas por plazo máximo de seis meses, dentro de un período de doce meses:

a. No podrá prestar servicios en ninguna otra unidad distinta de la que fueron destinados
b. Podrán prestar servicios en otras unidades administrativas, en todo caso
c. No podrán prestar servicios en ninguna otra unidad distinta de la que fueron destinados, salvo que se celebre otra convocatoria pública para cubrir el puesto en dicha unidad
d. Podrán prestar servicios en otras unidades administrativas si éstas participan en el ámbito de aplicación del programa de carácter temporal o estén afectadas por el exceso o acumulación de tareas

1255. El personal eventual es:

a. El que en virtud de nombramiento legal y con carácter no permanente
b. Sólo realiza funciones expresamente calificadas como de confianza o asesoramiento especial
c. Es retribuido con cargo a los Presupuestos Generales del Estado
d. Las tres son correctas

1256. Cuál NO aparece en la clasificación que realiza el EBEP sobre los empleados públicos:

a. Personal eventual
b. Personal laboral temporal
c. Personal directivo
d. Aparecen todos

1257. Los funcionarios interinos son nombrados como tales:

a. ...por razones expresamente justificadas de necesidad y urgencia
b. ...con carácter temporal
c. Ambas son correctas
d. Ninguna lo es

1258. Según la clasificación realizada en el EBEP, son empleados públicos:

a. Personal directivo
b. Diputados y senadores
c. Ambas son correctas
d. Ninguna lo es

1259. En relación al personal eventual, cuál de las siguientes respuestas es INCORRECTA:

a. El que en virtud de nombramiento y con carácter no permanente
b. Sólo realiza funciones expresamente calificadas como de confianza o asesoramiento especial
c. Siendo retribuido con cargo a los Presupuestos Generales del Estado
d. Las tres son correctas

1260. El personal laboral se define como quien presta servicios retribuidos a las Administraciones Públicas en virtud de un contrato de trabajo formalizado por escrito:

a. En cualquiera de las modalidades de contratación de personal previstas en la legislación laboral
b. En cualquiera de las modalidades de contratación de personal previstas en este Estatuto
c. En cualquiera de las modalidades de contratación de personal previstas en los convenios colectivos que le sean de aplicación
d. Ninguna de las tres es correcta

1261. Es INCORRECTO decir en relación al personal eventual:

a. El cese tendrá lugar, en todo caso, cuando se produzca el de la autoridad a la que se preste la función de confianza o asesoramiento
b. Al personal eventual le será aplicable, en lo que sea adecuado a la naturaleza de su condición, el régimen general de los funcionarios de carrera
c. El número máximo se establecerá por las Leyes de Función Pública que se dicte en desarrollo de este Estatuto. Este número y las condiciones retributivas serán públicas
d. La condición de personal eventual no podrá constituir mérito para el acceso a la Función Pública o para la promoción interna

1262. El personal eventual es:

a. El que en virtud de nombramiento y con carácter no permanente, sólo realiza funciones que impliquen el ejercicio de potestades públicas o la salvaguardia de los intereses generales, siendo retribuido con cargo a los créditos presupuestarios consignados para este fin
b. El que en virtud de nombramiento y con carácter permanente, sólo realiza funciones expresamente calificadas como de confianza o asesoramiento especial, siendo retribuido con cargo a los créditos presupuestarios consignados para este fin
c. El que en virtud de nombramiento y con carácter no permanente, sólo realiza funciones que impliquen el ejercicio de potestades públicas o la salvaguardia de los intereses generales, presta servicios retribuidos con carácter permanente
d. El que en virtud de nombramiento y con carácter no permanente, sólo realiza funciones expresamente calificadas como de confianza o asesoramiento especial, siendo retribuido con cargo a los créditos presupuestarios consignados para este fin

1263. El personal eventual es:

a. El que en virtud de contrato de trabajo formalizado por escrito
b. Sólo realiza funciones expresamente calificadas como de confianza o asesoramiento especial
c. Presta servicios retribuidos por las Administraciones Públicas
d. Las tres son correctas

1264. Las plazas vacantes desempeñadas por funcionarios interinos deberán incluirse en la oferta de empleo correspondiente:

a. Al ejercicio en que se produce su nombramiento
b. Y, si no fuera posible, se decidirá su amortización
c. Ambas son correctas
d. Ninguna lo es

1265. Sobre el personal funcionario interino, es FALSO:

a. Los que, por razones expresamente justificadas de necesidad y urgencia
b. En virtud de contrato de trabajo formalizado por escrito
c. Son nombrados como tales para el desempeño de funciones propias de funcionarios de carrera
d. Las tres son correctas

1266. Al personal eventual le será aplicable, en lo que sea adecuado a la naturaleza de su condición:

a. El régimen general de los funcionarios interinos
b. El régimen general del personal laboral
c. El régimen general del personal directivo
d. El régimen general de los funcionarios de carrera

1267. Señala la INCORRECTA. Los empleados públicos están clasificados en:

a. Funcionarios de carrera y funcionarios interinos
b. Personal laboral, ya sea fijo, por tiempo indefinido o temporal
c. Personal eventual y personal directivo
d. Las tres son correctas

1268. Los ascensos en el sistema de grados, categorías o escalones de los funcionarios de carrera, serán:

a. Consecutivos, en todo caso
b. Consecutivos, con carácter general
c. Alternos, en todo caso
d. Alternos, con carácter general

1269. Señala la INCORRECTA. La evaluación del desempeño mide y valora:

a. La conducta profesional
b. El rendimiento
c. Méritos conseguidos
d. Las tres son correctas

1270. Los funcionarios interinos perciben las retribuciones complementarias:

a. No, en ningún caso
b. Sí, en todo caso
c. No, salvo excepciones
d. Sí, salvo excepciones

1271. Las leyes de Función Pública que se dicten en desarrollo de este Estatuto regularán la carrera profesional aplicable en cada ámbito que podrán consistir, entre otras, en la aplicación aislada o simultánea de alguna o algunas de las siguientes modalidades:

a. Carrera horizontal y promoción interna horizontal
b. Carrera vertical y promoción interna vertical
c. Carrera horizontal, promoción interna horizontal, carrera vertical y promoción interna vertical
d. Promoción profesional, carrera vertical y promoción interna vertical

1272. El funcionario público tendrá un permiso de dos días hábiles cuando se produzca en la misma localidad y de cuatro días hábiles cuando sea en distinta localidad:

a. Por fallecimiento, accidente o enfermedad grave de un familiar dentro del primer grado de consanguinidad o afinidad
b. Por fallecimiento, accidente o enfermedad grave de un familiar dentro del segundo grado de consanguinidad o afinidad
c. Por fallecimiento, accidente o enfermedad grave de un familiar dentro del tercer grado de consanguinidad o afinidad
d. Ninguna de las tres es correcta

1273 **A**	1298 **A**	1323 **A**
1274 **D**	1299 **A**	1324 **B**
1275 **A**	1300 **C**	1325 **B**
1276 **C**	1301 **D**	1326 **B**
1277 **C**	1302 **A**	1327 **C**
1278 **A**	1303 **B**	1328 **B**
1279 **D**	1304 **D**	1329 **A**
1280 **A**	1305 **D**	1330 **B**
1281 **C**	1306 **B**	1331 **A**
1282 **C**	1307 **A**	1332 **A**
1283 **D**	1308 **A**	1333 **B**
1284 **C**	1309 **B**	1334 **B**
1285 **A**	1310 **C**	1335 **C**
1286 **B**	1311 **D**	1336 **C**
1287 **D**	1312 **D**	1337 **A**
1288 **D**	1313 **A**	1338 **C**
1289 **D**	1314 **B**	1339 **B**
1290 **B**	1315 **B**	1340 **A**
1291 **D**	1316 **C**	1341 **D**
1292 **A**	1317 **C**	1342 **C**
1293 **C**	1318 **A**	1343 **C**
1294 **C**	1319 **B**	1344 **D**
1295 **B**	1320 **B**	1345 **B**
1296 **D**	1321 **D**	1346 **A**
1297 **C**	1322 **D**	1347 **C**

1273. La Entidad de la ONU para la Igualdad de Género y el Empoderamiento de la Mujer se denomina:

a. ONU Mujeres
b. ONU Derechos de la Mujer
c. ONU Igualdad
d. Observatorio Internacional para la No Discriminación por razón de Género

1274. Esta entidad de la ONU para la Igualdad de Género echó a andar en:

a. 1998   b. 2005   c. 2008   d. 2011

1275. Cuál de los 17 'Objetivos de Desarrollo Sostenible' (ODS) establecidos por la ONU en 2015 es el de 'Igualdad de Género':

a. el 5   b. el 7   c. el 9   d. el 17

1276. Este ODS de la ONU dedicado a la Igualdad de Género tiene como objetivo «Lograr la igualdad entre los géneros y empoderar a todas las...»:

a. ...mujeres
b. ...niñas
c. ...mujeres y niñas
d. ...personas de sexo femenino u orientación sexual análoga»

1277. El ODS de la ONU dedicado a la Igualdad de Género pretender alcanzarse para el año:

a. 2025, al igual que los demás
b. 2025, a diferencia de los demás
c. 2030, al igual que los demás
d. 2030, a diferencia de los demás

1278. El Comité de expertas/os de la CEDAW:

a. Puede investigar violaciones sistemáticas de los derechos de las mujeres en un o por un Estado
b. Conocerá del recurso que presente cualquier mujer a la que le hayan violado los derechos contemplados en la Convención sin que sea necesario agotar previamente las vías jurisdiccionales de su Estado
c. Tiene la potestad de sancionar al Estado que vulnere los derechos de las mujeres
d. Está integrado por 25 expertos/as

1279. La Convención sobre la eliminación de todas las formas de discriminación contra la mujer de 1979 (CEDAW), es de gran importancia por:

a. Ser el primer antecedente relevante en la defensa de la igualdad de mujeres y hombres
b. Hacer referencia a los compromisos adquiridos por Naciones Unidas en materia de derechos de mujeres y hombres
c. Incluir por primera vez la discriminación de la mujer en materia de empleo y ocupación
d. Crear un Comité de 23 expertas/os para la eliminación de todas las formas de discriminación contra la mujer

1280. En materia de igualdad de hombres y mujeres, la UE persigue la igualdad material:

a. A través de una estrategia dual: las políticas de acción positiva o dirigidas específicamente a las mujeres, y las políticas transversales
b. A través de una estrategia única basada en las políticas de acción positiva
c. A través de una estrategia única basada en las políticas transversales
d. Obligando a los Estados Miembros a firmar los Convenios internacionales sobre la materia

1281. Según el derecho internacional de los derechos humanos, se asigna a los Estados la obligación de:

a. Llevar a cabo políticas públicas en favor de los colectivos discriminados
b. Actuar activamente en la protección de las mujeres
c. Eliminar la discriminación contra hombres y mujeres en todos los ámbitos de la vida
d. Establecer en sus agendas públicas cuestiones como la discriminación por cuestión de género

1282. El Convenio del Consejo de Europa sobre prevención y lucha contra la violencia contra la mujer y la violencia doméstica (Convenio de Estambul) de 2011:

a. Es un declaración política, sin carácter normativo, en la que los Estados firmantes manifiestan sus posiciones en relación con la violencia contra la mujer y la violencia doméstica
b. Es una norma que no genera obligaciones a los Estados firmantes
c. Entra en vigor en España en 2014, tras su ratificación
d. Entra en vigor en España en 2011, en el momento de su aprobación por el Consejo de Europa

1283. Entre los objetivos que persigue el Convenio Estambul (2011) se encuentra:

a. Proteger a la mujer de todas las formas de violencia
b. Trabajar para la eliminación de todo tipo de discriminación contra las mujeres
c. Trabajar por el logro de la igualdad real de mujeres y hombres
d. Las tres son correctas

1284. La CEDAW de 1979:

a. Es el primer antecedente relevante en la defensa de la igualdad de mujeres y hombres y se aprueba en el seno del Consejo de Europa
b. Es el primer Tratado en la materia que se aprueba en el seno de la Unión Europea
c. Promulga, con obligatoriedad jurídica, principios aceptados universalmente y medidas concretas que deben adoptar los Estados y algunos actores privados
d. Promulga, sin obligatoriedad jurídica, principios aceptados universalmente y medidas concretas que deben adoptar los Estados y algunos actores privados

1285. La constitución Española menciona la Igualdad en su Título Preliminar, en el Artículo:

a. 1   b. 3   c. 5   d. 8

1286. En el Título Preliminar de la Constitución se propugna la Igualdad como:

a. uno de los 3 'valores superiores'
b. uno de los 4 'valores superiores'
c. uno de los 3 'principios inspiradores'
d. uno de los 4 'principios inspiradores'

1287. Según el artículo 9.2 de la Constitución, «promover las condiciones para que la libertad y la igualdad del individuo y de los grupos en que se integra sean reales y efectivas» le corresponde a:

a. El Gobierno
b. La Administración
c. El Gobierno y la Administración
d. Los poderes públicos

1288. El Real Decreto que regula los planes de igualdad en las empresas (PIE) es del año:

a. 2007   b. 2017   c. 2005   d. 2020

1289. La igualdad es:

a. Un principio
b. El derecho a la no discriminación por razón de sexo
c. La ausencia de todo perjuicio o desventaja, directa o indirecta, por razón de sexo
d. Las tres son correctas

1290. Situación en la que una disposición, criterio o práctica aparentemente neutros, pone a una persona de un sexo en desventaja particular respecto de personas de otro sexo:

a. Discriminación directa
b. Discriminación indirecta
c. Discriminación horizontal
d. Todas son incorrectas

1291. La Ley Orgánica 3/2007, de 22 de marzo, para la igualdad efectiva de mujeres y hombre, hace referencia a:

a. Al sistema educativo
b. A la eliminación de discriminación de género
c. A la consolidación de una sociedad justa, donde hombres y mujeres tengan las mismas oportunidades
d. Todas son ciertas

1292. Tipo de actividades dirigidas a compensar situaciones de desventaja con que parten las mujeres:

a. Medidas de acción positiva
b. Medidas de acción negativa
c. Medidas de acción neutra
d. Medidas de acción femenina

1293. Qué tipo de Plan engloba las medidas dirigidas a evitar cualquier tipo de discriminación laboral entre mujeres y hombres, negociándolas con los representantes legales de los trabajadores:

a. Plan de Obligatoriedad
b. Plan de Centro
c. Plan de Igualdad
d. Plan de Justicia

1294. A quién afectará el plan de Igualdad:

a. A los empresarios
b. A los directivos
c. A toda la plantilla
d. A las mujeres

1295. Cuántas fases tiene el Plan de Igualdad:

a. 2
b. 3
c. 4
d. No tiene fases

1296. Si existe un riesgo para la seguridad y la salud de una mujer embarazada:

a. El empresario adoptará medidas necesarias para evitar la exposición a dicho riesgo
b. El empresario adaptará las condiciones o el tiempo de trabajo de la trabajadora
c. La trabajadora será despedida
d. Son ciertas A y B

1297. De qué hablamos cuando nos referimos al género:

a. Es el concepto que utilizamos para identificar las diferentes éticas culturales que se producen entre los hombres y las mujeres
b. Es el concepto con el que nos referimos a las diferencias biológicas que hay entre los hombres y las mujeres
c. Es el concepto que utilizamos para identificar las diferencias sociales y culturales que se producen entre los hombres y las mujeres
d. Es el concepto con el que nos referimos a las diferencias psíquicas que hay entre hombres y mujeres

1298. La «brecha salarial» es la diferencia entre:

a. lo que cobran, de media, hombres y mujeres
b. lo que cobran, de media, empresarios y trabajadores
c. lo que cobran, de media, trabajadores con antigüedad y nuevos trabajadores
d. Ninguna es cierta

1299. ¿A qué nos referimos cuando hablamos de «techo de cristal»?

a. Es la superficie superior invisible en la carrera laboral de las mujeres, difícil de traspasar, que impide a éstas continuar avanzando profesionalmente
b. Es la superficie superior invisible en el aumento de salario de las mujeres
c. Ese término no existe
d. Ninguna es correcta

1300. Cuántos días nos corresponden al solicitar el permiso por matrimonio:

a. 12 días
b. 14 días
c. 15 días
d. 20 días

1301. Cómo disfrutaremos de un permiso de lactancia:

a. Con una hora diaria de ausencia al trabajo
b. Dos ausencias diarias de media hora cada una
c. Acumulando el tiempo en jornadas completas en los términos previstos previa negociación
d. Todas son correctas

1302. ¿Tenemos derecho a reducción de jornada para cuidar a un hijo menor de 8 años?

a. Sí
b. No
c. Depende de la empresa
d. Nunca

1303. Cuando el permiso de maternidad sea ejercido en su totalidad por uno de los progenitores, el derecho a la suspensión por paternidad únicamente podrá ser ejercido por el otro:

a. Falso
b. Verdadero
c. Depende de la empresa
d. Sólo en la administración local

1304. ¿Cuándo podremos solicitar la suspensión por maternidad?

a. Por maternidad biológica
b. Por adopción
c. Por acogimiento
d. Todas son ciertas

1305. ¿Qué pasa si una suspensión por motivos familiares coincide con el periodo de vacaciones?

a. Tendrá derecho a disfrutar las vacaciones en fecha distinta a la incapacidad temporal o a la del disfrute del permiso
b. Podrá disfrutar de las vacaciones aunque haya terminado el año natural al que corresponden las mismas
c. Ninguna de las dos
d. Ambas son correctas

1306. ¿Quién tiene derecho a pedir una excedencia voluntaria?

a. Todos los trabajadores
b. Los trabajadores que lleven más de un año en la empresa
c. Los trabajadores que lleven más de 5 años en la empresa
d. La excedencia voluntaria no existe

1307. ¿Qué es el mobbing?

a. Situación grupal en la que un sujeto es sometido a persecución, agravio o presión psicológica por uno o varios miembros del grupo al que pertenece con la complicidad o aquiescencia del resto
b. Es un acoso por parte de un hombre a una mujer
c. Es una falta de respeto del trabajador hacia el empresario
d. Ninguna es cierta

1308. ¿Para qué empresas es obligatorio desarrollar un Plan de Igualdad?

a. Las de más de 250 trabajadores
b. Las de más de 500 trabajadores
c. Todas las empresas
d. Es opcional

1309. ¿A qué nos referimos cuando hablamos de «Mainstreaming»?

a. Es un tipo de acoso
b. Es la transversalidad de la perspectiva de género
c. Es un derecho de los trabajadores extranjeros
d. Es el apellido de la primera mujer que luchó por la igualdad

1310. ¿Cuál será la duración de PIE (Plan de Igualdad de Empresa)?

a. Es temporal
b. Tiene un plazo de ejecución de las medidas a adoptar
c. Ambas son correctas
d. Ninguna lo es

1311. Son sujetos en riesgo de padecer mobbing:

a. Las personas envidiables
b. Las personas vulnerables
c. Las personas amenazantes, activas eficaces y trabajadoras
d. Todas son ciertas

1312. Cuál de las siguientes conductas se considera acoso:

a. Impedir al trabajador su desarrollo profesional
b. Realizar ofensas verbales, insultos y gritos al trabajador
c. Ignorar, excluir o hacer vacío al trabajador
d. Todas las respuestas son correctas

1313. A qué fase del PIE corresponde el 'Diagnóstico':

a. I
b. II
c. III
d. IV

1314. Las medidas de acción positiva tienden a eliminar las desigualdades que históricamente sufren las mujeres como consecuencia de los roles y estereotipos que la sociedad les impone:

a. Estas medidas de acción positiva se legitiman en función de la persona beneficiaria
b. Estas medidas de acción positiva se legitiman en función de la pertenencia a un colectivo discriminado, el de las mujeres
c. Estas medidas de acción positiva se refieren solo a igualar las condiciones de acceso, es decir, son medidas en el 'punto de salida'
d. Estas medidas de acción positiva se refieren solo a igualar los resultados, es decir, son medidas en el 'punto de llegada'

1315. Sobre la inclusión, en los contratos públicos, de criterios dirigidos a valorar la integración de la perspectiva de género en el proyecto presentado:

a. La inclusión de tales criterios es contraria a la normativa vigente sobre contratación administrativa
b. Es una medida correctora de carácter general para eliminar desigualdades detectadas y promover la igualdad
c. La Ley 4/2005 no prevé medidas de esta clase
d. La inclusión de tales criterios sólo se admite en contratos cuyo objeto esté relacionado con la gestión de programas o políticas de igualdad

1316. Uno de los instrumentos más eficaces para trabajar por la igualdad efectiva de hombres y mujeres es:

a. Una política de principios adecuada en la materia
b. Una legislación efectiva
c. La acción positiva
d. Son correctas A y B

1317. Todo órgano de la administración pública que promueva un proyecto de norma deberá realizar una evaluación previa del impacto de género:

a. Salvo cuando la administración competente decida no realizar la evaluación ya que se trata de una evaluación opcional y no obligatoria
b. Salvo cuando la administración resuelva realizar la evaluación una vez aprobada la norma
c. No se realizará, de forma excepcional, cuando exista un informe motivado y aprobado por el órgano competente donde se justifique la omisión de la evaluación
d. Siempre, se debe realizar en todos los procedimientos sin que se admita ninguna excepcionalidad

1318. Una medida que promueva el acceso de los hombres a profesiones tradicionalmente consideradas como femeninas, qué consideración tiene:

a. Es una medida de acción positiva
b. Es una medida de discriminación directa
c. Es una medida de discriminación indirecta
d. Es una medida incompatible con la igualdad

1319. Se entiende por integración de la perspectiva de género:

a. La adecuación de las políticas públicas del pasado a las cuestiones de género
b. La consideración sistemática de las diferentes situaciones, condiciones, aspiraciones y necesidades de mujeres y hombres, incorporando objetivos y actuaciones específicas dirigidas a eliminar las desigualdades y promover la igualdad en todas las políticas y acciones, a todos los niveles y en todas sus fases de planificación, ejecución y evaluación
c. La consolidación en las políticas públicas de la eliminación de las discriminaciones
d. Ninguna de las tres

1320. Una vez realizada la evaluación de impacto de género, el órgano que promueva la norma debe incorporar medidas correctoras de cara a eliminar las desigualdades detectadas y promover la igualdad. Entre las medidas correctoras de carácter general destaca entre otras la inclusión en las normas que regulan los procesos selectivos o la concesión de premios, de una cláusula por la que se garantice que en los Tribunales y en los Jurados los dos sexos estén representados al menos al:

a. 30%

b. 40%

c. 50%

d. Ninguna de las tres

1321. La Red de Unidades de Igualdad:

a. Es una Red de municipios impulsada por el Ministerio

b. Es la Red que coordina los movimientos sociales que trabajan por la igualdad entre hombres y mujeres

c. Es una estructura regulada formalmente que coordina las Unidades de Igualdad

d. Es una estructura no regulada formalmente que coordina las Unidades de Igualdad de universidades españolas

---

1322. La integración de la perspectiva de género plantea la necesidad de solucionar los desequilibrios existentes entre hombres y mujeres mediante acciones tales como:

a. La redistribución equitativa de las actividades entre los sexos (en las esferas de lo público y privado)

b. La justa valoración de los distintos trabajos que realizan mujeres y hombres, especialmente en lo referente a la crianza de las hijas e hijos, el cuidado de los enfermos y las tareas domésticas

c. La modificación de las estructuras sociales, los mecanismos, las reglas, prácticas y valores que reproducen la desigualdad

d. Las tres son correctas

1323. Cuál de las siguientes frases define mejor el principio de la igualdad de oportunidades:

a. Se trata de garantizar el derecho de todas las personas, de mujeres y de hombres, a participar de manera activa y equitativa en todas las áreas de la esfera tanto pública como privada

b. Las mujeres y los hombres deben disponer de similares recursos iniciales

c. Se trata de lograr metas iguales para ambos sexos

d. Una persona, una oportunidad

1324. Todas las medidas que planteen un tratamiento diferente para las mujeres y hombres:

a. Siempre serán consideradas como medidas discriminatorias por razón de sexo

b. Solo serán consideradas discriminatorias si no tienen una justificación objetiva o razonable

c. Serán consideradas como situaciones de discriminación múltiple

d. Serán consideradas como medidas discriminatorias si van acompañadas de una previsión presupuestaria

---

1325. La publicación del anuncio 'se busca director de ventas' es un claro ejemplo de:

a. Discriminación indirecta

b. Discriminación directa

c. Medida no discriminatoria

d. Discriminación interseccional

1326. Principios generales que han de presidir la actuación de los poderes públicos en materia de igualdad. Por lo que respecta al principio de igualdad de trato, y como norma general, cómo se califica la situación en que una práctica, aparentemente neutra, pone a personas de un sexo en desventaja particular con respecto a personas del otro:

a. Discriminación directa

b. Discriminación indirecta

c. No se considera discriminación

d. Discriminación positiva

1327. NO está entre las medidas para promover la igualdad en la elaboración de un proyecto de norma por parte de un órgano administrativo:

a. La evaluación previa en función del género

b. La incorporación de medidas correctoras en el supuesto de que se detecten desigualdades

c. La emisión de un informe del IVAP-Instituto Vasco de la Administración Pública

d. La emisión de un informe de legalidad

1328. Teóricamente la representación equilibrada entre hombres y mujeres se puede definir como:

a. La igualdad exacta en el porcentaje de representación entre sexos

b. Un porcentaje de participación en el que ningún sexo predomina sobre otro

c. La equiparación porcentual entre sexos

d. Ninguna de las tres

1329. Respetar el principio de igualdad de mujeres y hombres NO significa que deban ser tratadas/os:

a. Como idénticas/os

b. Atendiendo a las diferencias existentes en cuanto a su biología

c. Respetando las diferentes condiciones de vida, aspiraciones y necesidades

d. Teniendo en cuenta su diversidad

1330. A qué principio corresponde la siguiente definición: 'Consideración sistemática de las diferentes situaciones, condiciones, aspiraciones y necesidades de mujeres y hombres, incorporando objetivos y actuaciones específicas dirigidas a eliminar las desigualdades y promover la igualdad en todas las políticas y acciones, a todos los niveles y en todas sus fases de planificación, ejecución y evaluación':

a. Igualdad de oportunidades

b. Integración de la perspectiva de género

c. Igualdad de trato

d. La definición no corresponde a ninguno de los anteriores principios

---

1331. El origen de las acciones positivas lo encontramos en el siglo XX, en la década de los años:

a. 60, en Estados Unidos

b. 60, en Reino Unido

c. 70, XX en Estados Unidos

d. 70, XX en Reino Unido

1332. La igualdad real y efectiva de las mujeres requiere:

a. Que se articulen mecanismos e instrumentos eficaces en el marco de la 'acción positiva'

b. Que se reconozca normativamente el principio de igualdad, con ello bastaría

c. La aprobación de una Ley para la igualdad

d. La existencia de organismos que promuevan la igualdad de hombres y mujeres

---

1333. Las Unidades de Igualdad:

a. Son unidades administrativas de coordinación, de carácter informal, creadas por la Ley 4/2005

b. Son unidades administrativas de coordinación, de carácter formal, creadas por la Ley 4/2005

c. Son unidades administrativas de coordinación creadas por los ayuntamientos

d. Son unidades administrativas de coordinación creadas por los sindicatos

---

1334. Un estereotipo de género es:

a. Una idea discriminatoria internamente asumida

b. Una opinión o prejuicio acerca de los atributos que hombres y mujeres poseen o debiesen poseer

c. Una realidad globalmente asumida

d. Las tres son correctas

1335. Qué afirmación es INCORRECTA respecto a la evaluación previa en función del género:

a. Una vez realizada la evaluación, el órgano que promueva la norma debe incorporar medidas correctoras de cara a eliminar las desigualdades detectadas y promover la igualdad

b. Debe realizarla, como norma general, todo órgano de la administración que promueva un proyecto de norma

c. La evaluación previa en función del género no es aplicable en las Administraciones forales y locales

d. Existen normas y actos administrativos excluidos de la necesidad de hacer dicha evaluación

1336. En el ámbito local las 'evaluaciones previas del impacto en función del género', es una herramienta que data del año:

a. 2016   b. 2017   c. 2018   d. 2019

1337. Qué nos ayuda a entender la perspectiva de género:

a. Que la vida de mujeres y hombres no está determinada por la naturaleza sino construida culturalmente

b. Que la vida de mujeres y hombres está determinada por la naturaleza y no construida culturalmente

c. Que la asignación tradicional de determinados trabajos a la mujer, como la crianza o el cuidado de enfermos, tiene una base biológica

d. Que los estereotipos con los que se ha educado hasta ahora están determinados por naturaleza

1338. 'La consideración sistemática de las diferentes situaciones, condiciones, aspiraciones y necesidades de mujeres y hombres, incorporando objetivos y actuaciones específicas dirigidas a eliminar las desigualdades y promover la igualdad en todas las políticas y acciones, a todos los niveles y en todas sus fases de planificación, ejecución y evaluación', define la:

a. Acción positiva

b. Representación equilibrada

c. Integración de la perspectiva de género

d. Eliminación de estereotipos en función del sexo

1339. Si una disposición o práctica que tiene una apariencia neutra coloca personas de un mismo sexo en situación de desventaja respecto del otro sexo, se dice que nos encontramos ante:

a. Una situación de discriminación directa

b. Una situación de discriminación indirecta

c. Una situación no discriminatoria porque la disposición o práctica es de apariencia neutra

d. Una situación de discriminación múltiple o interseccional

1340. Sobre los estereotipos en función del sexo:

a. Son nocivos cuando limita la capacidad de hombres y mujeres para desarrollar sus facultades personales

b. Sirven para fortalecer el poder de gestión y decisión de las mujeres

c. Permiten modificar las estructuras sociales y los mecanismos que reproducen la desigualdad

d. Permiten valorar justamente los trabajos que realizan las mujeres

1341. La comisión interinstitucional para la igualdad de mujeres y hombres tiene como objeto:

a. La coordinación de las actuaciones del Gobierno Vasco en materia de igualdad de mujeres y hombres

b. Prestar el apoyo y asesoramiento técnico necesario a las y los miembros de la Comisión Interdepartamental

c. Evaluar las políticas de igualdad en la Comunidad Autónoma de Euskadi

d. Coordinar las políticas y programas que en materia de igualdad de mujeres y hombres desarrollen la Administración autonómica, foral y local

1342. En qué consiste el principio de acción positiva:

a. En la consideración sistemática de las diferentes situaciones, condiciones, aspiraciones y necesidades de mujeres y hombres, incorporando objetivos y actuaciones específicas dirigidas a eliminar las desigualdades

b. En garantizar el ejercicio efectivo por parte de mujeres y hombres, en condiciones de igualdad, de los derechos políticos, civiles, económicos, sociales y culturales

c. En establecer la igualdad de oportunidades por medio de medidas temporales que permitan contrastar o corregir aquellas discriminaciones que son el resultado de prácticas o de sistemas sociales

d. Ninguna de las tres

1343. La acción positiva se legitima en función de:

a. La persona beneficiaría

b. La pertenencia a un colectivo discriminado

c. La pertenencia a un colectivo discriminado, el de las mujeres

d. Son correctas B y C

1344. La integración de la perspectiva de género NO se vincula con:

a. El conocimiento real y ajustado de las diferencias en los puntos de partida, oportunidades y posibilidades de hombres y mujeres en nuestra sociedad

b. Una metodología que permite identificar, cuestionar y valorar la discriminación, desigualdad y exclusión de las mujeres, que la pretende justificar en base a las diferencias biológicas entre ambos sexos

c. Las acciones que deben emprenderse para actuar sobre los factores de la desigualdad y crear condiciones de cambio que permitan avanzar en la construcción de la igualdad de mujeres y hombres

d. La igualdad como identidad de los sexos, lo que significa que las personas deben ser tratadas como idénticas

1345. La discriminación múltiple o interseccional se produce:

a. Cuando tanto las mujeres como los hombres se encuentran en una situación de discriminación

b. Cuando dos o más factores de discriminación interactúan simultáneamente produciendo una forma específica de discriminación

c. Cuando la discriminación se refiere a las profesiones fundamentalmente ejercidas por mujeres

d. Cuando los poderes públicos aplican acciones positivas

1346. La evaluación previa del impacto de género y, en su caso, la inclusión de medidas correctoras:

a. No se realizará de forma excepcional y mediante informe motivado y aprobado por el órgano competente donde se justifique tal omisión

b. Se realizará de forma excepcional y mediante informe motivado y aprobado por el órgano competente donde se justifique tal omisión

c. Es preceptiva conforme a la legislación vigente

d. No es preceptiva conforme a la legislación vigente

1347. Sobre el principio de respeto a la diversidad y a la diferencia:

a. La diferencia implica desigualdad

b. Respetar el principio de igualdad significa que las personas deban ser idénticas y deben ser tratadas como idénticas

c. Este principio implica respetar las diferencias existentes dentro de los propios colectivos de mujeres y de hombres

d. El respeto a la diversidad y a la diferencia no es un principio recogido en la Ley 4/2005

1348 C	1368 D	1388 C
1349 C	1369 C	1389 D
1350 D	1370 A	1390 A
1351 C	1371 C	1391 C
1352 C	1372 D	1392 D
1353 C	1373 B	1393 A
1354 A	1374 B	1394 C
1355 B	1375 A	1395 C
1356 C	1376 B	1396 B
1357 D	1377 C	1397 D
1358 A	1378 B	1398 C
1359 B	1379 A	1399 C
1360 A	1380 B	1400 C
1361 D	1381 D	1401 D
1362 C	1382 A	1402 A
1363 D	1383 D	1403 D
1364 C	1384 A	1404 D
1365 B	1385 A	1405 C
1366 D	1386 C	1406 A
1367 A	1387 A	

1348. La persona física o jurídica, de naturaleza pública o privada, u órgano administrativo, que decida sobre la finalidad y medios del tratamiento, es el:

a. Encargado del tratamiento
b. Interesado
c. Responsable del tratamiento
d. Curador del tratamiento

1349. Cuál de los siguientes derechos NO queda regulado expresamente en el RGPD:

a. Derecho de acceso
b. Derecho de rectificación
c. Derecho a la cancelación
d. Derecho de supresión

1350. La seguridad adecuada de los datos atendiendo al principio de integridad y confidencialidad debe incluir:

a. La protección contra el tratamiento no autorizado o ilícito
b. La protección contra su pérdida
c. La protección contra su destrucción o daño accidental
d. Las tres son correctas

1351. Cuál de estas acciones NO se encuadra dentro del tratamiento de datos de carácter personal:

a. Recoger   b. Registrar
c. Proteger   d. Estructurar

1352. Para que el tratamiento de datos personales sea lícito se deberá cumplir alguna de las siguientes condiciones (indíquese la respuesta INCORRECTA):

a. Que el interesado dé su consentimiento para uno o varios fines específicos
b. Que el tratamiento sea necesario para la ejecución de un contrato en el que el interesado es parte
c. Que la Administración pública responsable del tratamiento invoque un interés legítimo propio
d. Que el tratamiento sea necesario para proteger intereses vitales del interesado o de otra persona física

1353. La limitación del plazo de conservación queda recogida en el artículo:

a. 5.1 c del RGPD
b. 5.1 d del RGPD
c. 5.1 e del RGPD
d. Ninguna de las tres

1354. Se entiende por dato de carácter personal:

a. Toda información sobre una persona física identificada o identificable
b. Toda información sobre una persona física o jurídica identificada o identificable
c. Toda información sobre una persona física, esté viva o haya fallecido
d. Cualquier información sobre una persona física identificada

1355. De acuerdo con el artículo 22 del Reglamento General de Protección de Datos UE (RGPD)…

a. Todo interesado tiene derecho a no ser objeto de una decisión basada únicamente en el tratamiento automatizado de datos, que produzca efectos jurídicos en él o le afecte significativamente, sin excepción
b. Todo interesado tiene derecho a no ser objeto de una decisión basada únicamente en el tratamiento automatizado de datos, que produzca efectos jurídicos en él o le afecte significativamente, aunque hay excepciones en que el responsable puede adoptar este tipo de decisiones
c. Una persona puede ser objeto de una decisión basada únicamente en el tratamiento automatizado de datos, incluida la elaboración de perfiles, que produzca efectos jurídicos en él o le afecte significativamente, en cualquier caso, cuando quiera el responsable del tratamiento
d. Una persona puede ser objeto de una decisión basada únicamente en el tratamiento automatizado de datos, sin incluir la elaboración de perfiles, que produzca efectos jurídicos en él o le afecte significativamente

1356. El tratamiento de datos relativos a la salud de una persona:

a. Está prohibido en todo caso
b. Se permite siempre que se acredite su no utilización con fines discriminatorios
c. Se permite cuando concurren razones de interés público en el ámbito de la salud pública
d. Únicamente se permite si se cuenta con el consentimiento expreso del interesado

1357. Quién puede ser encargado del tratamiento o encargado de la protección de datos de carácter personal:

a. Personas físicas y jurídicas
b. Autoridades públicas
c. Servicios u otros organismos
d. Las tres son correctas

1358. El principio de minimización de datos de carácter personal implica que:

a. No deben recogerse ni utilizarse más datos que los estrictamente necesarios para el cumplimiento de la función que el responsable del tratamiento tiene asignada

b. Deben suprimirse o rectificarse sin dilación los datos que sea inexactos, aunque sean mínimos

c. Los datos no deben conservarse más tiempo del estrictamente necesario

d. Los datos deben ser tratados de manera que se garantice un mínimo de seguridad adecuada de los mismos

1359. El responsable del tratamiento de datos personales debe informar al interesado acerca del tratamiento en el momento en que se recojan sus datos:

a. Siempre que así lo solicite la persona interesada

b. En todo caso, aunque no haya una petición por parte del interesado

c. Por escrito o de forma electrónica, nunca de manera verbal

d. De manera concisa, transparente, inteligible y de fácil acceso, siempre por escrito

1360. La transparencia hace referencia a:

a. La información
b. Los datos
c. Los principios
d. Ninguna de las tres

1361. Un dato de carácter personal:

a. Es toda información sobre persona física identificada o identificable

b. Es una realidad a proteger
c. Puede recogerse de diferentes maneras
d. Las tres son correctas

1362. El tratamiento de datos de carácter personal NO será lícito…

a. Cuando la persona interesada haya dado su consentimiento

b. Cuando sea necesario para el cumplimiento de una obligación legal

c. Cuando el tratamiento sea necesario para satisfacer un interés legítimo del responsable del tratamiento o de un tercero, también en el caso de que la Administración Pública sea la responsable y argumente su interés legítimo

d. Cuando el tratamiento sea necesario para la ejecución de un contrato

1363. Atendiendo al principio de limitación de la finalidad, los datos personales serán recogidos con fines:

a. Determinados
b. Explícitos
c. Legítimos
d. Las tres son correctas

1364. Con qué fines se pueden conservar los datos por períodos más largos:

a. Fines de archivo en interés público
b. Fines estadísticos
c. Ambas son correctas
d. Ninguna lo es

1365. Cuál de las siguientes categorías de datos personales NO es una de las denominadas de categoría especial:

a. Los referentes al origen étnico
b. Los referentes al certificado de penales
c. Los referentes a los datos biométricos
d. Los referentes a las convicciones filosóficas

1366. Decimos que hay tratamiento de datos cuando..:

a. Haya una difusión de dichos datos
b. Se almacenen dichos datos
c. Se supriman dichos datos
d. Las tres son correctas

1367. De acuerdo con el principio de exactitud, reconocido en las normas de protección de datos (art. 5.1.d RGPD)…

a. Se adoptarán todas las medidas razonables para que se supriman o rectifiquen sin dilación los datos personales que sean inexactos con respecto a los fines para los que se tratan

b. Se adoptarán todas las medidas necesarias para que se supriman los datos que han cumplido la finalidad prevista

c. Se adoptarán las medidas oportunas para que se supriman o rectifiquen, cuando lo decida el responsable de tratamiento, los datos inexactos

d. Se adoptarán todas las medidas para que se rectifiquen los datos de carácter personal que sean inexactos y no se correspondan con la realidad

1368. Sobre el consentimiento en materia de tratamiento de datos personales:

a. El responsable del tratamiento de datos debe ser capaz de acreditar que el interesado consintió, sea de forma activa o pasiva, el tratamiento de sus datos

b. El interesado no tiene derecho a retirar en cualquier momento el consentimiento prestado

c. Los menores de edad no pueden dar su consentimiento válidamente en ningún caso

d. El consentimiento debe consistir en una manifestación de voluntad inequívoca por la que interesado acepta, ya sea mediante una declaración o una clara acción afirmativa, el tratamiento de datos personales que le conciernen

1369. El Reglamento (UE) 2016/679, relativo a la protección de las personas físicas en lo que respecta al tratamiento de datos personales y a la libre circulación de estos datos, regula el tratamiento de categorías especiales de datos personales. Con arreglo a esta regulación se puede decir que:

a. Existe una prohibición general y absoluta, sin excepciones, de tratar datos personales que revelen el origen étnico o racial, las opiniones políticas, las convicciones religiosas o filosóficas, o la afiliación sindical, y el tratamiento de datos genéticos, datos biométricos dirigidos a identificar de manera unívoca a una persona física, datos relativos a la salud o datos relativos a la vida sexual o a las orientaciones sexuales de una persona física

b. Existe una prohibición general de tratar las categorías especiales de datos, pero existen supuestos en los que está permitido el tratamiento de los mismos siempre que exista consentimiento del interesado

c. Existe una prohibición general de tratar las categorías especiales de datos, pero existen supuestos en los que está permitido el tratamiento de los mismos; por ejemplo, cuando concurran razones de interés público en el ámbito de la salud pública

d. Existe una prohibición general de tratar las categorías especiales de datos, pero los datos genéticos y biométricos no están incluidos entre esas categorías

1370. El derecho a la protección de datos de carácter personal se aplica a:

a. Las personas físicas
b. Las personas físicas y jurídicas
c. Las personas físicas, jurídicas y a los fallecidos
d. Las personas físicas, jurídicas, fallecidos y a las instituciones públicas

1371. Elija la FALSA. El tratamiento en la protección de datos será lícito cuando se cumpla alguna de estas condiciones:

a. El interesado ha dado su consentimiento
b. El tratamiento es necesario para la ejecución de un contrato
c. Siempre que se haga de buena de fe
d. El tratamiento es necesario para el cumplimiento de una obligación

1372. Los datos relativos a la salud incluyen:

a. Datos relativos a la salud física
b. Datos relativos a la salud mental
c. Datos que incluyen la prestación de servicios de atención sanitaria
d. Las tres son correctas

1373. El derecho a la protección de datos en España es una creación:

a. Constitucional
b. Jurisprudencial
c. Legal
d. Ninguna de las tres

1374. El principio de exactitud queda recogido en el artículo:

a. 5.1 c del RGPD
b. 5.1 d de la RGPD
c. 5.1 c de la LOPD
d. 5.1 d de la LOPD

1375. El encargado del tratamiento de datos personales:

a. Trata los datos por cuenta del responsable del tratamiento
b. Decide sobre los medios y fines del tratamiento
c. Puede acceder a los datos pero no puede tratarlos ni usarlos
d. Actúa en su propio nombre

1376. Cuáles de los siguientes derechos pueden ser calificados como derechos digitales:

a. Derecho al honor en las redes sociales
b. Derecho a la desconexión digital en el ámbito laboral
c. Derecho a la intimidad
d. Las tres son correctas

1377. El derecho a la protección de datos de carácter personal...

a. No se garantiza en la Constitución Española
b. Se regula únicamente en el Reglamento General de Protección de Datos de la UE, 2016/679
c. Se garantiza en el artículo 18.4 de la Constitución Española
d. Se regula únicamente en la Ley Orgánica 3/2018, de protección de datos personales y garantía de los derechos digitales

1378. El derecho a ser informado del más amplio derecho a la protección de datos de carácter personal (arts. 13 y 14 RGPD)...

a. Debe cumplirse cuando así lo pida la persona interesada
b. Debe cumplirse de forma proactiva por la responsable del tratamiento
c. Debe cumplirse, en todo caso, verbalmente
d. Debe cumplirse en el plazo de un mes desde que la persona responsable del tratamiento recabó los datos de carácter personal

1379. la Constitución garantiza la protección de datos:

a. En el art. 18.4
b. A lo largo del texto constitucional
c. Como principio rector de la política social y económica
d. Ninguna de las tres

1380. Cuál de las siguientes características no se corresponde con las características de los datos biométricos:

a. Universales
b. Temporales
c. Únicos
d. Permanentes

1381. Elige la respuesta correcta. El principio de integridad y confidencialidad queda recogido en el artículo:

a. 5.1 c del RGPD
b. 5.1 d del RGPD
c. 5.1 e del RGPD
d. 5.1 f del RGPD

1382. El derecho a la portabilidad de los datos es solo de aplicación cuando el tratamiento es:

a. Automatizado y el fundamento jurídico del tratamiento es el consentimiento o un contrato
b. No automatizado y el fundamento jurídico del tratamiento es el consentimiento o un contrato
c. Consentido e informado
d. Ninguna de las tres

1383. De acuerdo con el principio de limitación de la finalidad en el tratamiento de datos personales:

a. Únicamente podrán utilizarse los datos para los fines que motivaron su recogida, sin poderse utilizar para una finalidad distinta aunque medie consentimiento del titular o así lo autorice una ley
b. La finalidad del tratamiento de los datos podrá estar formulada de manera genérica o específica
c. No se permitirá el tratamiento ulterior con fines de archivo en interés público, fines de investigación científica e histórica o fines estadísticos por considerarse incompatibles con los fines iniciales
d. Los datos serán recogidos con fines determinados, explícitos y legítimos

1384. El principio de lealtad es un principio:

a. Ético
b. Jurídico
c. Ético y jurídico
d. Constitucional

1385. El interesado tiene derecho a obtener del responsable del tratamiento de sus datos personales la supresión de aquellos que le conciernan (indíquese la respuesta INCORRECTA):

a. Siempre que se oponga al tratamiento de sus datos
b. Cuando los datos ya no son necesarios en relación con los fines que motivaron su recogida
c. Cuando los datos deben suprimirse para cumplimiento de una obligación legal
d. Cuando los datos hayan sido tratados ilícitamente

1386. La protección de datos de carácter personal es:

a. Un derecho básico
b. Un derecho transversal
c. Un derecho fundamental
d. Un derecho de segunda generación

1387. El principio de minimización de datos queda recogido en el artículo:

a. 5.1 c del RGPD
b. 5.1 c de la LOPD
c. 5.1 d de la LOPD
d. 5.1 d de la RGPD

1388. De acuerdo con el Reglamento (UE) 2016/679, relativo a la protección de las personas físicas en lo que respecta al tratamiento de datos personales y a la libre circulación de estos datos, dentro de las categorías especiales de datos personales se encuentran (indíquese la respuesta INCORRECTA):

a. Los datos biométricos
b. Los datos relativos a la salud
c. Los datos relativos a condenas e infracciones penales
d. Los datos genéticos

1389. A quién identifica el RGPD como responsable del tratamiento o responsable de la protección de datos:

a. Personas físicas y jurídicas
b. Autoridades públicas
c. Servicios u otros organismos
d. Las tres son correctas

1390. De acuerdo con el Reglamento (UE) 2016/679, relativo a la protección de las personas físicas en lo que respecta al tratamiento de datos personales y a la libre circulación de estos datos, la prohibición general de tratamiento de los datos genéticos y biométricos de una persona puede levantarse:

a. Si se trata de datos que el interesado ha hecho manifiestamente públicos
b. No puede levantarse la prohibición en ningún caso pues estos datos merecen una protección especial
c. Cuando el tratamiento es necesario por razones de un interés público esencial, siempre que medie consentimiento del interesado
d. Siempre que se acredite que no se pone en riesgo el derecho a la intimidad de las personas

1391. Con relación al tratamiento de datos personales y su libre circulación, el derecho a la portabilidad de dichos datos significa que:

a. El interesado tiene derecho a obtener los datos anteriormente aportados por él y pasarlos a otro proveedor siempre que no se oponga el proveedor actual
b. El interesado puede pasar sus datos a otro proveedor pero no puede solicitar al proveedor actual que lo haga él directamente
c. El interesado tiene derecho a recibir los datos que le incumban en un formato estructurado, de uso común y lectura mecánica
d. Este derecho se aplica a tratamientos de datos que se efectúen por medios automatizados y no automatizados

1392. La protección que otorga la Ley Orgánica 3/2018 y el Reglamento (UE) 2016/679 se refiere:

a. A los datos de las personas físicas y jurídicas

b. Protege únicamente el tratamiento automatizado de los datos de las personas físicas

c. Se aplica también a los tratamientos de datos realizados en el curso de una actividad exclusivamente personal o doméstica

d. Se aplica a las personas físicas en relación al tratamiento, sea automatizado o no, de sus datos personales

1393. Los datos personales NO deben conservarse:

a. Durante más tiempo del necesario para la conservación de la finalidad pretendida

b. Por tiempo indefinido

c. Por tiempo limitado

d. Ninguna de las tres

1394. Sobre el tratamiento de los datos personales, es FALSO:

a. Los datos serán recogidos con fines determinados, explícitos y legítimos

b. Los datos deben ser adecuados, pertinentes y limitados a lo necesario en relación con los fines para los que son tratados

c. Los datos deben ser, en todo caso, exactos y actualizados

d. Los datos personales serán tratados de manera lícita, leal y transparente en relación con el interesado

1395. Se incluyen en las categorías especiales de datos de carácter personal...

a. Los datos económicos referidos a una persona concreta

b. La dirección en la que vive una persona

c. Los datos relativos a la salud de una persona

d. El número de la matrícula de un coche, vinculado a su propietario

1396. De acuerdo con el principio de minimización de datos, recogido en la normativa de protección de datos (art. 5.1.c RGPD)...

a. Los datos personales serán recogidos con fines determinados, explícitos y legítimos, y no serán tratados ulteriormente de manera incompatible con dichos datos

b. Los datos personales serán adecuados, pertinentes y limitados a lo necesario en relación con los fines para los que son tratados

c. Los datos de carácter personal deben ser exactos y, si fuera necesario, actualizados

d. Los datos personales no deben conservarse durante más tiempo del necesario para la consecución de la finalidad pretendida

1397. La información básica al afectado ha de contener:

a. Identidad del responsable

b. Identidad del encargado

c. La finalidad del tratamiento

d. Son correctas A y C

1398. El contenido esencial del derecho a la protección de datos se manifiesta en una serie de derechos del interesado, entre los que NO se encuentra:

a. El derecho a ser informado por el responsable acerca del tratamiento de datos en el momento en que se recojan sus datos personales

b. El derecho a solicitar y obtener gratuitamente del responsable la confirmación de si se están tratando datos relativos a su persona o no

c. El derecho a la supresión, en todo momento, de cualquier dato personal que le concierne, si considera que el tratamiento le afecta negativamente

d. El derecho a que se rectifiquen los datos que resulten ser inexactos o incompletos

1399. El derecho de acceso del más amplio derecho a la protección de datos de carácter personal (art. 15 RGPD)...

a. Se puede ejercer ante las administraciones públicas pagando, en todo caso, el canon correspondiente

b. Se puede ejercer gratuitamente, en todo caso

c. Se puede ejercer gratuitamente, aunque cuando las solicitudes sean manifiestamente infundadas o excesivas, especialmente por su carácter repetitivo, se podrá cobrar un canon

d. Se puede ejercer gratuitamente, aunque no da derecho a que a la persona interesada se le facilite una copia de los datos personales objeto de tratamiento

1400. El proceso de seudonimización de datos personales implica que ciertos atributos se sustituyan por:

a. Seudónimos

b. Códigos

c. Ambas son correctas

d. Ninguna lo es

1401. Se entiende por consentimiento de la persona afectada por el tratamiento de sus datos personales:

a. Toda manifestación de voluntad libre, específica, informada e inequívoca por la que el afectado acepta, ya sea mediante una acción afirmativa o de manera tácita, el tratamiento de sus datos

b. Toda manifestación de voluntad libre, expresa y por escrito, por la que el afectado acepta, ya sea mediante una declaración o una clara acción afirmativa, el tratamiento de sus datos

c. Toda manifestación de voluntad libre, expresa y por escrito, por la que el afectado acepta mediante una clara acción afirmativa el tratamiento de sus datos

d. Toda manifestación de voluntad libre, específica, informada e inequívoca por la que el afectado acepta, ya sea mediante una declaración o una clara acción afirmativa, el tratamiento de sus datos

1402. Los menores de edad...

a. Pueden consentir válidamente un tratamiento de datos de carácter personal si tienen al menos catorce años

b. No pueden consentir válidamente un tratamiento de datos de carácter personal

c. Pueden consentir válidamente un tratamiento de datos de carácter personal si tienen al menos 16 años

d. Pueden consentir válidamente un tratamiento de datos de carácter personal con la autorización de sus tutores legales

1403. El tratamiento de datos de carácter personal por la Administración Pública encuentra como base legitimadora más habitual:

a. El consentimiento de la persona interesada

b. El interés legítimo de la Administración

c. La existencia de un contrato con la persona interesada

d. La existencia de una actividad realizada en interés público o para el ejercicio de poderes públicos

1404. Cuáles de los siguientes datos se subsumen en las categorías especiales de datos:

a. Origen étnico y racial

b. Datos biométricos

c. Los datos relativos a la vida sexual

d. Las tres son correctas

1405. Cuál se considera un dato perteneciente a una categoría especial de datos personales:

a. El número de teléfono

b. La afiliación política

c. La huella dactilar

d. La dirección del domicilio

1406. Para que la persona interesada pueda ejercer el derecho de oposición del derecho a la protección de datos de carácter personal...

a. Deberá alegar motivos relacionados con su situación particular

b. Podrá alegar cualquier circunstancia

c. Deberá alegar un interés vital de especial relevancia

d. Deberá alegar un interés legítimo

1407 **A**	1440 **D**	1473 **A**
1408 **A**	1441 **B**	1474 **B**
1409 **D**	1442 **D**	1475 **B**
1410 **A**	1443 **C**	1476 **B**
1411 **C**	1444 **C**	1477 **C**
1412 **D**	1445 **D**	1478 **B**
1413 **B**	1446 **B**	1479 **D**
1414 **A**	1447 **A**	1480 **B**
1415 **B**	1448 **C**	1481 **A**
1416 **C**	1449 **B**	1482 **B**
1417 **D**	1450 **A**	1483 **B**
1418 **D**	1451 **A**	1484 **C**
1419 **D**	1452 **A**	1485 **C**
1420 **D**	1453 **A**	1486 **A**
1421 **D**	1454 **C**	1487 **C**
1422 **A**	1455 **C**	1488 **C**
1423 **B**	1456 **D**	1489 **C**
1424 **B**	1457 **D**	1490 **C**
1425 **C**	1458 **C**	1491 **A**
1426 **A**	1459 **A**	1492 **A**
1427 **D**	1460 **C**	1493 **A**
1428 **C**	1461 **D**	1494 **D**
1429 **A**	1462 **B**	1495 **A**
1430 **B**	1463 **D**	1496 **A**
1431 **C**	1464 **D**	1497 **C**
1432 **A**	1465 **B**	1498 **D**
1433 **A**	1466 **D**	1499 **A**
1434 **D**	1467 **C**	1500 **D**
1435 **A**	1468 **C**	1501 **C**
1436 **D**	1469 **B**	1502 **A**
1437 **D**	1470 **B**	1503 **C**
1438 **B**	1471 **D**	
1439 **C**	1472 **A**	

1407. La protección de datos de carácter personal está regulada en:

a. La LO 3/2018, de 5 de diciembre, de Protección de Datos Personales y garantía de los derechos digitales y el Reglamento (UE) 2016/679 del Parlamento Europeo y del Consejo, de 27 de abril de 2016, relativo a la protección de las personas físicas en lo que respecta al tratamiento de datos personales y a la libre circulación de estos datos

b. La LO de Regulación del Tratamiento Automatizado de Datos y el Reglamento (UE) 2016/679 del Parlamento Europeo y del Consejo, de 27 de abril de 2016, relativo a la protección de las personas físicas en lo que respecta al tratamiento de datos personales y a la libre circulación de estos datos

c. La LO 15/1999, de 13 de diciembre, de Protección de Datos y el Reglamento (UE) 2016/679 del Parlamento Europeo y del Consejo, de 27 de abril de 2016, relativo a la protección de las personas físicas en lo que respecta al tratamiento de datos personales y a la libre circulación de estos datos

d. Son correctas B y C

1408. 'Los actos administrativos se producirán por escrito a través de medios electrónicos', y, asimismo, 'Las Administraciones Públicas emitirán los documentos administrativos por escrito, a través de medios electrónicos..' tal y como afirma:

a. la Ley 39/2015, de 1 de octubre, del Procedimiento Administrativo Común de las Administraciones Públicas

b. la Ley 40/2015, de 1 de octubre, de Régimen Jurídico del Sector Público

c. las Leyes 39 y 40/2015

d. la Ley 11/2007, de Acceso Electrónico de los Ciudadanos a los Servicios Públicos

1409. Según el art. 9 de la Ley 39/2015, los interesados en los procedimientos NO podrán identificarse mediante:

a. Sistemas basados en certificados electrónicos cualificados de firma electrónica expedidos por prestadores incluidos en la 'Lista de confianza de prestadores de servicios de certificación'

b. Sistemas basados en certificados electrónicos cualificados de sello electrónico expedidos por prestadores incluidos en la 'Lista de confianza de prestadores de servicios de certificación'

c. Sistemas de clave concertada y cualquier otro sistema, que las Administraciones consideren válido, en los términos y condiciones que se establezcan

d. Sistemas de código seguro de verificación expedidos por prestadores incluidos en la 'Lista de confianza de prestadores de servicios de certificación'

1410. Las personas físicas podrán elegir en todo momento si se comunican con las Administraciones Públicas para el ejercicio de sus derechos y obligaciones a través de:

a. Medios electrónicos o convencionales

b. Medios convencionales

c. Medios electrónicos

d. Ninguna de las tres

1411. NO es una característica de la administración electrónica:

a. La reducción del uso de papel

b. La estimulación del aprendizaje de la ciudadanía

c. Ser un acceso restringido a personas cualificadas

d. La simplificación de los procedimientos

1412. Es uno de los objetivos que persigue el Esquema Nacional de Seguridad (ENS):

a. Promover la prevención detección y corrección, para una mejor resiliencia en el escenario de ciberamenazas y ciberataques

b. Promover un tratamiento homogéneo de la seguridad que facilite la cooperación en la prestación de servicios públicos digitales cuando participan diversas entidades

c. Servir de modelo de buenas prácticas

d. Las tres son correctas

1413. La sede electrónica y el portal de internet están definidos en:

a. La Ley 39/45, de 1 de octubre, del Procedimiento Administrativo Común de las Administraciones Públicas

b. La Ley 40/2015, de 1 de octubre, de Régimen Jurídico del Sector Público

c. La Ley 19/2003, de 9 de diciembre, de Transparencia, Acceso a la Información Pública y Buen Gobierno

d. Ninguna de las tres

1414. Elige la mejor definición de expediente administrativo:

a. Conjunto ordenado de documentos y actuaciones administrativas

b. Una parte importante del procedimiento administrativo

c. El soporte documental del procedimiento administrativo

d. Ninguna de las tres

1415. Es un tipo de firma electrónica:

a. Firma electrónica verificada
b. Firma electrónica reconocida
c. Firma electrónica supervisada
d. Firma electrónica autorizada

1416. Sobre el uso obligatorio de la firma electrónica por parte de los interesados, es FALSO:

a. Es obligatorio para formular solicitudes
b. Es obligatorio para interponer recursos
c. Es obligatorio para cualquier actuación prevista en el procedimiento administrativo
d. Es obligatorio para desistir de acciones y renunciar a derechos

1417. Cuál permanece vigente:

a. Ley de Acceso Electrónico de los Ciudadanos a los Servicios Públicos
b. Ley 59/2003, de Firma Electrónica
c. Ambas
d. Ninguna de las dos

1418. En todo caso, estarán obligados a relacionarse a través de los medios electrónicos con las Administraciones Públicas para la realización de cualquier trámite de un procedimiento administrativo:

a. Las personas físicas y jurídicas
b. Las personas jurídicas
c. Las entidades sin personalidad jurídica
d. Son correctas B y C

1419. Según la Ley 39/2015 no estarán obligados a relacionarse a través de medios electrónicos con las administraciones públicas para la realización de cualquier trámite de un procedimiento administrativo:

a. Las personas jurídicas
b. Las entidades sin personalidad jurídica
c. Quienes representen a un interesado que esté obligado a relacionarse electrónicamente con la Administración
d. Las personas físicas salvo en los supuestos que se establezca lo contrario

1420. La Ley 39/2015, con respecto a la administración electrónica:

a. Separa y diferencia el procedimiento administrativo común y el procedimiento electrónico
b. No hace referencia a la administración electrónica
c. Hace referencia al procedimiento administrativo común, pero no al procedimiento electrónico
d. Elimina la separación regulatoria entre procedimiento electrónico y procedimiento administrativo

1421. NO es exigible como mínimo en una sede electrónica:

a. Tablón de anuncios y edictos
b. Formulario de sugerencias y quejas
c. Fecha y hora oficial
d. Perfil del contratante

1422. Podrán los interesados utilizar el sistema de sello electrónico a efectos de firma:

a. Sí
b. No, el sello electrónico es un sistema de identificación válido únicamente para las Administraciones Públicas
c. Sí, pero únicamente junto con una firma electrónica cualificada
d. No, el sello electrónico es un sistema de identificación, no de firma

1423. Los legisladores fueron conscientes de que existe un segmento de población que no dispone de los medios y la preparación necesaria para tramitar de forma telemática. El concepto de asistencia se recoge en el artículo:

a. 10 de la Ley 39/2015
b. 12 de la Ley 39/2015,
c. 13 de la Ley 39/2015
d. 12 de la Ley 40/2015

1424. Un certificado electrónico es:

a. el proceso de utilizar los datos de identificación de una persona en formato electrónico
b. un documento firmado electrónicamente por un prestador de servicios de certificación que vincula unos datos de verificación de firma a un firmante y confirma su identidad
c. un documento firmado a mano y escaneado posteriormente para su utilización telemática en cualquier Administración
d. Las tres son correctas

1425. NO es una obligación de la administración electrónica:

a. Interoperar con otras AAPP
b. Archivar los expedientes electrónicamente
c. Obligar a todos los administrados a relacionarse electrónicamente
d. Garantizar el derecho a la información y transparencia

1426. En qué artículos de la Ley 39/2015 quedan recogidos los derechos:

a. Arts. 12, 13, 14 y 53
b. Arts. 9, 10 y 11
c. Arts. 5 y 6
d. Arts. 5, 9, 10 y 11

1427. El conjunto ordenado de documentos y actuaciones que sirven de antecedente y fundamento a la resolución administrativa, así como las diligencias encaminadas a ejecutarla se denomina:

a. Documento electrónico
b. Certificado electrónico
c. Documento administrativo
d. Expediente administrativo

1428. En qué artículo de la Ley 40/2015 quedan recogidos los principios que rigen el funcionamiento de los órganos colegiados:

a. 1   b. 2   c. 3   d. 4

1429. Una de las características del documento electrónico es:

a. Incorporar un sello de tiempo en el que han sido emitidos
b. Ser emitidos y validados por una empresa de certificación
c. Incorporar una firma digitalizada visible en el documento
d. Estar almacenados y accesibles en la carpeta ciudadana

1430. Para que una copia auténtica generada mediante una actuación administrativa automatizada sea válida:

a. Las copias deben ser firmadas por el funcionario que ejecuta la actuación
b. Las copias deben ser firmadas con el sello del órgano
c. Las copias deben ser firmadas por el funcionario que ejecuta la actuación, el sello del órgano y el sello de la entidad
d. Las copias deben ser firmadas por el secretario general, el sello del órgano y el sello de la entidad

1431. Sobre los documentos electrónicos, es FALSO:

a. Deben contener información de cualquier naturaleza archivada en soporte electrónico según un formato determinado susceptible de identificación y tratamiento diferenciado
b. Deben disponer de los datos de identificación que permitan su individualización, sin perjuicio de su posible incorporación a un expediente electrónico
c. Deben incorporar una referencia temporal del momento en que han sido emitidos y del momento hasta el que son válidos esos documentos
d. Deben incorporar los metadatos mínimos exigidos

1432. La notificación electrónica es:

a. La publicación en Sede Electrónica de una comunicación administrativa con consecuencias jurídicas
b. El aviso sobre cualquier modificación en la tramitación de un expediente por parte de una Administración Pública mediante correo electrónico a los interesados
c. La publicación en Sede Electrónica de una comunicación administrativa sin consecuencias jurídicas
d. Es una plataforma electrónica destinada a facilitar la participación ciudadana

1433. Según la Ley 39/2015 los actos administrativos:

a. Se producirán por escrito a través de medios electrónicos y los documentos administrativos se emitirán igualmente por escrito a través de medios electrónicos

b. Se producirán por escrito a través de medios electrónicos, pero los documentos administrativos se emitirán en papel, por correo certificado

c. Se producirán por escrito en formato papel y los documentos administrativos se emitirán igualmente en papel

d. Si se producen a través de medios electrónicos, los documentos administrativos que se emitan se producirán igualmente por medios electrónicos; si el acto administrativo se produce en formato papel, los documentos administrativos también en papel

1434. En la Ley 39/2015 tiene un impacto directo en la administración electrónica:

a. Transferencia de tecnología entre las AAPP

b. Sistemas de firma de los empleados públicos

c. Sistemas de identificación de las AAPP

d. Sistemas de identificación de los interesados

1435. Un documento electrónico se caracteriza por:

a. Incorporar metadatos mínimos exigidos

b. Ser idéntico a un documento convencional

c. Ser atemporal

d. Ninguna de las tres

1436. La Administración electrónica:

a. Reducción de costes

b. Mejora de la eficiencia y la productividad

c. Menor uso de papel

d. Las tres son correctas

1437. Qué colectivo NO tiene obligación de relacionarse con la Administración en formato electrónico:

a. Profesionales

b. Entidades sin personalidad jurídica

c. Personas jurídicas

d. Personas físicas

1438. Los documentos electrónicos que contengan actos administrativos tienen que conservarse:

a. En el formato original en el que se archivaron y no se pueden transformar

b. En cualquier formato que asegure la identidad e integridad de la información

c. En cualquier formato estándar de mercado en ese momento

d. En los formatos definidos en las ordenanzas y reglamento de la Administración Pública que los almacena

1439. Sobre los sistemas de identificación utilizados por los interesados en el procedimiento administrativo, las administraciones deberán:

a. Registrar la identidad de los interesados, haciendo constar su nombre, apellidos o denominación o razón social, según corresponda, y el procedimiento administrativo al que acceden

b. Facilitar un código VSR a cada interesado, haciendo constar su nombre, apellidos o denominación o razón social, según corresponda; éste será individual por cada procedimiento administrativo al que se acceda

c. Verificar la identidad de los interesados, mediante la comprobación de su nombre, apellidos o denominación o razón social, según corresponda, que consten en el Documento Nacional de Identidad o documento identificativo equivalente

d. Las tres son correctas

1440. Una Administración sin papel basada en un funcionamiento íntegramente electrónico:

a. Sirve mejor al principio de eficacia y eficiencia

b. Ahorra costes

c. Refuerza las garantías de los interesados

d. Las tres son correctas

1441. En la Ley 39/2015 procedimiento electrónico y en papel son:

a. Diferentes con el mismo plazo

b. Es el mismo procedimiento

c. Es el mismo procedimiento con plazos diferentes

d. Diferentes con plazos diferentes

1442. La voluntad y consentimiento del interesado se acredita con:

a. La firma manuscrita digitalizada

b. El sello del órgano de la Administración

c. La identificación electrónica

d. La firma electrónica

1443. NO se contemplará como el contenido mínimo de una sede electrónica a disposición de la ciudadanía:

a. La relación de los servicios disponibles

b. La carta de servicios y de servicios electrónicos

c. La documentación propia de un expediente

d. La publicación de los diarios o boletines

1444. Sobre la tramitación electrónica, qué significan las siglas 'CSV':

a. Copia Segura Verificada

b. Copia Segura Validada

c. Código Seguro de Verificación

d. Código Secundario Validado

1445. El derecho y obligación de relacionarse electrónicamente con la Administración viene recogido en el:

a. Art. 14 de la Ley 39/2015 y por la 40/2015

b. Art. 14 de la Ley 40/2015

c. Art. 15 de la Ley 39/2015 y por la 40/2015

d. Ninguna de las tres

1446. Para que los trabajadores públicos puedan asistir a los administrados en lo referente a identificación, firma y presentación de solicitudes, debe cumplirse:

a. Que los trabajadores públicos estén dados de alta en un registro de representantes de la propia Administración Pública

b. Que los trabajadores públicos estén dados de alta en un registro de trabajadores públicos habilitados y que este sea interoperable con los de las restantes Administraciones

c. Que los trabajadores públicos dispongan de un certificado digital

d. Que los trabajadores públicos presten sus servicios en los servicios de atención y Registro

1447. Las Administraciones públicas podrán identificarse electrónicamente mediante:

a. El uso de un sello electrónico basado en un certificado electrónico reconocido o cualificado que reúna los requisitos exigidos por la legislación de firma electrónica

b. Sistemas de clave permanente

c. Sistema clave PIN

d. Sistemas de firma manuscrita digitalizada

1448. En qué artículo de la Ley 39/2015 se recogen los registros:

a. 14   b. 15   c. 16   d. 17

1449. Cuáles son los tres tipos de firma electrónica:

a. Digitalizada, autentificada y reconocida

b. Simple, avanzada y reconocida

c. Sólo existen dos tipos: reconocida y verificada

d. Autenticada, certificada y verificada

1450. Para ciertos colectivos de personas físicas que por razón de su capacidad económica, técnica, dedicación profesional u otros motivos quede acreditado que tienen acceso y disponibilidad de los medios electrónicos necesarios...

a. Las administraciones reglamentariamente podrán establecer la obligación de relacionarse con ellas a través de medios electrónicos para determinados procedimientos

b. Las administraciones podrán establecer la obligación de relacionarse con ellas a través de medios electrónicos para determinados procedimientos, únicamente si están colegiados

c. Existe la obligación de relacionarse electrónicamente con la administración para los trámites y actuaciones que realicen con ellas

d. Se exigirá presentar documentación certificada que explicite su incapacidad para realizar trámites electrónicos, si quisieran realizar trámites administrativos de forma presencial

1451. Sobre el registro de funcionarios habilitados, es FALSO:

a. Contiene los funcionarios habilitados para almacenar por medios electrónicos todos los documentos utilizados en las actuaciones administrativas

b. Contiene los funcionarios habilitados para la identificación o firma electrónica

c. Contiene los funcionarios que iniciarán la tramitación como representantes de la ciudadanía que no disponga de los medios y/o conocimientos suficientes para la tramitación electrónica

d. Contiene al menos los funcionarios que presten servicios en las oficinas de asistencia en materia de registros

1452. Qué sistema de identificación puede utilizar la Administración:

a. El sello electrónico
b. La firma electrónica
c. El código CSV
d. La código URL

1453. La protección de datos de carácter personal, y en particular la seguridad y confidencialidad de los datos que figuren en los ficheros, sistemas y aplicaciones de las administraciones públicas:

a. Es un derecho de las personas en sus relaciones de forma electrónica con las administraciones públicas

b. Es una obligación de las personas en sus relaciones de forma electrónica con las administraciones públicas

c. Es un derecho de las administraciones públicas en sus relaciones con las personas físicas

d. Es un derecho de las administraciones públicas en sus relaciones con las entidades sin personalidad jurídica, con quienes ejerzan una actividad profesional, con empresas y representantes de personas físicas

1454. Si quiero que un documento electrónico impreso en papel pueda ser validado, necesito que:

a. El documento en papel contenga el sello del órgano que emite el documento

b. El documento en papel contenga la descripción del firmante

c. El documento en papel contenga un CSV (Código Seguro de Verificación)

d. El documento en papel contenga los datos de contacto de la Administración Pública que emite el documento

1455. La implantación de la administración electrónica afecta:

a. A los procesos
b. A la tecnología
c. Ambas son correctas
d. Ninguna lo es

1456. La normativa que afecta al funcionamiento de los archivos electrónicos queda recogida en:

a. La Ley 39/45
b. La Ley 40/2015
c. En ambas leyes
d. Numerosas leyes diseminadas por el ordenamiento jurídico español

1457. Los documentos electrónicos se almacenan en:

a. El registro electrónico
b. La Carpeta Ciudadana
c. El Expediente electrónico
d. El Archivo electrónico

1458. Los interesados podrán identificarse electrónicamente ante las Administraciones Públicas a través de:

a. Sistemas basados en certificados electrónicos cualificados de firma electrónica

b. Sistemas basados en certificados electrónicos cualificados de sello electrónico

c. Sistemas de clave concertada

d. DNI, permiso de conducir o documento análogo

1459. Sobre el expediente administrativo, es FALSO:

a. Incluirá comunicaciones e informes internos o entre órganos administrativos

b. Tendrá formato electrónico

c. Constará la copia electrónica certificada de la resolución adoptada

d. Incluirá un índice numerado de todos los documentos que contenga cuando se remita

1460. Las personas físicas podrán elegir si se comunican con las administraciones públicas para el ejercicio de sus derechos y obligaciones a través de medios electrónicos o no:

a. Sí, en todo momento

b. No, las personas físicas están obligadas en todo momento a relacionarse por medios electrónicos

c. Sí, salvo quienes ejerzan una actividad profesional para la que requiera colegiación obligatoria, para los trámites y actuaciones de dicha actividad profesional, sean personas jurídicas, representen a un interesado que esté obligado a relacionarse electrónicamente o sean empleados de las Administraciones Públicas

d. No, salvo quienes ejerzan una actividad profesional para la que requiera colegiación obligatoria, para los trámites y actuaciones de dicha actividad profesional, sean personas jurídicas, representen a un interesado que esté obligado a relacionarse electrónicamente o sean empleados de las Administraciones Públicas

1461. Cuál de estos sistemas de identificación NO es válido en los procedimientos administrativos:

a. Sistemas basados en certificados electrónicos cualificados de firma electrónica expedidos por prestadores de servicios electrónicos

b. Sistemas basados en certificados electrónicos cualificados de sello electrónico expedidos por prestadores de servicios electrónicos

c. Sistemas de clave concertada y cualquier otro siempre con un registro previo como usuario que permita garantizar su identidad

d. Sistemas de clave concertada y cualquier otro siempre sin registro previo como usuario que permita garantizar su identidad

1462. La Autoridad de Certificación:

a. Emite certificados a un solicitante
b. Verifica la identidad del solicitante antes de expedir un certificado
c. Valida los certificados de firma
d. Valida los certificados de identidad

1463. Qué tipos de interoperabilidad se distinguen en el esquema nacional de interoperabilidad (ENI):

a. Organizativa   b. Léxica
c. Técnica   d. Son correctas A y C

1464. Según la Ley de régimen jurídico del sector público, la titularidad de la sede electrónica corresponde a (señale la respuesta FALSA):

a. Una Administración Pública
b. Uno o varios Organismos Públicos
c. Entidades de Derecho Público
d. Las Sociedades Públicas

1465. Según la Orden PRE/1838/2014 por la que se publica el Acuerdo de Consejo de Ministros de 19 de septiembre de 2014, cómo se llama la plataforma común del Sector Público Administrativo Estatal:

a. SEPE   b. Cl@ve
c. SGAD   d. WeBCex

1466. Las Administraciones Públicas solo requerirán a los interesados el uso obligatorio de firma para:

a. Formular solicitudes
b. Interponer recursos
c. Renunciar a derechos
d. Las tres son correctas

1467. Según Ley 39/2015 y 40/2015, la tramitación electrónica debe constituir la actuación habitual de las administraciones públicas:

a. Únicamente para la relación entre las diferentes Administraciones y sus organismos autónomos

b. No, la actuación habitual para las tramitaciones debe ser de forma presencial, especialmente para la relación con los ciudadanos

c. Sí, tanto para la relación con los ciudadanos como las Administraciones entre sí

d. Sí, únicamente para la relación con empresas y profesionales y para la relación de las Administraciones entre sí

1468. Cuándo puede un interesado modificar el medio elegido para relacionarse con la Administración Pública:

a. Durante la fase de inicio del expediente
b. Cuando acaba la fase de instrucción
c. En cualquier momento
d. Nunca, si ha seleccionado este método durante la solicitud

1469. Cuál de estos derechos no se les reconoce a las personas que vayan a relacionarse con la Administración Pública a tenor de lo recogido en el art. 13 de la Ley 39/2015:

a. A ser asistido en el uso de medios electrónicos en sus relaciones con las Administraciones Públicas
b. A utilizar cualquier lengua
c. A la obtención y utilización de los medios de identificación y firma electrónica contemplados en la ley
d. Cualesquiera otros que le reconozcan la Constitución y las leyes

1470. En la Ley 40/2015, desde el ámbito de la colaboración entre Administraciones, qué artículo tiene un impacto directo en la administración electrónica:

a. Art. 38: La Sede Electrónica
b. Art. 95: Gestión compartida de los servicios comunes
c. Art. 155: Transmisiones de datos entre Administraciones Públicas
d. Art. 42: Sistemas de firma para la actuación administrativa automatizada

1471. Un documento electrónico es el resultado de la unión de:

a. Documentos, Sello de Tiempo y Firma
b. Documentos, Firma y Metadatos
c. Información, Sello de Tiempo y Firma
d. Información, Firma y Metadatos

1472. La identificación electrónica se refiere:

a. Al proceso de utilizar los datos de identificación de un persona física o jurídica en formato electrónico
b. A los datos electrónicos que contiene el certificado digital de la persona física o jurídica
c. Al proceso de firma digital de documentos de una persona física o jurídica en formato electrónico
d. A los datos electrónicos que contiene la tarjeta de empleado público

1473. Si un empleado/a público quiere presentar un recurso a un nombramiento tiene que relacionarse de forma electrónica con su Administración Pública:

a. Siempre
b. Solo en la presentación de la instancia
c. Siempre que disponga de un DNI electrónico
d. No tiene obligación

1474. Las Administraciones Públicas requerirán el uso obligatorio de firma por parte de los interesados para:

a. Presentar quejas y sugerencias anónimas
b. Presentar declaraciones responsables o comunicaciones
c. Consultar el estado de la tramitación de sus procedimientos
d. Pagar recibos

1475. De quiénes son la titularidad de las sedes electrónicas:

a. De las personas que tengan una dirección electrónica y sean usuarias de la carpeta ciudadana
b. De una administración pública, o de uno o varios organismos públicos o entidades de Derecho Público en el ejercicio de sus competencias
c. Del responsable de cada firma electrónica
d. Sólo existe una sede electrónica y es titularidad del Ministerio de Interior

1476. En la Ley 30/2015, desde el ámbito de los derechos de los interesados, qué artículo tiene un impacto directo en la administración electrónica:

a. Art. 5: Representación
b. Art. 12: Asistencia en el uso de medios electrónicos
c. Art. 21: Obligaciones de resolver
d. Art. 9: Sistemas de identificación de los interesados

1477. Qué debe hacer el segmento de población que necesita asistencia para la tramitación electrónica:

a. Tendrán que buscar un representante legal para realizar los trámites electrónicos
b. Podrán presentar las tramitaciones de forma presencial, junto con un certificado que explicite su incapacidad para realizar trámites electrónicos
c. Podrán ser asistidos por el personal habilitado en el Registro de Funcionarios Habilitados
d. Tendrán que recurrir a alguna persona, preferiblemente con vínculos familiares de hasta 2.º grado, y autorizarle para realizar los trámites electrónicos

1478. NO es un objetivo del Esquema Nacional de Seguridad:

a. Promover la prevención, detección y corrección de los ciberataques
b. Crear las condiciones necesarias de interoperabilidad
c. Promover la gestión continuada de la seguridad
d. Servir de modelo de buenas prácticas

1479. Cuál es el ámbito de aplicación de la Ley 39/2015:

a. La Administración General del Estado
b. Las administraciones de las CCAA
c. El Sector público institucional
d. Las tres son correctas

1480. Las nuevas obligaciones introducidas por las Leyes 39/2015 y 40/2015 se pueden resumir en:

a. Garantizar la seguridad en la tramitación electrónica
b. Tramitar electrónicamente los expedientes
c. Garantizar la agilidad en la tramitación
d. Ninguna de las tres

1481. Cuál de estas características se identifica con la Administración electrónica desde el punto de vista de la ciudadanía:

a. Rapidez y comodidad
b. Menor uso de papel
c. Reducción de costes
d. Mejora de relaciones con la Administración

1482. Quién autoriza los sistemas de identificación de clave concertada:

a. El departamento de Seguridad Digital de la Administración General de cada Comunidad Autónoma
b. La Secretaría General de Administración Digital del Ministerio de Política Territorial y Función Pública
c. El Organismo Europeo para la Seguridad Digital
d. Este tipo de sistema de identificación no existe

1483. El documento electrónico se caracteriza por ser:

a. Un conjunto de notificaciones electrónicas archivadas en el Registro electrónico
b. Información de cualquier naturaleza en forma electrónica, archivada en un soporte electrónico según un formato determinado y susceptible de identificación y tratamiento diferenciado
c. El resultado de aplicar un proceso de digitalización a un documento
d. Una resolución electrónica archivada en un soporte electrónico según un formato determinado

1484. NO es una característica de la administración electrónica:

a. Reducción de costes y tiempos de tramitación de los expedientes
b. Menos uso de papel
c. Reducción en el número de empleados públicos al automatizar los expedientes
d. Impulso de la sociedad de la información

1485. La Administración electrónica:

a. Es sinónimo de sede electrónica de la Administración
b. Es una modalidad de Sector Público Institucional
c. Es el uso de las TIC en las Administraciones Públicas
d. Las tres son correctas

1486. En qué normativa se recoge, en una disposición adicional, la obligación de las Administraciones Públicas de incluir las medidas de seguridad que deben implantarse en la organización para evitar la pérdida, alteración o acceso no autorizado a los datos personales:

a. Ley Orgánica 3/2018, de 5 de diciembre, de Protección de Datos Personales y garantía de los derechos digitales

b. Ley 40/2015, de 1 de octubre, de Régimen Jurídico del Sector Público

c. Ley 39/2015, de 1 de octubre, del Procedimiento Administrativo Común de las Administraciones Públicas

d. Real Decreto 4/2010, de 8 de enero, por el que se regula el Esquema Nacional de Interoperabilidad

1487. Los legisladores recogieron los derechos a no presentar documentos que la Administración tuviera en su poder o el acceso a la información pública, archivos y registros por primera vez:

a. En la Ley 39/2015, de Procedimiento Administrativo Común

b. En la Ley 59/2003, de 19 de diciembre, de firma electrónica

c. En la Ley 30/1992, de Procedimiento Administrativo Común

d. En la Ley 11/2007, de 22 de junio, de acceso electrónico de los ciudadanos a los Servicios Públicos

1488. La implantación de la administración electrónica en una organización requiere de una visión multidisciplinar que afecta a los datos de la organización, su seguridad y:

a. A la tecnología y a los administrados, pero no a los procesos

b. A la tecnología y a los procesos, pero no a los administrados/as

c. A los trabajadores/as, los administrados/as, los procesos y la tecnología

d. A los trabajadores/as, los administrados/as y los procesos, pero no a la tecnología

1489. Cuando sea preciso remitir un expediente electrónico entre Administraciones, este se enviará:

a. Completo, foliado, autentificado y acompañado de un índice de los documentos que contenga

b. Completo, autentificado y acompañado de una carátula con índice de los documentos que contenga

c. Completo, foliado, autentificado y acompañado de un índice, asimismo autentificado, de los documentos que contenga

d. Completo, autentificado y acompañado de un índice, asimismo autentificado, de los documentos que contenga

1490. Cómo se refiere el RD 203/201 al Punto de Acceso General Electrónico:

a. PUACGE   b. PUAGE

c. PAGE   d. PGE

1491. En la sede electrónica no se contemplará:

a. La pasarela de pagos electrónicos

b. El acceso al estado de tramitación del expediente

c. Los diarios o boletines oficiales

d. Carta de servicios

1492. Si necesito asegurar que un documento no ha sido modificado, necesito utilizar:

a. Firma electrónica avanzada

b. Certificado digital

c. Firma electrónica

d. Firma biométrica

1493. La interoperabilidad semántica es aquella dimensión de la interoperabilidad relativa a:

a. Que la información intercambiada pueda ser interpretable y reutilizable

b. Que la información intercambiada pueda ser conservada y reutilizable

c. Que la información intercambiada pueda ser conservada en otros soportes electrónicos

d. Que la información intercambiada puede ser intercambiada por todas las Administraciones Públicas

1494. Las Administraciones públicas no requerirán a los interesados el uso obligatorio de firma para:

a. Presentar declaraciones responsables o comunicaciones

b. Interponer recursos

c. Desistir de acciones

d. Presentar alegaciones

1495. Las administraciones públicas asistirán en el uso de medios electrónicos a los interesados, excepto:

a. A las personas jurídicas

b. A las personas físicas

c. Asistirán a todos los interesados sin excepción

d. No tienen obligación de asistir en el uso de medios electrónicos a los interesados

1496. Las personas en sus relaciones de forma electrónica con las administraciones públicas tienen derecho a exigir las responsabilidades de las administraciones públicas y autoridades, cuando así corresponda legalmente:

a. Sí, es un derecho de las personas en sus relaciones de forma electrónica con las administraciones públicas

b. No, las personas físicas no tienen derecho a exigir responsabilidades

c. Sí, excepto si necesitan asistencia por parte de la administración para las tramitaciones electrónicas

d. No, esa afirmación es falsa

1497. El archivo electrónico...

a. Permite almacenar por medios electrónicos algunos documentos estandarizados

b. Permite almacenar documentos electrónicos complementarios pero no equivalentes a los archivos convencionales

c. Permite almacenar por medios electrónicos todos los documentos utilizados en las actuaciones administrativas

d. Ninguna de las tres

1498. NO es un objetivo del Esquema Nacional de Seguridad:

a. Promover la gestión continuada de la seguridad

b. Servir de modelo de buenas prácticas

c. Promover un tratamiento homogéneo de la seguridad que facilite la cooperación

d. Proporcionar un lenguaje común

1499. En la Ley 40/2015 tiene un impacto directo en la administración electrónica:

a. La gestión compartida de los servicios comunes

b. La asistencia en el uso de los medios electrónicos

c. Los registros electrónicos de apoderamientos

d. La emisión de los documentos por las AAPP

1500. La publicación en la sede electrónica de una comunicación administrativa con consecuencias jurídicas es:

a. Una resolución electrónica

b. Una comunicación electrónica

c. Un documento electrónico

d. Una notificación electrónica

1501. La firma electrónica es:

a. una rúbrica escaneada, individual y personal

b. un código alfanumérico aleatorio, expedido automáticamente por el registro electrónico de una administración para identificar cada tramitación electrónica que se realiza con dicha administración

c. un conjunto de datos, en forma electrónica, anejos a otros datos electrónicos o asociados funcionalmente con ellos, utilizados como medio para identificar formalmente al autor del documento que la recoge

d. Ninguna de las tres

1502. Los medios o soportes donde se almacenen los documentos de un expediente asegurarán:

a. La identificación de los usuarios y el control de accesos

b. La identificación de los interesados

c. La firma de los interesados

d. La posibilidad de hacer copias en papel

1503. El concepto de 'administración electrónica' hace referencia a:

a. La modernización de los equipos electrónicos en las Administraciones Públicas

b. Ayudas y subvenciones para la adquisición de equipos electrónicos para la ciudadanía

c. El uso de las TIC en las Administraciones Públicas

d. Ninguna de las tres

1504 C	1535 A	1566 D
1505 B	1536 C	1567 A
1506 D	1537 B	1568 A
1507 D	1538 A	1569 A
1508 C	1539 B	1570 D
1509 D	1540 C	1571 A
1510 A	1541 D	1572 C
1511 D	1542 B	1573 B
1512 B	1543 C	1574 A
1513 A	1544 B	1575 A
1514 C	1545 B	1576 C
1515 C	1546 C	1577 D
1516 B	1547 C	1578 C
1517 D	1548 A	1579 C
1518 C	1549 C	1580 C
1519 D	1550 B	1581 B
1520 C	1551 D	1582 B
1521 C	1552 A	1583 D
1522 A	1553 A	1584 C
1523 B	1554 C	1585 D
1524 B	1555 A	1586 A
1525 B	1556 A	1587 B
1526 C	1557 D	1588 B
1527 A	1558 D	1589 A
1528 D	1559 A	1590 B
1529 D	1560 D	1591 C
1530 B	1561 D	1592 B
1531 A	1562 D	1593 B
1532 D	1563 C	1594 C
1533 D	1564 D	1595 B
1534 D	1565 B	

1504. Según la Ley 19/2013, de transparencia, acceso a la información pública y buen gobierno, la información publicada debe atender al principio de:

a. Interés
b. Difusión
c. Actualidad
d. Lectura fácil

1505. El ejercicio del derecho de acceso a la información pública…

a. Será gratuito, en todo caso
b. Será gratuito, aunque la expedición de copias o la trasposición de la información a un formato diferente al original podrá dar lugar a la exigencia de exacciones en los términos previstos en la Ley 8/1989, de Tasas y Precios Públicos, o, en su caso, conforme a la normativa autonómica o local que resulte aplicable
c. No será gratuito, de acuerdo a la Ley 8/1989, de Tasas y Precios Públicos, o, en su caso, conforme a la normativa autonómica o local que resulte aplicable
d. Será gratuito, en todo caso, de acuerdo a la Ley 8/1989, de Tasas y Precios Públicos, o, en su caso, conforme a la normativa autonómica o local que resulte aplicable

1506. Seleccione la respuesta INCORRECTA. En cualquier proceso de participación ciudadana deberá velarse por el cumplimiento de los siguientes principios básicos, entre otros:

a. Universalidad
b. Veracidad
c. Transparencia
d. Seguridad e interoperabilidad

1507. Sobre sus actividades sujetas a Derecho administrativo, la Ley 19/2013 se aplica:

a. A partidos políticos y organizaciones sindicales
b. A organizaciones empresariales
c. A personas físicas y jurídicas que presten servicios públicos
d. Las tres son correctas

1508. Qué normas son las que obligan a responsables y encargados del tratamiento de datos a crear, mantener y publicar el Registro de actividades de tratamiento:

a. El RGPD
b. La Ley 19/2013, de 9 de diciembre
c. Ambas son correctas
d. Ninguna lo es

1509. A quién se aplica la ley 19/2013:

a. A todas las administraciones públicas, organismos autónomos, agencias estatales y entidades públicas estatales
b. A las sociedades anónimas participadas en más de un 50% por entidades mencionadas en A
c. A los partidos políticos, organizaciones sindicales y empresariales
d. Las tres son correctas

1510. A la hora de valorar la calidad y eficacia en la Administración Pública…

a. Decimos que una organización dispone de un Sistema de Gestión eficaz cuando logra superar las expectativas de los clientes y va mejorando continuamente los resultados y los procesos
b. Una organización dispone de un Sistema de Gestión eficaz cuando dispone de un sistema de ética pública y buen gobierno en el que las instituciones que lo promueven se comprometen no solo a la aplicación y desarrollo de códigos éticos y de conducta de sus cargos o personal empleado público o similares, sino también a la implantación de un entramado de acciones, tanto administrativas, participativas y de formación, como análisis y evaluativas, para contribuir al fortalecimiento de la confianza pública en las instituciones y en el sistema democrático
c. Una organización dispone de un Sistema de Integridad cuando logra superar las expectativas de los clientes y va mejorando continuamente los resultados y los procesos
d. Una organización dispone de un Sistema de Gestión eficaz cuando lleva a cabo un proceso de digitalización de la administración, mejorando los procesos y resultados

1511. La filosofía y práctica que persigue que determinados tipos de datos estén disponibles de forma libre para todo el mundo se denomina:

a. Open data
b. Open source
c. Datos abiertos
d. Son correctas A y C

1512. Cuál NO es una de las finalidades de la publicación de datos públicos abiertos:

a. Generación de valor y riqueza
b. Favorece la inclusión de los intereses sociales en la agenda pública
c. Transparencia en la Administración Pública
d. Interoperabilidad entre administraciones

1513. NO es sinónimo de administración electrónica:

a. Administración informática
b. Administración digital
c. Administración 2.0
d. E-administración

1514. El derecho de acceso a la información pública se regula…

a. En la Ley estatal 39/2015
b. En la Ley estatal 37/2007
c. En la Ley estatal 19/2013
d. En la Ley estatal 3/2018

1515. El acceso a la información, protección de datos y conocimiento de las actividades del gobierno, y el ejercicio de la opinión ciudadana se denomina:

a. Innovación pública
b. Valor público
c. Gobierno abierto
d. Administración electrónica

1516. El concepto de rendición de cuentas proviene del término inglés:

a. Equity
b. Accountability
c. Legality
d. Ninguna de las tres

1517. Los sistemas de integridad comparten una serie de valores y normas de conducta que pueden subsumirse en tres principios éticos generales. Señala el principio que es falso:

a. El interés general
b. La eficacia y los buenos resultados
c. El respeto y la apertura
d. La universalidad

1518. El concepto de 'gobierno abierto' se sustenta en:

a. Administración electrónica y modernización
b. Política exterior y comercio
c. Transparencia, colaboración y participación
d. Confianza y razón de ser

1519. Los compromisos a los que aspira la Alianza Internacional para el Gobierno abierto (OGP) desde su creación en el año 2011 se concretan en:

a. Luchar contra la corrupción institucional
b. Apoyar la participación ciudadana
c. Aumentar la disponibilidad de información sobre las actividades gubernamentales
d. Son correctas B y C

1520. Señale la opción INCORRECTA. La legislación, los códigos y prácticas que se incluyen en los sistemas de integridad comparten una serie de valores y normas de conducta que pueden subsumirse en 3 principios éticos generales:

a. El interés general y el bien común
b. El principio de respeto y apertura
c. El compromiso con la innovación pública
d. La eficacia y buenos resultados

1521. En el ejercicio del derecho de acceso a la información pública, la reclamación frente al Consejo de Transparencia y Buen Gobierno contra la resolución adoptada por el órgano administrativo correspondiente podrá interponerse…

a. En el plazo de dos meses a contar desde el día siguiente al de la notificación del acto impugnado o desde el día siguiente a aquel en que se produzcan los efectos del silencio administrativo
b. En el plazo de tres meses a contar desde el día siguiente al de la notificación del acto impugnado o desde el día siguiente a aquel en que se produzcan los efectos del silencio administrativo
c. En el plazo de un mes a contar desde el día siguiente al de la notificación del acto impugnado o sin plazo si la denegación se produce por silencio administrativo
d. En el plazo de dos meses a contar desde el día de la notificación del acto impugnado o en que se produce los efectos del silencio administrativo

1522. Los límites del derecho de acceso a la información pública:

a. Son, entre otros, la seguridad nacional, la defensa, las relaciones exteriores y la prevención, investigación y sanción de los ilícitos penales, administrativos o disciplinarios
b. Están vinculados solo a la protección de datos personales
c. Se deben interpretar de modo extensivo, no restrictivamente
d. Permiten que la administración pública deniegue a la ciudadanía el acceso a la información pública en los casos en los que así lo decida unilateralmente

1523. En materia de participación ciudadana:

a. Se pueden distinguir dos dimensiones participativas que generan valor público: la participación política y la participación para el diseño de servicios públicos
b. Se pueden distinguir tres dimensiones participativas que generan valor público: la participación política, la participación para el diseño de servicios públicos y la participación colaborativa
c. La participación para el diseño de servicios públicos tiene como único objetivo el abaratamiento de los costes de tales servicios
d. La participación colaborativa promueve la relación entre distintas administraciones, sin que intervenga la sociedad civil

1524. La aplicación de los límites al ejercicio del derecho de acceso a la información pública…

a. Será automática en la medida en que están previstos en la Ley
b. Será justificada y proporcionada a su objeto y finalidad de protección y atenderá a las circunstancias del caso concreto, especialmente a la concurrencia de un interés público o privado superior que justifique el acceso
c. Atenderá a las circunstancias del caso concreto, especialmente a la concurrencia de intereses particulares y derechos de las personas que pudieran verse afectadas por el ejercicio del derecho de acceso
d. Se hará de modo restrictivo y cada caso a caso, pues solo se puede denegar la información cuando su acceso produzca un perjuicio hipotético sobre alguno de los bienes protegidos

1525. Los sistemas de integridad:

a. Son sistemas de ética pública y buen gobierno en los que las instituciones que lo promueven se comprometen solo a la aplicación y desarrollo de códigos éticos y de conducta de sus cargos o personal empleado público
b. Son sistemas de ética pública y buen gobierno en los que las instituciones que lo promueven se comprometen a la aplicación y desarrollo de códigos éticos y de conducta de sus cargos o personal empleado público; y a la implantación de acciones para contribuir al fortalecimiento de la confianza pública en las instituciones y en el sistema democrático
c. Son medidas de fomento para incentivar la iniciativa de la ciudadanía en actividades vinculadas a la participación
d. Son medidas dirigidas a favorecer el acceso de la ciudadanía a la información pública

1526. Elija la respuesta incorrecta que completa la frase. Siguiendo las palabras del profesor Moore, la creación del valor público consiste en generar el máximo valor posible para la población a partir de:

a. Recursos financieros existentes en la institución
b. Recursos humanos existentes en la institución
c. Recursos privados existentes en la institución
d. Recursos tecnológicos existentes en la institución

1527. Sobre sus actividades sujetas a Derecho administrativo, la Ley 19/2013, de 9 de diciembre, NO se aplica:

a. A la Familia Real
b. Al Congreso y al Senado
c. Al Banco de España
d. Al Tribunal de Cuentas

1528. Las distintas normativas autonómicas o locales de participación ciudadana regulan, por ejemplo, el derecho a participar en:

a. La elaboración de los presupuestos
b. Los planes de gobierno
c. La elaboración de disposiciones normativas de carácter general
d. Son correctas A y C

1529. Elija la respuesta más adecuada. Cuáles de los siguientes son principios informadores del buen gobierno:

a. La transparencia, el acceso a la información pública y la rendición de cuentas
b. La participación y la colaboración ciudadana
c. La integridad
d. Las tres son correctas

1530. Gobierno abierto. Son principios básicos de la 'integridad':

a. El logro de la participación ciudadana y promover las políticas sociales
b. El interés general, el respeto y la eficacia, los buenos resultados
c. La formación a la ciudadanía en el uso de nuevas tecnología y la interacción con los agentes sociales
d. El fortalecimiento de la sociedad civil y la legitimación de las políticas económicas

1531. La creación y mantenimiento del Registro de las Actividades de Tratamiento es obligación:

a. De los responsables de tratamiento y encargados de tratamiento de datos de carácter personal
b. De la dirección o gerencia de las entidades que tratan los datos de carácter personal
c. De las administraciones que poseen, utilizan y tratan los datos de carácter personal
d. De todas las personas implicadas en el tratamiento de los datos de carácter personal

1532. Las normativas sobre participación ciudadana no recogen el derecho a participar en:

a. La evaluación de las políticas públicas y de la calidad de los servicios públicos
b. La elaboración de disposiciones normativas de carácter general
c. La elaboración de los presupuestos
d. La iniciativa de reforma constitucional

1533. Seleccione la respuesta INCORRECTA. Las disposiciones del capítulo II del Título primero de la Ley 19/2013 que regula la publicidad activa, se aplica...

a. A los partidos políticos
b. A las organizaciones sindicales
c. A las organizaciones empresariales
d. A todas las entidades privadas que reciban subvenciones de las Administraciones Públicas

1534. La Ley 19/2013 también se aplica a:

a. el Consejo General del Poder Judicial
b. la Casa Real
c. el Banco de España
d. A las tres

1535. El concepto de rendición de cuentas...

a. Refleja la filosofía que hay detrás de reconocer y asumir la responsabilidad y de ser transparente acerca de las decisiones políticas de una organización, que afectan a multitud de actores
b. Refleja la filosofía que hay detrás de reconocer y asumir la responsabilidad sobre el tratamiento de datos de carácter personal que se lleva a cabo en el desarrollo de la actividad administrativa
c. Refleja la filosofía que hay detrás de reconocer y asumir la responsabilidad de hacer pública la información que afecta a la ciudadanía
d. Refleja la filosofía que hay detrás de reconocer y asumir la responsabilidad de crear portales de transparencia donde se publique la información de obligada publicidad

1536. NO es un órgano consultivo y de participación:

a. La mesa de diálogo civil
b. Los consejos sociales municipales
c. Las mancomunidades
d. El Consejo vasco del voluntariado

1537. Señale la opción INCORRECTA. Los límites del derecho de acceso a la información pública:

a. Tienen que ver con la protección de la seguridad nacional
b. Se aplican de modo general, salvo excepciones
c. Son excepciones al principio general favorable
d. Tienen que ver con la protección de los intereses económicos y comerciales

1538. Open Data se refiere especialmente a:

a. Los datos de las Administraciones Públicas
b. Los datos económicos de la empresas públicas y privadas
c. Los datos demográficos de la Administración General
d. Los datos obtenidos del Padrón

1539. En muchas normas, el concepto de buen gobierno se circunscribe únicamente al comportamiento de los cargos públicos en base a unos principios generales y de actuación relacionados con conductas de transparencia, imparcialidad, diligencia... Este aspecto de ética y comportamiento de los cargos y del personal empleado público también se denomina:

a. Transparencia
b. Integridad
c. Ética
d. Ninguna de las tres

1540. NO es un organismo internacional para el gobierno abierto:

a. Alianza para el Gobierno Abierto
b. Transparencia Internacional
c. Consejo de Transparencia
d. Coalición Proacceso

1541. Aplicado a la gestión pública, la calidad en una administración pública debe basarse en:

a. El enfoque a la ciudadanía
b. El compromiso de las personas trabajadoras públicas con la organización y sus objetivos
c. La mejora continua en función de sus resultados
d. Todas las opciones son correctas

1542. En relación a la participación ciudadana en los asuntos públicos, se pueden distinguir tres dimensiones participativas que generan valor público:

a. La participación política, la participación para el diseño de servicios públicos y la participación corporativa
b. La participación política, la participación para el diseño de servicios públicos y la participación colaborativa
c. La participación corporativa, la participación para el diseño de servicios públicos y la participación colaborativa
d. La participación política, la participación corporativa y la participación colaborativa

1543. Elija la respuesta incorrecta. Las tres dimensiones participativas que generan valor público son:

a. La participación política
b. La participación para el diseño de servicios públicos
c. La participación solidaria
d. La participación colaborativa

1544. Elija la respuesta incorrecta. Pueden clasificarse en grupos representativos de intereses diversos:

a. Las entidades colectivas
b. Los grupos de opinión y deliberación
c. Los grupos de interés
d. Los grupos de reflexión

1545. La información de obligada publicidad suele presentarse y estructurarse en:

a. Las páginas web de las respectivas instituciones
b. En los portales de transparencia
c. Son correctas A y B
d. En cualquier medio de difusión público

1546. Según el Capítulo II de la ley 19/2013 las administraciones deberán difundir determinada información sin esperar a que ésta sea solicitada. A esto se le denomina:

a. Comunicación Obligada
b. Difusión Debida
c. Publicidad activa
d. Difusión Obligada

1547. Para favorecer la participación ciudadana existen múltiples formas de organizarse, a saber:

a. Los órganos colegiados de carácter participativo, y la Mesa de Diálogo Civil
b. Las entidades ciudadanas y los grupos representativos de intereses diversos
c. Los órganos colegiados de carácter participativo, y las denominadas entidades ciudadanas o grupos representativos de intereses diversos
d. Las entidades ciudadanas y la Mesa de Diálogo Civil

1548. En el ejercicio del derecho de acceso a la información pública, cuando la información solicitada no contuviera datos especialmente protegidos...

a. Deberá ponderarse de forma razonada el interés público en la divulgación de la información y los derechos de los afectados cuyos datos aparezcan en la información solicitada o a publicar, en particular su derecho fundamental a la protección de datos de carácter personal
b. Deberá ponderarse de forma razonada el interés público en la divulgación de la información y los derechos de los afectados cuyos datos aparezcan en la información solicitada o a publicar, en particular su derecho fundamental al honor
c. Deberá ponderarse de forma razonada el interés particular de quien solicita la información y los derechos de los afectados cuyos datos aparezcan en la información solicitada o a publicar, en particular su derecho fundamental a la protección de datos de carácter personal
d. Deberá ponderarse de forma razonada el interés público en la divulgación de la información y los derechos de los afectados cuyos datos aparezcan en la información solicitada o a publicar, en particular su derecho al olvido

1549. Sobre la generación de valor público, es FALSO:

a. La generación de valor público consiste en generar el máximo valor posible para la población a partir de los recursos financieros, humanos, físicos y tecnológicos existentes en la institución
b. La generación del valor público se basa en la imaginación gerencial, a fin de cumplir con los propósitos establecidos en los mandatos y con la máxima eficacia y eficiencia
c. El valor público se genera cuando los gobiernos conocen las aspiraciones de los gobiernos de otros Estados, poniendo en manos de esa red de Estados los recursos y poderes que la sociedad les ha otorgado
d. El valor público se genera cuando los gobiernos conocen las aspiraciones de la ciudadanía y se definen los beneficios que habrán de generarse para la sociedad sobre la base de los recursos y poderes que la sociedad les ha otorgado

1550. El derecho a una buena administración se reconoce expresamente:

a. En la Constitución Española
b. En el artículo 41 de la Carta de Derechos Fundamentales de la UE
c. En el artículo 40 de la Ley Orgánica de Protección de Datos y Garantía de Derechos Digitales
d. En el artículo 40 de la Carta de Derechos Fundamentales de la UE

1551. La legislación, los códigos y prácticas que se incluyen en los sistemas de integridad comparten una serie de valores y normas de conducta que pueden subsumirse en estos principios éticos generales:

a. El interés general
b. Respeto y apertura
c. Eficacia y buenos resultados
d. Las tres son correctas

1552. En el ejercicio del derecho de acceso a la información pública...

a. Si la información incluyese datos personales que hagan referencia al origen racial, a la salud o a la vida sexual, incluyese datos genéticos o biométricos o contuviera datos relativos a la comisión de infracciones penales o administrativas que no conllevasen la amonestación pública al infractor, el acceso solo se podrá autorizar en caso de que se cuente con el consentimiento expreso del afectado o si aquel estuviera amparado por una norma con rango de ley
b. Si la información incluyese datos personales que hagan referencia al origen racial, a la ideología, a la salud o a la vida sexual, incluyese datos genéticos o biométricos o contuviera datos relativos a la comisión de infracciones penales o administrativas que no conllevasen la amonestación pública al infractor, el acceso solo se podrá autorizar en caso de que se cuente con el consentimiento expreso del afectado o si aquel estuviera amparado por una norma con rango de ley
c. Si la información incluyese datos personales que hagan referencia a la ideología, afiliación sindical, religión o creencias, el acceso solo se podrá autorizar en caso de que se cuente con el consentimiento expreso del afectado o si aquel estuviera amparado por una norma con rango de ley
d. Si la información incluyese datos personales que hagan referencia al origen racial, a la salud o a la vida sexual, incluyese datos genéticos o biométricos o contuviera datos relativos a la comisión de infracciones penales o administrativas que no conllevasen la amonestación pública al infractor, el acceso solo se podrá autorizar en caso de que se contase con el consentimiento expreso y por escrito del afectado, a menos que dicho afectado hubiese hecho manifiestamente públicos los datos con anterioridad a que se solicitase el acceso

1553. Cuándo y dónde surge el concepto de gobierno abierto:

a. En Inglaterra a finales de 1970
b. En Estados Unidos a finales de 1970
c. En Estados Unidos a principios de 1980
d. En Inglaterra a principios de 1980

1554. Los principios que informan el Gobierno abierto son:

a. Dos: la transparencia, el acceso a la información pública y la rendición de cuentas; y la participación y la colaboración ciudadana
b. Tres: la transparencia, el acceso a la información pública y la rendición de cuentas; la participación y la colaboración ciudadana; y la integridad
c. Cuatro: la transparencia, el acceso a la información pública y la rendición de cuentas; la participación y la colaboración ciudadana; la integridad; y la calidad y la eficacia de la gestión pública
d. Cinco: la transparencia, el acceso a la información pública y la rendición de cuentas; la participación y la colaboración ciudadana; la integridad; la calidad y la eficacia de la gestión pública; y la incorporación del enfoque de género en la gestión

1555. La calidad en la administración pública es el grado en que un producto o servicio satisface las necesidades de la ciudadanía:

a. Para ello, la administración pública se basará en el enfoque a la ciudadanía, tratando de detectar las necesidades actuales y futuras
b. Para ello, la administración pública deberá actuar igual que en el caso de las empresas, sin que exista ninguna diferencia en la gestión de unas (administraciones públicas) y otras (empresas)
c. Para ello, será necesario que la ciudadanía realice evaluaciones mensuales del servicio público
d. Los modelos de gestión de calidad existentes para las empresas (ISO 9000, EFQM, CAF etc.) sirven para su aplicación a las administraciones públicas sin necesidad de adaptaciones

1556. En caso de que alguien haya interpuesto una reclamación ante el Consejo de Transparencia y Buen Gobierno...

a. El plazo máximo para resolver y notificar la resolución será de tres meses, transcurrido el cual, la reclamación se entenderá desestimada
b. El plazo máximo para resolver y notificar la resolución será de tres meses, transcurrido el cual, la reclamación se entenderá estimada
c. El plazo máximo para resolver y notificar la resolución será de un mes, transcurrido el cual, la reclamación se entenderá desestimada
d. El plazo máximo para resolver y notificar la resolución será de un mes, transcurrido el cual, la reclamación se entenderá estimada

1557. La Ley 19/2013 NO se aplica…

a. A la Casa de Su Majestad el Rey, en relación con sus actividades sujetas a Derecho Administrativo
b. Al Banco de España, en relación con sus actividades sujetas a Derecho Administrativo
c. A las Universidades públicas
d. A todas las Sociedades mercantiles

1558. Seleccione la respuesta INCORRECTA. Son principios informadores del gobierno abierto…

a. La transparencia, el acceso a la información pública y la rendición de cuentas
b. La participación y la colaboración ciudadana
c. La integridad
d. La interoperabilidad

1559. Indique la FALSA. Las ciudadanas y los ciudadanos, cuando hablamos del acceso a la información pública, tienen derecho a:

a. Utilizar de cualquier forma la información obtenida
b. Acceder a la información pública
c. Obtener la información solicitada en el formato elegido
d. La gratuidad en el acceso a la información

1560. Los límites del derecho de acceso a la información pública tienen que ver con:

a. Seguridad nacional
b. La política económica y monetaria
c. La protección del medio ambiente
d. Las tres son correctas

1561. NO es un límite del derecho de acceso a la información pública…

a. La seguridad nacional
b. La seguridad pública
c. Los intereses económicos y comerciales
d. El derecho al honor de las personas afectadas

1562. Señale la respuesta INCORRECTA. En general, en la normativa básica y en los posteriores desarrollos autonómicos, se establece que ciudadanas y ciudadanos tienen derecho a:

a. Acceder a la información pública de forma gratuita
b. Obtener la información solicitada en la forma y formato elegidos
c. Conocer los motivos de inadmisión o denegación de sus solicitudes de acceso
d. Utilizar la información obtenida, previa autorización, y las limitaciones derivadas de las leyes

1563. En el ejercicio del derecho de acceso a la información pública…

a. Si la información solicitada contuviera datos personales que revelen la ideología, afiliación sindical, religión o vida sexual, el acceso únicamente se podrá autorizar en caso de que se contase con el consentimiento expreso y por escrito del afectado, a menos que dicho afectado hubiese hecho manifiestamente públicos los datos con anterioridad a que se solicitase el acceso
b. Si la información solicitada contuviera datos personales que revelen el origen racial, la salud o vida sexual, el acceso únicamente se podrá autorizar en caso de que se contase con el consentimiento expreso y por escrito del afectado, a menos que dicho afectado hubiese hecho manifiestamente públicos los datos con anterioridad a que se solicitase el acceso
c. Si la información solicitada contuviera datos personales que revelen la ideología, afiliación sindical, religión o creencias, el acceso únicamente se podrá autorizar en caso de que se contase con el consentimiento expreso y por escrito del afectado, a menos que dicho afectado hubiese hecho manifiestamente públicos los datos con anterioridad a que se solicitase el acceso
d. Si la información solicitada contuviera datos personales que revelen la ideología, afiliación sindical, religión o creencias, el acceso solo se podrá autorizar en caso de que se cuente con el consentimiento expreso del afectado o si aquel estuviera amparado por una norma con rango de ley

1564. La participación ciudadana en los asuntos públicos puede ejercerse…

a. Solo de forma individualizada
b. Solo de forma colectiva
c. Solo a través de grupos representativos de intereses diversos o entidades ciudadanas
d. De forma individualizada o colectiva

1565. Frente a la resolución expresa o presunta en materia de acceso a la información pública podrá interponerse una reclamación ante…

a. El Consejo de Transparencia y Buen Gobierno, únicamente
b. El Consejo de Transparencia y Buen Gobierno o el órgano específico que al efecto se haya creado en las Comunidades Autónomas
c. La Agencia Española de Protección de Datos
d. Las autoridades de protección de datos autonómicas

1566. Sobre la normativa sobre transparencia, es FALSO:

a. La Comunidad Autónoma de Euskadi no dispone aún de normativa autonómica de transparencia, por lo que resulta de aplicación la normativa básica estatal
b. Las tres Diputaciones Forales de la Comunidad Autónoma de Euskadi cuentan con normativa propia de transparencia
c. Los ayuntamientos vascos se rigen, además de por la normativa básica de transparencia, por la Ley 2/2016, de 7 de abril, de Instituciones Locales de Euskadi
d. La Comunidad Autónoma de Euskadi, las tres Diputaciones Forales y los ayuntamientos vascos disponen de normativa propia de transparencia

1567. Elija la respuesta incorrecta. Las personas que accedan a la información pública están obligadas a:

a. Comunicar a la autoridad competente el destino del uso de la información
b. Ejercer su derecho de acceso con respeto a los principios de buena fe e interdicción del abuso de derecho, concretando sus solicitudes de la forma más precisa posible
c. Realizar el acceso a la información sin que se vea afectado el normal funcionamiento de los servicios públicos, cumpliendo las condiciones y requisitos materiales para el acceso que se establezcan en la resolución correspondiente, cuando haya de realizarse de forma presencial en un concreto archivo o dependencia pública
d. Respetar las obligaciones establecidas en la normativa básica y en la ley autonómica para la reutilización de la información obtenida

1568. La reutilización de la información del sector público se regula a nivel estatal…

a. En la Ley 37/2007, que transpone la Directiva 2003/98/CE, relativa a la reutilización de la información del sector público
b. En la Ley 19/2013, que transpone la Directiva 2003/98/CE, relativa a la reutilización de la información del sector público
c. En la Ley 37/2007, que transpone el Reglamento UE 2016/679, relativo a la reutilización de la información del sector público
d. En la Ley 19/2013, que transpone el Reglamento UE 2016/679, relativo a la reutilización de la información del sector público

1569. En el ámbito de la participación ciudadana, los sistemas de integridad…

a. Son sistemas de ética pública y buen gobierno en el que las instituciones que lo promueven se comprometen no solo a la aplicación y desarrollo de códigos éticos y de conducta de sus cargos o personal empleado público o similares, sino también a la implantación de un entramado de acciones, tanto administrativas, participativas y de formación, como analíticas y evaluativas, para contribuir al fortalecimiento de la confianza pública en las instituciones y en el sistema democrático

b. Son registros de grupos de interés o de grupos representativos de intereses diversos, constituidos por personas físicas o jurídicas privadas y organizaciones sin personalidad jurídica que llevan a cabo actividades, directas o indirectas, de participación activa en la elaboración y la aplicación de las políticas públicas de las administraciones con la finalidad de influir en la orientación de estas políticas, en defensa de un interés propio, de terceros o general

c. Constituyen órganos consultivos y de participación tradicionales conformados por representantes de las instituciones públicas y de estas entidades ciudadanas, constituidos formalmente en consejos con funciones consultivas y de participación y regulados en normas con rango de ley u otras disposiciones normativas de carácter general

d. Constituyen entidades ciudadanas o grupos representativos de intereses diversos, que son agrupaciones de personas que, con o sin financiación pública, se constituyen bien para participar en la vida pública y elevar sus propuestas a las administraciones públicas, para satisfacer sus necesidades o las de colectivos desfavorecidos o en torno a la promoción de intereses culturales, deportivos…

1570. Quién promulgó el 'Memorando sobre transparencia y gobierno abierto':

a. John F. Kennedy
b. Jimmy Carter
c. George W. Bush
d. Barack Obama

1571. Gobierno abierto. Poner la información sobre las actividades de los organismos públicos a disposición de la ciudadanía, responde al principio de:

a. Transparencia
b. Participación ciudadana
c. Integridad
d. Calidad y eficacia en la gestión

1572. Ante la denegación de acceso a la información pública, la reclamación ante el Consejo de Transparencia y Buen Gobierno puede interponerse en el plazo de:

a. Tres meses desde la denegación del acceso o sin plazo si la denegación se produce por silencio administrativo
b. Tres meses desde la denegación del acceso o seis meses si la denegación se produce por silencio administrativo
c. Un mes desde la denegación del acceso o sin plazo si la denegación se produce por silencio administrativo
d. Un mes desde la denegación del acceso o tres meses si la denegación se produce por silencio administrativo

1573. Según la Ley 19/2013 (art. 20) la solicitud de acceso a información deberá ser resuelta en el plazo de:

a. 15 días
b. 1 mes
c. 2 meses
d. 6 meses

1574. En los procesos de participación ciudadana deberá velarse por el cumplimiento de determinados principios básicos, entre los que NO se encuentra:

a. El reparto competencial
b. La veracidad
c. La buena fe
d. La universalidad

1575. El concepto de gobierno abierto surgió…

a. A finales de 1970 en Inglaterra
b. El 21 de enero de 2009, cuando Barack Obama, como Presidente de Estados Unidos, promulgó el Memorando sobre Transparencia y Buen Gobierno
c. En 2011, cuando se crea la Alianza Internacional para el Gobierno Abierto
d. Cuando la OCDE aprueba su Recomendación sobre Gobierno Abierto

1576. Es una organización internacional de referencia, creada en 2011, cuyo fin es evaluar y desarrollar mecanismos para fomentar gobiernos 'más abiertos, responsables y sensibles a la ciudadanía'…

a. Transparencia Internacional
b. La Coalición Proacceso
c. La Alianza para el Gobierno Abierto
d. El Comité Europeo de Protección de Datos

1577. Los portales de datos abiertos (Open Data) cumplen varias finalidades, entre las que NO se encuentra:

a. La generación de valor y riqueza
b. La transparencia en la administración pública
c. La interoperabilidad entre administraciones
d. La obtención de un mayor rendimiento económico de las políticas públicas

1578. Según la Ley 19/2013 qué significa el concepto rendición de cuentas:

a. Publicar periódicamente la relación de gastos del gobierno en funciones
b. Auditar las cuentas públicas ante el órgano competente
c. Reconocer y asumir la responsabilidad en las decisiones políticas
d. Cumplir con todo el programa electoral manera exhaustiva

1579. Identifique la respuesta incorrecta. La información publicada en general debe atender a los principios de:

a. Precisión
b. Actualidad
c. Veracidad
d. Relevancia

1580. La regulación de la transparencia y el acceso a la información pública queda recogida en:

a. la Constitución
b. El RGPD
c. La Ley 19/2013, de 9 de diciembre
d. Ninguna de las tres

1581. Gobierno abierto. Una buena administración se caracteriza por:

a. Poner en el centro de su actuación a la propia organización
b. Promover el diálogo y el consenso con la sociedad
c. Interceder entre los intereses de los grupos mayoritarios
d. Promover el crecimiento económico

1582. El Registro de las Actividades de Tratamiento regulado en el artículo 30 del Reglamento General de Protección de Datos (UE) 2016/679…

a. Se refiere a la obligación de identificar un Delegado de Protección de Datos en la organización
b. Tiene que publicarse en el caso de los sujetos obligados por la Ley 19/2013
c. Se refiere a la obligación de crear un Registro de accesos a las bases de datos de las administraciones
d. No tiene que crearse en el caso de las Administraciones Públicas

1583. Gobierno abierto. Establecer procesos de gestión horizontales e implicar a la ciudadanía en la toma de decisiones públicas, responde al principio de:

a. Acceso a la información pública
b. Calidad y eficacia en la gestión
c. Integridad
d. Participación ciudadana

1584. Acceso a la información pública. Si la información solicitada contuviera datos personales que revelen la ideología, afiliación sindical, religión o creencias, se podrá autorizar el acceso:

a. Si se cuenta con el consentimiento verbal o por escrito de la persona afectada

b. Si los datos se hubiesen hecho públicos, aún sin consentimiento de la persona afectada

c. Si se cuenta con el consentimiento expreso y por escrito de la persona afectada

d. En todos los casos anteriores

1585. La información de publicidad activa suele presentarse en:

a. Los Tablones de anuncios

b. El Perfil del contratante

c. La Sede electrónica

d. Los Portales de transparencia

1586. Las encuestas, los sondeos, los foros de consulta, los espacios de debate y consulta, o los procesos de deliberación participativa son ejemplos de:

a. Herramientas para promover la participación ciudadana

b. Medidas de fomento para incentivar la iniciativa de la ciudadanía en actividades vinculadas a la participación

c. Principios básicos de los procesos de participación ciudadana

d. Fases de los procesos participativos reales y eficaces

1587. La participación ciudadana:

a. Solo puede ejercerse de forma colectiva, nunca individual

b. Puede ejercerse tanto individual como colectivamente

c. Solo puede ejercerse de forma individual, nunca colectiva

d. Solo puede ejercerse a través de grupos representativos de intereses diversos o entidades ciudadanas

1588. La transparencia gubernamental consiste en que:

a. La información sobre las actividades de los organismos públicos sea creada y esté a disposición de la ciudadanía, sin excepciones, de manera oportuna y en formatos de datos abiertos sin límites para la utilización

b. La información sobre las actividades de los organismos públicos sea creada y esté a disposición de la ciudadanía, con excepciones limitadas, de manera oportuna y en formatos de datos abiertos sin límites para la utilización

c. La respuesta a las solicitudes de información realizada por la ciudadanía debe realizarse inmediatamente

d. El acceso a cualquier información por parte de la ciudadanía es totalmente libre

1589. Los Portales de Transparencia:

a. Incluyen información de obligada publicidad activa o relevante, a instancias de organismos internacionales de transparencia

b. Incluyen información que la propia administración pública decide, sin que exista ninguna información de obligada publicidad

c. No están previstos para dar servicio a la ciudadanía en el ejercicio de su derecho de acceso a la información pública

d. No están previstos para fomentar la participación ciudadana

1590. Se entiende por participación ciudadana:

a. La capacidad de las personas de presentar sugerencias ante los poderes públicos

b. La capacidad de las personas de tomar parte activa en los asuntos públicos

c. La capacidad de las personas de participar en las elecciones a través de su voto

d. La capacidad de las personas de reclamar ante las administraciones públicas

1591. Elija la respuesta incorrecta. Las plataformas de interacción con la ciudadanía suelen contemplar diversas funcionalidades para que la ciudadanía pueda:

a. Realizar propuestas

b. Apoyar propuestas

c. Expresar públicamente su opinión

d. Plantear proyectos para integrarlos en los presupuestos participativos

1592. El derecho de acceso a la información pública:

a. Se ejerce sin más límite que la protección de datos personales

b. Incluye, entre otros aspectos, el acceso a la información pública elaborada por la administración, en la forma o formato elegido y de modo gratuito

c. Supone la posibilidad de utilización de la información obtenida, siempre con la previa autorización administrativa

d. Puede ser limitado por la administración inadmitiendo o denegando la solicitud de acceso, sin que sea preciso que la denegación se motive

1593. Señale la respuesta INCORRECTA. La posibilidad de relacionarse con la administración a través de medios electrónicos, permite:

a. Acceder a la Administración sin acudir presencialmente a las oficinas

b. Flexibilizar los plazos para la realización de cualquier trámite administrativo

c. Un mayor control sobre el estado de tramitación de cualquier procedimiento o decisión pública

d. Simplificar los trámites administrativos

1594. El concepto de Open Data o datos abiertos...

a. Persigue que determinados tipos de datos estén disponibles de forma libre para todo el mundo, sin restricciones de derechos de autor, de patentes o de otros mecanismos de control y se refiere especialmente a los datos de la ciudadanía

b. Cumple varias finalidades: generación de valor y riqueza; transparencia; protección de datos; e, interoperabilidad entre administraciones

c. Persigue que determinados tipos de datos estén disponibles de forma libre para todo el mundo, sin restricciones de derechos de autor, de patentes o de otros mecanismos de control y se refiere especialmente a los datos de las Administraciones Públicas

d. Cumple varias finalidades: generación de valor y riqueza; protección de datos; interoperabilidad entre administraciones; y, ordenación interna de la información de la Administración

1595. El portal de transparencia...

a. En general contiene información de obligada publicidad activa o relevante a instancias de organismos internacionales de transparencia, el portal de datos abiertos, servicio para ejercer el derecho de supresión de datos de carácter personal y servicios para la participación ciudadana

b. En general contiene información de obligada publicidad activa o relevante a instancias de organismos internacionales de transparencia, el portal de datos abiertos, servicio para ejercer el derecho de acceso a la información pública y servicios para la participación ciudadana

c. En general contiene información de obligada publicidad activa o relevante a instancias de organismos internacionales de transparencia, servicio para ejercer el derecho de supresión de datos de carácter personal, servicio para ejercer el derecho de acceso a la información pública y servicios para la participación ciudadana

d. En general contiene el portal de datos abiertos, servicio para ejercer el derecho de supresión de datos de carácter personal, servicio para ejercer el derecho de acceso a la información pública y servicios para la participación ciudadana

1596 A	1663 A	1730 B
1597 D	1664 C	1731 A
1598 C	1665 D	1732 A
1599 C	1666 D	1733 B
1600 A	1667 C	1734 B
1601 C	1668 A	1735 C
1602 A	1669 D	1736 C
1603 C	1670 C	1737 B
1604 C	1671 C	1738 D
1605 B	1672 B	1739 C
1606 D	1673 C	1740 C
1607 D	1674 A	1741 D
1608 C	1675 B	1742 B
1609 C	1676 C	1743 B
1610 B	1677 C	1744 B
1611 B	1678 A	1745 C
1612 B	1679 D	1746 B
1613 A	1680 C	1747 D
1614 A	1681 B	1748 D
1615 A	1682 B	1749 B
1616 D	1683 C	1750 B
1617 B	1684 A	1751 D
1618 A	1685 C	1752 B
1619 A	1686 D	1753 B
1620 A	1687 C	1754 B
1621 A	1688 B	1755 C
1622 D	1689 A	1756 A
1623 C	1690 B	1757 D
1624 B	1691 B	1758 A
1625 B	1692 D	1759 B
1626 B	1693 B	1760 C
1627 C	1694 B	1761 B
1628 B	1695 B	1762 B
1629 B	1696 C	1763 C
1630 B	1697 D	1764 C
1631 D	1698 C	1765 A
1632 C	1699 B	1766 C
1633 C	1700 B	1767 A
1634 C	1701 B	1768 B
1635 C	1702 B	1769 C
1636 B	1703 A	1770 C
1637 D	1704 A	1771 B
1638 D	1705 D	1772 B
1639 C	1706 D	1773 D
1640 C	1707 B	1774 D
1641 A	1708 B	1775 B
1642 B	1709 D	1776 C
1643 A	1710 B	1777 B
1644 A	1711 C	1778 C
1645 B	1712 D	1779 C
1646 A	1713 D	1780 C
1647 A	1714 C	1781 D
1648 A	1715 D	1782 C
1649 C	1716 B	1783 A
1650 C	1717 D	1784 C
1651 C	1718 A	1785 D
1652 B	1719 C	1786 A
1653 C	1720 A	1787 A
1654 B	1721 B	1788 A
1655 B	1722 B	1789 D
1656 B	1723 A	1790 C
1657 B	1724 C	1791 B
1658 D	1725 C	1792 A
1659 B	1726 B	1793 D
1660 A	1727 D	1794 B
1661 B	1728 B	1795 C
1662 D	1729 D	

1596. Cuál es el Acuerdo Marco correspondiente a Servicios de alojamiento de Sistemas de Información:

a. AM 27/2012

b. AM 26/2015

c. AM 27/2020

d. No existe ningún AM para dichos servicios

1597. Cuál es el ámbito subjetivo del nuevo sistema dinámico de adquisición de servicios dirigidos al desarrollo de la Administración Electrónica:

a. La Administración General del Estado

b. La Administración General del Estado y sus Organismos Autónomos

c. Las Comunidades Autónomas y Entidades Locales

d. La Administración General del Estado, sus Organismos Autónomos, Entidades Gestoras y Servicios Comunes de la Seguridad Social y demás entidades públicas estatales, así como las entidades del sector público estatal, autonómico y local que formalicen su adhesión específica al sistema dinámico

1598. Dónde NO es necesario especificar la forma de acceso al Perfil del Contratante:

a. En los pliegos y documentos equivalentes

b. En los anuncios de licitación, en todos los casos

c. En los anuncios que tengan lugar en documentos oficiales

d. En ninguno de los casos anteriores

1599. Es exigible que el contratista esté clasificado para la contratación del suministro de ordenadores:

a. Sí, siempre

b. Sí, cuando el contrato exceda de 100.000 €, IVA incluido

c. No es exigible, con independencia de la cuantía

d. No es exigible, salvo en el caso de contratos tramitados por emergencia

1600. Es siempre necesario acudir a una nueva licitación para adjudicar los contratos basados en un acuerdo marco:

a. No, solo cuando no todos los términos del acuerdo están definidos

b. Sí, siempre se debe acudir a una nueva licitación

c. La ley prohíbe expresamente acudir a una nueva licitación

d. Depende de lo que establezca el pliego del acuerdo marco

1601. Para la adquisición de qué servicios o suministros autorizó el Consejo de Ministros en diciembre de 2021 un nuevo sistema dinámico de adquisición:

a. Ordenadores de mesa, portátiles, monitores y otras soluciones del puesto de trabajo

b. Suministro de servidores, sistemas de almacenamiento, software de infraestructura

c. Servicios dirigidos al desarrollo de la Administración Electrónica

d. Servicios electrónicos de confianza

1602. Por qué acuerdo marco compraría usted un ordenador personal:

a. AM 2/2020 b. AM 10/2018

c. AM 13/2018 d. AM 5/2018

1603. Qué consecuencias tiene la declaración judicial de existencia de cesión ilegal de trabajadores, en caso de que un trabajador de una empresa externa demande judicialmente y obtenga un pronunciamiento en tal sentido:

a. produce automáticamente la incorporación del trabajador demandante a la plantilla de la Administración, como trabajador fijo, manteniendo las condiciones laborales que tenía reconocida con la empresa contratista

b. no produce efectos sobre la relación laboral entre el trabajador que demande y la empresa contratista, sin perjuicio de las responsabilidades disciplinarias y en su caso penales del funcionario responsable de la irregularidad

c. El trabajador podrá optar por incorporarse a la plantilla de la Administración, como trabajador indefinido no fijo, y podrán derivarse responsabilidades disciplinarias y penales contra el funcionario responsable de la irregularidad, entre otras posibles consecuencias

d. El trabajador continuará prestando servicios en la empresa contratista, si bien tendrá las mismas condiciones, económicas y de horario, mientras dure la contrata con la Administración, que el funcionario responsable del servicio externalizado

1604. Qué órgano tiene como finalidad principal el análisis de la sostenibilidad financiera de los contratos de concesiones de obras y contratos de concesión de servicios, así como informar los acuerdos de restablecimiento del equilibrio económico que deban adoptarse en estos tipos de contratos:

a. La Oficina Independiente de Regulación y Supervisión de la Contratación

b. La Junta de Contratación Centralizada

c. La Oficina Nacional de Evaluación

d. El Comité de Cooperación en Materia de Contratación Pública

1605. 'Punto General de Entrada de Facturas Electrónicas de la Administración General del Estado':

a. PGE
b. FACe
c. FACTURAe
d. SARA

1606. A cuál de los siguientes entes NO le es de aplicación la Ley 9/2017:

a. Al Ministerio de Defensa
b. Al INEM
c. A la Seguridad Social
d. Se aplica a los tres

1607. Además de los pliegos, cuál de los siguientes documentos forma parte del expediente de contratación:

a. Certificado de la existencia de crédito
b. Fiscalización de la intervención
c. Aprobación del gasto
d. Todos los anteriores

1608. Aplicación para la presentación telemática de proposiciones a los procedimientos de adopción de tipo de bienes y servicios de adquisición centralizada:

a. CONECTA-PATRIMONIO
b. PITER
c. CONECTA-CENTRALIZACIÓN
d. Ninguna de las tres

1609. Con respecto a la revisión de la solvencia de las empresas clasificadas:

a. La solvencia económica y financiera se revisa cada tres años
b. La solvencia técnica se revisa cada año
c. El plazo de cómputo de la experiencia para la solvencia técnica es de tres años en suministros y servicios
d. La solvencia técnica y la solvencia económico-financiera se revisarán cada año

1610. Según la Ley 25/2013, de 27 de diciembre, de impulso de la factura electrónica y creación del registro contable de facturas en el Sector Público, las facturas que se remitan a las Administraciones Públicas serán electrónicas y se ajustarán, a qué formato:

a. FACe
b. Facturae versión 3.2.x con firma electrónica XAdES
c. FACe versión 3.2.x con firma electrónica XAdES
d. Facturae versión 3.0 con firma electrónica PAdES

1611. Contrato de gestión de servicios públicos en el que el empresario gestiona el servicio a su propio riesgo y ventura:

a. Encomiendas de gestión
b. Contrato de concesión de obra o servicio
c. Encargo a medios propios
d. Convenio de concesión

1612. Contrato por el que el empresario se obliga a entregar una pluralidad de bienes de forma sucesiva y por precio unitario sin que la cuantía total se defina con exactitud al tiempo de celebrar el contrato:

a. De gestión
b. De suministros
c. De concesión
d. De servicios

1613. Sobre el cálculo del valor estimado de un contrato de servicios, es FALSO:

a. Debe incluir el IVA
b. Deben considerarse las eventuales prórrogas
c. Deben considerarse las modificaciones previstas
d. Deben considerarse las primas que se haya previsto abonar a los licitadores

1614. Cuál de los documentos que integran el expediente de contratación debe contener los criterios de adjudicación:

a. El pliego de cláusulas administrativas particulares
b. El pliego de cláusulas administrativas generales
c. El pliego de prescripciones técnicas particulares
d. El pliego de prescripciones técnicas generales

1615. Cuál de los siguientes principios NO está considerado dentro del objeto y finalidad de la Ley 9/2017:

a. Unidad de mercado
b. Publicidad y Transparencia
c. Igualdad de trato
d. Libertad de acceso a las licitaciones

1616. Cuál de los siguientes procedimientos de adjudicación NO se contempla en la Ley 9/2017:

a. Negociado
b. Abierto
c. Restringido
d. Concurso

1617. Cuál de los siguientes tipos contractuales NO contempla la Ley 9/2017:

a. Contrato mixto de suministro y servicios
b. Contrato marco
c. Contrato de obras
d. Contrato de servicios

1618. Cuando se trate de contratos de suministro o de servicios, se consideran contratos menores los contratos de valor estimado inferior a:

a. 15.000 €
b. 18.000 €
c. 35.000 €
d. 40.000 €

1619. Cuando, a causa de su especificidad técnica, el suministro de un producto o la prestación de un servicio sólo pueda encomendarse a un único proveedor, el procedimiento de adjudicación del contrato será:

a. Negociado
b. Restringido
c. Directo
d. Por subasta

1620. De acuerdo al Real Decreto 806/2014, el informe técnico preceptivo de la memoria y los pliegos de prescripciones técnicas de las contrataciones de bienes y servicios informáticos se emitirá en el plazo máximo de:

a. Diez días hábiles posteriores al día en que la unidad TIC registró la documentación completa del expediente de contratación
b. Diez días naturales posteriores al día en que la unidad TIC registró la documentación completa del expediente de contratación
c. Quince días hábiles posteriores al día en que la unidad TIC registró la documentación completa del expediente de contratación
d. Quince días naturales posteriores al día en que la unidad TIC registró la documentación completa del expediente de contratación

1621. De acuerdo con la Ley de Contratos del Sector Público:

a. Son contratos de suministro los que tienen por objeto la adquisición, el arrendamiento financiero, o el arrendamiento, con o sin opción de compra, de productos o bienes muebles
b. Los contratos de arrendamiento sin opción a compra tienen la consideración de contratos de servicios
c. Cuando un contrato contenga prestaciones correspondientes a suministros y servicios, se atenderá, para la determinación de las normas que deban observarse en su adjudicación, al contrato de suministros
d. Los que tengan por objeto la adquisición de programas de ordenador desarrollados a medida se considerarán contratos de suministros

1622. De acuerdo con la Ley de Contratos del Sector Público:

a. Se consideran contratos menores los contratos de importe inferior a 50.000 €, cuando se trate de contratos de obras, o a 21.000 €, cuando se trate de otros contratos
b. Los órganos de contratación darán a los licitadores y candidatos un tratamiento igualitario y no discriminatorio. No obstante lo expuesto, aquellas ofertas provenientes de empresas reguladas por el marco europeo tendrán consideración preferente en caso de equivalencia con otras ofertas presentadas
c. Cuando sólo se utilice un criterio de adjudicación, éste ha de ser, necesariamente, el de mayor calidad
d. Cuando en la adjudicación hayan de tenerse en cuenta criterios distintos del precio, el órgano de contratación podrá tomar en consideración las variantes que ofrezcan los licitadores, siempre que las variantes se prevean en los pliegos

1623. Duración máxima que la ley permite a los acuerdos marco (años):

a. 2   b. 1   c. 4   d. 3

1624. El 'Valor Estimado' es:

a. El presupuesto de adjudicación, las prórrogas y las modificaciones previstas, IVA excluido
b. El presupuesto de licitación, las prórrogas y las modificaciones previstas, IVA excluido
c. El presupuesto de adjudicación, las prórrogas y las modificaciones previstas, IVA incluido
d. El presupuesto de licitación, las prórrogas y las modificaciones previstas, IVA incluido

1625. El artículo 71 establece que en ningún caso podrán contratar con la Administración las personas en quienes concurra qué circunstancia:

a. haber dado lugar, por causa de la que hubiesen sido declarados culpables, a la suspensión de cualquier contrato celebrado con la Administración
b. no hallarse al corriente en el cumplimiento de las obligaciones tributarias o de Seguridad Social impuestas por las disposiciones vigentes, en los términos que reglamentariamente se determine
c. no hallarse debidamente clasificadas, en su caso conforme a lo dispuesto en la Ley de Contratos del Sector Público o no acreditar la suficiente solvencia económica, practica y técnica
d. haber incurrido en falsedad al facilitar a la Administración las declaraciones exigibles en el cumplimiento de las disposiciones de esta Ley y de sus normas de desarrollo

1626. El funcionamiento de la Junta de Contratación Centralizada se regula en:

a. HAP/2028/2013
b. HAP/2834/2015
c. RD 695/2013
d. Ninguna de las anteriores

1627. El informe técnico de la Dirección de Tecnología de la Información y de las Comunicaciones para los expedientes de contratación TIC:

a. Debe emitirse antes de 10 días hábiles, en todo caso
b. Es preceptivo, en todo caso
c. Puede emitirse después de 10 días hábiles
d. Es necesario junto con el informe de la CMAD

1628. El nuevo sistema dinámico de adquisición de servicios dirigidos al desarrollo de la Administración Electrónica, qué procedimiento de adjudicación seguirá:

a. Procedimiento abierto
b. Procedimiento restringido
c. Ambas son correctas
d. Ninguna lo es

1629. El órgano de contratación en la Administración General del Estado:

a. Es siempre el Ministro de Hacienda y Administraciones Públicas
b. Son los Ministros y Secretarios de Estado y directores/presidentes de los organismos y entidades dependientes
c. Los Ministros por delegación del Gobierno de la Nación
d. Son los Subsecretarios de cada Ministerio

1630. El plazo de ejecución de un contrato para el desarrollo de un sistema, figurará en:

a. El pliego de prescripciones técnicas
b. El pliego de cláusulas administrativas particulares
c. Las cláusulas especiales de contratación
d. Los criterios de adjudicación del contrato

1631. El pliego de cláusulas administrativas particulares:

a. Contiene las especificaciones técnicas del contrato
b. Contiene el equipo de trabajo requerido del contrato
c. Solamente vincula al adjudicatario que será el único que tenga que cumplirlo
d. Contiene el régimen jurídico del contrato

1632. El procedimiento para la adjudicación de los contratos:

a. Es igual en todos los contratos de todas las Administraciones Pública
b. Sigue el mismo régimen para los poderes adjudicadores que no son Administraciones y para los sujetos que no son poderes adjudicadores
c. Sigue un régimen específico en el caso de los poderes adjudicadores que no son Administraciones Públicas
d. Solamente depende de si el contrato es no SARA

1633. El punto general de entrada de facturas electrónicas a las administraciones públicas se encuentra en la URL:

a. facturae.gob.es
b. facturaelectronica.gob.es
c. face.gob.es
d. facturae.net

1634. El recurso especial en materia de contratación permite la impugnación, previa al recurso contencioso-administrativo, de:

a. Los actos de trámite que no resuelven la licitación
b. Las penalizaciones impuestas por ejecución defectuosa
c. Los acuerdos de adjudicación
d. La resolución del recurso de Alzada

1635. El requisito de que el desarrollo de un sistema se realice según la metodología Métrica v3 deberá figurar en el pliego de prescripciones técnicas:

a. Aspectos deseables o valorables
b. Conformidad con normas y estándares
c. Requisitos obligatorios de la contratación
d. Criterios de adjudicación del contrato

1636. El sistema informático que soporte el perfil de contratante deberá contar con un dispositivo que acredite:

a. El responsable de la información publicada
b. El momento de inicio de la difusión pública de la información
c. Los plazos que hay que cumplir en el procedimiento
d. La fecha y hora exactas de la adjudicación de un contrato

1637. El valor estimado del contrato:

a. Permite determinar si el contrato está sujeto a regulación armonizada
b. No incluye el IVA
c. Incluye las prórrogas y cualquier modificación prevista sobre el presupuesto base de licitación
d. Las tres son ciertas

1638. El valor estimado del contrato:

a. Permite determinar si el contrato está sujeto a regulación armonizada
b. No incluye el IVA
c. Incluye prórrogas y cualquier modificación prevista sobre el presupuesto base de licitación
d. Todas las respuestas son ciertas

1639. En cuál de estos casos la clasificación del contratista acredita la solvencia económico-financiera:

a. Contratos de obras cuyo valor estimado sea igual o superior a 500.000 €
b. Contratos de obras cuyo valor estimado sea igual o inferior a 500.000 €
c. Contratos de servicios, sea cual fuere su valor estimado
d. En todos los anteriores

1640. En el ámbito de la contratación pública, cuando la Administración tenga que actuar de manera inmediata a causa de acontecimientos catastróficos, de situaciones que supongan grave peligro o de necesidades que afecten a la defensa nacional, por qué régimen se regirá el expediente de contratación:

a. Tramitación de alarma
b. Tramitación urgente
c. Tramitación de emergencia
d. Tramitación de apremio

1641. En el ámbito de los Contratos del Sector Público y, en particular, en los contratos de servicios cuál es la cuantía máxima, IVA excluido, del presupuesto de licitación de los contratos dirigidos al desarrollo de la Administración Electrónica que se declaran de contratación centralizada:

a. 862.000 €
b. 300.000 €
c. 500.000 €
d. 1.152.000 €

1642. En el caso de que ésta sea exigida A cuánto asciende la garantía provisional que deben depositar los contratistas:

a. Del 2% del importe de licitación
b. No podrá ser superior a un 3% del presupuesto base de licitación del contrato, excluido el Impuesto sobre el Valor Añadido y el régimen de su devolución
c. Del 2% del importe del contrato
d. Del 5% del importe de licitación

1643. En el caso de ser exigible la garantía provisional, la cuantía de la misma será como máximo del:

a. 3% del presupuesto base de licitación del contrato, excluido el IVA y el régimen de su devolución
b. 4% del presupuesto base de licitación del contrato, excluido el IVA y el régimen de su devolución
c. 5% del presupuesto base de licitación del contrato, excluido el IVA y el régimen de su devolución
d. 100.000 €

1644. En el contexto del Acuerdo Marco para la contratación centralizada de servicios de desarrollo de sistemas de administración electrónica es FALSO:

a. El importe máximo del presupuesto de licitación para los contratos basados en dicho Acuerdo Marco es de 862.000 €, IVA incluido
b. Se encuentra prorrogado hasta el 1 de febrero de 2022
c. Son objeto de las prestaciones a contratar el estudio de viabilidad, análisis, arquitectura, diseño, construcción, migración e implantación de sistemas de información y el mantenimiento de aplicaciones desarrolladas a medida
d. Son objeto de las prestaciones a contratar los servicios vinculados al desarrollo de aplicaciones como oficina de proyectos, de calidad y/o seguridad y pruebas y validación de desarrollos de aplicaciones

1645. En el contrato de obras la responsabilidad del contratista por vicios ocultos se extingue al cabo de:

a. 10 años desde la recepción
b. 15 años desde la recepción
c. 20 años desde la recepción
d. Nunca

1646. En el expediente de contratación:

a. la memoria debe referirse a la necesidad e idoneidad del contrato
b. la memoria debe referirse a los requisitos que deben contener los pliegos de cláusulas administrativas y técnicas generales
c. la memoria debe referirse solo a la necesidad del contrato
d. Todas son correctas

1647. En el marco de la contratación pública, cómo se denominan los documentos que el órgano de contratación aprobará con anterioridad a la autorización del gasto o conjuntamente con ella, y contienen las especificaciones que hayan de regir la realización de la prestación y definen sus calidades, sus condiciones sociales y ambientales:

a. Pliego de Prescripciones Técnicas Particulares (PPTP)
b. Pliego de Cláusulas Administrativas Particulares (PCAP)
c. Pliego de Prescripciones Técnicas Generales (PPTG)
d. Pliego de Cláusulas Administrativas Generales (PCAG)

1648. En la Ley 9/2017 los contratos de adquisición de programas de ordenador desarrollados a medida son:

a. Contratos de servicios
b. Contratos de suministro
c. Contratos de desarrollo lógico
d. No se hace referencia explícita a este tipo de contratos en la citada ley

1649. En la Ley 9/2017 los contratos de adquisición de programas de ordenador 'COTS' (Commercial Off-The-Shelf) son:

a. Contratos de servicios
b. Contratos de licencia Software
c. Contratos de suministro
d. No existe tal cosa

1650. En lo Referente a la publicidad de los procedimientos de licitación de ámbito estatal, es FALSO:

a. Los procedimientos negociados sin publicidad no se publicarán en el perfil del contratante
b. Los contratos no SARA se publican en el BOE y en el Perfil del Contratante
c. Los contratos SARA se publican en el DOUE, en lugar del BOE, y en el Perfil del Contratante
d. Todas son correctas

1651. En los contratos de suministros y de servicios (incluidos los de prestación sucesiva), el plazo máximo de duración incluyendo las prórrogas es de cuántos años:

a. 3   b. 4   c. 5   d. 6

1652. En los pliegos de prescripciones técnicas:

a. La comisión de valoración aprobará con anterioridad a la autorización del gasto y siempre antes de la licitación del contrato, los pliegos que contengan las prescripciones técnicas particulares
b. El órgano de contratación aprobará con anterioridad a la autorización del gasto o con ella, antes de la licitación del contrato, o de no existir, antes de su adjudicación, los pliegos de prescripciones técnicas particulares
c. La comisión de valoración aprobará con posterioridad a la autorización del gasto y siempre antes de la licitación del contrato, los pliegos que contengan las prescripciones técnicas particulares
d. El órgano de contratación aprobará con posterioridad a la autorización del gasto, los pliegos y documentos que contengan las prescripciones técnicas particulares

1653. En materia de contratación, es competencia de la SGAD:

a. El informe técnico facultativo de los convenios y encomiendas de gestión que tengan por objeto la adquisición de bienes y servicios informáticos, así como de las memorias y pliegos de prescripciones técnicas de contrataciones de bienes y servicios informáticos
b. El informe técnico facultativo de los convenios y encomiendas de gestión que tengan por objeto la adquisición de bienes y servicios informáticos, así como de las memorias y pliegos de prescripciones técnicas de contrataciones de bienes y servicios informáticos de aquellos contratos cuya cuantía supere el millón de €, el resto los informa la correspondiente CMAD
c. El seguimiento de la ejecución del gasto en materia de tecnologías de la información y comunicaciones
d. Todas las competencias anteriores son responsabilidad de la División de Inversiones TIC dependiente de la Dirección General de Racionalización y Contratación Centralizada

1654. En qué caso está permitido aplicar un único criterio de adjudicación según el artículo 145 de la Ley 9/2017:

a. Contratos en los que la definición de la prestación es susceptible de ser mejorada por otras soluciones técnicas o por reducciones en su plazo de ejecución
b. Contratos de servicios en que las prestaciones estén perfectamente definidas técnicamente y no sea posible variar los plazos de entrega ni introducir modificaciones de ninguna clase en el contrato
c. Contratos cuya ejecución pueda tener un impacto significativo en el medio ambiente
d. Contratos que requieran del empleo de tecnología especialmente avanzada

1655. En qué caso se podrá utilizar el procedimiento de licitación con negociación:

a. Cuando la prestación objeto del contrato incluya un proyecto o soluciones innovadoras
b. Cuando el contrato no pueda adjudicarse sin negociaciones previas debido a circunstancias específicas vinculadas a la naturaleza, la complejidad o la configuración jurídica o financiera de la prestación que constituya su objeto, o por los riesgos inherentes a la misma
c. Cuando en los procedimientos abiertos o restringidos seguidos previamente solo se hubieren presentado ofertas irregulares o inaceptables
d. En todos los casos anteriores

1656. En qué supuestos de la Ley 9/2017 NO obliga al órgano de contratación a tramitar el expediente de contratación:

a. En la tramitación de urgencia
b. En la tramitación de emergencia
c. En la tramitación plurianual
d. En la tramitación excepcional

1657. En qué tipos de contratos públicos es indispensable la clasificación del empresario:

a. En los contratos de servicios, sea cual fuere su valor estimado
b. En los contratos de obras de importe igual o superior a 500.000 €
c. En los contratos de obras de importe igual o inferior a 500.000 €
d. La figura de la clasificación se ha suprimido en la Ley 9/2017

1658. En relación con la división por lotes de los contratos:

a. No es necesario motivar la no división por lotes, salvo en los Contratos SARA
b. Siempre que sea posible se debe dividir por lotes, y en caso de no ser posible, debe motivarse
c. Tiene por objeto facilitar la participación de las Pymes en la licitación
d. Son correctas B y C

1659. En un contrato cuyo presupuesto es de 100.000 € sin IVA y se adjudica por 80.000, IVA excluido, la garantía definitiva será de:

a. 2.400 €
b. 4.000 €
c. 3.200 €
d. 1.600 €

1660. En un contrato tramitado por urgencia por su necesidad inaplazable o cuya adjudicación se deba acelerar por interés público, el plazo de inicio de la ejecución no puede superar:

a. 1 mes
b. 10 días hábiles
c. 15 días naturales
d. 10 días naturales

1661. En un Pliego de Cláusulas Administrativas particulares que se establezca para un contrato de Tecnologías de la Información deben figurar los siguientes aspectos, EXCEPTO:

a. El Plazo para la ejecución del contrato
b. Los criterios para la adjudicación del contrato
c. El modelo de referencia para las funciones informáticas
d. Deben figurar todos los aspectos anteriores

1662. Entidad no sometida a la Ley 9/2017 de contratos del sector público:

a. Entidades Locales
b. Fundaciones públicas
c. Mutuas de Accidentes de Trabajo y Enfermedades Profesionales de la S Social
d. Todas las entidades anteriores están sometidas a la Ley 9/2017

1663. Entre los órganos consultivos referidos en la Ley 9/2017 NO está:

a. Mesas de contratación
b. Junta Consultiva de Contratación Administrativa del Estado
c. Órganos consultivos en las CCAA
d. Todos los anteriores

1664. Entre los órganos de asistencia referidos en la Ley 9/2017 NO está:

a. Mesa especial del diálogo competitivo o del procedimiento de asociación para la innovación
b. Mesas de contratación
c. Junta Consultiva de Contratación Administrativa del Estado
d. Ninguno de los anteriores

1665. Entre los principios de la ley de contratos del sector público NO está:

a. Libertad de acceso a las licitaciones
b. Publicidad y transparencia de los procedimientos
c. No discriminación e igualdad de trato entre los candidatos
d. Protección de la competencia

1666. Es causa de nulidad de los contratos de las AA PP:

a. La falta de publicación del anuncio de licitación en el perfil de contratante alojado en la Plataforma de Contratación del Sector Público o en los servicios de información similares de las CC AA, en el DOUE o en el medio de publicidad en que sea preceptivo, de conformidad con el artículo 135
b. La nulidad de un acto que no sea preparatorio del contrato
c. La falta de capacidad de obrar o de solvencia económica, financiera, técnica o profesional
d. Son correctas A y C

1667. Es requisito de una empresa para poder contratar con la Administración:

a. Únicamente tener capacidad de obrar
b. Contar con capacidad y siempre estar clasificada e inscrita en el ROLECE
c. Contar con capacidad, solvencia y no estar incursa en prohibición de contratar
d. Contar con capacidad y no estar incursa en prohibición de contratar

1668. Es un requisito de los contratos menores:

a. La aprobación del gasto y la incorporación al mismo de la factura correspondiente, que deberá reunir los requisitos que las normas de desarrollo de esta Ley establezcan
b. Que el contratista no haya suscrito más contratos menores que individual o conjuntamente superen la cifra de 40.000 €, cuando se trate de contratos de obras, o a 15.000 €, de contratos de suministro o de servicios
c. Valor estimado inferior a 15.000 €, cuando se trate de contratos de obras, o a 40.000 €, cuando sean de suministro o de servicios
d. La publicación de la información relativa a los contratos menores deberá realizarse al menos mensualmente

1669. Esta Ley tiene por objeto regular la contratación del sector público, a fin de garantizar que la misma se ajusta a los principios de:

a. libertad de acceso a las licitaciones
b. publicidad y transparencia de los procedimientos, y no discriminación e igualdad de trato entre los licitadores
c. asegurar una eficiente utilización de los fondos destinados a obras, adquisición de bienes y contratación de servicios mediante la exigencia de la definición previa de las necesidades a satisfacer, la salvaguarda de la libre competencia y la selección de la oferta más ventajosa
d. Las tres son correctas

1670. Estructura de la Ley 9/2017:

a. Un título preliminar y cuatro capítulos
b. Cinco libros y Siete capítulos
c. Un título preliminar y cuatro libros
d. Un artículo único y un anexo

1671. Garantía constituida para asegurar el mantenimiento de las ofertas de los licitadores hasta la perfección del contrato:

a. definitiva
b. preparatoria
c. provisional
d. inicial

1672. La administración ha licitado un contrato de servicios, cuyo valor de adjudicación es de 300.000 €. Dónde hay que publicar el acuerdo:

a. En el perfil del contratante y en el BOE
b. En el perfil del contratante en el BOE y en el DOUE
c. En el BOE y en el DOUE
d. En el perfil del contratante únicamente

1673. La adquisición de un programa de ordenador a medida se considera un contrato de:

a. Obras
b. Concesión de servicios públicos
c. Servicios
d. Suministros

1674. La adquisición de una licencia mediante la que se cede el derecho de uso de un programa de ordenador, según la Ley 9/2017, tiene categoría de:

a. Contrato de suministros
b. Contrato de consultoría y asistencia
c. Contrato de servicios
d. Contrato de arrendamiento

1675. La clasificación de las empresas en contratos:

a. Sólo es exigible en contratos de obras de valor estimado superior a 200.000 € y contratos de servicios de valor estimado superior a 500.000 €
b. Sólo es exigible en contratos de obras de valor estimado superior a 500.000 €
c. Sólo es exigible en contratos de obras de valor estimado superior a 200.000 € y en todo caso para contratos de servicios
d. Es exigible en contratos de obras en todo caso y contratos de servicios de valor estimado superior a 200.000 €

1676. La clasificación de las empresas sirve para acreditar:

a. El orden cuantitativo de las ofertas presentadas a una licitación

b. El orden temporal de presentación de ofertas a una licitación

c. La solvencia para contratar

d. El tipo de empresa en función del número de trabajadores que tenga

1677. La contratación centralizada de servicios de desarrollo de sistemas de administración electrónica se realiza a través del Acuerdo Marco:

a. 10/2012   b. 13/2013

c. 26/2015   d. 7/2016

1678. La garantía provisional, según la Ley 9/2017:

a. Es potestativa para el órgano de contratación

b. Con carácter general se exige a los adjudicatarios de los contratos administrativos

c. El órgano de contratación podrá eximir al adjudicatario de la obligación de constituir la garantía provisional

d. Su importe no podrá ser superior al 5% del presupuesto del contrato

1679. La garantía que se constituye para asegurar el mantenimiento de las ofertas de los licitadores hasta la perfección del contrato por el adjudicatario:

a. Es obligatoria en todo caso

b. No podrá ser superior a un 3% del presupuesto base de licitación del contrato

c. Se devolverá al licitador seleccionado como adjudicatario cuando haya constituido la garantía definitiva

d. Son ciertas B y C

1680. La incorporación en la contratación pública de criterios sociales y medioambientales:

a. Debe hacerse de manera transversal y preceptiva siempre y cuando estos criterios no guarden relación con el objeto del contrato

b. Permite reducir los plazos de adjudicación a la mitad

c. Proporciona una mejor relación calidad-precio en la prestación contractual, así como una mayor y mejor eficiencia en la utilización de los fondos públicos

d. Es obligatoria sólo para contratos sujetos a una regulación armonizada

1681. La inscripción en el ROLECE acredita la aptitud del licitador frente a los órganos de contratación de:

a. Todo el sector público estatal

b. Todo el sector público

c. La Administración General del Estado

d. La Administración General del Estado y su Organismos públicos vinculados o dependientes

1682. La Ley 9/2017 establece que la adquisición de programas de ordenador a medida se considera:

a. contrato de obra

b. contrato de servicios

c. contrato de suministro

d. contrato de consultoría y asistencia

1683. La Ley 9/2017 transpone la:

a. 2014/25/UE, de 26 de febrero de 2018

b. 2014/23/UE, y la 2014/24/UE, de 26 de febrero de 2019

c. 2014/23/UE, y la 2014/24/UE, de 26 de febrero de 2014

d. Ninguna de las tres es correcta

1684. La Ley 9/2017:

a. Regula la subasta electrónica

b. Prohíbe la subasta electrónica

c. Suprime la adjudicación directa

d. No menciona la subasta electrónica

1685. La ley de contratos del sector público establece entre sus herramientas un recurso especial de contratación, señale cual de la siguientes afirmaciones es FALSA:

a. No se puede usar en casos de tramitación de emergencia

b. Es objeto de recurso, entre otros, las adjudicaciones realizadas por poderes adjudicadores

c. Los contratos de suministros no sujetos a regulación armonizada pueden ser recurridos con este recurso especial

d. El carácter del recurso es potestativo, es decir, no es obligatorio interponerlo

1686. La potestad de contratación:

a. Corresponde a los órganos superiores que están en cabeza de cada Administración

b. Corresponde al Ministerio de Hacienda siempre

c. Puede llevarse a cabo por cualquier unidad orgánica

d. Corresponde a los órganos de contratación a los que se encuentra legalmente atribuida

1687. La publicación, por parte del órgano de contratación, de un anuncio de información previa, según el art. 134, permitirá reducir los plazos de presentación de proposiciones en:

a. Los procedimientos abiertos

b. Los procedimientos restringidos

c. Son correctas las dos respuestas anteriores

d. La publicación de un anuncio de información previa no permite, en ningún caso reducir los plazos de presentación de proposiciones

1688. La revisión de la solvencia técnica del empresario para la conservación de la clasificación debe realizarse:

a. Anualmente

b. Cada tres años

c. No es necesario revisarla mientras se mantengan las condiciones y circunstancias en que se basó la concesión de la clasificación

d. Sólo se revisa a petición de los interesados

1689. La SGAD NO podrá informar un expediente de contratación si la documentación del mismo no incluye:

a. Presupuesto, objeto y justificación de la necesidad

b. Presupuesto, objeto y certificado de exclusividad

c. Pliego de cláusulas administrativas y memoria económica

d. Objeto, justificación temporal y ratio perfiles/horas

1690. La utilización de cartuchos de tóner reciclados en impresoras de la Administración:

a. No es de interés para la Administración, ya que estos cartuchos son más caros

b. Es una política apropiada para la Administración, siempre que se garantice la calidad de estos consumibles

c. Debe reservarse para aquellas situaciones en que se utilicen conjuntamente con otros consumibles reciclados

d. Es una situación coyuntural para situaciones de insuficiencia presupuestaria

1691. Las aplicaciones que se utilicen para efectuar las comunicaciones y notificaciones entre el órgano de contratación y el licitador o contratista deberán poder acreditar:

a. La fecha y hora de su envío o puesta a disposición, la integridad y confidencialidad de su contenido, y la identidad del remitente de la misma

b. La fecha y hora de su envío o puesta a disposición y la de la recepción o acceso por el interesado, la integridad de su contenido y la identidad del remitente de la misma

c. La fecha y hora de su recepción o acceso por el interesado, la integridad de su contenido y la identidad del remitente de la misma

d. Ninguna de las anteriores es cierta

1692. Las especificaciones técnicas de un pliego de prescripciones:

a. deben permitir descartar ciertas empresas o productos con los que no se han tenido buenas experiencias

b. deben hacer referencia a la marca de mayor calidad del producto o servicio

c. deben hacer referencia a la fabricación o procedencia determinada del producto o servicio

d. todas son falsas

1693. Las garantías en los contratos NO se:

a. Reponen para responder ante penalizaciones o indemnizaciones

b. Reutilizan para cubrir necesidades de otro contrato

c. Reajustan ante variaciones en el precio del contrato, debido a una modificación de éste

d. Devuelven o cancelan cuando vence el período de garantía del contrato y éste se ha cumplido de forma satisfactoria, o cuando se resuelve el contrato, sin que exista culpa por parte del contratista

1694. Las solicitudes de contratos basados en el acuerdo marco o de adjudicaciones de contratos realizadas en el marco del sistema dinámico de contratación se tramitarán:

a. De la forma tradicional o a través de la aplicación CONECTA-CENTRALIZACIÓN

b. Exclusivamente, a través de la aplicación informática CONECTA CENTRALIZACIÓN

c. Mediante solicitud por escrito a la Dirección General de Patrimonio

d. Ninguna de las anteriores

1695. Las Uniones Temporales de Empresas (UTE) cuando se presentan a los procesos de licitación y en relación a las solvencias económica-financiera y técnica:

a. Cada una de las empresas que integran la UTE debe cumplir la solvencia técnica y económica

b. En base al principio de acumulación de solvencias, ambas solvencias, deben cumplirla en conjunto sumando las capacidades individuales

c. La inscripción en ROLECE exime del cumplimiento de cualquier solvencia

d. Las Uniones Temporales de Empresas pueden aprovecharse de la acumulación de sus capacidades únicamente en la solvencia económica-financiera, pero no en la técnica

1696. Los acuerdos marco, articulados en la Ley 9/2017:

a. Permiten a las distintas administraciones públicas llegar a un acuerdo entre sí sobre puntos de contratación comunes

b. La duración del acuerdo marco, podrá, con carácter general, superar los 4 años de duración

c. Permiten a los órganos de contratación llegar a un acuerdo con uno o varios empresarios para fijar las condiciones de los contratos adjudicados en un período de tiempo determinado

d. Suponen la creación de la comisión de acuerdos marco, dependiente del ministerio de economía y hacienda

1697. Los contratos celebrados por los poderes adjudicadores, serán inválidos:

a. Cuando no sean conformes con las disposiciones del derecho civil

b. Cuando lo sea alguno de sus actos preparatorios o del procedimiento de adjudicación, por alguna de las causas de nulidad

c. Cuando alguna de sus cláusulas sea ilegal

d. Todas las anteriores son correctas

1698. Los contratos de adquisición de programas de ordenador desarrollados a medida son:

a. Contratos de concesión de servicios

b. Contratos de suministros

c. Contratos de servicios

d. Contratos de obra

1699. Los contratos de fabricación, por los que la cosa o cosas que hayan de ser entregadas por el empresario deban ser elaboradas con arreglo a características peculiares fijadas previamente por la Administración, aun cuando ésta se obligue a aportar, total o parcialmente, los materiales precisos, tienen la consideración de contratos de:

a. Obras

b. Suministro

c. Servicios

d. Bienes y servicios

1700. Los contratos de servicios de los organismos autónomos de la AGE se encuentran sujetos a regulación armonizada cuando su importe es igual o superior a:

a. 50.000 €   b. 140.000 €

c. 215.000 €   d. 862.000 €

1701. Los contratos del sector público tendrán siempre un precio..:

a. incierto, que se abonará al contratista en función de la prestación realmente ejecutada y de acuerdo con lo pactado. En el precio se entenderá incluido el importe a abonar en concepto de IVA, que en todo caso se indicará corno partida independiente

b. cierto, que se abonará al contratista en función de la prestación realmente ejecutada y de acuerdo con lo pactado. En el precio se entenderá incluido el importe a abonar en concepto de IVA, que en todo caso se indicará como partida independiente

c. cierto, que se abonará al contratista en función de la prestación realmente ejecutada y de acuerdo con lo pactado. En el precio no se entenderá incluido el importe a abonar en concepto de IVA, que en todo caso se indicará como partida independiente

d. cierto, que se abonará al contratista en función de la prestación realmente ejecutada y de acuerdo con lo pactado. En el precio se entenderá incluido el importe a abonar en concepto de IVA, que en ningún caso se indicará como partida independiente

1702. Los contratos menores definidos en el artículo 118 de la Ley 9/2017 NO podrán tener una duración superior a:

a. Cinco años, ni ser objeto de prórroga

b. Un año, ni ser objeto de prórroga

c. Dos años, ni ser objeto de prórroga

d. Seis meses, prorrogable hasta un año

1703. Los contratos menores definidos en el artículo 118 NO podrán tener una duración superior a:

a. Un año ni ser objeto de prórroga

b. Cinco años ni ser objeto de prórroga

c. Dos años ni ser objeto de prórroga

d. Seis meses con derecho a prórroga

1704. Los contratos menores NO podrán tener una duración superior a:

a. 1 año ni ser objeto de prórroga

b. 5 años ni ser objeto de prórroga

c. 1 año con posibilidad de una prórroga

d. 6 meses con derecho a prórroga

1705. Los contratos menores NO podrán tener una duración superior a:

a. 5 años ni ser objeto de prórroga

b. 1 año con posibilidad de una prórroga

c. 6 meses con derecho a prórroga

d. 1 año ni ser objeto de prórroga

1706. Los contratos que celebren los poderes adjudicadores se perfeccionan con su:

a. Ejecución   b. Adjudicación

c. Licitación   d. Formalización

1707. Los sistemas dinámicos de adquisición:

a. Tienen vigencia indefinida mientras existan licitadores

b. La adjudicación del sistema dinámico se realizará mediante las normas del procedimiento restringido

c. Al igual que en el acuerdo marco, será posible la incorporación de nuevos adjudicatarios

d. Se valorará positivamente el uso de medios TIC

1708. Los sistemas dinámicos de adquisición:

a. Solo permiten tramitar contratos de obras

b. El proceso de adquisición es totalmente electrónico

c. La duración de un sistema de contratación dinámico no podrá exceder, en términos generales, los 2 años

d. Se podrá cargar a las empresas un 0.5% del montante total del contrato, en concepto de participación

1709. Mediante qué procedimiento se pueden adjudicar acuerdos marco:

a. Solo por procedimiento negociado

b. Solo por procedimiento restringido

c. Solo por procedimiento abierto

d. Por procedimiento abierto, restringido o negociado

1710. NO corresponde a uno de los lotes en los que se dividió la Fase I del Servicio Unificado de Telecomunicaciones:

a. Internet

b. Comunicaciones vía satélite

c. Red Corporativa Nacional Multiservicio y servicio de telefonía fija

d. Comunicaciones Móviles

1711. NO es contrato de suministro:

a. La compra de un ERP

b. El mantenimiento de las licencias del SGBD

c. El mantenimiento de la aplicación que usa el SGBD

d. El alquiler del sistema de telecomunicaciones

1712. NO es un órgano de contratación en el ámbito de un ministerio:

a. Ministro
b. Secretario de Estado
c. Junta de Contratación
d. Mesa de Contratación

1713. NO es un principio de la contratación pública:

a. Publicidad y transparencia
b. Salvaguarda de la libre competencia
c. Selección de la oferta económicamente más ventajosa
d. Restricción en el acceso a las licitaciones

1714. NO es un tipo de contrato administrativo:

a. Obras
b. Concesión de obras
c. Arrendamiento de locales
d. Concesión de servicios

1715. NO es un tipo de tramitación de contratación:

a. ordinaria
b. emergencia
c. urgencia
d. todos lo son

1716. NO es una causa de resolución de un contrato de servicios:

a. El mutuo acuerdo entre la Administración y el contratista
b. La demora injustificada en la comprobación del replanteo
c. El desistimiento antes de iniciar la prestación del servicio o la suspensión por causa imputable al órgano de contratación de la iniciación del contrato por plazo superior a cuatro meses a partir de la fecha señalada en el mismo para su comienzo, salvo que en el pliego se señale otro menor
d. La demora en el cumplimiento de los plazos por parte del contratista

1717. NO es una forma de pago admitida por la Pasarela de Pagos de la Agencia Tributaria:

a. Pago mediante cargo en cuenta
b. Pago con tarjeta
c. Pago por cargo en cuenta de terceras personas, previo apoderamiento registrado en 'Registro de apoderamientos'
d. Pago mediante remesa de importación para obligados contribuyentes con residencia en el extranjero

1718. NO es una prerrogativa de la Administración según la LCSP:

a. Disminuir la cuantía económica del contrato por razones de déficit excesivo
b. Acordar la resolución del contrato y determinar los efectos de tal resolución
c. Modificar los contratos por razones de interés público
d. Interpretar los contratos

1719. NO puede ser utilizado como un criterio de adjudicación de un contrato del sector público:

a. Las características medioambientales del producto
b. El servicio posventa
c. El número de trabajadores de la empresa
d. Las condiciones de entrega

1720. Oficina encargada de combatir ilegalidades en materia de contratación:

a. La Oficina independiente de regulación y Supervisión de contratación
b. La Oficina nacional de evaluación
c. El Comité de cooperación en materia de contratación pública
d. La Junta Consultiva de Contratación Pública del Estado

1721. Órgano colegiado creado según la ley 9/2017 con la finalidad de velar por la correcta aplicación de la legislación y, en particular, promover la concurrencia y combatir las ilegalidades, en relación con la contratación pública. La Oficina actuará en el desarrollo de su actividad y el cumplimiento de sus fines con plena independencia orgánica y funcional:

a. Junta Consultiva de Contratación Pública del Estado
b. Oficina Independiente de Regulación y Supervisión de la Contratación
c. Comité de cooperación en materia de contratación pública
d. Dirección General de Racionalización y Centralización de la Contratación

1722. Órgano competente para la contratación centralizada de suministros TIC:

a. La SGAD
b. Para importe IGUAL o MENOR que 1.000.000 € (IVA excluido), el Ministerio u organismo en que se encuadra el interesado, para importe MAYOR que 1.000.000 € (IVA excluido), la Junta de Contratación Centralizada
c. Para importe IGUAL o MENOR que 500.000 € (IVA excluido), el Ministerio u organismo en que se encuadra el interesado, para importe MAYOR que 500.000 € (IVA excluido), la Junta de Contratación Centralizada
d. La Junta de Contratación Centralizada

1723. Órgano competente para la resolución de un recurso especial en materia de contratación en la AGE:

a. El Tribunal Administrativo Central de Recursos Contractuales
b. El Tribunal Contencioso Administrativo
c. La Intervención General de la Administración del Estado
d. El Tribunal de Cuentas

1724. Órgano de contratación del Sistema Estatal de contratación centralizada:

a. El Ministro de Hacienda
b. La Dirección General de Patrimonio del Estado
c. La Junta de Contratación Centralizada
d. La Junta Consultiva de Contratación Pública del Estado

1725. Órgano de contratación en la adquisición de equipos y sistemas para el tratamiento de la información declarados de adquisición centralizada, una vez establecido el acuerdo marco:

a. El Ministerio de Hacienda y Función Pública
b. Las Juntas de Contratación Centralizada
c. La Dirección General de Racionalización y Centralización de la Contratación
d. Ministerio de Energía, Turismo y Agenda Digital

1726. Para determinar si un contrato se encuentra o no sujeto a regulación armonizada debe atenderse a:

a. Su precio anual
b. Su valor estimado
c. El IVA
d. Su objeto, siempre que este sea determinado

1727. Para una tramitación de emergencia el plazo de inicio de la ejecución NO podrá ser superior a:

a. 10 días hábiles
b. 15 días hábiles
c. 15 días naturales
d. 1 mes

1728. Plataforma de contratación de la Administración General del Estado:

a. Conecta-Patrimonio
b. Conecta-Centralización
c. Plataforma-Centraliza
d. Centralización-ofertas

1729. Podrán contratar con las Administraciones Públicas:

a. Solo las personas jurídicas
b. Solo las personas naturales o jurídicas, españolas o miembros de la Unión Europea
c. Solo las personas naturales o jurídicas que sean españolas
d. Las personas naturales o jurídicas, españolas o extranjeras

1730. Podrán ser objeto de tramitación de emergencia regulada en el art. 120:

a. Los expedientes correspondientes a los contratos cuya celebración responda a una necesidad inaplazable o cuya adjudicación sea preciso acelerar por razones de interés público. A tales efectos el expediente deberá contener la declaración de urgencia hecha por el órgano de contratación, debidamente motivada
b. Los expedientes en los que la Administración tenga que actuar de manera inmediata a causa de acontecimientos catastróficos, de situaciones que supongan grave peligro o de necesidades que afectan a la defensa nacional
c. Los expedientes de obras sujetos a regulación armonizada
d. Ninguna de las tres es correcta

1731. Qué expedientes podrán ser objeto de tramitación urgente (art. 119):

a. Los de contratos cuya celebración responda a una necesidad inaplazable o cuya adjudicación sea preciso acelerar por razones de interés público. A tales efectos el expediente deberá contener la declaración de urgencia hecha por el órgano de contratación, debidamente motivada

b. Aquellos en los que la Administración tenga que actuar de manera inmediata a causa de acontecimientos catastróficos, de situaciones que supongan grave peligro o de necesidades que afectan a la defensa nacional

c. Los de obras sujetos a regulación armonizada

d. Ninguna de las tres es correcta

1732. Podrán ser objeto de tramitación urgente regulada en el art. 96:

a. Los contratos cuya celebración responda a una necesidad inaplazable o cuya adjudicación sea preciso acelerar por razones de interés público, previa declaración de urgencia hecha por el órgano de contratación, debidamente motivada

b. Los contratos en los que la Administración tenga que actuar de manera inmediata a causa de acontecimientos catastróficos, de situaciones que supongan grave peligro o de necesidades que afectan a La defensa nacional

c. Los contratos de obras sujetos a regulación armonizada

d. Ninguna de las tres es correcta

1733. Por razón de su cuantía, en qué contratos de objeto informático se precisa autorización del Consejo de Ministros:

a. Si es igual o superior a 10 millones

b. Si es igual o superior a 12 millones

c. Si es igual o superior a 15 millones

d. No se precisa autorización del Consejo de Ministros por motivos de cuantía en los contratos de objeto informático

1734. Procedimiento de adjudicación en el que solo podrán participar los empresarios que, a su solicitud y en atención a su solvencia, hayan sido seleccionados por el órgano de contratación:

a. Procedimiento Negociado

b. Procedimiento Restringido

c. Procedimiento Cerrado

d. Procedimiento Abierto

1735. Procedimientos de adjudicación contemplados en la Ley 9/2017:

a. Abierto, abierto simplificado (más tramitación especial del simplificado), restringido y negociado

b. Abierto, abierto simplificado (más tramitación especial del simplificado), restringido y negociado (con y sin publicidad)

c. Abierto, abierto simplificado (más tramitación especial del simplificado), restringido, negociado, diálogo competitivo y asociación para la innovación

d. Abierto, abierto simplificado (más tramitación especial del simplificado), restringido, negociado y diálogo competitivo

1736. Qué contrato está excluido del ámbito de aplicación de la Ley 9/2017:

a. Contratos celebrados por los partidos políticos como poder adjudicador

b. Contratos de suministro en el ámbito de la Sanidad

c. Contrato de servicios en el ámbito de la Defensa y seguridad

d. Contratos celebrados por Universidades como poder adjudicador

1737. Qué contratos de servicio y suministro están sujetos a regulación armonizada:

a. Todos los de servicio y suministro

b. Aquellos cuyo valor estimado es igual o superior a 140.000 €, si son adjudicados por la Administración General del Estado, sus Organismos Autónomos o la Seguridad Social, y aquellos cuyo valor estimado es igual o superior a 215.000 € si son adjudicados por los demás entes públicos

c. Aquellos cuyo valor estimado es igual o superior a 135.000 €, si son adjudicados por la Administración General del Estado, sus Organismos Autónomos o la Seguridad Social, y aquellos cuyo valor estimado es igual o superior a 209.000 € si son adjudicados por los demás entes públicos

d. Ningún contrato de suministro, ni de servicio, está sujeto a regulación armonizada

1738. Qué deberá publicarse, en cualquier caso, en el perfil de contratante:

a. Información de tipo general que permita relacionarse con el órgano

b. Documentos generales como las instrucciones internas de contratación

c. Información particular relativa a los contratos que celebre

d. Todos los anteriores

1739. Qué normativa supuso la aprobación de la nueva ley de contratos:

a. El Reglamento de la Intervención General del Estado

b. El Acuerdo sobre Libre Comercio de la OCDE

c. Las nuevas Directivas europeas en materia de contratación

d. El Reglamento funcional del Tribunal Administrativo Central de Recursos Contractuales

1740. Qué parte del expediente de contratación incluye los pactos y condiciones que definen los derechos y obligaciones de cada una de las partes del contrato:

a. El Pliego de Prescripciones Técnicas

b. El Pliego Técnico de Referencia

c. El Pliego de Cláusulas Administrativas

d. La Memoria Justificativa

1741. Qué permite la Plataforma de Contratación del Sector Público, según la Ley 9/2017:

a. Permite a los empresarios elaborar las ofertas, para enviarlas al órgano de contratación

b. Permite al estado controlar el conjunto de contratos que están actualmente en curso

c. Es una base de datos en la que se incluye toda la información sobre contratos celebrados con la administración a lo largo de la historia

d. Permite a los órganos de contratación dar publicidad a sus convocatorias y resultados a través de internet

1742. Qué porcentaje sobre el importe de adjudicación supone la garantía definitiva en un contrato con las administraciones públicas:

a. 4%   b. 5%   c. 6%   d. 8%

1743. Qué sistemas de racionalización de compras incluye la ley de contratos del sector público:

a. Acuerdos marco

b. Sistemas dinámicos de adquisición

c. Centrales de contratación

d. Incluye las tres anteriores

1744. Qué tipos de contratos se regulan en la Ley 9/2017:

a. Obras, gestión de servicios públicos, consultoría y asistencia y servicios, y concesión de obras públicas

b. Obras, concesión de obras públicas, concesión de servicios públicos, suministro, servicios y mixtos

c. Obras, suministros, consultoría y asistencia, y gestión pública de servicios privados

d. Ninguno de los anteriores es correcto

1745. Quién nombra a los miembros de la Mesa de Contratación:

a. La Intervención General

b. La Dirección de los Servicios Jurídicos

c. El Órgano de Contratación

d. El Comité de Transparencia

1746. Quién resuelve los recursos especiales previstos en la Ley 9/2017:

a. Tribunal Central de Recursos Especiales

b. Tribunal Administrativo Central de Recursos Contractuales

c. Tribunal Administrativo Tributario

d. Tribunal Económico - Administrativo Central

1747. Se considera como una prohibición para contratar:

a. Haber sido condenado mediante sentencia firme por cualquier delito

b. Personas físicas o jurídicas residentes fuera de la Unión Europea

c. Empresas que no alcancen un número mínimo de trabajadores o un volumen mínimo de negocio

d. No estar al corriente en el pago de obligaciones tributarias

1748. Se considera que forman parte del sector público las siguientes entidades:

a. La Administración General del Estado, las Administraciones de las Comunidades Autónomas, las Ciudades Autónomas de Ceuta y Melilla y las Entidades que integran la Administración Local. Las Entidades Gestoras y los Servicios Comunes de la Seguridad Social
b. Los Organismos Autónomos, las Universidades Públicas y las autoridades administrativas independientes
c. Los consorcios dotados de personalidad jurídica propia a los que se refiere la Ley 40/2015 de Régimen Jurídico del Sector Público, y la legislación de régimen local, así como los consorcios regulados por la legislación aduanera
d. Todas las anteriores son correctas

1749. Se consideran contratos menores de suministros aquellos que no superen la cantidad de:

a. 15.000 (IVA incluido)
b. 15.000 (IVA excluido)
c. 18.000 (IVA incluido)
d. 18.000 (IVA excluido)

1750. Según el ámbito subjetivo de la Ley de contratos del sector público:

a. Quedan excluidos fundaciones y consorcios del ámbito de la ley
b. Aquellos expedientes de contratación incoados por las Administraciones Públicas son de naturaleza administrativa
c. Los órganos constitucionales son poderes adjudicadores
d. Ninguna de las tres

1751. Según el artículo 1 de la Orden EHA/1049/2008, de declaración de bienes y servicios de contratación centralizada (modificada por la Orden HFP/457/2018), están sujetos a contratación centralizada los contratos de suministros de ordenadores portátiles. Qué Acuerdo Marco cubre su suministro:

a. 8/2017   b. 10/2012
c. 13/2013   d. 2/2020

1752. Según el artículo 118 se consideran contratos menores los contratos de valor estimado inferior a:

a. 50.000 €, cuando se trate de contratos de obras, o a 18.000 €, cuando se trate de contratos de suministro o de servicios
b. 40.000 €, cuando se trate de contratos de obras, o a 15.000 €, cuando se trate de contratos de suministro o de servicios
c. 15.000 €, cuando se trate de contratos de obras, o a 40.000 €, cuando se trate de contratos de suministro o de servicios
d. 40.000 €, cuando se trate de contratos de obras o de servicios, o a 15.000 €, cuando se trate de contratos de suministro

1753. Según el artículo 15 de la Ley 9/2017, el tipo de contrato en cuya virtud uno o varios poderes adjudicadores encomiendan a título oneroso a una o varias personas, naturales o jurídicas, la gestión de un servicio cuya prestación sea de su titularidad o competencia, y cuya contrapartida venga constituida bien por el derecho a explotar los servicios objeto del contrato o bien por dicho derecho acompañado del de percibir un precio, se denomina:

a. Contrato de suministros
b. Contrato de concesión de servicios
c. Contrato de concesión de obras
d. Ninguna de las tres

1754. Según el artículo 154, la formalización de los contratos deberá publicarse, junto con el correspondiente contrato, en el perfil del contratante del órgano de contratación, en un plazo no superior a:

a. 10 días tras la adjudicación del contrato
b. 15 días tras el perfeccionamiento del contrato
c. 15 días tras la adjudicación del contrato
d. 20 días tras el perfeccionamiento del contrato

1755. Según el artículo 2 son contratos del sector público:

a. Los contratos onerosos, cualquiera que sea su naturaleza administrativa, que celebren las entidades enumeradas en el artículo 3
b. Los contratos subvencionados por entidades sin ánimo de lucro, que celebren las entidades enumeradas en el artículo 3
c. Los contratos onerosos, cualquiera que sea su naturaleza jurídica, que celebren las entidades enumeradas en el artículo 3
d. Ninguna de las tres

1756. Según el artículo 20 están sujetos a regulación armonizada los contratos de obras, de concesión de obras y de concesión de servicios cuyo valor estimado sea:

a. igual o superior a 5.382.000 €
b. superior a 5.500.000 €
c. igual o superior a 3.548.000 €
d. superior a 6.000.000 €

1757. Según el artículo 32 de la LCSP, qué figura se establece para realizar prestaciones propias de los contratos públicos a cambio de una compensación tarifaria, valiéndose de otra persona jurídica distinta a ellos:

a. Encomiendas de gestión
b. Subcontratación
c. Convenios
d. Encargos a medios propios

1758. Según el artículo 71 podrán contratar con la Administración las personas que:

a. Estén incursas en procesos judiciales por delitos contra la Hacienda Pública y la Seguridad Social
b. No se hallen al corriente en el cumplimiento de sus obligaciones tributarias o de seguridad social
c. Hayan sido sancionadas con carácter firme por infracción grave en materia de integración laboral y de igualdad de oportunidades
d. Hayan sido declaradas insolventes

1759. Según el RD 806/2014, con respecto al informe técnico de la SGAD:

a. Este se emitirá en un plazo máximo de 15 días
b. Será preceptivo para convenios y encomiendas de gestión, entre otros
c. Su tramitación se hará procurando el empleo de medios telemáticos en todas las fases del procedimiento, incluyendo aquellos para contratos sobre defensa y seguridad comprendidos en el ámbito de la ley 24/2011
d. Ninguna de las tres es correcta

1760. Según la Ley 9/2017 el arrendamiento de un ordenador tiene la categoría de:

a. Contrato de «leasing»
b. Contrato de servicios
c. Contrato de suministros
d. Contrato de arrendamiento

1761. Según la Ley 9/2017 NO es un requisito para que un convenio sea considerado como tal en lugar de un contrato:

a. Las entidades intervinientes no han de tener vocación de mercado, la cual se presumirá cuando realicen en el mercado abierto un porcentaje igual o superior al 20% de las actividades objeto de colaboración
b. Las entidades intervinientes han de tener vocación de mercado, la cual se presumirá cuando realicen en el mercado abierto un porcentaje igual o superior al 20% de las actividades objeto de colaboración
c. Que el convenio establezca o desarrolle una cooperación entre las entidades participantes con la finalidad de garantizar que los servicios públicos que les incumben se prestan de modo que se logren los objetivos que tienen en común
d. Que el desarrollo de la cooperación se guíe únicamente por consideraciones relacionadas con el interés público

1762. Según la Ley 9/2017 se produce una 'transferencia del riesgo operacional' en los contratos de tipo:

a. Obras y Servicios
b. Concesión de Obras y Concesión de Servicios
c. Suministros
d. Las tres son correctas

1763. Según la Ley 9/2017, para participar en licitaciones por el procedimiento abierto simplificado, los licitadores deberán:

a. estar inscritos en el Registro Oficial de Licitadores y Empresas Clasificadas del Sector Público o el Registro Oficial de la Comunidad Autónoma a fecha final de presentación de ofertas

b. estar inscritos como licitadores en la Plataforma de Contratación del Sector Público a fecha final de Presentación de ofertas

c. estar inscritos en el Registro Oficial de Licitadores y Empresas Clasificadas del Sector Público o el Registro Oficial de la Comunidad Autónoma a fecha final de presentación de ofertas, siendo también admisible la proposición del licitador que acredite haber presentado la solicitud de inscripción en el correspondiente Registro junto con la documentación preceptiva para ello, siempre que tal solicitud sea de fecha anterior a la fecha final de presentación de las ofertas

d. haber participado previamente en, al menos, una licitación por el mismo procedimiento abierto simplificado

1764. Según la Ley 9/2017, son procedimientos de adjudicación de los contratos:

a. El ordinario, el de urgencia y el de emergencia

b. La adjudicación directa, el concurso y la subasta

c. El procedimiento abierto, el restringido y el negociado

d. El procedimiento general y el simplificado

1765. Según la Ley de Contratos del Sector Público, la adquisición de una licencia mediante la que se cede el derecho de uso de un programa de ordenador tiene la categoría de:

a. Contrato de Suministros

b. Contrato de Arrendamiento

c. Contrato de Servicios

d. Contrato de «leasing» o de «renting»

1766. Según la orden EHA/1049/2008, se declaran de contratación centralizada los contratos de servicios:

a. Los contratos de servicios dirigidos al desarrollo de la Administración Electrónica cuyo presupuesto de licitación no supere 862.000 €, IVA excluido

b. Los contratos de servicios de telecomunicaciones

c. Ambas son correctas

d. Ninguna lo es

1767. Si al vencimiento de un contrato NO se hubiese formalizado el nuevo contrato que garantice la continuidad de la prestación a realizar por el contratista como consecuencia de incidencias resultantes de acontecimientos imprevisibles para el órgano de contratación producidas en el procedimiento de adjudicación y existan razones de interés público

para NO interrumpir la prestación, se podrá prorrogar como máximo:

a. 9 meses siempre que el anuncio de licitación se haya publicado al menos 3 meses antes de que finalizara el contrato anterior

b. Un año siempre que el anuncio de licitación se haya publicado al menos 3 meses antes de que finalizara el contrato anterior

c. 7 meses siempre que el anuncio de licitación se haya publicado al menos 3 meses antes de que finalizara el contrato anterior

d. En este caso, no se puede prorrogar en ningún caso

1768. Si contratamos la adquisición de un programa de ordenador a medida, qué tipo de contrato es:

a. Un contrato de suministro

b. Un contrato de servicios

c. Un contrato mixto

d. Un contrato de desarrollo de un servicio público

1769. Sobre el contrato 'Servicios consolidados de telecomunicaciones de la Administración General del Estado, fase 1':

a. Participan todos los Ministerios

b. Incluye tarifa plana para todos los servicios demandados

c. Supone un ahorro superior a los 124 millones de € en 4 años

d. Incluye todos los servicios de los anteriores contratos de sus participantes

1770. Sobre el perfil de contratante regulado en la Ley 9/2017, es FALSO:

a. Los órganos de contratación difundirán, exclusivamente a través de Internet, su perfil de contratante

b. La forma de acceso al perfil de contratante deberá hacerse constar en los pliegos y documentos equivalentes, así como en los anuncios de licitación en todos los casos

c. La forma de acceso al perfil de contratante deberá especificarse en los tablones de anuncios del Ministerio correspondiente

d. El acceso a la información del perfil de contratante será libre, no requiriendo identificación previa

1771. Sobre el Tribunal Administrativo Central de recursos contractuales, es FALSO:

a. Ya aparecía en el RDL 3/2011

b. Está adscrito al Ministerio de Justicia

c. Conoce los recursos especiales en materia de contratación

d. Todas son verdaderas

1772. Sobre la contratación administrativa:

a. Está prohibido la realización de pactos en cualquier caso

b. Obliga a entes locales

c. La perfección de un contrato se produce en su adjudicación provisional

d. La garantía global responde solamente ante un órgano de contratación

1773. Sobre la contratación en materia TIC, es competencia de la Secretaría General de Administración Digital de la AGE:

a. Informar con carácter facultativo la declaración de contratación centralizada de los contratos de suministros, obras y servicios en materia TIC

b. Asesorar a los órganos competentes en materia de contratación, en los criterios y directrices para la agregación y planificación de la demanda TIC que dichos órganos elaboren

c. Realizar las actuaciones necesarias para una mayor eficiencia económica, normalizando una red de clientes de cada Departamento Ministerial frente a proveedores externos

d. Realizar el informe técnico preceptivo de la memoria y los pliegos de prescripciones técnicas de los convenios de colaboración y encomiendas de gestión que incluyan la prestación de servicios en materia de TIC de la AGE

1774. Sobre la división por lotes de los contratos:

a. Se puede limitar el número de lotes para los que un mismo licitador pueda presentar oferta y el número de lotes que puede ser adjudicado a un licitador

b. Tanto la solvencia económica y financiera, como la técnica, se establecen para cada lote de forma independiente

c. Cada lote es un contrato

d. Las tres son correctas

1775. Sobre la Plataforma de Contratación del Sector Público, es FALSO:

a. El acceso de los interesados se efectuará a través de un portal único

b. Las Comunidades Autónomas y las Entidades Locales deberán dar publicidad a sus procedimientos de contratación a través de la Plataforma de Contratación del Estado

c. Es una plataforma electrónica que permite dar publicidad a través de Internet de los contratos del sector público estatal

d. La plataforma deberá contar con un sistema de sellado de tiempo que permita acreditar fehacientemente el inicio de la difusión de información

1776. Sobre la publicidad de los procedimientos negociados:

a. No se requiere publicidad en el caso de contratos cuyo valor estimado sea igual o menor a 120.000

b. El órgano de contratación solicitará ofertas, al menos a 5 empresas capaces de realizar el objeto del contrato, cuando ello sea posible

c. El procedimiento permite la negociación de las condiciones del contrato

d. Es el procedimiento ordinario de adjudicación en los contratos de colaboración entre el sector público y el sector privado

1777. Sobre la recepción en un contrato de suministro celebrado por un poder adjudicador de la Administración General del Estado, es FALSO:

a. Debe realizarse dentro del mes siguiente a la entrega o en el plazo que se determine en el pliego de cláusulas administrativas particulares por razón de sus características

b. Debe comunicarse a la Intervención General cuando la inversión supere los 15.000 €

c. Al acto de recepción deben acudir el representante de la administración y el contratista

d. El resultado de la recepción se reflejará en un acta

1778. Sobre la subasta electrónica (art. 148) es FALSO:

a. Se basará únicamente en precios, cuando el contrato se adjudique en base al precio

b. Se basará en precios y en nuevos valores de elementos objetivos cuantificables, en otro caso

c. La subasta se iniciará el primer día hábil siguiente a la finalización del plazo de recepción de las ofertas

d. Se deberá indicar la fórmula matemática que se utilizará para la reclasificación automática de las ofertas

1779. Sobre las Instrucciones sobre Buenas Prácticas para la gestión de las contrataciones de servicios y encomiendas de gestión a fin de evitar la cesión ilegal de trabajadores:

a. Fue dictada por el Ministerio de Hacienda y AA PP en diciembre de 2010

b. Recomienda, para la determinación del coste de los trabajos objeto del contrato, la utilización del criterio de jornadas de trabajo por categoría profesional

c. En cualquier caso, cuando se produzca una declaración del carácter indefinido del personal de la empresa contratista en relación con la Administración, se recomienda la apertura de información reservada

d. El personal de las empresas contratistas no podrá realizar ningún tipo de curso de formación impartido por la Administración contratante o dentro de las instalaciones de ésta

1780. Sobre las prórrogas de los contratos:

a. Pueden incluirse en todos los contratos

b. Todos los contratos son prorrogables una vez finalizados

c. Su duración no puede ser superior al periodo de licitación

d. La prórroga se acordará por el órgano de contratación y será confirmada posteriormente por el licitador

1781. Sobre los contratos menores, según la Ley 9/2017, es FALSO:

a. Se pueden adjudicar directamente

b. No pueden tener una duración superior a un año

c. No pueden ser objeto de prórroga

d. Su valor estimado debe ser inferior a 80.000 €, cuando se trate de contratos de obras, o a 35.000 €, cuando se trate de contratos de suministros o servicios

1782. Sobre qué actos un licitador puede interponer el recurso especial en materia de contratación:

a. Únicamente los anuncios de licitación y los pliegos de los contratos SARA

b. Los acuerdos de adjudicación de cualquier contrato, sea o no SARA

c. Los anuncios de licitación, los pliegos, los actos de trámite cualificados así como los acuerdos de adjudicación de los contratos SARA

d. Ninguna es verdadera

1783. Son contratos del sector público los siguientes:

a. contratos de obras, concesión de obras, concesión de servicios, suministro y servicios

b. contratos de suministro y servicios

c. contratos del sector privado

d. Ninguna de las tres es correcta

1784. Son órganos de contratación estatales:

a. Los Ministros y los Secretarios de Estado

b. Los representantes legales de los Organismos autónomos y demás Entidades públicas estatales y los Directores Generales de las distintas Entidades gestoras y Servicios comunes de la Seguridad Social

c. Son correctas A y B

d. El Subsecretario de Hacienda

1785. Tendrán la consideración de contratos privados:

a. Todos los que sean celebrados por entes que no reúnan la condición de AAPP

b. Los contratos de servicios celebrados por las AAPP que tengan por objeto los servicios financieros

c. Los contratos de servicios celebrados por las AAPP que tengan por objeto la creación e interpretación artística y literaria o espectáculos, suscripción a revistas, publicaciones periódicas y bases de datos

d. Las tres son correctas

1786. Tipo de contrato NO regulado por la Ley 9/2017:

a. Contrato de concesión de suministros

b. Contrato de suministro

c. Contrato de concesión de servicios

d. Contrato de servicios

1787. Un contrato de obra será SARA siempre que su importe de licitación sea superior a:

a. 5.382.000 €   b. 214.000 €

c. 5.350.000 €   d. 139.000 €

1788. Un contrato de obras está sujeto a regulación armonizada cuando:

a. Su valor estimado es igual o superior a 5.382.000 €

b. La sujeción a regulación armonizada no depende de la cuantía del contrato

c. Su presupuesto base de licitación es igual o superior a 5.382.000 €

d. Su valor estimado es igual o superior a 2.000.000 €

1789. Un contrato de regulación armonizada será nulo si:

a. No se publica en DOUE

b. Si se incumplen las normas de adjudicación del acuerdo marco

c. Si hay sistema dinámico de contratación y se incumplen las normas de adjudicación

d. Todas las anteriores

1790. Un contrato de servicios de una comunidad autónoma estará sujeto a regulación armonizada si su valor estimado es:

a. Superior a 140.000 €

b. Superior a 125.000 €

c. Igual o superior a 215.000 €

d. Superior a 207.000 €

1791. Un contrato de servicios de una entidad local estará sujeto a regulación armonizada si su importe máximo de licitación supera:

a. 144.000 €   b. 215.000 €

c. 139.000 €   d. 214.000 €

1792. Un contrato de suministros del Ministerio del Interior estará sujeto a regulación armonizada si su valor estimado es:

a. Igual o superior a 140.000 €

b. Superior a 125.000 €

c. Igual o superior a 215.000 €

d. Superior a 104.000 €

1793. Un contrato de suministros o servicios de un Ministerio NO está sujeto a regulación armonizada cuando:

a. Su presupuesto base de licitación es inferior a 144.000 €

b. Su presupuesto base de licitación es inferior a 139.000 €

c. Su valor estimado es igual o superior a 139.000 €

d. Su valor estimado es inferior a 140.000 €

1794. Un contrato de suministros o servicios puede utilizar el procedimiento de adjudicación abierto simplificado cuando:

a. Su valor estimado es igual o inferior a 80.000 €

b. Su valor estimado es igual o inferior a 100.000 €

c. Su precio es igual o inferior a 100.000 €

d. Ninguna de las tres es correcta

1795. Un contrato menor tiene una duración máxima de:

a. Un año prorrogable

b. Dos años no prorrogables

c. Un año no prorrogable

d. Dos años prorrogables

1796 **D**	1806 **B**
1797 **D**	1807 **A**
1798 **B**	1808 **C**
1799 **C**	1809 **A**
1800 **D**	1810 **B**
1801 **C**	1811 **D**
1802 **A**	1812 **B**
1803 **C**	1813 **C**
1804 **A**	1814 **A**
1805 **C**	1815 **C**

1796. La diferenciación entre ingresos de naturaleza privada y naturaleza pública:

a. Es importante, aunque a efectos de recaudación se aplica el mismo procedimiento

b. Es indiferente, se realiza únicamente a efectos de asignación crediticia

c. Es importante, a efectos del procedimiento de recaudación. En los primeros se puede utilizar el procedimiento de apremio en tanto que en los segundos no

d. Es importante, a efectos del procedimiento de recaudación. En los primeros no se puede utilizar el procedimiento de apremio en tanto que en los segundos sí

1797. Al cierre de un ejercicio presupuestario, todos los saldos de derechos reconocidos en dicho ejercicio pendientes de recaudación y no anulados:

a. Se cargan al siguiente ejercicio, pero no de forma automática, a través de un proceso contable llamado 'Ejecución de residuos'

b. Se eliminan en el siguiente ejercicio de forma automática, a través de un proceso contable llamado 'Eliminación de residuos'

c. Se cargan al siguiente ejercicio de forma automática, a través de un proceso contable llamado 'Paso de pendientes'

d. Se cargan al siguiente ejercicio de forma automática, a través de un proceso contable llamado 'Paso de residuos'

1798. Los recargos de apremio:

a. Se reconocen a su devengo

b. Se reconocen cuando finaliza el periodo voluntario de pago y este no se ha efectuado

c. Se reconocen cuando el ente impositor cuenta con un título legal ejecutivo para exigirlos o bien, si el cobro es anterior, por denuncia anterior a sanción firme, en el momento de su recaudación

d. Se reconocen, como criterio general, en el momento en que surge el derecho a su percepción, siempre que su cuantificación pueda efectuarse con fiabilidad

1799. Las tasas son tributos cuyo hecho imponible consiste:

a. En un acto, hecho o negocio que pone de manifiesto la capacidad económica del obligado tributario

b. La utilización privativa o el aprovechamiento especial del dominio público y en la prestación de servicios o en la realización de actividades en régimen de Derecho público que se refieran, afecten o beneficien de modo particular al obligado tributario, cuando los servicios o actividades sean de solicitud o recepción voluntaria para los obligados tributarios, o no se presten o realicen por el sector privado

c. La utilización privativa o el aprovechamiento especial del dominio público y en la prestación de servicios o en la realización de actividades en régimen de Derecho público que se refieran, afecten o beneficien de modo particular al obligado tributario, cuando los servicios o actividades no sean de solicitud o recepción voluntaria para los obligados tributarios, o no se presten o realicen por el sector privado

d. La utilización privativa o el aprovechamiento especial del dominio público y en la prestación de servicios o en la realización de actividades en régimen de Derecho público que se refieran, afecten o beneficien de modo particular al obligado tributario, cuando los servicios o actividades sean de solicitud o recepción voluntaria para los obligados tributarios, y se presten o realicen por el sector privado

1800. Las transferencias y subvenciones recibidas:

a. Se reconocen a su devengo

b. Se reconocen cuando finaliza el periodo voluntario de pago y este no se ha efectuado

c. Se reconocen cuando el ente impositor cuenta con un título legal ejecutivo para exigirlos o bien, si el cobro es anterior, por denuncia anterior a sanción firme, en el momento de su recaudación

d. Se reconocen, como criterio general, en el momento en que surge el derecho a su percepción, siempre que su cuantificación pueda efectuarse con fiabilidad

1801. Dentro del periodo voluntario de pago, con carácter general el plazo de pago es el siguiente:

a. Un mes desde la notificación de la deuda, contado a partir del día siguiente a la notificación

b. Las deudas notificadas entre los días 1 y 15 de cada mes se pueden pagar desde la fecha de notificación hasta el día 20 del mes siguiente; las deudas notificadas entre los días 16 y el último de cada mes, desde la fecha de notificación hasta el día 5 del mes siguiente

c. Las deudas notificadas entre los días 1 y 15 de cada mes se pueden pagar desde la fecha de notificación hasta el día 5 del mes siguiente; las deudas notificadas entre los días 16 y el último de cada mes, desde la fecha de notificación hasta el día 20 del mes siguiente

d. Las deudas notificadas entre los días 1 y 15 de cada mes se pueden pagar desde la fecha de notificación hasta el día 15 del mes siguiente; las deudas notificadas entre los días 16 y el último de cada mes, desde la fecha de notificación hasta el día 30 del mes siguiente

1802. Los recargos de apremio:

a. Son ingresos de derecho público que se exigen como consecuencia del impago de cualquier deuda de derecho público en el periodo voluntario establecido para su cobro

b. Son ingresos de derecho público liquidados como consecuencia de la comisión de infracciones al ordenamiento jurídico

c. Son ingresos de derecho privado que se exigen como consecuencia del impago de cualquier deuda de derecho público en el periodo voluntario establecido para su cobro

d. Son ingresos de derecho privado liquidados como consecuencia de la comisión de infracciones al ordenamiento jurídico

1803. Los derechos reconocidos en un ejercicio presupuestario que ni se recaudan ni se anulan en dicho ejercicio:

a. Se anulan para los ejercicios siguientes, hasta su recaudación u anulación

b. Se declaran incobrables

c. Permanecen vivos en los ejercicios siguientes, hasta su recaudación u anulación

d. Desaparecen en los ejercicios siguientes

1804. Los ingresos patrimoniales:

a. Se reconocen a su devengo

b. Se reconocen cuando finaliza el periodo voluntario de pago y este no se ha efectuado

c. Se reconocen cuando el ente impositor cuenta con un título legal ejecutivo para exigirlos o bien, si el cobro es anterior, por denuncia anterior a sanción firme, en el momento de su recaudación

d. Se reconocen, como criterio general, en el momento en que surge el derecho a su percepción, siempre que su cuantificación pueda efectuarse con fiabilidad

1805. Las multas:

a. Se reconocen a su devengo

b. Se reconocen cuando finaliza el periodo voluntario de pago y este no se ha efectuado

c. Se reconocen cuando el ente impositor cuenta con un título legal ejecutivo para exigirlos o bien, si el cobro es anterior, por denuncia anterior a sanción firme, en el momento de su recaudación

d. Se reconocen, como criterio general, en el momento en que surge el derecho a su percepción, siempre que su cuantificación pueda efectuarse con fiabilidad

1806. Los ingresos que forman parte del presupuesto pueden ser:

a. De naturaleza privada, cuando la Administración los recauda como titular de potestades públicas, o de naturaleza pública, en caso contrario

b. De naturaleza pública, cuando la Administración los recauda como titular de potestades públicas, o de naturaleza privada, en caso contrario

c. De naturaleza pública, cuando la Administración los recauda como titular de potestades públicas, de naturaleza privada, o de naturaleza semipública cuando no se pueden encuadrar en ninguno de los anteriores

d. De naturaleza privada, cuando la Administración los recauda como titular de potestades públicas, de naturaleza pública, o de naturaleza semipública cuando no se pueden encuadrar en ninguno de los anteriores

1807. La gestión de todos los ingresos que forman parte del presupuesto y las distintas operaciones que se realizan con los mismos es lo que se denomina:

a. Ejecución del presupuesto

b. Autorización del presupuesto

c. Remisión del presupuesto

d. Intervención del presupuesto

1808. Cuál es un impuesto municipal:

a. ICIO

b. Plusvalía

c. Ambos lo son

d. Ninguno de los dos

1809. Cuál NO es un impuesto municipal:

a. IVA

b. IAE

c. IBI

d. Circulación

1810. Es un impuesto municipal de tipo 'Obligatorio':

a. ICIO

b. IBI

c. Plusvalía

d. Los tres lo son

1811. Es un impuesto municipal de tipo 'Voluntario' o potestativo:

a. sobre Gastos Suntuarios

b. sobre Instalaciones y Obras

c. Plusvalía

d. Los tres lo son

1812. El recargo de apremio reducido es del:

a. 5%

b. 10%

c. 15%

d. 2,5%

1813. La gestión recaudatoria se realiza en:

a. Dos periodos, el periodo facultativo y el periodo ejecutivo

b. Dos periodos, el periodo voluntario y el periodo expeditivo

c. Dos periodos, el periodo voluntario y el periodo ejecutivo

d. Dos periodos, el periodo facultativo y el periodo expeditivo

1814. La información mínima que deben contener los documentos contables de ejecución de ingresos es la siguiente:

a. Aplicación presupuestaria a la que se va a imputar el ingreso; referencia de intervención; concepto resumido consistente en una breve explicación del ingreso; tercero: NIF o DNI y denominación del deudor; importe en euros del ingreso

b. Aplicación presupuestaria a la que se va a imputar el ingreso; referencia de intervención; cuenta de cargo; concepto resumido consistente en una breve explicación del ingreso; tercero: NIF o DNI y denominación del deudor; importe en euros del ingreso

c. Aplicación presupuestaria a la que se va a imputar el gasto; referencia de intervención; cuenta de ingreso; concepto resumido consistente en una breve explicación del ingreso; tercero: NIF o DNI y denominación del deudor; importe en euros del ingreso

d. Aplicación presupuestaria a la que se va a imputar el ingreso; referencia de intervención; concepto resumido consistente en una breve explicación del ingreso; tercero: NIF o DNI y denominación del deudor; importe en euros del ingreso; plazo para el cobro

1815. Los derechos de naturaleza pública prescriben:

a. A los 5 años

b. A los 6 años

c. A los 4 años

d. A los 10 años

1816 **A**	1826 **B**
1817 **C**	1827 **A**
1818 **D**	1828 **C**
1819 **D**	1829 **B**
1820 **A**	1830 **A**
1821 **B**	1831 **C**
1822 **A**	1832 **A**
1823 **A**	1833 **D**
1824 **A**	1834 **D**
1825 **C**	1835 **A**

1816. Si una Entidad local otorga una ayuda social para alquiler de vivienda, en qué Capítulo del Presupuesto de gastos se recogerá la operación:

a. 4   b. 5   c. 6   d. 7

1817. ¿Es necesario informe previo de la Comisión Especial de Cuentas para aprobar el Presupuesto municipal?

a. Sólo en Municipios sujetos al régimen común
b. Sólo en Municipios sujetos al régimen de gran población
c. No
d. Sí, en todo caso

1818. Que toda operación de la que se deriven derechos u obligaciones de naturaleza económica tenga el debido reflejo en el presupuesto respectivo (gastos o ingresos) es muestra del principio de:

a. Control administrativo sucesivo
b. Justificación documental
c. Constancia escrita
d. Universalidad

1819. El proceso de ejecución del presupuesto se produce, de forma consecutiva, en las siguientes fases:

a. Disposición del gasto, autorización del gasto, contracción de la obligación, ordenación del pago
b. Ordenación del gasto, autorización del pago, contracción de la obligación, disposición del pago
c. Autorización del pago, disposición de la obligación, contracción del gasto, ordenación del pago
d. Autorización del gasto, disposición del gasto, contracción de la obligación, ordenación del pago

1820. Los créditos de pago incluidos en los estados de gastos de los Presupuestos de la Administración de la C. Autónoma y de sus Organismos Autónomos Administrativos:

a. Tienen carácter limitativo, no pueden comprometer ni pagar ningún gasto más allá de su importe, salvo que se trate de operaciones plurianuales
b. No tienen carácter limitativo, pueden comprometer y pagar un gasto más allá de su importe, incluso cuando se trate de operaciones plurianuales
c. Tienen carácter limitativo, y pueden comprometer y pagar un gasto más allá de su importe, incluso cuando se trate de operaciones plurianuales
d. No tienen carácter limitativo, no pueden comprometer ni pagar ningún gasto más allá de su importe, salvo que se trate de operaciones plurianuales

1821. La 'Ordenación del pago':

a. Es el acto por el que se formaliza, una vez efectuados los trámites legales que sean procedentes, la realización concreta de obras, la prestación o suministro de bienes y servicios o subvenciones, con la consiguiente reserva del crédito de pago por el importe y condiciones exactamente determinadas
b. Es la operación por la que el responsable expide, en relación con una obligación contraída, el mandamiento de pago contra la Administración
c. Es la operación de registrar en cuentas los créditos o cantidades exigibles por motivo de que haya sido acreditada satisfactoriamente la prestación objeto de la 'Disposición' o el cumplimiento de las condiciones acordadas o establecidas al respecto
d. Es el acto por el cual se acuerda su realización por importe máximo, cierto o aproximado con cargo a un determinado crédito de pago, reservando a tal fin la totalidad o una parte disponible del mismo

1822. En cuanto al soporte documental en la disposición del gasto, en los casos sujetos a fiscalización previa, al documento contable debe acompañar el expediente completo del procedimiento administrativo...

a. previo al acto de disposición, incluyendo el documento que contenga la adopción del compromiso, sin firmar por el órgano competente
b. posterior al acto de disposición, incluyendo el documento que contenga la adopción del compromiso, sin firmar por el órgano competente
c. previo al acto de disposición, incluyendo el documento que contenga la adopción del compromiso, firmado por el órgano competente
d. previo al acto de disposición, aunque sin incluir el documento que contenga la adopción del compromiso

1823. La ejecución del presupuesto de gastos se acomodará al 'Principio de control administrativo sucesivo':

a. Todo acto integrante del procedimiento se lleva a cabo previa comprobación del correcto cumplimiento de las operaciones precedentes
b. Todas las operaciones integrantes del procedimiento, incluidos los libramientos a justificar, deben estar adecuadamente soportados
c. Debe existir constancia escrita del cumplimiento de las operaciones por parte de los responsables
d. El propio 'parlamento debe aprobar los Presupuestos Generales

1824. El control interventor en la ordenación del pago consiste en:

a. Comprobar la exactitud del importe y la persona del acreedor del mandamiento de pago en relación con la obligación reconocida
b. Comprobar la documentación justificativa del reconocimiento de las obligaciones de pago
c. La referencia de intervención introducida por el sistema informático
d. La fiscalización previa, en el momento inmediatamente anterior a la disposición del gasto

1825. 'Contracción de la obligación' es:

a. El acto por el que se formaliza, una vez efectuados los trámites legales que sean procedentes, la realización concreta de obras, la prestación o suministro de bienes y servicios o subvenciones, con la consiguiente reserva del crédito de pago por el importe y condiciones exactamente determinadas
b. La operación por la que el responsable expide, en relación con una obligación contraída, el mandamiento de pago contra la Administración
c. La operación de registrar en cuentas los créditos o cantidades exigibles por motivo de que haya sido acreditada satisfactoriamente la prestación objeto de la 'Disposición' o el cumplimiento de las condiciones acordadas o establecidas al respecto
d. El acto por el que se acuerda su realización por importe máximo, cierto o aproximado con cargo a un determinado crédito de pago, reservando a tal fin la totalidad o una parte disponible del mismo

1826. Dentro de la autorización del gasto:

a. La autorización no tiene por qué ir contra un crédito presupuestario determinado, pero debe existir crédito en el elegido, no es suficiente que exista crédito en el nivel de vinculación que la normativa legal determine
b. La autorización tiene que ir contra un crédito presupuestario determinado, pero no tiene por qué existir crédito en el mismo, es suficiente que exista crédito en el nivel de vinculación que la normativa legal determine
c. La autorización tiene que ir contra un crédito presupuestario determinado, pero tiene que existir crédito en el mismo, no siendo suficiente que exista crédito en el nivel de vinculación que la normativa legal determine
d. La autorización tiene que ir contra un crédito presupuestario determinado, y, necesariamente tiene que existir crédito en el mismo

1827. Para poder contabilizar una 'Obligación', en la Referencia de Intervención tiene que existir:

a. Saldo de Dispuesto
b. Saldo de Autorizado
c. Saldo de Contracción
d. Saldo de Pago

1828. Si la documentación soporte no pudiese acompañar al mandamiento de pago, el libramiento de este tendrá carácter:

a. definitivo   b. indefinido
c. provisional   d. instantáneo

1829. Si el gasto en que se está incurriendo está afectado por algún tipo de impuesto:

a. El impuesto supone gasto en cualquier caso
b. Si se trata de IVA deducible o de retenciones en concepto de IRPF, se trata de operaciones no presupuestarias
c. El impuesto en ningún caso supone gasto
d. Se trata de operaciones que dan lugar a pagos pero que no imputan al Presupuesto porque no suponen gasto

1830. En la terminología presupuestaria, los llamados 'residuos':

a. Se asemejan a los saldos debidos a los terceros o acreedores al cierre contable del ejercicio presupuestario; son cuentas a pagar derivadas de aquellas obligaciones contraídas, y devengadas, cuyo pago se realizará en el ejercicio próximo o siguientes de acuerdo con las condiciones establecidas en las resoluciones o los contratos
b. Son cuentas a cobrar derivadas de aquellas obligaciones contraídas, y devengadas, cuyo pago se realizará en el ejercicio próximo o siguientes de acuerdo con las condiciones establecidas en las resoluciones o los contratos
c. Se asemejan a los saldos acreedores de terceros al cierre contable del ejercicio presupuestario
d. Se asemejan a los saldos debidos a los terceros o acreedores al cierre contable del ejercicio presupuestario; son cuentas a pagar derivadas de aquellas obligaciones contraídas, pero aún no devengadas

1831. La ejecución del gasto público está informada por los principios de:

a. Suficiencia presupuestaria, legalidad, control, equidad, economía y eficacia
b. Suficiencia financiera, legalidad, control, equidad, economía y eficacia
c. Suficiencia financiera, legalidad, control, equidad, economía y eficiencia
d. Suficiencia presupuestaria, legalidad, control, equidad, economía y eficiencia

1832. En la fiscalización previa:

a. El control se produce en el momento inmediatamente anterior a la disposición del gasto, de manera que el compromiso no debe adoptarse antes de que se haya emitido el correspondiente informe de control y sea favorable o, al menos desfavorable pero no suspensivo
b. El control se produce en el momento inmediatamente anterior a la contracción del gasto, de manera que el compromiso no debe adoptarse antes de que se haya emitido el correspondiente informe de control y sea favorable o, al menos desfavorable pero no suspensivo
c. El control se produce en el momento inmediatamente posterior a la disposición del gasto, de manera que el compromiso no debe adoptarse antes de que se haya emitido el correspondiente informe de control y sea favorable o, al menos desfavorable pero no suspensivo
d. El control se produce en el momento inmediatamente anterior a la autorización del gasto, de manera que el compromiso no debe adoptarse antes de que se haya emitido el correspondiente informe de control y sea favorable o, al menos desfavorable pero no suspensivo

1833. 'Autorización del gasto' es:

a. El acto por el que se formaliza, una vez efectuados los trámites legales que sean procedentes, la realización concreta de obras, la prestación o suministro de bienes y servicios o subvenciones, con la consiguiente reserva del crédito de pago por el importe y condiciones exactamente determinadas
b. La operación por la que el responsable expide, en relación con una obligación contraída, el mandamiento de pago contra la Administración
c. La operación de registrar en cuentas los créditos o cantidades exigibles por motivo de que haya sido acreditada satisfactoriamente la prestación objeto de la 'Disposición' o el cumplimiento de las condiciones acordadas o establecidas al respecto
d. El acto por el cual se acuerda su realización por importe máximo, cierto o aproximado con cargo a un determinado crédito de pago, reservando a tal fin la totalidad o una parte disponible del mismo

1834. La aplicación de los fondos recibidos en virtud de mandamientos de pago provisionales deberá justificarse por el receptor en plazo de:

a. 15 días naturales
b. 15 días hábiles
c. Tres meses
d. Un mes

1835. La 'Disposición del gasto' es:

a. El acto por el que se formaliza, una vez efectuados los trámites legales que sean procedentes, la realización concreta de obras, la prestación o suministro de bienes y servicios o subvenciones, con la consiguiente reserva del crédito de pago por el importe y condiciones exactamente determinadas
b. La operación por la que el responsable expide, en relación con una obligación contraída, el mandamiento de pago contra la Administración
c. La operación de registrar en cuentas los créditos o cantidades exigibles por motivo de que haya sido acreditada satisfactoriamente la prestación objeto de la 'Disposición' o el cumplimiento de las condiciones acordadas o establecidas al respecto
d. El acto por el cual se acuerda su realización por importe máximo, cierto o aproximado con cargo a un determinado crédito de pago, reservando a tal fin la totalidad o una parte disponible del mismo

1836 **C**	1851 **B**	1866 **A**
1837 **B**	1852 **B**	1867 **B**
1838 **B**	1853 **A**	1868 **C**
1839 **A**	1854 **B**	1869 **B**
1840 **A**	1855 **D**	1870 **C**
1841 **B**	1856 **C**	1871 **B**
1842 **D**	1857 **D**	1872 **D**
1843 **D**	1858 **D**	1873 **A**
1844 **C**	1859 **C**	1874 **B**
1845 **A**	1860 **C**	1875 **A**
1846 **A**	1861 **C**	1876 **A**
1847 **A**	1862 **A**	1877 **C**
1848 **D**	1863 **B**	1878 **D**
1849 **D**	1864 **D**	
1850 **B**	1865 **C**	

1836. Qué ley regula el registro y las actividades de las autoridades de certificación en España:

a. 20/2006
b. 20/2020
c. 6/2020
d. 6/2006

1837. La Ley que regula el registro y las actividades de las autoridades de certificación en España se denomina 'Ley reguladora de...

a. ...la entidades y actividades de certificación digital
b. ...determinados aspectos de los servicios electrónicos de confianza
c. ...la firma electrónica
d. ...los servicios de legalización de firma de la sociedad digital

1838. Quién supervisará a las autoridades de certificación:

a. El Consejo Superior de Servicios Electrónicos
b. El Ministerio de Asuntos Económicos y Transformación Digital
c. El Ministerio de la Presidencia
d. El Gobierno autonómico, en el caso de las creadas por Comunidades Autónomas y el Gobierno central en el caso de las de ámbito nacional

1839. Cómo se denomina la Autoritat de Certificació de la Generalitat de Catalunya:

a. CatCert
b. eCat
c. eSigna
d. eCert

1840. Período máximo de vigencia de los certificados electrónicos:

a. 5 años
b. 7 años
c. 10 años
d. 15 años

1841. Las Cámaras de Comercio de España han creado la siguiente Autoridad de Certificación:

a. eCCom
b. CamerFirma
c. eCamaras
d. eCaCom

1842. Un ejemplo de 'Certificado de ciudadano' es:

a. el DNI electrónico (DNIe)
b. el emitido por el CERES
c. el emitido por Izenpe
d. Los tres lo son

1843. Es una autoridad de certificación:

a. CERES
b. Izenpe
c. Consejo general de la Abogacía
d. Las tres lo son

1844. La autoridad de certificación puede ser una persona:

a. Física
b. Jurídica
c. Son correctas A y B
d. Pública

1845. La firma electrónica 'ordinaria':

a. Es la más sencilla
b. Es la más segura
c. Su utilidad es amplia
d. Son correctas A y C

1846. La diferencia entre 'clave privada' y 'clave pública' de un certificado digital es...

a. La primera sirve para firmar y cifrar el certificado, y la segunda para comprobarlo y descifrarlo
b. La primera descifra el certificado y la segunda da la posibilidad de firmar
c. La primera está contenida en el propio certificado, mientras que la segunda es mantenida en secreto
d. La primera solamente sirve para firmar, mientras que la segunda permite firmar y descifrar al mismo tiempo

1847. La norma europea que garantiza la equivalencia jurídica entre la firma electrónica cualificada y la firma manuscrita es...

a. El Reglamento (UE) 910/2014
b. La Directiva 910/2014 (UE)
c. El Decreto (UE) 910/2014
d. La Ley de la Comisión Europea 910/2014

1848. La clave pública de un certificado:

a. Son los datos de creación del certificado
b. Es única, y quien la posee debe intentar mantenerla en secreto
c. Se usa para firmar y cifrar el certificado
d. Está contenida en el propio certificado

1849. La ley reconoce a quienes utilicen la firma electrónica su plena validez, mediante dos principios como son:

a. El reconocimiento particular: principio de no discriminación
b. El reconocimiento general: principio de no discriminación
c. El reconocimiento directo: principio de equivalencia funcional con la firma manuscrita
d. Son correctas B y C

1850. El método criptográfico utilizado en los certificados electrónicos es el conocido como:

a. Criptografía simétrica
b. Criptografía asimétrica
c. Criptografía simétrica pública
d. Criptografía asimétrica pública

1851. A comienzos de 2010 fueron aprobados dos Reales Decretos destinados a aumentar, mediante las TIC, el siguiente aspecto de la gestión administrativa:

a. La eficacia
b. La efectividad
c. La eficiencia
d. Ninguna de las tres

1852. Elija la respuesta incorrecta. La firma reconocida garantiza:

a. Que ha firmado una persona física
b. Que ha firmado una persona jurídica
c. La posibilidad de visualización del documento por la persona signataria
d. La prestación de la aprobación y/o el consentimiento de dicha persona

1853. Las garantías sobre la identidad de un documento firmado electrónicamente son:

a. Identidad, integridad, autenticidad, irrevocabilidad y confidencialidad
b. Identidad, integralidad, autenticidad, revocabilidad y publicidad
c. Identidad, integridad, publicidad, irrevocabilidad y confidencialidad
d. Identidad, interoperabilidad, publicidad, y revocabilidad

1854. Elija la respuesta incorrecta. Se establece como tipo de firma admitido la denominada firma reconocida en las actuaciones:

a. Por parte de la ciudadanía
b. De Administración general del Estado
c. De las personas físicas en general
d. De las personas jurídicas en general

1855. Cuál de estas características es propia de la firma electrónica avanzada:

a. Establece la identidad de la persona signataria y la integridad de la información que se ha transmitido
b. Es creada por medios que la persona signataria puede mantener bajo su control exclusivo
c. Permite detectar cualquier cambio en los datos con posterioridad al firmado, lo cual es una ventaja en cuanto a proteger el contenido de la información
d. Las tres son correctas

1856. Si un certificado electrónico se encuentra suspendido y transcurren 120 días sin su reactivación, el certificado queda en estado de:

a. Habilitación   b. Renovación
c. Revocación   d. Suspensión

1857. Cuáles de las siguientes normas contienen regulación vigente sobre administración electrónica:

a. La Ley 39/2015, de 1 de octubre
b. La Ley 40/2015, de 1 de octubre
c. La Ley 11/2007, de 22 de junio
d. Las tres son correctas

1858. Todos los certificados deben incluir al menos:

a. El número de serie del certificado, único en cada caso
b. El nombre y dirección de quien es titular del certificado
c. La firma electrónica de la autoridad de certificación
d. Las tres son correctas

1859. Los certificados electrónicos permiten:

a. Firmar mensajes, pero con cierta inseguridad debido a la fragilidad de las agencias de certificación
b. Ocultar el cargo de la persona que está capacitada para emitir el certificado
c. Identificar a la persona que ha solicitado el certificado y posee la clave, así como a la organización a la que aquélla, en su caso, pertenece
d. Ocultar el cargo de la persona de manera que pueda firmar con seguridad y anonimato

1860. Los sistemas para la actuación administrativa automatizada son:

a. El Sello electrónico de Administración Pública
b. El Código seguro de verificación
c. Son correctas A y B
d. La firma electrónica

1861. Los terceros de confianza que garantizan la vinculación entre una persona física o jurídica, llamada suscriptor y la clave pública que le corresponde para que dicha persona quede identificada con plenas garantías se denomina:

a. Autoridad pública
b. Autoridad de emisión
c. Autoridad de certificación
d. Ninguna de las tres

1862. Cuando recibes un documento firmado digitalmente puedes:

a. Probar el origen y la veracidad del documento
b. Identificar el CSV
c. Identificar la aplicación que ha generado el documento
d. Probar la fecha en la que se generó el documento

1863. Las certificaciones que expide una autoridad de certificación creada por una C. Autónoma…

a. Solo son válidas si van acompañadas de un certificado de autenticidad otorgado por la Administración central
b. Tienen plena validez administrativa y legal en todo el territorio nacional durante el tiempo de su vigencia
c. Tienen plena validez administrativa y legal en procedimientos vinculados a esa comunidad autónoma durante el tiempo de su vigencia
d. Tienen plena validez administrativa y legal durante tres años, prorrogable por periodos iguales

1864. Los certificados electrónicos permiten:

a. Identificar a la persona que ha solicitado el certificado y posee la clave, así como a la organización a la que aquella, en su caso, pertenece
b. Firmar mensajes de modo seguro
c. Cifrar documentos, para evitar el acceso a su contenido
d. Las tres son correctas

1865. A qué se refiere el concepto de integridad cuando hablamos de firma electrónica:

a. A que la información que recibimos viene de un interesado que es quien dice ser
b. A que la información viene en formato electrónico y no ha sido alterada
c. A que la información que recibimos es toda la que ha sido remitida y no ha sido manipulada durante la transmisión
d. A que la información no tiene repudio

1866. Quien posee las claves de un certificado siempre será:

a. Una persona física
b. Una persona jurídica
c. Una persona física o una persona jurídica
d. Ninguna de las tres

1867. La 'firma electrónica avanzada':

a. Permite detectar cualquier cambio en los datos con anterioridad al firmado, lo cual es una desventaja en cuanto a proteger el contenido de la información
b. Permite detectar cualquier cambio en los datos con posterioridad al firmado, lo cual es una ventaja en cuanto a proteger el contenido de la información
c. Es plenamente segura, pues se puede copiar y es reproducible, aunque con cierta dificultad
d. Admitiremos su uso en las facturas telemáticas o por la ciudadanía, así como por parte de organismos públicos en gestiones que requieran totales seguridad y privacidad

1868. Sobre las autoridades de certificación, es FALSO:

a. Pueden ser personas físicas
b. Pueden ser personas jurídicas
c. Son todas de naturaleza pública
d. Deben estar acreditadas oficialmente.

1869. En el proceso de legalización de firma además del nombre, apellidos y cargo, la legalización no deberá llevar:

a. El sello del departamento u organismo que legaliza la firma
b. La fecha de nacimiento de la persona identificada
c. La fecha de la legalización
d. El cargo, nombre y apellidos de la persona que la realiza

1870. Sólo pueden ser Autoridades de certificación…

a. las entidades públicas vinculadas a la Administración Central del Estado
b. personas jurídicas con fines comerciales
c. aquellas personas físicas o jurídicas que estén debidamente acreditadas por el organismo oficial competente
d. las entidades públicas y privadas vinculadas a la Administración Central del Estado

1871. Un certificado puede encontrase en estos estados, EXCEPTO:

a. Suspensión
b. Prescripción
c. Habilitación
d. Renovación

1872. Es un tipo de firma electrónica:

a. Ordinaria
b. Avanzada
c. Reconocida
d. Las tres lo son

1873. El certificado digital es un documento electrónico mediante el que la autoridad de certificación garantiza la vinculación entre:

a. una persona física o jurídica y su clave pública
b. una persona física o jurídica y su clave privada
c. una persona jurídica y su clave privada
d. una persona física y su clave pública

1874. Los certificados electrónicos también se denominan certificados:

a. Informáticos
b. Digitales
c. Automatizados
d. Ninguna de las tres

1875. Todas las firmas deben cumplir los siguientes requisitos, EXCEPTO:

a. Exactitud
b. Identidad
c. Integridad
d. Confidencialidad

1876. Ley que se refiere, entre otras, a cuestiones tales como los derechos de las personas en sus relaciones con las Administraciones Públicas, los registros electrónicos, la práctica de las notificaciones a través de medios electrónicos, la emisión de documentos por las Administraciones o el archivo de documentos:

a. 39/2015   b. 40/2015
c. 11/2007   d. Ninguna de las tres

1877. La normativa exige que las actuaciones administrativas telemáticas incorporen además de la firma:

a. La constancia de que se ha verificado la vigencia de dicha firma, o del certificado electrónico con el que se haya firmado
b. El denominado sellado de tiempo, que consiste en la acreditación de la fecha y hora de realización de la operación electrónica
c. Son correctas A y B
d. La identificación del certificador

1878. La validez de un sello electrónico es de cuántos años:

a. 4   b. 1   c. 5   d. 3

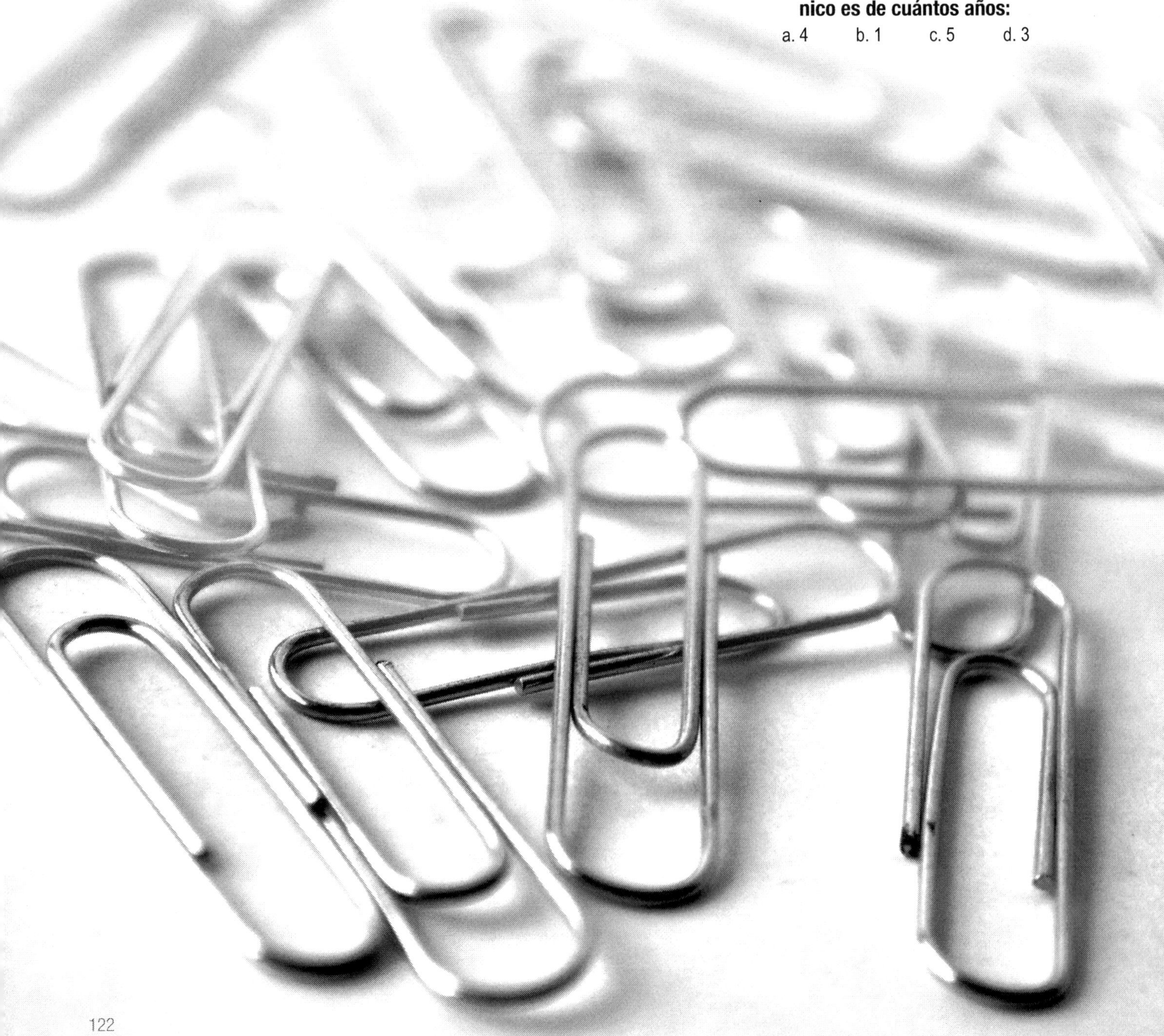

1879 **A**	1907 **D**	1935 **C**
1880 **A**	1908 **C**	1936 **A**
1881 **D**	1909 **C**	1937 **B**
1882 **B**	1910 **A**	1938 **A**
1883 **C**	1911 **B**	1939 **A**
1884 **B**	1912 **B**	1940 **A**
1885 **D**	1913 **A**	1941 **B**
1886 **D**	1914 **A**	1942 **D**
1887 **B**	1915 **A**	1943 **A**
1888 **B**	1916 **B**	1944 **A**
1889 **C**	1917 **D**	1945 **D**
1890 **B**	1918 **D**	1946 **C**
1891 **A**	1919 **C**	1947 **B**
1892 **A**	1920 **B**	1948 **C**
1893 **A**	1921 **C**	1949 **B**
1894 **C**	1922 **B**	1950 **B**
1895 **D**	1923 **C**	1951 **B**
1896 **B**	1924 **A**	1952 **B**
1897 **B**	1925 **A**	1953 **D**
1898 **D**	1926 **B**	1954 **C**
1899 **C**	1927 **B**	1955 **C**
1900 **D**	1928 **D**	1956 **D**
1901 **D**	1929 **D**	1957 **C**
1902 **B**	1930 **C**	1958 **B**
1903 **A**	1931 **A**	1959 **D**
1904 **C**	1932 **D**	1960 **B**
1905 **A**	1933 **B**	1961 **D**
1906 **C**	1934 **D**	

1879. Según el tenor literal del artículo 4 de la Ley 39/2015 se considera interesado en el procedimiento administrativo:

a. Quienes lo promuevan como titulares de derechos o intereses individuales o colectivos
b. Los que habiendo iniciado el procedimiento tengan intereses que resulten afectados
c. Los denunciantes de los hechos
d. Las tres son correctas

1880. El marco de la responsabilidad administrativa objetiva nos sitúa:

a. En el régimen propio de la responsabilidad patrimonial de las Administraciones Públicas en los términos reconocidos en la Ley del Procedimiento Administrativo Común de las Administraciones Públicas
b. En el régimen propio de la responsabilidad patrimonial de las Administraciones Públicas en los términos reconocidos en la Ley de Contratos del Sector Público
c. En el régimen propio de la responsabilidad patrimonial de las Administraciones Públicas en los términos reconocidos en el EBEP
d. Ninguna de las tres

1881. Quiénes no tienen capacidad de obrar ante las Administraciones públicas:

a. Las personas físicas o jurídicas que ostenten capacidad de obrar con arreglo a las normas civiles
b. Los menores de edad para el ejercicio y defensa de aquellos de sus derechos e intereses cuya actuación esté permitida por el ordenamiento jurídico sin la asistencia de la persona que ejerza la patria potestad, tutela o curatela. Se exceptúa el supuesto de los menores incapacitados, cuando la extensión de la incapacitación afecte al ejercicio y defensa de los derechos o intereses de que se trate
c. Cuando la Ley así lo declare expresamente, los grupos de afectados, las uniones y entidades sin personalidad jurídica y los patrimonios independientes o autónomos
d. Las personas físicas o jurídicas que no ostenten capacidad de obrar con arreglo a las normas civiles

1882. El derecho a la protección de datos de carácter personal, en el ámbito administrativo:

a. Cuenta con una normativa concreta y específica, ajena a la regulación general de esta cuestión
b. Debe entenderse con una remisión en bloque a la normativa general de la cuestión, especialmente a la Ley Orgánica 3/2018, de 5 de diciembre, de Protección de Datos personales y garantía de los derechos digitales
c. Cuenta con una regulación concreta en la Comunidad Autónoma Vasca, mediante la ley 4/2020 de protección de datos personales de los vascos y vascas frente a las Administraciones Públicas de Euskadi
d. Se regula profusamente en el Estatuto de Autonomía del País Vasco

1883. La firma electrónica…

a. Se configura como el conjunto de datos presentados en un soporte de carácter electrónico, consignados junto a otros o asociados con ellos, que pueden ser utilizados como medio de identificación del firmante y, en su caso, la del documento que contiene y al que se incorpora la firma en cuestión
b. Es un mecanismo válido para la identificación del firmante de manera inequívoca, de tal manera que asegura la integridad del documento firmado, garantizando que no ha sufrido alteración o manipulación
c. La respuesta a) y la b) son correctas
d. Ninguna de las tres

1884. Cuáles no son ámbitos limitados citados en la Ley 19/2013, de Transparencia:

a. La igualdad de las partes en los procesos judiciales y la tutela judicial efectiva
b. Las resoluciones judiciales
c. El secreto profesional y la propiedad intelectual e industrial
d. La garantía de la confidencialidad o el secreto requerido en procesos de toma de decisión

1885. Según al artículo 14 de la Ley 39/2015 la obligación de relacionarse electrónicamente con la Administración únicamente no se impone a…

a. Las personas jurídicas

b. Quienes representen a un interesado que esté obligado a relacionarse electrónicamente con la Administración

c. Quienes ejerzan una actividad profesional para la que se requiera colegiación obligatoria, para los trámites y actuaciones que realicen con las Administraciones Públicas en ejercicio de dicha actividad profesional

d. Las personas físicas pueden elegir si se relacionan por medios electrónicos o no e incluso si con posterioridad desean modificar el modo elegido de comunicación

1886. A tenor de la Ley 19/2013 de Transparencia, Acceso a la Información Pública y Buen Gobierno, en caso de denegación del acceso a la información:

a. La denegación solo se puede producir de forma expresa, nunca de forma presunta

b. Contra la denegación solo se podrán interponer los recursos administrativos ordinarios

c. No se puede producir tal denegación

d. Ninguna de las tres

1887. Qué se considera en el Estado español como normativa necesaria para una correcta interpretación del derecho a la protección de datos:

a. La Ley Orgánica 3/2018 de Protección de Datos Personales y garantía de los derechos digitales, solamente

b. El Reglamento (UE) 2016/679 del Parlamento Europeo y del Consejo, de 27 de abril de 2016, relativo a la protección de las personas físicas en lo que respecta al tratamiento de datos personales y a la libre circulación de estos datos y la LO 3/2018 de Protección de Datos Personales y garantía de los derechos digitales

c. Exclusivamente, el Reglamento (UE) 2016/679 del Parlamento Europeo y del Consejo, de 27 de abril de 2016, relativo a la protección de las personas físicas en lo que respecta al tratamiento de datos personales y a la libre circulación de estos datos

d. Ninguna de las tres

1888. Según el art. 14.2 de la Ley 39/2015 estarán obligados a relacionarse electrónicamente con la Administración:

a. Las personas físicas en todo caso

b. Las personas jurídicas

c. Quienes ejerzan su actividad profesional con independencia de que sea necesaria su colegiación

d. Son correctas B y C

1889. Según el art. 22 de la Ley 39/2015 plazo máximo en que debe notificarse la resolución expresa en defecto de norma que lo fije:

a. Seis meses   b. Un mes

c. Tres meses   d. Un año

1890. Los documentos, expedientes o partes de los mismos, redactados en una lengua cooficial, y que deban surtir efectos fuera del territorio de la Comunidad Autónoma y los documentos dirigidos a los interesados que así lo soliciten expresamente …

a. Carecerán de valor jurídico alguno

b. La Administración Pública instructora deberá traducirlos al castellano

c. La persona interesada deberá traducirlos al castellano

d. La Administración Pública receptora de fuera del territorio deberá traducirlos al castellano

1891. Los derechos de la ciudadanía en sus relaciones con las Administraciones:

a. Pueden ser previstos y establecidos, en el futuro, mediante leyes de carácter sectorial

b. Son los que se ordenan en las leyes vigentes, sin que leyes futuras puedan entrar a regular esta cuestión

c. Son los que se ordenan en la Constitución española y en las leyes vigentes, sin que leyes futuras puedan entrar a regular esta cuestión

d. Son indisponibles, de forma que la ciudadanía siempre viene obligada a ejercerlos

1892. El derecho de los ciudadanos a ser tratados con respeto y deferencia por las autoridades y empleados públicos:

a. Pretende convertir una relación pasiva de Administración frente a sus administrados en una relación más abierta y servicial

b. Es un deseo de la ciudadanía que no encuentra base legal

c. No conlleva obligación alguna para los funcionarios y empleados públicos

d. Ha sido declarado inconstitucional en abundantes sentencias del Tribunal Constitucional

1893. La Ley 19/2013 de transparencia, acceso a la información pública y buen gobierno dispone que:

a. La normativa reguladora del correspondiente procedimiento administrativo será la aplicable al acceso por parte de quienes tengan la condición de interesados en un procedimiento administrativo en curso a los documentos que se integren en el mismo

b. La normativa reguladora del correspondiente procedimiento administrativo será la aplicable al acceso por parte de los ciudadanos en un procedimiento administrativo en curso a los documentos que se integren en el mismo

c. Ambas son correctas

d. Ninguna lo es

1894. Cuál es el límite que NO impone el artículo 105 b) de la Constitución española al derecho de los ciudadanos al acceso a los archivos y registros administrativos:

a. La seguridad y defensa del Estado

b. La averiguación de los delitos

c. La libertad de prensa

d. La intimidad de las personas

1895. Tendrán capacidad de obrar ante las Administraciones Públicas:

a. Las personas físicas o jurídicas que ostenten capacidad de obrar con arreglo a las normas penales

b. Los menores de edad, para cualquier tipo de actuación

c. Los patrimonios independientes o autónomos, cuando un reglamento así lo declare

d. Ninguna de las tres

1896. Qué sucede en el caso de que distintos interesados en un procedimiento hagan uso de diferentes lenguas oficiales:

a. Todo el procedimiento se tramitará en cada una de las dos las lenguas elegidas por los mismos

b. El procedimiento se tramitará en castellano, pero los documentos o testimonios que requieran los interesados se expedirán en la lengua elegida por los mismos

c. El procedimiento se tramitará exclusivamente en castellano

d. Ninguna de las anteriores

1897. Respecto al derecho a utilizar las lenguas oficiales de acuerdo a la Ley 39/2015:

a. Este derecho se aplicará en todo el territorio nacional

b. Se aplicará en el territorio de cada Comunidad Autónoma cuyo Estatuto de Autonomía haya declarado como oficial en su territorio la lengua propia de que se trate

c. Cualquier lengua junto con el castellano declarada como oficial por el Estatuto de Autonomía concreto, se podrá utilizar en cualquier Comunidad Autónoma con lengua propia

d. Ninguna de las tres

1898. Las personas que se relacionen con las Administraciones Públicas tienen derecho:

a. A comunicarse con las Administraciones Públicas a través de un Punto de Acceso General electrónico de la Administración

b. A ser tratados con respeto y deferencia por las autoridades y empleados públicos

c. A exigir las responsabilidades de las Administraciones Públicas y autoridades, cuando así corresponda legalmente

d. Todas las anteriores son correctas

1899. La Ley 39/2015…

a. Elimina los derechos que corresponden a cualquier persona por el hecho de relacionarse con la Administración Pública al margen de que estén o sean (o quieran ser) parte de un procedimiento y los derechos que únicamente atañen a los que participan en el ámbito de un procedimiento administrativo, ostentando, por lo tanto, la consideración de interesado en el mismo

b. Equipara los derechos que corresponden a cualquier persona por el hecho de relacionarse con la Administración Pública al margen de que estén o sean (o quieran ser) parte de un procedimiento y los derechos que únicamente atañen a los que participan en el ámbito de un procedimiento administrativo, ostentando, por lo tanto, la consideración de interesado en el mismo

c. Diferencia los derechos que corresponden a cualquier persona por el hecho de relacionarse con la Administración Pública al margen de que estén o sean (o quieran ser) parte de un procedimiento y los derechos que únicamente atañen a los que participan en el ámbito de un procedimiento administrativo, ostentando, por lo tanto, la consideración de interesado en el mismo

d. Todas las opciones anteriores son falsas

1900. En cuanto a la cuestión del derecho a la protección de datos de carácter personal:

a. Es evidente que, en el funcionamiento ordinario de la Administración, esta trata datos de carácter personal

b. Este derecho a la protección de los datos personales resulta oponible o puede hacer valerse frente a la Administración Pública

c. La actividad administrativa está sometida y debe desarrollarse en el marco del respeto a los derechos fundamentales entre los que se incluye el derecho a la protección de datos

d. Las tres son correctas

1901. Según al artículo 39 de la Ley 40/2015 se entiende por portal del internet:

a. El lugar virtual en el que la ciudadanía puede solicitar información y recabarla por parte de cualquier órgano público

b. El espacio on line en el que la Administración Pública ofrece todos sus servicios y prestaciones

c. El emplazamiento físico y virtual en el que una Administración Pública, organismo público o entidad de Derecho público publica la información interesante para la ciudadanía

d. El punto de acceso electrónico cuya titularidad corresponda a una Administración Pública, organismo público o entidad de Derecho público que permite el acceso a través de internet a la información publicada y, en su caso, a la sede electrónica correspondiente

1902. Cuándo tienen capacidad de obrar ante las Administraciones Públicas los grupos de afectados, las uniones y entidades sin personalidad jurídica y los patrimonios independientes o autónomos:

a. Nunca, por no cumplir los requisitos marcados en la ley al efecto

b. Cuando la ley así lo declare expresamente

c. Cuando así se lo reconozca, en el caso concreto, previamente, el juez competente

d. Ninguna de las tres

1903. Cuando algún interesado que no esté obligado a relacionarse con la Administración de manera electrónica no dispusiera de los medios electrónicos necesarios para su identificación o firma electrónica en el procedimiento administrativo…

a. Estas podrán ser válidamente realizadas por personal funcionario público habilitado mediante el uso del sistema de firma electrónica del que esté dotado para ello

b. Estas no podrán ser válidamente realizadas por personal funcionario público habilitado mediante el uso del sistema de firma electrónica del que esté dotado para ello

c. Estas podrán ser válidamente realizadas por personal funcionario público habilitado mediante el uso del sistema de firma electrónica del que esté dotado para ello aunque no será necesario que la persona se identifique ante el funcionario

d. Ningún personal funcionario público podrá realizarlas válidamente mediante el uso del sistema de firma electrónica del que esté dotado para ello

1904. Indique la FALSA:

a. La Ley 39/2015 articula el derecho a que los ciudadanos sean atendidos y sus intereses tramitados por vía electrónica, disponiendo una serie de instrumentos adicionales necesarios para permitir que esa relación jurídica se constituya de manera electrónica

b. El REM ha completado el régimen de identificación y firma de las personas interesadas, desarrollando a tal efecto, los atributos mínimos de los certificados electrónicos cuando se utilizan para la identificación de las personas interesadas ante las Administraciones Públicas (art. 27), los sistemas de clave concertada y otros sistemas de identificación de las personas interesadas (art. 28) y los sistemas de firma electrónica de las personas interesadas admitidos por las AA PP y régimen de uso (art. 29)

c. En los términos establecidos en el artículo 8 de la LO 4/2015 de protección de la seguridad ciudadana, el DNI electrónico no es un tipo particular de certificado electrónico que acredita electrónicamente la identidad personal de su titular

d. La firma electrónica, esta se configura como el conjunto de datos presentados en un soporte de carácter electrónico, consignados junto a otros o asociados con ellos, que pueden ser utilizados como medio de identificación del firmante y, en su caso, la del documento que contiene y al que se incorpora la firma en cuestión

1905. Según a la Ley 39/2015, los interesados que se dirijan a los órganos de la Administración General del Estado con sede en el territorio de una Comunidad Autónoma…

a. Podrán utilizar también la lengua que sea cooficial en esa Comunidad Autónoma

b. Deberán utilizar junto con el castellano, la lengua que sea cooficial en esa Comunidad Autónoma

c. Las respuestas anteriores son ambas correctas

d. Ninguna de las tres

1906. Qué debo hacer en caso de denegación de acceso a la información:

a. La Ley determina que será el Defensor del Pueblo quien estudie si ha existido vulneración del derecho de acceso

b. Deberá interponerse la reclamación previa ante la Agencia de Protección de Datos

c. Podrá interponerse la reclamación previa prevista en el artículo 24 de la Ley 19/2013 ante el correspondiente órgano de control, que tendrá carácter sustitutivo del recurso administrativo

d. Solo queda interponer recurso contencioso administrativo previsto en el artículo 24 de la Ley 15/2013 ante el correspondiente órgano de control

1907. Según el art. 24 de la Ley 39/2015 el silencio administrativo tendrá carácter desestimatorio (indique la FALSA):

a. En el ejercicio del derecho de petición referido al artículo 29 de la Constitución

b. En aquellos cuya estimación tuviera como consecuencia que se transfirieran al solicitante o a terceros facultadas relativas al dominio público

c. En los procedimientos de responsabilidad patrimonial

d. Cuando se limiten derechos o intereses legítimos

1908. El derecho a ser tratados con respeto y deferencia por las autoridades y empleados públicos, que habrán de facilitarles el ejercicio de sus derechos y el cumplimiento de sus obligaciones:

a. Pretende convertir la relación activa de los administrados frente a la Administración en una relación más estrecha, cerrada y servicial, es decir, en algo, en suma, más pasivo y menos clientelar

b. No se trata de uno de los derechos centrales de la relación con la Administración

c. Afecta a quienes representan (en el sentido real y no jurídico) a la Administración, ya que impone la obligación de proporcionar cierto trato hacia las personas que se aproximen a la Administración Pública

d. Las tres son correctas

**1909. El derecho a exigir las respon-
sabilidades de las Administraciones
Públicas y autoridades, cuando así
corresponda legalmente:**

a. Contiene el derecho a exigir responsabilidades de la propia Administración Pública
b. Contiene el derecho a exigir responsabilidades de los funcionarios o empleados públicos
c. Ambas son correctas
d. Ninguna lo es

**1910. Según la Ley 39/2015 del Proce-
dimiento Administrativo Común de
las Administraciones Públicas , tendrán capacidad de obrar ante las
Administraciones Públicas:**

a. Las personas físicas o jurídicas que ostenten capacidad de obrar con arreglo a las
normas civiles
b. Los menores de edad, en todos los casos
c. Los grupos de afectados, las uniones o entidades con personalidad jurídica
d. Todas las respuestas previas son correctas

**1911. El artículo 39 de la Ley 40/2015
establece que 'Se entiende por portal de internet…**

a. Cualquier portal que recibe financiación pública
b. El punto de acceso electrónico cuya titularidad corresponda a una Administración Pública, organismo público o entidad de
Derecho Público que permite el acceso a
través de internet a la información publicada
y, en su caso, a la sede electrónica correspondiente
c. El punto de acceso electrónico cuya titularidad corresponda exclusivamente a una Administración local
d. El punto de acceso que permite el acceso a
través de internet a la información publicada por organismos internacionales

**1912. El Documento Nacional de Iden-
tidad electrónico:**

a. Se ha suprimido
b. Es un tipo particular de certificado electrónico que acredita electrónicamente la identidad personal de su titular, en los términos
establecidos en el artículo 8 de la Ley Orgánica 4/2015, de 30 de marzo, de protección de la seguridad ciudadana
c. Es un documento que incrementa la seguridad cibernética e impide la firma electrónica
de documentos por menores de edad
d. Incorpora una firma manuscrita que se
transmite automáticamente cuando se
acerca dicho Documento Nacional de Identidad electrónico a ciertos lectores

**1913. El régimen jurídico de los dere-
chos de los ciudadanos y de los interesados en el marco del
procedimiento administrativo:**

a. Se establece, de forma detallada, en la Ley
39/2015, de 1 de octubre, del Procedimiento Administrativo Común de las Administraciones Públicas
b. Se regula, de forma detallada, en la propia
Constitución española y en el Estatuto de
Autonomía del País Vasco
c. Se ha configurado, de manera completa,
gracias a la jurisprudencia de los Tribunales
de instancia del ámbito civil
d. No está, a día de hoy, ordenado de forma
completa

**1914. Según al artículo 14 de la Ley
39/2015 la obligación de relacionarse electrónicamente con la Administración…**

a. Únicamente se impone con carácter general
y entre otros, a las personas jurídicas, entidades sin personalidad jurídica o empleados de la Administración
b. No existe dicha obligación
c. Se impone con carácter general tanto a personas jurídicas, entidades sin personalidad
jurídica y a personas físicas
d. Ninguna de las tres

**1915. La Ley 19/2013, de 9 de diciem-
bre, de Transparencia, Acceso a la
Información Pública y Buen Gobierno, establece ciertos límites por
razón de la materia al derecho de
acceso a la información pública (art.
14):**

a. Sí, como, por ejemplo, la seguridad nacional
b. Sí, como, por ejemplo, todos los datos de
carácter sensible
c. Sí, como, por ejemplo, las relaciones indus-
triales
d. No, no existen tales límites

**1916. El Reglamento General de Pro-
tección de Datos (RGPD) define los
datos personales como…**

a. Solo los referidos al DNI de una persona
b. Toda información sobre una persona física
identificada o identificable
c. Solo los referidos a la salud de una persona
d. Ninguna de las tres

**1917. Según el art. 30.6 de la Ley
39/2015 cuando un día fuese hábil
en la sede del órgano administrativo
autor del acto e inhábil en el municipio en que residiese el interesado:**

a. Se considerará hábil
b. Se considerará inhábil en determinados
casos
c. Se considerará inhábil si es festivo nacional
únicamente
d. Se considerará inhábil en todo caso

**1918. Respecto al derecho a utilizar
las lenguas oficiales en el territorio
de su Comunidad Autónoma, elija la
afirmación correcta:**

a. El artículo 3 de la Constitución española
enumera las lenguas cooficiales
b. El artículo 3 de la Constitución española
solo admite el castellano como lengua oficial
c. El artículo 3 de la Constitución española
concreta el régimen de utilización de las lenguas cooficiales en las Administraciones
Públicas
d. Ninguna de las tres

**1919. La cooficialidad lingüística la re-
conoce la Constitución española:**

a. En su artículo 18, imponiendo el conocimiento de las lenguas cooficiales en todas
las Comunidades Autónomas
b. En su artículo 3, reconociendo, en todo
caso, la superioridad del castellano
c. En su artículo 3, situando en el mismo nivel
el castellano y las lenguas propias que
cada Estatuto de Autonomía haya declarado como oficial en su territorio
d. En su artículo 3, haciendo prevalecer al castellano las diferentes lenguas propias de las
Comunidades Autónomas

**1920. La correcta interpretación del
derecho a la protección de datos de
carácter personal, y en particular a
la seguridad y confidencialidad de
los datos que figuren en los ficheros, sistemas y aplicaciones de las
Administraciones Públicas:**

a. Conlleva hacer una remisión a la legislación
de consumo
b. Conlleva hacer una remisión prácticamente
en bloque a la normativa en materia de protección de datos constituida fundamentalmente por el Reglamento (UE) 2016/679 del
Parlamento Europeo y del Consejo y a la
Ley Orgánica 3/2018, de 5 de diciembre, de
Protección de Datos Personales y garantía
de los derechos digitales
c. Resultan de inevitable aplicación las disposiciones establecidas en la Declaración de
Helsinki de 1964
d. La protección de las personas físicas en relación con el tratamiento de datos personales no es un derecho fundamental protegido
por el artículo 18.4 de la Constitución española

**1921. La protección de las personas fí-
sicas en relación con el tratamiento
de datos personales es un derecho
fundamental protegido por qué artículo de la Constitución:**

a. 27   b. 19.4   c. 18.4   d. 17.4

**1922. Según el art. 42.2 de la Ley
39/2015 en la práctica de la notificación, ¿qué margen mínimo de
horas debe transcurrir entre los dos
intentos de la notificación? (siempre
que el primero se haya producido
antes de las 15.00 horas):**

a. 6 h   b. 3 h   c. 12 h   d. 24 h

1923. El artículo 8 de la Ley 10/1982, de 24 de noviembre, básica de normalización del uso del euskera, establece que:

a. Toda disposición normativa o resolución oficial que emane de los poderes públicos sitos en la Comunidad Autónoma del País Vasco, deberá estar redactada en forma bilingüe a efectos de publicidad oficial

b. Todo acto en el que intervengan los poderes públicos sitos en la Comunidad Autónoma del País Vasco, así como las notificaciones y comunicaciones administrativas, deberán ir redactados en forma bilingüe, salvo que los interesados privados elijan expresamente la utilización de una de las lenguas oficiales de la Comunidad Autónoma

c. La respuesta a) y la b) son correctas

d. Ni la respuesta a) ni la b) son correctas

1924. Según el art. 43 de la Ley 39/2015, cuándo se entiende rechazada la notificación electrónica:

a. Pasados diez días naturales desde su puesta a disposición sin que se acceda a su contenido

b. Pasados diez días hábiles desde su puesta a disposición sin que se acceda a su contenido

c. Pasados quince días naturales desde su puesta a disposición sin que se acceda a su contenido

d. Pasados quince días hábiles desde su puesta a disposición sin que se acceda a su contenido

1925. Reconoce la Ley 39/2015 el derecho de las personas a utilizar las lenguas oficiales en el territorio de su Comunidad Autónoma:

a. Sí, lo hace expresamente en su artículo 13 apartado c)

b. No, no contiene ninguna disposición al respecto

c. No directamente pero sí mediante una remisión a los Estatutos de Autonomía en su artículo 14 apartado d)

d. Sí, lo hace expresamente en su artículo 15 apartado e), citando específicamente el euskera y el catalán

1926. Según el art. 106 Ley 39/2015, la caducidad del procedimiento de revisión de oficio se producirá si no se dicta resolución en el plazo de cuántos meses desde su inicio:

a. 3 b. 6 c. 12 d. 4

1927. La Ley 39/2015 establece que:

a. Las personas jurídicas pueden elegir si se relacionan por medios electrónicos o no con la Administración Pública

b. Las personas físicas pueden elegir si se relacionan por medios electrónicos o no con la Administración Pública

c. Ambas son correctas

d. Ninguna lo es

1928. El acceso de la ciudadanía a los archivos y registros administrativos:

a. Lo regula la Constitución española en su artículo 105 sin limitación alguna

b. No se prevé en la Constitución española

c. Lo ordena la Constitución española en su artículo 105 'con las limitaciones que prevean las leyes administrativas y civiles'

d. Lo regula la Constitución española en su artículo 105 'salvo en lo que afecte a la seguridad y defensa del Estado, la averiguación de los delitos y la intimidad de las personas'

1929. La firma electrónica:

a. Debe ser, en todo caso, avalada por la firma ordinaria del ciudadano

b. Únicamente se puede utilizar en la relación del administrado con órganos administrativos colegiados

c. Es un mecanismo válido para la identificación del firmante de manera inequívoca, que asegura la integridad del documento firmado, aunque no que no haya sufrido alternación o manipulación

d. Es un mecanismo válido para la identificación del firmante de manera inequívoca, que asegura la integridad del documento firmado y garantiza que no ha sufrido alternación o manipulación

1930. Cuál de estos NO es un derecho reconocido en el artículo 13 de la Ley 39/2015 a quienes ostentan la condición de persona que se relaciona con las Administraciones Públicas:

a. A comunicarse con las Administraciones Públicas a través de un Punto de Acceso General electrónico de la Administración

b. A utilizar las lenguas oficiales en el territorio de su Comunidad Autónoma, de acuerdo con lo previsto en esta Ley y en el resto del ordenamiento jurídico

c. A formular alegaciones, utilizar los medios de defensa admitidos por el Ordenamiento Jurídico, y a aportar documentos en cualquier fase del procedimiento anterior al trámite de audiencia, que deberán ser tenidos en cuenta por el órgano competente al redactar la propuesta de resolución

d. A ser asistidos en el uso de medios electrónicos en sus relaciones con las Administraciones Públicas

1931. Según la Ley 39/2015 , los interesados son:

a. Quienes participan en el ámbito de un procedimiento administrativo

b. Cualquier persona que se relacione con la Administración

c. Los ciudadanos

d. Ninguna de las tres

1932. Si la Administración, tras analizar una reclamación planteada por los daños y perjuicios causados por sus agentes, la estimara podrá exigir a sus autoridades y demás personal a su servicio la responsabilidad:

a. Sí, podrá exigirla de oficio si se dan las circunstancias legales para ello

b. Sí, se trata de una acción de regreso que ejercita contra las autoridades y demás personal a su servicio

c. Sí, las autoridades y demás personal a su servicio no están exonerados totalmente de responsabilidad

d. Las tres son correctas

1933. Según la Ley 39/2015:

a. Las personas jurídicas y físicas pueden elegir si se relacionan por medios electrónicos o no con la Administración Pública

b. Las personas físicas pueden elegir modificar el medio de comunicación con la Administración Pública elegido previamente

c. Ambas son correctas

d. Ninguna lo es

1934. El derecho a ser asistido en el uso de medios electrónicos en sus relaciones con las Administraciones Públicas:

a. Supone, como contraparte, una obligación general e incondicional de utilizar medios electrónicos, incluso por parte de las personas físicas

b. Supone que las personas físicas no podrán elegir si se comunican con las Administraciones Públicas para el ejercicio de sus derechos y obligaciones a través de medios electrónicos o no

c. No existe tal derecho

d. Ninguna de las tres

1935. Según a la Ley 39/2015 en los procedimientos tramitados por las Administraciones de las CC AA y de las Entidades Locales:

a. El uso de la lengua se ajustará a lo previsto en la legislación estatal y europea

b. El uso de la lengua se ajustará sólo a lo previsto en la legislación estatal

c. El uso de la lengua se ajustará a lo previsto en la legislación autonómica correspondiente

d. Ninguna de las tres

1936. Si las autoridades, agentes o funcionarios causan daños por actividades delictivas:

a. Es posible el inicio de una acción penal contra el mismo

b. No es posible el inicio de una acción penal contra el mismo, salvo que haya incurrido en negligencia grave

c. No es posible el inicio de una acción penal contra el mismo, salvo que haya dolo manifiesto

d. La acción penal que se dirija frente al agente público es independiente de la acción de responsabilidad administrativa que se dirija contra el o la ciudadana por los mismos hechos

1937. Para garantizar el correcto funcionamiento de los servicios públicos y la observancia de las obligaciones por parte del personal administrativo:

a. No se hace nada especial

b. Se establecen canales de comunicación, de quejas y de sugerencias que permiten al ciudadano poner en conocimiento el incorrecto funcionamiento de la Administración, a fin de que las deficiencias sean corregidas

c. Se admite la utilización de la potestad disciplinaria y sancionadora de los empleados públicos ejercida directamente por los ciudadanos

d. Ninguna de las tres

1938. Desde el punto de vista o vertiente subjetiva, el marco normativo se prevé, con carácter principal:

a. En la Ley del Procedimiento Administrativo Común de las Administraciones Públicas

b. En la Ley de Contratos del Sector Público

c. En el EBEP

d. En la Ley de la Función Pública

1939. El acceso de los y las ciudadanas a los archivos y registros administrativos:

a. Se menciona en la Constitución

b. Se menciona en el Estatuto de Autonomía para el País Vasco

c. Se encuentra recogido como un derecho en la Ley vasca de desarrollo ciudadano

d. Ninguna de las tres

1940. Según los artículos 13 y 15 de la Ley 39/2015, los interesados que se dirijan a los órganos de la Administración General del Estado con sede en el territorio de una Comunidad Autónoma:

a. podrán utilizar también la lengua que sea cooficial en esa Comunidad Autónoma

b. deberán obligatoriamente utilizar la lengua que sea cooficial en esa Comunidad Autónoma

c. deberán obligatoriamente utilizar el castellano

d. deberán obligatoriamente utilizar la lengua oficial en todo el Estado

1941. Según al artículo 14 de la Ley 39/2015 quiénes están únicamente obligados a relacionarse electrónicamente con la Administración:

a. Entre otros, las masas patrimoniales, las entidades sin personalidad jurídica y los notarios y registradores de la propiedad y mercantiles

b. Entre otros, las personas jurídicas y quienes representen a un interesado que esté obligado a relacionarse electrónicamente con la Administración

c. Únicamente, las personas físicas

d. Solo las entidades sin personalidad jurídica

1942. Es posible el ejercicio del derecho a la información pública por vía presencial:

a. No, exclusivamente a través del Portal de Transparencia

b. No, está expresamente vetado en la Ley de Transparencia

c. Solamente de manera simultánea a la solicitud electrónica

d. Sí es posible el ejercicio del derecho a la información pública por vía presencial

1943. El derecho de la ciudadanía a comunicarse con las Administraciones Públicas a través de un punto de acceso general electrónico de la Administración, conlleva para esta:

a. La obligación de disponer de manera agrupada los correspondientes medios electrónicos con el fin de asegurar que las personas puedan hacer uso de los mismos y relacionarse con la propia Administración a través de esta herramienta electrónica sin necesidad de acertar en el órgano concreto al que corresponda, en su caso, el ejercicio de la competencia

b. La obligación de garantizar que todo ciudadano cuenta, en su domicilio, con un equipo informático que le facilite la comunicación telemática con la Administración

c. Este derecho no conlleva ninguna obligación para la Administración, únicamente facultades

d. La obligación de garantizar que toda Administración facilita a sus funcionarios y trabajadores un equipo informático adecuado

1944. En la Ley 39/2015 del Procedimiento Administrativo Común de las Administraciones Públicas, cuando se establece la lista de los derechos de las personas en sus relaciones con las Administraciones Públicas:

a. Se cierra dicha lista con la referencia a que existirán cualesquiera otros derechos que se les reconozcan por la Constitución y las leyes (así, las leyes de carácter sectorial)

b. Dicha lista no admite más derechos que los reconocidos por la propia Ley 39/2015

c. Dicha lista se cierra con una cláusula derogatoria y una cláusula transitoria

d. Se cierra dicha lista con una remisión expresa y literal al Derecho de la Unión Europea

1945. En lo que se refiere a los derechos que corresponden a cualquier persona, una deficiente información sobre el ejercicio de los derechos en el ámbito fuera de un procedimiento administrativo, podrá generar eventualmente, por el incorrecto funcionamiento del servicio:

a. Una responsabilidad patrimonial de las Administraciones Públicas

b. Una responsabilidad en clave organizativa o disciplinaria

c. Consecuencias en el acto administrativo que se dicte

d. Son correctas A y B

1946. La Carpeta Ciudadana:

a. Deberá ser portada por aquella persona que acuda personalmente ante la Administración

b. Deberá ser alojada exclusivamente en el ordenador o teléfono personal del ciudadano o ciudadana que lo solicite

c. A través de ella cada persona podrá acceder a su información, al seguimiento de los trámites administrativos que le afecten y a las notificaciones y comunicaciones en el ámbito de la Administración Pública competente, así como obtener certificaciones administrativas

d. Ninguna de las tres

1947. La Ley 19/2013 de transparencia, acceso a la información pública y buen gobierno:

a. Reconoce el acceso a la información pública sin límite alguno

b. Ordena el acceso a la información pública con algunos límites, entre los que cabe destacar las relaciones exteriores y la igualdad de las partes en los procesos judiciales y la tutela judicial efectiva

c. Ordena el acceso a la información pública con algunos límites, entre los que cabe destacar el principio de solidaridad, irretroactividad y mínima intervención

d. Condiciona el acceso a la información pública al pago de las correspondientes tasas locales e impuestos estatales

1948. Cuando las autoridades y personal al servicio de la Administración causan daños y perjuicios a los ciudadanos y ciudadanas:

a. El o la ciudadana exigirá directamente a la Administración Pública correspondiente las indemnizaciones pertinentes por los daños y perjuicios causados

b. El o la ciudadana exige la responsabilidad sin tener la obligación de identificar al funcionario o agente público que haya causado el daño

c. Ambas son correctas

d. Ninguna lo es

1949. Según el art. 117.3 de la Ley 39/2015, desde que la solicitud haya tenido entrada en el Registro Electrónico de la Administración u Organismo competente ¿cuándo se entenderá suspendida la ejecución de un acto recurrido, en el que se ha solicitado dicha suspensión?

a. Transcurridos 2 meses

b. Transcurrido 1 mes

c. Transcurridos 10 días

d. Transcurridos 3 meses

1950. Cuál es el texto legal que establece, de forma detallada, el régimen jurídico de los derechos de los ciudadanos y de los interesados en el marco del procedimiento administrativo:

a. La Ley 30/1992
b. La Ley 39/2015
c. La Ley 40/2015
d. Ley General para la Defensa de los Consumidores y Usuarios

1951. El Punto de Acceso General electrónico de la Administración:

a. El Punto de Acceso General electrónico de la Administración se limita a ser un portal informativo de las actividades y noticias de la Administración
b. Los interesados podrán acceder a las notificaciones desde el Punto de Acceso General electrónico de la Administración, que funcionará como un portal de acceso
c. Da cumplimiento a la obligación de las Administraciones Públicas de ofrecer a los y las ciudadanas conexión de internet de banda ancha
d. Ninguna de las tres

1952. Según el art. 66 de la Ley 39/2015, NO es necesario/obligatorio que la solicitud de inicio contenga:

a. Lugar y fecha
b. DNI del interesado
c. Hechos, razones y petición en que se concrete la solicitud
d. Órgano al que se dirige

1953. Para garantizar el correcto funcionamiento de los servicios públicos y la observancia de las obligaciones por parte del personal administrativo...

a. Se establecen canales de comunicación, que permiten al ciudadano poner en conocimiento el incorrecto funcionamiento de la Administración
b. Se establecen canales de quejas que permiten al ciudadano poner en conocimiento el incorrecto funcionamiento de la Administración
c. Se establecen canales de sugerencias que permiten al ciudadano poner en conocimiento el incorrecto funcionamiento de la Administración
d. Las tres son correctas

1954. Cuando las autoridades, agentes o funcionarios causan daños por actividades delictivas:

a. Nunca es posible el inicio de una acción penal contra los mismos
b. Es posible el inicio de una acción penal contra los mismos, renunciando en todo caso a la acción de responsabilidad frente a la Administración
c. Es posible el inicio de una acción penal contra los mismos, sin perjuicio de la acción de responsabilidad frente a la Administración
d. Quedan protegidos por la denominada inmunidad jurisdiccional y administrativa

1955. Cuál NO es un criterio de ponderación a la hora de exigir la responsabilidad de la Administración:

a. El resultado dañoso producido
b. El grado de culpabilidad
c. La solvencia patrimonial de la Administración
d. La responsabilidad profesional del personal al servicio de la Administración y su relación con la producción del daño

1956. Respecto al derecho a utilizar las lenguas oficiales de acuerdo a la Ley 39/2015:

a. La Administración Pública instructora deberá traducir al castellano los documentos, expedientes o partes de los mismos que deban surtir efectos fuera del territorio de la Comunidad Autónoma
b. La Administración Pública instructora deberá traducir al castellano los documentos dirigidos a los interesados que así lo soliciten expresamente
c. No será precisa su traducción al castellano si los documentos, expedientes o partes de los mismos debieran surtir efectos en el territorio de una Comunidad Autónoma donde sea cooficial esa misma lengua distinta del castellano
d. Las tres son correctas

1957. Según el art. 69.4 de la Ley 39/2015, la inexactitud, falsedad u omisión, de carácter esencial, de cualquier dato o información que se incorpore a una declaración responsable o a una comunicación, determinará la imposibilidad de continuar el ejercicio al derecho o actividad:

a. Desde el día siguiente en el que se tenga constancia de tales hechos
b. Desde el momento de requerimiento de la administración debidamente notificado
c. Desde el momento en que se tenga constancia de tales hechos
d. Ninguna respuesta anterior es correcta

1958. Cuándo se podrá prescindir del trámite de audiencia según el art. 82.4 Ley 39/2015:

a. En ningún caso bajo advertencia de nulidad del procedimiento
b. Cuando no figuren en el procedimiento ni sean tenidos en cuenta en la resolución otros hechos ni otras alegaciones y pruebas que las aducidas por el interesado
c. Cuando figuren en el procedimiento, hechos alegaciones y pruebas distintas a las aducidas por el interesado
d. Ninguna es correcta

1959. El derecho de la ciudadanía a utilizar las lenguas oficiales en el territorio de su Comunidad Autónoma es reconocido por la ley 39/2015:

a. Configurado, en su artículo 13, apartado c), como un derecho que debe asegurarse en la actividad formalizada o procedimental pero no en la actividad informal o no formalizada
b. Configurado, en su artículo 13, apartado c), como un derecho que debe asegurarse en la actividad informal o no formalizada pero no en la formalizada o procedimental
c. Configurado, en su artículo 13, apartado c), como un derecho que debe asegurarse exclusivamente en la actividad formalizada o no procedimental
d. Configurado, en su artículo 13, apartado c), como un derecho que debe asegurarse tanto en la actividad formalizada o procedimental como en la actividad informal o no formalizada

1960. Son derechos reconocidos a quienes tienen capacidad de obrar ante las Administraciones Públicas, en sus relaciones con ellas, entre otros:

a. El derecho a percibir un salario mínimo a su cargo aunque no se hayan cumplido los requisitos al efecto
b. A ser asistidos en el uso de medios electrónicos en sus relaciones con las Administraciones Públicas, a utilizar las lenguas oficiales en el territorio de su Comunidad Autónoma, de acuerdo con lo previsto en la ley, y a la obtención y utilización de los medios de identificación y firma electrónica contemplados en la ley
c. El derecho al matrimonio y, en su caso, al divorcio
d. El derecho a poder elegir el juez que debe conocer los conflictos entre ellos

1961. En los casos en que, a petición del interesado, deban efectuarse pruebas cuya realización implique gastos:

a. Que deba soportar la Administración, ésta podrá exigir el anticipo de los mismos, a reserva de la liquidación definitiva, una vez practicada la prueba
b. Que no deba soportar la Administración, ésta podrá exigir el anticipo de los mismos, a reserva de la liquidación definitiva, antes de practicar la prueba
c. Que deba soportar la Administración, ésta podrá exigir el anticipo de los mismos, a reserva de la liquidación definitiva, antes de practicar la prueba
d. Que no deba soportar la Administración, ésta podrá exigir el anticipo de los mismos, a reserva de la liquidación definitiva, una vez practicada la prueba

1962 **B**	1980 **D**	1998 **D**
1963 **A**	1981 **C**	1999 **C**
1964 **C**	1982 **A**	2000 **C**
1965 **D**	1983 **D**	2001 **C**
1966 **C**	1984 **A**	2002 **C**
1967 **D**	1985 **A**	2003 **A**
1968 **B**	1986 **D**	2004 **A**
1969 **A**	1987 **A**	2005 **C**
1970 **A**	1988 **B**	2006 **B**
1971 **B**	1989 **C**	2007 **A**
1972 **D**	1990 **C**	2008 **D**
1973 **A**	1991 **C**	2009 **C**
1974 **B**	1992 **A**	2010 **B**
1975 **C**	1993 **C**	2011 **D**
1976 **A**	1994 **A**	2012 **B**
1977 **A**	1995 **C**	2013 **C**
1978 **B**	1996 **B**	
1979 **D**	1997 **D**	

1962. Entre los principios esenciales de la atención intercultural en la Administración Pública destacan:

a. El tratamiento abstracto y general del cliente, sin entrar a comprender sus singularidades y necesidades

b. El respeto y reconocimiento de la otra parte, sus diferencias y sus características y el favorecimiento de la autonomía de las personas

c. La falta de interés respecto al cliente, de sus diferencias y características

d. El principio de irretroactividad, cumplimiento de la costumbre y los usos locales y estatales

1963. NO es uno de los principios recogidos en el art. 3 de la ley 40/2015:

a. Rentabilidad, interés particular y comercialización

b. Racionalización y agilidad de los procedimientos administrativos y de las actividades materiales de gestión

c. Simplicidad, claridad y proximidad a los ciudadanos

d. Participación, objetividad y transparencia de la actuación administrativa

1964. Cuando analizamos las diferencias entre la Comunicación Escrita y la Oral, tenemos que tener en cuenta que la comunicación escrita:

a. Requiere una elaboración menor que la oral

b. Desaparece inmediatamente

c. El receptor puede hacer interpretaciones

d. Se trasmite por vía oral

1965. Sobre la accesibilidad de la Oficinas de Atención al Ciudadano, es FALSO:

a. Si se dispone de puertas cortavientos, el espacio existente será tal que permita a todos los usuarios la maniobrabilidad, la aproximación y la apertura de las puertas

b. El suelo será continuo entre el espacio exterior e interior, cualquier elemento en el suelo como canaletas de recogida de agua, felpudos, etc., estará enrasado con el pavimento

c. Junto a la entrada principal, preferiblemente a la derecha de la puerta, un cartel indicará, en su caso, el número y letra del portal, además del uso, en casos de edificios de interés general

d. Cuando las puertas sean acristaladas o de vidrios se protegerán de forma que se eviten roturas por impacto y se señalizarán mediante dos bandas horizontales de 5 centímetros de ancho, de contraste cromático con el resto de la superficie, colocada, la primera, a una altura entre 20 y 25 centímetros, y la segunda entre 30 y 35 centímetros

1966. Durante las distintas funciones de información y atención al público, no se deberá:

a. Concretar haciendo preguntas específicas y aclarando aspectos confusos

b. Actuar correctamente y con rapidez, consultando al departamento correspondiente cuando sea necesario

c. Ofrecer datos que el ciudadano o la ciudadana no necesita saber, utilizando un lenguaje a la par incorrecto

d. Asegurar informando al ciudadano o a la ciudadana de lo realizado e indicando los pasos siguientes si los hubiera

1967. Cuál NO es una regla de priorización en la fase de acogida en atención ciudadana:

a. El cliente tiene prioridad sobre cualquier conversación privada

b. El cliente tiene prioridad sobre nuestros compañeros (trabajo)

c. Cuando dos clientes le reclaman al mismo tiempo, la prioridad la tiene el que llegó en primer lugar (incluye el teléfono)

d. Cuando dos clientes le reclaman al mismo tiempo, ignorar al segundo solicitante con el fin de organizar la reanudación del contacto o rogarle que espere

1968. Según el artículo 10 del Real Decreto 208/1996, qué es necesario para acordar que desde las oficinas de información y atención de cualesquiera de ellas pueda ofrecerse la información administrativa de las otras, articulándose los mecanismos de comunicación necesarios para el intercambio de la información, así como la creación de oficinas integradas de información con participación de varias AA PP):

a. Un nuevo Real Decreto suscrito entre las distintas Administraciones

b. Un convenio de colaboración suscrito por distintas Administraciones

c. Un reglamento comunitario suscrito entre las distintas Administraciones

d. Un decreto legislativo suscrito entre las distintas Administraciones

1969. Según las Directrices Europeas para Generar Información de lectura fácil, los documentos escritos:

a. Deben utilizar un lenguaje simple y directo con frases cortas

b. No deben incluir dibujos, gráficos o símbolos

c. Deben incluir de forma equilibrada frases afirmativas y negativas

d. Deben incluir abreviaturas e iniciales a fin de hacer más comprensible el texto

1970. En la atención de las quejas y reclamaciones, es FALSO:

a. Procurar el 'disparo automático'
b. Hacer preguntas abiertas para aclarar la situación
c. Acordar procedimientos para resolver la situación
d. El cliente tiene derecho a quejarse o reclamar

1971. En la evolución en el modelo de relación entre la ciudadanía y la Administración Pública:

a. Siempre ha sido una constante la participación de la ciudadanía en las cuestiones administrativas
b. Con el tiempo se han desarrollado criterios de eficacia y eficiencia dentro de la Administración Pública
c. Destaca la cada vez menor intervención de la ciudadanía
d. Ha sido elemento característico la actuación ilimitada y no regulada de la Administración Pública

1972. Cuáles no son las funciones de la atención ciudadana:

a. Orientación e información sobre procedimientos, tramites, requisitos y documentación para los proyectos, actuaciones o solicitudes que se propongan realizar
b. Recepción de las quejas y reclamaciones formuladas por los ciudadanos por las tardanzas, desatenciones o por cualquier otro tipo de actuación irregular que observen en el funcionamiento de las dependencias administrativas
c. Recepción de las iniciativas o sugerencias formuladas por los ciudadanos formuladas por los ciudadanos, o por los propios empleados públicos para mejorar la calidad de los servicios, incrementar el rendimiento o el ahorro del gasto público, simplificar trámites o suprimir los que sean innecesarios, o cualquier otra medida que suponga un mayor grado de satisfacción de la sociedad en sus relaciones con la Administración
d. Resolución de los expedientes administrativos derivados de las reclamaciones de responsabilidad patrimonial por parte de la Administración

1973. Los canales de atención al público:

a. Han de cumplir, entre otros, los principios de servicio efectivo a la ciudadanía y simplicidad, claridad y proximidad a la misma
b. Han de ser los menos posibles para garantizar el cumplimiento de su función
c. No deben fomentar la participación de la ciudadanía en el entorno de la Administración Pública
d. Ordenados en la Ley 38/2020, únicamente pueden establecerse telemáticamente

1974. Cuál NO es una función de la Administración electrónica:

a. Ofrecer una alternativa a la actuación presencial
b. Acortar los plazos administrativos máximos previstos en la legislación de procedimiento administrativo
c. Favorecer el concepto de autoservicio, la automatización de procesos de escaso valor añadido que pueden ser resueltos por esta vía de manera satisfactoria y eficaz
d. Conectar con los colectivos de personas que utilizan el contacto electrónico como vía principal de relación

1975. En la atención de las quejas y reclamaciones, es FALSO:

a. En caso de que la persona no tenga razón, hay que ofrecer explicaciones objetivas y detalladas
b. En caso de que la persona tenga razón, solucionar el problema con la mayor agilidad y profesionalidad y ofrecer disculpas en nombre de la organización
c. En caso de que la persona tenga razón, se deberá criticar a otros empleados, al propio ciudadano o ciudadana, a otras administraciones
d. No conviene entrar en justificaciones que pueden ser interpretadas como excusas e inmovilidad en la posición

1976. La percepción del poder:

a. Es un elemento de diversidad cultural, pues la Administración Pública puede ser considerada un elemento de poder para personas de otras culturas
b. Es igual en todas las culturas, por lo que no tiene ninguna repercusión en la diversidad cultural
c. Es un elemento a omitir, en todo caso, en la atención intercultural de la Administración Pública
d. Es indiferente para la Administración, sin que tenga que tenerlo en cuenta en la atención a ciudadanos procedentes de otras culturas

1977. En la configuración de los puestos de atención Cuál de las siguientes recomendaciones no será necesaria tener en cuenta:

a. Medidores cromáticos destinados a hacer llegar la información de los carteles equipado con bandas fotosensibles
b. El espacio de circulación inmediato a los mostradores y puntos de información debe estar libre de obstáculos y disponer del suficiente espacio de maniobra para que los usuarios de silla de ruedas puedan aproximarse a ellos
c. La altura de los mostradores y puntos de información debe ser adecuada para recibir a todo tipo de usuarios
d. Los mostradores y puntos de atención deberán contar con sistemas de bucle de inducción magnética, debidamente señalizados, para permitir a las personas usuarias de prótesis auditivas la mejor audición y comprensión posibles

1978. NO es uno de los principios relevantes en el manejo de las quejas y reclamaciones:

a. La aceptación de los errores está muy bien, el admitir descalificaciones es 'vender' una mala imagen
b. Dar siempre dar la razón al cliente a base de desprestigiar la política o gestión de la administración
c. Evitación de cualquier tipo de lenguaje que pueda resultar provocativo a la otra persona. No seas pesado, evita todo tipo de lenguaje provocativo
d. Contestar con brevedad, sin darle más explicaciones de las que pida o solicitadas, el exceso de información puede generar nuevas situaciones de conflicto, por aprovechar informaciones ofrecidas en respuestas largas

1979. Qué no se considera 'información administrativa general' (frente a 'información administrativa particular'):

a. La información de carácter administrativo relacionada con la identificación, fines, competencia, estructura, funcionamiento y localización de organismos y unidades administrativas
b. Los requisitos jurídicos o técnicos que las disposiciones impongan a los proyectos, actuaciones o solicitudes que los ciudadanos se propongan realizar
c. La tramitación de procedimientos, a los servicios públicos y prestaciones, así como a cualesquiera otros datos que aquellos tengan necesidad de conocer en sus relaciones con las Administraciones públicas, en su conjunto, o con alguno de sus ámbitos de actuación
d. La información que hace referencia a los procedimientos en tramitación y a aquellos elementos y agentes asociados a la misma, y que contiene datos de carácter personal que afectan a la intimidad o a la privacidad de las personas físicas

1980. A la hora de enfrentarse a las quejas y reclamaciones de la ciudadanía en relación a la actividad de la Administración:

a. Es importante, siempre, defender la actuación previa de la Administración, discutiendo y enfrentándose al reclamante
b. Es importante culpar a otras personas, buscando un responsable directo ante el ciudadano
c. Es normal perder los nervios y las formas, porque algunos ciudadanos lo hacen inevitable
d. Es importante contestar al cliente con brevedad, sin darle más explicaciones de las que pida, pues el exceso de información puede generar nuevas situaciones de conflicto

1981. La digitalización de servicios en la Administración...

a. Es un proceso complejo que aún no se ha iniciado

b. Supone la eliminación de la atención presencial en todos los ámbitos de actuación de la Administración

c. Conlleva la transformación de un procedimiento analógico (convencional) a un servicio electrónico

d. Supone una gran mejora para la ciudadanía, pero la Administración pierde en eficacia y en eficiencia

1982. La administración electrónica:

a. Supone ganar en eficacia y eficiencia, ya que los servicios pueden focalizarse en la aportación de valor para la ciudadanía

b. Supone la pérdida de eficacia y eficiencia para la Administración Pública, en cuanto se pierde inmediatez en la atención a la ciudadanía

c. Conlleva el riesgo de una atención deficiente a la ciudadanía

d. Exige la aplicación de normativa internacional mercantil en el ámbito de la Administración, con la intrusión normativa que ello conlleva

1983. El Real Decreto 366/2007, de 16 de marzo, establece las condiciones de accesibilidad y no discriminación de las personas con discapacidad y pretende:

a. Garantizar la igualdad de oportunidades, la no discriminación por razón de discapacidad y la accesibilidad universal

b. Compensar las desventajas que las personas con discapacidad pudieran presentar en sus relaciones con la Administración

c. La eliminación y corrección de cualquier norma, criterio, instrucción, actuación, práctica o decisión que suponga una vulneración de la igualdad de oportunidades de las personas con discapacidad

d. Todas son correctas

1984. Qué no supone la diversidad intercultural:

a. Las diferencias culturales se dan solo desde la persona que presta servicio en la Administración hacia la persona que lo recibe

b. Ambas partes perciben a la otra persona como diferente

c. La Administración Pública, las personas que prestan el servicio, deben considerar como integrar los aspectos de una manera que se mantenga los niveles de fluidez comunicacional oportunos para que ambas partes se entiendan y se pueda actuar sobre las necesidades

d. Las diferencias culturales se dan en los dos sentidos, es decir, desde la persona que presta servicio en la Administración hacia la persona que lo recibe y a la inversa

1985. Ante una queja y/o reclamación frente a la actuación de la Administración:

a. Es importante averiguar su causa

b. El funcionario o empleado público debe mantener una actitud pasiva, no mostrando interés

c. No es tan importante realizar un buen diagnóstico como mantener una actitud pasiva

d. El funcionario o empleado público no debe investigar el origen y gravedad de la queja

1986. Ante una queja o reclamación, el empleado público:

a. Debe mantener una actitud pasiva y de falta de interés para mostrar su imparcialidad

b. No debe permitir que la persona que presenta la queja manifieste su malestar, recriminándole educadamente

c. Únicamente debe informar a la persona de que trasladará su queja a su superior, sin entrar en más valoraciones

d. Ninguna es correcta

1987. Hablando de culturas emocionales y culturas neutras Qué afinación es errónea:

a. En culturas neutras, se considera que las emociones facilitan el razonamiento, las argumentaciones y las posibles decisiones que se deben tomar en un momento determinado

b. En culturas neutras, se considera que las emociones enturbian el razonamiento, las argumentaciones y las posibles decisiones que se deben tomar en un momento determinado

c. El servicio prestado a una persona de cultura emocional puede contener enfados, volumen de voz elevado, disconformidades, etc. que generan una tensión en las situaciones

d. El servicio prestado a una persona de cultura neutra supone ausencia, en la mayoría de los casos, de información sobre en qué medida se está comprendiendo

1988. Sobre accesibilidad en las Oficinas de Atención al Ciudadano cuando el sistema de seguridad o control de acceso no tenga las dimensiones suficientes para permitir el paso a personas en silla de ruedas se tendrán previstas:

a. fechas alternativas para que puedan ser acompañadas por asistentes en otros días

b. medidas o medios alternativos de paso

c. camillas para proceder al 'paso horizontal'

d. Se tendrán previstas las tres cosas

1989. La interculturalidad remite a...

a. Sociedades asimilacionistas

b. Sociedades segregacionistas

c. Sociedades diversas y plurales

d. Sociedades diversas e integristas

1990. Según las Directrices Europeas para Generar Información de lectura fácil, NO es una de las recomendaciones principales de los documentos:

a. Utilización de un lenguaje simple y directo

b. Expresión de una sola idea en cada frase

c. Fomentar el empleo de tecnicismos, abreviaturas, iniciales, etc

d. Estructuración del texto de manera clara y coherente

1991. En la relación ciudadanía-Administración pública, se tiende hacia un modelo de...

a. Participación, colaboración y mayor protagonismo de la ciudadanía, con menores responsabilidades

b. Disenso, conflicto y mayor protagonismo de la ciudadanía, con mayores responsabilidades

c. Participación, colaboración y mayor protagonismo de la ciudadanía, con mayores responsabilidades

d. Participación, pugna y mayor protagonismo de la ciudadanía, con menores responsabilidades

1992. La accesibilidad para las personas con discapacidad:

a. Debe ser garantizada por la Administración en todos los canales que tenga la Administración con la ciudadanía, evitando la no discriminación en estas relaciones

b. Se regula, en referencia a las relaciones con la Administración del Estado, en el Real Decreto 366/2017, de 17 de marzo

c. No condiciona la configuración de los puestos de atención

d. Se basa exclusivamente en la ubicación de las Oficinas de Atención al Ciudadano

1993. De cara a garantizar la accesibilidad para las personas con discapacidad:

a. Es cuestión menor la ubicación de los puestos de atención a la ciudadanía

b. No es necesario disponer la información en dos de las tres modalidades sensoriales (visual, acústica y táctil)

c. La altura de los mostradores y puntos de información debe ser adecuada para recibir a todo tipo de usuarios

d. No es imprescindible que las oficinas de atención a la ciudadanía tengan habilitada un área higiénico-sanitaria accesible

1994. La accesibilidad cognitiva:

a. Requiere que la Administración Pública prepare a las personas que prestan el servicio con relación a las necesidades de los diferentes colectivos, adecuando su actuación a dichas necesidades específicas

b. No otorga importancia a la lectura fácil, entendiéndola como elemento menor y secundario

c. No exige la adaptación a las capacidades de todas las personas con problemas de lectura y escritura

d. Requiere que la Administración Pública utilice un lenguaje complejo e indirecto

1995. El respeto y el reconocimiento de la otra parte, de sus diferencias y características:

a. Es exigible a la ciudadanía, en general, pero no a la Administración Pública

b. Es exigible únicamente a los empleados y funcionarios públicos de la Administración periférica

c. Es uno de los principios esenciales de la atención intercultural en la Administración Pública

d. Es uno de los elementos a omitir en la actuación asistencial de la Administración Pública

1996. Cuál es la herramienta que pone el marco la calidad de servicio a través del cuales se informa a la ciudadanía sobre los servicios de la administración correspondiente, así como los derechos asociados, como los compromisos de calidad de la prestación de dichos servicios:

a. PLATEA

b. La carta de servicio

c. El expediente administrativo electrónico

d. Las hojas de reclamaciones

1997. El Real Decreto 208/1996, de 9 de febrero, por el que se regulan los servicios de información administrativa y atención al ciudadano, establece que la información particular...

a. Es la que concierne a los procedimientos en tramitación y a aquellos elementos y agentes asociados a la misma

b. Sólo puede ser facilitada a las personas interesadas o a sus representantes legales

c. Puede hacer referencia a datos de carácter personal que afectan a la intimidad o a la privacidad de las personas física

d. Todas son correctas

1998. Qué principio discuerda con una atención intercultural:

a. Respeto y reconocimiento de la otra parte, sus diferencias y sus características

b. Comprensión de las singularidades y las necesidades

c. Deseos y actitud favorable a la interlocución e la interrelación para poder ofrecer soluciones o alternativas de solución

d. Reducir la autonomía de las personas

1999. Ante una queja o reclamación, el empleado público:

a. Debe dar la razón al reclamante aunque esto suponga desprestigiar la política o la gestión de la administración

b. Nunca debe admitir que se han cometido errores

c. No debe discutir ni enfrentarse con la persona que reclama

d. Debe dar la información de la forma más exhaustiva posible, con referencias normativas, de jurisprudencia y bibliográficas

2000. Las quejas y reclamaciones de la ciudadanía frente a la actuación de la Administración:

a. Se configuran como una obligación de la ciudadanía en todo caso

b. Únicamente pueden tener su origen en el incumplimiento contractual de la Administración

c. Han de considerarse una oportunidad de mejora de la actuación de aquella

d. Nunca dan lugar al establecimiento de procedimientos de mejora en la Administración

2001. En materia de accesibilidad Qué no se corresponde de una buena práctica por parte de la Administración:

a. La garantía de la igualdad de oportunidades, la no discriminación por razón de discapacidad y la accesibilidad universal

b. La acción positiva para compensar las desventajas que estos ciudadanos en sus relaciones con la Administración pudieran presentar

c. La promulgación de cualquier norma, criterio, instrucción, actuación, práctica o decisión que suponga una vulneración de la igualdad de oportunidades de las personas con discapacidad

d. La adopción de medidas y la puesta a disposición de los ciudadanos con discapacidad, en su caso, de medios y apoyos humanos y materiales suplementarios a fin de que puedan ejercitar, regular y normalizadamente, los derechos que les asisten

2002. La atención ciudadana:

a. Supone o conlleva que cuando dos clientes le reclaman al mismo tiempo, el funcionario o empleado público debe dar prioridad al que no llegó en primer lugar

b. Con el concepto de cliente, se ordena en el real Decreto 214/2020, de 9 de febrero, comprendiendo, entre otras, la función de recepción y acogida a la persona

c. Se ve facilitada, en la función de información, mediante el empleo de modelos normalizados

d. Supone o conlleva que cuando dos clientes le reclaman al mismo tiempo, el funcionario o empleado público debe dar prioridad absoluta al que llama por teléfono

2003. En el marco del cumplimiento de lo que se denomina accesibilidad cognitiva:

a. Es importante utilizar un lenguaje simple y directo, estructurando el texto de manera clara y coherente

b. Es importante la comunicación telemática, en todo caso, con la Administración

c. No se han de evitar tecnicismos

d. Se ha de utilizar un lenguaje complejo, técnico e indirecto, con frases largas

2004. El movimiento migratorio:

a. Convierte a todas las sociedades en interculturales, afectando tanto a la persona que presta servicio en la Administración como al cliente

b. Es un factor que no condiciona la actividad de la Administración

c. No exige un rol importante de la Administración Pública en el proceso de integración

d. No exige ningún tipo de adaptación por parte de la Administración Pública

2005. La información administrativa:

a. Es un deber del administrado, esencial para el cumplimiento del resto de sus deberes

b. Conlleva, en todo caso, la necesidad de acreditación de la legitimación al efecto

c. Es un cauce adecuado a través del cual la ciudadanía puede acceder al conocimiento de sus derechos y obligaciones y a la utilización de los bienes y servicios públicos

d. Nunca se puede ofrecer a un grupo

2006. En la configuración de los sistemas de información complementaria Qué recomendación no se tendrá en consideración:

a. Debe existir confirmación con mensajes sonoros de todas las acciones activadas. g) Los mandos, el teclado y los botones deberán estar adaptados con etiquetas o iconos de alto contraste, letras grandes, en altorrelieve y braille

b. Las pantallas deben de ser reflectantes y sin apenas contraste

c. La información debe ser clara, sin demasiadas opciones en una misma pantalla y permitir un dilatado tiempo de respuesta

d. Las pantallas táctiles tendrán un sistema alternativo de acceder a la información para todas las personas que lo precisen

2007. La percepción de las personas como iguales en un marco de convivencia:

a. Es esencial para que la Administración Pública ofrezca una atención intercultural adecuada

b. Escapa a la actividad de la Administración, pues esta únicamente debe proteger a los nacionales

c. Afecta únicamente a las Administraciones locales

d. Afecta únicamente a la Administración central

2008. El Real Decreto 208/1996 por el que se regulan los servicios de información administrativa y atención al ciudadano, establece que en la Administración por información general se entiende:

a. Toda aquella información de carácter administrativo relacionada con la identificación, fines y competencia de la unidad administrativa

b. Toda aquella información de carácter administrativo relacionada con la estructura, funcionamiento y localización de organismos y unidades administrativas

c. La que se refiere a la tramitación de procedimientos, a los servicios públicos y prestaciones

d. Todas son ciertas

2009. Las Oficinas de Atención Ciudadana no son…

a. Dependencias o espacios físicos que la Administración dedica al contacto directo con la ciudadanía a los efectos de obtención de información, orientación y asesoramiento sobre las prestaciones, servicios y procedimientos

b. Dependencias o espacios físicos que la Administración dedica a la recepción de documentación, solicitudes y comunicaciones

c. Dependencias o espacios privados para la práctica de comparecencias personales de las personas interesadas

d. Dependencias o espacios físicos que la Administración dedica a la realización de gestiones directamente relacionadas con las competencias o servicios de la Administración

---

2010. La accesibilidad cognitiva:

a. Se basa exclusivamente en la lectura fácil como instrumento de adecuación y adaptación de los textos y las informaciones de forma que sean sencillas y comprensibles para personas con dificultades de comprensión

b. Supone una serie de soluciones vinculadas, entre otras, a la mejora de la señalización y la orientación y la localización de edificios y servicios

c. No requiere una formación de las personas que prestan el servicio a personas con necesidades específicas

d. Hace referencia únicamente a los espacios físicos de la Administración, no al medio electrónico

---

2011. Qué medida NO tiene como fin garantizar que la accesibilidad de la Oficina de Atención al Ciudadano:

a. La Oficina se ubicará en planta a nivel de la vía pública o deberá disponer de rampas de acceso o ascensores con características que permitan su uso autónomo y seguro por personas con discapacidad

b. La Oficina debe estar correctamente señalizada visualmente desde el exterior, de tal forma que sea fácilmente identificable

c. Al menos uno de los itinerarios que una los accesos de la Oficina con la vía pública, con los servicios o edificaciones anexas y con los aparcamientos, deberá ser accesible de acuerdo con las condiciones establecidas para un itinerario urbano accesible

d. Las Oficinas de Atención al Ciudadano, en el caso de disponer de plazas de aparcamiento, reservarán un número suficiente de plazas, convenientemente señalizadas, destinadas en exclusividad a su personal funcionario, garantizando la existencia de itinerarios directos entre las plazas y la propia Oficina

---

2012. Qué documento jurídico-político escapa del ámbito de la integración intercultural:

a. La Recomendación del Comité de Ministros del Consejo de Europa a los Estados miembros en materia de integración intercultural de 21 de enero de 2015

b. Reglamento (UE) 2016/679 del Parlamento Europeo y del Consejo, de 27 de abril de 2016, relativo a la protección de las personas físicas en lo que respecta al tratamiento de datos personales y a la libre circulación de estos datos

c. El Programa Intercultural Cities

d. La proposición no de ley por la que se insta al Gobierno a impulsar entre los Ayuntamientos el uso de un enfoque intercultural en el desarrollo de políticas de gestión de la diversidad

---

2013. El trato inclusivo, comprensivo e integrador, por parte de la Administración Pública:

a. Debe otorgarse especialmente a los nacionales

b. Debe otorgarse únicamente a los nacionales

c. Debe otorgarse a todas las personas usuarias de los servicios de la Administración Pública, al tiempo que estos principios tienen como elemento esencial una actitud positiva hacia las personas de diferentes culturas

d. Debe otorgarse exclusivamente a los ciudadanos y ciudadanas procedentes de otros países

2014 **C**	2042 **D**	2070 **C**
2015 **C**	2043 **C**	2071 **B**
2016 **D**	2044 **D**	2072 **B**
2017 **A**	2045 **B**	2073 **A**
2018 **D**	2046 **B**	2074 **B**
2019 **D**	2047 **C**	2075 **B**
2020 **C**	2048 **B**	2076 **D**
2021 **C**	2049 **C**	2077 **D**
2022 **D**	2050 **D**	2078 **A**
2023 **C**	2051 **A**	2079 **C**
2024 **A**	2052 **C**	2080 **C**
2025 **C**	2053 **B**	2081 **B**
2026 **A**	2054 **C**	2082 **C**
2027 **B**	2055 **B**	2083 **D**
2028 **D**	2056 **B**	2084 **B**
2029 **A**	2057 **C**	2085 **C**
2030 **D**	2058 **B**	2086 **D**
2031 **D**	2059 **D**	2087 **B**
2032 **C**	2060 **B**	2088 **C**
2033 **D**	2061 **B**	2089 **D**
2034 **D**	2062 **A**	2090 **C**
2035 **C**	2063 **C**	2091 **B**
2036 **D**	2064 **A**	2092 **A**
2037 **B**	2065 **D**	2093 **A**
2038 **D**	2066 **C**	2094 **C**
2039 **B**	2067 **C**	2095 **C**
2040 **A**	2068 **A**	2096 **A**
2041 **C**	2069 **A**	

2014. En la redacción de documentos administrativos cerrados:

a. Para garantizar la visibilidad de las mujeres, se recomienda que se las nombre con su nombre y apellido, mientras que, en el caso de los hombres, basta con nombrarlos con su apellido

b. No se utilizará el género gramatical de la persona a la que se dirigen (director o directora), sino que se empleará el nombre abstracto (dirección)

c. Lo más adecuado es utilizar el mismo tratamiento para hombres y mujeres, incluyendo en ambos casos su nombre y apellido

d. No es necesaria ninguna cautela relativa al uso no sexista del lenguaje ya que se conoce la identidad de la persona destinataria

2015. La modernización del lenguaje administrativo:

a. Es un movimiento que se originó en el siglo XIX y que hoy día está superado

b. Es un movimiento que pretende tecnificar y, en consecuencia, hacer más incompresible el lenguaje administrativo para los y las ciudadanas

c. Pretende que las comunicaciones dirigidas a los y las ciudadanas incorporen un lenguaje inteligible y claro

d. En el País Vasco nadie se ha preocupado por esta cuestión

2016. Entre las propuestas de mejora del lenguaje administrativo se incluye:

a. Utilizar la 3ª persona para documentos tales como las declaraciones responsables

b. Redactar todo el texto en un único párrafo porque simplifica la lectura

c. Dar preferencia a la voz pasiva en la redacción del texto porque le dota de mayor formalismo

d. No abusar del estilo nominal convirtiendo el verbo en sustantivo

2017. Son causas del uso no correcto del lenguaje:

a. El sexismo y el androcentrismo

b. El sexismo

c. El androcentrismo

d. El antropoformismo

2018. Respecto a la utilización del lenguaje no sexista, es FALSO:

a. Interesado

b. Interesad@

c. El/la interesado/a

d. Persona interesada

2019. El correo electrónico:

a. Una de sus ventajas es que, junto al texto escrito como mensaje, se pueden acompañar documentos, imágenes, archivos sonoros

b. Es una herramienta electrónica que permite enviar y recibir cualquier tipo de información por Internet

c. Es un medio de comunicación extendido en las comunicaciones formales como sustituto de las notas interiores y otros documentos de transmisión

d. Las tres son correctas

2020. Los certificados son:

a. Documentos administrativos resolutivos

b. Documentos administrativos de transmisión

c. Documentos administrativos de constancia o constatación

d. Documentos de juicio

2021. El oficio, en cuanto documento administrativo:

a. Normalmente, se utiliza para realizar la oferta pública de empleo

b. Normalmente, se utiliza para las comunicaciones entre unidades y proveedores administrativos

c. Normalmente, se utiliza para las comunicaciones entre unidades y órganos administrativos

d. Normalmente, se utiliza para las comunicaciones entre órganos administrativos y órganos legislativos

2022. En el esquema de la comunicación se incluyen los siguientes componentes:

a. Receptor

b. Código

c. Mensaje

d. Las tres son correctas

2023. La web como herramienta de comunicación entre la Administración y la ciudadanía:

a. Aconseja que los mensajes que se quieren transmitir sigan las mismas reglas de redacción que la comunicación escrita

b. Ha de seguir el mismo diseño que la comunicación escrita (de izquierda a derecha)

c. Permite que el receptor se transforme en agente activo del proceso comunicativo

d. Únicamente incluye mensajes en formato de texto

2024. Entre las recomendaciones básicas para mejorar la calidad de la redacción en los documentos administrativos se encuentra la siguiente:

a. No conviene, en general, construir párrafos largos
b. No es importante tener en cuenta a la persona receptora
c. Las frases pueden ser largas
d. Cada párrafo puede contener varias ideas

2025. Cuando se actúa por delegación de competencias:

a. No tiene mayor repercusión
b. Firmarán el documento el delegante y el delegado
c. Deberán constar en el documento las circunstancias de la delegación
d. No existe la figura de la delegación de competencias

2026. Para evitar las barreras comunicativas, dentro de lo posible:

a. Se aconseja practicar la escucha activa (escuchar con atención, mirando a los ojos, preguntando…), así como comprobar que nos siguen cuando hablamos
b. Cuidar el lenguaje verbal, sin que el lenguaje no verbal sea de interés, por lo que no es importante mantener la correspondencia entre ambos
c. No es importante cuidar el ambiente (ej. la iluminación, el ruido, el canal…) para facilitar la comunicación
d. Utilizaremos expresiones inadecuadas

2027. Cuando decimos que la actividad administrativa tiene un carácter documental queremos decir que:

a. Solo ofrece sus servicios con solicitud previa mediante documento
b. Los documentos son el soporte en el que se materializan los actos de la Administración Pública
c. Las diferentes Administraciones únicamente se relacionan mediante documentos públicos oficiales avalados por notario
d. En los juicios con la Administración únicamente se pueden utilizar pruebas documentales

2028. Una característica de la comunicación verbal es la siguiente:

a. Se vale de la palabra para dar a conocer el mensaje
b. Constituye una forma de comunicación exclusiva de los seres humanos
c. El proceso de comunicación puede ser mediante el lenguaje escrito
d. Las tres son correctas

2029. Las barreras de comunicación pueden ser:

a. Personales, culturales, semánticas y físicas
b. Personales, semánticas, físicas y psicológicas
c. Verbales y no verbales
d. Semánticas, culturales, administrativas y de contexto

2030. Entre las propuestas de mejora del lenguaje administrativo, señale cuál de entre las siguientes es la correcta:

a. Obviar la persona receptora
b. No tener en cuenta la extensión de los párrafos
c. No tener en cuenta la extensión de las frases
d. No abusar del estilo nominal

2031. Llamamos lenguaje administrativo:

a. Al que utiliza la Administración únicamente para comunicarse con la ciudadanía
b. Al que utiliza la Administración para comunicarse con sus empleados
c. Al que utiliza la Administración para comunicarse con otras Administraciones
d. Al que utiliza la Administración, tanto en sus relaciones externas como en sus relaciones internas

2032. Es una característica del lenguaje administrativo:

a. El uso de abreviaturas
b. La ausencia de latinismos
c. El uso de tecnicismos poco conocidos por la ciudadanía
d. La ausencia de frases de estilo impersonal

2033. La comunicación verbal:

a. Solo puede ser oral
b. Solo puede ser escrita
c. Se subdivide en tres categorías: comunicación oral, comunicación escrita y comunicación sensorial
d. Se subdivide en dos categorías: comunicación oral y comunicación escrita

2034. Si tenemos en cuenta la finalidad de los documentos administrativos, estos podrán ser:

a. Resolutivos
b. De transmisión
c. De constatación
d. Las tres son correctas

2035. En cuanto a la referencia al lugar y a la fecha en un documento administrativo:

a. Han de incluirse las preposiciones 'en' y 'a' al indicar el lugar y la fecha respectivamente
b. El año lleva punto (2.021)
c. El día del mes y el año se escriben con cifras
d. El día del mes, el mes y el año se escriben con cifras aun cuando en el formato del documento no existan casillas para consignar la fecha de forma exclusivamente numérica

2036. La comunicación electrónica supone:

a. Una nueva forma de comunicación
b. Una nueva forma de leer
c. Una nueva forma de redactar
d. Las tres son correctas

2037. Señale cuál de las siguientes es la manera correcta de escribir el lugar y la fecha en un documento administrativo:

a. En Vitoria-Gasteiz, a 16 de noviembre de 2020
b. Vitoria-Gasteiz, 16 de noviembre de 2020
c. Vitoria-Gasteiz, 16 de noviembre de 2.020
d. Vitoria-Gasteiz, a 16 de Noviembre de 2020

2038. Para evitar las barreras comunicativas, se aconseja:

a. Transmitir emociones para recalcar el mensaje
b. Utilizar un lenguaje coloquial e, incluso, expresiones inadecuadas, cuando ayuden a la comprensión del mensaje
c. Mantener una postura no enfática para no crear falsas expectativas
d. Emplear la retroalimentación para verificar la comprensión adecuada

2039. Suponga que tenemos un texto de cierta extensión que ha sido redactado originariamente para ser leído en papel Cómo deberíamos adaptarlo para llevarlo a la web:

a. No lo adaptamos, lo dejamos tal cual
b. Un criterio general de interés sería plantearnos reducir a la mitad el contenido escrito sobre papel
c. Incluimos todo el texto y toda la información que deseamos comunicar en una sola página
d. Como estamos acostumbrados a leer textos largos en la pantalla y no existe problema para mantener la atención durante mucho tiempo, podríamos mantener el texto original siempre que incluyamos alguna imagen o algún gráfico

2040. La notificación:

a. La notificación es el documento mediante el que se comunica a la persona interesada una resolución o un acuerdo que afecta a sus intereses y derechos
b. La notificación no es una condición para la eficacia jurídica del acto que se comunica
c. El único objetivo de la notificación es garantizar la emisión de la propia comunicación
d. El intento de notificación es una garantía de que el acto que se comunica existe y que su eficacia jurídica es plena

2041. El certificado:

a. Es un documento que sirve para solicitar la acreditación de actos o situaciones de carácter administrativo
b. El solicitante del certificado suele ser normalmente una Administración
c. Sirve para justificar, por ejemplo, la asistencia a un curso, las retribuciones percibidas o los estudios realizados
d. No es necesario identificar al emisor

2042. Sobre la presentación de documentos escritos:

a. El oficio se ha de redactar en un tono cercano y personal
b. En el correo electrónico es recomendable la utilización de mayúsculas
c. Los certificados, en su título, no han de incluir su objeto
d. Los saludos y despedidas del oficio han de tener carácter neutro

2043. Las barreras de la comunicación convierten esta en menos efectiva y:

a. Pueden ser personales, culturales, nacionales, portuarias y sintácticas
b. Pueden ser personales, inanimadas, sintácticas y religiosas
c. Pueden ser personales, culturales, semánticas y físicas
d. Pueden ser personales, morfológicas, semánticas y sintácticas

2044. En el esquema de la comunicación aparece el componente denominado canal de comunicación:

a. El cual se define como el medio físico a través del cual se transmite el mensaje desde el emisor hasta el receptor
b. Un ejemplo de canal de comunicación: el teléfono
c. Un ejemplo de canal de comunicación: internet
d. Las tres son correctas

2045. Según la Ley 39/2015, en el caso de una notificación electrónica, cuántos días tiene el ciudadano para acceder a su contenido antes de que se considere notificado por comparecencia:

a. 5 días
b. 10 días
c. 15 días
d. 20 días

2046. Uno de los rasgos siguientes no se corresponde con el estilo del lenguaje administrativo:

a. El léxico administrativo tiene tendencia culta y abusa a veces de tecnicismos poco conocidos por la ciudadanía en general
b. Utiliza palabras, locuciones y expresiones tomadas del griego
c. Abundan los arcaísmos, los formulismos y las frases hechas
d. Muestra una gran predilección por las oraciones largas, formadas por interminables incisos y perífrasis explicativas

2047. Además del emisor, receptor, mensaje, código y canal, qué otros factores adicionales son necesarios en la comunicación escrita para que el proceso de intercambio de la información tenga éxito:

a. El índice, el argumento y las conclusiones
b. El tema y el índice
c. La estructura, el estilo y el contenido
d. La forma, la redacción y las conclusiones

2048. La lectura en la web (en pantalla):

a. Es igual que la lectura ordinaria en papel
b. Ha cambiado los hábitos de lectura, en cuanto los textos en pantalla no se leen de la misma manera que en papel
c. Resulta más cómoda en todo caso
d. Exige que los textos se redacten según los patrones de los textos en papel

2049. Entre las barreras personales a la comunicación se encuentra la siguiente:

a. El oído empático
b. La falta de personalidad
c. El estado de ánimo
d. Las percepciones de la actitud

2050. Según la Ley 39/2015, cuál es el medio preferente para las notificaciones de los actos administrativos a los ciudadanos:

a. El correo postal
b. La entrega en mano en la oficina correspondiente
c. El correo electrónico
d. La sede electrónica de la Administración Pública correspondiente

2051. Son uno de los tipos de documentos administrativos, según la finalidad del documento:

a. Los documentos de juicio
b. Los documentos procesales
c. Los documentos originales
d. Los documentos compulsados

2052. Qué podemos señalar sobre los incisos:

a. Se trata de acotaciones que proporcionan información complementaria relacionada con el tema de las oraciones en las que se intercalan
b. Si no cuidamos la longitud y el emplazamiento de estos incisos, corremos el riesgo de que se pierda el hilo del discurso
c. Ambas son correctas
d. Ninguna lo es

2053. Señale cuál de entre las siguientes es una de las finalidades de un cartel:

a. Resolver un recurso
b. Advertir de un peligro
c. Numerar un expediente
d. Introducir un dictamen

2054. En el concepto de comunicación se incluye lo siguiente:

a. Es la acción consciente o inconsciente de intercambiar mensajes entre dos o más participantes
b. Su fin es transmitir o recibir información u opiniones distintas
c. Ambas son correctas
d. Ninguna lo es

2055. La hoja de solicitud:

a. El receptor de la solicitud siempre es el mismo, esto es, el o la ciudadana
b. Es un documento mediante el cual un o una ciudadana o una entidad jurídica solicita a la Administración algo que, por regla general, está contemplado en la normativa vigente
c. Es un documento largo y farragoso pero que al que no se le adjuntan o acompañan nunca otros documentos
d. No es necesario identificar al solicitante

2056. Es ejemplo de barrera personal de la comunicación:

a. El ruido
b. Las percepciones
c. Las creencias
d. Las experiencias

2057. Estructura de los documentos administrativos. Señale cuál de los siguientes NO forma parte de la estructura de un documento administrativo:

a. El encabezamiento
b. El cuerpo
c. Las conclusiones
d. El pie

2058. El uso sexista del lenguaje y de la lengua se debe:

a. Exclusivamente a los modelos de aprendizaje actual
b. A que vivimos en una cultura y en una sociedad sexista y androcéntrica
c. A que vivimos en una sociedad moderna y desarrollada
d. A que vivimos en una sociedad global e igualitaria

2059. Entre las propuestas de mejora del lenguaje administrativo, señale cuál de entre las siguientes es la correcta:

a. Abusar de la voz pasiva
b. Utilizar el estilo negativo
c. Utilización indiscriminada de siglas
d. Utilización de un léxico cercano al estándar

2060. Son características del lenguaje administrativo:

a. Su sencillez, falta de tecnicismo y ausencia de formalismo
b. Entre otras, las palabras y construcciones repetitivas
c. La naturalidad, la espontaneidad y la ausencia de tecnicismo
d. La ausencia de complejidad, latinismos y frases cortas

2061. El oficio:

a. Normalmente se utiliza para las comunicaciones entre los órganos administrativos y los ciudadanos
b. Se caracteriza por un contenido estrictamente administrativo y oficial, así como por un tono formal, neutro y objetivo, centrado fundamentalmente en la actuación administrativa
c. Es sinónimo de la carta
d. Sirve para felicitar a compañeros de trabajo y ciudadanos, por ejemplo

2062. La comunicación escrita:

a. Tiene carácter seguro y perdurable

b. Normalmente contiene un mensaje improvisado

c. Se caracteriza por su simultaneidad, porque emisor y receptor interactúan

d. Por sus características, es un medio apto para trasmitir emociones

2063. En relación a la ortotipografía del correo electrónico:

a. Se han de utilizar las mayúsculas en todo el texto porque remarca la importancia del mismo

b. Se han de utilizar las mayúsculas en todo el texto porque denota legitimidad y autoridad

c. No se han de utilizar las mayúsculas porque muestran enfado y entorpecen la lectura

d. No se han de utilizar las mayúsculas porque cansan al lector

2064. La función que consiste en la recogida de la documentación que trae el ciudadano, se llama:

a. de Gestión.

b. de Recepción.

c. de Acogida.

d. de Información.

2065. Documentos administrativos. Un dictamen, es un documento:

a. De decisión

b. De transmisión

c. De constatación

d. De juicio

2066. Un texto en el ordenador:

a. Se lee a la misma velocidad que un texto en papel

b. Se lee más rápido que un texto en papel

c. Se lee más despacio que un texto en papel

d. No presenta peculiaridad alguna respecto a su lectura en comparación con un texto en papel

2067. Deberá figurar en el pie de un documento administrativo:

a. El lugar en el que se ha firmado el documento

b. La fecha en la que se comienza a elaborar el documento

c. La firma del autor jurídico

d. Las tres son correctas

2068. En el encabezamiento de un documento administrativo ha de constar:

a. La cabecera impresa donde aparece la identificación corporativa del emisor

b. El contenido extenso del mensaje

c. La firma del órgano emisor

d. El lugar y fecha de emisión

2069. Cuando se desconoce si la persona que ocupa un cargo concreto es hombre o mujer:

a. Cabe recurrir a fórmulas genéricas haciendo referencia al organismo o unidad administrativa correspondiente

b. No conviene incluir ningún encabezamiento

c. Se recomienda en todo caso llevar a cabo las actuaciones necesarias para averiguar la persona que ocupa el cargo

d. Es aconsejable no dirigir ningún escrito si se desconoce si la persona que ocupa el cargo es hombre o mujer

2070. El correo electrónico como medio de comunicación:

a. Por sus características, requiere que el lenguaje utilizado sea totalmente coloquial

b. Aconseja que sea todo lo extenso que sea necesario

c. Si requiere que se transmita mucha información, es preferible que incluya adjuntos o enlaces

d. No cabe utilizarlo en las relaciones con la Administración

2071. Sobre el diseño de los textos:

a. No es fundamental cuidar cada detalle de la presentación de un escrito, aunque ese sea el primer contacto entre el texto y el lector

b. El diseño es uno de los factores que determina la legibilidad de un texto, por lo que tiene que ser claro, cuidado y agradable

c. Está totalmente desaconsejado el uso de la negrita

d. Es obligatorio incluir varios colores e incluir cuadros e imágenes

2072. Cuando decimos que el emisor de la comunicación es el que codifica el mensaje queremos decir:

a. Que es el que decide cuándo poner fin a la comunicación

b. Que es el que elige y selecciona los signos y códigos convenientes

c. Que es el que recibe el mensaje

d. Que es el que descodifica el mensaje

2073. En el contexto del proceso de comunicación:

a. Se incluyen factores de diverso tipo, como emocionales, sociales y circunstanciales

b. No hay elementos condicionantes

c. No importa el espacio físico

d. El contexto social no detenta importancia alguna

2074. En los documentos administrativos abiertos, en los que no se conoce el sexo de la persona destinataria, la regla recomendada es:

a. Utilizar el genérico masculino

b. Nombrar a los dos sexos separados con barras

c. Utilizar formas impersonales

d. Omitir toda referencia al sexo

2075. Atendiendo a la finalidad de los documentos administrativos, estos se clasifican en:

a. Documentos apelativos, resolutivos, de constatación y de constancia

b. Documentos de decisión, de transmisión, de constancia y de juicio

c. Documentos resolutivos, impugnativos, transitivos y de juicio

d. Documentos apelativos, resolutivos, impugnativos y de juicio

2076. Respecto al uso no sexista del lenguaje, señale la respuesta correcta:

a. Utiliza los saltos semánticos

b. Califica a las mujeres por su aspecto físico

c. Emplea hombre como genérico singular

d. Cuida las imágenes que se exponen

2077. Con cuál de los siguientes textos asociarías la utilización del lenguaje administrativo:

a. Un correo electrónico

b. Un SMS

c. Un oficio administrativo

d. Una ley

2078. Cómo es la lectura en la web:

a. Es una lectura dinámica

b. Es una lectura, en pantalla, que no es nada pesada

c. Es una lectura que no contiene diversos formatos, que no es de carácter multimedia

d. Es una lectura, en pantalla, que es más rápida que la lectura en papel impreso

2079. Sobre la comunicación escrita:

a. Es simultánea

b. La retroalimentación es inmediata

c. Permanece en el tiempo

d. La distancia no es un impedimento

2080. El lenguaje administrativo:

a. Es aquel que utiliza la Administración en sus relaciones internas exclusivamente

b. No posee características propias

c. Es un tecnolecto o lenguaje de especialidad

d. Su contenido se ciñe exclusivamente a la producción de textos de alto contenido jurídico y técnico (leyes, decretos, normas, resoluciones, etc), sin que abarque otro tipo de textos, como los dirigidos a los ciudadanos los campos de la vida social (sanidad, medio ambiente, educación, agricultura, turismo, comunicación, economía, orden público...)

2081. En la comunicación escrita:

a. A diferencia de lo que sucede en la comunicación oral, no es posible recibir una respuesta inmediata del receptor del mensaje

b. La distancia entre emisor y receptor no es un impedimento, ya que permite que se mantenga el contacto

c. La distancia entre emisor y receptor es un impedimento para la adecuada comunicación

d. Son admisibles los errores gramaticales si la comunicación es electrónica

2082. El sexismo, en cuanto causa del uso no correcto del lenguaje:

a. Consiste en fomentar la utilización de la tercera persona del singular

b. Consiste en asignar valores, capacidades y roles similares a mujeres y hombres exclusivamente en función de su sexo

c. Consiste en asignar valores, capacidades y roles diferentes a mujeres y hombres exclusivamente en función de su sexo

d. Consiste en el trato igualitario a hombres y mujeres

2083. La firma de un documento administrativo requiere:

a. Únicamente la rúbrica de quien firma el documento

b. Antefirma, expresando el puesto o cargo de quien firma, y sello

c. La identificación con nombre y apellidos de quien firma

d. Antefirma, rúbrica, nombre y apellidos de quien firma y sello

2084. La comunicación verbal:

a. Es solamente la comunicación oral

b. Incluye, además de la comunicación oral, la escrita

c. Se extiende al lenguaje corporal y gestual

d. Abarca todo lo que se alcanza con la vista

2085. Qué queremos decir cuando decimos que en la comunicación escrita la retroalimentación NO es inmediata:

a. Que tiene lugar a conveniencia del emisor del mensaje, no del receptor, por lo que siempre existe una respuesta

b. Que tiene lugar a conveniencia del receptor del mensaje, no del emisor, por lo que siempre existe una respuesta

c. Que tiene lugar a conveniencia del receptor del mensaje, no del emisor, por lo que siempre no existe una respuesta

d. Que tiene lugar a conveniencia del emisor del mensaje, no del receptor, por lo que siempre no existe una respuesta

2086. Señale cuál de los siguientes elementos deberá figurar en el encabezamiento de un documento administrativo:

a. El lugar y la fecha

b. El cargo de la persona que firma el documento

c. Los recursos que en su caso podrán presentarse contra lo resuelto en el documento

d. El destinatario

2087. Documentos administrativos. Una notificación, es un documento:

a. De decisión

b. De transmisión

c. De constatación

d. De juicio

2088. El lenguaje no sexista NO recomienda para una comunicación igualitaria:

a. Utilizar perífrasis (clase trabajadora) porque alarga en exceso el texto

b. Utilizar nombres abstractos (la dirección) porque de esa manera se desconoce si hay presencia de mujeres

c. Utilizar '@' como fórmula para hacer referencia a personas de ambos sexos

d. Utilizar el masculino y el femenino (los funcionarios y las funcionarias) porque el texto queda excesivamente recargado

2089. En las resoluciones administrativas y comunicaciones oficiales, sean internas o externas, es necesario incluir:

a. Lugar (que hace referencia al municipio donde está ubicado el órgano que emite el documento)

b. Fecha (que señala el día en que se elabora)

c. Lugar (que hace referencia al municipio donde está ubicado el órgano que emite el documento) y fecha (que señala el día en que se elabora)

d. Lugar (que hace referencia al municipio donde está ubicado el órgano que emite el documento), fecha (que señala el día en que se elabora) y firma

2090. La comunicación:

a. Es un factor pacífico en las relaciones ciudadanía-Administración

b. Es un factor intrascendente en las relaciones ciudadanía-Administración

c. Es un factor crítico en las relaciones ciudadanía-Administración

d. Es un factor sin importancia en las relaciones ciudadanía-Administración

2091. La comunicación escrita:

a. Es más fluida que la oral, en todo caso

b. Exige que el emisor y el receptor conozcan las reglas de la escritura

c. Exige el conocimiento de más de un idioma

d. Exige el conocimiento de las necesidades del receptor

2092. Una característica de la comunicación escrita es la siguiente:

a. Permanece en el tiempo

b. Es simultánea

c. Es un acto improvisado

d. Carece de reglas

2093. La dificultad de conseguir que emisor y receptor interpreten de igual manera la misma expresión:

a. Es un tipo de barrera semántica

b. Es un tipo de barrera cultural

c. Es un tipo de barrera personal

d. Es un tipo de barrera física

2094. Es una característica del lenguaje administrativo:

a. La sencillez

b. El lenguaje llano

c. El abuso del estilo impersonal

d. El ritmo

2095. Además de emisor, receptor, mensaje, código y canal, en la comunicación escrita se requieren otros factores como:

a. Papel, bolígrafo y diccionario de estilo

b. Ordenador, si la comunicación es on-line

c. Estructura, estilo y contenido

d. Título, desarrollo y final

2096. Cuando damos información a los ciudadanos, ésta NO debe:

a. Hacer una interpretación normativa.

b. Realizar aclaraciones de índole práctica

c. Referirse a la localización de dependencias de la Administración.

d. Referirse a los trámites que el ciudadano tiene que hacer para ser beneficiario de un servicio público.

2097 **B**	2125 **A**	2153 **C**
2098 **B**	2126 **C**	2154 **C**
2099 **A**	2127 **C**	2155 **A**
2100 **A**	2128 **C**	2156 **D**
2101 **A**	2129 **B**	2157 **B**
2102 **D**	2130 **A**	2158 **D**
2103 **D**	2131 **C**	2159 **B**
2104 **D**	2132 **C**	2160 **B**
2105 **D**	2133 **B**	2161 **A**
2106 **D**	2134 **A**	2162 **C**
2107 **D**	2135 **C**	2163 **C**
2108 **B**	2136 **B**	2164 **C**
2109 **C**	2137 **A**	2165 **D**
2110 **C**	2138 **B**	2166 **A**
2111 **A**	2139 **C**	2167 **B**
2112 **B**	2140 **C**	2168 **C**
2113 **B**	2141 **B**	2169 **D**
2114 **C**	2142 **A**	2170 **C**
2115 **D**	2143 **B**	2171 **D**
2116 **C**	2144 **C**	2172 **B**
2117 **D**	2145 **B**	2173 **C**
2118 **D**	2146 **B**	2174 **B**
2119 **B**	2147 **B**	2175 **C**
2120 **A**	2148 **B**	2176 **B**
2121 **B**	2149 **D**	2177 **B**
2122 **D**	2150 **D**	2178 **D**
2123 **B**	2151 **C**	2179 **B**
2124 **C**	2152 **A**	

2097. Cuando quien llama a la Administración manifiesta interés en comunicarse con otra persona:

a. Se tomará nota de la siguiente información: fecha y hora de la llamada, nombre, cargo y empresa / institución del comunicante, modo de contacto (teléfono, mail, etc.). mensaje resumido

b. Con carácter previo a transferir la llamada, se le comentará si es o no posible comunicarle con la persona que ha solicitado y se le pedirá que se identifique

c. Si la persona destinataria de la llamada está ocupada, se tratará de convencer a quien llama de que exponga su caso a otra persona distinta

d. Se transferirá directamente la llamada a la persona destinataria

2098. Entre los consejos que se ofrecen para mejorar la comunicación verbal NO se encuentra el siguiente:

a. Priorizar las oraciones afirmativas sobre las negativas

b. Utilizar los tecnicismos, aunque no sean necesarios

c. Explicar al ciudadano dónde puede encontrar información complementaria

d. Aprovechar los recursos relativos a la comunicación no verbal

2099. Si en la atención ciudadana la petición formulada por la persona usuaria ha de ser tratada por una compañera o compañero de trabajo:

a. Se ha de procurar acompañar a la persona usuaria y presentársela personalmente

b. Se indicará a la persona usuaria la ubicación de quien debe atenderla para que acuda sin más

c. No conviene acompañar a la persona usuaria, ya que el puesto ocupado quedaría vacío

d. Se encomendará la tarea de acompañar a la persona usuaria al personal de conserjería

2100. Cuando la atención a las personas usuarias es telefónica, en la fase de presentación:

a. Al descolgar, se ha de identificar la organización o unidad administrativa y la persona que atiende telefónicamente, saludar cordialmente y ofrecer ayuda

b. Al descolgar, solo se ha de identificar la organización o unidad administrativa y preguntar lo que se desea

c. Al descolgar, se ha de saludar y ofrecer ayuda

d. Al descolgar, se ha de saludar y esperar

2101. Qué quiere decir la característica siguiente de la comunicación oral: es de carácter efímero o fugaz:

a. Que la comunicación termina cuando los sonidos emitidos por la voz en forma de palabras dejan de escucharse

b. Que ese carácter fugaz hace que se la asocie a contextos formales

c. Que no requiere que emisores y receptores estén presentes en un momento y lugar determinado

d. Ninguna de las tres

2102. Si comparamos la comunicación oral y la comunicación escrita:

a. En la comunicación oral cabe la improvisación

b. En el lenguaje oral se suelen cometer más errores lingüísticos que en el escrito

c. Es posible adecuar el registro del lenguaje oral durante la exposición si sospechamos que resulta necesario

d. Las tres son correctas

2103. Cuál de los siguientes aspectos es crítico en la fase de gestión de la necesidad de la atención personal:

a. El trato equitativo

b. Profesionalidad

c. Eficiencia en la atención

d. Las tres son correctas

2104. La comunicación oral:

a. Se encuentra influida por los mismos condicionantes del lenguaje administrativo

b. Se encuentra influida por condicionantes tales como su finalidad práctica o la búsqueda de una comunicación efectiva

c. Sus mensajes deben ser claros y precisos

d. Las tres son correctas

2105. El sistema kinésico como tipo de comunicación no verbal engloba:

a. La distancia que guardan las personas al comunicarse verbalmente

b. El volumen de la voz y el tono empleado

c. La fluidez verbal

d. Los gestos, la expresión facial, el contacto visual y la postura

2106. Cómo debemos actuar en la fase o momento de acogida de la atención presencial:

a. Debemos tratar de generar sensaciones positivas desde el primer momento, ya que la primera impresión es fundamental para el posterior desarrollo de la comunicación

b. Es importante mostrarse accesibles

c. Cuando veamos usuarios desorientados, dubitativos o expectantes, debemos ofrecer ayuda e interesarnos

d. Las tres son correctas

2107. Los signos no verbales:

a. Pueden contradecir la comunicación verbal
b. Pueden debilitar el contenido o sentido de un enunciado verbal
c. Pueden subsanar deficiencias verbales para evitar vacíos conversacionales
d. Las tres son correctas

2108. El lenguaje no verbal:

a. Nunca contradice un mensaje verbal
b. Expresa con fiabilidad y sin pensarlo el estado emocional de quien comunica
c. Siempre es coherente con el verbal
d. No refuerza el mensaje verbal

2109. Si queremos comunicar de un modo eficaz, no podemos comunicar del mismo modo en un contexto oral o por escrito:

a. Falso, son dos modos de comunicación prácticamente iguales
b. Falso, son dos modos de comunicación sin diferencias esenciales
c. Cierto, a pesar de basarse en el mismo sistema lingüístico
d. Cierto, ya que se basan en distintos sistemas lingüísticos

2110. Es un consejo práctico para mejorar la expresión oral:

a. Incluir al ciudadano o ciudadana en la explicación
b. Hacer partícipe al ciudadano o ciudadana de la explicación
c. Incluir al ciudadano o ciudadana en la explicación y hacerlo partícipe de ella para así impulsar una actitud activa
d. No incluir al ciudadano o ciudadana en la explicación, ni hacerlo partícipe de ella para así no comprometer a la persona y respetar su privacidad

2111. La asertividad:

a. Es la habilidad de las personas para expresar de forma directa lo que se piensa, desea u opina sin dejar de lado las opiniones de los demás
b. Busca mostrar la imagen que el interlocutor quiere ver
c. Procura provocar conductas agresivas o de rechazo
d. Es la habilidad de rehuir las críticas recibidas

2112. Recomendaciones para un uso adecuado de la comunicación no verbal:

a. La mirada no debe ser franca y directa, para no intimidar al interlocutor
b. Hay que evitar los carraspeos, distracciones, gestos de aburrimiento, bostezos, golpeteo de dedos, resoplidos, etc
c. Los gestos faciales y las posturas corporales no son una fuente de mensajes para el interlocutor
d. Acompañar la escucha de la persona con una sonrisa no transmite empatía y comprensión, y puede dar por terminada la comunicación

2113. La respuesta en la atención telefónica puede ser:

a. Presencial o demorada
b. Inmediata, anotación y llamada posterior o derivada
c. Escueta, demorada o definitiva
d. Inmediata, completa o por escrito

2114. La comunicación telefónica:

a. Es una forma de comunicación residual en el ámbito de la Administración
b. Es poco utilizada en los servicios generales de la Administración
c. Es una de las formas de comunicación más importantes que existen en el ámbito de la Administración
d. No está siendo desplazada por otras formas de comunicación como el correo electrónico

2115. Si un ciudadano solicita información acerca de un procedimiento en trámite, esta información es:

a. específica
b. general
c. privada
d. particular

2116. Para mostrar capacidad de escucha en la atención telefónica, es conveniente:

a. Terminar las frases de nuestro interlocutor
b. Ofrecer toda la información que tengamos, tanto la solicitada como la que no
c. Sintetizar la pregunta para demostrar que hemos comprendido el problema
d. Mantener una escucha rígida

2117. Son características de la comunicación oral:

a. Depende del lenguaje oral
b. Se apoya en otros recursos para complementar la comunicación
c. Tiende a la improvisación
d. Las tres son correctas

2118. Forman parte de la fase de escucha de mensaje e identificación de la necesidad las técnicas de:

a. Orientación y respuesta
b. Investigación y solución
c. Respuesta y despedida
d. Confirmación e indagación

2119. En un contexto oral o por escrito:

a. Debemos comunicar del mismo modo
b. No podemos comunicar del mismo modo
c. Diferenciamos el tiempo que dedicamos a los clientes
d. No diferenciamos el tiempo que dedicamos a los clientes

2120. La comunicación no verbal se suele dividir en tres tipos:

a. Kinésica, proxémica y paralingüística
b. Kinésica, paralingüística y monolingüística
c. Paralingüística, monolingüística y bidireccional
d. Proxémica, protoxémica y paraxémica

2121. La comunicación telefónica requiere alguna de las siguientes habilidades:

a. Compaginar la atención telefónica con otras cosas que puedan hacerse al mismo tiempo
b. Colocar los materiales necesarios cerca y a la vista
c. No contestar al teléfono si se está realizando alguna otra tarea
d. Mantener de pie la conversación telefónica

2122. Señale cuál de entre las siguientes es una de las diferencias esenciales entre la comunicación oral y la comunicación escrita:

a. La comunicación oral ofrece menos recursos que la comunicación escrita de cara al feedback y a una relación cercana
b. En la comunicación oral no cabe la improvisación
c. En el lenguaje oral se suelen cometer menos errores lingüísticos que en el escrito
d. Podemos adecuar el registro del lenguaje oral durante la exposición si sospechamos que resulta necesario

2123. El personal de la Administración que entabla contacto directo con la ciudadanía:

a. No debe conocer las claves de la comunicación no verbal
b. Debe conocer las claves de la comunicación no verbal
c. No debe eludir los mensajes negativos de la comunicación no verbal
d. No debe evitar carraspeos, distracciones, gestos de aburrimiento y otros mensajes negativos de la comunicación no verbal

2124. Las fases de la atención telefónica son las siguientes:

a. Saludo y requerimiento de lo que se necesita, escucha pasiva, despedida
b. Presentación, tiempo de espera, respuesta y cierre
c. Presentación, escucha del mensaje e identificación de la necesidad, respuesta, despedida y cierre
d. Saludo, escucha del mensaje, petición de aclaraciones, concertación de nueva cita, despedida

2125. En orden a mejorar la comunicación oral entre la Administración y la ciudadanía se aconseja:

a. Proporcionar en primer lugar la información más importante y después la complementaria
b. Utilizar formas verbales imperativas
c. No recurrir a las formas personales de los verbos para evitar situaciones de confianza
d. No hacer comparaciones porque crean confusión

2126. Disciplina que estudia los aspectos no semánticos del lenguaje, como el volumen de la voz, los silencios o el ritmo del habla:

a. Proxémica   b. Kinésica
c. Paralingüística   d. Parasemántica

2127. En la atención presencial:

a. Solo influye lo que se dice

b. Solo influye cómo se dice

c. Puede influir tanto lo que se dice como lo que no se dice

d. Puede influir tanto lo que se piensa como lo que no se piensa

2128. En la mirada laboral o profesional:

a. Los ojos del emisor recorren de arriba abajo el cuerpo de su interlocutor

b. Los ojos del emisor recorren de abajo hacia arriba el cuerpo de su interlocutor

c. Se procura que la mirada no caiga por debajo del nivel de los ojos de nuestro interlocutor

d. Los ojos del emisor deben recorrer de izquierda a derecha el cuerpo de su interlocutor

2129. Cómo se llama a la cualidad que nos ayuda a aceptar y canalizar las críticas recibidas como una aportación positiva y como un elemento de mejora profesional:

a. Esencialidad

b. Asertividad

c. Sincretismo

d. Silogismo

2130. En cuanto a las transferencias de llamadas telefónicas:

a. Puede ocurrir tal situación cuando el interlocutor solicite información que nosotros no podemos proporcionarle

b. Al transferir llamadas a otros, no se les deberá decir quién llama y para qué, ya que todo ello no es de nuestra incumbencia

c. Si el destinatario de la llamada está ocupado, colgaremos

d. Nunca debemos transferir llamadas

2131. La escucha activa y la concentración requieren que:

a. El centro de atención sea la Administración

b. El centro de atención debe ser el público en general y el ordenador con el que se desempeña la labor administrativa

c. El centro de atención debe ser el ciudadano o ciudadana y no la cola, el reloj, el ordenador o el compañero o compañera

d. El centro de atención debe ser en todo caso el órgano de dirección

2132. Señale cuál de entre las siguientes es una característica de la comunicación no verbal:

a. La comunicación no verbal y la verbal no se complementan y no pueden ser utilizadas a la vez

b. Los mensajes no verbales han de ser interpretados siempre de manera aislada

c. Los signos de comunicación no verbales pueden variar en función de las situaciones

d. La comunicación no verbal es evitable en determinadas circunstancias

2133. Se consideran consejos prácticos adecuados para mejorar la expresión oral, entre otros:

a. Utilizar una sintaxis compleja y no utilizar ejemplos

b. Utilizar una sintaxis simple y utilizar ejemplos

c. Priorizar las oraciones negativas sobre las afirmativas

d. Priorizar las oraciones interrogativas sobre las negativas

2134. Entre los consejos que se ofrecen para mejorar la comunicación verbal NO se encuentra el siguiente:

a. Recurre a las formas impersonales del verbo

b. Utiliza preguntas retóricas

c. Alude a cuestiones tratadas anteriormente

d. Menciona los conocimientos del oyente

2135. Cabe señalar como diferencia entre la comunicación oral y la comunicación escrita que:

a. La comunicación oral permite feedback entre receptor y emisor, lo cual es imposible en la comunicación escrita

b. En la comunicación escrita la planificación es un elemento de importancia decisiva, mientras que en la comunicación oral siempre se improvisa

c. En la comunicación oral es posible adecuar el registro del lenguaje oral durante la exposición según las necesidades de las personas receptoras, mientras que en la comunicación escrita todas las decisiones relacionadas con el registro del lenguaje deben tomarse antes de terminar la redacción del texto

d. 'Escuchamos' y 'vemos' la información que llega vía oral y 'vemos' la información escrita

2136. Llamamos comunicación no presencial:

a. A aquella que se produce sin la presencia del letrado del administrado

b. A aquella en la que los interlocutores se encuentran separados

c. A aquella que se produce sin la presencia del letrado de la Administración

d. A aquella que se produce sin la presencia del letrado de la Administración o del administrado

2137. Es un consejo práctico para mejorar la expresión oral:

a. Adoptar estrategias para enfatizar y subrayar la información

b. Desechar cualquier repetición de la información

c. No utilizar preguntas retóricas

d. Hablar siempre con el mismo tono, ritmo e intensidad de la voz

2138. Las fases de la atención telefónica:

a. Son cinco: la presentación, la escucha del mensaje, el cuestionamiento al cliente, la aclaración al cliente y la encuesta final

b. Son cuatro: la presentación, la escucha del mensaje e identificación de la necesidad, la respuesta y la despedida y cierre

c. Son cuatro: la selección del cliente, la presentación, la despedida y el cierre

d. Son cinco: la presentación del cliente, la presentación del empleado de la Administración o funcionario público, el saludo de ambos, el cierre y la evaluación

2139. La proxémica:

a. También llamada proximidad semántica, estudia la corrección de las personas al hablar

b. También llamada proximidad relativa, estudia el trato de las personas entre ellas

c. También llamada proximidad espacial, estudia el espacio y la distancia que guardan las personas al comunicarse verbalmente

d. También llamada proximidad temporal, estudia el tiempo y los momentos en los que se dan las comunicaciones

2140. Llamamos comunicación oral:

a. Al lenguaje oral o hablado

b. Al envío e intercambio de textos entre más de dos personas a través del lenguaje oral o hablado

c. Al intercambio de ideas entre dos o más personas a través del lenguaje oral o hablado

d. A la emisión de mensajes por las personas, a través del lenguaje oral o hablado

2141. La mirada:

a. A través de los ojos apenas transmitimos información

b. La mirada es un aspecto importante en la comunicación no verbal, ya que permite complementar la información verbal corroborándola o matizando su contenido

c. La mirada es un indicador de que estamos hablando a nuestro interlocutor y de que esperamos respuesta de la misma forma

d. Resulta sencillo establecer una conversación de forma fluida sin mirar a la otra persona

2142. La distancia íntima:

a. Para que se dé esta distancia, las personas tienen que tener gran confianza y en algunos casos estar emocionalmente vinculadas

b. Se sitúa entre los 60 y los 145 centímetros

c. Es la distancia reservada por cada individuo para la conversación íntima y la conversación con personas conocidas

d. Es la utilizada para conversaciones informales

2143. La comunicación oral:

a. Perdura en el tiempo

b. Depende del lenguaje verbal

c. El proceso de comunicación ocurre en diferido

d. No depende de otros recursos para completar la comunicación

2144. La comunicación verbal:

a. El concepto de comunicación verbal es muy amplio y abarca todos los signos no lingüísticos utilizados para comunicar
b. Mediante la comunicación no verbal se transmite un mensaje con palabras
c. La comunicación no verbal comprende, entre otros elementos, el sonido de las palabras al pronunciarlas
d. Ninguna de las tres

2145. El sistema kinésico de la comunicación no verbal, contempla:

a. El tono de voz
b. La mirada
c. La distancia entre los interlocutores
d. El timbre de voz

2146. La paralingüística:

a. Estudia los aspectos semánticos del lenguaje
b. Estudia los aspectos no semánticos del lenguaje como, por ejemplo, los tonos empleados, el ritmo con el que se habla o el volumen de la voz
c. Analiza los silencios y los timbres de la voz, para convertirlos en signos escritos
d. Analiza la intención lingüística del lenguaje corporal

2147. A diferencia de lo que ocurre en la comunicación escrita, en la comunicación oral:

a. Cabe el cuestionamiento continuo del administrado
b. Cabe la improvisación, sin que tengamos que transmitir un contenido cerrado
c. Cabe el incumplimiento de la norma, por no quedar constancia de este hecho
d. No se otorga importancia a los elementos relativos a la voz y a la escucha

2148. Para que el mensaje que se emite sea entendible, se recomienda emplear un ritmo de:

a. Entre 80 y 100 palabras por minuto
b. Entre 100 y 150 palabras por minuto
c. Entre 150 y 200 palabras por minuto
d. En torno a 60 palabras por minuto

2149. Señale cuál de entre las siguientes es una de las recomendaciones para un uso adecuado de la comunicación no verbal en la Administración:

a. La mirada debe ser inquisitiva
b. Se deben utilizar señales del tipo golpeteo de dedos para dejar constancia de que, por ejemplo, tienes prisa
c. Acompañar la escucha con gesto frío, sin dejar entrever los sentimientos
d. Utilizar un tono de voz adecuado

2150. En atención presencial, en la fase de gestión de la necesidad prestaremos atención para cuidar los siguientes aspectos comunicativos:

a. El trato equitativo
b. La profesionalidad y competencia
c. La eficiencia y agilidad en la atención
d. Las tres son correctas

2151. La asertividad:

a. Es un defecto a evitar en la atención al cliente
b. Es la habilidad de interrogar correctamente al cliente
c. Es la habilidad de las personas para expresar de forma directa lo que se piensa, desea u opina, sin dejar de lado las opiniones de los demás
d. Es un defecto que se supera con la aplicación de la ley adecuada

2152. Es un consejo práctico para mejorar la expresión oral:

a. Priorizar las oraciones afirmativas sobre las negativas
b. Priorizar las oraciones negativas sobre las afirmativas, ya que aquellas son más fáciles de entender
c. Hacer un uso equilibrado de las oraciones afirmativas y las oraciones negativas, de tal modo que no predomine ningún tipo de las dos
d. Priorizar las oraciones abstractas, es decir, las que no son ni afirmativas, ni negativas

2153. Señale cuál de entre las siguientes NO es una de las fases de la atención presencial:

a. La acogida
b. La identificación de la necesidad
c. El desarrollo de la necesidad
d. El cierre

2154. Para garantizar la eficacia de la comunicación oral, deberemos:

a. Mantener siempre el mismo nivel de lenguaje
b. No tener en cuenta los límites de los oyentes, con el fin de asegurarnos de que siempre ofrecemos exactamente la misma información
c. Tener en cuenta las circunstancias del lugar
d. Ninguna de las tres

2155. La proxémica:

a. Es la disciplina que estudia el espacio y la distancia que guardan las personas al comunicarse verbalmente
b. Es el espacio y la distancia que se guarda con la persona más próxima al comunicarse verbalmente
c. Es la disciplina que estudia el tiempo y el espacio en las comunicaciones verbales
d. Hace referencia a la postura que se mantiene cuando estamos de pie, caminando, sentados o acostados

2156. Entre las variables que pueden afectar positivamente la interacción del personal de atención al público con las personas usuarias en la comunicación no verbal, cabe citar:

a. El constante movimiento de brazos y manos
b. Cruzarse de brazos
c. Utilizar un volumen de voz alto
d. Mirar a los ojos a las personas usuarias

2157. Es característica de la comunicación oral:

a. Que solamente utiliza la voz como vía para la comunicación
b. Que se apoya en otros recursos (gestos, miradas, tono de voz, etc.) para complementar la comunicación
c. Que está totalmente planificada
d. Que es unidireccional, ya que solamente interviene el emisor

2158. Señale cuál es la fase crucial en la atención telefónica:

a. La presentación
b. Escucha del mensaje e identificación de la necesidad
c. Respuesta
d. Despedida y cierre

2159. Mediante los silencios:

a. No se comunica nada
b. También se comunica
c. Se pretende que el receptor adivine lo que el emisor calla
d. Se muestra el enfado del emisor

2160. La comunicación telefónica:

a. Tiene carácter mediato, por lo que no requiere habilidad especial alguna por parte del empleado de la Administración o funcionario público
b. Tiene carácter inmediato, por lo que resulta primordial, no solo el mensaje, sino la forma de comunicarlo y, sobre todo, el tono de voz
c. Tiene carácter inmediato, por eso se pueden utilizar varios canales, además de la voz
d. Tiene carácter mediato sin perjuicio de que nos valemos de un único canal: la voz

2161. Existen varios tipos de comunicación humana:

a. Sí, la comunicación verbal y la no verbal
b. Sí, la comunicación verbal y la escrita
c. Sí, la comunicación verbal y la oral
d. Sí, la comunicación verbal o corporal y la no verbal o registrada

2162. Es un consejo práctico para mejorar la expresión oral:

a. Utilizar un vocabulario técnico, sin paráfrasis ni reformulaciones aclaratorias, para transmitir así un mensaje breve y preciso
b. Utilizar una semántica y una construcción de frases complejas, para transmitir así un mensaje breve y preciso
c. Utilizar una sintaxis simple para que el interlocutor o interlocutora pueda procesar la información más fácilmente
d. Ninguna de las tres

2163. En la comunicación oral, los interlocutores:

a. Si están presentes, hablamos de comunicación no presencial
b. Si no están presentes, hablamos de comunicación presencial
c. Si están separados, nos hallamos ante un caso de comunicación no presencial
d. Estén presentes o separados, hablamos de comunicación presencial pues la comunicación a través de la palabra es inmediata

2164. Para una escucha activa:

a. Procurar tener una actitud neutral
b. Anticiparse al mensaje que vamos a recibir
c. Ser amable y demostrarlo
d. Mantenerse alerta

2165. En la atención al público:

a. Usaremos un lenguaje adecuado que incluya toda la jerga administrativa
b. Mantendremos una postura aséptica, no empática, cuando la persona usuaria explique su petición
c. Evitaremos usar fórmulas que reflejen entendimiento
d. Utilizaremos un lenguaje positivo

2166. Cuál es el objeto de estudio de la Paralingüística:

a. Los silencios que se producen al comunicarnos verbalmente
b. La cultura en la que se produce la comunicación
c. La personalidad de los interlocutores
d. El estado emocional de los interlocutores

2167. Mirar a los ojos del interlocutor:

a. Denota mala educación, por lo que hay que evitarlo
b. Manifiesta interés y atención
c. Muestra autoridad y rigor
d. Denota vergüenza y desinterés

2168. En el proceso de atención a la ciudadanía, el contacto inicial requiere:

a. No establecer vínculos de confianza
b. Esperar a que las personas usuarias se dirijan al personal de la Administración cuando estén desorientadas, sin que el personal tome la iniciativa
c. Evitar transmitir la sensación de que se tienen ocupaciones más importantes
d. Evitar personalizar la situación e identificarse

2169. Se recomienda que el personal de la Administración que entabla contacto directo con la ciudadanía:

a. Evite la mirada franca y directa con las y los interlocutores
b. Recurra a técnicas como el carraspeo o el golpeteo de dedos cuando desconozca la información que se le pide
c. Mantenga un gesto serio, evitando sonrisas innecesarias
d. Sea cuidadoso con los gestos faciales y las posturas corporales

2170. Cuando se responde una llamada que es para otra persona que no se encuentra en ese momento:

a. Se explicará a quien llama el motivo por el que no está esa persona y se le indicará que llame en otro momento
b. Quien responde se ofrecerá para ayudar y, si no es posible, se indicará que se vuelva a llamar más tarde
c. Si no se localiza a esa persona, se tomará nota de la llamada y de su motivo para dar traslado a la persona destinataria
d. Quien responde se disculpará y explicará que no debería haber contestado

2171. Son características de la comunicación oral:

a. Entre otros, su carácter perpetuo, homogéneo y bidireccional
b. Entre otros, su bidireccionalidad, formalidad y complejidad
c. Entre otros, su unilateralidad, formalidad y complejidad
d. Entre otros, su carácter efímero, que ocurre en tiempo real y que es bidireccional

2172. Con respecto a las distancias interpersonales que se han de guardar para comunicarse, se ha defendido que:

a. La distancia personal (de 45 a 120 cm) es la apropiada para encuentros con personas desconocidas
b. La distancia personal (de 45 a 120 cm) es la apropiada para encuentros con personas conocidas no íntimas
c. La distancia social (de 120 a 360 cm) es la utilizada para encuentros con personas conocidas
d. La distancia íntima (de 14 a 45 cm) ha de evitarse en todo caso

2173. Son técnicas para mejorar la comunicación telefónica:

a. Contestar a las llamadas antes de doce tonos
b. No mantener en espera el interlocutor durante mucho tiempo; como máximo, 3 minutos
c. Colocar los documentos y material necesarios para una correcta atención de la llamada bien cercanos y a la vista
d. Adoptar una postura relajante durante su utilización

2174. Entre los consejos que se ofrecen para mejorar la comunicación verbal NO se encuentra el siguiente:

a. Antes de responder, organiza tus ideas
b. Utiliza sobre todo frases pasivas en lugar de activas
c. Incluye al ciudadano en la explicación
d. Proporciona en primer lugar la información más importante y después la complementaria

2175. Las fases de la atención presencial:

a. Son cuatro: contacto inicial, acogida, gestión de la necesidad e impugnación
b. Son tres: acogida, identificación de la necesidad y cierre
c. Son cuatro: acogida, identificación de la necesidad, gestión de la necesidad y cierre
d. Son tres: contacto inicial, gestión de la necesidad e impugnación

2176. Cuál es el objeto de estudio de la Proxémica:

a. Los movimientos corporales que realizamos al comunicarnos verbalmente
b. El espacio y la distancia que guardan las personas al comunicarse verbalmente
c. Los aspectos no semánticos del lenguaje
d. El tipo de ámbito en el que se produce la comunicación (formal o informal)

2177. Dado que la comunicación oral es bidireccional:

a. El proceso de comunicación ocurre en diferido
b. El emisor y receptor tienen posibilidad de turnarse e intercambiar los roles
c. Es necesario reflejar las emociones
d. Hay tiempo para revisar y repensar lo que se dice

2178. En cuanto a las características de la comunicación no verbal:

a. En cualquier situación comunicativa, la comunicación no verbal es inevitable
b. Al igual que los signos verbales, los signos de comunicación no verbales pueden variar en función de las situaciones y de las características sociales de las personas
c. Los mensajes no verbales son plurifuncionales y no pueden interpretarse nunca de manera aislada, sino dentro del contexto y en combinación con el resto de los signos utilizados en el acto de comunicación
d. Las tres son correctas

2179. Cuando el personal de la Administración gestiona la necesidad de la persona usuaria que ha acudido a dependencias administrativas:

a. En caso de no poder solucionar la petición, es preferible limitarse a contestar 'lo siento, no le puedo ayudar'
b. En caso de no poder solucionar la petición, se deberá ofrecer información sencilla de quién y dónde puede solucionar el problema
c. Se requerirá que la petición se presente siempre por escrito
d. Se concertará de manera automática una nueva cita para otro día

2180 A	2233 B	2286 A
2181 D	2234 C	2287 C
2182 C	2235 D	2288 C
2183 A	2236 B	2289 A
2184 C	2237 A	2290 D
2185 A	2238 C	2291 A
2186 B	2239 B	2292 D
2187 C	2240 B	2293 D
2188 B	2241 A	2294 D
2189 A	2242 C	2295 D
2190 C	2243 A	2296 A
2191 B	2244 C	2297 B
2192 D	2245 D	2298 D
2193 A	2246 D	2299 A
2194 D	2247 B	2300 B
2195 A	2248 A	2301 C
2196 D	2249 B	2302 D
2197 B	2250 B	2303 A
2198 D	2251 B	2304 A
2199 A	2252 D	2305 D
2200 D	2253 B	2306 A
2201 C	2254 A	2307 D
2202 A	2255 D	2308 D
2203 D	2256 B	2309 D
2204 B	2257 D	2310 B
2205 B	2258 D	2311 B
2206 D	2259 A	2312 D
2207 B	2260 D	2313 A
2208 A	2261 C	2314 A
2209 B	2262 D	2315 D
2210 D	2263 B	2316 B
2211 C	2264 B	2317 D
2212 D	2265 C	2318 B
2213 C	2266 D	2319 C
2214 A	2267 D	2320 C
2215 B	2268 B	2321 A
2216 C	2269 A	2322 D
2217 C	2270 B	2323 C
2218 C	2271 D	2324 A
2219 C	2272 D	2325 A
2220 A	2273 D	2326 A
2221 D	2274 A	2327 C
2222 B	2275 C	2328 C
2223 A	2276 A	2329 A
2224 C	2277 D	2330 C
2225 A	2278 B	2331 D
2226 C	2279 D	2332 D
2227 C	2280 A	2333 D
2228 C	2281 D	2334 B
2229 D	2282 D	2335 C
2230 C	2283 D	2336 B
2231 D	2284 C	
2232 D	2285 B	

2180. Modo de navegación que evita que se recuerde la actividad del usuario:

a. Privada o de incógnito
b. Espía o secreta
c. Supervisada o controlada
d. Segura o protegida

2181. Para guardar y organizar archivos en un ordenador de sobremesa o portátil, tendremos en cuenta las siguientes pautas:

a. Establecer una estructura clara de carpetas y subcarpetas
b. Utilizar nombres autoexplicativos
c. Guardar cada documento en la carpeta correspondiente desde el principio
d. Las tres son correctas

2182. Al 'seguimiento de enlaces de una página a otra, ubicada en cualquier computadora conectada a Internet' se le denomina:

a. Compilación
b. Interacción
c. Navegación
d. Traslación

2183. Las cookies son:

a. Archivos que almacenan información sobre la persona usuaria y se guardan para una correcta identificación de la misma, con el fin de ofrecer un servicio más personalizado y que se adapte mejor a su navegación
b. Componentes que almacenan datos para que las solicitudes futuras a esos datos puedan ser servidos con mayor rapidez
c. Motores de búsqueda que buscan archivos almacenados en servidores web mediante palabras clave
d. Programas antivirus que vienen, por defecto, instalados en los navegadores

2184. La barra de direcciones del navegador de Google Chrome:

a. Sirve para navegar, pero no para realizar búsquedas
b. Sirve para realizar búsquedas, pero no para navegar
c. Sirve tanto para navegar como para realizar búsquedas
d. Impide guardar el historial de navegación

2185. Internet Explorer ha sido sustituido como navegador predeterminado en Windows 10 por:

a. Microsoft Edge
b. Opera
c. Safari
d. Firefox Sync

2186. NO es uno de los navegadores más utilizados:

a. Safari
b. Concert
c. Firefox
d. Opera

2187. El navegador que viene instalado por defecto en los dispositivos de Apple (iPhone, iPad o Mac) es:

a. Firefox
b. Explorer
c. Safari
d. Chrome

2188. Para realizar búsquedas por voz en Google se debe empezar diciendo:

a. Let's go Google
b. Ok Google
c. Come on Google
d. Go now Google

2189. El resultado de búsqueda, qué partes tiene:

a. Título, URL de la página, información adicional y descripción
b. Número de factores de posicionamiento encontrados y URL de la página
c. Palabras clave encontradas, descripción de la página y URL
d. Número de posición en la lista de resultados, URL de la página, información adicional y descripción

2190. Para poder identificar un archivo o carpeta fácilmente, es aconsejable que tenga un nombre breve, además si va a subirse a la nube, conviene:

a. Si el nombre está compuesto por más de una palabra, no usar espacios
b. No usar caracteres incompatibles con otras sistemas o plataformas
c. Son correctas A y B
d. Utilizar nombres en los que se incluya el autor

2191. En el sistema operativo de Microsoft Windows, el administrador de archivos se llama:

a. Administrador de archivos
b. Explorador de archivos
c. Organización de archivos
d. Ninguna de las tres

2192. Para navegar en modo privado en Mozilla Firefox, cómo se accede desde el teclado:

a. Ctrl+N
b. Ctrl+Mayús.+N 456
c. Ctrl+P
d. Ctrl+Mayús.+P

2193. Los navegadores propios del ecosistema de Microsoft y que están asociados de forma directa con el sistema operativo Windows son:

a. Explorer y Edge
b. Safari y Opera
c. Mozilla y Firefox
d. Brave y Chrome

2194. Haciendo clic en el icono que representa al 'Explorador de archivos', normalmente en la barra de tareas, accederás al mismo y encontrarás, a través del acceso rápido:

a. Todas las carpetas del equipo
b. Una vista general de las carpetas frecuentes y archivos recientes
c. En el menú de la izquierda se encuentra el sistema de carpetas
d. Son correctas B y C

2195. Tener una estrategia clara para cada fase del ciclo de la información:

a. Nos permite optimizar las acciones que llevemos a cabo con los datos, la información y el contenido digital que manejemos
b. No resulta eficiente, por lo que es conveniente evitar estrategias previas
c. Únicamente conviene tenerla para la búsqueda de datos numéricos
d. Ninguna de las tres

2196. Sobre el administrador de archivos, gestor o explorador de archivos ('File manager'), es FALSO:

a. Es un programa informático que proporciona una interfaz de usuario para administrar archivos y directorios
b. Las carpetas y los ficheros pueden visualizarse en un árbol jerárquico basado en su estructura de directorios
c. Las operaciones más comunes realizadas en archivos o grupos de archivos incluyen, entre otros, crear, abrir, cambiar nombre, copiar, mover, eliminar o buscar archivos
d. Dependiendo del sistema operativo de nuestro ordenador dispondremos o no de un administrador de archivos

2197. En Outlook, los mensajes de correo electrónico que incluyen datos adjuntos se identifican mediante qué símbolo en la lista de mensajes:

a. Un asterisco (*)
b. Un icono de clip de papel (θ)
c. Un icono de exclamación (!)
d. Ninguna de las tres

2198. Navegador instalado por defecto en los dispositivos de Windows:

a. Chrome   b. Firefox
c. Opera   d. Explorer

2199. Entre los buscadores más conocidos NO se encuentra:

a. Brave   b. Bing
c. DucDuckGo   d. Ask.com

2200. Respecto a la relación existente entre navegadores y buscadores:

a. Desde un navegador podemos utilizar exclusivamente un buscador predeterminado
b. Podemos instalar un navegador en la página de un buscador
c. Los navegadores están instalados en línea y los buscadores en el computador
d. Desde un navegador podemos utilizar diversos buscadores

2201. Factores de posicionamiento en los resultados de búsquedas:

a. Los factores internos son: la calidad de las páginas que las enlazan, las menciones en las redes sociales, etc…
b. Entre los factores de posicionamiento externos se encuentra el propio contenido de la página
c. Los factores de posicionamiento están en continuo cambio y se dividen en factores internos y externos
d. Ninguna de las tres

2202. Al realizar una búsqueda, de qué otra forma se denomina a la(s) palabra(s) clave:

a. Descriptor   b. Buscador
c. Seleccionador   d. Consultor

2203. La mejor manera de organizar la información que se quiera guardar en el ordenador es:

a. En base al sistema establecido por el sistema operativo, basado en la organización de archivos en diferentes carpetas en base al tipo de archivo a guardar (documentos, imágenes, música, objetos 3D, vídeos...)
b. Dependiendo de las necesidades de cada usuario
c. Aquella organización que permita encontrar rápidamente los archivos cuando se necesiten
d. Son correctas B y C

2204. Qué es un cibernauta:

a. Un/a informático/a profesional
b. Una persona que navega por Internet
c. Un/a programador/a informático/a
d. Un tipo de navegador

2205. En Google Chrome:

a. En una única pestaña pueden abrirse distintas ventanas usando el icono (+) a la derecha de una ventana abierta
b. En una única ventana pueden abrirse distintas pestañas usando el icono (+) a la derecha de una pestaña abierta
c. En una única ventana pueden abrirse distintas pestañas usando el icono (*) a la derecha de una pestaña abierta
d. En una única ventana solo puede abrirse una única pestaña

2206. Además de adjuntar archivos en mensajes de correo de Outlook, también se pueden adjuntar:

a. Contactos
b. Mensajes de correo
c. Imágenes
d. Las tres son correctas

2207. La localización de una página web suele expresarse con una URL. A una localización almacenada en el navegador para ser recuperada más adelante se le denomina:

a. Ventana   b. Marcador
c. Pestaña   d. Icono

2208. Iniciar sesión en Google Chrome (Indicar la FALSA):

a. Es recomendable iniciar sesión en ordenadores compartidos o de uso público, para mayor seguridad y privacidad
b. Al iniciar sesión en un navegador, este guarda el historial de navegación y sincroniza otros datos entre dispositivos
c. Implica una comodidad en el acceso a cierta información y en utilizar los servicios de Google con tan solo abrirlos
d. Implica que Google tiene acceso a los datos de la persona que inicia la sesión y que puede utilizarlos

2209. El buscador Google. Cuál es la respuesta INCORRECTA:

a. Permite realizar búsquedas por voz, para ello debe decirse 'Ok Google' o seleccionar el micrófono
b. Advierte que se debe utilizar correctamente la ortografía y mayúsculas en caso de nombres propios para realizar búsquedas eficaces
c. Google es un motor de búsqueda del navegador Google Chrome
d. En el cuadro de búsqueda de Google se deben introducir el término o términos de consulta

2210. El proceso de almacenaje y recuperación de contenido digital es diferente dependiendo de:

a. El lugar en el que guardaremos o almacenaremos los archivos o carpetas
b. El tipo de contenido a guardar y recuperar
c. Ninguna de las respuestas es correcta
d. La respuesta a) y la b) son correctas

2211. Outlook realiza un seguimiento de los documentos con los que se ha trabajado recientemente, y éstos pueden estar almacenados en:

a. El equipo
b. One Drive (sólo en la nube)
c. Son correctas A y B
d. Sólo pueden estar almacenados en el equipo

2212. En Google Chrome:

a. Es imposible navegar en privado con el modo de incógnito
b. Si se navega en privado se guardan las cookies y los datos de sitios web, así como la información introducida en los formularios
c. Si se navega en privado la actividad resulta invisible para los sitios web que visitas
d. Si se navega en privado no se guarda el historial de navegación

2213. Dentro del menú contextual de una carpeta, al hacer clic en propiedades se puede:

a. visualizar las propiedades de la carpeta
b. compartir o personalizar la carpeta
c. Ambas son correctas
d. Ninguna lo es

2214. Navegación privada en Chrome:

a. Pasos para acceder a una navegación privada: en el icono de configuración (a la derecha de la barra de direcciones), se abre el menú principal, allí se debe clicar la opción 'nueva ventana privada'

b. Se puede acceder a la navegación privada mediante el teclado pulsando las teclas Ctrl+Mayús+P

c. Si abres una ventana de incógnito y abres otra, la sesión privada no continuará en la nueva ventana, se debe activar de nuevo el modo incógnito en la nueva ventana

d. Es una navegación con coste económico

2215. Cuando se navega en modo privado NO se eliminan:

a. Los contenidos del historial de navegación

b. Los archivos que se hayan descargado

c. Las cookies

d. Los contenidos introducidos en los formularios

2216. Qué ocurre cuando se navega en privado en Chrome:

a. Chrome guarda el historial de navegación, pero no las cookies, los datos de sitios web ni la información introducida en los formularios

b. Se eliminan los marcadores que se hayan añadido

c. No se eliminan los archivos que se hayan descargado

d. La actividad realizada por la persona que navega no puede ser vista por su empresa, centro educativo o proveedor de servicios de Internet

2217. Si a través de Google queremos encontrar las páginas web que contengan una frase exacta:

a. Debemos incluir esa frase acompañada del signo más (+)

b. Debemos incluir esa frase acompañada del signo asterisco (*)

c. Debemos incluir esa frase entrecomillada

d. Debemos incluir esa frase acompañada del signo de dos puntos (:)

2218. Cómo se activa la función calculadora en Google:

a. Escribiendo en el cuadro de búsqueda la palabra calculadora

b. Accionando el icono en forma de calculadora a la izquierda del cuadro de búsqueda

c. Tecleando directamente la operación matemática en el cuadro de búsqueda

d. Google no tiene dicha función

2219. Safari es:

a. El navegador más utilizado en la actualidad

b. El navegador utilizado en sistemas operativos Linux

c. El navegador preinstalado en los dispositivos Apple

d. Un navegador apenas utilizado (sólo un 2,88%) que se utilizó en los inicios de Internet y actualmente ha quedado obsoleto

2220. Cuando se comparte un vínculo por correo electrónico a un archivo cargado previamente en One Drive, existe también la posibilidad de:

a. Establecer otra serie de permisos para que las personas destinatarias del mensaje puedan verlo y editarlo, o compartirlo con otros usuarios/as

b. Establecer otra serie de permisos para que las personas destinatarias del mensaje puedan verlo y editarlo, pero no para que puedan compartirlo con otros usuarios/as

c. Establecer otra serie de permisos para que las personas destinatarias del mensaje puedan verlo y compartirlo, pero no para que puedan editarlo

d. No es necesario establecer ningún tipo de permiso para que las personas destinatarias del mensaje puedan verlo y editarlo o compartirlo con otros usuarios/as

2221. Respecto a la diferencia entre archivos y carpetas:

a. No hay una diferencia clara entre archivos y carpetas

b. Cada documento se llama archivo, y se almacena normalmente en carpetas

c. Una carpeta puede contener carpetas, que se llamarían subcarpetas

d. Son correctas B y C

2222. A qué hacen referencia las palabras clave:

a. A las contraseñas que se utilizan en diferentes páginas de Internet

b. A los criterios de búsqueda que se utilizan en Internet para encontrar determinada información

c. A las palabras que se utilizan para comprobar que es una persona la que está utilizando Internet y no un robot

d. Al servicio de ayuda que ofrece Google

2223. Opera:

a. Es un navegador creado por la empresa noruega Opera Software

b. Es el navegador predeterminado de Apple

c. No es compatible con Microsoft Windows

d. Tiene versiones para ordenador de mesa, pero no para móviles y tabletas

2224. Para realizar distintas acciones a nivel de carpeta, debe acceder a la carpeta concreta con la que quiere interactuar y:

a. Hacer clic con el botón izquierdo. Entonces se abrirá un menú contextual que le indicará las acciones que puede realizar (eliminar la carpeta, cambiar el nombre, etc.)

b. Hacer doble clic con el botón izquierdo. Entonces se abrirá un menú contextual que le indicará las acciones que puede realizar (eliminar la carpeta, cambiar el nombre, etc.)

c. Hacer clic con el botón derecho. Entonces se abrirá un menú contextual que le indicará las acciones que puede realizar (eliminar la carpeta, cambiar el nombre, etc.)

d. Ninguna de las tres

2225. En el caso del buscador de Google, cuál es el número estimado de factores de posicionamiento que hacen que una página aparezca en una posición u otra:

a. Más de 200   b. Más de 1.000

c. Entre 10 y 20   d. Alrededor de 100

2226, Qué significa el icono (+) a la derecha de una pestaña abierta:

a. Permite aumentar el tamaño de la página actual

b. Permite abrir una ventana nueva

c. Permite abrir una pestaña nueva en la misma ventana

d. No aparece ningún icono de ese tipo a la derecha de una pestaña abierta

2227. Entre las opciones avanzadas de búsqueda en Google está el símbolo menos (–) que se utiliza para:

a. Seleccionar búsquedas de frases con un contenido exacto

b. Señalar que se quiere un número menor de resultados

c. Indicar que se busca un contenido que vaya inmediatamente seguido por otro

d. Excluir de los resultados aquellos que contienen palabras que no nos interesan

2228. Outlook acepta una gran variedad de tipos de archivo diferentes, pero bloquea los datos adjuntos potencialmente inseguros (incluidos los archivos .bat, .exe, .vbs, y .js) que pueden contener virus:

a. Para poder bloquear los datos adjuntos, debemos utilizar el antivirus

b. Outlook no puede bloquear los datos adjuntos sin el uso de un antivirus o firewall

c. Es totalmente cierto

d. Ninguna de las tres

2229. Los archivos adjuntos de un correo electrónico se ven en:

a. El panel de lectura

b. Directamente debajo del encabezado o el asunto del mensaje

c. En el cuerpo del mensaje

d. Las tres son correctas

2230. Para guardar los datos adjuntos, en primer lugar, se hace clic en la flecha desplegable situada a la derecha del icono de datos adjuntos. En el menú de datos adjunto que se despliega, podemos elegir entre las opciones siguientes:

a. 'Guardar como'

b. 'Guardar todos los datos adjuntos...'

c. La respuesta a) y la b) son correctas

d. Ninguna de las tres

2231. Qué permite el icono (–) a la derecha de una pestaña abierta:

a. disminuir el tamaño de la página actual

b. cerrar la ventana principal

c. cerrar la última pestaña que se ha abierto

d. No aparece ningún icono de ese tipo a la derecha de una pestaña abierta

2232. Navegadores y buscadores. Cuál es la respuesta INCORRECTA:

a. Los navegadores se instalan en el disco duro
b. Los buscadores están en Internet y no requieren instalación
c. No podemos acceder a un buscador si carecemos de un navegador
d. Un navegador no puede iniciarse en ausencia de una conexión a Internet

2233. Los resultados de búsqueda. Cuál es la respuesta INCORRECTA:

a. Son aquellas opciones que nos devuelven los buscadores tras realizar una búsqueda
b. Todos los buscadores devuelven los mismos resultados
c. Los factores de posicionamiento hacen que una página aparezca en una posición u otra
d. El resultado de la búsqueda es subjetivo

2234. Información almacenada por los navegadores que comprende las páginas visitadas:

a. Cookies
b. Caché
c. Historial de navegación
d. Marcadores

2235. Programas que permiten añadir funcionalidades y mejoras a los distintos navegadores:

a. Marcadores
b. Ampliaciones
c. Pestañas
d. Extensiones

2236. Sobre la interfaz del navegador:

a. En una única pestaña se podrán abrir distintas ventanas
b. En la ventana se encuentra el acceso al menú principal del navegador
c. Las ventanas son dinámicas, lo que significa que se puede seleccionar y arrastrar para cambiar el orden de la misma
d. Las tres son correctas

2237. Para buscar resultados contenidos en ficheros de un tipo determinado con Google se utiliza:

a. Filetype
b. Infile
c. Filerequest
d. Documenttype

2238. Para realizar búsquedas en un navegador:

a. Se debe escribir la URL completa en la barra de direcciones, si no, el navegador no puede realizar la búsqueda
b. Primero se debe iniciar sesión en el navegador
c. Se utiliza la barra de direcciones y a medida que se escribe, el navegador realiza sugerencias automáticas de búsqueda
d. Ninguna de las tres

2239. Los derechos de autor son uno de los derechos fundamentales reconocidos en el artículo 27 de:

a. La Constitución española
b. La Declaración Universal de los Derechos Humanos
c. El Estatuto de Autonomía de Andalucía
d. La Declaración de los Derechos del Hombre y del Ciudadano

2240. Entre los indicadores que ayudan a identificar la calidad de una página web está la autoría. Una información que ayuda a acreditarla es el dominio del sitio web. Cuál de entre los siguientes NO se considera habitualmente una fuente fiable:

a. .gov
b. .onion
c. .org
d. .edu

2241. La herramienta legal de carácter gratuito que permite a los usuarios (licenciatarios) usar obras protegidas por derechos de autor sin solicitar el permiso del autor de la obra, se conoce como:

a. Licencias Creative Commons
b. Copyright
c. Derecho moral de autor
d. Compensación equitativa por copia privada

2242. Las primeras referencias a los derechos de autor en los países occidentales se remontan al siglo:

a. I a C
b. X
c. XVIII
d. XX

2243. Las licencias Creative Commons se generan en base a cuatro condiciones. La condición que establece que la explotación de la obra queda limitada a usos no comerciales se denomina:

a. No Comercial (Non commercial)
b. Comercialización libre (Free marketing)
c. Explotación prohibida (Exploitation not allowed)
d. No para beneficio (Non profit)

2244. Expresión inglesa, peyorativa, para describir a los contenidos en Internet que apuntan a generar ingresos publicitarios, especialmente a expensas de la calidad o exactitud de estos, dependiendo de titulares sensacionalistas para atraer la mayor proporción de clics y fomentar el envío de dicho material a través de las redes sociales:

a. Fakenews
b. Phising
c. Clickbait
d. Copyleft

2245. Una obra pasa al dominio público transcurrido un plazo desde la muerte del autor. En el Derecho europeo ese plazo es de cuántos años:

a. 10
b. 30
c. 50
d. 70

2246. Según la legislación española, la propiedad intelectual de una obra literaria, artística o científica:

a. Protege al autor o autora que se dedique profesionalmente y de manera retribuida a la elaboración de ese tipo de obras
b. Puede protegerse jurídicamente si la obra haya sido objeto de comercialización
c. No puede protegerse jurídicamente hasta que no esté formalmente incorporada en un Registro público
d. Corresponde al autor o autora por el mero hecho de su creación

2247. En el Derecho europeo, las obras literarias pasan al dominio público a los:

a. 70 años desde la publicación de la obra
b. 70 años desde la muerte del autor
c. 50 años desde la publicación de la obra
d. 50 años desde la muerte del autor

2248. Los derechos que tienen los creadores y creadoras sobre sus obras se denominan:

a. Derechos de autor
b. Derechos de invención
c. Copyright
d. Licencias de creación

2249. Los derechos morales en el campo del derecho de autor incluyen dos aspectos específicos. Uno de ellos es el de preservar la:

a. Confidencialidad de la obra
b. Integridad de la obra
c. Distribución de la obra
d. Trazabilidad de la obra

2250. Contenidos en Internet que buscan generar ingresos publicitarios (especialmente a expensas de la calidad o exactitud de la información), basándose en titulares sensacionalistas para atraer mayor tráfico:

a. Phishing baits
b. Clickbaits
c. Worms
d. Trojan horses

2251. Las noticias falsas o engañosas cuya difusión a lo largo del planeta ha proliferado con el uso de Internet son conocidas como:

a. Dark web news
b. Fake news
c. Deep web news
d. Hot news

2252. Las licencias Creative Commons se generan en base a cuatro condiciones. Qué condición establece que la explotación autorizada incluye la creación de obras derivadas siempre que mantengan la misma licencia al ser divulgadas:

a. Licencia compartida (Shared license)
b. Transformar igual (Transform equal)
c. Sin obras derivadas (No Derivate Works)
d. Compartir Igual (Share alike)

2253. Según la legislación estatal la propiedad intelectual de una obra literaria, artística o científica corresponde al autor o autora por el solo hecho de su creación, lo que significa que la protección de las obras es:

a. Necesita de un registro formal
b. Automática
c. Efectiva mientras vive el autor o autora
d. Gestionable a costes moderados

2254. Las licencias Creative Commons se generan en base a cuatro condiciones. La condición que establece que en cualquier explotación de la obra autorizada por la licencia hará falta reconocer la autoría se denomina:

a. Reconocimiento (Attribution)
b. Autoría (Authorship)
c. Explotación (Exploitation)
d. Sin obras derivadas (No Derivate Works)

2255. Las licencias Creative Commons se generan en base a cuatro condiciones. La condición que establece que la autorización para explotar la obra no incluye la transformación para crear una obra derivada se denomina:

a. Versión estática (Static version)
b. Integridad obligatoria (Mandatory integrity)
c. Compartir Igual (Share alike)
d. Sin obras derivadas (No Derivate Works)

2256. Entre los indicadores que ayudan a identificar la calidad de una página web está la posibilidad de acceso a recursos complementarios. Un posible indicador que sugiere que la calidad de la fuente es baja es:

a. Aportar una lista de referencias muy amplia
b. Ofrecer enlaces rotos o no vigentes
c. Apoyarse en referencias externas
d. Remitirse a contenidos muy actualizados

2257. Cuando se van a utilizar contenidos de otras personas o entidades obtenidos en Internet, es una buena práctica:

a. Desproteger la información para que sea más fácil de manejar
b. Utilizar los contenidos varias veces
c. Limitarse a documentos word, que facilitan el 'corta y pega'
d. Reconocer expresamente la autoría

2258. Dispones de una cámara fotográfica que permite guardar las fotos en cualquiera de estos cuatro formatos. Cuál de ellos ocuparía MÁS espacio de almacenamiento:

a. JPG   b. BMP   c. PNG   d. RAW

2259. Cuál NO es un color primario en un monitor de datos

a. Amarillo   b. Rojo
c. Verde   d. Azul

2260. La luz azul-turquesa es beneficiosa porque:

a. Sirve para que nuestro cerebro sincronice el ritmo biológico del cuerpo con los ritmos cíclicos naturales (luz, temperatura, etc.)
b. Nos 'activa' y nos anima. Puede incrementar el rendimiento y la capacidad de aprendizaje
c. Tiene un rol importante en el reflejo de constricción de la pupila: un reflejo que ayuda a proteger los ojos de la radiación solar
d. Las tres son correctas

2261. Cuando se hace doble clic sobre un archivo, este se abre con la aplicación predeterminada por el sistema. Para cambiar esta aplicación predeterminada para un tipo de archivos, hay que hacerlo por medio del menú de:

a. Opciones   b. Predeterminados
c. Propiedades   d. Aplicaciones

2262. Entre los programas específicos para manejar imágenes están Paint, Fotos o Gimp. Entre las extensiones más frecuentes asociadas a estos programas están:

a. txt, doc, docx y odt
b. avi, mpeg, wmv y flv
c. odx, ogg, wav, wma
d. jpg, gif, bmp y png

2263. Entre los programas específicos para manejar vídeo están VLC, FLV o Movie Maker. Entre las extensiones más frecuentes asociadas a estos programas están:

a. jpg, gif, bmp y png
b. avi, mpeg, wmv y flv
c. txt, doc, docx y odt
d. odx, ogg, wav, wma

2264. Los archivos con la extensión .zip:

a. Son formatos de archivo ejecutable que se utilizan para instalar nuevos programas
b. Son formatos de archivos comprimidos que se utilizan para almacenar la información en poco espacio o difundirla a través de internet
c. Son formatos para la edición y creación de archivos de texto
d. Son formatos para escuchar o editar audios

2265. Los programas informáticos que proporcionan una interfaz de usuario para administrar archivos y directorios se denominan de diversas maneras. Entre ellas NO está:

a. Gestor de archivos
b. Administrador de archivos
c. Compilador de archivos
d. Explorador de archivos

2266. Son objetivos de la Ergonomía:

a. Adaptación del puesto del empleado o empleada a sus necesidades
b. Reducir los riesgos laborales
c. Introducción de nuevas tecnologías con el objetivo de mejorar el rendimiento laboral
d. Las tres son correctas

2267. Como hábitos posturales que contribuyen a reducir el esfuerzo y carga que nuestra columna soporta, al estar acostado se recomienda:

a. Acomodarse boca arriba
b. Si se sufren de molestias al estar boca arriba, colocar una almohada debajo de las rodillas
c. Si no se consigue dormir boca arriba, se puede probar ligeramente de costado
d. Las tres son correctas

2268. El sistema Windows establece por defecto una serie de carpetas organizadas en base al tipo de archivo a guardar. Entre ellas NO está:

a. Música   b. Navegadores
c. Objetos 3D   d. Videos

2269. Entre los programas específicos para manejar sonido están VLC, Audacity o SoundEditor. Entre las extensiones más frecuentes asociadas a estos programas están:

a. odx, ogg, wav, wma
b. avi, mpeg, wmv y flv
c. jpg, gif, bmp y png
d. txt, doc, docx y odt

2270. Entre los formatos de ficheros comprimidos, que se utilizan para manejar la información en poco espacio o difundirla a través de Internet, NO se encuentra:

a. zip   b. pdf   c. rar   d. tar

2271. Para una correcta postura ante una pantalla de visualización de datos, hay que tener en cuenta alguno o algunos de los siguientes parámetros:

a. El ratón y los dispositivos de entrada permanecerán próximos al teclado
b. Los muslos deben permanecer horizontales, tomando un ángulo de entre 90.º y 100.º con las piernas
c. Mantener un buen apoyo de los pies en el suelo
d. Las tres son correctas

2272. La extensión es la parte de la denominación de un archivo que se utiliza para indicar el tipo de contenido del archivo. Entre las extensiones comunes está:

a. DPF b. PJE c. DOW d. ODT

2273. Entre los programas específicos para crear, ver y/o editar textos se encuentran Word, Notepad o Writer. Entre las extensiones más frecuentes asociadas a estos programas están:

a. jpg, gif, bmp y png
b. avi, mpeg, wmv y flv
c. odx, ogg, wav, wma
d. txt, doc, docx y odt

2274. Para agilizar acciones que se realizan con frecuencia, como cortar/pegar o copiar/pegar, se usan atajos de teclado en la mayoría de sistemas operativos. El atajo que corresponde a la acción 'pegar' es:

a. Ctrl + V   b. Ctrl + C
c. Ctrl + X   d. Ctrl + P

2275. A la hora de realizar actividades que requieran un notable esfuerzo visual, se debe hacer con una adecuada iluminación natural:

a. Siempre que sea posible
b. Si no es posible, la manera menos perjudicial para el sistema visual sería instalar una fuente de luz ambiente en el techo, con una intensidad adecuada a la actividad, acompañada de otra fuente luminosa que directamente alumbre a la tarea que se esté desempeñando, pero no a los ojos
c. Son correctas A y B
d. Ninguna de las tres

2276. Es un formato de lectura:

a. .epub b. .mp3 c. .gif d. .wav

2277. Cuando se trata de almacenamiento y recuperación de la información es importante distinguir entre archivos y carpetas. La relación entre ambos tipos de elementos es la siguiente:

a. Normalmente las carpetas se almacenan en archivos
b. Normalmente existe una única carpeta por cada archivo y viceversa
c. Normalmente una carpeta se almacena en varios archivos
d. Normalmente los archivos se almacenan en carpetas

2278. Cuando descargamos un fichero de Internet por defecto se almacena en qué carpeta predeterminada:

a. Documentos   b. Descargas
c. Ficheros Internet   d. Archivos

2279. Hay que evitar posiciones en la que estando sentado/sentada, las piernas cuelguen del asiento y los pies no tengan apoyo, porque:

a. Se dificulta el retorno de sangre venosa hacia el corazón debido a la presión que el asiento ejerce en las corvas o en la cara posterior de los muslos
b. En caso de mala circulación, puede empeorar el edema de las piernas
c. Puede aumentar el riesgo de coágulos sanguíneos
d. Las tres son correctas

2280. Los archivos con extensiones .jpg , se refieren a archivos con formato de:

a. Imagen   b. Video
c. Ejecución o sistema d. Audio

2281. Para prevenir la fatiga visual:

a. Hay que asegurarse de que las luces en el área de trabajo sean tan iguales como sea posible, sin luces que deslumbran o que brillan demasiado o que parpadean
b. Es bueno disminuir el brillo y usar un filtro antibrillo o una pantalla LCD
c. Hay que tomarse un respiro 'visual' cada 15 minutos para darles a tus ojos la oportunidad de relajarse y reducir el cansancio
d. Las tres son correctas

2282. Como hábitos posturales que contribuyen a reducir el esfuerzo y carga que nuestra columna soporta, frente al ordenador se recomienda:

a. Situar la pantalla de manera tal que su centro quede a la altura de los ojos y en frente
b. Colocar el teclado a una altura conveniente, de manera que no tenga que levantar los hombros para escribir
c. Apoyar los antebrazos sobre la mesa de trabajo
d. Las tres son correctas

2283. Como hábitos posturales que contribuyen a reducir el esfuerzo y carga que nuestra columna soporta, al estar de pie se recomienda:

a. Poner siempre un pie más adelantado que el otro y cambiar a menudo de posición
b. Caminar con la cabeza y el tórax erguidos, siempre con zapatos cómodos de talón bajo
c. Caminar aproximadamente cada media hora y realizar estiramientos
d. Tanto la respuesta a) como la respuesta b) son correctas

2284. Es un servicio de almacenamiento en la nube:

a. WinZip 690   b. WinRAR
c. Dropbox 690   d. Dialnet

2285. Los trastornos musculoesqueléticos (TME):

a. Son una de las enfermedades de origen no laboral más comunes que afectan a millones de personas en toda Europa
b. Son enfermedades de origen laboral que afectan a la espalda, cuello, hombros y extremidades superiores
c. Generan solo problemas de salud como pequeñas molestias y dolores
d. Generan problemas de salud que abarcan desde pequeñas molestias y dolores hasta cuadros médicos más graves, pero no suelen generar situaciones de discapacidad

2286. Los grupos principales de trastornos musculoesqueléticos (TME) son:

a. Los dolores y las lesiones de espalda, y los trastornos laborales de las extremidades superiores
b. Los dolores y las lesiones de espalda, y los trastornos laborales de las extremidades inferiores
c. Los trastornos laborales de las extremidades superiores y los trastornos laborales de las extremidades inferiores
d. Ninguna de las tres

2287. La extensión .wma es propia de archivos de:

a. Texto   b. Imagen
c. Audio   d. Lectura

2288. Entre las operaciones más comunes realizadas por los programas de administración de archivos en archivos o grupos de archivos NO está:

a. Cambiar nombre
b. Buscar
c. Compilar
d. Modificar permisos de acceso

2289. Entre los formatos de archivo ejecutable, usados habitualmente para la instalación o ejecución de programas, NO se encuentra:

a. aox   b. exe
c. bat   d. dll

2290. Como hábitos posturales que contribuyen a reducir el esfuerzo y carga que nuestra columna soporta, al estar sentado se recomienda:

a. Poner siempre un pie más adelantado que el otro y cambiar a menudo de posición
b. Mantener la columna vertebral erguida y correctamente alineada, con las plantas de los pies bien apoyadas en el suelo y las rodillas en ángulo recto
c. Ponerse de pie aproximadamente cada hora y realizar algún estiramiento
d. Son correctas B y C

2291. Entre las operaciones sobre archivos (normalmente accesibles con el menú contextual) está la que se utiliza para abrir un fichero con una aplicación distinta a la predeterminada por el sistema. Esa operación se denomina:

a. Abrir con…
b. Abrir extendido
c. Abrir manejado
d. Abrir desde…

2292. Para una correcta postura ante una pantalla de visualización de datos, hay que tener en cuenta los alguno o algunos de los siguientes parámetros:

a. La línea superior de la pantalla debe situarse al nivel de la línea horizontal de visión o algo por debajo
b. La distancia del apantalla a los ojos el usuario no debe ser menor a 40 cm ni mayor de 90 cm
c. Para evitar los giros de la cabeza, el elemento de visualización más frecuentemente utilizado, pantalla o documento, se colocará lo más enfrente posible del usuario
d. Las tres son correctas

2293. Hay hábitos posturales que sobrecargan la columna y provocan dolores de espalda y cuello, tales como:

a. Permanecer mucho tiempo en la misma posición, ya sea de pie, acostados o sentados
b. Adoptar ciertas posturas que aumentan las curvas fisiológicas de la columna
c. Ninguna de las respuestas es correcta
d. Tanto la respuesta a) como la respuesta b) son correctas

2294. Son síntomas de fatiga visual:

a. Molestias oculares: sensación de tener tensión en los ojos, pesadez palpebral, pesadez de ojos, picores, quemazón, necesidad de frotarse los ojos, somnolencia, escozor ocular, aumento del parpadeo
b. Trastornos visuales: borrosidad de los caracteres que se tienen que percibir en las pantallas
c. Síntomas extraoculares: cefaleas, vértigos y sensaciones de desasosiego y ansiedad, molestias en la nuca y en la columna vertebral
d. Las tres son correctas

2295. Entre las causas físicas y los factores de riesgos organizativos de los trastornos musculoesqueléticos (TME) se incluyen:

a. Movimientos repetitivos o forzados
b. Manipulación de cargas, especialmente al agacharse y girarse
c. Estar de pie o sentado durante mucho tiempo en la misma posición
d. Las tres son correctas

2296. La comunicación sincrónica se caracteriza por:

a. La simultaneidad en el tiempo
b. La coincidencia en el mismo espacio físico
c. La limitación a un máximo de dos agentes
d. Ser oral

2297. Si usamos Outlook como correo electrónico y queremos añadir como destinatarios a personas cuyas direcciones no queremos que conozcan los demás usaremos:

a. Cc
b. Cco
c. Cc
d. Cc*

2298. Un chatbot es un chat...

a. que permite la comunicación solamente por medio de audio y vídeo
b. especializado vinculado a un programa de educación on-line
c. especializado en la búsqueda de amigos y de relaciones
d. donde por lo menos uno de los usuarios que sostiene la conversación es un robot

2299. Entre las características de seguridad de WhatsApp se encuentra la utilización del cifrado de:

a. Extremo a extremo
b. Criptograma extremo
c. Extremo a origen
d. Capa de transporte

2300. Escribir en un chat un mensaje en mayúsculas significa:

a. Que se espera una respuesta inmediata
b. Gritar ese mensaje
c. Que el mensaje se guarda como borrador, sin que, por el momento, se envíe
d. Finalizar la conversación

2301. Un chat donde por lo menos uno de los usuarios que sostiene la conversación es un robot se denomina:

a. Robotalk
b. Speechbot
c. Chatbot
d. Talkchat

2302. Una 'lista de distribución' permite:

a. Discutir en línea sincrónicamente
b. Incorporar a modo de diario personal del autor o autora, contenidos de su interés
c. mantener reuniones con grupos de personas situadas en lugares alejados entre sí
d. Distribuir mensajes entre múltiples usuarios y usuarias de internet de forma simultánea

2303. Aplicación de mensajería más utilizada en España:

a. WhatsApp
b. Telegram
c. Hangouts
d. Discord

2304. En Telegram, recursos por medio de los que los administradores pueden crear mensajes, editar su contenido y gestionar la lista de suscriptores:

a. Canales
b. Puertos
c. Listas
d. Conjuntos

2305. Exponentes del tipo de comunicación síncrona son los:

a. Los correos electrónicos
b. Los blogs
c. Los grupos de noticias
d. Las videoconferencias

2306. Conjunto de normas de cortesía o comportamiento (educación) general en internet:

a. Netiqueta
b. eCortesía
c. eDucación
d. Neducación

2307. Entre las herramientas usadas en la actualidad que permiten realizar videoconferencias NO está:

a. Jitsi
b. Zoom
c. Skype
d. Vidix

2308. Entre los dispositivos que interactúan a través de la voz se encuentra:

a. Ruski
b. Mephisto
c. Rupert
d. Alexa

2309. Tipo de comunicación caracterizada por el intercambio simultáneo de información por internet en tiempo real:

a. Pautada
b. Coordinada
c. Asíncrona
d. Síncrona

2310. Su variante diseñada específicamente para las pequeñas empresas y negocios se llama WhatsApp...

a. for PYMEs
b. Business
c. Money
d. Trade

2311. NO es sincrónico:

a. El chat
b. El correo electrónico
c. La mensajería instantánea
d. La videoconferencia

2312. Entre las aplicaciones de mensajería electrónica NO está:

a. WhatsApp
b. Hangouts
c. Telegram
d. InstantReply

2313. Dispositivos que permiten la interacción que se incorporan al cuerpo y permiten la interacción con aparatos electrónicos:

a. Wearables
b. Bodywears
c. Bodytoys
d. Bodyboards

2314. Una de las características de la comunicación sincrónica es que:

a. Producirse en tiempo real
b. Ser de carácter escrito
c. Producirse en un mismo espacio físico
d. Pueden participar dos

2315. La aplicación Meetings, integrada en Teams, forma parte de la familia de productos de:

a. Amazon
b. Google
c. Facebook
d. Microsoft

2316. Para evitar la fatiga visual frente a la pantalla del ordenador es recomendable tomarse un respiro 'visual' para dar a los ojos la oportunidad de relajarse y reducir el cansancio cada cuántos minutos:

a. 5   b. 15   c. 40   d. 60

2317. Entre los trastornos musculoesqueléticos en mano y muñeca se encuentra:

a. La Tortícolis de las falanges distales
b. La Tensodilatación radiocarpiana
c. La Contractura de Dujshebaev
d. El Síndrome del túnel carpiano

2318. Entre los trastornos musculoesqueléticos en brazo y codo se encuentra:

a. El Síndrome del túnel epitrocleítico
b. La Epicondilitis
c. El Bruxismo
d. La Contractura de Dupuytren

2319. Entre los trastornos musculoesqueléticos en hombros y cuello se encuentra:

a. El Síndrome del cuello en uve
b. La Tendinitis del flotador carpiano
c. El Hombro congelado
d. La Tortolosis inducida

2320. La distancia de la pantalla a los ojos debe ser:

a. Entre 25 y 40 centímetros
b. Como máximo 25 centímetros
c. Entre 40 y 90 centímetros
d. Al menos 90 centímetros

2321. Para tener una posición correcta ante la pantalla de visualización de datos, los muslos y la espalda han de formar un ángulo entre:

a. 90º y 100º   b. 75º y 90º
c. 90º y 120º   d. 75º y 120º

2322. Entidad que agrupa a nivel mundial a las sociedades científicas que trabajan en materia de ergonomía:

a. Alianza para la Promoción de la Ergonomía (APE)
b. Federación Mundial de Ergonomía (WEF)
c. Liga Internacional para la Promoción de la Ergonomía (LIPE)
d. Asociación Internacional de Ergonomía (IEA)

2323. La ergonomía busca la optimización de tres elementos del entorno laboral, por medio de métodos asociados a la persona, la técnica y la organización. Estos tres elementos son:

a. Social, organizativo y laboral
b. Psicológico, físico y social
c. Humano, máquina y ambiente
d. Psicológico, laboral y ambiental

2324. Las normas UNE son responsabilidad del CTN 81/SC 5, que es el especializado en ergonomía y psicosociología. El subcomité 5 está dividido en una serie de Grupos de Trabajo (GT), entre los que se encuentra el:

a. GT3. Aspectos ergonómicos de las Pantallas de visualización
b. GT1. Principios ergonómicos de los dispositivos inteligentes
c. GT2. Ergonomía de los asientos reclinables
d. GT6. Riesgos de la exposición abusiva a las redes sociales

2325. En posición sentada, frente al ordenador, los muslos y la espalda deben permanecer formando aproximadamente un ángulo de:

a. 90-100º   b. 120º   c. 70-80º   d. 60º

2326. Es un trastorno musculoesquelético de la zona lumbar:

a. Lumbociatalgia
b. Pubalgia
c. Lumborotura aguda
d. Lumbatitis ocasional

2327. La postura correcta de la cabeza respecto a la pantalla es importante. La relación de altura adecuada es la siguiente:

a. La parte intermedia de la pantalla a la altura de la línea de visión o algo por debajo
b. La parte baja de la pantalla a la altura de la línea de visión o algo por encima
c. La parte superior de la pantalla a la altura de la línea de visión o algo por debajo
d. La parte superior de la pantalla por encima de la línea de visión al menos a unos 25 cm

2328. Para tener una posición correcta ante la pantalla de visualización de datos, la distancia de la pantalla a los ojos del usuario estará entre:

a. 60 y 100 cm   b. 30 y 70 cm
c. 40 y 90 cm   d. 60 y 80 cm

2329. La pantalla del ordenador ha de estar situada a una altura tal que permita su visualización dentro del espacio comprendido entre la línea de visión horizontal y la trazada en ángulo de:

a. 60º hacia abajo
b. 60º hacia arriba
c. 90º hacia abajo
d. 90º hacia arriba

2330. En posición sentada, frente al ordenador, los muslos y las piernas deben permanecer formando aproximadamente un ángulo de:

a. 30º   b. 60º   c. 90º   d. 45º

2331. La correcta posición de la espalda durante el trabajo es muy importante. Debemos evitar posiciones en las que, estando sentado, las piernas cuelgan del asiento y los pies no tengan apoyo, ya que:

a. Puede aumentar el riesgo de sufrir el síndrome de Guillain-Barré
b. A largo plazo puede conllevar la dismetría de las extremidades inferiores
c. En caso de embarazo, aumenta la posibilidad de sufrir cefalea tensional
d. En caso de mala circulación, puede empeorar el edema de las piernas

2332. La luz azul-violeta:

a. Sirve para que nuestro cerebro sincronice el ritmo biológico del cuerpo con los ritmos cíclicos naturales
b. Nos activa y anima, y puede incrementar el rendimiento y la capacidad de aprendizaje
c. Tiene un rol importante en el reflejo de constricción de la pupila, al ser un reflejo que ayuda a proteger los ojos de la radiación solar
d. Puede dañar la retina y acelerar la aparición de Degeneración Macular Asociada a la Edad (DMAE)

2333. Cuál de los siguientes trastornos musculoesqueléticos (TME) es propio de los hombros y el cuello:

a. Tendinitis
b. Tenosinovitis
c. Ganglión
d. Tendinitis del manguito de rotadores

2334. Qué norma establece los principios ergonómicos para el diseño de sistemas de trabajo:

a. UNE-EN ISO 717
b. UNE-EN ISO 6385
c. UNE-EN IEC 60987
d. UNE-EN 12251

2335. Existen diferentes tipos de luz azul. En concreto, la exposición a la luz azul-turquesa:

a. Es causa de cansancio y estrés visual
b. Puede dañar la retina y acelerar la aparición de Degeneración Macular Asociada a la Edad (DMAE)
c. Puede incrementar el rendimiento y la capacidad de aprendizaje
d. Se sospecha que contribuye a la formación de cataratas

2336. Existen datos que vinculan los trastornos musculoesqueléticos con factores de riesgo psicosocial, entre los que destaca la:

a. Exposición intensiva a redes sociales
b. Escasa satisfacción laboral
c. Conexión continua a la actividad laboral por medio de dispositivos móviles
d. Escasa remuneración de las horas extras

2337 A	2386 A	2435 B
2338 C	2387 B	2436 C
2339 A	2388 D	2437 C
2340 D	2389 A	2438 B
2341 C	2390 D	2439 A
2342 C	2391 A	2440 C
2343 B	2392 D	2441 B
2344 D	2393 B	2442 A
2345 B	2394 D	2443 C
2346 A	2395 D	2444 A
2347 C	2396 D	2445 C
2348 B	2397 C	2446 A
2349 C	2398 D	2447 A
2350 D	2399 C	2448 A
2351 A	2400 A	2449 C
2352 A	2401 A	2450 B
2353 D	2402 A	2451 C
2354 A	2403 C	2452 B
2355 A	2404 A	2453 A
2356 C	2405 A	2454 B
2357 B	2406 A	2455 B
2358 A	2407 C	2456 C
2359 C	2408 A	2457 D
2360 B	2409 B	2458 A
2361 C	2410 C	2459 C
2362 D	2411 D	2460 A
2363 D	2412 D	2461 C
2364 A	2413 C	2462 A
2365 B	2414 B	2463 A
2366 D	2415 D	2464 B
2367 A	2416 D	2465 D
2368 C	2417 D	2466 D
2369 C	2418 C	2467 C
2370 B	2419 C	2468 D
2371 B	2420 D	2469 A
2372 C	2421 B	2470 C
2373 D	2422 D	2471 D
2374 B	2423 D	2472 D
2375 D	2424 D	2473 D
2376 A	2425 A	2474 B
2377 C	2426 C	2475 D
2378 B	2427 A	2476 B
2379 D	2428 B	2477 A
2380 D	2429 C	2478 C
2381 A	2430 D	2479 D
2382 D	2431 D	2480 B
2383 D	2432 A	2481 B
2384 C	2433 B	2482 C
2385 D	2434 D	

2337. Según el reglamento sobre disposiciones mínimas de seguridad y salud relativas al trabajo con equipos que incluyen PVD, en caso de que la evaluación de riesgos ponga de manifiesto que el uso de equipos con pantallas supone un riesgo para la seguridad o salud del trabajador, el empleador:

a. Deberá reducir la duración máxima del trabajo continuado en pantalla, organizando la actividad diaria de forma que se alterne con otras o estableciendo las pausas necesarias cuando la alternancia de tareas no sea posible o no baste

b. Deberá organizar la actividad diaria articulando, en todo caso, un sistema de pausas cada cierto tiempo, que disminuya el riesgo para la seguridad o la salud

c. Deberá reducir la duración máxima del trabajo continuado en pantalla, organizando, siempre, un sistema de pausas cada cierto tiempo

d. Ninguna de las tres

2338. Los problemas de salud asociados al trabajo con pantallas de visualización de datos pueden evitarse mediante:

a. Basta con un buen diseño del puesto de trabajo si la persona empleada no presenta trastornos musculoesqueléticos

b. Es suficiente con valorar la bondad del diseño del puesto de trabajo y la adecuada organización del trabajo

c. Es necesario valorar el buen diseño del puesto de trabajo, la correcta organización del trabajo y una información y formación adecuada a la persona empleada

d. Es necesario valorar el buen diseño del puesto de trabajo, la correcta organización del trabajo y la información y formación es optativa para las personas que no presenten una discapacidad

2339. La prevención de riesgos laborales de las personas trabajadoras expuestas a pantallas de visualización se regula en:

a. El Real Decreto 488/1997
b. La Ley 31/1995
c. El Real Decreto-legislativo 2/2015
d. El Real Decreto 39/1997

2340. Cuando se trabaja con pantallas de visualización, la causa de disconfort está ligada a:

a. La falta de descansos suficientes
b. Los elementos del puesto
c. La posición sedentaria mantenida
d. La posición sedentaria mantenida y los elementos del puesto

2341. La patología del aparato locomotor en los trabajos que requieren pantallas de visualización:

a. No requiere atención

b. Requiere atención dependiendo de las condiciones físicas de la persona trabajadora

c. Es el segundo grupo de enfermedades a las que se debe prestar especial atención

d. Requiere atención a demanda de la persona trabajadora

2342. En una tarea con PVD que no requiera una gran atención se han de establecer pausas planificadas:

a. En ningún caso, las pausas deben tomarse cuando la persona empleada las necesite, no han de estar planificadas

b. a razón de 10 minutos de pausa cada 120 minutos de trabajo

c. A título orientativo, 10-15 minutos cada 90 minutos de trabajo con pantalla

d. No se establecen pausas planificadas al depender de la organización del trabajo

2343. Según el RD 486/1997 los trabajadores no estarán expuestos a corrientes de aire cuya velocidad exceda diferentes límites según tipo de trabajo. NO es uno de los límites:

a. 0,12 m/sg
b. 0,15 m/sg
c. 0,25 m/sg
d. 0,20 m/sg

2344. A efectos de que el uso de equipos con PDV no suponga riesgos para la seguridad o salud, o para que dichos riesgos se reduzcan, el empresario/la administración deberá evaluar dichos riesgos. Entre los factores a tener en cuenta al realizar la evaluación NO está:

a. Los riesgos para la vista

b. Los problemas físicos y de carga mental

c. El posible efecto añadido o combinado de los riesgos para la vista y los problemas físicos o de carga mental

d. La temperatura ambiente en la que se desarrollan las tareas

2345. Si se introducen cambios significativos en un puesto de trabajo que requiere PVD:

a. Deben mantenerse las medidas adoptadas como consecuencia de la evaluación de riesgos inicial

b. La evaluación de riesgos inicialmente realizada debe revisarse

c. El empresario decidirá si se debe realizar una nueva evaluación de riesgos o no

d. Se realizará una nueva evaluación de riesgos si así lo solicita la persona trabajadora afectada

2346. Cuando se trabaja con pantallas de visualización, la mesa de trabajo tendrá una superficie de:

a. 90 cm por 120 cm
b. 80 cm por 120 cm
c. 90 cm por 140 cm
d. 80 cm por 130 cm

2347. De acuerdo con el protocolo de vigilancia sanitaria específica relativa a las pantallas de visualización de datos, la temperatura operativa de confort en el medio ambiente físico en el que se desarrollan las tareas habituales…

a. Se mantendrá en invierno entre 23 y 26º
b. Se mantendrá en verano entre 20 y 24º
c. Se mantendrá en invierno entre 20 y 24º
d. Se mantendrá en verano entre 20 y 26º

2348. Cuando se trabaja con pantallas de visualización la temperatura nunca excederá de:

a. 24º   b. 26º   c. 20º   d. 25º

2349. Principales riesgos que puede sufrir el personal que usa pantallas de visualización de datos (PVD):

a. Exclusivamente fatiga mental, los actuales equipos evitan los riesgos musculoesqueléticos
b. Exclusivamente trastornos musculoesqueléticos, los actuales equipos evitan problemas de visión
c. Los riesgos musculoesqueléticos, problemas visuales y fatiga mental
d. Riesgos musculoesqueléticos, problemas visuales, carga mental y síndrome de burn out

2350. Indique los factores dependientes de una incorrecta organización del trabajo:

a. El exceso de tarea y la ausencia de pausas recomendadas (planificadas)
b. La ausencia de pausas recomendadas, independientemente del volumen de trabajo o exceso de trabajo
c. El tipo de tarea que se desarrolla
d. El exceso de tarea, la ausencia de pausas recomendadas y el tipo de tarea

2351. El asiento de un puesto de trabajo con PVD:

a. Será una silla con 5 pies y ruedas que faciliten su desplazamiento y estará situada a 45-55 cm del suelo, el respaldo será ligeramente convexo
b. Será una silla con 4 pies y ruedas que faciliten su desplazamiento y estará situada a 25-35 cm del suelo, el respaldo será ligeramente convexo
c. Será una silla con 4 pies y ruedas que faciliten su desplazamiento y estará situada a 45-55 cm del suelo, el respaldo será ligeramente cóncavo
d. Será una silla con 5 pies y ruedas que faciliten su desplazamiento y estará situada a 25-35 cm del suelo, el respaldo será ligeramente convexo

2352. El examen osteomuscular en los trabajos que requieren pantallas de visualización:

a. Se llevará a cabo con una periodicidad ajustada al nivel de riesgo a juicio del personal médico responsable del examen
b. Se llevará a cabo con carácter previo al inicio de la prestación de servicios por parte de la persona trabajadora
c. Se llevará a cabo una vez al año
d. Se llevará a cabo a demanda de la persona trabajadora

2353. Los exámenes médicos que se deben realizar a la persona que trabaja con pantallas de visualización de datos (PVD), de acuerdo con el artículo 22 de la Ley de Prevención de Riesgos Laborales, pueden ser:

a. Solo uno previo al inicio del trabajo con PVD y uno específico periódico
b. Previo al inicio del trabajo con PVD y al finalizar la relación laboral
c. Un reconocimiento médico específico periódico
d. Previo al inicio del trabajo con PVD, uno específico periódico y a demanda del trabajador o trabajadora

2354. Se estima que el personal que trabaja con pantallas de visualización sufre alteraciones de manera cotidiana entre:

a. Un 10% y un 40%
b. Un 10% y un 45%
c. Un 10% y un 30%
d. Un 10% y un 60%

2355. Las pantallas de visualización de datos se colocarán:

a. Alejadas de las ventanas, de manera que la línea de visión esté en paralelo al frente de la ventana
b. Alejadas de las ventanas, de manera que la línea de visión esté al frente de la ventana
c. Cerca de las ventanas, de manera que la línea de visión esté en paralelo al frente de la ventana
d. Cerca de las ventanas, de manera que la línea de visión esté tras la ventana

2356. Con carácter general se considerará trabajador usuario de PVD si supera cuántas horas de trabajo efectivo con dichos equipos:

a. 5 h diarias o 20 semanales
b. 5 h diarias o 35 semanales
c. 4 horas diarias o 20 semanales
d. 7 horas diarias o 35 semanales

2357. Según el protocolo de vigilancia sanitaria específica del INSST relativa a las pantallas de visualización de datos, son factores que intervienen en la aparición de alteraciones psicosomáticas: 'La rutina en el trabajo…

a. …la ansiedad ante el cambio de tareas y funciones, la postura estática, la calidad de la iluminación, la predisposición individual, los hábitos nocivos
b. …la ansiedad ante el cambio de tareas y funciones, la postura estática, los defectos de comunicación persona-programa, la predisposición individual, los hábitos nocivos, la carga mental excesiva (el estrés)
c. …la rotación lateral de la cabeza, la postura estática, los defectos de comunicación persona-programa, la predisposición individual, los hábitos nocivos, la carga mental excesiva (estrés)
d. …la rotación lateral de la cabeza, la inclinación del tronco hacia delante, la ansiedad ante el cambio de tareas y funciones, la postura estática, los defectos de comunicación persona-programa

2358. De acuerdo con el reglamento sobre disposiciones mínimas de seguridad y salud relativas al trabajo con equipos que incluyen pantallas de visualización, es una 'pantalla de visualización'…

a. Una pantalla alfanumérica o gráfica, independientemente del método de representación visual utilizado
b. Una pantalla alfanumérica o gráfica, siempre que el método de representación visual cumpla una serie de requisitos técnicos
c. Cualquier tipo de pantalla, independientemente del método de representación visual utilizado
d. Cualquier tipo de lámina o superficie en la que se proyecten imágenes, independientemente del método de representación visual utilizado

2359. La responsabilidad de evaluar los riegos que pueden padecer las personas trabajadoras usuarias de equipos con pantallas de visualización recae:

a. Exclusivamente en el trabajador
b. Tanto en el empresario como en el trabajador
c. Exclusivamente en el empresario
d. En el servicio de prevención de la empresa

2360. Cuál de los siguientes riesgos no se asocia a la utilización de equipos con pantallas de visualización:

a. Trastornos músculo-esqueléticos
b. Descargas eléctricas
c. Problemas visuales
d. Fatiga mental

2361. El reconocimiento oftalmológico de las personas trabajadoras que trabajen con pantallas de visualización lo debe realizar:

a. Necesariamente un oftalmólogo del servicio autonómico de salud

b. Necesariamente un oftalmólogo de la mutua correspondiente

c. Lo puede realizar el médico de empresa

d. Necesariamente el oftalmólogo que elija la persona trabajadora

2362. En los trabajos que requieren el uso de pantallas de visualización se recomienda establecer pausas de:

a. Al menos 10 minutos por cada hora de actividad laboral en tareas que requieran una gran atención

b. Entre 5 y 10 minutos cada 90 minutos

c. Al menos 12 minutos por cada hora de actividad laboral en tareas que requieran una gran atención

d. La nueva Guía del INSST mantiene la recomendación de realizar pausas pero ya no las define ni acota explícitamente en minutos

2363. Según el protocolo de vigilancia sanitaria específica relativa a las PVD, los síntomas de la fatiga visual se manifiestan de estas maneras, EXCEPTO:

a. Molestias oculares

b. Trastornos visuales

c. Trastornos extra-oculares

d. Dolores de cuello y nuca

2364. La prevención de riesgos laborales del personal expuesto a pantallas de visualización de datos se materializa en:

a. En el RD 488/1997 de disposiciones mínimas de seguridad y salud relativas al trabajo con equipos que incluyen pantallas de visualización

b. En el RD 486/1997 por el que se establecen las disposiciones mínimas de seguridad y salud en los lugares de trabajo

c. En la Ley 31/1995 de prevención de actividades peligrosas con pantallas

d. En el RD 489/1997 de prevención de riesgos laborales

2365. En una tarea con pantallas de visualización de datos (PVD) que requiera una gran atención se han de establecer pausas planificadas:

a. En ningún caso, las pausas deben tomarse cuando la persona empleada las necesite, no han de estar planificadas

b. Se han de establecer pausas planificadas a razón de 10 minutos de pausa cada 60 minutos de trabajo

c. Se han de establecer pausas planificadas de 10-15 minutos cada 90 minutos de trabajo con pantalla

d. No se pueden establecer pausas planificadas porque una tarea que requiere gran atención no puede ser interrumpida, requiere una óptima organización del trabajo

2366. Entre las posibilidades para evaluar los riesgos de los trabajos que requieren pantallas de visualización se busca una detección precoz:

a. Al verificar el diseño ergonómico de los distintos elementos que integran el puesto

b. Al estimar las cargas mental, visual y muscular, a través de la evaluación de las exigencias de la tarea, las características personales del trabajador, el tiempo de trabajo, los síntomas de fatiga, etc

c. Al detectar las situaciones de riesgo mediante una vigilancia periódica de la salud

d. En todos los casos anteriores

2367. De acuerdo con el reglamento sobre disposiciones mínimas de seguridad y salud relativas al trabajo con equipos que incluyen pantallas de visualización, el empresario garantizará el derecho de los trabajadores a una vigilancia adecuada de su salud, teniendo en cuenta en particular los riesgos para...

a. La vista y los problemas físicos y de carga mental, el posible efecto añadido o combinado de los mismos y la eventual patología acompañante

b. Los problemas físicos y de carga mental, el posible efecto añadido o combinado de los mismos y la eventual patología acompañante

c. La vista y los problemas de carga mental, el posible efecto añadido o combinado de los mismos y la eventual patología acompañante

d. La vista y los problemas físicos, el posible efecto añadido o combinado de los mismos y la eventual patología acompañante

2368. A efectos de aplicar el reglamento sobre disposiciones mínimas de seguridad y salud relativas al trabajo con equipos que incluyen pantallas de visualización, se pueden considerar empleados y empleadas que usan pantallas de visualización, quienes...

a. Superen las 2 h diarias o 10 semanales de trabajo efectivo con dichos equipos

b. Superen las 5 h diarias o 25 semanales de trabajo efectivo con dichos equipos

c. Superen las 4 h diarias o 20 semanales de trabajo efectivo con dichos equipos

d. Superen las 4 h diarias o 25 semanales de trabajo efectivo con dichos equipos

2369. Indíquese cuál de los siguientes factores no interviene en la fatiga física o muscular cuando se trabaja con pantallas de visualización:

a. Posturas incorrectas ante la pantalla

b. Factores dependientes de las condiciones ergonómicas del puesto de trabajo

c. El estrés

d. Factores dependientes de una incorrecta organización del trabajo

2370. La prevención de riesgos laborales de los trabajadores y trabajadoras expuestas a pantallas de visualización se regula fundamentalmente...

a. En la Ley de Prevención de Riesgos Laborales 31/1995, de 8 de noviembre

b. En el Real Decreto 488/1997, de 14 de abril

c. En el Real Decreto 39/1997, de 17 de enero

d. En el Real Decreto 490/1997, de 14 de abril

2371. La valoración de la fatiga mental en los trabajos que requieren pantallas de visualización se llevará a cabo a través:

a. De un test psicotécnico

b. De una encuesta

c. De una entrevista

d. De una encuesta y una entrevista

2372. A fin de garantizar la seguridad y la salud relativas al trabajo con equipos que incluyen pantallas de visualización...

a. Será necesario que los reconocimientos oftalmológicos sean realizados por oftalmólogos/as

b. Será obligatorio remitir a las personas trabajadoras mayores de 40 años al oftalmólogo/a para realizar pruebas específicas destinadas a medir la tensión ocular y vigilancia de la presbicia

c. No es necesario que los exámenes oftalmológicos sean realizados por oftalmólogos/as, pudiendo ser realizados por el/la médico/a del trabajo

d. Será necesario que los reconocimientos oftalmológicos sean realizados por el/la médico/a del trabajo

2373. Los exámenes médicos en los trabajos que requieren el uso de pantallas de visualización se deben llevar a cabo:

a. Previamente al inicio del trabajo con pantallas de visualización

b. Periódicamente

c. A demanda de la persona trabajadora

d. En los tres casos anteriores

2374. Las alteraciones físicas o musculares se manifiestan:

a. más frecuentemente en hombres

b. más frecuentemente en mujeres

c. indistintamente en hombres y mujeres

d. indistintamente en hombres y mujeres mayores de 45 años

2375. Cuando se trabaja con pantallas de visualización, en las tareas habituales se mantendrá respecto a las mismas una distancia no inferior a:

a. 500 mm

b. 550 mm

c. 400 mm

d. 450 mm

2376. La mesa de trabajo debe permitir disponer correctamente todo el equipo de trabajo y debe tener:

a. entre 90 y 120 cm. y para el trabajo sentado permitir un espacio para los miembros inferiores de 60 cm de ancho por 65/70 cm de profundidad

b. entre 80 y 100 cm. y para el trabajo sentado permitir un espacio para los miembros inferiores de 55 cm de ancho por 35/70 cm de profundidad

c. entre 90 y 120 cm. y para el trabajo sentado permitir un espacio para los miembros inferiores de 55 cm de ancho por 30/60 cm de profundidad

d. entre 80 y 100 cm. y para el trabajo sentado permitir un espacio para los miembros inferiores de 60 cm de ancho por 35/70 cm de profundidad

2377. En el momento de realizar la evaluación de riesgos del puesto con pantalla de visualización de datos la información facilitada por el usuario o usuaria de la pantalla ha de ser considerada esencial para realizar la evaluación:

a. En ningún caso, la evaluación la tiene que realizar personal técnico valorando tan solo las condiciones ergonómicas del puesto de trabajo, evaluadas con carácter objetivo

b. En ocasiones puede ser valiosa, si la persona presenta problemas osteomusculares o tiene alguna capacidad limitada

c. En todo caso, pues permite obtener datos sustanciales para la evaluación

d. Solo se tiene en cuenta esa información facilitada por la persona si ha sufrido un accidente de trabajo

2378. De acuerdo con el protocolo de vigilancia sanitaria específica relativa a las pantallas de visualización de datos, para las tareas habituales la distancia de visión de la pantalla no deberá ser menor de…

a. 475 mm
b. 450 mm
c. 400 mm
d. 45 mm

2379. La ergonomía en el puesto de trabajo con pantalla de visualización de datos recomienda:

a. Un nivel de luminancia de 300 a 1.000 luxes en función del puesto, una temperatura en verano de 20 a 24 grados y una humedad relativa del 45% al 65%

b. Un nivel de luminancia de 300 a 1.000 luxes en función del puesto, una temperatura en invierno de 23 a 26 grados y una humedad relativa del 30% al 60%

c. Un nivel de luminancia de 300 a 500 luxes en función del puesto, una temperatura en verano de 20 a 24 grados y una humedad relativa del 45% al 65%

d. Un nivel de luminancia de 300 a 1.000 luxes en función del puesto, una temperatura que en cualquier caso nunca excederá de 26º y una humedad relativa del 45% al 65%

2380. Los trastornos en la memoria y la dificultad de concentración mental cuanto se trabaja con PVD pueden deberse a:

a. La dificultad del trabajo
b. La concentración requerida en el trabajo
c. La fatiga producida por el trabajo
d. La monotonía y simplicidad del trabajo

2381. De acuerdo con el protocolo de vigilancia sanitaria específica relativa a las pantallas de visualización de datos, la silla en la que se desarrollarán las tareas habituales…

a. Debe tener 5 pies y ruedas que faciliten su desplazamiento

b. Debe tener 4 pies y ruedas que faciliten su desplazamiento

c. Debe estar situado entre 35 y 45 cm del suelo y debe medir de 28 a 37 cm de profundidad

d. Debe estar situada entre 45 y 55 cm del suelo y debe tener 4 pies

2382. En la evaluación de riesgos de los trabajos que requieren pantallas de visualización:

a. Debe estarse solamente al test de evaluación elaborado por el empresario

b. Debe estarse a lo que establece la Guía del INSHT

c. Debe estarse a lo que recomienden los delegados de prevención

d. La información proporcionada por las propias personas trabajadoras usuarias constituye una parte esencial de la evaluación

2383. La evaluación de riesgos cuando se trabaja con pantallas de visualización debe tener en cuenta como factores de riesgo:

a. Los derivados de la exigencia de la tarea
b. Los derivados de las características propias del puesto de trabajo
c. Los relativos a las propias características visuales de la persona usuaria
d. Todos los anteriores

2384. La vigilancia de la salud realizada a una persona empleada que desarrolla su actividad con PVD debe incluir:

a. Exclusivamente un reconocimiento oftalmológico realizado por personal médico especializado de la mutua de accidentes de trabajo y enfermedades profesionales

b. Un reconocimiento oftalmológico obligatorio, un examen osteomuscular y es optativa para la empresa o administración correspondiente valorar la carga mental

c. Un reconocimiento oftalmológico, un examen osteomuscular, la valoración de la carga mental, así como una exploración clínica, control biológico y estudios complementarios, si son necesarios

d. Un reconocimiento oftalmológico, un examen osteomuscular, la valoración de la carga mental y se debe pasar forzosamente el cuestionario de detección del síndrome del quemado (burn out)

2385. Qué factores intervienen en la aparición de las alteraciones visuales cuando se usa una pantalla de visualización de datos:

a. La disposición del puesto de trabajo y exclusivamente la medida de la distancia ojo-pantalla

b. La disposición del puesto de trabajo y exclusivamente la medida de la distancia ojo-teclado

c. Exclusivamente la disposición del puesto de trabajo, las medidas o distancias son indefinidas en función de la persona

d. La disposición del puesto de trabajo y la medida de la distancia ojo-pantalla, distancia ojo-teclado y distancia ojo-texto

2386. Quedan excluidas como personas trabajadoras usuarias de equipos con pantallas de visualización:

a. Todas aquellas personas cuyo trabajo efectivo con pantallas de visualización sea inferior a 2 horas diarias o 10 horas semanales

b. Todas aquellas personas cuyo trabajo efectivo con pantallas de visualización sea inferior a 3 horas diarias o 12 horas semanales

c. Todas aquellas personas cuyo trabajo efectivo con pantallas de visualización sea inferior a 4 horas diarias o 15 horas semanales

d. Todas aquellas personas cuyo trabajo efectivo con pantallas de visualización sea inferior a 1 hora diaria o 8 horas semanales

2387. De acuerdo con el reglamento sobre disposiciones mínimas de seguridad y salud relativas al trabajo con equipos que incluyen pantallas de visualización, es un 'trabajador'…

a. Cualquier trabajador que habitualmente o de manera esporádica utilice un equipo con pantalla de visualización

b. Cualquier trabajador que habitualmente y durante una parte relevante de su trabajo normal utilice un equipo con pantalla de visualización

c. Cualquier trabajador que en cualquier momento de su trabajo utilice un equipo con pantalla de visualización

d. Cualquier trabajador que habitualmente y durante una parte relevante de su trabajo, sea su trabajo normal o no, utilice un equipo con pantalla de visualización

2388. NO es una posibilidad complementaria para evaluar los puestos de trabajo expuestos a pantallas de visualización:

a. Verificar el diseño ergonómico de los distintos elementos que integran el puesto

b. La estimación de las cargas mental, visual y muscular, a través de la evaluación de las exigencias de la tarea, las características personales del trabajador o trabajadora, el tiempo de trabajo, los síntomas de fatiga…

c. La detección de las situaciones de riesgo mediante una vigilancia periódica de la salud

d. Un buen diseño del puesto de trabajo

2389. En los trabajos que requieren la utilización de pantallas de visualización:

a. Se han descrito casos de alteraciones cutáneas relacionadas con el propio trabajo

b. No se han descrito casos de alteraciones cutáneas

c. Se han descrito casos de alteraciones cutáneas pero que nada tienen que ver con el trabajo

d. Solamente se han descrito casos de alteraciones cutáneas en situaciones de estrés laboral

2390. Puede actuar como factor que interviene en la aparición de alteraciones visuales cuando se trabaja con pantallas de visualización:

a. La disposición del puesto de trabajo

b. La disposición del puesto de trabajo y la necesidad de adoptar dos distancias no iguales: ojo-pantalla y ojo-texto

c. La disposición del puesto de trabajo y la necesidad de adoptar tres distancias iguales: ojo-pantalla, ojo-teclado y ojo-texto

d. La disposición del puesto de trabajo y la necesidad de adoptar tres distancias no iguales: ojo-pantalla, ojo-teclado y ojo-texto

2391. De acuerdo con el protocolo de vigilancia sanitaria específica relativa a las pantallas de visualización de datos, se considera que para valorar la existencia de la fatiga mental deberá realizarse una encuesta sobre...

a. Información personal, factores ambientales, exigencias del puesto, organización del trabajo, síntomas, antecedentes de incapacidad laboral, satisfacción laboral personal

b. Información personal, factores ambientales, datos económicos, organización del trabajo, síntomas, antecedentes de incapacidad laboral, satisfacción laboral personal

c. Información personal, factores ambientales, datos económicos, situación familiar, antecedentes de incapacidad personal, satisfacción laboral personal

d. Información personal, factores ambientales, datos económicos, situación familiar, síntomas, antecedentes de incapacidad laboral, satisfacción laboral personal

2392. En los trabajos con pantallas de visualización, respecto a las personas mayores de 40 años:

a. Es obligatorio remitirlos al oftalmólogo

b. Es obligatorio remitirlos al oftalmólogo cuando lo soliciten las personas trabajadoras afectadas

c. Solamente es obligatorio remitirlos al oftalmólogo cuando el trabajo realizado requiere gran concentración

d. Es aconsejable remitirlos al oftalmólogo

2393. Señale la respuesta INCORRECTA. Para el levantamiento de cargas entre dos personas:

a. Antes de comenzar el levantamiento hay que planificar el recorrido

b. Las dos personas que levantan la carga han de ser de estaturas diferentes

c. Hay que caminar con cuidado

d. Hay que evitar los baches y otros obstáculos

2394. Como hábito postural que contribuye a reducir el esfuerzo y carga que nuestra columna soporta al cargar peso se recomienda:

a. Doblar las rodillas, no la espalda, siempre con los pies apoyados en una superficie firme y lisa

b. Incorporarse desde la posición de cuclillas flexionando lentamente las rodillas

c. Sostener el objeto que se levanta junto al cuerpo, alzándolo hasta la altura del pecho como máximo

d. Las tres son correctas

2395. Cuando el cuerpo está en posición inestable, se considera que es un factor de riesgo laboral:

a. Del medio de trabajo

b. Por la característica de la carga

c. Exigencia de la actividad

d. Por el esfuerzo físico necesario

2396. Cuál de las siguientes lesiones suele ser la más frecuente:

a. Contusiones

b. Heridas

c. Fracturas

d. Lesiones músculo-esqueléticas

2397. Toda carga que pese más de 3 kg, puede entrañar un potencial riesgo dorsolumbar no tolerable:

a. Aunque se manipule en condiciones ergonómicas favorables

b. En todos los casos

c. Si se manipula en condiciones ergonómicas desfavorables

d. Para personas que midan menos de 1,60 cm

2398. A partir de cuántos kilos constituyen las cargas un riesgo en sí mismas, aunque no existan otras condiciones ergonómicas desfavorables:

a. 10 kilos   b. 15 kilos

c. 20 kilos   d. 25 kilos

2399. Según el método para levantar una caja, qué paso NO sería el más adecuado:

a. Tener prevista la ruta de transporte y el punto de destino final del levantamiento

b. Evitar los giros: procurar no efectuar nunca giros con la espalda, es preferible mover los pies para colocarse en la posición adecuada

c. Mantener la carga alejada del cuerpo durante todo el levantamiento

d. Usar la vestimenta, el calzado y los equipos adecuados

2400. Según el Real Decreto 487/1997 sobre disposiciones mínimas de seguridad y salud relativas a la manipulación de manual de cargas:

a. Si se consiguiera evitar la manipulación manual de cargas, no sería necesario realizar una evaluación de riesgos por manipulación manual de cargas

b. Aun consiguiendo evitar la manipulación manual de cargas, sería necesario realizar una evaluación de riesgos por manipulación manual de cargas

c. El empresariado no está obligado a adoptar las medidas técnicas u organizativas necesarias para evitar la manipulación manual de cargas

d. Ninguna de las anteriores

2401. Según el art. 31 de la Ley 31/1995, 'Servicio de Prevención' es:

a. El conjunto de medios humanos y materiales necesarios para realizar las actividades preventivas

b. Las medidas adoptadas por los trabajadores para su protección

c. El conjunto de normas establecidas en cada área de trabajo

d. Las tres son correctas

2402. Según el art. 44 de la Ley 31/1995 si la Inspección de Trabajo comprueba que no se cumple la normativa sobre Prevención de Riesgos Laborales, implicando riesgo grave e inminente para los trabajadores:

a. Podrá ordenar la paralización inmediata de tales trabajos o tareas

b. Sugerirá al empresario que subsane las deficiencias observadas

c. Podrá ordenar la paralización de todos los trabajos de la empresa

d. Ninguna es cierta

2403. Según el art. 32 bis, de la Ley 31/1995, la presencia en el centro de trabajo de los recursos preventivos, cualquiera que sea la modalidad de organización de dichos recursos, será necesaria:

a. Cuando se realicen actividades o procesos que no sean considerados como peligrosos o con riesgos especiales

b. Cuando los riesgos no sean susceptibles de agravarse o modificarse en el desarrollo del proceso o la actividad

c. Cuando la necesidad de dicha presencia sea requerida por la Inspección de Trabajo y Seguridad Social, si las circunstancias del caso así lo exigieran debido a las condiciones de trabajo detectadas

d. Ninguna es cierta

2404. Según la Ley 31/1995 la función de vigilancia y control de la normativa sobre prevención de riesgos laborales, corresponde a:

a. Inspección de Trabajo y Seguridad Social

b. Instituto Nacional de Seguridad e Higiene en el Trabajo

c. Servicios de Medicina Preventiva

d. Servicios de Prevención

2405. Según el art. 31 de la Ley 31/1995 se entiende como Servicio de Prevención:

a. El conjunto de medios humanos y materiales necesarios para realizar las actividades preventivas

b. Las medidas adoptadas por los trabajadores para su protección

c. El conjunto de normas establecidas en cada área de trabajo

d. Las tres son correctas

2406. Según la Ley 31/1995 la función de vigilancia y control de la normativa sobre prevención de riesgos laborales, corresponde a:

a. Inspección de Trabajo y Seguridad Social

b. Instituto Nacional de Seguridad e Higiene en el Trabajo

c. Servicios de Medicina Preventiva

d. Servicios de Prevención

2407. En cuántos capítulos se divide la Ley 31/1995:

a. 12   b. 10   c. 7   d. 5

2408. Según la Ley 31/1995 se entenderá como 'equipo de trabajo':

a. Cualquier máquina, aparato, instrumento o instalación utilizada en el trabajo

b. Cualquier característica del trabajo que pueda tener una influencia significativa en la generación de riesgos para la seguridad y la salud del trabajador

c. Cualquier equipo destinado a ser llevado o sujetado por el trabajador para que le proteja de uno o varios riesgos que puedan amenazar su seguridad o su salud en el trabajo

d. Las características relativas a la organización y ordenación del trabajo que influyan en la magnitud de los riesgos a que esté expuesto el trabajador

2409. Las Unidades de Prevención de Riesgos Laborales (UPRL) de los Centros Asistenciales dependen…

a. del Director Médico del Centro

b. del Director Gerente del Centro

c. de la Dirección General de Personal

d. de la Dirección General de Seguridad en el Trabajo

2410. Los trabajadores temporales y las contratadas por ETT:

a. No están protegidas por la normativa de protección social

b. Disponen de una mayor protección que el resto de las personas trabajadoras

c. Deben disfrutar del mismo nivel de protección que el resto de las personas trabajadoras

d. Sólo están protegidas en determinados sectores

2411. Cuando un equipo de trabajo pueda presentar un riesgo específico para la seguridad y la salud de quien lo utilice:

a. Se prohibirá su utilización en la empresa

b. Se sustituirá por otro equipo que entrañe menos riesgos o ninguno

c. Se llevará a cabo un estudio sobre el mismo para valorar su posible adecuación

d. La empresa adoptará las medidas necesarias con el fin de que la utilización de dicho equipo quede reservada a los encargados de dicha utilización, y les dará la formación específica necesaria para utilizarlo

2412. Ante la existencia de un riesgo grave e inminente:

a. El empresario es quien debe adoptar o permitir la adopción de las medidas necesarias para garantizar la seguridad y la salud de los y las empleadas

b. El comité de empresa es quien, por unanimidad, debe adoptar la decisión de paralizar la actividad del personal afectado por dicho riesgo

c. El comité de empresa es quien, por mayoría de sus miembros, debe adoptar la decisión de paralizar la actividad del personal afectado por dicho riesgo

d. En cualquier caso, si el personal no pudiera ponerse en contacto con su superior jerárquico para informarle de la existencia de ese riesgo para su seguridad, la de otros y otras trabajadoras o de terceras personas, podrá abandonar su lugar de trabajo

2413. Para quién deben estar disponibles las evaluaciones de riesgos realizadas a los y las trabajadoras:

a. Las evaluaciones de riesgos realizadas a los y las trabajadoras deben ser públicas

b. Únicamente para los y las trabajadoras afectadas

c. Para la autoridad laboral

d. Únicamente para la autoridad laboral y la representación sindical

2414. Protección de la maternidad. Qué debe hacer el empresario cuando una trabajadora comunica que está embarazada:

a. Declararla en situación de suspensión del contrato

b. Revisar la evaluación de riesgos de su puesto de trabajo

c. Tramitar la baja por enfermedad común

d. Conceder una licencia por embarazo

2415. Tiene el personal de una empresa o administración alguna obligación de cumplir en el ámbito de la prevención de riesgos laborales para la protección de su seguridad y salud:

a. No, las obligaciones corresponden exclusivamente a la empresa/administración titular de la actividad

b. Si, cuando ha cometido alguna imprudencia que ha generado un accidente de trabajo

c. No, las obligaciones solo corresponden a la empresa/administración titular del centro de trabajo y a los y las delegadas de prevención

d. Si, las personas empleadas tienen que aplicar las medidas previstas por el empleador y colaborar en su control y mejora, pues de lo contrario habría un incumplimiento laboral

2416. Existe alguna excepción al carácter voluntario de la vigilancia de la salud:

a. No, no existe ninguna excepción, la persona empleada pueda negarse a someterse a un reconocimiento médico en cualquier caso
b. Sí, cuando la persona empleada puede ser un peligro para ella o para las demás personas presentes en el centro de trabajo
c. Si, cuando lo establezca una disposición legal en relación con la protección de riesgos específicos y actividades de especial peligrosidad
d. Son correctas B y C

2417. Cuál de los siguientes colectivos no se considera persona empleada especialmente sensible a determinados riesgos:

a. Personas con discapacidad
b. Mujeres embarazadas
c. Menores de edad
d. Personas que trabajan a distancia

2418. Sobre equipos de trabajo y medios de protección:

a. Las medidas de organización del trabajo se utilizarán cuando los riesgos no puedan limitarse suficientemente mediante equipos de protección individual
b. El personal decidirá, bajo su responsabilidad, si utiliza o no, los equipos de protección individual facilitados por el empresario
c. Los equipos de protección individual se utilizarán cuando los riesgos no puedan limitarse suficientemente por medios técnicos de protección colectiva, o mediante medidas de organización del trabajo
d. En ningún caso se utilizarán equipos de trabajo que puedan presentar un riesgo específico para la seguridad y la salud de quien lo use

2419. La empresa o administración correspondiente debe elaborar, conservar y poner a disposición de la autoridad laboral una serie de documentos, entre ellos:

a. Los partes de mantenimiento de todas las instalaciones del centro de trabajo de los cinco últimos años
b. El libro de inspecciones periódicas de los sistemas de climatización, en especial en prevención de la legionella
c. La práctica de los controles del estado de salud del personal, conforme a lo previsto en el artículo 22 de la Ley de Prevención de Riesgos Laborales
d. El listado de gastos derivados de la vigilancia de la salud del personal

2420. Qué materias deben incluir las medidas a adoptar en situaciones de emergencia:

a. Primeros auxilios
b. Lucha contra incendios
c. Evacuación de las y los trabajadores
d. Las tres son correctas

2421. El deber de protección eficaz del empresario se materializa, entre otros, en la obligación de:

a. Realizar el plan de prevención de la empresa
b. Realizar el plan de prevención de la empresa y las evaluaciones de riesgos de puestos de trabajo
c. Contratar a una empresa especializada que se encargue de velar por la seguridad y salud de las personas trabajadoras
d. Ofrecer cursos de primeros auxilios a las personas trabajadoras

2422. Qué contenido encontramos en la Ley 31/1995, de Prevención de Riesgos Laborales:

a. Derechos del personal trabajador para garantizarle protección eficaz frente a los riesgos laborales
b. Protección de la confidencialidad en actividades relacionados con la vigilancia de la salud del personal
c. Medidas a desarrollar en situaciones de emergencia
d. Las tres son correctas

2423. Los equipos de protección individual deben utilizarse:

a. Con preferencia a las medidas de protección colectiva porque los medios de protección individual permiten una mayor protección del personal
b. Solo se aplicarán medidas de protección individuales, nunca colectivas porque estas últimas no son eficaces
c. Las medidas de protección colectiva solo se pueden utilizar después de accidente laboral
d. Se aplican medidas de protección colectiva con carácter preferente, y si no son eficaces para la protección de la persona empleada se usan las medidas de protección individual

2424. El principio de información se basa en que:

a. Las personas trabajadoras deben ser consultadas sobre la adopción de medidas preventivas
b. Debe nombrarse un instructor en cada proceso de trabajo
c. La actuación preventiva debe dirigirse directamente sobre la persona trabajadora
d. Las personas trabajadoras deben conocer los riesgos a que están sometidos

2425. La influencia de los factores ambientales en el trabajo:

a. Debe considerarse siempre al planificar la prevención
b. Es una cuestión que queda al margen de la actividad preventiva
c. Tan solo debe considerarse en aquellas industrias consideradas como peligrosas
d. Ninguna de las tres

2426. NO es obligación del trabajador:

a. Usar adecuadamente, de acuerdo con su naturaleza y los riesgos previsibles, las máquinas, herramientas, aparatos, sustancias peligrosas y equipos de transporte con los que desarrollen su actividad
b. Cooperar con el empresario/administración para que este pueda garantizar unas condiciones de trabajo que sean seguras y no entrañen riesgos para la seguridad y la salud de los trabajadores
c. Informar cuando a su superior jerárquico o, en su caso, al servicio de prevención, acerca de cualquier situación que, a su juicio, entrañe, por motivos razonables, un riesgo para la seguridad y la salud
d. Contribuir al cumplimiento de las obligaciones establecidas por la autoridad competente con el fin de proteger la seguridad y la salud de los trabajadores en el trabajo

2427. Cuál de las siguientes Leyes se considera un pilar básico sobre el que se asienta la protección de la seguridad y salud del trabajador:

a. La Ley 31/1995 de Prevención de Riesgos Laborales
b. La Constitución española
c. El RDL 2/2015 por el que se aprueba el texto refundido de la Ley del Estatuto de los Trabajadores
d. La Directiva 89/391/CEE relativa a la aplicación de medidas para promover la mejora de la seguridad y de la salud de los trabajadores en el trabajo

2428. Son instrumentos esenciales para la gestión y aplicación de un plan de prevención de riesgos laborales en una empresa o administración:

a. La elección de un servicio de prevención propio o ajeno en función del número de personas empleadas
b. La evaluación de los riesgos laborales derivados de la actividad y una adecuada planificación preventiva
c. La elección de un servicio médico propio o ajeno en función del número de las personas empleadas
d. La valoración del personal especialmente sensible

2429. En la Ley de Prevención de Riesgos Laborales, se considera 'riesgo grave e inminente':

a. Cualquier riesgo que pueda ser considerado como extraordinario
b. El riesgo grave que pueda producirse en un futuro más o menos cercano
c. El riesgo que pueda poner en peligro seriamente la seguridad y salud del personal y que se vaya a producir de manera inmediata
d. El riesgo no previsto que vaya a producirse de manera inmediata

2430. La Ley 31/1995 no se aplicará a:

a. Las personas socias trabajadoras de las cooperativas
b. A las personas trabajadoras autónomas
c. A los y las empleadas públicas
d. A los miembros de las FF AA y Guardia Civil

2431. El principio de formación supone que el empresario deberá ofrecer formación suficiente y adecuada en materia preventiva a los empleados:

a. indefinidos, teórica y práctica
b. a los temporales, teórica y práctica
c. práctica en ambos casos
d. teórica y práctica en ambos casos

2432. El personal contratado por ETT:

a. Deberán recibir, con carácter previo al inicio de su actividad, información acerca de los riesgos a los que vaya a estar expuesto
b. No tienen derecho a la vigilancia periódica de su estado de salud
c. Será la empresa de trabajo temporal la única responsable en materia de protección de seguridad y salud
d. Ese personal está fuera del ámbito de aplicación de la Ley 31/1995

2433. La Ley 31/1995 establece medidas particulares en categorías específicas de trabajadores, entre las que NO está:

a. Embarazadas
b. Mayores de 55 años
c. Menores de edad
d. Trabajadores temporales

2434. A fin de dar cumplimiento al deber de protección de la Ley, el empresario adoptará las medidas adecuadas para que los trabajadores reciban todas las informaciones necesarias en relación con (Indique la FALSA)…

a. Los riesgos para la seguridad y la salud que pueda estar soportando en su actividad laboral, tanto las que afecten a la empresa en su conjunto, como a cada tipo de puesto de trabajo o función
b. Las medidas y actividades de protección y prevención aplicables a esos riesgos
c. Las medidas adoptadas frente a situaciones de emergencia (necesidad de evacuar el centro, o qué hacer frente a una determinada situación de emergencia…)
d. Los riesgos específicos que afecten al puesto de trabajo de la persona trabajadora o su función y de las medidas de protección y prevención aplicables a dichos riesgos. Esta información se facilitará en todo caso a través de los representantes sindicales

2435. Entre la documentación que debe elaborar y conservar el empresario para ponerla a disposición de la autoridad laboral NO está:

a. El plan de prevención de riesgos laborales
b. Los incumplimientos por parte de las personas trabajadoras en materia de prevención
c. La relación de accidentes de trabajo y enfermedades profesionales que hayan causado a la persona trabajadora una incapacidad laboral superior a un día de trabajo
d. Las evaluaciones de los riesgos realizadas

2436. Las personas trabajadoras:

a. No tienen ninguna obligación en materia de prevención de riesgos porque se trata de una cuestión que solo atañe al empresario
b. Deben velar por su propia seguridad y salud en el trabajo, en cumplimiento de las medidas de prevención que se hayan adoptado en la empresa
c. Deben velar por su propia seguridad y salud en el trabajo, así como por la de aquellas otras personas a las que pueda afectar su actividad profesional, en cumplimiento de las medidas de prevención que se hayan adoptado en la empresa
d. Deben velar por la seguridad y salud en el trabajo del resto de compañeros, así como por la de aquellas otras personas a las que pueda afectar su actividad profesional, en cumplimiento de las medidas de prevención que se hayan adoptado en la empresa

2437. La formación debe impartirse:

a. Siempre dentro de la jornada
b. Siempre fuera de la jornada
c. Siempre que sea posible dentro de la jornada
d. Cuando el empresario lo considere oportuno

2438. La Ley 31/1995 es la norma básica sobre la que se asienta en nuestro ordenamiento jurídico la protección de la seguridad y salud de los y las trabajadoras, y:

a. Su regulación tiene vocación continuista con la legislación anterior a su entrada en vigor
b. Tiene una vocación de innovación pues actualiza regulaciones desfasadas y situaciones nuevas no contempladas con anterioridad
c. Es una norma que supone el nivel máximo de protección, no pudiendo ser desarrollada, ni mejorada en los convenios colectivos
d. Establece una regulación tan limitada que hace necesario mantener la dispersión normativa existente antes de 1995

2439. Qué obligación establece la Ley 31/1995 a los empresarios que contraten o subcontraten con otros la realización en sus propios centros de trabajo de obras o servicios correspondientes a su actividad:

a. La obligación de vigilar que contratistas y subcontratistas cumplen la normativa de prevención
b. La Ley 31/1995 no establece obligaciones específicas para este caso
c. La obligación de incluir en el contrato entre ambas empresas, una cláusula relativa a la prevención de riesgos laborales
d. La Ley 31/1995 prohíbe a los empresarios contratar o subcontratar con otros la realización en sus propios centros de trabajo de obras o servicios correspondientes a su actividad

2440. El empresario deberá garantizar que cada trabajador reciba una formación teórica y práctica, suficiente y adecuada, en materia preventiva:

a. En el momento de su contratación
b. Cuando se produzcan cambios en las funciones que desempeñe o se introduzcan nuevas tecnologías o cambios en los equipos de trabajo
c. En ambos casos
d. Ninguna lo es

2441. Puede la representación sindical acordar la paralización de la actividad en caso de riesgo grave e inminente:

a. No puede acordar la paralización de la actividad pero sí el abandono del centro de trabajo
b. Sí, por mayoría de sus miembros, cuando el empresario no adopte o no permita adoptar las medidas necesarias para garantizar la seguridad y la salud del personal
c. No, la paralización de la actividad sólo puede acordarla el empresario o la autoridad laboral
d. Sólo cuando la autoridad laboral lo autorice

2442. Sobre la información que debe facilitarse a los trabajadores:

a. En todo caso, deberá informarse directamente a cada persona empleada de los riesgos específicos que afecten a su puesto de trabajo o función
b. El empresario podrá consultar a los trabajadores y trabajadoras, sobre las cuestiones que afecten a la seguridad y a la salud en el trabajo
c. En las empresas que cuenten con representación de personal, será responsabilidad de dicha representación facilitar toda la información relativa a seguridad y salud en el trabajo
d. La Ley 31/1995 no establece para el empresario, una obligación específica de informar a los trabajadores

2443. Según el artículo 14 de la Ley 31/1995, en materia de seguridad y salud en el trabajo los trabajadores tienen derecho a…

a. Una protección adecuada
b. Una protección suficiente
c. Una protección eficaz
d. Una protección razonable

2444. Los equipos de protección individualizada precisos para evitar o minimizar la exposición al riesgo laboral correspondiente:

a. Corren a cargo del empresario
b. Corren a cargo de las personas trabajadoras
c. Corren a cargo del empresario y de las personas trabajadoras
d. Corren a cargo de la Administración

2445. El contenido de la Ley 31/1995 de prevención de riesgos laborales, NO es aplicable a:

a. Las relaciones laborales reguladas en el Estatuto de los Trabajadores

b. Las relaciones laborales de carácter administrativo o estatutario del personal al servicio de las Administraciones Públicas

c. A la relación laboral de carácter especial del servicio del hogar familiar

d. A las sociedades cooperativas en las que existan socios cuya actividad consista en la prestación de un trabajo personal

2446. Sobre la Ley 31/1995, de Prevención de Riesgos Laborales:

a. Tiene como objeto, entre otros, garantizar la formación de los y las trabajadoras en materia preventiva

b. Es una norma de carácter general sin referencia a cuestiones específicas como la protección de la maternidad

c. Deroga los compromisos contraídos con la Organización Internacional del Trabajo en esta materia

d. Es una norma supletoria que sólo se aplica en ausencia de normas autonómicas

2447. Los instrumentos esenciales para la gestión y aplicación del plan de prevención de riesgos laborales son…

a. La evaluación inicial de riesgos laborales y la planificación de la actividad preventiva

b. La evaluación de riesgos laborales y combatir los riesgos en su origen

c. Combatir los riesgos en su origen y evitar los riesgos

d. Planificar la prevención y evaluar los riesgos no evitables

2448. En el supuesto de contratas y subcontratas cuyas personas trabajadoras desarrollen actividades pertenecientes a la propia actividad de la empresa principal en las instalaciones de esta última:

a. La empresa principal deberá vigilar el cumplimiento por dichas contratas y subcontratas de la normativa de prevención

b. Solamente serán las empresas contratistas y subcontratistas las que deban velar por el cumplimiento de la normativa de prevención respecto a sus propias personas trabajadoras

c. La vigilancia de la normativa de prevención corresponderá a la Inspección de Trabajo y de la Seguridad Social

d. Los delegados de prevención de la empresa principal serán los únicos encargados de velar por el cumplimiento de la normativa de prevención

2449. Los derechos contenidos en la Ley 31/1995 y sus normas reglamentarias:

a. Bajo ningún concepto pueden ser modificados por convenio colectivo

b. En todo caso pueden modificarse por convenio colectivo

c. Pueden ser mejorados y desarrollados por convenio colectivo

d. Sólo cabe modificarlos tras negociarlo cada persona trabajadora con su empresario

2450. Sobre las medidas de protección:

a. Los equipos de protección individual siempre deben prevalecer sobre los medios técnicos de protección colectiva

b. Los medios técnicos de protección colectiva se antepondrán a los individuales

c. Ambos deben aplicarse al mismo tiempo

d. Solo cuando el empresario lo considere oportuno se antepondrán los equipos de protección individual a los medios técnicos de protección colectiva

2451. Entre los principios generales que deben informar la aplicación de las medidas de prevención NO ESTÁ:

a. Evitar los riesgos, dar las debidas instrucciones a los trabajadores y tener en cuenta la evolución de la técnica

b. Combatir los riesgos en su origen, sustituir lo peligroso por lo que entrañe poco o ningún peligro y dar las debidas instrucciones a los trabajadores

c. Planificar la prevención, tener en cuenta la evolución de la técnica y tomar en consideración el criterio económico

d. Tomar en consideración las capacidades profesionales del personal en materia de seguridad y de salud en el momento de encomendarles las tareas, adaptar el trabajo a la persona, y no la persona al trabajo, y evaluar los riesgos no evitables

2452. En relación a qué colectivo de trabajadores y trabajadoras prevé expresamente adoptar medidas particulares la Ley 31/1995:

a. Funcionarios

b. Trabajadores temporales

c. Cuerpos policiales

d. Niñas

2453. Cuando en un mismo centro de trabajo desarrollen actividades personal de dos o más empresas:

a. Deberán cooperar en la aplicación de la normativa sobre prevención

b. La responsabilidad de velar por el cumplimiento de la normativa de prevención de riesgos laborales recaerá en la empresa de mayor número de empleados

c. La responsabilidad recaerá en cada una de las empresas para con sus trabajadores

d. La responsabilidad recaerá en la empresa titular del centro de trabajo en el que se desarrollen dichas actividades

2454. La obligación de los poderes públicos de velar por la 'seguridad e higiene en el trabajo'…

a. Constituye en la Constitución Española un derecho fundamental

b. Constituye en la Constitución Española un principio rector de la política social y democrática

c. Se reconoce en la Ley 31/1995 de prevención de riesgos laborales como derecho fundamental

d. No se reconoce en el ordenamiento jurídico español

2455. Podrán acceder a la información médica de carácter personal de las personas trabajadoras:

a. El empresario

b. El servicio médico y las autoridades sanitarias

c. Las autoridades sanitarias

d. El empresario, el servicio médico y las autoridades sanitarias

2456. Es un principio de la actividad preventiva de la empresa:

a. Adaptar la persona al trabajo, y no el trabajo a la persona

b. Adoptar medidas que antepongan la protección individual a la colectiva

c. Garantizar que sólo los y las empleadas que hayan recibido información suficiente y adecuada accedan a las zonas de riesgo grave y específico

d. Las medidas preventivas no preverán necesariamente las distracciones o imprudencias que pudiera cometer el personal

2457. Según la Ley de Prevención de Riesgos Laborales las trabajadoras embarazadas:

a. No tendrán derecho a ausentarse del trabajo, con derecho a remuneración, para la realización de exámenes prenatales y técnicas de preparación al parto

b. Tendrán derecho a ausentarse del trabajo, pero sin derecho a remuneración, para la realización de exámenes prenatales y técnicas de preparación al parto, previo aviso al empresario

c. Tendrán derecho a ausentarse del trabajo, con derecho a remuneración, para la realización de exámenes prenatales y técnicas de preparación al parto, siempre que avisen previamente al empresario

d. Tendrán derecho a ausentarse del trabajo, con derecho a remuneración, para la realización de exámenes prenatales y técnicas de preparación al parto, siempre que avisen previamente al empresario y justifiquen la necesidad de su realización dentro de la jornada de trabajo

2458. El Capítulo III de la Ley 31/1995 de prevención de riesgos laborales, recoge el derecho de consulta y participación de las personas empleadas en el ámbito de la protección de su seguridad y salud:

a. No, el Capítulo III recoge los derechos y obligaciones de las empresas/administraciones y su personal en el ámbito de la prevención de riesgos laborales

b. El derecho de consulta y participación se recoge en el Capítulo II de la Ley 31/1995

c. El Capítulo III determina la regulación básica de los servicios de prevención

d. La Ley 31/1995 solo se compone de dos capítulos, relativos a la política preventiva y a las responsabilidades de fabricantes, importadores y suministradores

2459. La vigilancia de la salud de las personas trabajadoras:

a. Es voluntaria para las mismas

b. Es obligatoria para las mismas

c. Es obligatoria tan solo cuando el reconocimiento médico sea imprescindible para evaluar los efectos de las condiciones de trabajo sobre la salud del personal

d. Es obligatoria en el momento de la contratación y voluntaria a partir de la contratación

2460. Es una obligación de las personas trabajadoras en materia de prevención de riesgos:

a. Usar adecuadamente las herramientas, de acuerdo con su naturaleza y los riesgos previsibles

b. Poner fuera de funcionamiento los dispositivos de seguridad existentes cuando obstaculicen el adecuado ritmo de trabajo

c. Mantener la confidencialidad acerca de las situaciones que entrañen riesgo para la seguridad y la salud de las y los trabajadores

d. Utilizar los medios y equipos de protección de acuerdo con su percepción del riesgo

2461. Las medidas preventivas implantadas por una empresa o administración deben prever las distracciones o imprudencias no temerarias que pudiera cometer la persona empleada:

a. En ningún caso incluye las distracciones o imprudencias sean de la clase que sean

b. Incluye también las distracciones o imprudencias temerarias

c. La afirmación es correcta

d. En la prevención nunca se tienen en cuenta las distracciones, aunque sí las imprudencias

2462. (art. 29) El incumplimiento por los trabajadores de las obligaciones en materia de prevención de riesgos tendrá la consideración de:

a. Incumplimiento laboral

b. Infracción administrativa

c. Falta leve

d. Falta grave

2463. El empresario debe realizar una evaluación inicial de los riesgos no evitables:

a. Siempre

b. Cuando lo tenga por conveniente

c. Cuando se lo requiera la Autoridad Laboral

d. Nunca

2464. Si la revisión sobre la evaluación de riesgos de una mujer embarazada revela que existe un riesgo para su seguridad y salud o una posible repercusión sobre el embarazo o la lactancia o en los descendientes:

a. Deberá suspenderse su contrato de trabajo por riesgo durante el embarazo

b. El empresario deberá adoptar las medidas necesarias para evitar la exposición a tal riesgo

c. El empresario deberá modificar el puesto de trabajo o funciones del mismo, de forma y manera que estos sean compatibles con el estado de la mujer

d. El contrato de trabajo tan solo podrá suspenderse por riesgo durante el embarazo cuando no quepan adaptaciones del puesto de trabajo, ni modificaciones en el puesto de trabajo o en las funciones del mismo

2465. Qué debe contener una adecuada planificación preventiva:

a. La estructura de la empresa y el organigrama de la misma

b. El listado de puestos de trabajo por áreas de actividad y sus riesgos

c. La descripción detallada del proceso productivo o de la actividad de la empresa/administración

d. Plazo de ejecución, designación de recursos humanos y materiales necesarios, así como las personas responsables de llevarla a cabo

2466. Según el artículo 3 de la Ley 31/1995 de prevención de riesgos laborales, la norma...

a. Se aplica también a las actividades cuyas particularidades lo impidan en el ámbito de las funciones públicas de policía, seguridad y resguardo aduanero

b. Se aplica también a las actividades cuyas particularidades lo impidan en el ámbito de las funciones públicas de las Fuerzas armadas y actividades militares de la Guardia Civil

c. No se aplica a las relaciones de carácter administrativo o estatutario del personal al servicio de las administraciones públicas

d. Se aplica a las relaciones laborales de carácter administrativo o estatutario del personal al servicio de las administraciones públicas

2467. Puede prolongarse la vigilancia periódica de la salud del personal de una empresa o administración más allá del fin de la relación laboral:

a. En ningún caso, cuando finaliza la relación laboral finaliza la vigilancia de la salud porque no existe vínculo laboral entre la persona empleada y el empleador

b. Puede prolongarse más allá de la relación laboral cuando la persona empleada haya sufrido un accidente de trabajo incapacitante

c. En aquellos supuestos en que la naturaleza de los riesgos inherentes al trabajo lo haga necesario

d. En el caso de que la persona empleada se jubile más allá de los 65 años

2468. Sobre el plan de prevención de riesgos laborales:

a. Debe recoger, entre otros aspectos, las responsabilidades en materia de prevención de riesgos laborales

b. Debe recoger, entre otros aspectos, los procedimientos y los procesos en materia de prevención de riesgos laborales

c. Sirve, entre otros fines, para integrar la prevención de riesgos laborales en el sistema general de gestión de la empresa o administración correspondiente

d. Las tres son correctas

2469. Como modalidad preventiva a asumir por la empresa:

a. Cabe la creación de un servicio de prevención propio o el concierto con un servicio de prevención ajeno

b. Solamente cabe la creación de un servicio propio de prevención

c. Solamente cabe el concierto con un servicio de prevención ajeno

d. Solamente cabe la designación de personas trabajadoras bien formadas en materia de prevención de riesgos laborales

2470. En materia de emergencia:

a. El empresario debe contratar un servicio de prevención ajeno para que se encargue de poner en práctica las medidas necesarias en materia de primeros auxilios, lucha contra incendios y evacuación de personal

b. El empresario cumple con su deber en materia de emergencia poniendo a disposición de los empleados y de las empleadas información sobre las medidas necesarias en materia de primeros auxilios, lucha contra incendios y evacuación de personal

c. El empresario debe designar a los empleados o empleadas encargadas de poner en práctica las medidas necesarias en materia de primeros auxilios, lucha contra incendios y evacuación de personal

d. La Autoridad Laboral competente debe designar a los empleados o empleadas encargadas de poner en práctica las medidas necesarias en materia de primeros auxilios, lucha contra incendios y evacuación de personal

2471. Formación de los y las trabajadoras en materia de prevención de riesgos:

a. La formación deberá impartirse necesariamente dentro de la jornada de trabajo
b. El coste económico de la formación será compartido por empresario y trabajador
c. La formación no será necesaria en el caso de contratos de duración inferior a seis meses
d. La formación deberá repetirse periódicamente, si fuera necesario

2472. Si los trabajadores están o pueden estar expuestos a un riesgo grave e inminente con ocasión de su trabajo, el empresario estará obligado a (indique la FALSA):

a. Informar lo antes posible a todos los trabajadores afectados acerca de la existencia de dicho riesgo y de las medidas adoptadas
b. Adoptar las medidas necesarias y dar las instrucciones necesarias para que los trabajadores puedan interrumpir su actividad y, en caso necesario abandonar el lugar de inmediato
c. Disponer lo necesario para que el trabajador que no pueda ponerse en contacto con su superior jerárquico esté en condiciones de adoptar las medidas necesarias para evitar las consecuencias de dicho peligro
d. Reanudar la actividad empresarial, en todo caso, incluso mientras persista el peligro

2473. La prevención debe integrarse en el sistema de gestión de la empresa, para ello es fundamental:

a. Establecer protocolos de vigilancia de la salud
b. Disponer de un servicio médico de empresa a jornada completa
c. Disponer de un comité de empresa
d. Implantar un adecuado plan de prevención en la organización

2474. Qué significa que la protección en materia de prevención de riesgos laborales debe ser dinámica:

a. Que debe adaptarse a los cambios de la actividad laboral
b. Que debe adaptarse a los cambios de la actividad laboral, así como al cambio de las condiciones personales de quien desempeñe las correspondientes actividades laborales
c. Que debe adaptarse rápidamente a los cambios normativos
d. Que debe quedar en manos de la negociación colectiva su concreción y forma de aplicación

2475. En qué caso es obligatorio para el personal someterse a reconocimientos o pruebas para vigilar la salud:

a. En todo caso
b. En ningún caso
c. Entre otros casos, cuando sea imprescindible para evaluar los efectos de las condiciones de trabajo sobre la salud del personal
d. Solamente cuando sea imprescindible para evaluar los efectos de las condiciones de trabajo sobre la salud del personal

2476. Se consideran trabajadores especialmente sensibles los que…

a. …de acuerdo a los criterios marcados por la empresa o administración pertinente, incluidos aquellos que tengan reconocida la situación de discapacidad física, psíquica o sensorial, sean especialmente sensibles a los riesgos derivados del trabajo
b. …por sus propias características o estado biológico conocido, incluidos aquellos que tengan reconocida la situación de discapacidad física, psíquica o sensorial, sean especialmente sensibles a los riesgos derivados del trabajo
c. …por sus propias características o estado biológico conocido, salvo aquellos que tengan reconocida la situación de discapacidad física, psíquica o sensorial, sean especialmente sensibles a los riesgos derivados del trabajo
d. …tengan reconocida la situación de discapacidad física, psíquica o sensorial y sean especialmente sensibles a los riesgos derivados del trabajo

2477. En caso de que en un centro de trabajo desarrollen actividades trabajadores de dos o más empresas o administraciones…

a. Estas deberán cooperar en la aplicación de la normativa sobre prevención de riesgos laborales
b. Cada una de las empresas o administraciones que participe deberá hacerse responsable de adoptar las medidas oportunas con respecto a sus propios empleados
c. Se designará a una de las empresas o administraciones como responsable de adoptar las medidas preventivas pertinentes
d. Será la empresa o administración de mayor entidad la responsable de adoptar las medidas preventivas oportunas

2478. La vigilancia de la salud de las personas trabajadoras se llevará a cabo…

a. Siempre de manera obligatoria, aunque la persona empleada no lo consienta
b. Siempre con el consentimiento de la persona empleada
c. Comúnmente con el consentimiento de la persona empleada, aunque hay excepciones en que dicho consentimiento no es necesario
d. Sin el consentimiento de las personas empleadas

2479. La Ley de Prevención de Riesgos Laborales tiene el carácter de legislación laboral y además es una norma básica del régimen estatutario de los funcionarios públicos:

a. No tiene carácter estatutario porque se aplica exclusivamente a las actividades de las fuerzas armadas y a las actividades militares de la guardia civil
b. Solo se aplica a las relaciones laborales reguladas por el Estatuto de los Trabajadores
c. Se aplica exclusivamente al personal funcionario de las administraciones públicas, sea cual sea su actividad
d. Se aplica a las relaciones laborales reguladas en el Estatuto de los Trabajadores y a los funcionarios públicos

2480. En cuál de los siguientes casos es aplicable la Ley 31/1995, de Prevención de Riesgos Laborales:

a. Relaciones laborales de carácter especial del servicio del hogar familiar
b. Relaciones laborales de carácter administrativo o estatutario del personal al servicio de las administraciones públicas
c. Servicios operativos de protección civil, incluidos los casos de grave riesgo, catástrofe y calamidad pública
d. En el ámbito de las funciones públicas de policía, en todas sus actividades

2481. Si hay más de una empresa o administración presentes en un mismo centro de trabajo quien tiene la obligación de informar sobre las medidas de emergencia y extinción de incendios del lugar de trabajo es:

a. La autoridad sanitaria del territorio en que radique el centro de trabajo principal de la empresa o administración correspondiente
b. El titular del centro de trabajo
c. La autoridad laboral de la provincia en que radique el centro de trabajo principal de la empresa o administración correspondiente
d. Los servicios de extinción de incendios y primeros auxilios del municipio en que se encuentre el centro de trabajo

2482. La Ley 31/1995 de prevención de riesgos laborales, da cumplimiento a:

a. Al mandato constitucional contenido en el artículo 41 de la Constitución, dentro de los principios rectores de la política social y económica
b. Al mandato constitucional contenido en el artículo 42 de la Constitución, dentro de los derechos fundamentales
c. Al mandato constitucional contenido en el artículo 40 de la Constitución, dentro de los principios rectores de la política social y económica
d. Al mandato constitucional contenido en el artículo 40 de la Constitución, dentro de los derechos fundamentales

2483 **A**	2510 **C**	2537 **B**
2484 **A**	2511 **D**	2538 **A**
2485 **D**	2512 **B**	2539 **D**
2486 **A**	2513 **B**	2540 **B**
2487 **C**	2514 **B**	2541 **C**
2488 **B**	2515 **A**	2542 **C**
2489 **B**	2516 **C**	2543 **C**
2490 **B**	2517 **A**	2544 **C**
2491 **A**	2518 **A**	2545 **B**
2492 **C**	2519 **B**	2546 **C**
2493 **A**	2520 **B**	2547 **D**
2494 **B**	2521 **A**	2548 **C**
2495 **D**	2522 **C**	2549 **C**
2496 **C**	2523 **C**	2550 **A**
2497 **D**	2524 **A**	2551 **B**
2498 **A**	2525 **B**	2552 **C**
2499 **C**	2526 **C**	2553 **D**
2500 **B**	2527 **C**	2554 **B**
2501 **D**	2528 **D**	2555 **C**
2502 **C**	2529 **A**	2556 **B**
2503 **B**	2530 **B**	2557 **C**
2504 **D**	2531 **D**	2558 **D**
2505 **B**	2532 **D**	2559 **B**
2506 **D**	2533 **A**	2560 **A**
2507 **B**	2534 **B**	2561 **D**
2508 **A**	2535 **D**	2562 **C**
2509 **D**	2536 **B**	2563 **A**

2483. Indique la correcta:

a. El cuerpo humano tolera temperaturas de hasta unos 40º C

b. La piel no es un órgano de nuestro cuerpo

c. La epidermis y el endotelio son las dos capas de la piel

d. La quemadura es el resultado del contacto de los tejidos del organismo con el frío

2484. A la hora de actuar de urgencia ante una fractura se debe:

a. Inmovilizar la fractura en la misma posición en que se encuentra, sin intentar reducir la fractura (llevar el hueso a su posición normal)

b. Reduciremos la fractura en primer lugar y posteriormente la inmovilizaremos

c. Reduciremos la fractura y esperaremos a los servicios de emergencia

d. Esperaremos a los servicios de emergencia sin actuar sobre el lugar de la fractura

2485. Las fracturas cursan con:

a. Hematoma

b. Crepitación

c. Incapacidad funcional

d. Todas son correctas

2486. En caso de accidente, cuando nos encontramos ante una hemorragia arterial la práctica de un torniquete…

a. Es un método excepcional y extremo, solamente justificado si otros métodos menos extremos han sido ineficaces

b. Es un método habitual, justificado si el traslado a un centro se va a demorar

c. Es un vendaje compresivo suave, en general circular, que actúa comprimiendo las arterias por encima de las heridas

d. Es un vendaje compresivo muy fuerte, en general circular, que actúa comprimiendo la misma herida para evitar la hemorragia

2487. El método boca-boca:

a. Puede ser aplicado en la mayoría de las ocasiones

b. Permite comprobar si está siendo efectivo viendo que sube el pecho de la víctima al entrar el aire

c. Ambas son correctas

d. Ninguna lo es

2488. El objetivo principal de los primeros auxilios debe ser:

a. Curar las lesiones del accidentado

b. Mantener a la persona accidentada con vida y evitar agravar las lesiones que presenta

c. Darle apoyo moral a la persona accidentada

d. Mantener entretenida a la persona accidentada hasta que acudan los servicios de emergencia

2489. En la 'regla del 9', Wallace divide la superficie corporal del adulto en 11 áreas, siendo cada parte el 9% o un múltiplo de 9:

a. Cabeza y cuello equivalen a 18%

b. Cada extremidad superior: 9%

c. Cada extremidad inferior: 9%

d. Cara anterior de tórax y abdomen: 9%

2490. La actuación ante una herida en el tórax será:

a. Extraer el objeto enclavado si lo hubiera

b. Trasladar a la persona herida acostada del lado lesionado

c. Taparle los ojos

d. Todas son correctas

2491. Una vez recuperada la persona accidentada la colocaremos en posición:

a. Lateral de seguridad

b. Boca-arriba

c. Boca-abajo

d. En la que más cómoda se sienta la persona

2492. En la utilización de un torniquete:

a. Se colocará una etiqueta en el lugar más próximo al corazón

b. En caso de períodos de tiempo prolongados con el torniquete, no es conveniente aflojarlo

c. Una vez colocado el torniquete, corresponderá al personal sanitario especializado retirarlo y nunca al/a la socorrista, para evitar el riesgo de shock

d. Las tres son correctas

2493. Qué vaso sanguíneo podemos pensar que se ha lesionado en este caso: La sangre sale a gran velocidad, de forma intermitente, a borbotones que coinciden con los latidos:

a. Arteria   b. Vena   c. Capilar   d. Otro

2494. En qué orden se deben reconocer los signos vitales:

a. Consciencia, respiración y pulso, dependiendo de la gravedad del/a paciente

b. Consciencia, respiración y pulso y siempre en ese orden

c. Consciencia, pulso y respiración

d. Pulso, respiración y consciencia

2495. Qué hacer ante una herida leve:

a. Antes de actuar nos lavaremos profusamente las manos

b. Limpiaremos la herida con agua y jabón; del centro de la herida hacia los bordes

c. Utilizaremos como antiséptico la povidona yodada (betadine)

d. Todas son correctas

2496. Respecto a la práctica de la respiración artificial:

a. Se deberá realizar siempre una maniobra boca-nariz para insuflar el aire

b. En la aplicación de la respiración artificial se pueden considerar tres fases

c. El boca-boca puede aplicarse con el masaje cardiaco en caso de ser necesario

d. Una vez que conseguimos que el aire penetre en los pulmones y comprobado que la víctima tiene pulso seguiremos realizando insuflaciones a un ritmo de 8 a 12/min

2497. En caso de accidente, se sospechará de hemorragia interna cuando, junto al antecedente del traumatismo, la víctima presenta (indicar la FALSA):

a. Palidez

b. Sudoración fría

c. Extrema debilidad

d. Hambre

2498. Qué se debe hacer ante una quemadura:

a. Aplicar agua

b. Dar comida o líquidos por vía oral

c. Dejar sola a la víctima

d. Despegar la ropa que esté pegada a la piel

2499. Qué hacer ante un riesgo de shock:

a. Colocar a la persona de pie, para favorecer el riego sanguíneo

b. Poner las extremidades inferiores en horizontal con el cuerpo, siempre que no se queje de dolor

c. Evitar que pierda calor

d. Darle de comer y de beber

2500. Las heridas son lesiones con rotura de piel y salida de sangre al exterior y pueden ser transfixiantes, lo que significa:

a. Que son heridas producidas por objetos romos

b. Que presentan orificio de entrada y salida, por ejemplo, las producidas por armas de fuego

c. Que son heridas producidas por objeto puntiagudos

d. Que son heridas producidas por objeto cortantes

2501. Seleccione la respuesta INCORRECTA. En caso de accidente, si se ha producido una lesión por electricidad, por baja tensión…

a. Iniciaremos las maniobras de resucitación cardio-pulmonar, si la víctima lo necesita

b. Trataremos las quemaduras

c. Trataremos las fracturas y lesiones músculo-esqueléticas

d. Trasladaremos a la persona abrigada, en posición vertical

2502. Cuáles son las pautas básicas que responden a la regla P.A.S.:

a. Proteger, ayudar y socorrer

b. Priorizar, acercar y socorrer

c. Proteger, avisar y socorrer

d. Parar, ayudar y socorrer

2503. Selecciona la respuesta INCORRECTA: en caso de accidente, si se ha producido una fractura…

a. Evitaremos movimientos innecesarios ya que podemos aumentar el dolor, agravar las lesiones e incluso involuntariamente desencadenar un cuadro de shock

b. Intentaremos reducir por nuestra cuenta la fractura, esto es llevar al hueso a su posición normal

c. Si la fractura se encontrara en una extremidad, junto a la inmovilización de la zona fracturada fijaremos también las articulaciones que están por encima y por debajo de la fractura

d. La inmovilización se hará por medio de un 'tutor' o pueden emplearse unas tablillas, férulas, palos que previamente almohadillaremos con trozos de tela, algodón o similar

2504. En caso de accidente, si debido a un atragantamiento se ha producido una obstrucción completa de las vías aéreas…

a. Animaremos a la víctima a toser con fuerza

b. Daremos palmadas en la espalda de la víctima

c. Situaremos una de nuestras manos con el puño cerrado y el pulgar hacia dentro, entre las costillas. Cogeremos el puño con la otra mano y presionaremos bruscamente hacia dentro y arriba al mismo tiempo

d. Situaremos una de nuestras manos con el puño cerrado y el pulgar hacia dentro, en el abdomen por encima del ombligo y alejado del esternón y las costillas. Cogeremos el puño con la otra mano y presionaremos bruscamente hacia dentro y arriba

2505. La respiración artificial, para ser efectiva, debe ser:

a. Inmediata, interrumpida y prolongada

b. Inmediata, continuada y prolongada

c. Inmediata, continuada y corta

d. Inmediata, discontinua y corta

2506. La regla P.A.S hace referencia a:

a. Proteger, asesorar y sostener

b. Proteger, asesorar y socorrer

c. Proteger, avisar y sostener

d. Proteger, avisar y socorrer

2507. El masaje cardíaco supone una compresión externa del corazón para que vuelva a latir y distribuya la sangre por todo el organismo. La compresión debe hacerse de tal manera que el tórax descienda:

a. 1 ó 2 centímetros y a un ritmo alto de compresión de 60-80 veces por minuto

b. 4 ó 5 centímetros y a un ritmo alto de compresión de 80-100 veces por minuto

c. 1 ó 2 centímetros y a un ritmo alto de compresión de 80-100 veces por minuto

d. 4 ó 5 centímetros y a un ritmo alto de compresión de 60-80 veces por minuto

2508. En la práctica de la respiración artificial, una vez que conseguimos que el aire entre en los pulmones comprobaremos que la víctima tiene pulso y seguiremos realizando insuflaciones a un ritmo de :

a. 12 a 16 por minuto

b. 20 a 25 por minuto

c. 5 a 8 por minuto

d. 25 a 30 por minuto

2509. Respecto a la obstrucción de las vías aéreas:

a. El atragantamiento solo se da si hay una obstrucción completa de las vías aéreas

b. Toser complica la obstrucción

c. Deberemos dar palmadas suaves en la espalda

d. Con excesiva frecuencia conocemos el fallecimiento de una persona a consecuencia de un atragantamiento

2510. En función de la extensión, las quemaduras se clasifican:

a. en Grados (1º, 2º 3º)

b. en Grados (A, B, C)

c. por la 'Regla de los 9'

d. por la 'Regla de los 12'

2511. Los principios generales del tratamiento de las heridas son:

a. Detener la hemorragia

b. Evitar las complicaciones y en especial las infecciones

c. Favorecer la curación

d. Las tres son correctas

2512. A la hora de valorar las lesiones que haya podido sufrir la persona accidentada o enferma existe:

a. Una valoración primaria que supone buscar las lesiones que haya podido tener la persona, especialmente en la cabeza

b. Una valoración primaria para comprobar que la persona no está en peligro (respira y tiene pulso) y una valoración secundaria buscando las lesiones que pudiera tener

c. Una valoración primaria para comprobar que respira y tiene pulso, una valoración secundaria buscando hemorragias y una valoración terciaria buscando dolor

d. Una valoración primaria para comprobar que no tiene hemorragias y una valoración secundaria para comprobar que la persona respira y tiene pulso

2513. Ante la mínima sospecha de fractura de columna vertebral, uno de los principios fundamentales es:

a. Sentar a la persona para que esté más cómoda

b. Mantener a la persona acostada sobre un plano duro, boca arriba, con la cabeza, tronco y extremidades en línea recta

c. Mantener las extremidades elevadas y por encima del corazón, siempre y cuando no resulte doloroso para la víctima

d. Mantener a la persona acostada sobre un sitio blando, donde pueda sentirse cómoda

2514. Los primeros auxilios ante una convulsión de probable origen epiléptico consistirán en:

a. Tratar de sujetar a la víctima durante los espasmos musculares
b. Despejar el entorno de cualquier objeto que pueda herir a la víctima
c. Apretar la ropa
d. Colocar un objeto rígido a modo de almohadilla debajo de la cabeza

2515. Simultaneando la respiración artificial con el masaje cardiaco en caso de estar solos o solas:

a. 30 compresiones cardiacas y a continuación 2 insuflaciones de aire 'boca-boca'
b. 15 compresiones cardiacas y a continuación 2 insuflaciones de aire 'boca-boca'
c. 15 compresiones cardiacas y a continuación 4 insuflaciones de aire 'boca-boca'
d. 30 compresiones cardiacas y a continuación 4 insuflaciones de aire 'boca-boca'

2516. En caso de accidente, para controlar la respiración, en la práctica de la respiración artificial, una vez que se consigue que el aire penetre en los pulmones y se comprueba que la víctima tiene pulso, las insuflaciones se realizarán a un ritmo de...

a. 2 a 6 insuflaciones por minuto
b. 10 a 12 insuflaciones por minuto
c. 12 a 16 insuflaciones por minuto
d. 16 a 20 insuflaciones por minuto

2517. En caso de accidente, si la persona ha tenido un síncope...

a. Una vez comprobadas las funciones vitales, será necesario colocar a la persona enferma tumbada y con las piernas algo elevadas, y le aflojaremos todo aquello que dificulte el retorno sanguíneo
b. Una vez comprobadas las funciones vitales, será necesario colocar a la persona enferma de pie y le aflojaremos todo aquello que dificulte el retorno sanguíneo
c. Una vez comprobadas las funciones vitales, será necesario colocar a la persona enferma sentada y le aflojaremos todo aquello que dificulte el retorno sanguíneo
d. Una vez comprobadas las funciones vitales, será necesario colocar a la persona enferma sentada y le daremos de comer y beber

2518. Las heridas son lesiones con rotura de piel y salida de sangre al exterior y pueden ser 'incisas', o sea:

a. producidas por objetos cortantes
b. producidas por armas de fuego
c. producidas por objetos romos
d. producidas por objetos puntiagudos

2519. Ante una herida grave:

a. Gritar solicitando auxilio
b. Frenar la hemorragia, si la hubiera
c. Utilizar pomada
d. Tumbar a la persona decúbito supino

2520. La regla esencial al inmovilizar una fractura es:

a. Inmovilizar la fractura llevando el hueso a su posición normal o natural
b. Inmovilizar la fractura en la misma posición en que se encuentra
c. Inmovilizar la fractura intentando reducir la misma
d. No hay ninguna regla esencial al inmovilizar una fractura

2521. A la hora de socorrer al accidentado o enfermo hay que seguir un criterio. Reconoceremos los signos vitales en el siguiente orden:

a. Consciencia, respiración y pulso
b. Respiración, pulso y estado de las pupilas
c. Respiración, pulso y temperatura corporal
d. Consciencia, respiración y temperatura corporal

2522. En la intoxicación por vía aérea:

a. La víctima presenta problemas cutáneos severos
b. La víctima presenta una parada cardiorrespiratoria
c. La víctima está cianótica
d. La víctima tiene una hemorragia severa

2523. Indique la correcta:

a. El método más eficaz para tratar una apnea o insuficiencia respiratoria es la ventilación mecánica
b. Ante una alteración ocular se lavará abundantemente con agua tibia o solución fisiológica, con los párpados bien abiertos y durante al menos 30 minutos
c. Ambas son correctas
d. Ninguna lo es

2524. Indique la correcta:

a. El síncope es un trastorno frecuente que afecta hasta un 3% de la población
b. Las causas del síncope las podemos agrupar en tres grandes grupos
c. Las hipoglucemias son de causa cardiaca
d. Cuando la causa de un síncope es banal, el cuadro reviste gravedad

2525. En una parada cardiorrespiratoria dañaría de forma irreversible las células no recibir oxígeno durante:

a. 5 a 10 min
b. 3 a 5 min
c. 5 a 8 min
d. 1 a 5 min

2526. En caso de accidente, si la víctima padece un episodio de epilepsia...

a. Sujetaremos a la víctima durante los espasmos musculares
b. Introduciremos un bolígrafo u otro objeto semejante en la boca, para evitar que se muerda la lengua
c. Aflojaremos la ropa ajustada
d. No colocaremos nada debajo de la cabeza de la víctima a modo de almohadilla

2527. En caso de accidente, si se ha producido una quemadura, se consideran quemaduras graves...

a. Las quemaduras que interesan a manos, tórax, pies y cara
b. Las quemaduras que interesan a manos, pies, cara, ojos y tórax
c. Las quemaduras que interesan a manos, pies, cara, ojos y genitales
d. Las quemaduras que interesan a manos, pies, cara, ojos, genitales y tórax

2528. Si la hemorragia es en las extremidades:

a. Mantendremos las extremidades apoyadas en el suelo y a la par del corazón siempre, aunque resulte doloroso para la víctima
b. Mantendremos las extremidades apoyadas en el suelo y a la par del corazón, siempre y cuando no resulte doloroso para la víctima
c. Mantendremos las extremidades elevadas y por encima del corazón siempre, aunque resulte doloroso para la víctima
d. Mantendremos las extremidades elevadas y por encima del corazón, siempre y cuando no resulte doloroso para la víctima

2529. Ante la situación de nerviosismo y el consecuente riesgo que esta situación puede generar cuando nos encontramos con un accidente, hay que actuar siguiendo unas pautas básicas que responden a la regla:

a. P.A.S. (Proteger el lugar de los hechos; Avisar en cuanto sea posible a los servicios sanitarios y activar el sistema de emergencia; Socorrer siguiendo un orden de prioridades y reconociendo los signos vitales: consciencia, respiración y pulso)
b. P.A.S. (Proteger el lugar de los hechos; Actuar directamente sobre la persona que ha sufrido el accidente; Socorrer siguiendo un orden de prioridades y reconociendo los signos vitales: consciencia, respiración y pulso)
c. P.A.L. (Proteger el lugar de los hechos; Actuar directamente sobre la persona que ha sufrido el accidente; Llamar a los servicios de emergencia)
d. P.A.L. (Proteger el lugar de los hechos; Avisar en cuanto sea posible a los servicios sanitarios y activar el sistema de emergencia; Llamar a los servicios de emergencia)

2530. En caso de accidente, si se ha producido una fractura de columna vertebral...

a. Se deberá sentar a la víctima
b. Se deberá mantener acostada a la persona accidentada sobre un plano duro, boca arriba, con la cabeza, tronco y extremidades en línea recta
c. En el momento del traslado se podrán llevar a cabo actuaciones que supongan flexión de la espalda
d. Se deberá mantener acostada a la persona accidentada sobre un plano blando, boca arriba, con la cabeza, tronco y extremidades en línea recta

2531. Qué hacer ante un riesgo de shock:

a. Colocaremos a la persona en el suelo para favorecer el riego sanguíneo al cerebro
b. Elevaremos las piernas, siempre que no se queje de dolor, en cuyo caso dejaremos las extremidades en horizontal
c. Ninguna de las dos cosas
d. Ambas son correctas

2532. Qué significa colocar al paciente en la postura decúbito supino:

a. Colocarle en posición lateral
b. Colocarle en la postura que el/la paciente se sienta más cómodo/a
c. Colocarle boca-abajo
d. Colocarle boca-arriba

2533. A la hora de socorrer a una persona, el reconocimiento de los signos vitales incluye los siguientes:

a. Consciencia, respiración y pulso, por este orden
b. Respiración, consciencia, y pulso, por este orden
c. Pulso, consciencia y respiración, por este orden
d. Ninguna respuesta es correcta

2534. Qué significa que se produce una tetanización de un accidentado:

a. Que se ha producido un accidente por atragantamiento y la victima esta cianótica (con coloración azul por la falta de oxígeno)
b. Que se ha producido un accidente por contacto eléctrico y la persona accidentada queda enganchada a la corriente
c. Que se ha producido un accidente por contacto eléctrico y la persona accidentada está cianótica
d. Que se ha producido una hemorragia interna y la victima está cianótica

2535. Cuál de las siguientes NO sería unos de los posibles síntomas de epilepsia:

a. Pérdida de conocimiento
b. Espasmos musculares
c. Relajación de esfínteres
d. Hemorragia

2536. Señale la respuesta INCORRECTA. Una vez colocado el torniquete:

a. Corresponderá al personal sanitario retirar el torniquete y nunca al/a socorrista
b. Corresponderá al personal sanitario retirar el torniquete o al/a socorrista si éste/a se encuentra capacitado/a para ello
c. Se colocará una etiqueta en lugar visible indicando la urgencia de la hemorragia y señalando la hora y minuto en que fue colocado el torniquete
d. En caso de periodos de tiempo prolongados con el torniquete, es conveniente aflojar ligeramente cada 20 minutos aproximadamente

2537. En caso de accidente, si la persona accidentada no respira, se practicará la respiración artificial. Para que la respiración artificial sea efectiva debe ser:

a. Inmediata, interrumpida y prolongada
b. Inmediata, continuada y prolongada
c. Realizada una vez hayan transcurrido 5 minutos desde que la persona accidentada haya dejado de recibir oxígeno
d. Realizada una vez hayan transcurrido 3 minutos desde que la persona accidentada haya dejado de recibir oxígeno

2538. Sobre el torniquete, es FALSO:

a. Es el primer método a realizar cuando hay una hemorragia
b. Es un método excepcional y extremo
c. Es un método justificado en los casos en los que el traslado a un centro sanitario se va a demorar
d. Es un vendaje compresivo muy fuerte, en general circular, que actúa comprimiendo las arterias

2539. En caso de accidente, si debido a un atragantamiento se ha producido una obstrucción incompleta de las vías aéreas…

a. Daremos palmadas en la espalda
b. Nos colocaremos detrás de la persona atragantada y rodearemos su cintura con ambos brazos para realizar la maniobra de 'Heimlich'
c. Una vez que hayamos colocado una de nuestras manos con el puño cerrado y el pulgar hacia dentro, en el abdomen por encima del ombligo y debajo del esternón y las costillas, y cogido este con la otra mano, presionaremos bruscamente hacia adentro y arriba al mismo tiempo
d. Animaremos a la víctima a toser con fuerza

2540. El tratamiento general ante una intoxicación aguda comprende:

a. Tratamiento asintomático
b. Evitar que el tóxico continúe absorbiéndose y facilitar su eliminación
c. Administración de agua
d. Traslado de la persona intoxicada a su domicilio

2541. La actuación ante una herida en el abdomen será:

a. Introducir las vísceras, en caso de que estén fuera
b. Sacar cualquier cuerpo extraño que pudiera haber
c. Tapar la herida y trasladar a la víctima, semisentada o en posición lateral de seguridad y las piernas flexionadas
d. Darle al herido agua de beber

2542. A partir de qué intervalo sin recibir oxígeno daña de forma irreversible las células:

a. De 0 a 1 minuto
b. De 1 a 3 minutos
c. De 3 a 5 minutos
d. De 5 a 7 minutos

2543. Indicar la FALSA:

a. Caídas desde altura sobre los pies o de espaldas pueden cursar con fractura de columna vertebral
b. El dolor en la nuca es un síntoma que acompaña a una fractura de columna
c. Resulta sencillo saber si realmente existe fractura de columna vertebral
d. Ante la mínima sospecha de fractura de columna vertebral actuaremos considerando a la persona lesionada como si realmente estuviera fracturada

2544. Qué es lo que NO deberíamos hacer ante una convulsión de probable origen epiléptico:

a. Despejar el entorno de cualquier objeto que pueda herir a la víctima
b. Colocar una prenda a modo de almohada debajo de la cabeza
c. Tratar de sujetar a la víctima durante los espasmos musculares
d. Aflojar la ropa ajustada

2545. Clasificación de quemaduras en función de la profundidad:

a. Se clasifican en 1.º-3.º-5.º grado
b. Se clasifican en 1.º-2.º-3.º grado
c. Se clasifican por la 'Regla de los 9'
d. Se clasifican por la 'Regla de los 12'

2546. En el masaje cardíaco: la compresión debe hacerse a un ritmo de cuántas veces por minuto:

a. 30-50
b. 120-150
c. 80-100
d. 50-60

2547. La respiración artificial para ser efectiva debe ser:

a. Inmediata
b. Continuada, sin interrupciones
c. Prolongada, hasta la total recuperación
d. Las tres son correctas

2548. Ante una quemadura:

a. Dar comida o líquidos por vía oral
b. Despegar la ropa que esté pegada a la piel
c. Envolver la zona quemada con gasas o paños limpios
d. Romper las ampollas que se hayan podido formar

2549. A la hora de prestar primeros auxilios a una persona accidentada:

a. Regla PAS: proteger, llevándola a un lugar seco y que no esté en la intemperie; avisar a los servicios sanitarios y socorrerla
b. Regla PES: proteger, llevándola a un lugar seco y que no esté a la intemperie; escuchar a la persona para saber qué le sucede y transmitirlo rápidamente a los servicios médicos y socorrerla
c. PAS: proteger el lugar de los hechos, avisar en cuanto sea posible a los servicios sanitarios y socorrer a la víctima siguiendo un orden de prioridades
d. La regla PAS: proteger, llevándola a un lugar seco y que no esté a la intemperie, abrigarla para que mantenga el calor corporal y socorrerla siguiendo un orden de prioridades

2550. Cómo comprobamos que la vida de la víctima no está en peligro:

a. Comprobando si respira y tiene pulso
b. Comprobando si habla
c. Comprobando si sangra por alguna parte de su cuerpo
d. Comprobando si puede mover todas las partes de su cuerpo

2551. En caso de accidente, si la persona accidentada no tiene pulso y el corazón ha dejado de latir se requerirá de un masaje cardíaco. En la práctica del masaje cardíaco, la compresión externa que debe llevarse a la práctica...

a. Debe hacerse de tal manera que se consiga que el tórax descienda 1 o 2 centímetros y a un ritmo alto de 50-60 veces por minuto
b. Debe hacerse de tal manera que se consiga que el tórax descienda 4 o 5 centímetros y a un ritmo alto de 80-100 veces por minuto
c. Debe hacerse de tal manera que se consiga que el tórax descienda 1 o 2 centímetros y a un ritmo alto de 60-100 veces por minuto
d. Debe hacerse de tal manera que se consiga que el tórax descienda 6 o 7 centímetros y a un ritmo alto de 50-60 veces por minuto

2552. La respiración artificial para ser efectiva debe ser:

a. Enérgica, con pausas y prolongada hasta la total recuperación o la llegada del personal sanitario
b. Enérgica, sin interrupciones y no más de 30 minutos, si no ha llegado el personal sanitario
c. Inmediata, continuada (sin interrupciones) y prolongada hasta la total recuperación o la llegada del personal sanitario
d. Enérgica, con pausas y no más de 30 minutos, si no ha llegado el personal sanitario

2553. Ante una herida en el tórax con objeto enclavado, secuencia:

a. Extraerlo, taponar la herida con un apósito o vendaje y trasladar al herido acostado del lado lesionado
b. No trataremos de sacarlo, taponar la herida con un apósito o vendaje y trasladar al herido acostado del lado contrario al lesionado
c. Extraerlo, taponar la herida con un apósito o vendaje y trasladarlo acostada del lado contrario al lesionado
d. No trataremos de sacarlo, taponar la herida con un apósito o vendaje y trasladarlo acostado del lado lesionado

2554. Para realizar el masaje cardiaco, el/la socorrista se situará junto a la víctima:

a. En cuclillas y en horizontal a ella
b. De rodillas y en perpendicular a ella
c. Sentado y en perpendicular a ella
d. De rodillas y en horizontal a ella

2555. Los accidentes por corriente eléctrica:

a. Son muy frecuentes, pero siempre graves y a menudo mortales
b. Son poco frecuentes, pero nunca graves y en pocas ocasiones mortales
c. Son poco frecuentes, pero siempre graves y a menudo mortales
d. Son muy frecuentes y en pocas ocasiones graves

2556. En caso de accidente, si la persona herida entra en estado de shock...

a. Le daremos de comer y de beber
b. Evitaremos que pierda calor
c. Dejaremos, en todo caso, las extremidades en horizontal
d. Colocaremos a la persona de pie, en posición vertical

2557. Ante una compresión de una arteria sangrante:

a. La compresión no puede realizarse directamente sobre la parte que sangra
b. Utilizaremos solamente gasas estériles
c. Mantendremos la presión sobre la herida durante unos minutos (10 aproximadamente) hasta que nos percatemos de que la hemorragia ha cedido
d. Una vez que nos hayamos percatado de que la hemorragia ha cedido nunca vendaremos la herida antes de trasladar a la persona accidentada

2558. Qué NO se debe hacer ante una quemadura:

a. Evacuar a la persona quemada a un centro hospitalario lo antes posible
b. Vigilar de forma periódica los signos vitales
c. Evacuar a la persona del foco térmico
d. Aplicar pomadas, ungüentos, pasta dentífrica... sobre la quemadura

2559. En caso de accidente, cuando nos encontramos ante una hemorragia arterial debe practicarse con celeridad la comprensión arterial. Para ello...

a. En todo caso deberá practicarse un torniquete
b. Colocarlo tumbado y tranquilizarlo; elevar el miembro lesionado; practicar la compresión directa sobre la herida; practicar la compresión arterial entre la herida y el corazón, si es necesario; practicar un vendaje compresivo; y trasladar a la persona accidentada a un centro sanitario
c. Colocarlo erguida y tranquilizarlo; elevar el miembro lesionado; practicar la compresión directa sobre la herida; practicar la compresión arterial entre la herida y el corazón, si es necesario; practicar un vendaje compresivo; y, trasladar a la persona accidentada a un centro sanitario
d. Se debe colocar a la persona herida erguida y tranquilizarla; elevar el miembro lesionado; practicar un vendaje compresivo; y, trasladar a la persona accidentada a un centro sanitario

2560. Indique la correcta:

a. La maniobra de Heimlich la utilizaremos ante una obstrucción completa de las vías aéreas
b. Hablar mientras comemos previene el atragantamiento
c. La causa más frecuente de atragantamiento en niños y niñas es la comida
d. Nuestra tos no es eficaz para desalojar los cuerpos extraños que se alojan en el árbol respiratorio

2561. Asistencia inmediata de un quemado:

a. Aplicar pomadas o ungüentos específicos
b. Aplicar agua enfriando lo más posible a la persona herida
c. Aplicar pomadas o ungüentos específicos mientras se enfría lo más posible la zona quemada
d. Aplicar agua sobre la zona quemada sin enfriar demasiado a la persona herida

2562. El pronóstico de una quemadura es leve cuando:

a. La superficie quemada es entre el 10 y el 30% de extensión y la profundidad es de Segundo o Tercer grado
b. La superficie quemada es entre el 20 y el 30% de extensión y su profundidad es de grado 1
c. La superficie quemada es inferior al 10% y su profundidad es de Primero o Segundo
d. La superficie quemada es inferior al 10% y su profundidad es de Tercer

2563. En caso de accidente, si se ha producido una quemadura...

a. Se deberá envolver la zona quemada con gasas o paños limpios
b. Se deberá dar comida o líquidos por vía oral
c. Se deberá aplicar pomadas, ungüentos, pasta dentífrica... sobre la quemadura
d. Se deberá despegar la ropa que esté pegada a la piel

2564 **A**	2574 **C**	2584 **D**
2565 **B**	2575 **D**	2585 **B**
2566 **C**	2576 **C**	2586 **A**
2567 **C**	2577 **D**	2587 **B**
2568 **D**	2578 **B**	2588 **D**
2569 **D**	2579 **D**	2589 **C**
2570 **C**	2580 **B**	2590 **B**
2571 **C**	2581 **D**	2591 **A**
2572 **A**	2582 **A**	2592 **A**
2573 **A**	2583 **D**	

2564. La ISBD Descripción Bibliográfica Internacional Normalizada es norma principal que sirve para:

a. El control bibliográfico universal CBU
b. Que todos los recursos publicados en todos los países se encuentren disponibles universal y rápidamente
c. Que la información bibliográfica sea aceptada internacionalmente y pueda intercambiarse
d. Todas son correctas

2565. La norma ISBD determina:

a. Los elementos de datos que se deben registrar o transcribir
b. El orden específico
c. Emplear la puntuación prescrita
d. Todas son correctas

2566. El desarrollo de la norma ISBD está motivado por:

a. La automatización del control bibliográfico
b. La necesidad económica de compartir la catalogación
c. Su utilidad para el catálogo automatizado únicamente
d. Son correctas A y B

2567. El formato internacionalmente aceptado, aunque en período de transición, para la presentación de los distintos datos bibliográficos en los asientos se llama:

a. AACR2 y su sustituto RDA
b. ISBD Consolidada
c. Reglas de Catalogación (reimpresión 2010)
d. MARC 21

2568. ¿Qué organismo es el encargado en España de elaborar normas nacionales para la ISBD?

a. UNE
b. La Biblioteca Nacional
c. Dirección General del Libro y Bibliotecas
d. Ninguna es correcta

2569. Son identificadores bibliográficos internacionales:

a. ISBN
b. ISSN
c. ISBD
d. A y B

2570. Son objetivos de la ISBD:

a. Proporcionar reglas coherentes para la descripción de todos los tipos de recursos publicados
b. Uniformidad en la medida de lo posible
c. Especificaciones concretas para determinados tipos de recursos
d. Todas son correctas

2571. Son objetivos de la ISBD:

a. Hacer posible el intercambio internacional de registros bibliográficos
b. Salvar barreras del lenguaje y escritura por medio de un orden y una puntuación prescrita
c. Tener en cuenta la relación coste-efectividad
d. Todas son correctas

2572. Las normas ISBD se crearon en la Reunión Internacional de Expertos celebrada en Copenhague en:

a. 1969
b. 1959
c. 1979
d. 1949

2573. El ISBN Número Internacional Normalizado para Libros:

a. Identifica de forma unívoca una publicación monográfica
b. Lo define la norma internacional ISO 2108
c. Es un código numérico
d. Todas son correctas

2574. Norma ISO que rige el ISBN:

a. 690
b. 2108
c. 6532
d. 104

2575. Entre otros, el ámbito de aplicación del ISBN:

a. Publicaciones monográficas impresas o electrónicas
b. Publicaciones en Braille
c. Separatas de artículos o números monográficos de una publicación seriada
d. Todas son correctas

2576. Entre otros, el ámbito de aplicación del ISBN:

a. Películas, vídeos, transparencias y programas informáticos educativos o didácticos
b. Audiolibros y mapas
c. Publicaciones en microformas. Publicaciones multimedia cuyo componente principal sea el texto
d. Todas son correctas

2577. A partir del 1 de enero del 2007, el ISBN de 10 dígitos:

a. Ha sido sustituido por el ISBN de 13
b. Se le antepone el prefijo 978
c. Ambas son correctas
d. Ninguna lo es

2578. El ISSN:

a. Fue auspiciado por la UNESCO a través del programa UNISIST
b. Fue puesto en marcha por la IFLA
c. Lo define la norma internacional ISO 3297
d. Son correctas A y C

2579. Número que identifica las publicaciones oficiales españolas:

a. NIPO
b. ISSN
c. ISO
d. POE

2580. Entre las razones fundamentales que explican la creación de consorcios bibliotecarios se encuentra en especial la necesidad de:

a. Agilizar el préstamo interbibliotecario
b. Facilitar la adquisición conjunta de fondos y la negociación de forma conjunta con proveedores y editoriales
c. Digitalizar aquellos fondos que interesa preservar de la manipulación directa
d. Aumentar los servicios que se ofrecen en las bibliotecas y centros de documentación

2581. La signatura que presenta cada documento de una biblioteca (indíquese la respuesta INCORRECTA):

a. Permite su localización en las estanterías
b. Se recoge en el tejuelo o etiqueta del lomo
c. En los fondos de libre acceso suele coincidir con la CDU
d. Utiliza un lenguaje documental a base de descriptores o 'palabras clave'

2582. La ISBD recoge una serie de normas internacionales sobre la forma y el contenido de los datos a consignar en:

a. La descripción bibliográfica de un documento
b. La indización de un documento o determinación de puntos de acceso
c. La signatura topográfica de un documento
d. El registro de un documento

2583. Uno los lenguajes de clasificación documental más difundido es:

a. ISBD
b. MARC21
c. Tesaurus
d. CDU

2584. A la hora de realizar el análisis interno o análisis del contenido de un documento se encuentra muy extendido el uso de la Clasificación Decimal Universal (CDU) que constituye un:

a. Lenguaje de clasificación documental a base de descriptores o términos de materias
b. Conjunto de estándares de catalogación
c. Lenguaje de indización documental a base de listas de palabras clave
d. Lenguaje de clasificación documental basado en códigos numéricos

2585. Dentro de las operaciones básicas del análisis de contenido o análisis interno de un documento NO se encuentra la labor de:

a. Clasificación
b. Catalogación
c. Elaboración de resúmenes
d. Indización

2586. Cuando un documento llega a una biblioteca se procede a su recepción o receptación, que puede incluir lo siguiente, EXCEPTO:

a. Expurgo
b. Sellado
c. Registro
d. Magnetizado antirrobo

2587. En el almacenamiento y la recuperación de la información, así como el intercambio y la comunicación de información bibliográfica entre sistemas automatizados de bibliotecas, el MARC ha jugado un papel importante al constituir:

a. Un sistema integrado de gestión bibliotecaria
b. Un formato que permite la codificación de la información
c. Un software
d. Un estándar de catalogación

2588. Entre los criterios a los que atiende la adquisición o expurgo de los documentos en las bibliotecas especializadas y centros de documentación destaca:

a. El grado de deterioro del documento
b. El presupuesto disponible
c. Las sugerencias de los usuarios
d. La obsolescencia del documento

2589. La 'literatura gris' se puede encontrar más frecuentemente en:

a. Bibliotecas para grupos especiales
b. Bibliotecas nacionales
c. Centros de documentación
d. Bibliotecas públicas

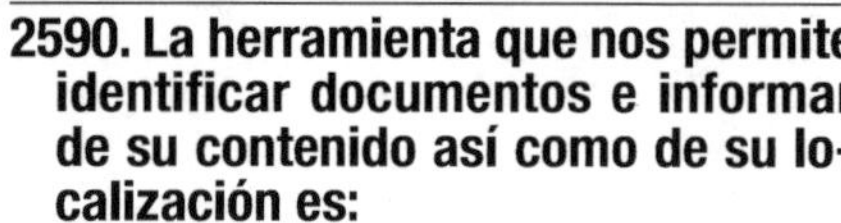

2590. La herramienta que nos permite identificar documentos e informar de su contenido así como de su localización es:

a. El índice
b. El catálogo
c. Los tesauros
d. La signatura

2591. La mayoría de las bibliotecas y centros de documentación utilizan los SIGB como herramienta informática que permite:

a. Automatizar la gestión de las distintas funciones bibliotecarias
b. La lectura de contenidos digitales
c. Automatizar datos y poder recuperarlos o intercambiarlos
d. La normalización de la identificación bibliográfica

2592. Las llamadas bibliotecas enciclopédicas se caracterizan por:

a. El carácter general de sus fondos y usuarios
b. Estar frecuentemente orientadas a la investigación
c. Ser privadas o sostenidas por un organismo público o asociación
d. El carácter especializado de sus fondos y de sus usuarios

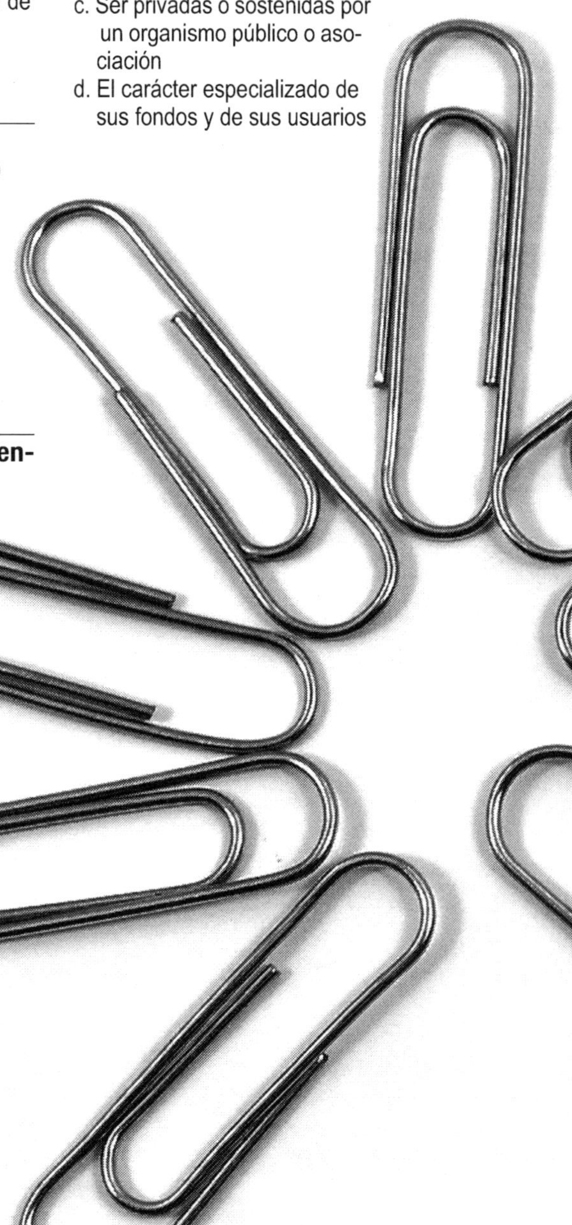

2593 **C**	2604 **A**	2615 **C**
2594 **B**	2605 **A**	2616 **A**
2595 **A**	2606 **B**	2617 **C**
2596 **C**	2607 **A**	2618 **C**
2597 **D**	2608 **D**	2619 **D**
2598 **A**	2609 **D**	2620 **B**
2599 **B**	2610 **D**	2621 **B**
2600 **B**	2611 **C**	2622 **B**
2601 **D**	2612 **C**	2623 **C**
2602 **A**	2613 **B**	2624 **C**
2603 **D**	2614 **B**	2625 **C**

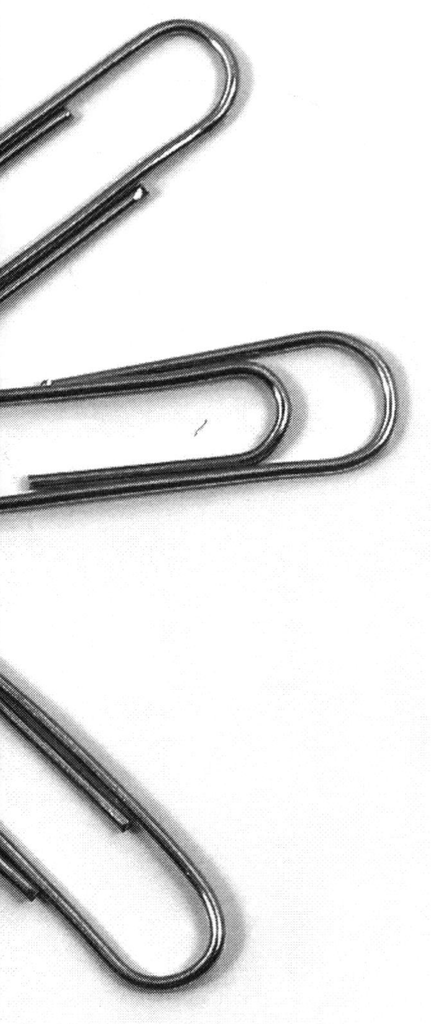

2593. Los servicios de apoyo a la educación:

a. Tienen como objetivo apoyar en tareas de mantenimiento a los centros docentes
b. Es un servicio especializado ubicado en cada centro docente para dar apoyo educativo al profesorado
c. Tienen como función, entre otras, actuar como centro de documentación y préstamo de recursos pedagógicos y materiales
d. Las tres son correctas

2594. La competencia sobre educación…

a. Está regulada en el artículo 148.1.30 CE
b. Es una competencia compartida entre el Estado y las CC AA
c. Es una competencia exclusiva del Estado según el 149.1.30 CE
d. Es una competencia de las CC AA según el 149.1.30 CE

2595. La Jefatura de Estudios:

a. Es nombrada por la Administración educativa (Gobierno Vasco) a propuesta del director o directora del centro
b. Es nombrada por el equipo directivo del centro a propuesta de la Administración Educativa (Gobierno central)
c. El nombramiento se realiza entre el profesorado del centro y la asamblea de padres y madres para el mismo periodo de mandato que el director o directora que les propone
d. El nombramiento se realiza para el mismo periodo de mandato que la Consejería de Educación del Gobierno Vasco

2596. Qué competencias en materia de educación tiene la administración local:

a. Organizar las enseñanzas y el profesorado
b. Describir el mapa escolar del municipio
c. Velar por el cumplimiento de la escolaridad obligatoria
d. Programar las enseñanzas de régimen especial

2597. El sistema de selección del personal funcionario de carrera docente es:

a. Oposición cada 5 años
b. Concurso entre personal interino
c. Sistema de bolsas de empleo de personal laboral
d. El concurso-oposición, tras convocatoria pública

2598. Un concejal o representante del ayuntamiento, de qué órgano de la comunidad educativa forma parte:

a. Del órgano máximo de representación o Consejo Escolar
b. Del equipo directivo
c. De la asamblea de padres y madres
d. De ninguno; ya que un concejal o representante del ayuntamiento no forma parte de la comunidad educativa

2599. Corresponde a los municipios cooperar con la Administración educativa...

a. Para recoger las líneas estratégicas marcadas en el ámbito europeo con respecto a la educación y la formación para el 2025
b. En la creación, construcción y mantenimiento de los centros públicos docentes, así como velar por el cumplimiento de la escolaridad obligatoria
c. En la creación, construcción y mantenimiento solamente de los centros privados docentes, así como velar por el cumplimiento de la escolaridad obligatoria
d. . Y establecer la programación general de la enseñanza a través de medidas de planificación dirigidas a satisfacer las necesidades educativas de la ciudadanía

2600. Sobre el equipo directivo del centro educativo, es FALSO:

a. Está compuesto por los siguientes miembros: director/a, el jefe/a de estudios, la secretaria/o, y en su caso, el administrador/a del centro
b. Entre sus funciones están elaborar y aprobar el proyecto curricular y el programa de actividades docentes del centro
c. El equipo directivo realiza, entre otros documentos, el programa anual de gestión, que será puesto a disposición del Órgano Máximo de Representación del centro para que lo apruebe
d. Una función principal es la organización de los equipos docentes

2601. El documento que contiene las normas que garantizan la convivencia y el respeto entre los miembros de la comunidad educativa y el uso adecuado de las dependencias e instalaciones es:

a. El proyecto educativo del centro
b. El proyecto curricular
c. El proyecto de gestión
d. El reglamento de organización y funcionamiento

2602. El 'Cuerpo de maestros' desempeñará sus funciones en la educación:

a. Infantil y Primaria
b. Secundaria
c. Ambas son correctas
d. Primaria, Secundaria y Superior

2603. La selección del director o directora de un centro escolar...

a. Se realiza mediante concurso de méritos entre todo el profesorado, funcionario de carrera o no, que imparta alguna de las enseñanzas encomendadas al mismo
b. Se realiza de acuerdo con los principios de igualdad, privacidad, mérito y antigüedad en el centro
c. Se realiza de acuerdo con los principios de privacidad, mérito, igualdad y antigüedad en el centro
d. Se realiza mediante concurso de méritos entre el profesorado funcionario de carrera que imparta alguna de las enseñanzas encomendadas al mismo

2604. El documento que refleja la autonomía pedagógica de los centros docentes y dota a cada uno de una personalidad o identidad diferenciada, planteando los valores y principios que asume la comunidad educativa es:

a. El proyecto educativo del centro
b. El proyecto curricular
c. El proyecto de gestión
d. El reglamento de organización y funcionamiento

2605. Señale la respuesta INCORRECTA, respecto al derecho a la educación:

a. Es un derecho básico de todo ciudadano, aunque no esté reconocido en la Constitución
b. Es un derecho fundamental que debe estar garantizado por los poderes públicos
c. Los ciudadanos que vean vulnerado este derecho fundamental dispondrán de un procedimiento especial para salvaguardarlo, pudiendo incluso acudir al Tribunal Constitucional mediante recurso de amparo
d. Se materializa por normas aprobadas tanto por el Estado como por la Comunidad Autónoma

2606. Participan los municipios en el gobierno de los centros educativos:

a. No, las entidades locales no tienen esa competencia
b. Sí, a través de sus representantes en los consejos escolares
c. No, esa competencia corresponde a la Administración General de la Comunidad Autónoma
d. Sí, si la Administración General de la Comunidad Autónoma delega dicha competencia en las entidades locales

2607. El derecho de acceso a los centros docentes:

a. Se reconoce a los padres y tutores el ejercicio del derecho de libre elección de centro
b. Las circunscripciones escolares establecen el centro que corresponde a cada alumno, no existe el derecho de libre elección de centro
c. Está limitado en todo caso, ya que el municipio establece los criterios objetivos de admisión a los centros
d. Será por libre elección de padres y tutores; la Administración educativa garantizará los recursos educativos en cada centro respecto a la elección total de plazas

2608. El claustro de profesores y profesoras:

a. Está integrado por el 50% +1 del profesorado del centro
b. Está presidido por un representante elegido entre la totalidad de profesores y profesoras del centro
c. Está presidido por un representante elegido entre el 50% +1 del profesorado del centro
d. Está integrado por la totalidad del profesorado del centro

2609. De acuerdo con la legislación, la prestación del servicio público de la educación se realizará...

a. Solamente a través de los centros públicos
b. A través de los centros públicos y de los centros privados concertados y no concertados
c. Solamente a través de los centros concertados
d. A través de los centros públicos y de los centros privados concertados

2610. La educación superior comprende:

a. El bachillerato
b. El bachillerato, la enseñanza universitaria y formación profesional de grado superior
c. Enseñanzas universitarias, formación profesional de grado superior y las enseñanzas profesionales de artes plásticas y diseño superior y las enseñanzas deportivas de grado superior
d. Enseñanzas universitarias, las enseñanzas artísticas superiores, la formación profesional de grado superior, las enseñanzas profesionales de artes plásticas y diseño superior y las enseñanzas deportivas de grado superior

2611. La educación básica:

a. Está constituida principalmente por la educación primaria
b. Está constituida principalmente por la educación primaria y los ciclos formativos
c. Es obligatoria y gratuita
d. Es obligatoria, pero no gratuita

2612. En la Ley 3/2020 las enseñanzas mínimas en las CC AA con lengua cooficial se establecerán de la siguiente manera:

a. El Estado fija el 45% de las competencias curriculares y las CC AA el restante 55%
b. El Estado fija el 40% de las competencias curriculares y las CC AA el restante 60%
c. El Estado fija el 50% de las competencias curriculares y las CC AA el restante 50%
d. El Estado fija el 60% de las competencias curriculares y las CC AA el restante 40%

2613. Los centros privados concertados deben cumplir el requisito de...

a. Ofrecer enseñanzas de pago y satisfacer las necesidades de escolarización que debe garantizar la empresa adjudicataria para tal labor
b. Ofrecer enseñanzas gratuitas reconocidas y satisfacer las necesidades de escolarización que debe garantizar la Administración
c. Ofrecer enseñanza de religión reconocidas y satisfacer las necesidades de escolarización que debe garantizar la Iglesia Católica
d. Ofrecer enseñanzas gratuitas reconocidas y satisfacer las necesidades de escolarización que debe garantizar la empresa adjudicataria para tal labor

2614. La inspección de educación:

a. Tiene como función principal evaluar a los servicios de apoyo a la educación
b. Realiza la evaluación técnico-pedagógica de los centros docentes, del conjunto de éstos y del sistema de apoyo
c. Se encarga de la inspección técnica de los centros docentes y de gestionar los trabajos de mantenimiento que deban realizarse en los mismos
d. Es un servicio municipal para velar por el cumplimiento de la escolaridad obligatoria

2615. El sistema de selección del director o directora de centros públicos docentes:

a. Se realiza por el sistema concurso-oposición
b. Se realiza exclusivamente mediante la valoración de un proyecto de Dirección que presentan las personas candidatas funcionarias de carrera
c. Se realiza mediante sistema de valoración de méritos y el proyecto de Dirección de cada candidato/a
d. Está abierto a todas las personas funcionarias de carrera de la Administración

2616. Los funcionarios interinos docentes son quienes…

a. En virtud de nombramiento y por razones de urgencia, ocupan transitoriamente plazas vacantes de plantilla en tanto no sean provistas por funcionarios docentes de carrera, o les sustituyen en el desempeño de sus puestos de trabajo en los casos de ausencia temporal
b. Únicamente, en virtud de nombramiento y por razones de urgencia, sustituyen a funcionarios docentes de carrera en los casos de ausencia permanente
c. Ocupan permanentemente plazas vacantes de plantilla cedidas por funcionarios docentes de carrera
d. En virtud de nombramiento y por razones de urgencia, ocupan permanentemente plazas vacantes de plantilla en tanto no sean provistas por funcionarios docentes de carrera, o les sustituyen en el desempeño de sus puestos de trabajo en los casos de ausencia permanente

2617. El claustro de profesores …

a. Es un órgano colegiado es presidido por el presidente o presidenta elegido por el Consejo Escolar
b. Está integrado por la totalidad del profesorado que presta sus servicios en el centro y la asamblea de padres y madres
c. Está integrado por la totalidad del profesorado que presta sus servicios en el centro
d. Está integrado por la totalidad del profesorado funcionario de carrera que presta sus servicios en el centro

2618. Sobre las circunscripciones escolares, es FALSO:

a. La organización territorial de los centros públicos de enseñanza se realiza a través de las circunscripciones escolares
b. Son unidades básicas de distribución territorial para la organización y planificación de los servicios docentes
c. La administración local crea, modifica y suprime las circunscripciones escolares
d. La circunscripción escolar es el marco que fija las áreas de influencia de los centros con el fin de garantizar la escolarización del alumnado, así como las conexiones entre centros

2619. Las funciones de la Secretaría Académica:

a. Consisten en la preparación de los asuntos a incluir en el orden del día de las reuniones de la Asamblea de Padres y Madres
b. Se limitan a la custodia las actas, expedientes y demás documentación
c. Consisten en presidir las reuniones del Órgano Máximo de Representación
d. Se realizan a través de un órgano designado por el Departamento de Educación a propuesta del director o directora del centro

2620. Según la normativa sobre derechos y deberes del alumnado, quién realiza funciones relativas al régimen disciplinario de los alumnos:

a. El Servicio de Apoyo a la Educación
b. La Inspección de Educación
c. La inspección Administrativa de Servicios
d. El municipio

2621. El Consejo Escolar…

a. Es el órgano de participación de los miembros de la comunidad escolar en el Gobierno Vasco
b. Es el órgano de participación de los miembros de la comunidad escolar en el gobierno de los centros de la escuela pública vasca
c. Es el órgano de inspección de los centros de la escuela pública vasca
d. Es un órgano de participación de los miembros de la comunidad escolar en el gobierno de los centros de la escuela pública vasca dependiente de la dirección del centro

2622. El informe previo a la decisión del Departamento de Educación en los proyectos y programa de los centros que se desarrollen en el marco de su autonomía pedagógica es una función de:

a. El Servicio de Apoyo a la Educación
b. La Inspección de Educación
c. La inspección Administrativa de Servicios
d. El municipio

2623. Qué tipos de centros docentes hay:

a. Centros públicos concertados, centros públicos no concertados, centros privados concertados y centro privados no concertados
b. Centros concertados y no concertados
c. Centros públicos, centros privados concertados y centros privados no concertados
d. Centros públicos y centros de enseñanza libre

2624. La competencia en materia de educación:

a. Es una competencia exclusiva del Estado
b. Es una competencia exclusiva de las CC AA
c. Es una competencia compartida entre el Estado y las CC AA
d. Ninguna de las tres

2625. El documento que refleja la organización y utilización de los recursos con los que cuenta el centro para llevar a cabo su proyecto educativo es:

a. El proyecto educativo del centro
b. El proyecto curricular
c. El proyecto de gestión
d. El reglamento de organización y funcionamiento

2626 B	2672 A	2718 B
2627 D	2673 A	2719 D
2628 D	2674 C	2720 D
2629 D	2675 B	2721 C
2630 C	2676 C	2722 C
2631 B	2677 C	2723 D
2632 B	2678 C	2724 B
2633 D	2679 B	2725 C
2634 C	2680 B	2726 B
2635 B	2681 C	2727 B
2636 A	2682 A	2728 C
2637 C	2683 A	2729 D
2638 B	2684 A	2730 C
2639 A	2685 D	2731 B
2640 D	2686 C	2732 A
2641 A	2687 B	2733 C
2642 B	2688 A	2734 C
2643 B	2689 D	2735 A
2644 B	2690 D	2736 B
2645 C	2691 B	2737 C
2646 A	2692 C	2738 B
2647 C	2693 A	2739 C
2648 B	2694 B	2740 B
2649 C	2695 A	2741 A
2650 D	2696 D	2742 B
2651 B	2697 C	2743 B
2652 B	2698 A	2744 B
2653 D	2699 B	2745 B
2654 A	2700 C	2746 C
2655 D	2701 B	2747 A
2656 D	2702 B	2748 C
2657 B	2703 A	2749 B
2658 A	2704 B	2750 B
2659 D	2705 A	2751 D
2660 C	2706 C	2752 C
2661 A	2707 C	2753 D
2662 B	2708 D	2754 D
2663 B	2709 C	2755 B
2664 C	2710 B	2756 A
2665 B	2711 D	2757 C
2666 A	2712 A	2758 A
2667 B	2713 C	2759 A
2668 A	2714 D	2760 B
2669 B	2715 A	2761 D
2670 B	2716 B	2762 B
2671 D	2717 A	2763 A

2626. Procedimiento de preparación y mantenimiento de las salas exclusivamente con mobiliario:

a. Una vez preparada la sala, no hay que estar disponible durante la reunión

b. Durante la reunión se debe estar disponible para dotar de diferentes materiales si fuera necesario

c. Si el número de asistentes es mayor a la capacidad de la sala, habrá que adaptar la misma para que quepan

d. Se debe comprobar la limpieza del mobiliario, pero no así el estado general de la sala (temperatura, iluminación…)

2627. Para el adecuado mantenimiento de los proyectores, periódicamente debemos comprobar y reponer en su caso:

a. Las pilas de los mandos a distancia

b. La lámpara de cada proyector

c. Los filtros de cada proyector

d. Todas las anteriores

2628. Para comprobar el zoom y el enfoque del proyector:

a. El proceso debe ser manual, apretando los botones de zoom y enfoque

b. El proceso debe ser mecánico, girando el objetivo

c. El proceso debe ser automático, ajustando el objetivo y el enfoque

d. El proceso puede ser manual girando el objetivo o mecánico apretando los botones de zoom y enfoque

2629. Si faltase algún elemento al realizar una comprobación en una sala exclusivamente con mobiliario:

a. Dejarlo así y avisar a la persona que haya realizado la solicitud de la sala

b. Ir a por el material y ponerlo donde corresponda

c. Avisar a la persona que haya realizado la solicitud de esa sala y pedirle que traiga el material que falta

d. Avisar al personal responsable del mantenimiento del edificio y al almacén para la reposición de los elementos que falten

2630. Procedimiento de preparación y mantenimiento de las salas exclusivamente con mobiliario. Si en la comprobación se encuentran materiales de reuniones previas:

a. Se dejarán en la misma sala, por si los siguientes asistentes los necesitaran

b. Se guardarán en otro sitio, por si otros asistentes los necesitaran en algún momento

c. Se guardarán y localizarán a las personas asistentes para entregarles ese material

d. Se tirarán y/o se destruirán inmediatamente por la protección de datos

2631. En las salas con proyector y/o traducción simultánea:

a. Estas salas necesitan únicamente la comprobación del mobiliario de la sala

b. Estas salas necesitan, aparte de la comprobación del mobiliario de la sala, la puesta en marcha y la verificación del correcto funcionamiento de los aparatos (proyector y/o traducción simultánea)

c. Estas salas necesitan, aparte de la comprobación del mobiliario de la sala, comprobar que están los aparatos (proyector y/o traducción simultánea), pero no la verificación del correcto funcionamiento de los mismos

d. Ninguna de las anteriores

2632. Cuál comprime más la imagen:

a. GIF   b. JPG   c. TIFF   d. BMP

2633. Sobre la resolución, es FALSO:

a. La resolución óptima para escanear una imagen dependerá de su destino

b. Para verla en pantalla es suficiente con 72 ppp

c. Si la intención es realizar una impresión de calidad habrá que elevarla hasta 300 ppp o más

d. La resolución que elijamos para escanear no afectará al tamaño del fichero gráfico

2634. Para elaborar carteles por ordenador, en el programa Word, picaremos la opción de insertar y luego:

a. 'Ecuaciones'   b. 'Símbolos'
c. 'Wordart'   d. 'Wordpad'

2635. Cuando una fotocopiadora NO se vaya a utilizar durante un amplio período de tiempo:

a. Será suficiente con apagar el interruptor de funcionamiento (OFF)

b. Se deberá sacar el enchufe de la corriente eléctrica, dado que, si no, es posible que aún funcione un calentador para prevenir la condensación

c. No hace falta hacer nada, la máquina se apaga sola

d. Se debe dejar encendida, porque de no hacerlo, le costaría mucho la puesta en marcha

2636. En el trabajo de copiar, para retirar el primer original:

a. Se debe esperar a que se apague la luz de la lámpara

b. Se debe esperar a que emita un pitido largo y agudo

c. Se debe esperar a que aparezca un mensaje en el panel frontal

d. Se puede retirar en cualquier momento, sin tener que esperar a nada

2637. Da mejor calidad de imagen:

a. GIF   b. JPG   c. TIFF   d. BMP

2638. La mayoría de los escáneres planos están indicados para digitalizar:

a. Objetos transparentes planos
b. Objetos opacos planos
c. Objetos opacos desiguales
d. Objetos de todo tipo

2639. Sujeta el papel en la impresora y lo introduce, automáticamente, durante la impresión:

a. Alimentador de hojas
b. Soporte de papel
c. Guías laterales
d. Panel de control

2640. Señale la respuesta INCORRECTA. Si salen las copias claras:

a. Es posible que se deba a una falta de tóner
b. Si el problema persiste habría que llamar al servicio técnico
c. Puede tratarse de que la tecla que controla la claridad de las copias estuviera en una posición demasiado clara para ese original
d. Es posible que sea por la calidad de los folios

2641. La elección de la resolución a la que va a realizarse el proceso:

a. Es muy importante
b. No tiene relevancia
c. No tiene ninguna consecuencia en el fichero gráfico
d. La hace la máquina de forma autónoma

2642. A que responde esta definición: sistema para enviar o recibir una copia idéntica de un documento a larga distancia:

a. Fotocopiadora   b. Fax o telefax
c. Escáner   d. Telegrama

2643. Para el correcto funcionamiento y a pleno rendimiento, se deberá proceder a su revisión y limpieza por parte del servicio técnico:

a. Semanalmente
b. Mensualmente
c. Semestralmente
d. Anualmente

2644. En las máquinas fotocopiadoras de 'oficina', cuál es la velocidad de reproducción:

a. Desde 5 a 20 copias por minuto
b. Desde 12 a 40 copias por minuto
c. Desde 20 a 60 copias por minuto
d. Desde 30 a 80 copias por minuto

2645. Cuál de las siguientes respuestas coincide con esta definición: Ayudan a introducir el papel recto. Ajusta la guía lateral izquierda a la anchura del papel:

a. Soporte de papel
b. Bandeja de salida
c. Guías laterales
d. Alimentador de hojas

2646. Señale la respuesta correcta:

a. Cuanta mayor sea la compresión que se le aplique a la imagen, menor será la calidad de la misma
b. Cuanta mayor sea la compresión que se le aplique a la imagen, mayor será la calidad de la misma
c. Cuanta menor sea la compresión que se le aplique a la imagen, menor será la calidad de la misma.
d. La compresión que se le aplique a la imagen no afectará a la calidad de la misma

2647. El tóner líquido va depositado en:

a. Un tambor directamente
b. Un depósito donde se deposita el tóner o donde se coloca el cartucho
c. Unas cubetas donde está disuelto en un líquido llamado dispersante, y suele ser usado para conseguir un coste de copias más bajo
d. Unas cubetas sin disolverlas en ninguna otra sustancia, para conservar el nivel óptimo

2648. El tóner polvo bicomponente:

a. Se usa directamente tal y como viene en su envase original
b. Se usa en la máquina mezclado con otro producto llamado Developer
c. Se usa en la máquina mezclado con otro producto llamado Bicomponent
d. Se usa en la máquina mezclado con otros dos productos, llamados Tricolores

2649. Cuándo se cambia el tóner:

a. Cada semana
b. Cada dos semanas
c. Cuando la máquina lo indique
d. Las máquinas con tóner no necesitan recambiarlo

2650. NO es un tipo de imagen en los escáneres:

a. Foto color
b. Foto escala de grises
c. Foto blanco y negro
d. Foto escala de colores

2651. En el servicio de Correos, en el caso de los giros contra reembolsos, importe máximo establecido:

a. 2000 €   b. 1.000 €
c. 500 €   d. 300 €

2652. Según la Ley 43/2010, del servicio postal universal, de los derechos de los usuarios y del mercado postal, el operador al que el Estado ha encomendado la prestación del servicio postal universal es:

a. El operador postal
b. El operador designado
c. La autoridad nacional de reglamentación
d. El usuario del servicio postal

2653. El servicio de telecomunicación que permite intercambiar documentos entre aparatos facsímil de dos oficinas de Correos o desde terminales de usuarios telefax autorizados a Correos, o admitidos mediante fichero si son masivos, todos con entrega en domicilio, se trata de:

a. Una valija   b. Un cecograma
c. Un giro postal   d. Un burofax

2654. La persona natural o jurídica que, con arreglo a la Ley 43/2010, de 30 de diciembre, del servicio postal universal, presta uno o varios servicios postales se denomina:

a. Operador postal
b. Servicio de correos
c. Cartero
d. Empresa postal

2655. El servicio de Correos establece como medidas máximas de una tarjeta postal:

a. 25 × 20 cm   b. 25 × 15 cm
c. 25 × 12 cm   d. 23.5 × 12 cm

2656. En Correos, el giro nacional es un servicio que permite ordenar pagos a personas físicas o jurídicas por cuenta o encargo de otras a través de la Red Postal, con entrega domiciliaria, ingreso en cuenta corriente o en oficina, garantizando la cantidad girada. La cantidad mínima girada es de:

a. 100 €   b. 10 €
c. 1 €   d. 0,01 €

2657. Cuando Correos proceda a enviar una notificación procedente de un organismo oficial ha de realizar:

a. Un intento de entrega a domicilio
b. Dos intentos, uno antes de las 15.00 y el otro después, o viceversa
c. Dos intentos, uno antes de las 12.00 y el otro después, o viceversa
d. Tres intentos, uno antes de las 12.00, otro antes de las 16.00 y el tercero después de esa hora, sin necesidad de seguir ese orden

2658. La Ley 43/2010 del servicio postal universal, de los derechos de los usuarios y del mercado postal:

a. Designa por un periodo de 15 años a la 'Sociedad Estatal Correos y Telégrafos SA' como operador al que se encomienda la prestación del servicio postal universal
b. Establece las bases del concurso de contratación del operador para la prestación del servicio postal universal
c. Prevé la periódica valoración por el Ministerio de Economía del cumplimiento por parte del operador designado de sus obligaciones
d. Tiene como fin satisfacer las necesidades de comunicación postal dentro de España exclusivamente ya que la comunicación postal con otros países se regula por otra Ley

2659. Según la Ley 43/2010, del servicio postal universal, de los derechos de los usuarios y del mercado postal, el servicio que, previo pago de una cantidad predeterminada a tanto alzado, comporta una garantía fija contra los riesgos de pérdida, robo o deterioro, y que facilita al remitente, en su caso y a petición de este, una prueba de depósito del envío postal o de su entrega al destinatario, es un:

a. Servicio realizado en régimen de autoprestación
b. Servicio prestado según tarifa por unidad
c. Servicio de envío con valor declarado
d. Servicio de envío certificado

2660. Para el servicio de Correos, mediante el paquete azul se puede llevar a cabo un envío que puede contener cualquier objeto, producto, sustancia o materia cuya circulación esté permitida, teniendo o no carácter comercial. Estos envíos:

a. Van abiertos y tienen carácter certificado
b. Van abiertos y no tienen carácter certificado
c. Van cerrados y tienen carácter certificado
d. Van cerrados y no tienen carácter certificado

2661. Según la Ley 43/2010, del servicio postal universal, de los derechos de los usuarios y del mercado postal, los servicios postales son:

a. Servicios de interés económico general que se prestan en régimen de libre competencia
b. Servicios de interés económico general que se prestan en régimen de monopolio estatal
c. Servicios de interés económico general que se prestan directamente por el Estado o indirectamente a través de empresas particulares que obtengan una concesión administrativa
d. Servicios públicos prestados directamente por las Administraciones Públicas

2662. Según la Ley 43/2010, de 30 de diciembre, del servicio postal universal, de los derechos de los usuarios y del mercado postal:

a. La publicidad directa tendrá la consideración de 'envío de correspondencia'
b. La publicidad directa tendrá la consideración de 'envío postal'
c. La publicidad directa tendrá la consideración de 'envío certificado'
d. La publicidad directa tendrá la consideración de 'envío publicitario'

2663. La Ley 43/2010, del servicio postal universal designa a la Sociedad Estatal Correos y Telégrafos S.A., como operador al que se encomienda la prestación del servicio postal universal:

a. Por un período de 10 años
b. Por un período de 15 años
c. Por un período de 25 años
d. Por un período indefinido

2664. Los servicios relativos a los envíos sin dirección postal del destinatario:

a. Solo pueden ser prestados por el operador designado
b. Son servicios incluidos en el servicio postal universal
c. Quedan excluidos del ámbito de aplicación de la Ley 43/2010, del servicio postal universal, de los derechos de los usuarios y del mercado postal
d. Son servicios que solo pueden ser realizados en régimen de autoprestación

2665. El servicio de Correos establece como dimensiones mínimas para el envío de un sobre o caja:

a. 12 × 8 cm
b. 14 × 9 cm
c. 15 × 10 cm
d. 18 × 10 cm

2666. Se incluyen en el ámbito del servicio postal universal las actividades de recogida, admisión, clasificación, transporte, distribución y entrega de envíos postales nacionales y transfronterizos de paquetes postales de hasta:

a. Veinte kilogramos de peso
b. Quince kilogramos de peso
c. Diez kilogramos de peso
d. Cinco kilogramos de peso

2667. Cuál de las siguientes sustancias se encuentra en las baterías de coche:

a. Aceite mineral
b. Ácido sulfúrico diluido
c. Poliexpan
d. Sustancias halogenadas

2668. Color normalizado para los contenedores de papel y cartón:

a. Azul
b. Verde
c. Amarillo
d. Marrón

2669. Tratamiento y reciclaje de residuos. Cuál es la fracción mayoritaria en los residuos generados por la actividad administrativa:

a. Materia orgánica
b. Papel y cartón
c. Envases ligeros
d. Vidrio

2670. El inventario de mercancía. Señale la respuesta INCORRECTA:

a. Es la verificación o confirmación de la existencia de materiales del almacén para confrontarlo con las anotaciones en los ficheros de existencias de los mismos
b. Se efectúa periódicamente, en general cada trimestre del año
c. Permite verificar la cantidad real en existencia de materiales
d. Permite conocer el consumo real de materiales

2671. Qué recomendación puede ser útil para los usuarios del contenedor de papel:

a. Utilice el contenedor aunque el papel que vaya a tirar esté sucio o grasiento
b. Tire el papel en bolsa de plástico cerrada
c. Tire las cajas sin plegar, así pueden ser reutilizadas
d. Reutilice el papel siempre que pueda antes de tirarlo

2672. La elección del sistema de almacenamiento de materiales depende, entre otros, de:

a. Espacio disponible
b. Color y tamaño de los materiales a almacenar
c. Precio de los artículos guardados
d. Plazo de caducidad de los productos

2673. El área de desembalaje de los productos es un área específica de:

a. Área de recepción
b. Área de almacenamiento
c. Área de entrega
d. Área de espera

2674. Cómo deben tratarse los fluorescentes:

a. Deben depositarse en el contenedor de vidrio
b. No requieren tratamiento específico
c. Debe almacenarlos el servicio de mantenimiento hasta que sean recogidos por una empresa autorizada
d. Deben incinerarse

2675. NO es sustancia 'peligrosa':

a. Comburentes
b. Enmohecidos
c. Inflamables
d. Explosivos

2676. Cuál es el medio de almacenamiento más simple y económico:

a. Los contenedores
b. Las columnas
c. Las estanterías
d. Las cajas o cajones

2677. NO es una fase relacionada con el proceso de entradas y salidas de un almacén:

a. Generación del pedido
b. Facturación
c. Catalogación de los artículos
d. Recepción del material y la creación del albarán correspondiente

2678. Un pallet es:

a. Una caja de madera o cartón para almacenamiento de materiales
b. Una estantería vertical anclada al suelo
c. Un estrado de madera para transporte y almacenamiento
d. Un contenedor flexible para almacenar y mover sólidos a granel

2679. Los almacenes, entre otras funciones, sirven para:

a. Abaratar el coste de los productos
b. Llevar un control sobre el movimiento de productos (entradas y salidas)
c. Alargar el plazo de caducidad y duración de los productos allí depositados
d. Hacer suministros completos, retrasando el plazo de abastecimiento de materiales

2680. Es una característica de los aceites minerales:

a. Son biodegradables
b. Contienen sustancias muy nocivas para el medio ambiente
c. Tienen características idénticas a los aceites vegetales
d. En el agua generan una oxigenación excesiva

2681. Qué tratamiento deben recibir los residuos de aparatos electrónicos no reutilizables:

a. Deben depositarse en el contenedor amarillo
b. Deben ser incinerados
c. Deben ser entregados a un gestor o gestora autorizada de residuos peligrosos
d. Deben recibir el mismo tratamiento que los residuos orgánicos

2682. Es una característica del vidrio:

a. Es fácil de reutilizar
b. Tras el reciclaje pierde cualidades
c. Deberemos depositar en el contenedor verde el vidrio biosanitario y el reutilizable
d. Está considerado un residuo peligroso

2683. Sobre el aceite vegetal usado:

a. Puede causar graves daños en los ecosistemas acuáticos
b. No necesita tratamiento específico, debe ser vertido al saneamiento general
c. Es un tipo de residuo que no genera la Administración
d. Contiene metales pesados y sustancias halogenadas

2684. En qué dirección debe orientarse la actividad de la Administración por lo que se refiere a los residuos:

a. Menor consumo y menor generación
b. Reducción de los costes de tratamiento de los residuos
c. Reducción del número de contenedores
d. Reducción de la variedad de contenedores

2685. Qué tratamiento es adecuado para los palés o embalajes de madera:

a. Compostar
b. Incinerar para obtener cenizas
c. Enterrar
d. Triturar y utilizar en la fabricación de aglomerados y en producción de energía

2686. Cuál de los siguientes residuos NO debe depositarse en el contenedor de envases:

a. Envases de postres lácteos
b. Cubiertos desechables
c. Envases de plástico que hayan contenido disolventes
d. Botes de productos de limpieza

2687. Qué consecuencias puede tener mezclar pilas con la basura:

a. Solamente tiene consecuencias nocivas si se incineran
b. Su contenido puede filtrarse en el suelo y contaminar aguas subterráneas
c. Pueden generar acumulación de gases explosivos
d. Pueden generar fuertes descargas eléctricas

2688. El concepto de 'simplificar' en el control de existencias hace referencia a:

a. Reducir en la medida de lo posible el número de artículos empleados mediante normalización, es decir, adoptar un único artículo para cada fin
b. Tener bien detallados y descritos los materiales, es decir, conocer la información necesaria respecto a los artículos y sus funcionalidades
c. Reducir en la medida de lo posible el número de artículos empleados mediante normalización, es decir, ordenar los artículos por clases y funcionalidades
d. Ninguna de las tres

2689. Respecto a la codificación de materiales:

a. Generalmente se utiliza el sistema numérico
b. En el sistema alfanumérico, las letras representan el código indicador del artículo
c. El sistema alfabético es el más utilizado en almacenes de gran tamaño
d. En el sistema alfanumérico, las letras representan la clase de material y su grupo en esta clase

2690. Sobre el tratamiento de los envases de tóner para impresoras:

a. Cuando estén fabricados en cartón deben depositarse en el contenedor azul
b. Deben tirarse al contenedor amarillo
c. Deben incinerarse
d. Deben ser retirados y gestionados por empresas apropiadas

2691. Qué residuo tiene como característica un gran poder para contaminar el agua:

a. El aluminio
b. Las pilas de botón
c. El vidrio
d. La madera

2692. Fontanería. Elemento de descarga que dispone de cierre automático y que al accionarse permite el paso de un gran caudal de agua durante el tiempo que permanece accionado:

a. Válvula de seguridad
b. Derivación de aparato
c. Fluxor
d. Manguera

2693. Nociones de cerrajería. Bisagra cuyas paletas ocupan toda la superficie sobre la que están aplicadas:

a. Bisagra continua
b. Bisagra embutida
c. Bisagra de muelle de doble acción
d. Bisagra de cilindro

2694. Albañilería. Para la reparación de las humedades debidas a condensación, hay que:

a. Reparar una vez hayamos desmontado el marco de la ventana y sus hojas
b. Reparar una vez la zona está seca
c. Mantener las ventanas bien cerradas, para evitar que se filtre la humedad
d. Limpiar con lejía o amoniaco para eliminar definitivamente las humedades

2695. Calefacción y aire acondicionado. El sistema de aire acondicionado denominado Fan Coil NO suele colocarse:

a. En fachada exterior   b. En la pared
c. En el suelo   d. En el techo

2696. Carpintería. Si hay que desbastar una superficie de madera, se utilizará:

a. Punzón   b. Taladro
c. Formón   d. Cepillo

2697. Carpintería. Para abrir en la madera pequeños agujeros usaremos:

a. Sierra   b. Cepillo
c. Punzón   d. Lima

2698. Electricidad. La frecuencia empleada en la red eléctrica es de:

a. 50 Hz (hercios)
b. 75 Hz (hercios)
c. 500 Hz 750 Hz (hercios)
d. 1500 Hz (hercios)

2699. Nociones de cerrajería. La ranura en el cilindro de una cerradura para meter y guiar la llave, se denomina:

a. Embocadura   b. Bocallave
c. Guarda   d. Picaporte

2700. Nociones de cerrajería. La parte de una cerradura en la que se encuentran los pestillos y sus dispositivos, se denomina:

a. Cerradura de caja
b. Cerradura de embutir
c. Caja de cerradura
d. Pestillo

2701. Cómo se puede evitar que las bisagras produzcan ruidos:

a. Introduciendo arandelas gruesas entre las bisagras

b. Usando un engrase de aceite suave

c. Elevando la altura de la puerta 1 o 2 milímetros

d. Cepillando el canto de la puerta con un cepillo de carpintero

2702. Las tensiones asignadas para la distribución en corriente alterna en baja tensión son:

a. 320 V entre fase y neutro y 400 V, entre fases, para redes trifásicas de 4 conductores

b. 230 V entre fases para redes trifásicas de tres conectores

c. 320 V entre fases para redes trifásicas de tres conectores

d. 400 V entre fases para redes trifásicas de tres conectores

2703. Colocación de bisagras. La holgura correcta de la hoja de la puerta con respecto al marco es:

a. 6 mm en la cara a abisagrar, 3 mm el resto

b. 3 mm en la cara a abisagrar, 6 mm el resto

c. 9 mm en la cara a abisagrar, 6 mm el resto

d. 9 mm en la cara a abisagrar, 3 mm el resto

2704. Calefacción y aire acondicionado. Tipo de combustible más utilizado en las calderas domésticas:

a. Gas refrigerante

b. Gas natural y gasóleo

c. Carbón natural

d. Leña y astillas

2705. Saneamiento. Las aguas procedentes de precipitación natural, básicamente sin contaminar, son:

a. Aguas pluviales

b. Aguas residuales

c. Aguas usadas

d. Aguas municipales

2706. Carpintería. Qué herramienta debe utilizarse si hay que comprobar los encuadres y realizar mediciones:

a. Escofina

b. Metro

c. Escuadra

d. Sargento

2707. Carpintería. Qué nombre recibe el tablero compuesto de madera aglutinada mediante resinas sintéticas:

a. Tablero alistonado

b. Tablero contrachapado

c. Tablero aglomerado

d. Tablón macizo

2708. Carpintería. A la hora de reparar una persiana por rotura de alguna lámina, en primer lugar hay que:

a. Desatornillar los topes de la última lámina de la persiana

b. Extraer la lámina rota y sustituirla por otra nueva

c. Instalar una cinta nueva

d. Desatornillar el cajón superior

2709. Fontanería. Para prevenir que las tuberías se congelen, hay que:

a. Poner trapos calientes o utilizar otras fuentes de calor sobre las tuberías

b. Aislar el ramal donde se ha producido la congelación

c. Mantener un pequeño flujo de agua a través de las tuberías

d. Sustituir todas las tuberías que estén a la intemperie y se hayan congelado

2710. Fontanería. Eliminar o evacuar el aire de las tuberías de la instalación, se denomina:

a. Derivación

b. Purgado

c. Acometida

d. Retención

2711. Albañilería. Mezcla de yeso, agua y arena aplicada en estado plástico sobre superficies de paredes y techos que se deja secar y endurecer:

a. Embaldosado

b. Revestimiento

c. Enlucido

d. Enyesado

2712. Fontanería. La válvula de flotador:

a. Impide que siga entrando agua cuando la cisterna o depósito del W.C están llenos

b. Acciona el mecanismo de vaciado del depósito del W.C

c. Permite cerrar el agua del inodoro cuando sea necesario hacer reparaciones

d. Sella la conexión entre el inodoro y la abertura del desagüe

2713. Las cargas rápidas permiten que la batería recupere, en un período de tiempo muy corto:

a. El 50% de su capacidad

b. El 60% de su capacidad

c. El 80% de su capacidad

d. El 100% de su capacidad

2714. Conjunto de elementos del vehículo que permiten modificar la trayectoria del mismo, cambiando el ángulo de deriva de las ruedas directrices:

a. Sistema de frenado

b. Alumbrado

c. Suspensión

d. Dirección

2715. Las condiciones de protección contra incendios en los edificios están establecidas en el documento básico correspondiente del:

a. Código Técnico de la Edificación

b. Código Técnico de la Protección de Incendios

c. Código Técnico de Seguridad

d. Código Técnico de Salud y Prevención

2716. Cada cuántos meses se deben realizar las operaciones de mantenimiento de las instalaciones de protección contra incendios de los extintores de incendios:

a. 1 mes

b. 3 meses

c. 6 meses

d. 9 meses

2717. Si sufrimos una colisión:

a. Es recomendable revisar el cinturón de seguridad

b. Es imprescindible cambiar el cinturón de seguridad

c. Debemos limpiar el cinturón de seguridad con un producto químico adecuado

d. Las fibras que componen el cinturón de seguridad recuperan su estructura al momento

2718. Cuáles de los siguientes son elementos de seguridad activa:

a. Los airbag

b. Las ruedas

c. Los habitáculos de seguridad

d. Los reposacabezas

2719. El sistema de aire acondicionado:

a. Habrá que cambiarlo cada dos años, aunque funcione correctamente

b. Habrá que cambiarlo cada año o menos, de acuerdo a las instrucciones del fabricante

c. Se puede recargar en cualquier taller, sin necesidad de maquinaria especializada

d. Se recarga con gas refrigerante, muy contaminante, y sólo en sitios especializados

2720. Sobre los neumáticos: :

a. Todos los neumáticos tienen la misma adherencia, de la que depende toda la seguridad en marcha del vehículo

b. El aumento de temperatura de los neumáticos provoca una disminución de la presión de los mismos

c. Debemos comprobar la presión de los neumáticos en caliente, después de recorrer al menos 10 o 12 km, o haber rodado al menos durante una hora

d. Las ruedas de un mismo eje deben de estar siempre con la misma presión

2721. Señale la FALSA. Para no correr riesgos innecesarios con el sistema de frenado hay que tener en cuenta:

a. Revisar, al menos una vez al año, el estado de los discos y de las pastillas de freno, los latiguillos y los bombines

b. Revisar semanalmente el nivel del líquido de frenos y sustituirlo cada dos años o con la frecuencia determinada por el fabricante

c. Revisar, al menos una vez al mes, las luces de gálibo y el reglaje de la altura de las mismas

d. Revisar que los latiguillos por donde circula el líquido no presentan grietas, manchas o fugas

2722. El nivel del líquido de frenos debe estar:

a. Sobre la marca de MAX., sin que rebose

b. En el punto medio del depósito

c. Entre las marcas de MAX. y MIN

d. Justo por encima de la marca de MIN

2723. En la actualidad, las baterías de un vehículo eléctrico, tanto principal como auxiliares, están preparadas para durar:

a. De 5 a 10 años
b. De 10 a 15 años
c. De 15 a 20 años
d. Toda la vida útil de vehículo

2724. Son elementos de seguridad pasiva:

a. Las ruedas
b. El airbag
c. El alumbrado
d. La suspensión

2725. Los amortiguadores forman parte:

a. De la dirección del vehículo
b. Del sistema de frenado del vehículo
c. De la suspensión del vehículo
d. Del sistema de refrigeración del vehículo

2726. Extintores que contienen espuma, dióxido de carbono, los de uso múltiple, químico seco común y de halón; impiden la reacción química en cadena:

a. Tipo 'A'
b. Tipo 'B'
c. Tipo 'C'
d. Tipo 'D'

2727. NO es un dispositivo de seguridad activa relacionado con los sistemas de frenado:

a. El Sistema Antibloqueo o ABS
b. El airbag o sistema SRS (Sistema de Seguridad Suplementario)
c. El BAS o Sistema de Asistencia a la Frenada de Emergencia)
d. El Programa electrónico de estabilidad o ESP

2728. Sobre el Sistema Antibloqueo ABS:

a. Mientras el ABS está actuando, se nota una especie de temblor o de rebotes en el volante
b. El ABS regula la intensidad de la frenada, dependiendo de la sobrepresión que ejerce quien conduce
c. El ABS permite mantener la direccionalidad incluso con el freno pisado a fondo
d. En el caso de frenadas extremas la técnica para frenar con ABS es la misma que en el sistema convencional

2729. Sobre el circuito de engrase o lubricación, es FALSO:

a. Con una varilla indicadora, con un extremo fuera del motor y el otro en el interior del cárter
b. Es recomendable sustituir el filtro de aceite con cada cambio de aceite
c. Con el motor en frío o a temperatura de servicio, según determine el manual de instrucciones
d. Al ir envejeciendo el motor, es conveniente disminuir la frecuencia de los cambios de aceite

2730. La seguridad activa o primaria se refiere a:

a. Todos los elementos, dispositivos o sistemas que incorpora el vehículo para evitar un accidente o, en caso de que se produzca, evitar o reducir al mínimo las consecuencias sobre las personas ocupantes o sobre terceras personas
b. Todos aquellos elementos, dispositivos o sistemas que incorpora el vehículo con el fin de evitar o reducir al mínimo las consecuencias sobre las personas ocupantes o sobre terceras personas cuando el accidente se produce
c. Todos aquellos elementos que incorpora el vehículo y que pueden contribuir a evitar un accidente
d. Todos aquellos elementos a disposición de la persona que conduce el vehículo y que contribuyen a optimizar la conducción del mismo

2731. Se trata de bocas en superficie conectadas a la red de agua contra incendios en los exteriores próximos al edificio, de forma que puedan conectarse mangueras para su utilización en general por bomberos/as:

a. Sistemas de abastecimiento de agua contra incendios
b. Sistemas de hidrantes exteriores
c. Extintores de incendios
d. Sistema de detección de incendios

2732. Los edificios están compartimentados en sectores de incendio. Esto afecta a:

a. Las paredes, techos y puertas que delimitan los sectores y a la propia estructura del edificio
b. Las paredes, techos y puertas que delimitan los sectores, pero no a la propia estructura del edificio
c. A la propia estructura del edificio, pero no a las paredes, techos y puertas que delimitan los sectores
d. Las puertas que delimita los sectores, pero no a los techos, paredes y a la propia estructura del edificio

2733. Sobre el alumbrado, debemos revisar el correcto funcionamiento de todas las lámparas y el reglaje de la altura de los faros al menos:

a. Diariamente
b. Una vez a la semana
c. Una vez al mes
d. Una vez al año

2734. Cada cuántos meses se deben realizar las operaciones pertinentes para el mantenimiento de las instalaciones de protección contra incendios de las columnas secas:

a. 1
b. 3
c. 6
d. 9

2735. Son extintores que contienen agua presurizada, espuma o químico seco, combaten fuegos que contienen materiales orgánicos sólidos y forman brasas:

a. Tipo 'A'
b. Tipo 'B'
c. Tipo 'C'
d. Tipo 'D'

2736. Señale la correcta:

a. La presión de los neumáticos NO influye en el sistema de dirección
b. Las holguras en los elementos del sistema de dirección modifican, por sí solos, la orientación de las ruedas
c. Las averías en las ruedas o en el sistema de frenado siempre son causadas por los desajustes en el sistema de dirección
d. Los defectos de la dirección se reflejan en un desgaste regular de la banda central del neumático

2737. Sobre el Sistema de refrigeración:

a. Cuando se añada líquido refrigerante, se ha de llenar completamente el depósito de expansión
b. Es importante abrir el tapón del circuito de refrigeración con el motor caliente para que salga el vapor
c. En los motores con dos correas funcionando en paralelo, si una de ellas tiene que ser reemplazada, deben cambiarse las dos
d. Si hay grietas en el exterior del cuerpo de la bomba de circulación del refrigerante, habrá que taparlas de acuerdo a las instrucciones del fabricante

2738. Los elementos del airbag, en función de lo que indique el libro de mantenimiento del automóvil, deberán pasar una revisión, que suele ser indicada:

a. Anualmente
b. Cada cinco años
c. Cada 10.000 km
d. Cada 20.000 km

2739. Es un aparato autónomo que contiene un agente extintor el cual puede ser proyectado y dirigido sobre un fuego por la acción de una presión interna:

a. Sistemas de abastecimiento de agua contra incendios
b. Sistemas de Hidrantes Exteriores
c. Extintores de incendios
d. Sistema de detección de incendios

2740. Sobre la utilización de extintores, es FALSO:

a. Se debe descargar el extintor hacia la base de la llama y vaciar el extintor hasta asegurar que se ha apagado totalmente y no hay peligro que se vuelva a encender
b. Apuntando la abertura de salida del extintor hacia la llama apriete el gatillo manteniendo el extintor en posición horizontal
c. Mueva la salida del extintor de izquierda a derecha abarcando toda el área del fuego
d. No combata un incendio de espalda al fuego, siempre tiene que tener a la vista la zona de fuego

2741. Sobre las principales diferencias y ventajas asociadas a los vehículos híbridos respecto a su mantenimiento, es FALSO:

a. En su mayoría, son automáticos, por lo que llevan embrague manual
b. A lo largo de su vida útil consumen menos aceite que un vehículo convencional
c. El pedal de freno en un híbrido es electrónico
d. Debido sus bajas emisiones, el filtro anti-partículas se mantiene limpio más tiempo

2742. El coche eléctrico, aunque más simple que el coche de combustión o el vehículo híbrido, sí cuenta con:

a. Caja de cambios   b. Dirección
c. Embrague   d. Filtros de aceite

2743. La presión de los neumáticos se mide con:

a. El higrómetro   b. El manómetro
c. El calibre   d. El barómetro

2744. Es una característica física (estática):

a. El paso   b. El patrón facial
c. La firma   d. El tecleo

2745. Es un método de control de acceso físico:

a. Una huella dactilar
b. Una tarjeta de Proximidad
c. Una smartcard
d. Una tarjeta magnética

2746. En el reconocimiento vascular, el patrón biométrico se extrae a partir de:

a. la membrana pigmentada del interior del ojo
b. el reconocimiento y autentificación de la voz
c. la geometría del árbol de venas del dedo
d. un modelo en dos dimensiones de la huella digital

2747. Los sistemas RFID se clasifican según su 'fuente de energía' en:

a. Sistemas Activos, Sistemas Pasivos, Sistema Pasivo con Batería de Asistencia (PBA)
b. Comunicación full-dúplex' (FDX) y comunicación 'half-dúplex' (HDX)
c. EEPROM y ROM
d. Sistemas de Baja Frecuencia y sistemas de Alta Frecuencia

2748. El control de acceso lógico permite:

a. Controlar las actividades que realiza una persona
b. Controlar el tiempo presencial en la entidad
c. Controlar los recursos y dispositivos a los que los usuarios pueden acceder en la red
d. Ver los marcajes del tiempo trabajado

2749. Una autenticación en la que a alguien se le toma la huella digital, se le pide una tarjeta inteligente y, además, se le solicita un número pin, es una autenticación:

a. Mediante dos factores
b. Triple factor
c. Basada en indicadores biométricos
d. No permitida

2750. En un sistema RFID qué componente proporciona los medios de proceso y almacenamiento de datos:

a. El transpondedor
b. El subsistema de procesamiento de datos
c. El transceptor
d. La fuente de energía

2751. Una de las aplicaciones más habituales de la tecnología Mifare es:

a. Realizar transacciones
b. Conectar dispositivos electrónicos
c. Identificar personas y objetos
d. Controlar el acceso en empresas y edificios

2752. El estudio de métodos automáticos para el reconocimiento único de humanos, basados en uno o más rasgos conductuales o físicos, se denomina:

a. Tecnología RFID
b. Tecnología Mifare
c. Biometría
d. Tecnología NFC

2753. En cuanto a los diferentes sistemas utilizados para el acceso a dependencias de una entidad, es un sistema tradicional:

a. El control de acceso en la nube
b. La biometría
c. Las tarjetas de radiofrecuencia
d. La tarjeta de plástico con banda magnética

2754. En un sistema RFID qué componente capta cada señal de una etiqueta, extrae la información y se la pasa al subsistema de procesamiento de datos:

a. El sistema activo
b. El subsistema de procesamiento de datos
c. La etiqueta RFID o transpondedor
d. El lector de RFID o transceptor

2755. La tecnología más conocida y más extendida de RFID es la denominada:

a. Tecnología Mindfulness
b. Tecnología Mifare
c. Tecnología Biométrica
d. Tecnología Ultralight

2756. Una vez realizada la identificación y permitido el acceso a una persona a la entidad:

a. Se pueden controlar las entradas y salidas de vehículos del párking
b. La persona puede acceder libremente a cualquier zona del edificio
c. No se puede conocer cuánto tiempo permanece la persona en el interior de la entidad
d. Un vigilante de seguridad acompañará en todo momento a la persona que accede a la entidad

2757. Una etiqueta RFID o transpondedor está compuesta por:

a. Transductor, transceptor, chip
b. Infrarrojos, antena, decodificador
c. Antena, transductor radio, chip
d. Antena, transceptor, chip

2758. El remitente autenticado en el control de acceso a red:

a. Puede ser un programa de ordenador
b. Solo puede ser una persona que utiliza un ordenador
c. No puede ser un ordenador por sí mismo
d. Solo puede ser una persona que trabaje en el departamento de Informática

2759. El control de acceso físico y/o presencial, permite:

a. Controlar el tiempo presencial de una persona en la entidad
b. Controlar los dispositivos informáticos a los que un usuario puede acceder
c. Verificar la identidad digital de una persona
d. Mantener la seguridad en la red en toda la entidad

2760. El control de acceso a las diferentes dependencias de una entidad, comprende:

a. El acceso físico, únicamente
b. El acceso físico y el acceso lógico
c. El acceso lógico, cuando es necesario
d. El acceso del personal que trabaja en la entidad, únicamente

2761. En cuanto a métodos de reconocimiento humano, las huellas dactilares tienen un índice de fiabilidad:

a. Bajo   b. Medio
c. Alto   d. Muy alto

2762. Qué significan las siglas RFID:

a. Remote Frequency Identification
b. Radio Frequency Identification
c. Radio Failure Identification
d. Remote Failure User Identification

2763. Qué sistema de acceso y fichaje no se puede robar, olvidar o perder:

a. La biometría
b. El sistema RFID
c. El código de barcos
d. El chip

33

Régimen local español. Regulación jurídica. Competencias provinciales y municipales

2764 **B**	2780 **B**
2765 **C**	2781 **B**
2766 **D**	2782 **A**
2767 **B**	2783 **A**
2768 **A**	2784 **B**
2769 **D**	2785 **C**
2770 **B**	2786 **C**
2771 **B**	2787 **A**
2772 **D**	2788 **B**
2773 **C**	2789 **D**
2774 **C**	2790 **D**
2775 **B**	2791 **C**
2776 **A**	2792 **D**
2777 **C**	2793 **A**
2778 **D**	2794 **D**
2779 **C**	2795 **A**

2764. El art. 137 de la Constitución reconoce la autonomía para la gestión de sus respectivos intereses a:

a. Municipios, Provincias, Islas y Comunidades Autónomas que se constituyan
b. Municipios, Provincias, y Comunidades Autónomas que se constituyan
c. Municipios, Provincias e Islas
d. CC AA que se constituyan

2765. La Ley Reguladora de las Haciendas Locales fue aprobada por:

a. Real Decreto Legislativo 2/2003, de 5 de marzo
b. Ley 39/1989, de 29 de diciembre
c. Real Decreto Legislativo 2/2004, de 5 de marzo
d. Ley 39/1988, de 28 de diciembre

2766. La Ley 7/1985, de 2 de abril, contiene cuántos títulos:

a. 8   b. 9   c. 7   d. 11

2767. La integración del Régimen Especial de la S. Social de los funcionarios de Administración Local en el Régimen General se produjo mediante:

a. Ley 7/1985, de 2 de abril
b. RD 480/1993, de 2 de abril
c. RD 896/1991, de 7 de julio
d. RDL 1/1994, de 20 de junio

2768. La competencia de Andalucía en materia de Régimen Local se recoge expresamente en:

a. El art. 60 del Estatuto de Autonomía
b. El art. 1 de la Ley 7/1985, de 2 de abril, reguladora de las bases del régimen local
c. El art. 137 de la Constitución
d. La Carta Europea de Autonomía Local

2769. El Reglamento de funcionarios/as de Administración Local, de 30 de mayo de 1952:

a. Se encuentra vigente en su totalidad
b. Se derogó expresamente por el R.D.L. 781/1986, de 18 de abril
c. Fue objeto de refundición por el R.D.L. 781/1986, de 18 de abril
d. No ha sido derogado expresamente por norma alguna

2770. El Reglamento de contratación de las Corporaciones Locales, de 9 de enero de 1953:

a. Se encuentra vigente en su totalidad
b. Se derogó expresamente por la Ley 13/1995, de 18 de mayo
c. Fue objeto de refundición por el R.D.L. 781/1986, de 18 de abril
d. No ha sido derogado expresamente por norma alguna

2771. El RD 500/1990 desarrolla:

a. El art. 94 del Texto refundido aprobado por R.D.L. 781/1986, en materia de planes provinciales de obras y servicios
b. La Ley 39/1988, de 28 de diciembre, capítulo I del Título VI
c. El Título IX de la Ley 7/1985, de 2 de abril
d. La Ley 30/1984, de 2 de agosto, en materia de provisión de puestos de trabajo

2772. La Ley 40/2015, de 1 de octubre:

a. No es de aplicación a las entidades locales en lo que respecta al régimen de responsabilidad patrimonial
b. Establece los órganos de las entidades locales cuyos actos ponen fin a la vía administrativa
c. Deroga expresamente determinados preceptos de la Ley 7/1985, de 2 de abril
d. Recoge los principios de la potestad sancionadora de las Administraciones Públicas

2773. La Constitución:

a. Contempla expresamente la materia régimen local, para atribuir la competencia sobre la misma a las CC AA

b. Consagra la autonomía de las entidades locales menores

c. Dispone la elección de los Alcaldes por los Concejales o por los vecinos

d. Prohíbe crear agrupaciones de municipios distintas a la Comarca

2774. La administración propia de las islas en los archipiélagos balear y canario, se encomienda por el art. 141.4 de la Constitución a:

a. Las respectivas Comunidades Autónomas

b. Las Mancomunidades de Municipios

c. Los Consejos y Cabildos

d. Las Diputaciones Insulares

2775. El art. 142 CE regula:

a. La provincia   b. Las haciendas locales

c. El Municipio   d. La elección de Alcaldes

2776. La posibilidad crear agrupaciones de municipios distintas de la provincia:

a. Se reconoce expresamente en la CE

b. Se reconoce exclusivamente en la Ley 7/1985, de 2 de abril

c. Se prohíbe implícitamente en la Constitución, al no mencionarse

d. No existe

2777. El art. 142 de la Constitución:

a. No es de aplicación a la Provincia

b. Se refiere al principio de elección democrática propio de las Provincias

c. Se refiere a las Haciendas Locales

d. Pertenece al Título IX de la misma

2778. La atribución de concretas potestades administrativas a las entidades locales distintas a Municipio, Provincia e Isla se efectúa:

a. Por la Ley 7/1985, de 2 de abril

b. Incondicionalmente por la legislación básica sobre régimen local

c. Carecen, en todo caso, de potestades

d. Por la legislación autonómica

2779. Las Haciendas Locales se nutrirán, fundamentalmente, de:

a. De la participación en los tributos del Estado y de tributos cedidos

b. De tributos cedidos e impuestos de las CC AA

c. De tributos propios y participación en los del Estado y las CC AA

d. De las asignaciones que efectúen los Presupuestos Generales del Estado y tributos cedidos

2780. Las Áreas Metropolitanas, según la Ley 7/1985:

a. Son de preceptiva creación en los términos fijados en la misma

b. Son entidades locales

c. Carecen de la consideración de entidad local

d. Equivalen a las Mancomunidades allí donde éstas no existen

2781. Las entidades locales tiene obligación de remitir a las Administraciones estatal y autonómica, según la Ley 7/1985, de 2 de abril:

a. Copia de todos los acuerdos de sus órganos colegiados

b. Copia o extracto de todos los actos y acuerdos

c. Un extracto de todos los actos y acuerdos

d. Las Ordenanzas y Reglamentos únicamente

2782. Cuando la Administración del Estado conforme al art. 65 de la Ley 7/1985, de 2 de abril, considere que un acto de alguna entidad local infringe el ordenamiento jurídico:

a. Podrá requerirla de anulación, invocando expresamente dicho precepto

b. Deberá requerirle de anulación, invocando expresamente dicho precepto

c. Podrá anular dicho acuerdo, comunicándolo previamente al ente local

d. Podrá desconocer dicho acuerdo, comunicándolo así al ente local

2783. El plazo para formular requerimiento de anulación por la Administración de la C. Autónoma al ente local en casos de actos que infrinjan el ordenamiento jurídico es de:

a. 15 días hábiles   b. 20 días hábiles

c. Un mes   d. 7 días hábiles

2784. La competencia para la alteración de los límites provinciales corresponde a:

a. Las CC AA, siempre que así lo tengan recogido en sus Estatutos de Autonomía

b. Las Cortes Generales, mediante Ley Orgánica

c. Los Parlamentos Autónomos, previo informe de las Diputaciones Provinciales interesadas

d. Las CC AA, por Ley de su Parlamento, ratificada en referéndum por los vecinos de los Municipios afectados por la alteración

2785. Las Diputaciones Provinciales se mencionan expresamente en qué artículo de la Constitución:

a. 137   b. 140   c. 141   d. 142

2786. La provincia es:

a. Una entidad local de carácter sectorial

b. Equivalente a Diputación

c. Una entidad local de carácter territorial

d. Equivalente a Isla en los archipiélagos balear y canario

2787. El art. 137 de la Constitución recoge:

a. La autonomía de Municipios, Provincias y Comunidades Autónomas

b. La regulación esencial de las Diputaciones Provinciales

c. La consideración de la Isla como entidad local

d. Las fuentes de la hacienda provincial

2788. La Provincia es:

a. Una entidad local básica

b. Una entidad local territorial

c. El órgano de administración de las Diputaciones

d. El equivalente a Comunidad Autónoma

2789. La alteración de los límites provinciales:

a. No es jurídicamente posible, al estar prohibido por la Constitución

b. Se atribuye a las CC AA a las que afecte, mediante Ley de su Parlamento

c. Corresponde a las Comunidades Autónomas, previo informe de las Diputaciones afectadas

d. Ha de efectuarse mediante Ley Orgánica

2790. Entre los órganos necesarios de la Diputación se encuentra:

a. Los/as Tenientes de Alcalde

b. Las Juntas de Distrito

c. Los/as Diputados/as Delegados

d. La Junta de Gobierno

2791. El nombramiento de los/as Vicepresidente/as/as de una Diputación corresponde a:

a. El Pleno, en la sesión constitutiva

b. A la Junta de Gobierno, una vez formada

c. Al Presidente/a/a

d. A los distintos grupos del pleno

2792. Es órgano complementario en una Diputación Provincial:

a. El/la Vicepresidente/a/a

b. El Pleno

c. La Junta de Gobierno

d. Los/as Diputados/as Delegados/as

2793. El Pleno de la Diputación Provincial está constituido, según el art. 33.1 de la Ley 7/1985 por:

a. El/la Presidente/a/a y los/as Diputados/as

b. El/la Presidente/a/a, el/la Secretario/a y los/as Diputados/as

c. Los/as Diputados/as Provinciales

d. Los miembros que disponga cada Reglamento Orgánico

2794. La jefatura superior del personal de la Diputación es competencia:

a. De Pleno en todo caso

b. Del Presidente/a/a o Diputado/a provincial en quien delegue

c. Del Diputado/a-Delegado/a de personal

d. Del Presidente/a/a en todo caso

2795. Los Vicepresidentes de la Diputación:

a. Sustituyen al Presidente/a/a en caso de enfermedad por el orden de su nombramiento

b. Son designados libremente por el/la Presidente/a/a de entre todos los Diputados/as

c. No pueden ser más de dos

d. Son nombrados por el Pleno al comienzo de su mandato

5. Los contratos administrativos en la esfera local

2796 **A**	2816 **C**	2836 **A**
2797 **B**	2817 **C**	2837 **C**
2798 **B**	2818 **C**	2838 **C**
2799 **C**	2819 **B**	2839 **C**
2800 **D**	2820 **C**	2840 **C**
2801 **C**	2821 **D**	2841 **C**
2802 **C**	2822 **C**	2842 **C**
2803 **C**	2823 **D**	2843 **D**
2804 **C**	2824 **B**	2844 **D**
2805 **D**	2825 **B**	2845 **C**
2806 **A**	2826 **C**	2846 **A**
2807 **B**	2827 **D**	2847 **C**
2808 **A**	2828 **C**	2848 **B**
2809 **B**	2829 **A**	2849 **C**
2810 **D**	2830 **B**	2850 **A**
2811 **C**	2831 **B**	2851 **C**
2812 **B**	2832 **C**	2852 **D**
2813 **C**	2833 **D**	2853 **C**
2814 **D**	2834 **B**	2854 **C**
2815 **D**	2835 **C**	2855 **C**

2796. Qué Ley regula los contratos de las Administraciones Públicas:

a. Ley 9/2017, de 8 de noviembre
b. RDL 3/2017, de 14 de noviembre
c. RDL 9/2017, de 14 de noviembre
d. Ley 3/2017, de 8 de noviembre

2797. Los contratos administrativos:

a. No puede elevarse a escritura pública
b. Deben formalizarse en el plazo de quince días hábiles a contar desde el siguiente al de la notificación de la adjudicación
c. Ha de ir suscrito también por el Secretario de la Corporación
d. Carece de acceso a los registros públicos si no se eleva a escritura pública

2798. La mesa de contratación en las Entidades Locales estará compuesta por:

a. Un Presidente/a y un Secretario
b. Un Presidente/a, un mínimo de tres vocales y un Secretario
c. Un Presidente/a, un Secretario y al menos cuatro vocales
d. Ninguna respuesta es correcta

2799. La aprobación del pliego de cláusulas administrativas particulares en una Corporación Local irá precedida del informe de:

a. La Intervención General del Estado
b. La Junta Consultiva de Contratación Administrativa
c. El Secretario de la entidad y del Interventor/a
d. La Junta de Gobierno

2800. Se reconoce la prerrogativa de interpretación de los contratos administrativos a:

a. La Administración General del Estado
b. La Administración de las CC AA
c. Los entes que integran la Administración Local
d. Al órgano de contratación

2801. La competencia para otorgar la Clasificación de las empresas corresponde a:

a. Cada entidad local
b. A las Diputaciones Provinciales
c. A la Junta Consultiva de Contratación Administrativa del Estado
d. Todos los anteriores

2802. La contratación administrativa de los Organismos Autónomos se rige por:

a. La Ley de su creación
b. Sus propias normas
c. La Ley 9/2017
d. La Ley 50/1997

2803. Cuál de estos contratos NO está sujeto a regulación armonizada:

a. Contrato de colaboración entre el sector público y el sector privado
b. Contrato de obra
c. Contrato de Gestión de Servicios Públicos
d. Todas las respuestas son correctas

2804. Están excluidos del ámbito de aplicación de la Ley de Contratos aquellos que celebre la Administración relativos a:

a. Suministros
b. Gestión de servicios públicos
c. La relación de servicio de los funcionarios públicos y personal de carácter laboral
d. De obras

2805. Uno de los límites al principio de libertad de pactos en los contratos que celebre la Administración Pública es el de que no vayan en contra de:

a. El derecho de los particulares
b. La moral
c. La buena fe
d. El interés público

2806. Los contratos administrativos especiales se rigen preferentemente por:

a. Sus normas específicas
b. La Ley de Contratos
c. El derecho privado
d. El derecho administrativo no contractual

2807. Para conocer de las controversias entre las partes de un contrato administrativo es competente el orden jurisdiccional:

a. Depende de qué controversia se trate
b. El contencioso-administrativo
c. El civil
d. El de conflictos

2808. En materia de recusación del personal que intervenga en los procedimientos de contratación administrativa, habrá que entender aplicable las prescripciones que sobre ello contiene:

a. La Ley 39/2015
b. El RDL 3/2011
c. La Ley de Contratos
d. La Ley 9/1987

2809. Es característica básica del precio en los contratos administrativos su:

a. Idoneidad
b. Certeza
c. Igualdad
d. Indeterminación

2810. Para estar incurso en causa de prohibición para contratar con las Administraciones Públicas por declaración de concurso, es preciso que éste:

a. Haya sido solicitado
b. Haya sido declarado insolvente en cualquier procedimiento
c. Estar sujeto a intervención judicial
d. Cualquiera de las anteriores

2811. Un empresario no podrá contratar con las Administraciones Públicas cuando no se encuentre al corriente de:

a. Sus obligaciones tributarias
b. Sus obligaciones de seguridad social
c. Las dos anteriores
d. Cualquier clase de obligación

2812. En el ámbito de la contratación administrativa de las entidades locales, las clasificaciones de los contratistas:

a. Se decidirán por el Pleno
b. Serán las acordadas por la Junta Consultiva de contratación administrativa del Estado o por los órganos competentes de la Comunidad Autónoma respectiva
c. Se decidirán por la Junta Local de contratación
d. No es exigible clasificación para contratar con las entidades locales

2813. Dentro de las normas que disciplinan la contratación administrativa, ¿existe algún límite para modificar los contratos con independencia de lo previsto en los correspondientes pliegos?

a. No, puesto que las modificaciones se pueden introducir por razones de interés público
b. No, puesto que las modificaciones se pueden introducir para atender a causas imprevistas
c. Sí, cuando, entre otros supuestos, se adicionen prestaciones complementarias a las inicialmente contratadas
d. Habrá que estar a lo que ese establezca en los correspondientes pliegos

2814. El importe de la garantía provisional en los contratos administrativos no podrá ser superior al:

a. 2% del presupuesto del contrato
b. 5% del presupuesto del contrato
c. 4% del presupuesto del contrato
d. 3% del presupuesto del contrato

2815. En materia de preferencias en la ejecución de garantías en la contratación administrativa:

a. Rige el Código Civil
b. Tiene preferencia la Hacienda Pública
c. Tienen preferencia los trabajadores del contratista
d. Tiene preferencia la Administración contratante

2816. Los pliegos de cláusulas administrativas particulares contendrán:

a. La autorización del gasto
b. La firma del contratista
c. Los pactos y condiciones del contrato
d. El visto bueno del Secretario

2817. Las Administraciones Públicas facilitarán copias de los pliegos o condiciones de los contratos a:

a. La Junta Consultiva de Contratación Administrativa
b. Los antiguos contratistas de la propia Administración
c. Todos los interesados que lo soliciten
d. El Consejo de Estado

2818. Salvo las excepciones previstas en la Ley, es requisito previo y necesario para la formalización de los contratos administrativos:

a. La aportación de la escritura social
b. La declaración jurada de veracidad de los datos aportados por el contratista
c. Que se produzca la adjudicación
d. El pago de los impuestos exigibles

2819. En los contratos administrativos de obras se podrán adjudicar al contratista principal, por procedimiento negociado, obras complementarias que no figuren en el proyecto ni en el contrato de obras pero que debido a una circunstancia que no pudiera haberse previsto por un poder adjudicador diligente pasen a ser necesarias para ejecutar la obra tal y como estaba descrita en el proyecto o en el contrato sin modificarla:

a. Si el importe acumulado no supera el 25% del importe primitivo del contrato
b. Si el importe acumulado no supera el 50% del importe primitivo del contrato
c. Si el importe acumulado no supera el 30% del importe primitivo del contrato
d. Deberá seguirse el procedimiento utilizado para el contrato inicial

2820. El único supuesto de excepción de la obligación de tramitación de expediente administrativo de contratación es:

a. El contrato fruto del procedimiento negociado
b. Los contratos menores
c. En los expedientes de contratación de emergencia
d. Los contratos de suministro

2821. En un contrato de servicios, ¿podrá adjudicarse al contratista principal, a través del procedimiento de adjudicación directa, servicios complementarios que no figuren en el proyecto ni en el contrato, pero que debido a una circunstancia imprevista pasen a ser necesarios para ejecutar el servicio tal y como estaba descrito en el proyecto o contrato sin modificarlo?

a. Si, siempre que el importe acumulado no supere el 50% del importe primitivo del contrato
b. Si, siempre que el importe acumulado no supere el 25% del importe primitivo del contrato
c. Si, siempre que el importe acumulado no supere el 30% del importe primitivo del contrato
d. Ninguna de las tres es correcta

2822. ¿Qué ocurre con los contratos administrativos en los casos de fusión de empresas en los que participe la sociedad contratista?

a. Se procederá a la liquidación del contrato y a una nueva adjudicación
b. Se deberá llevar a cabo un acto administrativo de adjudicación directa a la nueva empresa resultante
c. Continuará el contrato vigente con la entidad absorbente o con la resultante de la fusión
d. Vicia de nulidad el contrato por incapacidad sobrevenida del contratista

2823. En el expediente de contratación administrativa se recogerán:

a. Las alegaciones de los contratistas
b. Las ofertas de los licitadores
c. La adjudicación del contrato
d. Las prescripciones técnicas del contrato

2824. El fraccionamiento del objeto de un contrato administrativo se permite:

a. Para disminuir la cuantía del mismo y eludir el procedimiento de adjudicación
b. Cuando el objeto del contrato admita fraccionamiento
c. Para elegir la forma de adjudicación
d. Para eludir el requisito de publicidad

2825. En el procedimiento restringido de contratación administrativa pueden participar:

a. Todos los empresarios interesados que tengan la oportuna clasificación y lo soliciten
b. Los empresarios seleccionados por la Administración previa solicitud de los mismos
c. Los empresarios libremente elegidos por la Administración, sin que lo soliciten
d. Los empresarios que lo deseen, siempre que no estén incursos en causa de incapacidad o prohibición para contratar

2826. En el procedimiento abierto, cuando el único criterio a considerar sea el precio, el contrato administrativo se adjudicará a:

a. El licitador que haga la proposición más ventajosa en su conjunto
b. El licitador con el que la Administración llegue a un acuerdo, dentro de los límites económicos del pliego
c. El licitador que haya presentado la oferta económicamente más ventajosa
d. El licitador que ofrezca mejores condiciones en su conjunto, ofreciendo mayor precio

2827. Los órganos de contratación utilizarán normalmente como formas de adjudicación de los contratos administrativos:

a. El procedimiento abierto
b. El procedimiento restringido
c. El diálogo competitivo
d. Los reseñados bajo las respuestas A) y B)

2828. En el procedimiento abierto, la Mesa de Contratación procederá en acto público a:

a. Adjudicar el contrato al mejor postor
b. Entrevistar a los licitadores sobre sus condiciones de solvencia técnica y económica
c. Apertura y examen de las proposiciones
d. Valorar las condiciones de cada licitador, según el baremo contenido en el pliego

2829. En supuestos de escisión, aportación o transmisión de empresas o ramas de actividad de una empresa contratista, ¿qué ocurre con los contratos administrativos en vigor?

a. Continuará con la entidad a la que se atribuya el contrato, siempre que tenga la solvencia exigida al acordarse la adjudicación
b. Se deberá llevar a cabo un acto administrativo de adjudicación directa a la nueva empresa resultante
c. Se procederá a su adjudicación a la nueva empresa a través de un procedimiento restringido
d. Vicia de nulidad el contrato por incapacidad sobrevenida del contratista

2830. Cuando se utilice el procedimiento negociado será necesario solicitar la oferta de empresas capacitadas al menos de:

a. 2   b. 3   c. 4   d. 5

2831. Los daños y perjuicios que el contratista causa a terceros como consecuencia de las operaciones que requiera la ejecución del contrato de obras:

a. Correrán a cargo de la Administración contratante
b. Correrán a cargo del contratista, salvo excepciones
c. Debe reclamarlos directamente a la jurisdicción competente
d. No son indemnizables

2832. El pago del precio en los contratos administrativos:

a. Se hará siempre de forma total al finalizar el contrato
b. Se hará siempre parcialmente mediante abonos a buena cuenta
c. Podrá hacerse de manera total o parcialmente, mediante abonos a cuenta
d. Se hará siempre de forma fraccionada

2833. En supuestos de demora en el pago de los contratos administrativos superior a cuatro meses, el contratista:

a. Tendrá derecho a percibir abonos a cuenta por el importe de los trabajos de los tres meses siguientes
b. No puede acordar la suspensión de forma unilateral al prevalecer el interés público
c. Podrá proceder a la suspensión del contrato con el reconocimiento de los derechos que puedan derivarse de la misma, si la comunica con tres meses de antelación
d. Podrá proceder a la suspensión del contrato con el reconocimiento de los derechos que puedan derivarse de la misma, si la comunica con un mes de antelación

2834. El plazo de demora en el abono del precio del contrato que habilita al contratista para instar la suspensión del cumplimiento de sus obligaciones es superior a:

a. 3 meses
b. 4 meses
c. 6 meses
d. Un año

2835. El plazo de demora en el abono del precio del contrato que da derecho al contratista a resolver el contrato es superior a:

a. 4 meses
b. 8 meses
c. 6 meses
d. Un año

2836. Los contratos administrativos se extinguen por:

a. Cumplimiento o por resolución
b. Caducidad o por cumplimiento
c. Pago o por cumplimiento
d. Resolución o por nulidad

2837. La responsabilidad del contratista en los contratos administrativos quedará extinguida generalmente:

a. Una vez entregado o realizado el objeto del contrato
b. Una vez se recepcione o dé el conforme por la Administración contratante
c. Una vez transcurra el plazo de garantía que se fije
d. Cuando la Intervención de la Administración compruebe la inversión

2838. La subcontratación en los contratos administrativos requiere:

a. Que las prestaciones parciales que el adjudicatario subcontrate con terceros no excedan del 60% del presupuesto del contrato
b. Que se autorice siempre con carácter previo por el órgano de contratación
c. Que el adjudicatario lo comunique anticipadamente y por escrito a la Administración contratante
d. Que se dé en contratos concertados intuitu personae

2839. A los efectos de elaboración de los proyectos en el contrato administrativo de obras, uno de los grupos en que se clasifican las obras es:

a. Mayores
b. De nueva planta
c. De demolición
d. Nuevas

2840. Aprobado el proyecto y previamente a la tramitación del expediente de contratación de una obra, se procederá a:

a. Fiscalizar el gasto
b. Comprobar la legalidad del gasto
c. Efectuar el replanteo del proyecto
d. Redactar las instrucciones técnicas

2841. Cuando la contraprestación del adjudicatario de un contrato administrativo consista en el derecho a explotar una obra, estamos en presencia del denominado:

a. Contrato de obra pública
b. Contrato de explotación de obras públicas
c. Contrato de concesión de obras públicas
d. Contrato de concesión demanial

2842. Las certificaciones que a efectos del pago ha de expedir la Administración en el contrato administrativo de obras, salvo prevención en contrario en el pliego de cláusulas administrativas, tendrán carácter:

a. Semanal
b. Quincenal
c. Mensual
d. Bimensual

2843. A la recepción de las obras, en el contrato de obras, concurrirá preceptivamente:

a. Un representante de la Intervención de la Administración
b. Un representante de la Junta Consultiva de Contratación Administrativa
c. Un facultativo designado por el contratista
d. El facultativo encargado de la dirección de las obras

2844. En el contrato administrativo de obras el plazo, contado desde la recepción de la obra y una vez expirado el plazo de garantía, en el que el contratista responde por vicios ocultos es de:

a. Un año
b. Seis años
c. Diez años
d. Quince años

2845. Los contratos de colaboración que celebre la Administración con empresarios para ejecución de obras en el supuesto de obras ejecutadas por la propia Administración:

a. Son contratos administrativos de obras
b. Son contratos de derecho privado
c. Son contratos administrativos especiales
d. Son contratos administrativos de servicios

2846. La duración máxima, incluidas prórrogas, de los contratos administrativos de gestión de servicios públicos que comprendan la ejecución de obras y la explotación de servicios públicos se fija en cuántos años:

a. 50   b. 75   c. 99   d. 100

2847. La adquisición y el arrendamiento de equipos y sistemas para el tratamiento de la información por parte de la Administración es un típico contrato de:

a. Obra
b. Concesión
c. Suministro
d. Servicios

2848. En los contratos administrativos de suministro que tengan por objeto el arrendamiento la prórroga expresa no podrá extenderse a un período superior a:

a. Un año
b. La mitad del contrato inmediatamente anterior
c. Un tercio del contrato inmediatamente anterior
d. Dos años

2849. La regla general en lo que respecta al procedimiento de adjudicación del contrato administrativo de suministro, cuando el precio no es el único factor determinante de la adjudicación, es:

a. La subasta
b. El concurso
c. El procedimiento abierto con varios criterios de adjudicación
d. El restringido

2850. Salvo pacto en contrario, los gastos de entrega y transporte de los bienes objeto del contrato administrativo de suministro al lugar convenido serán de cuenta:

a. Del contratista
b. De la Administración
c. De ambos por mitad
d. Un 25% a cargo de la Administración y un 75% a cargo del contratista

2851. No es causa de resolución del contrato administrativo de suministro:

a. El mutuo acuerdo entre la Administración y el contratista
b. La declaración de concurso o la declaración de insolvencia en cualquier otro procedimiento
c. C La demora en el pago por parte de la Administración por plazo superior a 4 meses
d. El desistimiento de la Administración

2852. Los contratos que tengan por objeto elaborar proyectos de carácter técnico se califican como contratos de:

a. Suministros
b. Trabajos específicos y concretos no habituales
c. Mixtos
d. Servicios

2853. Los contratos que tengan por objeto el mantenimiento de bienes, equipos e instalaciones se califican como contratos de:

a. Suministro
b. Obras
c. Servicios
d. Gestión de servicios públicos

2854. Los contratos que tengan por objeto programas de ordenador desarrollados a medida para la Administración se califican como contratos de:

a. Suministros
b. Trabajos específicos y concretos no habituales
c. Servicios
d. Mixtos

2855. Los contratos administrativos de Servicios tendrán la consideración de contratos menores cuando su cuantía no exceda (IVA excluido) de:

a. 60.000 euros
b. 18.000 euros
c. 15.000 euros
d. 40.000 euros

2856 **A**	2918 **A**	2980 **B**
2857 **A**	2919 **C**	2981 **C**
2858 **D**	2920 **C**	2982 **A**
2859 **C**	2921 **B**	2983 **B**
2860 **B**	2922 **D**	2984 **C**
2861 **B**	2923 **C**	2985 **D**
2862 **A**	2924 **B**	2986 **C**
2863 **B**	2925 **B**	2987 **B**
2864 **D**	2926 **D**	2988 **A**
2865 **B**	2927 **D**	2989 **A**
2866 **A**	2928 **A**	2990 **A**
2867 **C**	2929 **A**	2991 **C**
2868 **B**	2930 **A**	2992 **C**
2869 **D**	2931 **B**	2993 **A**
2870 **C**	2932 **B**	2994 **B**
2871 **C**	2933 **C**	2995 **A**
2872 **B**	2934 **C**	2996 **A**
2873 **C**	2935 **B**	2997 **A**
2874 **A**	2936 **C**	2998 **C**
2875 **B**	2937 **C**	2999 **C**
2876 **B**	2938 **C**	3000 **A**
2877 **D**	2939 **C**	3001 **A**
2878 **C**	2940 **B**	3002 **A**
2879 **C**	2941 **B**	3003 **C**
2880 **D**	2942 **A**	3004 **B**
2881 **B**	2943 **A**	3005 **A**
2882 **C**	2944 **A**	3006 **C**
2883 **A**	2945 **B**	3007 **C**
2884 **B**	2946 **A**	3008 **D**
2885 **C**	2947 **B**	3009 **B**
2886 **B**	2948 **C**	3010 **D**
2887 **C**	2949 **D**	3011 **C**
2888 **B**	2950 **B**	3012 **B**
2889 **A**	2951 **B**	3013 **A**
2890 **B**	2952 **C**	3014 **B**
2891 **C**	2953 **A**	3015 **B**
2892 **C**	2954 **A**	3016 **B**
2893 **D**	2955 **D**	3017 **C**
2894 **D**	2956 **A**	3018 **A**
2895 **A**	2957 **A**	3019 **C**
2896 **A**	2958 **C**	3020 **C**
2897 **A**	2959 **C**	3021 **D**
2898 **A**	2960 **D**	3022 **C**
2899 **A**	2961 **A**	3023 **C**
2900 **C**	2962 **A**	3024 **B**
2901 **B**	2963 **A**	3025 **D**
2902 **A**	2964 **C**	3026 **A**
2903 **A**	2965 **C**	3027 **A**
2904 **C**	2966 **B**	3028 **B**
2905 **B**	2967 **C**	3029 **C**
2906 **D**	2968 **D**	3030 **C**
2907 **C**	2969 **C**	3031 **A**
2908 **B**	2970 **C**	3032 **C**
2909 **C**	2971 **D**	3033 **D**
2910 **B**	2972 **C**	3034 **C**
2911 **D**	2973 **C**	3035 **C**
2912 **C**	2974 **C**	3036 **C**
2913 **A**	2975 **D**	3037 **A**
2914 **B**	2976 **C**	3038 **A**
2915 **D**	2977 **C**	3039 **C**
2916 **B**	2978 **B**	3040 **C**
2917 **D**	2979 **A**	3041 **C**

2856. Indemnización a percibir por el trabajador en caso de dimisión:

a. No tiene derecho a indemnización
b. 12 mensualidades de salario
c. 45 días de salario por año de servicio, con un máximo de 42 mensualidades
d. 20 días de salario por año de servicio, con un máximo de 12 mensualidades

2857. La ineptitud del trabajador, para poder ser causa de extinción del contrato por causas objetivas, según el Estatuto de los Trabajadores, será:

a. Sobrevenida con posterioridad a su colocación efectiva en le empresa
b. Manifiesta en relación con el trabajo a desarrollar
c. Durante el cumplimiento del período de prueba
d. Declarada por los Juzgados de lo Social, a petición del empresario

2858. La indemnización a abonar el/la trabajador/a en caso de despido por causas objetivas, es de:

a. No tiene derecho a indemnización
b. 12 mensualidades de salario
c. 45 días de salario por año de servicio, con un máximo de 42 mensualidades
d. 20 días de salario por año de servicio, con un máximo de 12 mensualidades

2859. Los comités de empresa deberán elegir de entre sus miembros:

a. Un/a Presidente/a
b. Un/a Secretario/a que levante acta de las sesiones que celebre
c. Un/a Presidente/a y un Un/a Secretario/a
d. A un/a delegado/a

2860. El derecho a la huelga se recoge en qué artículo de la Constitución:

a. 7   b. 28   c. 37   d. 106

2861. Las retribuciones básicas de los funcionarios de administración local, respecto de las del resto:

a. Son las mismas
b. Tienen la misma estructura
c. Son distintas
d. Coinciden sólo en el sueldo

2862. La cuantía de las retribuciones básicas de los/as funcionarios/as de administración local, respecto de las de los/as funcionarios/as de la Administración del Estado:

a. Es la misma
b. Tiene la misma estructura
c. Es distinta
d. Coinciden sólo en el sueldo

2863. Las retribuciones complementarias de los/as funcionarios/as de administración local, respecto de las de los/as funcionarios/as de la Administración del Estado:

a. Son las mismas
b. Tienen la misma estructura
c. Son distintas
d. Coinciden sólo en el sueldo

2864. La cuantía global de las retribuciones complementarias de los funcionarios de Administración local, respecto de las de los de la Administración del Estado:

a. Es la misma
b. Tiene la misma estructura
c. No existen
d. La fija el Pleno de la entidad

2865. Las retribuciones de los/as funcionarios/as, a tenor del RDL 5/2015, de 30 de octubre, por el que se aprueba el texto refundido de la Ley del Estatuto Básico del Empleado Público, son:

a. Sueldo, trienio y complementarias
b. Básicas y complementarias
c. Salariales y complementarias
d. Sueldo y complementos

2866. Los conceptos retributivos de los funcionarios son los que fija:

a. La legislación básica en materia de función pública
b. La legislación autonómica en materia de función pública
c. La Constitución
d. Cada Administración Pública para sí

2867. Las retribuciones básicas de los/as funcionarios/as, según la normativa vigente, son:

a. Sueldo y paga extraordinaria
b. Sueldo y trienios
c. Sueldo, trienios y pagas extraordinarias
d. Sueldo, trienios y complementos

2868. El Estatuto Básico del Empleado Público:

a. Sólo se aplicará al personal de las Administraciones Públicas incluido en su ámbito de aplicación

b. Se aplicará con carácter supletorio a todo el personal de las Administraciones Públicas no incluido en su ámbito de aplicación

c. Se aplicará con carácter supletorio al personal laboral al servicio de la Administración General del Estado

d. Se aplicará con carácter supletorio al personal laboral al servicio de las Administraciones de las Entidades Locales

2869. Con respeto a la autonomía local, el personal funcionario de las Entidades Locales se rige:

a. Por la legislación estatal que resulte de aplicación, de la que forma parte el EBEP y por la legislación local

b. Por la legislación de las Comunidades Autónomas, de la que forma parte el EEBEP

c. Por la legislación de las Entidades Locales, de la que forma parte el EEBEP

d. Por la legislación estatal que resulte de aplicación, de la que forma parte el EEBEP y por la legislación de las Comunidades Autónomas

2870. El Estatuto Básico del Empleado Público es aplicable a:

a. El personal laboral al servicio de las Administraciones Públicas

b. El personal funcionario/a al servicio de las Administraciones Públicas

c. Ambas son correctas

d. Ninguna lo es

2871. El Estatuto Básico del Empleado Público clasifica a los empleados públicos en:

a. Funcionarios/as y personal laboral

b. Funcionarios/as y personal temporal

c. Funcionarios/as de carrera, funcionarios/as interinos/as, personal laboral y personal eventual

d. Funcionarios/as de carrera y funcionarios/as interinos/as

2872. Para poder ser admitido a pruebas de acceso a la función pública local NO es necesario:

a. Tener cumplidos 16 años

b. Padecer enfermedad o defecto físico

c. No haber sido separado, mediante expediente disciplinario, del servicio de cualquier Administración Pública

d. No hallarse inhabilitado para el ejercicio de funciones públicas

2873. El personal laboral al servicio de una Administración Local puede ser:

a. Exclusivamente personal fijo

b. Personal fijo exclusivamente, ya sea continuo o discontinuo

c. Personal laboral fijo, por tiempo indefinido o temporal

d. Personal laboral fijo o indefinido

2874. Los/as funcionarios/as de carrera se rigen en sus relaciones con la Administración por lo dispuesto en:

a. El derecho administrativo

b. El derecho mercantil y administrativo

c. El derecho laboral

d. Todo el ordenamiento jurídico

2875. ¿Cuál de los siguientes principios ha de regir el procedimiento de selección de un/a funcionario/a interino/a en la Administración Local?

a. Mérito y antigüedad

b. Igualdad, mérito, capacidad y publicidad

c. Igualdad, capacidad, responsabilidad y publicidad

d. Igualdad, mérito, responsabilidad, capacidad y publicidad

2876. Por regla general, ¿qué régimen jurídico es el aplicable al personal funcionario interino?

a. Un régimen propio sui generis

b. El régimen general de los funcionarios de carrera

c. El régimen del personal laboral

d. El régimen general del empleado público temporal

2877. ¿Cuál de los siguientes criterios se han de tener en cuenta para la designación de personal directivo profesional al servicio de la Administración Pública?

a. Los principios de mérito y capacidad

b. Criterios de idoneidad

c. Procedimientos que garanticen la publicidad y concurrencia

d. Todas las respuestas son correctas

2878. La condición de personal eventual:

a. Constituye mérito para el acceso a la Función Pública

b. Constituye mérito para la promoción interna

c. Se obtiene en virtud de nombramiento libre

d. Ninguna es correcta

2879. En una unidad electoral de 35 funcionarios/as, ¿cuántos Delegados de Personal se elegirán?

a. 1   b. 2   c. 3   d. 4

2880. Cuál de las siguientes no es una función de las Juntas de Personal:

a. Ser oídas en el establecimiento de la jornada laboral y horario de trabajo

b. Vigilar el cumplimiento de las normas en materia de condiciones de trabajo

c. Emitir informe, a solicitud de la Administración correspondiente, sobre el traslado total o parcial de las instalaciones e implantación o revisión de sus sistemas de organización y métodos de trabajo

d. Todas las anteriores son funciones de las Juntas de Personal

2881. En materia de negociación colectiva, los Pactos y Acuerdos se prorrogarán:

a. De año en año si mediara denuncia expresa de una de las partes

b. De año en año si no mediara denuncia expresa de una de las partes, salvo acuerdo en contrario

c. Siempre de año en año

d. No se prorrogarán, salvo acuerdo en contrario

2882. En la elección de Delegados de Personal, son electores y elegibles:

a. Todos/as los/as funcionarios/as

b. Los/as funcionarios/as que ocupen puestos cuyos nombramientos se efectúen por libre designación

c. Los/as funcionarios/as que se encuentren en situación de servicio activo

d. Ninguna respuesta es correcta

2883. Las reuniones en el centro de trabajo:

a. No perjudicarán la prestación de los servicios siendo los convocantes los responsables de su normal desarrollo

b. Se autorizarán dentro de las horas de trabajo, salvo acuerdo entre el órgano competente en materia de personal y los legitimados para convocarlas

c. Se autorizarán fuera de las horas de trabajo, en todo caso

d. Ninguna respuesta es correcta

2884. El mandato de los miembros de las Juntas de Personal será de:

a. 5 años, pudiendo ser reelegidos/as

b. 4 años, pudiendo ser reelegidos/as

c. 4 años, no pudiendo ser reelegidos/as

d. 5 años, no pudiendo ser reelegidos/as

2885. Horas mensuales retribuidas que como máximo tienen los miembros de las Juntas de Personal en el ejercicio de su función representativa, según el EBEP:

a. 20   b. 30   c. 40   d. 50

2886. Cuando un órgano de selección aprecia discrecionalmente la idoneidad de los candidatos en relación con el desempeño de un determinado puesto de trabajo se trata de:

a. Concurso

b. Libre designación

c. Concurso-oposición

d. Cualquiera de los anteriores

2887. El titular de un puesto de trabajo provisto por el procedimiento de libre designación con convocatoria pública:

a. No podrá ser cesado/a, salvo causa justificada

b. Cesará en su cargo siempre que cese la autoridad que los nombró

c. Podrá ser cesado/a discrecionalmente

d. Ninguna respuesta es correcta

2888. A través de qué instrumentos vinculados a su personal estructurarán las Administraciones Públicas su organización:

a. Oferta de Empleo Público
b. Relaciones de Puestos de Trabajo
c. Registros de Personal
d. Planes de Empleo

2889. El Grupo profesional A de personal se divide, según dispone el nuevo Estatuto de la Función Pública:

a. En dos subgrupos: A1 y A2
b. En tres subgrupos: A1, A2 y A3
c. No se divide en subgrupo
d. En el subgrupo A 1 y B1

2890. El título de graduado en educación secundaria obligatoria sirve para acceder al subgrupo:

a. C1   b. C2   c. B1   d. B2

2891. El porcentaje adicional de plazas de personal de nuevo ingreso que pueden convocarse de forma adicional a las comprometidas en una Oferta de Empleo Público puede ser de hasta un:

a. 20%   b. 15%   c. 10%   d. 7%

2892. Los Cuerpos y Escalas de los funcionarios, sean o no de las Entidades locales, se crean, modifican y suprimen por Ley de:

a. Las Cortes Generales
b. De las Asambleas Legislativas de las Comunidades Autónomas
c. Son correctas A y B
d. Por Acuerdo Plenario de cada Administración Pública

2893. Para el acceso a los cuerpos o escalas del Grupo B se exigirá estar en posesión del título de:

a. Universitario de grado
b. Bachiller superior
c. Graduado en ESO
d. Técnico Superior

2894. ¿En qué casos pueden las Administraciones Públicas trasladar a sus funcionarios a unidades distintas a las de su destino?

a. Cuando lo impongan las necesidades del servicio
b. En ningún caso
c. Cuando lo impongan necesidades funcionales
d. Son correctas A y C

2895. Los puestos de trabajo podrán proveerse de forma provisional:

a. En casos de urgente e inaplazable necesidad
b. Cuando se trate de puestos cubiertos por funcionarios interinos
c. Cuando no se encuentren identificados en las relaciones de puestos de trabajo
d. En casos de abandono de servicio

2896. Por regla general, el sistema normal de provisión de puestos de trabajo reservados a funcionarios/as locales con habilitación de carácter nacional será:

a. El concurso
b. La oposición libre
c. La libre designación
d. El concurso-oposición

2897. El abandono de servicio se tipifica en el RDL 5/2015, de 30 de octubre, por el que se aprueba el texto refundido de la Ley del Estatuto Básico del Empleado Público, como:

a. Falta muy grave
b. Falta grave
c. Falta leve
d. No está tipificado en dicha ley

2898. La jornada de trabajo de los/as funcionarios/as puede ser:

a. A tiempo completo o a tiempo parcial
b. A tiempo completo, a tiempo parcial o discontinua
c. A tiempo completo exclusivamente
d. A tiempo completo, a tiempo parcial o extraordinaria

2899. Por razón de guarda legal, el/la funcionario/a tiene derecho a una reducción de su jornada cuando tenga a su cuidado directo algún menor de qué edad:

a. 12   b. 13   c. 10   d. 14

2900. Por asuntos particulares, los/as funcionarios/as tendrán derecho a un permiso de cuántos días:

a. 3   b. 4   c. 6   d. 5

2901. Según el EBEP, en caso de haber dos titulares del derecho a la reducción de jornada por atender el cuidado de un familiar de primer grado por enfermedad muy grave, el tiempo de disfrute de la reducción:

a. Se podrá prorratear entre ambos, respetando cada uno el plazo máximo de 2 meses
b. Se podrá prorratear entre ambos, respetando el plazo máximo de 1 mes
c. Se podrá prorratear entre ambos, salvo en los casos que reglamentariamente se determine
d. No podrá prorratearse entre ambos, salvo los casos reglamentariamente determinados

2902. Según el EBEP, el/la funcionario/a tendrá derecho, siempre que ambos progenitores, adoptantes o acogedores de carácter preadoptivo o permanente trabajen, por cuidado de hijo/a menor afectado por cáncer u otra enfermedad grave, a una reducción de la jornada de trabajo de al menos:

a. El 50%, con carácter retribuido
b. El 40%, con carácter retribuido
c. El 30%, con carácter retribuido
d. El 20%, con carácter retribuido

2903. Según el EBEP, el derecho del funcionario/a a la reducción de la jornada por cuidado de hijo/a menor afectado por cáncer u otra enfermedad grave podrá prolongarse hasta que el menor cumpla:

a. 18 años
b. 16 años
c. 14 años
d. No se establece límite de edad

2904. Según el EBEP, por deberes relacionados con la conciliación de la vida familiar y laboral, los/as funcionarios/as tendrán derecho a:

a. Una reducción de hasta el cuarenta por ciento de su jornada
b. La reducción de su jornada con la disminución de sus retribuciones correspondientes
c. Un permiso por el tiempo indispensable
d. Ninguna respuesta es correcta

2905. Según el EBEP, para el cumplimiento de un deber inexcusable de carácter personal, los funcionarios tendrán derecho a permiso:

a. Sí, de un día
b. Sí, por el tiempo indispensable
c. No, salvo autorización del órgano competente
d. No, sólo si se trata de un deber inexcusable de carácter público

2906. Según el artículo 48 del EBEP para realizar funciones sindicales o de representación del personal, los funcionarios tendrán derecho a permiso:

a. Durante los días que establezca cada Administración Pública
b. Durante las horas que establezca cada Administración Pública
c. Sin retribución
d. En los términos que se determine

2907. En qué artículo del EBEP, se recogen los permisos de los funcionarios:

a. 29   b. 31   c. 48   d. 52

2908. El permiso por parto, según el EBEP, tendrá una duración ininterrumpida de:

a. 5 meses
b. 16 semanas
c. 18 semanas
d. 20 semanas

2909. El permiso por parto, según dispone el EBEP, se ampliará en los casos de parto múltiple:

a. En cuatro semanas más por cada hijo a partir del segundo
b. En tres semanas más por cada hijo a partir del segundo
c. En dos semanas más a partir del segundo
d. En una semana más por cada hijo a partir del segundo

2910. Sobre los procesos selectivos para acceder a la condición de funcionario de la Administración Local, es FALSO:

a. Que se podrá establecer la superación de un periodo de prácticas

b. Que en la fase de oposición, concurso o concurso oposición, podrán establecerse entrevistas curriculares

c. Se podrán establecer pruebas de carácter voluntario en la fase de oposición

d. Las pruebas de carácter voluntario no podrán tener carácter eliminatorio

2911. La exigencia de titulación o especialización iguales o superiores a las exigidas para el acceso a plazas en régimen funcionarial convocadas por una Diputación Provincial, debe poseerla:

a. Todos los miembros del Tribunal de selección

b. Sólo el Secretario

c. Sólo el Presidente/a

d. Sólo los Vocales

2912. El RD que aprueba las reglas básicas y programas mínimos del procedimiento de selección de funcionarios de Administración Local, es de aplicación a los procedimientos de selección:

a. De todos los funcionarios al servicio de la Administración Local

b. De todo el personal al servicio de la Administración Local

c. No es de aplicación a los funcionarios de habilitación de carácter nacional mencionados en artículo 92 bis de la Ley 7/1985

d. Las tres respuestas son ciertas

2913. Los procedimientos de selección de funcionarios de la Administración Local se regirán por:

a. las bases de la convocatoria

b. las convocatorias

c. los programas

d. los temarios

2914. Las bases de convocatoria para la selección de funcionarios/as de la Administración Local por el sistema de oposición deberá contener, entre los ejercicios obligatorios:

a. Prueba de idioma para los grupos A y B

b. Al menos un ejercicio de carácter práctico

c. Tests psicotécnicos

d. Ninguna de las tres es correcta

2915. El número mínimo de temas que compondrán el programa de pruebas selectivas para el acceso a plazas del grupo C2 de funcionarios/as de la Administración Local será de:

a. 25   b. 10   c. 15   d. 20

2916. No es un contenido mínimo obligatorio de las bases reguladoras de las pruebas selectivas para el acceso a la función pública local:

a. El programa de las pruebas

b. La determinación de las características generales del período de prácticas

c. El número de miembros de los Tribunales de Selección

d. El sistema selectivo elegido

2917. Para el acceso a la función pública de la Administración Local, los programas de ejercicios teóricos contendrán materias:

a. Propias y básicas

b. Mínimos y obligatorios

c. Comunes y generales

d. Comunes y específicas

2918. Del total de temas que componen los programas de los ejercicios teóricos para la selección de funcionarios de Administración Local, las materias comunes para la escala de Administración Especial representarán al menos:

a. Una quinta parte

b. La mitad

c. Las dos terceras partes

d. Una tercera parte

2919. No integran necesariamente las materias comunes de los contenidos de los programas de ejercicios teóricos establecidos para la selección de los/as funcionarios/as de la Administración Local:

a. La Constitución Española

b. El Régimen Local

c. El Derecho civil

d. La Hacienda Pública y Administración Tributaria

2920. Cuando se trate de pruebas selectivas para el acceso a la Administración Local, y dichas plazas se integren en la Administración General, del número total de temas que componen el programa correspondiente se exige que se refiera a materias relacionadas directamente con las funciones encomendadas con carácter habitual a los miembros de las respectivas escalas, subescalas o clases de funcionarios/as:

a. Las tres cuartas partes de los temas del programa

b. La mitad de los temas del programa

c. Las dos quintas partes de los temas del programa

d. No se establece ningún mínimo

2921. Los programas de ejercicios teóricos que integrarán las pruebas selectivas de ingreso a la función pública de la Administración Local serán aprobados por:

a. El/la Ministro/a de la Administración Pública

b. La propia Corporación

c. El Consejo de Ministros

d. El Consejo de Gobierno de la Comunidad Autónoma

2922. Las pruebas selectivas para acceder a la función pública de la Administración Local comprenderán uno o varios ejercicios prácticos, teniendo tal consideración:

a. Los tests psicotécnicos

b. La redacción de proyectos

c. La redacción de informes

d. Todas las respuestas son ciertas

2923. Los ejercicios prácticos establecidos para seleccionar a aspirantes como funcionarios/as de la Administración Local deberán ser adecuados para que el tribunal juzgue la preparación de dichos aspirantes en relación a:

a. La plaza a cubrir

b. El nivel de titulación exigido para la plaza a cubrir

c. El puesto de trabajo a desempeñar

d. Indistintamente, la plaza o el puesto de trabajo

2924. El nombramiento de los/as funcionarios/as interinos/as en un Ayuntamiento o Diputación Provincial corresponde a:

a. El Pleno

b. El/la Presidente/a de la Corporación

c. La Junta de Gobierno

d. No se atribuye expresamente a ninguno de los cargos enumerados

2925. El reconocimiento de servicios previos en la Administración Pública se regula por:

a. Ley 30/1984 de 2 de Agosto

b. Ley 70/1978 de 26 de Diciembre

c. Ley 62/1989 de 7 de Noviembre

d. Ley 53/1984 de 15 de Diciembre

2926. No es correcto afirmar que a un/a funcionario/a de la Administración Local se le reconocerá como servicios previos los prestados con anterioridad a su ingreso en la entidad Local correspondiente:

a. En régimen de contratación administrativa

b. En régimen de contratación laboral

c. Como funcionario/a eventual

d. Como funcionario/a en prácticas, con independencia de haber superado o no las correspondientes pruebas de ingreso

2927. Los periodos de tiempo reconocido como servicios previos:

a. Podrá ser computado más de una vez cuando el funcionario/a hubiese prestado al mismo tiempo su actividad en dos Administraciones Públicas distintas

b. Podrá ser computado más de una vez cuando el funcionario/a hubiese prestado al mismo tiempo su actividad en la misma Administración Pública

c. Sólo se computarán los periodos simultáneamente prestados si se desarrollan en la Administración Sanitaria

d. En ningún caso se podrán computar dos veces los periodos coincidentes en el tiempo

2928. El procedimiento para el reconocimiento de servicios previos a los funcionarios/as se iniciará:

a. A instancia del interesado

b. Siempre de oficio

c. A instancia de la Administración de procedencia

d. A instancia del interesado o de oficio indistintamente

2929. Regula las incompatibilidades de los funcionarios públicos:

a. Ley 53/1984   b. Ley 52/1983
c. Ley 53/1983   d. Ley 52/1984

2930. En la selección de funcionarios de Administración Local, es FALSO:

a. La resolución de las pruebas selectivas deberá efectuarse por el Pleno de la Corporación

b. Los correspondientes nombramientos deberán efectuarse por el Presidente/a de la Corporación

c. La propuesta del Tribunal de selección tendrá carácter vinculante para la Corporación

d. En ningún caso puede declararse que ha superado las pruebas selectivas un número de aspirantes superior al de las plazas convocadas

2931. La convocatoria de pruebas selectivas para cubrir plazas vacantes en una Entidad Local corresponde efectuarla:

a. Al Pleno

b. Al Presidente/a de la Corporación

c. La competencia del Pleno o Presidente/a se establece en el Reglamento Orgánico de la Corporación, al no venir previamente determinado en ninguna norma

d. A la Junta de Gobierno Local

2932. ¿A quién corresponde la convocatoria de la oferta de empleo público con objeto de cubrir las vacantes existentes de plazas de funcionarios/as públicos locales con habilitación de carácter nacional que deban proveerse por concurso?

a. A las Corporaciones Locales

b. Al Estado

c. A los municipios

d. A las Comunidades Autónomas

2933. El número de miembros que integran los Tribunales de selección para el acceso a la función pública en ningún caso podrá ser inferior a:

a. 3   b. 4   c. 5   d. 7

2934. La publicación de las bases de las pruebas selectivas de acceso a la función pública local no tiene que efectuarse:

a. En el periódico oficial de la Corporación, si lo hubiese

b. En el Boletín Oficial de la Provincia

c. En el Boletín Oficial del Estado

d. En el Boletín Oficial de la Comunidad Autónoma

2935. El número mínimo de temas que compondrán el programa de pruebas selectivas para el acceso a plazas del grupo A1 de funcionarios/as de la Administración Local será de:

a. 80   b. 90   c. 100   d. 110

2936. El número mínimo de temas que compondrán el programa de pruebas selectivas para el acceso a plazas del grupo A2 de funcionarios/as de la Administración local será de:

a. 50   b. 80   c. 60   d. 70

2937. El número mínimo de temas que compondrán el programa de pruebas selectivas para el acceso a plazas del grupo C1 de funcionarios/as de la Administración local será de:

a. 60   b. 30   c. 40   d. 20

2938. Las retribuciones de los funcionarios/as de la Administración Local se regula de manera específica en:

a. Ley 30/1984 de 2 de Agosto

b. Ley 7/1985 de 2 de Abril

c. RD 861/1986 de 25 de Abril

d. RDL 781/1986 de 18 de Abril

2939. La excedencia por interés particular, para solicitarla un funcionario/a será requisito imprescindible haber prestado servicio:

a. En el propio Ayuntamiento al menos los tres últimos meses

b. En cualquier administración cinco años

c. Cinco años, ya sea como funcionario/a o laboral, en cualquier administración y además que estos años sean inmediatamente anteriores a la solicitud

d. Ninguna de las respuestas es correcta

2940. Los funcionarios/as de la Administración Local se integraron en el Régimen General de la Seguridad Social a partir del:

a. 1 de Marzo de 1992

b. 1 de Abril de 1993

c. 1 de Febrero de 1994

d. Ninguna de las respuestas es correcta

2941. La integración de los funcionarios/as de la Administración Local en el Régimen General de la Seguridad Social tuvo lugar por:

a. Resolución de 20 de Marzo de 1993

b. RD 480/1993, de 2 de Abril

c. RD 380/1993, de 1 de Abril

d. Orden de 7 de Abril de 1993

2942. Cual de los siguientes factores no se toma en consideración para asignar el complemento específico a un puesto de trabajo:

a. Jerarquía   b. Incompatibilidad
c. Penosidad   d. Dedicación

2943. La oferta de empleo público de un Ayuntamiento corresponde aprobarla:

a. Al Alcalde

b. Al Concejal Delegado de personal

c. Al Pleno

d. A la Junta de Gobierno Local

2944. Contra la resolución de un tribunal de selección de funcionarios de un Ayuntamiento, por la que se declare a un aspirante no apto para pasar al siguiente ejercicio:

a. Cabe interponer recurso de alzada ante la autoridad que haya nombrado a su presidente/a

b. Solo cabe el Recurso Contencioso Administrativo

c. Cabe interponer una Reclamación Previa a la vía judicial

d. Sólo cabe interponer un escrito de alegaciones, exponiendo las causas que considera determinante para alterar el resultado de la puntuación

2945. Según el RDL 5/2015 ¿en cuántos grupos se clasifica el personal funcionario de carrera?

a. 5   b. 3   c. 4   d. 2

2946. De acuerdo con lo dispuesto en el art. 8 del RDL 5/2015, de 30 de octubre, por el que se aprueba el texto refundido de la Ley del Estatuto Básico del Empleado Público, no entra dentro de la clasificación de Empleado Público:

a. El personal directivo

b. El personal contratado en régimen de derecho laboral

c. El personal eventual

d. Los funcionarios/as de carrera

2947. El nombramiento y cese del personal eventual en las Entidades Locales se efectuará:

a. Por el Pleno de la Corporación

b. Por el Presidente/a de la Corporación

c. Por el miembro de la corporación a quien asesore

d. La normativa vigente no determina a quién compete el nombramiento, por lo que dependerá de lo que establezca el Reglamento Orgánico de la Corporación

2948. Las plantillas de personal de las Corporaciones Locales se aprobarán:

a. Cada dos años
b. Por el Presidente/a de la Corporación
c. A través del Presupuesto de la Corporación
d. Ninguna de las respuestas es correcta

2949. En las Entidades Locales el personal eventual de acuerdo con lo dispuesto en el artículo 12 del RDL 5/2015, de 30 de octubre, por el que se aprueba el texto refundido de la Ley del Estatuto Básico del Empleado Público, podrá:

a. Desempeñar cualquier puesto de trabajo
b. Sólo los puestos de trabajo reservados al régimen funcionarial
c. Sólo los puestos de trabajo de confianza
d. Sólo los puestos de trabajo de confianza o asesoramiento especial

2950. En relación con el personal eventual en las Entidades Locales, no es correcta la siguiente afirmación:

a. La plantilla de personal de la Corporación Local deberá comprender los puestos de trabajo reservados a dicho personal
b. Su ingreso requerirá superar las correspondientes pruebas selectivas
c. En ningún caso el desempeño de un puesto de trabajo reservado a personal eventual constituirá mérito para el acceso a la función pública
d. Podrán ocupar puestos de trabajo de carácter directivo

2951. La jornada ordinaria de trabajo de los funcionarios/as de la Administración Local está fijada actualmente en:

a. 40 horas semanales
b. 37,5 horas semanales
c. 36 horas semanales
d. 38,5 horas semanales

2952. La aprobación de las bases de los concursos para la provisión de puestos de trabajo en las Entidades Locales es competencia:

a. De la Consejería de Gobernación de la Comunidad Autónoma
b. Del Pleno de la Corporación
c. Del Presidente/a de la Corporación
d. Del Ministro de las Administraciones Públicas

2953. La determinación del número, características y retribuciones del personal eventual es una competencia que corresponde en las Entidades Locales:

a. Al Pleno de la Corporación
b. Al Presidente/a de la Corporación
c. A los miembros de la Corporación que vayan a nombrarlos
d. Ninguna de las respuestas es correcta

2954. Los funcionarios/as de carrera de las Entidades Locales que no ocupen puestos de trabajo reservados a funcionarios/as con habilitación de carácter nacional NO se integran en:

a. Cuerpos b. Clases
c. Categorías d. Subescalas

2955. No se puede considerar como funcionario/a de carrera a:

a. El personal eventual
b. El funcionario/a interino
c. El personal al servicio de un Ayuntamiento en régimen laboral
d. Ningún personal de los antes indicados tiene la consideración de funcionario/a de carrera

2956. Sobre el personal de las Entidades Locales:

a. Será nulo el nombramiento como funcionario/a de la Entidad Local de quienes estén incursos en causa de incapacidad específica, conforme a la normativa vigente
b. Será anulable el nombramiento como funcionario/a de la Entidad Local de quienes estén incursos en causa de incapacidad específica, conforme a la normativa vigente
c. Las causas de incapacidad específica no son aplicables al personal interino y laboral
d. Los vicios en los nombramientos del personal eventual no darán lugar a la anulación del mismo

2957. De los 4 requisitos que, según el art. 62 del EBEP, han de cumplirse sucesivamente para adquirir la condición de funcionario, el último es:

a. La toma de posesión
b. Prestar juramento o promesa en la forma legalmente establecida
c. Superar el periodo de prácticas
d. El nombramiento conferido por la autoridad competente

2958. No es una nota propia de los funcionarios/as de carrera de la Administración Local, tal como se definen estos en el art. 130 del R. D. Legislativo 781/1986, de 18 de abril:

a. Que adquieran tal condición en virtud de nombramiento legal
b. Que desempeñen servicios de carácter permanente en la Entidad Local
c. Que perciban sueldos con cargo a los Presupuestos del Estado
d. Que deban figurar en las correspondientes plantillas de personal

2959. Las pagas extraordinarias de los funcionarios/as se devengan:

a. El día 1 de julio y 1 de diciembre
b. El 30 de junio y 30 de diciembre
c. El primer día hábil de los meses de junio y diciembre
d. El primer día hábil de los meses de julio y diciembre

2960. No tiene la consideración de situación administrativa propiamente dicha:

a. Servicios en otras Administraciones Públicas
b. Servicios Especiales
c. Suspensión de funciones
d. Comisión de Servicios

2961. Se considera como sistema normal de provisión de los puestos de trabajo:

a. El concurso
b. El concurso y la libre designación
c. La comisión de servicios
d. Won correctas A y C

2962. La provisión de puestos de trabajo en caso de urgente e inaplazable necesidad, realizada por comisión de servicios durará:

a. un año, prorrogable por otro en caso de no haberse cubierto el puesto de trabajo
b. dos años, prorrogables por otro en caso de no haberse cubierto el puesto de trabajo
c. No se establece plazo de duración máxima
d. Ninguna de las tres es correcta

2963. Según la normativa aplicable al ámbito de la Administración Local, podría ser desempeñado, en régimen laboral, qué puesto de trabajo:

a. Conductor
b. Policía
c. Técnico de Administración General
d. Administrativo

2964. El grado personal consolidado asegura al funcionario el percibo, cualquiera que fuese el puesto que cubra, de qué retribuciones:

a. el complemento específico del último puesto de trabajo
b. el complemento de destino del último puesto de trabajo
c. el complemento de destino correspondiente al nivel de su grado personal consolidado
d. el complemento específico correspondiente a su grado consolidado

2965. El grado personal se adquiere por los funcionarios/as:

a. Desde que ocupa el primer puesto de trabajo
b. A partir de estar tres años continuados en un puesto de trabajo
c. Por el desempeño de un puesto de trabajo durante dos años continuados
d. Ninguna de las respuestas es correcta

2966. La regulación de los órganos de representación del personal al servicio de las Administraciones Públicas se regula en la Ley:

a. 7/1989 b. 7/2007
c. 30/1984 d. 9/1987

2967. Los órganos específicos de representación de los funcionarios públicos son:

a. Las Juntas de Personal
b. Los Delegados de Personal
c. Los dos anteriores
d. El Comité de Empresa

2968. La Ley 53/1984, de 26 de diciembre, de incompatibilidades:

a. No es de aplicación al personal laboral de las Administraciones Públicas
b. Sólo se aplica al personal sujeto al estatuto funcionarial
c. No es de aplicación al personal laboral temporal de las Administraciones Públicas
d. Es de aplicación a todo el personal de las Administraciones Públicas

2969. Los órganos unitarios de representación del personal laboral al servicio de las Administraciones Públicas, son:

a. Las Secciones Sindicales
b. Los mismos que los de los funcionarios
c. Comités de empresa y delegados de personal
d. Juntas de Personal y delegados de personal

2970. Qué artículo de la Constitución reconoce expresamente el derecho a la negociación colectiva:

a. 7   b. 28   c. 37   d. 103

2971. La duración de los convenios colectivos es de:

a. Depende del ámbito territorial de los mismos
b. Un año
c. La que disponga anualmente la Ley de medidas de orden social
d. La que disponga el propio convenio

2972. La excedencia forzosa de un trabajador, conforme al art. 46 del Real Decreto Legislativo 2/2015 por el que se aprueba el texto refundido de la Ley del Estatuto de los Trabajadores, le da derecho a:

a. Sus retribuciones durante el tiempo de duración de la excedencia
b. Cotizar a la Seguridad Social durante la excedencia
c. Conservar el puesto de trabajo
d. Nada

2973. La posibilidad de situarse en excedencia voluntaria se reconoce, a salvo de lo previsto en convenio colectivo, a los trabajadores con una antigüedad mínima en la empresa de:

a. Seis meses
b. No es precisa una antigüedad mínima
c. Un año
d. Dos años

2974. El plazo de duración de la excedencia voluntaria, salvo que por convenio colectivo se disponga otra cosa, y a tenor del art. 46 del Real Decreto Legislativo 2/2015, de 23 de octubre, por el que se aprueba el texto refundido de la Ley del Estatuto de los Trabajadores, es de:

a. Un año mínimo
b. Un año mínimo y cinco máximos
c. Cuatro meses mínimo y cinco años máximos
d. Un año mínimo y tres años máximos

2975. El trabajador en excedencia voluntaria sólo podrá ejercer otra vez el derecho a situarse en dicha excedencia –a salvo de lo que dispongan los convenios colectivos– si ha transcurrido desde el final de la anterior excedencia cuántos años:

a. 1   b. 2   c. 3   d. 4

2976. El contrato de trabajo indefinido se extingue, entre otras causas:

a. Por finalización de la obra o servicio objeto del contrato
b. Por expiración del tiempo convenido
c. Por muerte del empresario
d. Voluntad del empresario sin necesidad de alegar causa

2977. Una de las características de la extinción del contrato de trabajo por dimisión del trabajador es:

a. Que es imprescindible la conformidad del empresario
b. Que ha de alegar la causa de la dimisión, para su eventual control por el empresario
c. Que es necesario efectuar un preaviso, de acuerdo con lo previsto en el convenio colectivo o costumbre del lugar
d. Que obliga al trabajador a indemnizar al empresario en cuantía equivalente a la retribución de un mes

2978. Los trienios de los funcionarios/as consisten en:

a. Una mensualidad de sueldo cada tres años
b. Una cantidad igual para cada grupo cada tres años de servicios en el Cuerpo o Escala, Clase o Categoría
c. Una cantidad equivalente al sueldo de un mes cada tres años de servicios en el Cuerpo o Escala, Clase o Categoría
d. Tres años de retribuciones básicas más complementarias

2979. Las pagas extraordinarias de los funcionarios/as tienen la consideración de retribución, según la normativa vigente:

a. Básica
b. Complementaria
c. Indemnizatoria
d. A la productividad

2980. Las pagas extraordinarias de los funcionarios/as previstas en la normativa vigente son:

a. Una al año
b. Dos al año
c. Cuatro al año
d. Se deja su número a la decisión de cada Administración

2981. Entre las retribuciones complementarias establecidas en la normativa vigente se encuentra:

a. Los trienios
b. El sueldo
c. El complemento de destino
d. Las pagas extraordinarias

2982. El complemento de destino de los funcionarios/as, según establece la normativa vigente, está destinado a retribuir:

a. El nivel del puesto que se desempeñe
b. Las condiciones particulares de algunos puestos de trabajo
c. El especial rendimiento del funcionario/a
d. Los servicios extraordinarios realizados fuera de la jornada normal

2983. El complemento específico, como concepto retributivo de los funcionarios, según establece la normativa vigente, está destinado a retribuir:

a. El nivel del puesto que se desempeñe
b. Las condiciones particulares de algunos puestos de trabajo
c. El especial rendimiento del funcionario/a
d. Los servicios extraordinarios realizados fuera de la jornada normal

2984. El complemento de productividad, como concepto retributivo de los funcionarios/as, según establece la normativa vigente, está destinado a retribuir:

a. El nivel del puesto que se desempeñe
b. Las condiciones particulares de algunos puestos de trabajo
c. El especial rendimiento del funcionario/a, la actividad extraordinaria y el interés o iniciativa del funcionario/a
d. Los servicios extraordinarios realizados fuera de la jornada normal

2985. Las gratificaciones extraordinarias, como concepto retributivo de los funcionarios/as, según establece la normativa vigente, están destinadas a retribuir:

a. El nivel del puesto que se desempeñe
b. Las condiciones particulares de algunos puestos de trabajo
c. El especial rendimiento del funcionario/a
d. Los servicios extraordinarios realizados fuera de la jornada normal

2986. Las gratificaciones extraordina-
rias, como concepto retributivo de
los funcionarios/as, según esta-
blece la normativa vigente:

a. No pueden ser fijas en su cuantía
b. No pueden ser periódicas en su devengo
c. Las dos características anteriores
d. Constituyen una retribución básica

2987. Los límites al incremento de las
retribuciones o gastos de personal
de las Corporaciones Locales,
según determina el Texto Refundido
de las Disposiciones Legales Vigen-
tes en Materia de Régimen Local de
1986, se establecen generalmente
mediante:

a. Ley Orgánica
b. Ley de Presupuestos Generales del Estado
c. Ley de la Comunidad Autónoma sobre presupuesto
d. Presupuesto de cada entidad local, autó-
   nomamente

2988. El único concepto retributivo
que puede generar adquisición de
derechos, en los términos legal-
mente previstos, es:

a. El grado personal consolidado
b. El sueldo
c. Las retribuciones básicas
d. Los trienios

2989. Los funcionarios/as de Admi-
nistración Local son retribuidos ac-
tualmente por los conceptos
retributivos previstos y regulados
en:

a. La Ley 30/1984
b. El RDL 5/2015, de 30 de octubre, por el que
   se aprueba el texto refundido de la Ley del
   Estatuto Básico del Empleado Público
c. La Ley 53/1984
d. La Ley 39/1988

2990. La asignación de nivel de com-
plemento de destino a cada puesto
de trabajo en una Entidad Local co-
rresponde a:

a. El Pleno
b. La Junta de Gobierno Local
c. El Presidente/a de la entidad
d. La Comunidad Autónoma

2991. Las cuantías del complemento
de destino correspondiente a los
puestos de una Entidad Local en
Andalucía son:

a. Las que establezca el Pleno autónoma-
   mente
b. Las que establezca la Comunidad Autónoma en su Ley de Presupuestos
c. Las que establezca para cada nivel la Ley
   de Presupuestos Generales del Estado
d. Las que establezca para cada nivel la Ley
   30/1984

2992. Uno de los aspectos a tener en
cuenta para determinar la cuantía
del complemento específico de un
puesto de trabajo en la Administra-
ción Local es:

a. El nivel del puesto que se desempeñe
b. El especial rendimiento
c. La dificultad técnica
d. La actividad extraordinaria

2993. El número de complementos es-
pecíficos que cabe asignar a un
puesto de trabajo en la Administra-
ción Local es de:

a. 1   b. 2   c. 3   d. 1 o más

2994. El nivel mínimo de comple-
mento de destino de los funciona-
rios/as de Administración Local
pertenecientes al Grupo A1, es el:

a. 30   b. 20   c. 18   d. 10

2995. El nivel máximo de comple-
mento de destino de los funciona-
rios/as de Administración Local
pertenecientes al Grupo C1, es el:

a. 22   b. 20   c. 18   d. 16

2996. La jefatura superior del perso-
nal de una Entidad Local corres-
ponde a:

a. El Presidente/a
b. El Pleno
c. El corporativo en quien delegue el Presi-
   dente/a
d. El Jefe de la Unidad de Personal

2997. La aprobación de las bases de
las pruebas para la selección del
personal de una Diputación Provin-
cial corresponde a:

a. El Presidente
b. La Junta de Gobierno
c. El Pleno
d. Cualquiera de los anteriores

2998. La fijación del número del per-
sonal eventual corresponde en una
Diputación Provincial a:

a. El Presidente
b. La Junta de Gobierno
c. El Pleno
d. Cualquiera de los anteriores

2999. El despido del personal laboral
en un Ayuntamiento compete al Al-
calde, debiendo éste posterior-
mente:

a. Ratificarlo en el plazo de 20 días
b. Dar cuenta a la Junta de Gobierno en la primera sesión que celebre con posterioridad
   al despido
c. Dar cuenta al Pleno en la primera sesión
   que celebre con posterioridad al despido
d. Cualquiera de la dos anteriores

3000. Las bases para los concursos
de provisión de puestos de trabajo
en una entidad local han de ser
aprobadas, salvo delegación, por:

a. El Presidente
b. La Junta de Gobierno
c. El Pleno
d. Cualquiera de los anteriores

3001. La separación del servicio de
los funcionarios propios de una En-
tidad Local corresponde decidirla a:

a. El Presidente
b. La Junta de Gobierno
c. El Pleno
d. Cualquiera de los anteriores

3002. El despido del personal laboral
de una Diputación Provincial com-
pete a:

a. El Presidente   b. La Junta de Gobierno
c. El Pleno   d. Cualquiera de los tres

3003. El órgano competente al que se
ha de dar cuenta de la separación
del servicio de los funcionarios/as
o del despido del personal laboral
de una Diputación Provincial es:

a. El/La Presidente
b. La Junta de Gobierno
c. El Pleno
d. Cualquiera de los anteriores

3004. La jornada de trabajo de los
funcionarios/as locales, a tenor de
la Ley 7/1985, será:

a. La misma que la de los funcionarios de la
   Comunidad Autónoma, en cómputo anual
b. La misma que la de los funcionarios de la
   Administración del Estado, en cómputo
   anual
c. La que libremente establezca en Pleno de
   cada entidad
d. La establecida en la Ley 30/1984, de 2 de
   agosto

3005. El nombramiento del personal
eventual en una entidad local co-
rresponde a:

a. El Presidente/a
b. La Junta de Gobierno
c. El Pleno
d. Cualquiera de los anteriores

3006. El cese del personal eventual en
una entidad local corresponde a:

a. La Junta de Gobierno
b. El Pleno
c. El Presidente/a
d. Cualquiera de los anteriores

3007. Los funcionarios/as de carrera
de Administración Local, que no
ocupen puestos de trabajo reserva-
dos a funcionarios/as con habilita-
ción de carácter estatal, se
integrarán en:

a. Escalas   b. Subescalas
c. Los dos anteriores   d. Cuerpos

3008. Cuando un funcionario/a de carrera sea designado como personal eventual y no opte por permanecer en la situación de servicio activo, quedará en situación de:

a. Excedencia voluntaria
b. Excedencia forzosa
c. Suspensión de funciones
d. Servicios especiales

3009. La Escalas de funcionarios/as de carrera de las Entidades Locales sin habilitación de carácter nacional son de Administración:

a. Especial y Ordinaria
b. General y Especial
c. Genérica y Especial
d. Entrada y Superior

3010. La Escala de Administración General de funcionarios/as locales se divide en las subescalas:

a. Técnica y de Servicios Especiales
b. Técnica superior, media y auxiliar
c. Técnica, administrativa, auxiliar y subalterna
d. Técnica, de gestión, administrativa, auxiliar y subalterna

3011. Pertenecen a la subescala administrativa de la Escala de Administración General, los funcionarios que realicen tareas de:

a. Gestión a nivel superior
b. Custodia interior de oficinas
c. Administrativas de trámite
d. Archivo de documentos

3012. Pertenecen a la subescala subalterna de la Escala de Administración General, los funcionarios que realicen tareas de:

a. Mecanografía
b. Vigilancia
c. Administrativas de colaboración
d. Cálculo sencillo

3013. Pertenecen a la subescala auxiliar de la Escala de Administración General, los funcionarios que realicen tareas de:

a. Despacho de correspondencia
b. Porteo
c. Propuesta a nivel superior
d. Custodia interior de oficinas

3014. Los puestos de trabajo a desempeñar por funcionarios/as de servicios especiales podrán existir únicamente en:

a. Ayuntamientos de más de 5.000 habitantes
b. Todas las entidades locales
c. Todas las entidades locales excepto las de ámbito inferior al Municipio y los Municipios con población inferior a 5.000 habitantes
d. Las Mancomunidades, Ayuntamientos y Diputaciones

3015. Los funcionarios/as de los Servicios de Extinción de Incendios se integran, dentro de la Escala de Administración Especial, en la Subescala:

a. Técnica
b. De Servicios Especiales
c. De Cometidos Especiales
d. Media

3016. Los funcionarios/as de la Policía Local se integran, dentro de la Escala de Administración Especial, en la Subescala:

a. Técnica
b. De Servicios Especiales
c. De Cometidos Especiales
d. Media

3017. Los funcionarios/as locales que tengan a su cargo el desempeño de misiones de Conserje en edificios de la Corporación han de pertenecer a la Escala de Administración General, subescala:

a. Media
b. Auxiliar
c. Subalterna
d. Administrativa

3018. Un funcionario/a que ocupe plaza de Arquitecto Técnico en una entidad local debe pertenecer a la Escala de Administración Especial, subescala:

a. Técnica
b. De Servicios Especiales
c. De Cometidos Especiales
d. Personal de Oficios

3019. Los funcionarios/as pertenecientes a la Clase de Personal de Oficios puede ostentar, entre otras, la categoría de:

a. Auxiliar
b. Técnico auxiliar
c. Oficial
d. Graduado

3020. Entre las funciones que puede desempeñar el personal eventual de una entidad local se encuentra:

a. La Intervención
b. La Jefatura Superior del Personal
c. De confianza
d. Dictado de Providencias de apremio

3021. El cese automático del personal eventual a que se refiere el art. 12 del RDL 5/2015, de 30 de octubre, por el que se aprueba el texto refundido de la Ley del Estatuto Básico del Empleado Público, se produce:

a. Cuando expira su contrato de trabajo
b. Cuando lo decida el Pleno
c. Cuando lo decida el Presidente/a
d. Cuando cesa la autoridad a la que presta su función de confianza o asesoramiento

3022. No puede constituir mérito para el acceso a la función pública, según EBEP:

a. Los servicios previos en la Administración Pública
b. Las titulaciones Universitarias
c. El desempeño de puestos reservados a personal eventual
d. Los cursos de formación

3023. Los funcionarios de Administración Local pierden su condición de tal, entre otras causas:

a. Por incapacidad temporal
b. Por excedencia forzosa
c. Por renuncia
d. Por sanción de suspensión de funciones

3024. La jubilación forzosa de los funcionarios/as, según el art. 67.3 del EBEP, se declarará de oficio al cumplir la edad de:

a. 60   b. 65   c. 68   d. 70

3025. La jubilación forzosa del personal laboral de la Administración Local se produce a los:

a. 65 años
b. 69 años
c. 70 años
d. No existe una edad de jubilación forzosa

3026. La fe pública se enmarca dentro de la función pública necesaria en todas las Entidades Locales de:

a. Secretaría
b. Intervención
c. Tesorería
d. Fiscalización

3027. El asesoramiento legal preceptivo se enmarca dentro de la función pública necesaria en todas las entidades locales de:

a. Secretaría
b. Intervención
c. Tesorería
d. Gobierno

3028. El control de la gestión económico-financiera se enmarca dentro de la función pública necesaria en todas las Entidades Locales de:

a. Secretaría
b. Intervención
c. Tesorería
d. Gobierno

3029. La recaudación se enmarca dentro de la función pública necesaria en todas las Entidades Locales de:

a. Secretaría
b. Intervención
c. Tesorería
d. Gobierno

3030. La asignación de funciones, distintas de las reservadas a los funcionarios/as con habilitación de carácter nacional, la efectuará cada Entidad Local a través de:

a. Autorización de la Comunidad Autónoma respectiva
b. El reglamento Orgánico de la entidad
c. La relación de puestos de trabajo de la entidad
d. Acuerdo de la Comisión de Gobierno

3031. Las Secretarías de las Diputaciones Provinciales se clasifican como de clase:

a. Primera   b. Segunda
c. Tercera   d. Especial

3032. Las incompatibilidades del personal al servicio de las Administraciones Públicas se regulan en la:

a. Ley 30/1984   b. Ley 7/1985
c. Ley 53/1984   d. Ley 9/1987

3033. La Ley 53/1984, de 26 de diciembre, es de aplicación, entre otros colectivos, al personal…

a. …civil de la Administración del Estado
b. …al servicio de las Corporaciones Locales
c. …al servicio de la Seguridad Social
d. Todos los anteriores

3034. El desempeño de un puesto de trabajo en el sector público es incompatible con la pensión de:

a. Jubilación por la Seguridad Social
b. Retiro por derechos pasivos
c. Los dos anteriores
d. Un Plan privado de pensiones

3035. Si un pensionista de jubilación por la Seguridad Social pasa a desempeñar un puesto en el sector público a tiempo completo:

a. Debe optar entre el cobro de la pensión o las retribuciones del puesto
b. Desaparece su derecho a la pensión
c. Queda suspendida la percepción de la pensión
d. Puede simultanear ambas percepciones

3036. El personal afectado por la Ley 53/1984 puede compatibilizar su puesto con la cualidad de miembro de una Corporación Local siempre que:

a. Se trate de la misma Comunidad Autónoma
b. Sea autorizado por su Partido
c. No desempeñe en la Corporación cargo retribuido y con dedicación exclusiva
d. En todo caso puede compatibilizarlo

3037. La autorización o denegación de compatibilidad para un segundo puesto o actividad en el sector público, en el ámbito de la Administración Local, corresponde a:

a. El Pleno
b. La Junta de Gobierno
c. El Presidente/a
d. Cualquiera de ellos

3038. La autorización o denegación de compatibilidad para el ejercicio de actividades privadas, en el ámbito de la Administración Local, corresponde a:

a. El Pleno
b. La Junta de Gobierno
c. El Presidente/a
d. Cualquiera de ellos

3039. A falta de delegación, la competencia para la concesión de permisos en una Diputación provincial corresponde a:

a. El Pleno
b. La Junta de Gobierno
c. El Presidente/a
d. La Junta de Personal

3040. Según el RDL 5/2015, de 30 de octubre, por el que se aprueba el texto refundido de la Ley del Estatuto Básico del Empleado Público, por razón de matrimonio, los funcionarios tienen derecho a una licencia de cuántos días:

a. 10   b. 20   c. 15   d. Un mes

3041. Pertenecen a la subescala de gestión de la Escala de Administración General, los funcionarios/as que realicen tareas de:

a. Gestión a nivel superior
b. Administrativas que no sean de mero trámite
c. Apoyo a las funciones de nivel superior
d. Propuesta a nivel superior

7. Personal al servicio de la entidad local II: Responsabilidad administrativa y penal. Régimen disciplinario. El Sistema de Seguridad Social

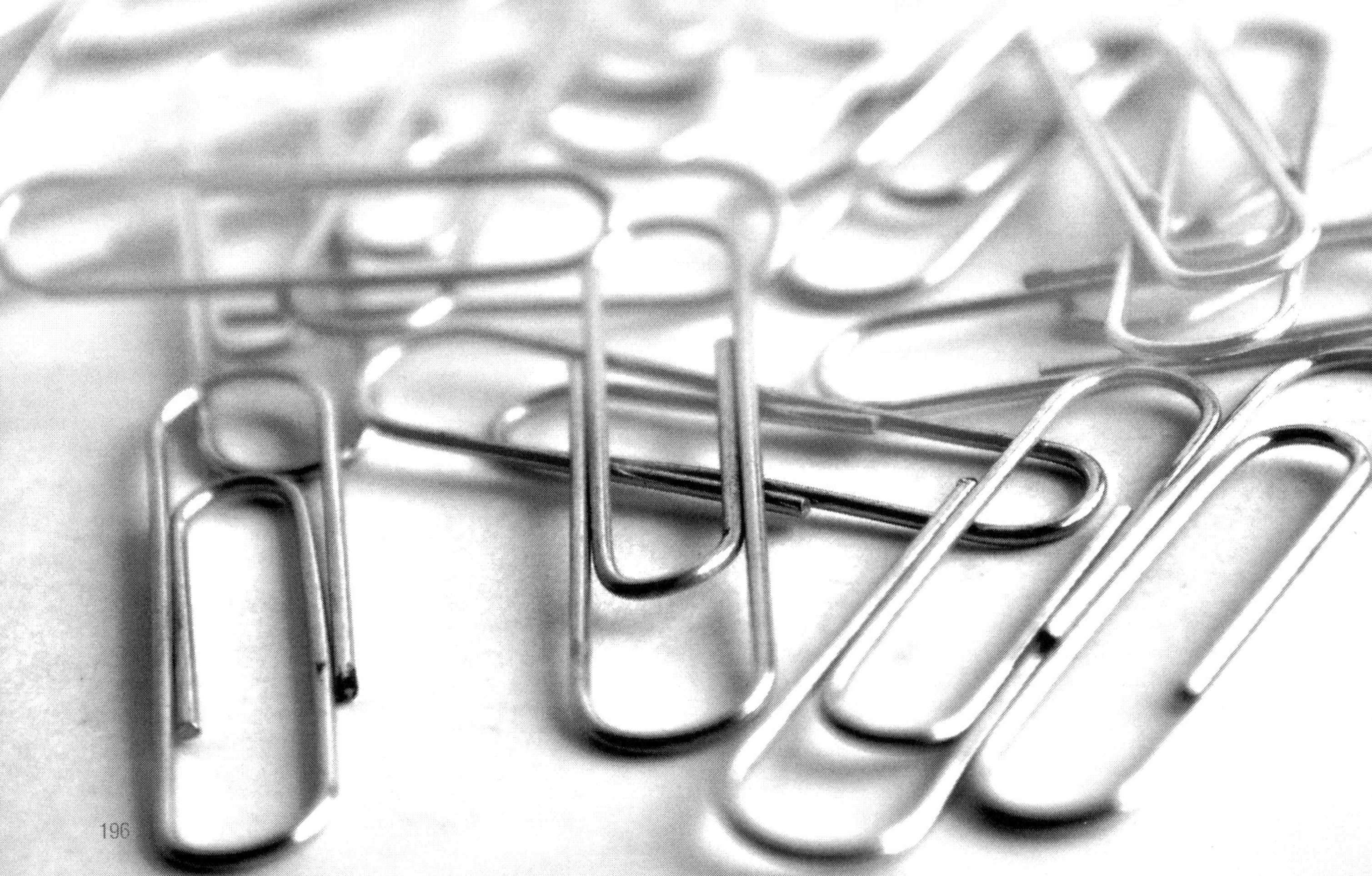

3042 **A**	3067 **C**
3043 **D**	3068 **C**
3044 **D**	3069 **C**
3045 **C**	3070 **C**
3046 **B**	3071 **C**
3047 **C**	3072 **D**
3048 **D**	3073 **A**
3049 **A**	3074 **D**
3050 **D**	3075 **C**
3051 **B**	3076 **C**
3052 **D**	3077 **A**
3053 **B**	3078 **B**
3054 **C**	3079 **D**
3055 **B**	3080 **A**
3056 **B**	3081 **C**
3057 **A**	3082 **D**
3058 **D**	3083 **C**
3059 **C**	3084 **C**
3060 **B**	3085 **A**
3061 **A**	3086 **B**
3062 **C**	3087 **B**
3063 **B**	3088 **C**
3064 **C**	3089 **D**
3065 **D**	3090 **D**
3066 **B**	

3042. ¿Qué responsabilidad tendrá el personal laboral que indujere a otro a la realización de conductas constitutivas de falta disciplinaria?

a. La misma que la del que comete el acto
b. La que establezca el Código Penal para el delito de inducción
c. La responsabilidad civil derivada de la falta disciplinaria cometida
d. Ninguna

3043. No es un principio que afecte a la potestad disciplinaria:

a. Tipicidad
b. Legalidad
c. Culpabilidad
d. Impunidad

3044. El principio de proporcionalidad es aplicable a:

a. La clasificación de las infracciones disciplinarias
b. La clasificación de las sanciones disciplinarias
c. La aplicación de infracciones y sanciones disciplinarias
d. Todas son correctas

3045. Constituye una falta disciplinaria muy grave:

a. El acoso moral
b. El acoso sexual
c. Las respuestas A y B) son correctas
d. Ninguna de las respuestas son correctas

3046. Cuando de la instrucción de un expediente disciplinario resulte la existencia de indicios fundados de criminalidad:

a. Se suspende su tramitación y se pone en conocimiento del Juzgado de Guardia
b. Se suspende su tramitación y se pone en conocimiento del Ministerio Fiscal
c. Se pone en conocimiento del Ministerio Fiscal mientras se concluye la tramitación del procedimiento disciplinario
d. Se sobresee el expediente disciplinario y se trasladan las actuaciones al Juzgado de lo Penal

3047. No es considerada falta disciplinaria muy grave, según el RDL 5/2015, de 30 de octubre, por el que se aprueba el texto refundido de la Ley del Estatuto Básico del Empleado Público:

a. El abandono del servicio
b. La publicación o utilización indebida de la documentación o información a que tengan o hayan tenido acceso por razón de su cargo o función
c. El incumplimiento del deber de respeto a la Constitución Europea y a los respectivos Estatutos de Autonomía en el ejercicio de la función publica
d. Toda actuación que suponga discriminación por razón de origen racial o étnico

3048. La adopción de acuerdos manifiestamente ilegales por parte de un funcionario/a público constituirán falta disciplinaria muy grave cuando:

a. Causen perjuicio muy grave a la Administración
b. Causen perjuicio muy grave a los ciudadanos
c. Causen perjuicio grave a la Administración, a los ciudadanos y a los poderes públicos
d. Causen perjuicio grave a la Administración o a los ciudadanos

3049. Incurrirá en falta muy grave el funcionario/a público que en la custodia de secretos oficiales actúe:

a. Con negligencia que provoque el conocimiento indebido de los mismos
b. Con culpa aunque no provoque la difusión de los secretos
c. Con premeditación
d. Las respuestas a) y b) son correctas

3050. Para que el incumplimiento de las funciones esenciales inherentes al puesto de trabajo constituya falta disciplinaria 'muy grave' debe ser:

a. Persistente   b. Evidente
c. Permanente   d. Notorio

3051. La desobediencia abierta a las órdenes o instrucciones de un superior será falta disciplinaria muy grave, salvo que constituya:

a. Desviación de poder
b. Infracción manifiesta del ordenamiento jurídico
c. Falta grave
d. Notoria negligencia

3052. El hecho de prevalerse de la condición de empleado público para obtener un beneficio indebido constituirá falta muy grave cuando dicho beneficio lo sea:

a. Para el propio empleado público
b. Para cualquier persona
c. Para el empleado público o cualquier otra persona que sea familiar de él
d. Para el empleado público o para otro

3053. Las faltas graves del personal laboral al servicio de la Administración Pública se establecen:

a. En el Estatuto del Personal al servicio de las Administraciones Públicas
b. En los Convenios Colectivos
c. En las leyes autonómicas
d. En leyes generales

3054. No es una circunstancia a tener en cuenta para la clasificación de las faltas disciplinarias en la categoría de graves:

a. El grado en que se haya vulnerado la legalidad
b. La gravedad de los daños causados al interés público
c. La categoría profesional del infractor
d. La gravedad de los daños causados a los bienes de los ciudadanos

3055. El régimen aplicable a las faltas leves será establecido por:

a. Los Convenios Colectivos
b. Las Leyes de la Función Pública que se dicten en desarrollo del Estatuto Básico del Empleado Público
c. Los Reglamentos de desarrollo del Estatuto Básico del Empleado Público
d. Todas las respuestas son correctas

3056. Las consecuencias que acarrea la imposición de la sanción de separación del servicio para un funcionario/a interino serán:

a. Las mismas que para un funcionario/a de carrera
b. La revocación de su nombramiento
c. El despido por causas imputables al trabajador
d. La inhabilitación para ser titular de un nuevo contrato

3057. El despido disciplinario es una sanción que se impone:

a. Al personal laboral por la comisión de faltas muy graves
b. Al personal laboral por la comisión de faltas graves
c. Al personal funcionario/a por la comisión de faltas muy graves
d. Al personal laboral o funcionario/a interino por la comisión de faltas muy graves

3058. La duración mínima que establece el RDL 5/2015, de 30 de octubre, por el que se aprueba el texto refundido de la Ley del Estatuto Básico del Empleado Público, para la sanción de suspensión firme de funciones es de:

a. Seis meses
b. Dos años
c. Seis años
d. Ninguna

3059. La sanción de 'demérito' consiste en la penalización:

a. a efectos de retribución y promoción
b. a efectos de carrera y movilidad
c. a efectos de carrera, promoción o movilidad voluntaria
d. a efectos de retribuciones complementarias, vacaciones y pensión

3060. ¿Cuál de las siguientes sanciones no se recoge explícitamente en el Estatuto Básico del Empleado Público?

a. Apercibimiento
b. Deducción proporcional de haberes
c. Suspensión de empleo y sueldo
d. Traslado forzoso

3061. Según el artículo 96.2 del Estatuto Básico del Empleado Público, la declaración de despido improcedente del personal laboral fijo en el supuesto de expediente disciplinario por la comisión de una falta muy grave acarreará:

a. La readmisión
b. Un nuevo nombramiento
c. La suspensión de funciones
d. Las respuestas a) y b) son correctas

3062. A los tres años prescriben las infracciones aplicables a los funcionarios/as públicos:

a. Las leves
b. Las graves
c. Las muy graves
d. Ninguna

3063. Las sanciones impuestas a los funcionarios/as por faltas leves prescriben:

a. A los dos años
b. Al año
c. A los seis meses
d. Ninguna respuesta es correcta

3064. El momento en que comienza a contarse el plazo de prescripción de las sanciones impuestas a los funcionarios/as públicos por la comisión de una falta disciplinaria:

a. Desde que la falta se hubiera cometido
b. Desde el cese de su comisión cuando se trate de faltas continuadas
c. Desde la firmeza de la resolución sancionadora
d. Son correctas A y B

3065. En los procedimientos disciplinarios aplicables a los funcionarios/as públicos:

a. Se podrán adoptar motivadamente medidas de carácter provisional para asegurar la eficacia de la resolución que pudiera recaer
b. Las fases instructora y sancionadora están encomendadas a los mismos órganos
c. La suspensión provisional como medida cautelar en la tramitación del expediente podrá exceder de 6 meses si se produce paralización imputable al interesado
d. Las respuestas a) y c) son correctas

3066. El tiempo de duración de la suspensión de funciones de un funcionario/a cuando la misma no sea declarada firme se computará como:

a. De servicios especiales
b. De servicio activo
c. De suspensión provisional
d. De excedencia forzosa

3067. El órgano competente en la Administración Local para la incoación de expedientes disciplinarios a funcionarios/as de carrera es:

a. El Pleno
b. La Junta de Gobierno Local
c. El Presidente/a
d. La comisión informativa de personal

3068. El órgano competente en la administración local para el nombramiento de instructor/a en los expedientes disciplinarios a funcionarios/as de carrera es:

a. El Pleno
b. La Junta de Gobierno Local
c. El Presidente/a
d. La comisión informativa de personal

3069. El órgano competente en la administración local para imponer sanciones a funcionarios/as como consecuencia de haber cometido una falta de carácter leve es:

a. El Pleno
b. La Junta de Gobierno Local
c. El Presidente/a
d. La comisión informativa de personal

3070. El órgano competente en la administración local para imponer la sanción de suspensión de funciones a funcionarios/as de carrera como consecuencia de haber cometido una falta de carácter muy grave es:

a. El Pleno
b. La Junta de Gobierno Local
c. El Presidente/a
d. La comisión informativa de personal

3071. El Reglamento de régimen disciplinario de los/as funcionarios/as de la Administración del Estado data de:

a. 1952
b. 1968
c. 1986
d. 1995

3072. La responsabilidad disciplinaria de un funcionario/a se extingue por:

a. Muerte del funcionario/a
b. Prescripción de la falta
c. Indulto
d. Todos los supuestos anteriores

3073. Los delitos que pueden cometer los/as funcionarios/as públicos se tipifican en:

a. El Código penal
b. La Ley Penal de la Función Pública, de 1964
c. La Ley 30/1984
d. La Ley Orgánica 1/1985

3074. El funcionario/a que se negare abiertamente a dar el debido cumplimiento a resoluciones judiciales, puede ser constitutivo de un delito de:

a. Prevaricación
b. Cohecho
c. Desacato
d. Desobediencia

3075. El funcionario/a público que a sabiendas sustrajere documentos cuya custodia le esté encomendada por razón de su cargo, puede cometer un delito de:

a. Robo
b. Hurto
c. Infidelidad en la custodia de documentos
d. Desobediencia

3076. Las personas que con dádivas, presentes, ofrecimientos o promesas corrompieren o intentaren corromper a los funcionarios públicos, pueden estar cometiendo un delito de:

a. Malversación
b. Prevaricación
c. Cohecho
d. Tráfico de influencias

3077. Cuando un funcionario/a cause a un particular daños indemnizables que generen responsabilidad patrimonial de la contemplada en la Ley 30/1992, éste ha de dirigirse a:

a. La Administración a la que sirve el funcionario/a
b. Directamente al funcionario/a
c. El Juzgado de Primera Instancia
d. A los dos primeros simultáneamente

3078. Si la Administración indemnizase a un particular como consecuencia de daños producidos por un funcionario/a:

a. Debe incoar expediente sancionador contra el mismo
b. Podrá exigir a éste la responsabilidad correspondiente
c. Debe dar cuenta el Ministerio Fiscal
d. Solicitará al funcionario/a la mitad de lo abonado

3079. La responsabilidad penal de los/as funcionarios/as se exige:

a. Igual que la civil
b. A través del procedimiento regulado en la Ley 30/1992
c. Una vez satisfecha la civil
d. Conforme a las normas penales

3080. La protección social de los/as funcionarios/as de Administración Local, respecto de los de la Administración del Estado, según la Ley 7/1985, de 2 de abril, ha de ser:

a. Igual
b. Menor
c. Distinta
d. Parecida

3081. La protección de la seguridad social de los funcionarios locales prevista en la Ley 7/1985 se gestionaba a su entrada en vigor por:

a. El INSS
b. La MUFACE
c. La MUNPAL
d. El INP

3082. La supresión de la MUNPAL se dispuso en:

a. La Ley 7/1985, de 2 de abril
b. El R.D.L. 781/1986, de 18 de abril
c. La Ley 23/1988, de 28 de julio
d. El R.D. 480/1993, de 2 de abril

3083. Las pensiones de muerte y supervivencia que se causen a partir del 1 de abril de 1993 por los funcionarios integrados en el Régimen General de la Seguridad Social:

a. Se abonan conforme a las normas de la extinta MUNPAL
b. Se ven sometidas a una disminución del 0,5% como consecuencia del coste de integración
c. Se reconocen de acuerdo con las normas del Régimen General de la Seguridad Social
d. Se transforman en pensiones de viudedad y orfandad de la MUNPAL

3084. La Ley General de la Seguridad Social (texto refundido) data de:

a. 1994
b. 1995
c. 2015
d. 2013

3085. La incapacidad del trabajador, para que sea causa de suspensión del contrato de trabajo, ha de calificarse como:

a. Incapacidad temporal
b. Incapacidad habitual
c. Incapacidad permanente absoluta
d. Incapacidad permanente total

3086. La suspensión tiene como efecto fundamental, según el art. 45 del Estatuto de los Trabajadores:

a. La exoneración de remunerar el trabajo
b. La exoneración de las obligaciones recíprocas de trabajar y remunerar el trabajo
c. Suprimir el puesto de trabajo del trabajador excedente
d. Permitir al trabajador reducir su jornada laboral a la mitad, como máximo

3087. El incumplimiento del trabajador que faculta al empresario para despedirle disciplinariamente, ha de ser, según el Estatuto de los Trabajadores:

a. Manifiesto y grave
b. Grave y culpable
c. Grave y doloso
d. Gravoso y culpable

3088. Las ofensas físicas o verbales del trabajador a familiares del empresario, para poder ser causa de despido disciplinario, ha de dirigirse a familiares:

a. Directos
b. Hasta el segundo grado de consanguinidad con el empresario
c. Que convivan con el empresario
d. Que trabajen en la misma empresa

3089. La embriaguez o toxicomanía que permite al empresario despedir disciplinariamente al trabajador, ha de:

a. Ser manifiesta
b. Ser continuada
c. Acompañarse de agresiones verbales o físicas al empresario o a compañeros
d. Repercutir negativamente en el trabajo

3090. El despido nulo tiene como efectos, a tenor del Estatuto de los Trabajadores:

a. El abono de una indemnización, pero sin readmisión
b. El abono de una indemnización y de los salarios de tramitación, pero sin readmisión
c. La readmisión o una indemnización, a elección del empresario, más el abono de los salarios de tramitación
d. La readmisión inmediata y el abono de los salarios de tramitación

8. El presupuesto de la entidad local. Elaboración, aprobación y ejecución. Control y fiscalización

3091 **C**	3128 **B**	3165 **A**
3092 **D**	3129 **D**	3166 **C**
3093 **D**	3130 **C**	3167 **D**
3094 **B**	3131 **C**	3168 **A**
3095 **D**	3132 **C**	3169 **A**
3096 **D**	3133 **B**	3170 **B**
3097 **C**	3134 **B**	3171 **A**
3098 **D**	3135 **B**	3172 **D**
3099 **C**	3136 **D**	3173 **B**
3100 **C**	3137 **D**	3174 **D**
3101 **B**	3138 **B**	3175 **B**
3102 **A**	3139 **A**	3176 **C**
3103 **D**	3140 **D**	3177 **B**
3104 **C**	3141 **C**	3178 **C**
3105 **A**	3142 **D**	3179 **B**
3106 **B**	3143 **A**	3180 **B**
3107 **A**	3144 **A**	3181 **B**
3108 **B**	3145 **A**	3182 **D**
3109 **D**	3146 **C**	3183 **B**
3110 **B**	3147 **B**	3184 **A**
3111 **B**	3148 **B**	3185 **A**
3112 **C**	3149 **C**	3186 **D**
3113 **C**	3150 **A**	3187 **D**
3114 **C**	3151 **B**	3188 **A**
3115 **A**	3152 **D**	3189 **C**
3116 **D**	3153 **B**	3190 **D**
3117 **C**	3154 **C**	3191 **B**
3118 **C**	3155 **D**	3192 **A**
3119 **D**	3156 **D**	3193 **C**
3120 **C**	3157 **C**	3194 **B**
3121 **C**	3158 **D**	3195 **D**
3122 **D**	3159 **B**	3196 **A**
3123 **D**	3160 **C**	3197 **C**
3124 **A**	3161 **D**	3198 **A**
3125 **C**	3162 **C**	3199 **A**
3126 **D**	3163 **A**	3200 **C**
3127 **D**	3164 **B**	

3091. En relación con el presupuesto de las Entidades Locales, no se imputarán a él, de acuerdo con lo establecido en el art. 163 del Texto Refundido de la Ley Reguladora de las Haciendas Locales:

a. Las obligaciones reconocidas durante el año natural de su vigencia

b. Los derechos liquidados en el año natural de su vigencia

c. Las obligaciones reconocidas durante el mes de enero siguiente al año natural de vigencia, correspondientes a gastos realizados con anterioridad

d. Los derechos liquidados en el año natural, cualquiera que sea el periodo de que deriven

3092. La adaptación de las disposiciones generales en materia presupuestaria a la organización y circunstancias de la propia Entidad Local, se contendrá:

a. En la Memoria que ha de acompañarse a los Presupuestos de la Entidad Local

b. En el Estado de Ingresos

c. En el Estado de Gastos

d. En las Bases de Ejecución del Presupuesto

3093. Al Presupuesto General de una Entidad Local, según dispone el art. 166 del Texto Refundido de la LRHL, se unirán una serie de anexos, entre los que NO está:

a. Los Planes de Programas de Inversión y Financiación formulados por los Municipios y demás Entidades Locales de ámbito supramunicipal

b. Los Programas anuales de actuación, inversiones, y financiación de las Sociedades Mercantiles de cuyo capital social sea titular único o partícipe mayoritario la Entidad Local

c. El estado de consolidación del Presupuesto de la propia Entidad con el de todos los presupuestos y estado de previsión de sus organismos autónomos

d. El estado de ingresos y gastos de las Sociedades Mercantiles de capital exclusivo de la Entidad Local

3094. Los Planes y Programas de inversión que formulen los Municipios y se incorporen como anexo al presupuesto se efectuarán, según dispone el art. 166 del Texto Refundido de la LRHL, para el plazo de:

a. Vigencia del Presupuesto

b. Cuatro años

c. Dos años

d. Cinco años

3095. Los Estados de Gastos de los Presupuestos Generales de las Entidades Locales aplicarán la clasificación:

a. Por Programas, Económica y Orgánica

b. Orgánica y por Programas

c. Económica y Orgánica

d. Por Programas y Económica

3096. La clasificación Económica a nivel de gastos se dividen con carácter general, sin perjuicio de la ampliación prevista en el art. 167 del Texto Refundido de la LRHL, en tres niveles, a saber:

a. Partida, Artículo y Concepto

b. Concepto, Subconcepto y Artículo

c. Artículo, Capítulo y Partidas

d. Concepto, Artículo y Capítulo

3097. La clasificación por programas del Estado de Gastos se divide con carácter general en tres niveles, sin perjuicio de la ampliación, en ciertos casos, prevista en el Texto Refundido de la LRHL. Estos tres niveles son:

a. Concepto, Política de Gasto y Grupo de Programa

b. Capítulo, Programa y Política de Gasto

c. Área de Gasto, Política de Gasto y Grupo de Programa

d. Artículo, Programa y Subprograma

3098. La norma que regula la estructura Presupuestaria de las Entidades Locales es:

a. El RD 500/1990 de 15 de mayo

b. El RD 500/1990 de 10 de septiembre

c. La Orden de 20 de septiembre de 1989

d. La Orden de 3 de diciembre de 2008

3099. La norma que regula la Estructura de los presupuestos de las Entidades Locales establece seis áreas para el Estado de Gastos, entre los que no se encuentra:

a. Servicios públicos básicos

b. Actuaciones de carácter económico

c. Transferencias a Administraciones Públicas

d. Deuda pública

3100. De acuerdo con la Clasificación que se efectúa del Estado de Gastos del Presupuesto General de una Entidad Local, la interrogante ¿En qué se gasta? se responde con la Clasificación:

a. Orgánica

b. Por Programas

c. Económica

d. Por Área de Gastos

3101. De acuerdo con la Clasificación que se efectúa del Estado de Gastos del Presupuesto General de una Entidad Local, la interrogante ¿Para qué se gasta? se responde con la Clasificación:

a. Orgánica
b. Por Programas
c. Económica
d. Por Área de Gastos

3102. En el Estado de Gastos del Presupuesto General de una Entidad Local, las operaciones corrientes abarcarán:

a. Capítulos I a IV
b. Capítulos I, II, III y V
c. Capítulos I a VI
d. Capítulos I a V

3103. En el Estado de Ingresos del Presupuesto General de una Entidad Local, las operaciones corrientes abarcarán:

a. Capítulos I a IV
b. Capítulos I, II, III y V
c. Capítulos I a VI
d. Capítulos I a V

3104. En el Estado de Gastos del Presupuesto General de una Entidad Local, dentro de la clasificación económica, el Capítulo III se refiere a:

a. Transferencias corrientes
b. Inversiones reales
c. Gastos financieros
d. Gastos en bienes corrientes y servicios

3105. En el Estado de Gastos del Presupuesto General de una Entidad Local, dentro de la clasificación económica, el Capítulo IV se refiere a:

a. Transferencias corrientes
b. Inversiones reales
c. Gastos financieros
d. Gastos en bienes corrientes y servicios

3106. En el Estado de Ingresos de una Entidad Local y dentro de la clasificación económica, «Los Pasivos Financieros» se incluyen en el Capítulo:

a. V   b. IX   c. III   d. VIII

3107. En el Estado de Ingresos de una Entidad Local y dentro de la clasificación económica los «Ingresos Patrimoniales» se incluyen en el Capítulo:

a. V   b. IX   c. III   d. VIII

3108. El Presupuesto de las Entidades Locales será formado por:

a. El Interventor/a
b. El Presidente/a
c. El Tesorero/a
d. La Unidad de Gestión Presupuestaria

3109. Al Presupuesto formado de una Entidad Local, debe unirse una serie de documentación entre la que no se encuentra:

a. Anexo de las Inversiones a realizar durante el ejercicio
b. Liquidación del Presupuesto del ejercicio anterior
c. Avance de la liquidación del Presupuesto corriente, referida, al menos, a seis meses del mismo
d. Anexo del personal de las sociedades mercantiles dependientes de la Entidad Local

3110. El Presupuesto de cada uno de los Organismos Autónomos que integran el Presupuesto General de la Entidad Local, una vez aprobado por el órgano competente, será remitido a la Entidad Local de la que dependa:

a. Antes del 1 de julio
b. Antes del 15 de septiembre
c. Antes del 15 de mayo
d. Antes del 1 de junio

3111. Las Sociedades Mercantiles, incluso de aquellas en cuyo capital sea mayoritaria la participación de la Entidad Local, remitirá a ésta sus previsiones de ingresos y gastos a fin de que se integre en el Presupuesto General de la Entidad Local:

a. Antes del 1 de julio
b. Antes del 15 de septiembre
c. Antes del 15 de mayo
d. Antes del 1 de junio

3112. El Proyecto de Presupuesto General de la Entidad Local deberá ser remitido al Pleno de la Corporación para su aprobación, enmienda o devolución antes del:

a. 1 de septiembre
b. 31 de octubre
c. 15 de octubre
d. 30 de septiembre

3113. Aprobado inicialmente el Presupuesto General de una Entidad Local de nuestra Comunidad Autónoma, éste habrá de exponerse al público previo anuncio en el:

a. BOJA Y BOP
b. BOJA, BOP y uno de los diarios de mayor circulación en el término municipal
c. BOP
d. BOP y uno de los diarios de mayor circulación en el término municipal

3114. Plazo durante el cual estará expuesto al público el Presupuesto General de una Entidad Local, durante los cuales los interesados podrán presentar reclamaciones:

a. Un mes
b. Treinta días
c. Quince días
d. Veinte días

3115. El plazo de que dispone el Pleno para resolver las reclamaciones presentadas durante el plazo de exposición al público sobre la aprobación inicial del Presupuesto General será de:

a. Un mes
b. Treinta días
c. Quince días
d. Veinte días

3116. Copia del Presupuesto y sus modificaciones deberán hallarse a disposición del público a efectos informativos, desde su aprobación definitiva:

a. Por un plazo de tres meses
b. Quince días
c. Un mes
d. Ninguna de las respuestas es correcta

3117. Aprobado definitivamente el Presupuesto General de una Entidad Local, éste habrá de publicarse, sin perjuicio de otros lugares previstos en el art. 169 del TRLRHL, en el Boletín Oficial de la Provincia, resumido, cada uno de los presupuestos que lo integren, por:

a. Artículos
b. Partidas
c. Capítulos
d. Conceptos

3118. Establece el art. 165.3 del Texto Refundido de la LRHL que los derechos liquidados y las obligaciones reconocidas se aplicarán a los Presupuestos por su importe íntegro, quedando prohibido atender obligaciones mediante minoración de los derechos a liquidar o ya ingresados, salvo que la Ley lo autorice de modo expreso, si bien se exceptúan de lo anterior:

a. Las cantidades destinadas a atender inversiones subvencionadas por otra u otras Administraciones
b. Los créditos destinados a atender los gastos de personal
c. Las devoluciones de ingresos declarados indebidos por Tribunal o Autoridad Competente
d. Los créditos que hayan de habilitarse con ocasión de dar cumplimiento a una resolución judicial

3119. En relación con el principio de equilibrio presupuestario que rige para los Presupuestos de las Entidades Locales, es FALSO:

a. La aprobación sin déficit inicial afecta a todos los Presupuestos que integran el Presupuesto General
b. Todo incremento en los créditos presupuestarios deberán ser compensados en el mismo acto en que se acuerde
c. Todo decremento en las previsiones de ingreso deberá ser compensado en el mismo acto en que se acuerde
d. Cualquier déficit que pueda producirse en algunos de los presupuestos que integran el Presupuesto General, obligará a tomar las medidas, en éste último, tendentes a cerrar el ejercicio económico con un Presupuesto General equilibrado

3120. Remitido a la Intervención el Presupuesto General de la Entidad Local a fin de que sea informado, se concederá para ello un plazo:

a. Superior a 15 días
b. Inferior a 15 días
c. Superior a 10 días
d. Inferior a 10 días

3121. Si antes del correspondiente ejercicio económico no se hubiese aprobado el Presupuesto General de la Entidad Local:

a. Habrá de tomarse acuerdo expreso en el sentido de prorrogar el Presupuesto del ejercicio anterior
b. El Presupuesto prorrogado no podrá ser objeto de modificaciones presupuestarias
c. Sólo se puede prorrogar el Presupuesto hasta el límite global de sus créditos iniciales como máximo, por lo que no serán prorrogables las modificaciones de crédito de que hayan sido objeto
d. El Pleno de la Corporación habrá de ajustar a la baja los créditos iniciales del Presupuesto anterior a fin de obtener el Prorrogado

3122. A los efectos de poder presentar reclamaciones durante el periodo de exposición al público del Presupuesto General de la Entidad Local, NO tendrán la consideración de interesados:

a. Los que habiten en el territorio de la respectiva Entidad Local
b. Los que sin habitar en el término de la Entidad Local, resulten directamente afectados
c. Los Colegios Oficiales cuando actúen en defensa de los que les son propios
d. Todos los sujetos expuestos tienen la consideración de interesados a los efectos expuestos en la pregunta

3123. El Texto Refundido de la LRHL establece taxativamente los motivos por los que podrán establecerse reclamaciones contra el Presupuesto General de una Entidad Local. Entre dichos motivos NO se encuentra:

a. Por no haberse ajustado su elaboración a los trámites legales
b. Por no atender obligaciones exigibles a la Entidad Local
c. Por no haberse ajustado su aprobación a los trámites legales
d. Por considerar que los créditos previstos en el Estado de ingresos no serán suficientes para alcanzar un determinado nivel de calidad en ciertos servicios

3124. Contra la aprobación definitiva del Presupuesto General de una Entidad Local:

a. Se podrá interponer Recurso Contencioso-Administrativo
b. Solo se podrá interponer Recurso de Reposición
c. Deberá de interponerse Recurso de Alzada
d. Se interpondrá Recurso de Revisión ante el Pleno de la Corporación

3125. Recurrido el Presupuesto General de una Entidad Local, establece el art. 171 del Texto Refundido de la LRHL:

a. Que se podrá solicitar informe del Tribunal de Cuentas antes de resolver
b. Que habrá de informar previamente al Tribunal de Cuentas, antes de su resolución
c. Que sólo cuando la impugnación afecte o se refiera a la nivelación presupuestaria, habrá de informar el Tribunal de Cuentas previamente a la resolución del recurso
d. Ninguna de las respuestas es correcta

3126. Respecto a los créditos autorizados para gastos en el Presupuesto General de la Entidad Local, es FALSO:

a. Será nulo todo acuerdo por el que se adquieran compromisos de gastos en cuantía superior al importe de los créditos autorizados en el estado de gastos
b. Los créditos autorizados tienen carácter limitativo y vinculante
c. Con cargo a los créditos del Estado de gastos de cada Presupuesto sólo se podrán contraer obligaciones derivadas de gastos en general que se realicen en el año natural del propio ejercicio presupuestario
d. Se podrán aplicar a los créditos del Presupuesto vigente, en el momento de su reconocimiento, las obligaciones derivadas de las adquisiciones de bienes corrientes que no se hubiesen podido realizar en el ejercicio anterior

3127. Las Entidades Locales podrán establecer en las bases de ejecución del Presupuesto la vinculación de los créditos, por lo que cuando lo sea en los niveles de desarrollo por programas el nivel de vinculación será por:

a. Grupo orgánico
b. Capítulo
c. Concepto
d. Ninguna de las tres es correcta

3128. Las Entidades Locales podrán establecer en las bases de ejecución del Presupuesto la vinculación de los créditos, que cuando lo sea en los niveles de desarrollo económico el nivel de vinculación máximo será por:

a. Grupo orgánico
b. Capítulo
c. Concepto
d. Ninguna de las tres es correcta

3129. Los créditos consignados en el Presupuesto de gastos de una Entidad Local podrán encontrarse en la situación de:

a. Créditos no disponibles
b. Créditos retenidos pendientes de utilización
c. Créditos disponibles
d. Pueden estar en cualquiera de las situaciones enumeradas en los apartados anteriores

3130. Es correcto afirmar en cuanto a las obligaciones de pago exigibles de la Hacienda Local que:

a. El cumplimiento de las resoluciones judiciales que determinen los jueces a cargo de las Entidades Locales, incumbe a aquellos adoptar a tal efecto las medidas pertinentes en caso de inejecución
b. Con el fin de asegurar el cumplimiento de sus obligaciones, los Jueces podrán exigir a las Haciendas Locales el depósito de ciertas cantidades
c. Sólo serán exigibles cuando resulten de la ejecución de sus respectivos presupuestos o de sentencia judicial firme
d. Ninguna de las respuestas es correcta

3131. El art. 173 del Texto Refundido de la LRHL prevé que notificada una sentencia judicial que imponga una obligación a una Entidad Local, si hubiese de modificarse el Presupuesto para hacer frente a la misma, la autoridad administrativa encargada de la ejecución del Presupuesto deberá solicitar al órgano competente de la Corporación tramitar la oportuna modificación en el plazo, contado a partir del siguiente a la notificación, de:

a. Quince días
b. Treinta días
c. Tres meses
d. No se establece ningún plazo

3132. En relación al Presupuesto General de las Entidades Locales, una 'retención de crédito' es:

a. un acto por el cual el órgano competente de la Corporación aprueba un gasto con cargo a un crédito del estado de gastos
b. un acto por el cual, en la aprobación del Presupuesto, se vinculan determinados gastos al estado de ingresos
c. un acto por el cual se emite un certificado de existencias de saldo para autorizar un gasto, produciéndose una reserva para dicho gasto
d. una reserva de crédito, a nivel de Capítulo, por lo que se acuerda por el Presidente/a de la Corporación la utilización de Créditos para atender a gastos futuros

3133. Expedir certificaciones sobre existencia de créditos en el Estado de Gastos del Presupuesto de una Corporación Local corresponde al:

a. Tesorero
b. Interventor
c. Presidente
d. Órgano que tenga a su cargo la gestión de los Créditos

3134. La declaración de no disponibilidad de créditos del Estado de Gastos del presupuesto General de una Entidad Local corresponde a:

a. Al Presidente de la Corporación
b. Al Pleno
c. Al Interventor
d. Al Tesorero

3135. Articular las modificaciones de Crédito en los Presupuestos de Gastos de las Entidades Locales se efectúa a través de varias modalidades, entre los que NO está:

a. Bajas por anulación
b. Transferencias de ingresos
c. Créditos extraordinarios
d. Incorporación de remanente de crédito

3136. NO es una nota propia de los créditos extraordinarios que supongan modificación presupuestaria:

a. Asignar crédito para la realización de un gasto específico
b. Que no exista crédito presupuestado
c. Que el gasto que se pretende atender no pueda demorarse hasta el ejercicio siguiente
d. Que no cabe acudir al Remanente líquido de Tesorería para su financiación

3137. El Suplemento de Crédito, en cuanto a medios a utilizar ante una modificación presupuestaria:

a. Se utilizará ante la falta de crédito presupuestado para atender el gasto
b. No supone alterar la cuantía del Presupuesto de gastos
c. Deberá estar previsto en las base de ejecución del Presupuesto para que puedan llevarse a cabo
d. Atiende a gastos que no se pueden demorar al ejercicio siguiente

3138. No cabe financiar, salvo excepciones, los suplementos de crédito a los que se haya acudido para atender gastos de operaciones corrientes que no pueden demorarse con:

a. Anulaciones de créditos de otras partidas del Presupuesto vigente no comprometidas
b. Operaciones de Créditos
c. Nuevos ingresos efectivamente recaudados salvo los previstos en algún concepto del Presupuesto Corriente
d. Cargo al Remanente líquido de Tesorería

3139. La incoación de los expedientes de concesión de créditos extraordinarios se efectuará:

a. Por orden del Presidente/a de la Corporación
b. Por Acuerdo del Pleno de la Corporación
c. A instancias del Interventor/a
d. A instancia de cualquier miembro de la Corporación

3140. Para que pueda financiarse con una operación de crédito, un crédito extraordinario destinado a gasto corriente, expresamente declarado necesario y urgente es preciso que en ésta se den conjuntamente una serie de condiciones, entre las que no se contemplan por el art. 36 del R.D. 500/1990:

a. Que su importe total anual no supere el 5% de los recursos del Presupuesto de la Entidad
b. Que la carga financiera total de la Entidad, incluida la derivada de las operaciones en tramitación, no supere el 25% de los recursos del Presupuesto de la Entidad
c. Que las operaciones queden canceladas antes de que se proceda a la renovación de la Corporación que las concierte
d. Todas ellas están contempladas en el R.D. 500/1990 como condición para la realización de la operación de crédito que lo financiará

3141. Se puede definir la ampliación de crédito como la modificación presupuestaria:

a. Que aumente el crédito presupuestado de una partida de gasto mediante la correlativa disminución de otra
b. Mediante la cual se dota de crédito a una partida de gasto no prevista en el Presupuesto
c. Que incremente el Presupuesto de gastos a través de un aumento de crédito de una partida ampliable determinada así en las Bases de Ejecución del presupuesto
d. Ninguna de las respuestas es correcta

3142. Sobre las transferencias de créditos:

a. Que afectarán a los créditos ampliables
b. En todo caso la aprobación de las transferencias de crédito entre distintos grupos de función corresponde al Presidente/a de la Corporación, salvo cuando afecten a créditos de personal
c. Supone una modificación del presupuesto de gastos mediante la que, sin alterar la cuantía total del mismo, se imputa el importe total o parcial de un crédito a otras partidas presupuestarias con idéntica vinculación jurídica
d. Las Bases de Ejecución del presupuesto deberán establecer el régimen de las transferencias de crédito y el órgano competente para autorizarlas en cada caso

3143. No podrán generar créditos en los estados de gastos de los Presupuestos:

a. Los ingresos de naturaleza tributaria
b. Reembolsos de préstamos
c. Enajenación de bienes de la Entidad Local
d. Prestación de servicios

3144. La incorporación de remanente de crédito quedará subordinada:

a. A la existencia de suficientes recursos financieros para ello
b. A que esté previsto en las Bases de Ejecución del presupuesto
c. A que los créditos estén vinculados a nivel de artículos
d. Todas las respuestas con correctas

3145. Para que el remanente de crédito no utilizado, procedente de créditos extraordinarios, suplementos de créditos, y transferencias de crédito, se puedan incorporar a los correspondientes créditos de los Presupuestos de Gastos del ejercicio inmediato siguiente:

a. Deberán haberse concedido o autorizado en el último trimestre del ejercicio
b. Ha de referirse exclusivamente a gastos de inversión
c. Deberá haberse previsto en las Bases de Ejecución del Presupuesto
d. Todas las respuestas son correctas

3146. No podrán incorporarse a los créditos de gastos del ejercicio siguiente, los remanentes que procedan de:

a. Los créditos que amparan compromisos de gastos del ejercicio anterior que a su vez derivan de compromisos de gastos obligatoriamente adquiridos en ejercicios anteriores
b. Los créditos por operaciones de capital
c. Los remanentes de créditos ya incorporados en el ejercicio precedente
d. Los créditos autorizados en función de la efectiva recaudación de los derechos afectados

3147. NO constituye una fase de la gestión de los Presupuestos de Gastos de las Entidades Locales:

a. Autorización del gasto
b. Disposición del pago
c. Reconocimiento de la obligación
d. Ordenación del pago

3148. El compromiso del gasto es el acto mediante el cual:

a. Se acuerda la realización de un gasto determinado por una cuantía cierta o aproximada
b. Se acuerda la realización de un gasto previamente autorizado y por un importe exactamente determinado
c. Se declara la existencia de un crédito exigible contra la Entidad
d. Ninguna de las tres es correcta

3149. El reconocimiento de la obligación es el acto mediante el que:

a. Se acuerda la realización de gasto determinado por una cuantía cierta o aproximada
b. Se acuerda la realización de un gasto previamente autorizado y por un importe exactamente determinado
c. Se declara la existencia de un crédito exigible contra la Entidad
d. Ninguna de las tres es correcta

3150. La autorización del gasto es el acto mediante el cual:

a. Se acuerda la realización de un gasto determinado por una cuantía cierta o aproximada

b. Se acuerda la realización de un gasto previamente autorizado y por un importe exactamente determinado

c. Se declara la existencia de un crédito exigible contra la Entidad

d. Ninguna de las tres es correcta

3151. De las distintas fases de ejecución del gasto, no implica una relación con terceros externos a la Entidad Local:

a. La ordenación del gasto

b. La autorización del gasto

c. La liquidación de la obligación

d. El compromiso del gasto

3152. En un mismo acto administrativo no podrá acumularse con la fase de autorización del gasto, y dentro de la gestión de los Presupuestos de gastos de la Entidades Locales:

a. La Ordenación del pago

b. La realización del pago

c. La Disposición y Reconocimiento de la Obligación

d. Las fases contenidas en las opciones A y B no son acumulables con la autorización del gasto

3153. Los perceptores de órdenes de pago a justificar deberán verificar la aplicación de las cantidades percibidas en el plazo máximo de:

a. 15 días   b. 3 meses

c. 1 mes   d. 6 meses

3154. Para que los fondos librados a justificar tengan el carácter de anticipos de caja fija, será necesario que en el gasto concurran unas características, entre las que cabe señalar:

a. Que tengan carácter esporádico

b. Que tengan carácter de inventariable, cuando se trate de material de oficina

c. Que se refieran a dietas

d. Que no se destinen a conservación

3155. En relación con los anticipos de Caja Fija no cabe afirmar que:

a. Se trata de provisiones de fondos de carácter no presupuestario

b. Serán objeto del adecuado seguimiento contable

c. Las cantidades debidamente justificadas se aplicarán a los conceptos presupuestarios a que correspondan

d. Los fondos no invertidos que, al finalizar el ejercicio económico, se hallen en poder de los respectivos habilitados, no podrán utilizarse en el nuevo ejercicio

3156. Es una nota necesaria que deba concurrir en los gastos de carácter plurianual:

a. Que deba tener necesariamente una duración superior al año

b. Que suponga una excepción al principio presupuestario de anualidad

c. Que suponga comprometer gastos cuya ejecución rebase el ejercicio presupuestario

d. Las tres lo son

3157. Con carácter general no podrán adquirirse compromisos de gastos que hayan de extenderse a ejercicios posteriores a aquél en que se autorice:

a. Cuando su ejecución se inicie en el propio ejercicio y además se encuentre en alguno de los casos determinados por la Ley

b. Cuando se trate de gastos para inversión y transferencias corrientes o de capital

c. Para arrendamientos de bienes muebles

d. Para atender cargas financieras de los Organismos Autónomos de la Entidad Local

3158. Con carácter general el número de ejercicios para el que pueden adquirirse compromisos de gastos para inversiones y transferencias de capital es de, como máximo:

a. 3   b. 5   c. 2   d. 4

3159. El art. 174 del Texto Refundido de la LRHL no establece una limitación al número de ejercicios a que pueden aplicarse gastos plurianuales respecto a:

a. Arrendamientos de bienes muebles

b. Cargas financieras de las Deudas de la Entidad Local

c. Inversiones

d. En ninguno de los casos indicados se establece límites en cuanto a las anualidades a que pueden aplicarse los gastos

3160. Cuál de estas notas diferencia a los créditos ampliables de la generación de créditos, entendidos ambos como supuestos de modificación presupuestaria:

a. El que suponga un incremento de determinados créditos de los Estados de Gastos

b. El incremento de determinados gastos está condicionado a la efectiva recaudación de derechos

c. El que sea necesario establecer formalmente una afectación entre el recurso y el crédito

d. Los créditos generados se pueden incorporar a los de los presupuestos de gastos del ejercicio siguiente

3161. Según el art. 186 del Texto Refundido de la LRHL, podrán crear una Unidad Central de Tesorería las Entidades Locales...

a. Capitales de Provincia

b. con población de derecho superior a 50.000

c. con población de derecho superior a 100.000

d. con población de derecho superior a 500.000

3162. La Unidad Central de Tesorería que pueden crear ciertas Entidades Locales tendrán atribuidas:

a. Las funciones de elaboración de las cuentas de la Entidad Local

b. Las funciones propias de Intervención y Tesorería

c. Las funciones de Ordenación del Pago

d. Las funciones de Fiscalización previa a la Ordenación de Pagos

3163. La expedición de las órdenes de pago habrá de acomodarse, según dispone el art. 187 del Texto Refundido de la LRHL, al Plan de disposición de Fondos de la Tesorería que establezca:

a. El Presidente/a de la Corporación

b. El Tesorero/a

c. El Pleno

d. La Unidad de Ordenación de Pagos

3164. Según el art. 189 del Texto Refundido de la LRHL, los perceptores de subvenciones concedidas con cargo a los Presupuestos de las Entidades Locales vendrán obligados a acreditar, antes de su percepción:

a. La aplicación que darán a los fondos

b. Que se encuentran al corriente de sus obligaciones fiscales con la Entidad

c. La disponibilidad presupuestaria para hacer frente a las obligaciones que deriven del proyecto subvencionado

d. Son correctas A y B

3165. La aprobación de la liquidación del Presupuesto de una Entidad Local corresponde al:

a. Presidente   b. Interventor

c. Pleno   d. Tesorero

3166. La confección de la liquidación del Presupuesto de una Entidad Local deberá efectuarse antes del:

a. 31 de mayo del ejercicio siguiente

b. 1 de abril del ejercicio siguiente

c. 1 de marzo del ejercicio siguiente

d. 15 de febrero del ejercicio siguiente

3167. La liquidación del Presupuesto es el conjunto de operaciones tendentes a determinar:

a. El resultado presupuestario del ejercicio

b. Los remanentes de crédito

c. El remanente de Tesorería

d. Todas las respuestas son correctas

3168. La liquidación del Presupuesto de Gastos por partidas presupuestarias, no pondrá de manifiesto:

a. Los derechos recaudados netos
b. Las modificaciones de crédito
c. Los créditos comprometidos
d. Los gastos autorizados

3169. La liquidación del Presupuesto de ingresos por cada concepto no pondrá de manifiesto:

a. El crédito inicial
b. Los derechos reconocidos
c. Modificaciones de las previsiones iniciales
d. La previsión definitiva

3170. Sobre los derechos y obligaciones pendientes de cobro y pago, respectivamente, que han de determinarse como consecuencia de la liquidación del Presupuesto, cuál de estas tres afirmaciones es FALSA:

a. Que los derechos pendientes de cobro vendrán dados por el saldo de una serie de cuentas, después de la regularización de los derechos anulados del Presupuesto de ingresos
b. Que tales derechos y obligaciones incluirán aquellos pendientes de cobro como de pago, respectivamente, tanto de naturaleza presupuestaria como extrapresupuestaria
c. Se tomarán con referencia al 31 de diciembre del ejercicio económico
d. Ninguna de las tres es falsa

3171. Del resultado presupuestario previsto en el art. 96 del R.D. 500/1990 cabe extraer una serie de notas, entre las que NO está:

a. Dará una magnitud que se refleja directamente en una de las cuentas específicas de los Planes de Cuentas Locales
b. Compara el Presupuesto de ingresos con el Presupuesto de gastos en términos de ejecución
c. Se refiere a un ejercicio concreto
d. Representa en qué medida los derechos reconocidos en el ejercicio han sido suficientes para cubrir las obligaciones del mismo periodo

3172. El R.D. 500/1990 desarrolla:

a. El Capítulo II del Título IV de la Ley 39/1988 de 28 de diciembre
b. El Capítulo III del Título V de la Ley 39/1988 de 28 de diciembre
c. El Capítulo IV del Título III de la Ley 39/1988 de 28 de diciembre
d. El Capítulo I del Título VI de la Ley 39/1988 del 28 de diciembre

3173. El R.D. 500/1990 es de fecha:

a. 15 de mayo   b. 20 de abril
c. 10 de septiembre   d. 8 de febrero

3174. Como consecuencia de la liquidación del Presupuesto deberán determinarse:

a. Los derechos pendientes de cobro y las obligaciones pendientes de pago a 31 de diciembre
b. Los remanentes de crédito y de Tesorería
c. El resultado presupuestario del ejercicio
d. Todas las respuestas son correctas

3175. Las Entidades Locales remitirán copia de las liquidaciones de sus Presupuestos a la Administración del Estado y a la Comunidad Autónoma antes del:

a. 1 de junio   b. 31 de marzo
c. 31 de mayo   d. 15 de abril

3176. El art. 193 de la LRHL prevé que el Pleno adopte varias medidas en caso de que resulte un remanente negativo de Tesorería de la liquidación del Presupuesto. De dichas medidas, la primera por la que debe optar antes de acudir a otras es:

a. Aprobar el Presupuesto del ejercicio siguiente con un superávit inicial de cuantía no inferior al déficit resultante
b. Aprobar una operación de crédito
c. Reducción de gastos del nuevo Presupuesto por cuantía igual al déficit
d. Aprobar un Plan de saneamiento

3177. Las operaciones de crédito que se concierten para financiar el remanente negativo de Tesorería no podrán exceder de los recursos ordinarios del Presupuesto en un:

a. 25%   b. 5%   c. 7%   d. 35%

3178. De la liquidación de cada uno de los Presupuestos que integran el Presupuesto General y de los estados financieros de las Sociedades mercantiles dependientes de la Entidad Local, una vez realizada su aprobación, se dará cuenta:

a. Al Concejal o Diputado Delegado de Hacienda
b. A la Junta de Gobierno
c. Al Pleno, en la primera sesión que celebre
d. Al Presidente/a

3179. La fiscalización externa de las cuentas y la gestión económica de las Entidades locales y de todos los Organismos y Sociedades de ellas dependientes es función propia de:

a. El Ministerio de Hacienda
b. El Tribunal de Cuentas
c. El Tribunal Superior de Justicia de la Comunidad Autónoma
d. La Inspección de Hacienda

3180. El control interno de la gestión económica de las Entidades Locales que se encarga de verificar que la actuación controlada se acomoda a la legalidad vigente, se identifica con la función:

a. De control financiero
b. Interventor/a
c. De control de funcionamiento
d. De control de eficacia

3181. El ejercicio de la función Interventor/a sobre la gestión económica de las Entidades Locales, comprenderá una serie de actividades que se relacionan en el art. 214 del Texto Refundido de la LRHL. Sin embargo, no se encuentra entre dichas actividades:

a. La intervención y comprobación material de las inversiones
b. La intervención material del gasto
c. La intervención formal de la ordenación de pagos
d. La intervención crítica de todo acto susceptible de producir obligaciones de contenido económico

3182. Se suspenderá la tramitación del expediente si el reparo, puesto de manifiesto por el Interventor, afecta a la disposición de gastos, en qué caso:

a. Omisión en el expediente de los trámites esenciales
b. Cuando el reparo derive de comprobaciones materiales de obras
c. Cuando se base en la insuficiencia de crédito
d. En los tres casos

3183. Cuando el órgano a que afecte el reparo manifestado por el Interventor/a no esté de acuerdo con el mismo, no es correcto afirmar:

a. Que, con carácter general, corresponderá al Presidente/a de la Corporación resolver la discrepancia
b. Que el Presidente/a de la Corporación podrá delegar en el Pleno o Junta de Gobierno, la competencia para resolver las discrepancias surgidas
c. Que la resolución del Presidente/a, resolviendo las discrepancias, es ejecutiva
d. Que en determinados supuestos corresponde al Pleno resolver las discrepancias surgidas

3184. Efectuado un reparo por el Interventor, si existiese discrepancia por el órgano a que afecte el reparo, corresponderá al Pleno resolverla:

a. Cuando el reparo se base en inadecuación de crédito
b. Cuando el reparo se base en la omisión, en el expediente, de requisitos esenciales
c. Cuando el reparo se base en no haberse fiscalizado los actos que dieran origen a las órdenes de pago
d. En ningún caso corresponde al Pleno resolver las discrepancias salvo que se haya delegado tal competencia por el alcalde

3185. Cuando el órgano Interventor/a de una Entidad Local formule reparos contra resoluciones adoptadas por el Presidente/a de la Entidad Local y aún así se adopten por éste, el Interventor:

a. Deberá elevar al Pleno un informe al respecto

b. Deberá dar traslado de los reparos al Tribunal de Cuentas

c. Deberá dar cuenta al Juzgado competente si constituyen delito los acuerdos adoptados

d. Ninguna de las respuestas es correcta

3186. De acuerdo con lo previsto en el art. 219 del Texto Refundido de la LRHL, determinados actos no estarán sujetos a previa fiscalización, si bien entre ellos NO está:

a. Gastos de material no inventariable

b. Los contratos menores

c. Los contratos de carácter periódico, una vez intervenido el gasto correspondiente al período inicial

d. Todos los gastos menores de 3.005,06 euros

3187. El Pleno podrá acordar que la Intervención previa se limite a comprobar:

a. La existencia de crédito presupuestario

b. Que los gastos se generan por órgano competente

c. Que el crédito presupuestario propuesto para hacer frente a un gasto sea el adecuado a la naturaleza de éste

d. Todas las respuestas son correctas

3188. El control financiero ejercido por el órgano Interventor/a de las Entidades Locales tiene por objeto comprobar el funcionamiento de los servicios de dichas Entidades Locales, en el aspecto:

a. Económico-financiero

b. De legalidad

c. De oportunidad

d. Cumplimiento de los objetivos previstos

3189. El control financiero que lleva a cabo el órgano Interventor/a de una Entidad Local se realizará por procedimientos de:

a. Muestreos   b. Análisis de costes

c. Auditorías   d. Fiscalización

3190. El control de eficacia, llevado a cabo por el órgano Interventor/a de una Entidad Local, tendrá por objeto:

a. Comprobación periódica del grado de cumplimiento de los objetivos

b. Análisis del coste de funcionamiento de los servicios

c. Análisis del rendimiento de las inversiones

d. Todas las respuestas son correctas

3191. Según el Texto Refundido de la LRHL las Entidades Locales habrán de rendir la Cuenta General correspondiente al ejercicio económico anterior al Tribunal de Cuentas, antes del día:

a. 1 de septiembre

b. 15 de octubre

c. 1 de noviembre

d. 31 de diciembre

3192. Entre los criterios que una Entidad Local puede o ha de seguir para clasificar los créditos incluidos en el estado de gastos del Presupuesto General, no prevé la norma que regula su estructura que se clasifiquen:

a. Por Áreas de gastos

b. Por Programas

c. Por Unidades Orgánicas, opcionalmente

d. Por Categorías Económicas

3193. El detalle de los créditos del estado de gastos del Presupuesto de una Entidad Local que se ordenen según su finalidad y objetivos que con ello se propongan conseguir se presentarán, como mínimo, a nivel de:

a. Artículo

b. Concepto

c. Grupo de Programas

d. Capítulo

3194. El detalle de los Créditos ordenados según su naturaleza económica, se presentarán como mínimo a nivel de:

a. Artículo

b. Concepto

c. Políticas de Gasto

d. Capítulo

3195. Se entenderá por crédito inicial el asignado:

a. A cada Programa del Presupuesto de la Entidad definitivamente aprobado

b. A cada Partida del Presupuesto de la Entidad definitivamente aprobado

c. A cada Programa del Presupuesto de la Entidad inicialmente aprobado

d. A cada aplicación del Presupuesto de la Entidad definitivamente aprobado

3196. Para las previsiones incluidas en los estados de ingresos del Presupuesto de la Entidad Local, la norma que regula la estructura presupuestaria NO prevé la clasificación por:

a. Subprogramas   b. Artículos

c. Capítulos   d. Subconceptos

3197. Los planes de inversión que se acompañan como anexo al Presupuesto de una Entidad Local se revisarán:

a. Con carácter semestral

b. Cuando se ejecuten los mismos

c. Cada año

d. No se establece plazo

3198. En la clasificación económica de los gastos de un Presupuesto de la Entidad Local los subconceptos se pueden desarrollar a través de:

a. Partidas   b. Artículos

c. Capítulos   d. Ninguna de las tres

3199. En una clasificación económica del Estado de Gastos de un Presupuesto de la Entidad Local, los gastos destinados a la adquisición de material no inventariable se incluyen en el Capítulo de:

a. Gastos corrientes en bienes y servicios

b. Gastos de transferencias de operaciones corrientes

c. Gastos de inversión

d. Activos financieros

3200. En la clasificación económica de los ingresos de un Presupuesto de una Entidad Local, cuando éstos procedan de la emisión de Deuda Pública, se incluirán en el Capítulo de:

a. Activos financieros

b. Transferencias corrientes

c. Pasivos financieros

d. Transferencias de Capital

Made in the USA
Monee, IL
07 July 2026